a SYMPOSIUM of GREEK and ROMAN ESSAYS

그리스 로마 에세이
–
제1판 1쇄 2011년 11월 25일
제2판 1쇄 2017년 3월 25일
–
지은이 — 키케로 외
옮긴이 — 천병희
펴낸이 — 강규순
–
펴낸곳 — 도서출판 숲
등록번호 — 제406-2004-000118호
주소 — 경기도 파주시 해바라기길 34
전화 — (031)944-3139 팩스 — (031)944-3039
E-mail — booksoop@korea.com
–
ⓒ 천병희, 2011. Printed in Seoul, Korea
ISBN 978-89-91290-42-6 93890
값 33,000원
–
사진 — 채연수 + 김가영
디자인 — 씨디자인

a SYMPOSIUM of
GREEK and
ROMAN
ESSAYS

고전세계로 향하는 첫걸음
그리스 로마 에세이

키케로 외 지음, 천병희 옮김

a SYMPOSIUM of GREEK and ROMAN ESSAYS

옮긴이 서문

에세이란 무엇인가? 어떤 문제를 논하거나 어떤 주장을 내세우면서, 그에 관한 자기 견해를 받아들이도록 설득하는 적정 길이의 산문이면 모두 에세이라고 할 수 있다. 에세이는 체계적인 설명이라고 자처하지 않으며, 전문 독자가 아니라 일반 독자를 위해 씌어진다는 점에서 학술 논문과 다르다. 따라서 에세이는 흔히 일화(逸話)와 예화(例話)를 소개하고 유머도 섞어가며 논의를 전개한다.

에세이는 격식을 갖춘 정격(正格) 에세이와 격식을 따지지 않는 변격(變格) 에세이로 나뉜다. 정격 에세이는 일종의 시론(試論)이며, 그 필자는 그 방면에 정통한 권위자로서 보편적인 주제에 관해 체계적으로 논의를 전개한다. 변격 에세이는 일종의 사적인 에세이로 우리말로는 수필(隨筆)이라고 하는데, 그 필자는 전문적인 주제보다는 일상적인 주제에 관해 친근한 어조로 논의를 전개한다.

이런 문학 장르가 '에세이'라 일컬어지게 된 것은 프랑스의 몽테뉴(Montaigne)가 자신의 수상록(隨想錄)에 『에세이집』(*Essais* 1580~95년)이라는 명칭을 붙이고부터였다. (이 책의 모델이 된 작품은 '최후의 그리스인'으로 불리는 플루타르코스의 『윤리론집』이었다.)

16세기 말 베이컨(F. Bacon)이 자신의 철학적·종교적 고찰을 특정하기 위해 '에세이'라는 명칭을 받아들인 뒤로 —『에세이집』(*Essays* 최종판 1625년) — 영국의 램(C. Lamb), 미국의 어빙(W. Irving)과 에머슨(R. Emerson) 등이 걸작 수필을 남겼다.

그러나 고대 그리스와 로마에서도 '에세이'라는 장르 명칭만 없었을 뿐 키케로, 세네카, 플루타르코스, 마르쿠스 아우렐리우스 등이 다수의 걸작 에세이를 남겼다. 그리고 이들의 글이 없었다면 몽테뉴와 베이컨 등의 에세이집도 나올 수 없었을 것이다.

그런 의미에서 그동안 낱권으로 내놓은 이들 그리스-로마 작가들의 주옥같은 글들을 이번에 다시 손질하여『그리스 로마 에세이』라는 제목으로 한데 묶어보았다. 따로따로 읽는 것보다 함께 읽으면 서양 문학의 전통을 더 폭넓게, 더 깊이 이해할 수 있으리라는 생각에서였다.

2011년 11월

천병희

옮긴이 서문 4

철학 읽어주는 황제 **마르쿠스 아우렐리우스** 9
명상록 15

영혼을 치유하는 **세네카** 205
마음의 평정에 관하여 211
섭리에 관하여 261
인생의 짧음에 관하여 289
행복한 삶에 관하여 335

로마의 최고 지성 **키케로** 385
노년에 관하여 391
우정에 관하여 459

'최후의 그리스인' **플루타르코스** 525
수다에 관하여 529
분노의 억제에 관하여 573
아내에게 주는 위로의 글 615
동물들도 이성이 있는지에 관하여 627
소크라테스의 수호신 649
결혼에 관한 조언 717

로마의 통치구조 747
참고문헌 754

철학 읽어주는 황제
마르쿠스 아우렐리우스

마르쿠스 아우렐리우스

로마의 16대 황제 마르쿠스 아우렐리우스(121~180년)의 『명상록』은 당대의 작가들은 물론 그의 측근들조차 본 적이 없는 저술로 4세기에 들어와서야 알려졌는데, 적어도 그중 일부는 게르마니아 전선에서 씌어졌다.

로마 제국의 황금기가 저물어갈 무렵 황제가 된 마르쿠스 아우렐리우스는 전선에서 여러 해를 보내며 격무에 시달리는 와중에도 우주의 본성과 신들의 존재 방식과 인생에 관해 사색하며 그 속에서 철학적 지침을 얻었다. 그리고 틈틈이 그 내용을 그리스어로 기록해두었으니, 그의 기록은 후세에 정치하는 사람들이 특히 애독하는 책이 되었다. 일종의 비망록 또는 수상록으로 씌어진 셈인데, '명상록'이라는 제목은 후세 사람들이 붙인 것이다. 필사본들에서 보이는 '*ta eis heauton*'('자기 자신에게'라는 뜻)이라는 그리스어 제목은 저자가 붙인 것은 아닌 듯하지만 작품의 내용과는 썩 잘 어울린다.

어린 시절 '안니우스 베리시무스'('진리를 좋아하는 안니우스'라는 뜻. *verissimus*는 '진실한' '진지한'이라는 뜻)로 불릴 만큼 진리에 대한 탐구 정신이 강하던 마르쿠스 아우렐리우스는 당대 최고의 학자들에게서 수사학·철학·법학·미술 등을 공부했는데, 수사학자 프론토(Fronto)에게 라틴 수사학을, 헤로데스 앗티쿠스(Herodes Atticus)에게 그리스 수사학을 배웠다. 146년부터는 스토아 철학자 루스티쿠스(Quintus Iunius Rusticus)와 에픽테토스(Epiktetos)의 영향을 받아 주로 철학에서 지적 흥미와 정신적 자양분을 구했다.

MARCUS AURELIUS ANTONINUS

『명상록』에는 뛰어난 스승 아래 갈고 닦은 그의 재능이 충분히 발휘되어 시적이며 수사학적으로 뛰어난 아름다운 문장들이 보석처럼 빛나고 있다. 또한 그의 철학적 지침들도 돋보이는데, 매우 압축된 문장으로 표현되어 있어 더러는 독자들의 이해를 불허하는 대목도 보인다. 그가 자신만을 향하여, 자신만을 위하여 메모해둔 글이라는 점을 감안하고 읽으면 된다. 남에게 보이고 읽히기 위한 글이 아니라 난관에 부딪혔을 때 스스로를 깨우쳐 올바른 길을 찾고자 한, 개인의 치열한 고뇌와 사색의 결과물이기 때문이다.

마르쿠스 아우렐리우스가 그토록 열망했던 삶에 대한 혜안과 인생에 대한 겸손한 자세를 찾아가는 여정에서 씌어진 『명상록』에는 자신의 결함에 대한 경계, 스토아학파의 입장에서 자신에게 들려주는 충고와 반성, 귀감이 될 만한 교훈적 성격의 짤막한 경구와 인용문 그리고 신의 섭리, 인생의 무상함, 도덕적 정진 등 인류에 대한 관용을 다짐하는 자세가 세세하게 기록되어 있다. 스토아 철학이 삶의 내용과 가장 유리되지 않았던 철학이었던 만큼 수상록의 형식으로도 그의 철학적 주제가 충분히 드러나고 있다. 뿐만 아니라 권력보다 철학을 사랑한 철인(哲人) 통치자의 웅숭깊은 육성은 시공간을 초월해 오늘을 사는 우리에게 큰 울림을 준다.

근대에 나온 판본들은 이 작품을 12권으로 나누고, 각 권을 다시 장으로, 또 내용이 긴 장들은 다시 절로 나누었는데, 이것은 하나의 생각이 어디서 시작해 어디서 끝나는지를 알려주기 위한 방편이다. 명확한 체계와 구성을 따르지 않은 데다 (날짜 구분 없이) 하루의 삶을 정리하면서 떠오르는 생각 속에 자신의 철학적 견해를 담았기 때문에 후세의 독자들에게는 꼭 필요한 구분이다.

독자들은 로마 황제였던 그가 라틴어가 아닌 그리스어로 『명상록』을 썼다고 하면 놀라움을 금치 못하리라. 전선에서 피곤한 하루 일과를 마치고 지친 몸으로 자신의 생각을 외국어로 기록한다는 것은 아무리 외국어에 능통한 사람이라도 그리 즐거운 일은 아닐 것이다. 그러나 곰곰이 생각해보면 그가 그리스어를 선택한 것은 그리 놀랄 일이 아니다. 로마의 지식인들은 어려서부터 그리스어를 배웠으며, 유창하게 구사하는 사람도 많았다. 키케로도 사적인 서한에 그리스 문구를 자주 썼고, 마르쿠스 아우렐리우스는 젊었을 때 스승 프론토와 그리스어로 대화를 나누고 서신을 교환했다. 또한 젊어서부터 제국의 요직에 있던 그로서는 궁정을 방문하는 그리스어 사용자들, 이를테면 사절단이나 수사학에 능통한 내방객들과 접촉할 기회가 많았을 것이다. 지중해 세계에서는 여전히 그리스어가 공용어였던 것이다.

마르쿠스 아우렐리우스는 철학적 주제들에 관해 고민했는데, 그리스어야말로 철학을 위한 언어이기도 하다. 『명상록』의 근간을 이루는 스토아 철학도 그리스 철학의 한 학파로, 에픽테토스를 포함한 중요한 스토아 철학자들은 그리스어로 글을 썼다. 이미 키케로가 그리스의 철학 용어 가운데 상당수를 라틴어로 옮겼지만, 옮기지 못했거나 옮기기 어려운 용어도 많았을 것이다. 이런 상황을 종합해보면 그가 그리스어로

『명상록』을 썼다는 것은 전혀 놀라운 일이 아니다. 19세기까지 우리나라의 이름난 학자들이 외국어인 한문으로 글을 썼던 것처럼.

* * *

대본은 *Marcus Aurelius Antoninus the Emperor* TO HIMSELF, edited and translated by C. R. Haines (Loeb Classical Library) Harvard University Press 1916의 그리스어 텍스트이다. 현대어 번역으로는 위 C. R. Haines, A. S. L. Farquhason(Oxford World's Classics 1998), G. Hays (Modern Library 2003), C. S. Hicks/D. V. Hicks(Scribner 2002)의 영어 번역과 A. Wittstock(Philipp Reclam 1949), W. Capelle(Kröners Taschenausgabe 1973), R. Nickel(Artemis & Winkler 1998)의 독어 번역을 참고했다.

인간에게는 인간에게 맞지 않는
사건이 일어날 수 없다.
그리고 소에게는 소에게 맞지 않는
사건이 일어날 수 없고,
포도나무에게는 포도나무에게 맞지 않는
사건이 일어날 수 없으며,
돌에게는 돌의 본성에
어울리지 않는 사건이 일어날 수 없다.

명상록
TA EIS HEAUTON

I

1 나의 할아버지 베루스[1] 덕분에 나는 순하고 착한 마음씨를 갖게 되었다.[2]

2 나의 아버지에 대한 평판과 추억 덕분에 나는 겸손과 남자다운 기백을 갖게 되었다.

3 나의 어머니[3] 덕분에 나는 경건한 마음과 베푸는 마음, 나쁜 짓만이 아니라 나쁜 생각도 삼가는 마음과 나아가 부자들의 생활태도를 멀리하는 검소한 생활방식을 갖게 되었다.

4 나의 외증조부[4] 덕분에 나는 공공의 학교에 다니지 않고 집으로 훌륭한 선생들을 모실 수 있었고, 또 그런 일에는 돈을 아끼지 말아야 한다는 것을 알게 되었다.

5 개인교사[5] 덕분에 나는 경주에서 녹색 상의든 청색 상의[6]든, 검투 경기에서 둥근 방패든 긴 방패든 편들지 않고, 또 힘든 일을 참고 견

디고, 적은 것으로 만족하고, 내 일은 내가 하고, 남의 일에 끼어들지 않고, 중상모략에 귀 기울이지 않게 되었다.

6 디오그네토스[7] 덕분에 나는 쓸데없는 일에 애쓰지 않고, 주문(呪文)이나 귀신 내쫓기 등에 관해 마술사와 사기꾼 들이 늘어놓는 말을 믿지 않고, 메추라기[8]를 길러 싸움 붙이는 것과 같은 일에 열을 올리지 않게 되었다. 솔직한 비판을 참고 견디고, 철학과 친숙해지고, 먼저 박케이오스[9]의 말에, 다음에는 탄다시스와 마르키아누스[10]의

---

1 베루스(Marcus Annius Verus ?~기원후 138년)는 마르쿠스 아우렐리우스의 할아버지로 기원후 97년, 121년, 126년에 집정관을 역임했으며, 가문에서 처음으로 귀족의 반열에 올랐다. 안토니누스 피우스(Antoninus Pius) 황제에게 입양되기 전에 마르쿠스 아우렐리우스는 이름이 같은 아버지를 여의고 역시 이름이 같은 할아버지에게 입양되었다.
2 "~ 덕분에 ~을 하게 되었다"는 그리스 원전에 없는 정동사를 역자가 삽입한 것이다. 1권은 대개 전치사구와 부정사구로 이루어져 있기 때문이다. "나는 배웠다" 또는 "나는 습득했다"는 말을 삽입하는 이들도 있다.
3 마르쿠스 아우렐리우스의 어머니 도미티아 루킬라(Domitia Lucilla)는 원로원 의원인 칼비시우스 툴루스(Calvisius Tullus)의 딸로, 어려서 아버지를 여읜 마르쿠스 아우렐리우스 인생에 큰 영향을 주었다.
4 쿠키우스 카틸리우스 세베루스(Lucius Catilius Severus).
5 이름을 말하지 않은 것으로 미루어 노예가 아닌가 싶다.
6 제정 초기부터 원형경기장에서의 전차경주는 네 개의 경마 단체에서 관장했는데, 이들은 소속 마부들에게 각각 백색, 적색, 녹색, 청색 상의를 입혔다고 한다.
7 디오그네토스(Diognetos)는 마르쿠스 아우렐리우스의 미술 선생이었다.
8 수탉 대신.
9 박케이오스(Bakcheios)는 아카데메이아학파 철학자이다.
10 탄다시스(Tandasis)에 관해서는 달리 알려진 것이 없으며, 마르키아누스(Marcianus)는 마르쿠스 아우렐리우스에게 법률을 가르쳤다.

말에 귀를 기울였다. 어려서부터 대화편들을 쓰고, 야전 침대와 가죽 이불과 그 밖에 헬라스[11] 철학자들[12]의 생활방식에 속하는 것들을 선호하게 되었다.

7 루스티쿠스[13] 덕분에 나는 내 성격을 바로잡아 고쳐야 한다는 것을 깨달았고, 소피스트들을 흉내 내는 데 열 올리지 않고, 공허한 주제로 글 쓰지 않고, 훈계하는 말을 하지 않고, 금욕가나 박애주의자인 척하지 않고, 수사학과 시학과 교묘한 말을 멀리하고, 성장(盛裝)을 하고 집안을 산책하는 따위의 행동을 하지 않게 되었다. 루스티쿠스가 시누엣사[14]에서 내 어머니에게 쓴 편지처럼 단순한 문체로 편지를 쓰고, 자신의 행동을 취소할 뜻을 보이기만 하면 나를 화나게 하고 모욕한 자와도 당장 흔쾌히 화해하고, 책은 정독하며 읽어 피상적인 사고로 만족하지 않고, 수다쟁이들에게 성급히 동의하지 않게 되었다. 또 그 덕분에 에픽테토스[15]의 어록(語錄)을 알게 되었는데, 그는 자신이 가진 필사본을 나도 필사하도록 허락해주었다.

8 아폴로니오스[16] 덕분에 나는 자유롭게 사고하고 어떤 것도 행운에 맡기지 않겠다고 결심하였다. 나는 또 이성이 아닌 것은 그 어떤 것이든 잠시라도 눈 돌리지 않고, 격심한 고통을 당하거나 자식을 여의거나 오랫동안 병을 앓아도 언제나 한결같고, 살아 있는 본보기를 통해 같은 사람이 진지하면서도 상냥할 수 있다는 것을 분명히 알게 되었다. 자신의 경험과 교습 능력을 자신의 재능 가운데 가장 하찮은 것으로 여기고 남을 가르칠 때 조급해하지 않는 사람을 그에게서 보았다. 어떻게 해야 비굴한 모습으로나 무관심한 모습으로

보이지 않으면서 그럴듯한 호의를 베푸는 친구들을 받아들일 수 있는지 알게 되었다.

9　섹스토스[17] 덕분에 나는 상냥함과, 가장이 다스리는 가정의 본보기와, 자연에 따라 사는 것이 어떤 것이며, 가식 없는 위엄과, 친구들에 대한 배려와, 문외한이나 이론적인 근거도 없이 의견을 내세우는 자들에게 베푸는 관용을 알게 되었다.
2) 그는 모든 사람과 잘 화합했기에 그와의 교제는 어떤 아첨보다

11　헬라스(Hellas)는 '그리스'의 그리스어 이름이다.
12　스토아 철학자들.
13　루스티쿠스(Rusticus)는 이름난 스토아 철학자였다.
14　시누엣사(Sinuessa)는 라티움(Latium) 지방 남단에 있는 해안 도시이다.
15　에픽테토스(Epiktetos 기원후 50년경~120년경)는 소아시아 프뤼기아(Phrygia) 지방의 히에라폴리스(Hierapolis) 시 출신의 스토아 철학자로, 로마에 노예로 끌려갔다가 해방되어 네로(Nero)의 비서가 되었다. 그는 로마에서 스토아 철학자 무소니우스 루푸스(Musonius Rufus)의 강의를 들었고, 나중에는 그곳에서 강의를 했다. 나중에 도미티아누스(Domitianus) 황제가 철학자들을 추방하자 그는 그리스의 에페이로스(Epeiros) 지방으로 건너 그곳에서 여생을 보내며 강의를 했다. 그곳에서 강의하는 것을 역사가 아르리아누스(Arrianus)가 듣고 『강론』(*Diatribai*)이라는 제목으로 발행했는데 지금은 8권 중 4권만 남아 있다. 아르리아누스는 또 나중에 에픽테토스의 철학을 요약하여 『편람』(*Encheiridion*)이라는 제목으로 발행했다. 이 책들은 마르쿠스 아우렐리우스에게 큰 영향을 주었다. 소수의 지식인보다 대중을 위해 강의했던 그의 가르침의 요지는 우주는 전지(全知)한 섭리에 따라 최선의 상태로 다스려지고 있으며, 세상 사람들은 모두 형제라는 것이다.
16　아폴로니오스(Apollonios)는 그리스 칼키스(Chalkis) 출신의 스토아 철학자로, 안토니누스 피우스 황제에 의해 마르쿠스 아우렐리우스의 스승으로 초빙받았다.
17　섹스토스(Sextos)는 그리스 보이오티아 지방 카이로네이아(Chaironeia) 시 출신의 아카데메이아학파 철학자인데, 『영웅전』의 작가인 플루타르코스(Ploutarchos)의 조카라고도 하고 손자라고도 한다.

도 더 즐거웠고, 그는 모든 사람에게서 최대의 존경을 받았다. 그는 또 인생에 필요한 원칙들을 적확하고 목표에 맞게 파악하고 정리할 줄 알았다.

3) 그는 분노나 다른 격정의 낌새를 드러낸 적이 없었다. 격정에서 자유로우면서도 동시에 더없이 정감이 넘쳤으며, 칭찬하되 요란을 떨지 않았고, 박식하되 과시하지 않았다.

10 문법학자 알렉산드로스[18] 덕분에 나는 남의 흠을 들추지 않게 되었다. 누가 야만적이거나 터무니없거나 불쾌한 표현을 쓰더라도 헐뜯거나 나무라지 않고, 대답이나 진술 또는 표현이 아니라 사태 자체를 공동으로 고찰하거나 그 밖의 다른 방법으로 적절히 일깨워줌으로써, 그가 사용했어야 할 올바른 표현을 재치 있게 일러줄 수 있게 되었다.

11 프론토[19] 덕분에 나는 악의와 변덕과 위선이 폭군의 특징이라는 것, 우리 사이에서 귀족[20]이라고 불리는 자들은 대체로 인정머리가 없다는 것을 알게 되었다.

12 플라톤학파 철학자 알렉산드로스[21] 덕분에 나는 누군가에게 "시간이 없어요"라고 불필요하게 너무 자주 말하거나 그 말을 편지에 써서는 안 되며, 급한 일이 생겼다는 핑계로 더불어 사는 사람들과의 관계에서 요구되는 의무를 소홀히 해서는 안 된다는 것을 알게 되었다.

13 카툴루스[22] 덕분에 나는 친구의 질책이 근거 없는 것이라도 귓등으로 듣지 않고 친구를 평상심으로 돌리려 하고, 도미티우스와 아테노도토스[23]에 관한 회고록에서 볼 수 있듯이 스승들을 진심으로 칭송하고, 자식들을 진정으로 사랑하게 되었다.

14 나와 형제간인 세베루스[24] 덕분에 가족을 사랑하고 진리와 정의를 사랑하게 되었다. 나는 그를 통하여 트라세아[25]와 헬비디우스[26]와 카토[27]와 디온[28]과 브루투스[29]를 알게 되고, 동등한 법률이 적용되고

---

18 알렉산드로스(Alexandros)는 소아시아 프뤼기아 지방 출신의 문법학자로, 마르쿠스 아우렐리우스와 그의 양아우 베루스에게 문법과 수사학을 가르쳤다.
19 프론토(Fronto)는 북아프리카 출신의 로마 수사학자로, 마르쿠스 아우렐리우스에게 수사학을 가르쳤다.
20 '귀족'의 그리스 원어 eupatridai는 '좋은 아버지에게서 태어난 자들'이라는 뜻이다. 라틴어 patricii(단수형 patricius)도 아버지라는 뜻의 라틴어 pater에서 파생한 말이다.
21 이 알렉산드로스는 소아시아 킬리키아 지방의 셀레우키아(Seleukia) 시 출신 철학자이자 수사학자로, 이때 마르쿠스 아우렐리우스의 비서였다고 한다.
22 카툴루스(Cinna Catulus)는 스토아 철학자라는 것 외에는 알려진 것이 없다.
23 도미티우스(Domitius)는 마르쿠스 아우렐리우스의 외가 쪽 선조라고 하며, 아테노도토스(Athenodotos)는 앞서 나온 프론토의 스승이었다고 한다.
24 세베루스(Gnaeus Claudius Severus Arabianus)는 기원후 146년 집정관을 지낸 사람인데, 그의 아들이 마르쿠스 아우렐리우스의 맏사위가 되었으니 엄밀히 말해 형제가 아니라 사돈이다.
25 트라세아(Thrasea Paetus)는 원로원 의원이었으나 네로에게 반대하다가 기원후 66년 자살을 강요당했다.
26 헬비디우스(Helvidius)는 트라세아의 사위로, 베스파니우스 황제 때 이탈리아에서 추방당했다.
27 여기에 나오는 카토(Cato)는 이른바 소(小)카토로, 율리우스 카이사르에게 끝까지 대항하다가 기원전 46년 로마 공화정이 몰락하자 북아프리카 우티카(Utica)에서 자살했다. 스토아 철학자들은 그를 이상적인 현인(賢人)으로 여겼다.

평등권과 언론의 자유에 기초한 국가와 특히 피지배자의 자유를 존중하는 왕정의 개념을 갖게 되었다. 그 덕분에 나는 또 철학에 대하여 지속적이고 변치 않는 존경심을 갖고, 좋은 일을 하고, 언제나 후하고, 희망을 품고, 친구들에게 사랑받고 있다고 확신하게 되었다. 세베루스는 질책받아 마땅한 자들에게도 솔직했으며, 무엇을 원하고 무엇을 원하지 않는지 친구들이 추측할 필요가 없도록 분명히 밝혔다.

15 막시무스[30] 덕분에 나는 자제력을 갖게 되고, 어떤 일에도 동요하지 않고, 어떤 상황에서도, 특히 병이 들었을 때도 쾌활할 수 있었다. 그는 상냥함과 위엄을 겸비한 원만한 성격이었고, 맡은 일을 아무 불평 없이 해냈다.

2) 모두 그가 말한 것은 그가 생각한 것이며, 그가 행한 것은 악의 없이 행한 것이라고 믿었다. 그는 놀라거나 두려워하거나, 서두르거나 주저하거나, 어쩔 줄 몰라 쩔쩔 매거나 낙담하거나, 억지웃음을 웃다가 다시 화를 내거나 의심하는 일이 결코 없었다.

3) 그는 선행을 베풀고, 너그럽게 용서하고, 정직했다. 그는 올바른 길을 가고 있다기보다는 올바른 길에서 벗어날 수 없는 사람이라는 인상을 주었다. 자신이 그에게 멸시당했다고 여기거나 감히 그보다 더 우월하다고 느끼는 사람은 아무도 없을 것이다. 그는 또 유머가 풍부했다.

16 아버지[31] 덕분에 나는 성품이 온유해지고, 충분히 검토한 뒤에 일단 판단을 내리면 흔들림 없이 그것을 고수하게 되었다. 그분은 이른

바 명예에 대해 헛된 허영심을 품지 않으셨고, 일하기를 좋아하셨다. 끈기가 있었고, 공익을 위해 무언가 제안하는 자들의 말에는 귀를 기울이셨다. 단호하게 각자의 공적에 맞는 것을 나누어주셨고, 언제 죄고 언제 늦춰야 하는지 경험으로 알고 계셨고, 소년들에 대한 사랑[32]을 억제하셨다.

2) 그분은 붙임성이 좋았고, 당신과 함께하는 식사나 여행에 동행하도록 친구들에게 강요하지 않으셨다. 급한 용무로 동참하지 못한 자들을 늘 한결같이 대하셨다. 어전회의에서 사안을 철저히 따지며 끈기를 보이셨고, 첫인상에 만족해 검토하기를 그만두는 일은 없었다. 친구들을 지킬 줄 아셨고, 친구들에게 물리지도 푹 빠지지도 않으셨다. 그분은 모든 점에서 자족하셨고, 마음이 쾌활했다. 그분은 먼 앞날을 내다보며 아주 사소한 일도 미리 대비하되 그 때문에 소란을 피우지는 않으셨다.

3) 그분은 또 당신에 대한 요란한 박수갈채와 모든 종류의 아부를 차단하셨다. 언제나 통치에 필요한 것에 주의를 기울이며 공공의

---

28 디온(Dion)은 시칠리아 쉬라쿠사이(Syracusae) 시의 귀족으로 플라톤의 친구였는데, 그곳의 참주(僭主) 디오뉘시오스(Dionysios) 2세를 철학자 왕으로 만들려다 실패하고 살해당했다. 디온이 소아시아 비튀니아 지방의 프루사(Prousa) 시 출신 소피스트인 디온 크뤼소스토모스(Chrysostomos '황금 입'이라는 뜻)를 가리키는 것으로 보는 이들도 있다.
29 브루투스(Brutus)는 소카토의 사위로, 율리우스 카이사르를 암살한 뒤 그리스 필립포이에서 옥타비아누스와 안토니우스의 연합군을 맞아 싸우다 패하자 자살했다.
30 막시무스(Claudius Maximus)는 스토아 철학자이다.
31 양부 안토니누스 피우스 황제를 말한다.
32 남성간의 동성애를 뜻한다.

재원을 아껴 썼고, 그러한 조처에 따른 불평불만을 꾹 참아내셨다. 신들에 대해서는 미신에서 자유로웠으며, 인간들에게 호감을 사려 하거나 대중의 총아가 됨으로써 백성에게 아부하려 하지 않았고, 매사에 신중하고 굳건하였으며, 저속한 것이나 신기한 것을 추구하지 않으셨다.

4) 행운이 생활을 편리하게 해주는 물건을 넉넉하게 대주었지만 그분은 그것들을 겸허하되 조금도 거리낌 없이 사용하였다. 있으면 당연한 듯 사용하고 없으면 요구하지 않았다. 그분더러 소피스트라든가 수다쟁이라든가 현학자라고 말하는 사람은 아무도 없었다. 오히려 사람들은 그분이 원숙하고, 온전하고, 아첨에 넘어가지 않고, 자신의 일과 남의 일을 제대로 처리할 줄 안다고 인정했다.

5) 게다가 그분은 진정한 철학자들은 존중하되, 철학자인 체하는 사람들을 비난하지 않으면서도 그들에게 끌려다니지도 않았다. 사교적이고 우아하셨지만 도가 지나치지는 않았다. 당신의 건강을 돌보되 알맞게 하셨고, 목숨에 집착하거나 멋있어 보이려 하거나 외모를 무시하는 사람처럼 하는 것이 아니라, 스스로 주의함으로써 의술이나 약이나 외적 치료가 필요한 경우는 드물었다.

6) 그분의 장점 가운데 하나는 수사학이나 법률, 관습이나 다른 분야에 특출한 재능이 있는 사람들을 시기심 없이 인정하고, 저마다 그 재능에 걸맞는 명예를 얻도록 도와주는 것이었다. 매사를 선조들의 전통에 따라 행하되 선조들의 전통을 과시한다는 인상을 주려 하지는 않으셨다.

7) 그분은 또 변화나 동요를 좋아하지 않고 같은 장소에서 같은 일을 하며 시간을 보내셨다. 발작하듯 일어난 두통이 잠잠해지면 곧

다시 원기를 회복하여 일상의 직무로 돌아가셨다. 비밀은 매우 적고 드물었는데 그나마 전적으로 국익에 관한 것이었다. 또 축제를 벌이거나 공공건물을 짓거나 백성에게 하사품을 내릴 때는 신중하고 절도 있게 하셨다. 마땅히 해야 할 일에 몰두할 뿐 업적을 통해 얻게 될 명성은 고려하지 않는 사람처럼.

8) 그분은 아무 때나 목욕을 하지 않았고, 새 건물을 마구 짓는 일을 좋아하지 않았다. 미식이나 의복의 재질과 색상, 노예의 미색에도 관심이 없으셨다. 그분의 의복은 그분의 시골집이 있는 로리움[33]에서 가져온 것이고, 그분에게 필요한 것은 대부분 라누비움[34]이 대주었다. 투스쿨룸[35]의 징세관이 용서를 빌었을 때 그분이 그를 어떻게 대하셨는지 우리는 알고 있다.[36] 그분의 태도는 늘 그러했다.

9) 그분에게는 거칠거나 무자비하거나 몰아붙이거나, 사람들 말마따나 '식은땀나게 하는' 데가 없었다. 오히려 모든 것이 마치 여유 있는 사람이 그렇게 하는 것처럼 하나하나 계산되고, 흔들림 없고, 잘 정돈되고, 단호하고, 수미일관했다. 많은 사람이 너무 나약해서 삼갈 수 없고 일단 즐기기 시작하면 절제할 수 없는 것들을 소크라테스[37]는 삼갈 수도 즐길 수도 있다고 말했는데, 이 말은 그분에게도 적용될 수 있으리라. 한편으로는 참고 견딜 만큼 강하며 또 한

---

33 로리움(Lorium)은 로마 서쪽에 있는 소도시로, 그곳의 시골집에서 자란 안토니누스 피우스 황제는 가끔 로리움에 체류하다가 161년 그곳에서 세상을 떠났다.
34 라누비움(Lanuvium)은 로마 근처의 옛 도시이다.
35 투스쿨룸(Tusculum)은 로마 남동쪽에 있는 산중의 고도(古都)이다.
36 자세한 상황은 알려져 있지 않다.

편으로는 절제할 수도 있다는 것은 막시무스[38]가 병들었을 때 보여준 것과 같이 완전하고 불굴의 정신을 가진 사람의 특징이다.

17 신들 덕분에 나는 훌륭한 선조와, 훌륭한 부모, 훌륭한 누이,[39] 훌륭한 스승과 훌륭한 가솔, 친척과 친구 들을 거의 다 얻게 되었다. 신들 덕분에 나는, 기회만 있으면 능히 그들 가운데 어느 누구라도 감정을 상하게 할 수 있는 기질을 타고났는데도 그러지 않았다. 나를 시험에 들게 할 사태가 벌어지지 않은 것은 오직 신들의 은총 덕분이다.

2) 할아버지의 소실 곁에서[40] 더 오래 양육되지 않고, 청춘의 꽃을 고이 간직하며, 때 이르게 어른 노릇을 하지 않고 그 시기가 조금 더 미루어진 것도 신들 덕분이다.

3) 내가 통치자인 아버지에게 종속된 것도 신들 덕분이다. 그분은 나의 교만의 싹을 억누르고, 궁정에 살면서도 호위대나 화려한 의복이나 횃불 드는 자들이나 입상(立像) 같은 허식 없이도 지낼 수 있고, 거의 일반 백성 수준으로 자신을 제한해도 그 때문에 국가수장으로서의 직무에 위엄과 권능이 줄어드는 것은 아니라는 점을 깨우쳐주셨다.

4) 또한 나 자신을 감시해야겠다는 마음이 들도록 스스로 성품으로써 일깨워주면서도 존경심과 애정을 가지고 나를 즐겁게 해주는 아우[41]가 있고, 내 자식들[42]이 멍청하지 않고 불구가 아닌 것도 신들 덕분이다. 수사학과 시문학과 다른 학문에서 더이상 진척을 보이지 못한 것도 신들 덕분이다. 내가 거기서 큰 재능을 보였더라면 거기에 매달렸을 테니 말이다. 내가 서둘러 나의 스승들을 그들이 원하

는 듯 보이는 자리에 앉히고, 그들은 아직 젊으니까 나중에 그렇게 할 것이라는 희망으로 그들을 기다리게 하지 않은 것도 신들 덕분이다. 내가 아폴로니오스와 루스티쿠스와 막시무스를 알게 된 것도 신들 덕분이다.

5) 자연에 따르는 삶[43]이 실제로 무엇을 의미하는지 되풀이해서 또렷이 머릿속에서 그려본 것도 신들 덕분이다. 신들의 축복과 도움과 영감에 관한 한 내가 당장 자연에 따르는 삶을 사는 것을 방해할 것은 아무것도 없으며, 아직도 여전히 그런 이상에 미치지 못해도 그것은 내가 신들의 암시, 아니 가르침을 따르지 않은 탓이다.

6) 이런 생활을 하는데도 내 몸이 그토록 오래 견뎌준 것, 베네딕타와 테오도토스[44]를 건드리지 않고 나중에 연정에 빠졌다가 건강을

---

37 소크라테스(Sokrates 기원전 469~399년)는 아테나이 출신의 그리스 철학자로, 절대 진리를 추구하는 그의 학설은 제자들인 플라톤과 크세노폰의 저서들을 통해 부분적으로 재구성될 수 있다. 그는 독특한 문답법(問答法)으로 대화의 상대방을 곤혹스럽게 한 탓에 적을 많이 만들어, 신을 불신하고 젊은이들을 타락시킨다는 죄목으로 사형선고를 받고는 독배를 마시고 죽었다.

38 주 30 참조.

39 안니아 코르니피키아(Annia Cornificia). 마르쿠스 아우렐리우스는 그녀에게 부모의 유산을 다 물려주었다고 한다.

40 마르쿠스 아우렐리우스는 어려서 아버지를 여읜 뒤 할아버지 집에서 자랐다.

41 그의 양아우이자 공동 황제로 169년에 죽은 루키우스 베루스(Lucius Verus)는 실제로는 난봉꾼이었다고 한다.

42 마르쿠스 아우렐리우스에게는 몇 명의 딸 외에 아들 삼형제가 있었다. 그중 맏이인 베루스(Verus)와 막내인 안토니누스는 요절하고 콤모두스(Commodus)가 아버지의 뒤를 이어 제위에 올랐으나 정신이상의 징후를 보이며 기행을 일삼다가 암살당했다.

43 자연에 맞는 삶은 스토아 철학자들이 추구하는 이상이었다.

44 베네딕타(Benedicta)와 테오도토스(Theodotos)는 로마 황실의 노예였던 것으로 생각된다.

회복한 것, 가끔 루스티쿠스에게 화가 났지만 거기서 나아가 나중에 후회할 짓을 하지 않은 것 모두 신들 덕분이다. 어머니[45]는 젊어서 세상을 떠날 운명이었지만 마지막 몇 년을 나와 함께 보낸 것도 신들 덕분이다.

7) 곤궁하거나 그 밖에도 도움을 필요로 하는 사람을 도와주고 싶을 때마다 그럴 여유가 없다는 말을 해본 적이 없는 것도, 남의 도움을 받아야 할 만큼의 곤경에 처해본 적이 없는 것도 신들 덕분이다. 내 아내[46]가 그토록 고분고분하고 곰살궂고 검소한 것도, 내 자식들을 위하여 유능한 스승들을 구한 것도 신들 덕분이다.

8) 꿈에서 여러 가지 조언, 특히 각혈과 현기증을 치료할 수 있는 조언을 얻은 것과, 카이예타[47]에서 "그대가 사용하기 나름"[48]이라는 신탁을 들은 것도 신들 덕분이다.

철학에 심취했을 때 소피스트에게 걸려들지 않고, 한곳에 틀어박혀 그들의 저서를 읽거나 삼단논법을 풀거나 천체의 현상을 밝히는 일에 골몰하지 않은 것도 신들 덕분이다. 이 모든 것에는 신들의 도움과 행운이 필요하기 때문이다.

그라누아[49] 강변의 콰디족[50] 마을에서 적다.[51]

II

1 날이 새면 너 자신에게 말하라. 오늘 나는 주제넘은 사람, 배은망덕한 사람, 교만한 사람, 음흉한 사람, 시기심 많은 사람, 붙임성 없는 사람을 만나게 되겠지라고. 그들이 이런 결점을 갖게 된 것은 무엇이 좋고 나쁜지 모르기 때문이다. 그러나 나는 선은 그 본성이 아름답고 악은 그 본성이 추하며, 내게 잘못을 저지르는 사람은 나와 피가 같고 출신이 같기 때문이 아니라 이성과 신성을 나누어 갖고 있기 때문에 나와 나에게 동족이라는 것을 안다. 그런 까닭에 그들 가운데 누구도 나에게 해를 끼칠 수 없다. 아무도 나를 추악한 일로

---

45 그의 어머니 도미디아 쿠킬라는 156년 약 50세의 나이로 세상을 떠났다.
46 그의 아내 파우스티나(Faustina)는 안토니누스 피우스 황제의 딸인데, 사실은 정숙하지 못했다고 한다.
47 카이예타(Caieta 지금의 Gaeta)는 라티움 지방의 항구도시이다.
48 전체적으로 무슨 뜻인지 알 수 없다.
49 그라누아(Granua)는 지금의 그란(Gran) 강으로, 슬로바키아에서 발원하여 헝가리의 부다페스트 북쪽에서 다뉴브 강으로 합류한다.
50 콰디족(Quadi)은 체코 모라비아 지방에 살던 게르만족의 한 부족이다.
51 이 문구를 1권이 아니라 2권에 속하는 것으로 보는 이들도 있다.

끌어들일 수 없다. 나는 내 동족에게 화를 내거나 동족을 미워할 수 없다. 우리는 두 발처럼, 두 손처럼, 두 눈꺼풀처럼, 위아래 치열(齒列)처럼 서로 돕기 위해 태어났기 때문이다. 따라서 서로 대립하는 것은 자연에 어긋난다. 화를 내고 등을 돌리는 것은 서로 대립하는 것이다.

2 나라는 존재는 육신과 짧은 호흡과 지배적[52] 이성에 불과하다. 책을 멀리하라.[53] 책에 끌려 옆길로 들어서지 마라. 그래서는 안 되기 때문이다. 마치 죽어가는 사람처럼 육신을 무시하라. 육신은 피와 뼈, 신경과 정맥과 동맥의 촘촘한 조직에 불과하다. 호흡이 어떤 것인지 살펴보라. 공기일 뿐이다. 그것도 늘 같은 것이 아니라 매 순간 내쉬었다가 도로 들이마시는 공기일 뿐. 세 번째는 지배적 이성이다. 이렇게 생각하라. 나는 노인이라고. 너는 지배적 이성을 더이상 노예로도, 이기적인 충동에 끌려다니는 꼭두각시로도 만들지 말고, 더는 현재의 운명을 불평하지도 다가올 운명을 슬퍼하지도 마라.

3 신들이 하는 일은 섭리로 가득 차 있다. 운명이 하는 일들도 자연 또는 섭리가 지배하는 복잡한 인과관계와 무관하지 않다. 만물은 섭리에서 흘러나온다. 섭리에는 필연과, 너도 그 일부분인 우주 전체에 유익한 것이 있다. 자연 전체가 가져다주는 것과 자연 전체를 보존하는 데 도움이 되는 것은 자연의 모든 부분에도 선하다. 우주를 보존하는 것은 원소의 변화와 원소의 합성물들의 변화이다. 너는 이런 생각에 만족하고, 이런 생각들을 원칙으로 삼도록 하라. 불평하면서 죽지 않고, 즐겁고 참되고 신들에게 감사하는 마음으로

죽음을 맞고 싶다면 책을 향한 갈증을 버려라!

4 얼마나 오랫동안 네가 이런 일들을 미루어왔으며, 얼마나 자주 신들이 네게 기회를 주었건만 이를 이용하지 않았는지 상기하라. 이제야말로 네가 그 일부분에 불과한 우주가 어떤 종류의 것이고, 네가 그 유출물(流出物)에 불과한 우주의 지배자가 어떤 분인지 알아야 할 때이다. 시간이 한정되어 있으므로 그 시간을 마음의 평정을 얻는 데 쓰지 않으면 너의 시간도, 너도 사라질 것이고, 두 번 다시 그런 기회가 오지 않으리라는 것도 알아야 한다.

5 어떤 순간에도 로마인답게, 남자답게 꾸밈없는 위엄과 자연스러운 호의와 독립심과 정의감을 갖고 의연하게 행하고, 다른 생각일랑 모두 버려라. 모든 행동을 네 인생의 마지막 행동으로 여긴다면, 온갖 무(無)목적성과 격정에 이끌려 이성적 판단으로부터 벗어나는 것과 위선과 이기심과 주어진 운명에 불만을 터뜨리는 것에서 벗어날 수 있다면, 너는 능히 그렇게 할 수 있다. 너도 보다시피 사람들은 몇 가지만 극복하면 신을 두려워하는 행복한 삶을 살 수 있지 않은가! 이런 가르침을 따르는 자에게는 신들도 더이상은 요구하지 않을 것이다.

6 혼이여, 너는 자신을 학대하고 있구나. 그러면 너는 자신을 존중할

---

52 여기서 '지배적'(hegemonikon)이란 '전체를 지배하는'이라는 뜻이다.
53 2권 3절, 3권 14절, 8권 3절 참조.

기회를 다시는 얻지 못할 것이다. 우리 인생은 짧고, 네 인생도 거의 끝나간다. 하지만 너는 아직도 자신을 존중하지 않고 타인의 혼에서 행복을 찾는구나!⁵⁴

7   왜 밖에서 일어나는 일에 이리저리 끌려다니는가? 그럴 시간에 너 자신을 위하여 좋은 것을 더 배우고 우왕좌왕하기를 멈추어라. 그렇게 한다 해도 또 다른 실수도 유념해야 한다. 활동하느라 삶에 지쳐 모든 충동과 생각 일반이 향할 수 있는 목표조차 없는 자들도 빈둥대기는 마찬가지이기 때문이다.

8   남의 혼 안에서 무슨 일이 일어나는지 유의하지 않는다고 해서 불행하다고 할 수는 없다. 그러나 자기 혼의 움직임을 파악하지 않는 사람은 불행할 수밖에 없다.

9   전체의 본성은 무엇이고 내 본성은 무엇이며 내 본성은 전체의 본성과 어떤 관계이고 어떤 전체의 어떤 부분인지를, 네가 그 일부인 자연에 따르는 것을 늘 행하고 말하는 것을 막을 사람은 아무도 없다는 점을 항상 명심해야 한다.

10 테오프라스토스⁵⁵는 여러 가지 과오를 비교하면서 철학자답게 욕망에서 비롯된 과오가 분노에서 비롯된 과오보다 더 무겁다고 말했다. 화를 내는 자는 분명 어떤 고통을 느끼고 무의식적으로 위축되며 이성에 등을 돌리지만, 쾌락에 제압되어 욕망 때문에 과오를 저지르는 것은 그 과오가 어떤 면에서 더 무절제하고 남성답지 못하

기 때문이다. 따라서 쾌락이 수반되는 과오는 고통이 수반되는 과오보다 더 큰 비난을 받아 마땅하다는 테오프라스토스의 주장은 정당하고 철학자답다. 요컨대 한 사람은 먼저 부당한 짓을 당하고 나서 고통을 못 이겨 화를 내는 사람과, 다른 사람은 부당한 짓을 하고자 하는 욕망에 휩쓸려 자신의 충동에 따라 자진하여 그런 짓을 저지르는 사람과 더 흡사하다.

11 당장이라도 세상을 떠날 수 있는 사람처럼 모든 것을 행하고 말하고 생각하라. 신들이 존재한다면, 사람들 곁을 떠난다는 것은 두려워할 일이 아닐지니. 신들이 너를 불행에 빠뜨리지는 않을 것이기 때문이다. 신들이 존재하지 않거나 신들이 인간사에 관심이 없다면, 신들이 없는 또는 섭리가 없는 우주에 산다는 것이 무슨 의미가 있을까? 그러나 신들은 존재하고 신들은 인간사에 관심이 있다. 그리고 신들은 인간에게 진정한 악에 빠지지 않을 능력을 주었다. 그 밖에 또 다른 악이 있다면, 그 악에 빠지지 않는 것이 저마다의 능력에 달려 있도록 신들은 거기에도 미리 대비해두었을 것이다. 어떤 것이 인간을 더 나쁘게 만들 수 없다면, 어떻게 인간의 삶을 더 나쁘게 만들 수 있을까? 보편적 자연이 무지하기 때문에, 또는 알기는 하지만 미리 대비하거나 바꿀 능력이 없기 때문에 그런 일들을 간과한다는 것은 있을 수 없다. 또 보편적 자연이 무능하거나 솜

---

54 스토아 철학자들은 자연에 맞게 살며 세평(世評)에는 무관심했다.
55 테오프라스토스(Theophrastos 기원전 370년경~287년경)는 아리스토텔레스의 제자이자 친구로, 나중에 그의 뒤를 이어 소요학파의 수장이 되었다.

씨가 부족해서 선인과 악인에게 아무 구별 없이 똑같이 선과 악이 주어지게 하는 과오를 저지를 수는 없다. 그러나 죽음과 삶, 명성과 불명예, 고통과 쾌락, 부와 가난, 이 모든 것은 선인에게도 악인에게도 똑같이 주어지며 명예롭지도 부끄럽지도 않다. 따라서 이런 것들은 선도 아니고 악도 아니다.

12 모든 것은 얼마나 빨리 사라져버리는가! 우주에서는 육신이, 시간에서는 육신에 대한 기억이! 감각적인 모든 것, 특히 쾌락으로 우리를 유혹하거나 고통으로 겁주거나 허영으로 부풀어오르는 것들도 그 점에서는 마찬가지이다. 그런 것들이 얼마나 싸구려이고 경멸스럽고 더럽고 덧없고 죽어 있는 것인지 깨닫는 것은 우리 이성이 할 일이다. 판단과 목소리로 명성을 얻는 자들이 실제로 어떤 자들인지, 죽는다는 것이 무엇인지 생각하는 것도 이성이 할 일이다. 이성적 분석에 따라 죽음과 관련된 인상을 모두 벗겨내고 죽음 자체를 살펴본다면 죽음은 자연의 작용 외에 아무것도 아니라는 사실을 사람들이 알게 하는 것 역시 이성이 할 일이다. 자연의 작용을 두려워하는 자는 어린애 같은 사람이다. 죽는다는 것은 자연의 작용일 뿐 아니라 자연에 유익한 것이기도 하다. 인간이 어떻게, 자신의 일부분으로 신과 접촉하며, 인간의 그 부분은 대체 어떤 성질의 것인지 생각하는 것도 이성이 할 일이다.

13 세상 만물의 주위를 맴돌고, 시인[56]의 말처럼 "지하에 있는 것들을 탐구하고" 이웃의 마음속 생각을 추측하려 하면서도, 자신 안의 신성(神性)을 가까이하며 그 신성을 진심으로 섬기면 그것으로 충분

하다는 것을 깨닫지 못하는 사람처럼 불쌍한 존재는 없다. 그리고 신성을 섬긴다는 것은 그 신성을 정념과 허영, 신들과 인간들의 행위에 대한 불만에 오염되지 않게 지키는 것을 말한다. 신들에게서 비롯되는 것들은 탁월하다는 점에서 존경받아 마땅하다. 인간들에게서 비롯되는 것들은 그것들이 우리와 동류인 까닭에 사랑스럽기는 하다. 하지만 그것들이 좋은 것인지 나쁜 것인지 알 수 없기 때문에 때에 따라서는 가련하기도 하다. 좋은 것과 나쁜 것을 모르는 것은 흑백을 구별하는 능력을 상실한 것 못지않은 결함이다.

14 네가 3천 년, 아니 3만 년을 산다 해도, 아무도 지금 살고 있는 삶 외에 다른 어떤 삶을 잃지 않으며, 지금 잃어버리는 삶 외에 다른 어떤 삶을 살지 않는다는 것을 명심하라. 가장 긴 삶도 결과는 가장 짧은 삶과 마찬가지이다. 현재의 시간은 만인에게 길이가 같고, 우리가 잃는 것은 우리 것이 아니기 때문이다. 잃는 것은 분명히 순간에 불과하다. 아무도 과거나 미래를 잃을 수 없기 때문이다. 갖고 있지 않은 것을 어떻게 빼앗길 수 있겠는가? 따라서 다음 두 가지를 명심해야 한다. 첫째, 만물은 태초부터 같은 생김새로 순환하고 있으며, 누가 같은 광경을 100년, 200년 또는 영원히 보느냐 하는 것은 아무런 차이도 없다. 둘째, 가장 오래 사는 사람이나 가장 단명한 사람이나 똑같은 것을 잃는다. 가진 것이 현재뿐이라면 현재만을 빼앗길 것이고, 갖고 있지 않은 것은 잃지 않기 때문이다.

---

56 기원전 5세기 중엽의 그리스 서정시인 핀다로스(Pindaros), 단편 292 Snell. 플라톤, 『테아이테토스』(*Theaitetos*) 173e 참조.

15 "만물은 그것에 대한 우리의 의견에 지나지 않는다."라고 한 견유학파[57] 철학자 모니모스[58]의 발언은 분명히 옳다. 누가 이 말의 핵심을 제대로 이해하기만 한다면 이 말의 유용함도 분명해질 것이다.

16 인간의 혼이 자신을 가장 학대하는 것은 첫째로 자기 탓으로 종양이나 이를테면 우주의 부스럼이 될 때이다. 발생하는 어떤 사태에 화를 내는 것은, 다른 모든 사물의 본성을 자신 속에 포함하는 자연에 대한 반역이기 때문이다. 둘째로, 인간의 혼이 다른 사람에게 등을 돌리거나 성난 사람들의 혼이 그러하듯, 해칠 의도를 품고 맞설 때이다. 셋째로, 인간의 혼이 쾌락이나 고통에 제압될 때이다. 넷째로, 인간의 혼이 위장하고는 거짓으로 꾸며 무엇을 행하거나 말할 때이다. 다섯째는, 아무리 사소한 일이라도 목적과 관련이 있어야 하는데, 인간의 혼이 자신의 어떤 행위나 충동을 목적에 맞추지 않고 어떤 일을 하는 계획이나 뚜렷한 목적 없이 행동할 때이다. 이성적인 피조물의 목적은 가장 오래된 국가[59]의 이성과 법규를 준수하는 것이다.

17 인간이 사는 시간은 한순간이며, 그의 실체는 유동적이고 그의 지각은 불분명하다. 인간의 육신의 요소는 모두 썩게 되어 있고, 그의 혼은 하나의 소용돌이이다. 인간의 운명은 예측할 수 없고, 그에 대한 세간의 평은 불확실하다. 즉 육신의 모든 것은 강처럼 흘러가고, 혼의 모든 것은 꿈이요 연기이다. 삶은 전쟁이자 나그네의 체류이며, 사후의 명성은 망각이다. 그렇다면 우리의 길잡이가 될 수 있는 것은 무엇인가? 오직 한 가지, 철학뿐이다. 철학은 우리 내면의 신

성을 모욕과 피해에서 지켜주고, 쾌락과 고통을 다스리게 하고, 계획 없이는 어떤 일도 하지 않게 하고, 거짓과 위선을 멀리하게 하고, 남이 행하든 말든 거기에 매이지 않게 하고, 나아가 일어나거나 주어진 것을 마치 자신이 온 곳으로부터 온 것인 양 기꺼이 받아들이게 한다. 철학자는 무엇보다도 죽음을 모든 피조물을 구성하는 요소들의 해체 외에 다른 아무것도 아니라고 여기고 즐거운 마음으로 기다린다. 그런데 개개의 구성 요소가 끊임없이 다른 요소로 바뀌는 것이 구성 요소 자체에 결코 무서운 일이 아니라면, 사람들은 왜 모든 구성 요소의 변화와 해체를 불안한 눈으로 바라보는가? 그것은 자연에 따르는 것이며, 자연에 따르는 일은 나쁜 것이 없기에 하는 말이다.

카르눈툼[60]에서 적다.

---

57 견유학파(犬儒學派 Kynismos)는 안티스테네스(Antistenes)가 창시한 그리스 철학의 한 학파로 무욕(無慾)과 정신적 독립을 이상으로 삼았다.
58 모니모스(Monimos)는 디오게네스(Diogenes)와 크라테스(Krates)의 제자로, 모든 인식은 의견에 불과하다고 주장했다.
59 우주를 말한다.
60 카르눈툼(Carnuntum)은 지금의 오스트리아 수도 빈에서 동쪽으로 40킬로미터쯤 떨어진 교역의 중심지였다.

III

1 우리는 생명이 날마다 줄어들고 생명의 남은 부분이 점점 적어진다는 점만 생각할 것이 아니라, 더 오래 산다고 할 때 과연 우리의 사고력이 여전하여 능히 사물을 이해하고 신과 인간에 관한 일을 고찰을 통해 알 수 있을지도 생각해봐야 한다. 사람은 늙기 시작하면, 호흡이나 소화, 상상력이나 충동 등의 능력에는 이상이 없다. 그러나 자신을 활용하고 자신의 의무를 정확히 인식하고 눈앞의 현상을 구분하고 스스로 세상을 떠날 때가 되었는지[61] 정확히 알고, 그 밖에 특히 잘 훈련된 판단력을 필요로 하는 일을 처리하는 능력은 쇠퇴한다. 그러므로 서둘러야 한다. 우리는 매 순간 죽음에 가까워질 뿐 아니라, 사물을 이해하고 파악하는 능력이 죽기 전에 먼저 멈추기 때문이다.

2 우리는 자연적으로 발생하는 것에 수반되는 현상도 우아하고 매력적인 면이 있다는 점에 유의해야 한다. 예컨대 빵을 굽다 보면 몇 군데 균열이 생기는데, 이런 균열은 어떤 의미에서는 빵 굽는 사람이 의도한 바에는 어긋나지만 우리의 주목을 끌어 나름대로 식욕을

돋운다. 무화과는 가장 잘 익었을 때 갈라지고, 농익은 올리브도 썩기 직전에 나름대로 아름답다. 고개 숙인 이삭, 사자의 주름진 이마, 멧돼지의 입에서 흘러내리는 거품 등은 따로 떼어서 보면 아름다움과는 거리가 멀지만 자연적으로 발생하는 것에 수반되는 까닭에 그것들을 돋보이게 하고 나름대로 매력이 있다.

2) 누군가 우주 안에서 발생하는 것들을 살피는 데 감수성과 더 깊은 통찰력을 갖고 있다면, 부수 현상이라 하더라도 나름대로 전체와 아름답게 조화를 이루는 것처럼 보이지 않는 것은 거의 아무것도 없다. 그런 감수성과 통찰력이 있는 사람은 야수의 쩍 벌린 입을 보고도 화가나 조각가가 모방해놓은 것을 볼 때와 못지않은 즐거움을 느낄 것이다. 또한 노인에게서 원숙미를 보고, 아이들의 매력을 순결한 눈으로 바라볼 수 있을 것이다. 이렇게 누구에게나 설득력이 있는 것은 아니지만 자연과 자연의 작용에 친숙한 사람만이 느낄 수 있는 그런 경험은 한두 가지가 아니다.

3 힙포크라테스[62]는 많은 병자를 치유해주었지만 자신은 병이 들어 죽었다. 칼다이오이족[63]은 많은 사람의 죽음을 예언했지만, 그 뒤

---

61 스토아 철학자들은 더 이상 인생의 의무를 수행할 수 없을 경우 자살을 인정했다. 제논과 클레안테스도 자살했고, 후기 스토아 철학자들이 현인(賢人)으로 여겼던 소(小)카토도 자살했다.
62 힙포크라테스(Hippokrates 기원전 460년경~370년경)는 고대 서양에서 가장 이름난 명의(名醫)이다.
63 칼다이오이족(Chaldaioi)은 고대 바빌로니아의 사제 계급으로, 천문학과 점성술에 종사했다.

운명은 그들의 목숨도 앗아갔다. 알렉산드로스[64]와 폼페이우스[65]와 가이우스 카이사르[66]는 그토록 수많은 도시를 송두리째 파괴하고 싸움터에서 무수한 기병과 보병을 베었지만 어느 날 자신들도 세상을 떠났다. 헤라클레이토스[67]는 불에 의한 우주의 파괴에 관하여 사색에 사색을 거듭하다가 몸속에 물이 가득 차서 몸에 쇠똥을 바른 채 죽었다.[68] 데모크리토스[69]는 해충[70]인 이가 죽였고, 소크라테스는 다른 해충들[71]이 죽였다.

2) 이것은 무엇을 뜻하는가? 너는 배를 타고 바다를 건너 뭍에 닿았다. 배에서 내려라. 네가 또 다른 삶에 들어서게 된다면, 그곳이라고 하여 신들이 없지는 않을 것이다. 그러나 무감각 상태에 들어서게 된다면, 네 고통과 쾌락은 그칠 것이고, 그것을 섬기는 자보다 훨씬 열등한 그릇[72]을 위하여 머슴살이하는 일도 그치게 될 것이다. 전자는 이성과 신성이고, 후자는 흙과 오물이기 때문이다.

4 공동체의 이익과 연관이 없다면 남들을 생각하느라 네 여생을 허비하지 마라. 이 사람 또는 저 사람은 무엇을 하고 있을까, 왜 그렇게 할까, 그는 무엇을 말하고 생각하고 노리는 걸까 등등과 같이 너 자신의 지배적인 이성을 가지고 가까이에서 관찰할 수 없는 그런 일들을 생각함으로써 네가 해야 하는 다른 일들을 하지 못하게 되기 때문이다.

2) 생각의 고리에서 목적이 없는 것과 무익한 것, 특히 지나친 호기심과 악의를 피해야 한다. 누가 너에게 "지금 무슨 생각을 하고 있지?" 하고 갑자기 물어도 "이것과 이것"이라고 지체 없이 대답할 수 있는 그런 일들만 생각하는 습관을 길러야 한다. 그러면 네 생각은

모두 단순하고 호의적인 사람, 공동체의 이익을 염려하는 사람에게 합당한 것이다. 쾌락, 향락, 경쟁, 시기, 의심 등 네가 마음속에 품었다고 고백하면 얼굴 붉히게 될 것에는 무관심하다는 것이 네 대답으로 즉시 드러나게 될 것이다.

3) 지금이라도 망설이지 않고 가장 선한 자들에 포함되고자 하는 자야말로 자신 안에 깃든 신성과 긴밀히 교류함으로써 신들의 사제이자 머슴이 된다. 그 신성은 인간을 쾌락에 물들지 않게 하고, 온갖 고통에 상처받지 않게 하고, 온갖 교만에서 지켜주고, 온갖 수치스러운 짓에 무감각하게 한다. 그 신성은 또 그가 어떤 정염에 나가떨어지는 일이 없도록 그를 가장 큰 싸움의 투사로 만들고, 그가 뼛속까지 정의감으로 가득 차 자기에게 일어나는 일과 자기 몫으로 할당된 일은 무엇이든 진심으로 반기고, 공동체의 이익 때문에 만부득이할 때만 아주 드물게 남이 말하고 행하고 생각하는 것을 머릿

---

64 알렉산드로스(Alexandros)는 알렉산더 대왕의 그리스어 이름이다.
65 폼페이유스(Gnaeus Pompeius Magnus)는 로마의 정치가이자 장군으로 카이사르, 크랏수스(Crassus)와 더불어 이른바 제1차 삼두정치의 주역이었다.
66 가이우스 카이사르란 가이우스 율리우스 카이사르(Gaius Iulius Caesar)를 말한다.
67 헤라클레이토스(Herakleitos 기원전 540년경~480년경)는 그리스의 소크라테스 이전 철학자들 가운데 한 명이다.
68 고대의 의사들은 쇠똥에서 열이 나면 몸속의 물기를 제거할 것이라고 믿었던 것이다.
69 데모크리토스(Demokritos 기원전 460~357년경)는 소크라테스 이전 철학자들 가운데 한 명으로, 원자론(原子論)의 창시자이다.
70 '해충'의 그리스어 phtheir는 정확하게는 사람이나 가축의 몸에 붙어 사는 흡혈 기생충인 이를 말한다.
71 소크라테스를 독살시킨 아테나이의 민중을 말한다.
72 육신.

속에 그려보게 한다. 그는 오직 자신이 할 일을 행하기 위하여 활동하고, 우주가 자기에게 할당한 일만을 줄곧 생각한다. 또한 그는 자신이 할 일을 최선을 다해 실현하고, 자신에게 할당된 일을 선하다고 믿는다. 각자의 몫으로 할당된 운명은 우주 속으로 끌려들어가면서 각자를 우주 속으로 끌어들이기 때문이다.

4) 그는 또 이성적인 존재는 모두 자기와 동족이고, 만인을 보살피는 것이 인간 본성에 맞다 해도 만인이 아니라 자연에 따라서 사는 사람의 의견만을 존중해야 한다는 것을 기억한다. 그는 또 자연에 따라서 살지 않는 자들이 집과 집 밖에서, 밤에 그리고 낮에 어떻게 처신하며, 어떤 자들이 어떤 자들과 어울려 다니는지 늘 기억하고 있다. 따라서 그는 자기 마음에 들지 않는 자들의 칭찬에는 아무런 가치도 부여하지 않는다.

5 무엇을 할 때 마지못해, 공동체를 무시하고, 사전 검토 없이, 성미에 맞지 않게 행하지 마라. 네 생각을 화려하게 치장하지 마라. 수다를 늘어놓지 말고, 일을 많이 벌이지 마라. 오히려 네 안의 신이 남자답고 원숙하고 정치에 밝은 사람의, 로마인의, 맹세나 다른 사람의 증언도 필요 없이 이 세상에서 소환하는 신호를 담담하게 기다리는 사람처럼 제 위치를 지킨 통치자의 수호자가 되게 하라. 마음을 쾌활하게 하며, 밖으로부터 도움을 구하지 말고 남들이 주는 안식도 구하지 마라. 너는 스스로 똑바로 서야 하지, 똑바로 세워져서는 안 된다.

6 만약 네가 인간의 삶에서 정의와 진리와 절제와 용기보다 더 나은

것을 발견한다면, 즉 올바른 이성에 따라 행동할 수 있는 것들에서는 네 마음이 스스로에게 만족하고 네 선택과는 무관하게 너에게 할당된 것들에서는 네 마음이 네 운명에 만족하는 것보다 더 나은 무엇을 발견한다면, 단언하건대 너는 온 마음을 다해 그쪽으로 향하고 네가 발견한 최선의 것을 누려라.

2) 그러나 만약 네 개인적인 욕구를 자신에게 종속시키고 네 생각을 검토하고, 소크라테스가 말했듯이[73] 자신을 감각의 유혹에서 끌어내려 신들에게 종속시키며 인간을 우선적으로 돌보는, 네 안에 깃든 신성보다 더 나은 것이 나타나지 않는다면, 만약 그 밖의 다른 것들은 모두 그보다 더 사소하고 하찮은 것이라고 여긴다면, 어떤 것에도 자리를 내주지 마라. 일단 그쪽으로 기울면 너는 더이상 네 마음대로 네 고유한 것이자 너 자신의 것인 좋음〔善〕에 우선적으로 경의를 표할 수 없다. 이성과 공동체에 관련된 좋음을 대중의 찬사나 높은 관직이나 부나 향락 같은 이질적인 것과 대립시키는 것은 옳지 못하기 때문이다. 이런 것들은 모두 잠시 동안 우리의 삶에 적응하는 것처럼 보이다가 불시에 우리를 제압하며 휩쓸어가곤 한다.

3) 내 이르노니, 주저하지 말고 자진하여 더 나은 것을 선택해 꼭 지키도록 하라. "더 나은 것이 유리한 법이다." 이성적 존재로서의 너에게 유리하다면, 그것을 붙들어야 한다. 그러나 동물로서의 너에게 유리하다면, 그렇다고 말하고 으스대지 말고 결정에 따르라. 다만 실수 없이 잘 검토하라.

---

[73] 확실한 출전은 알 수 없다. 플라톤, 『티마이오스』(Timaios) 61d 참조.

7 언젠가는 너로 하여금 신뢰를 저버리고, 체면을 잃고, 누구를 미워하거나 의심하거나 저주하고, 위선자가 되도록 강요하고, 벽과 커튼이 필요한 것을 원하게 만드는 것을 너에게 유리하다고 여기지 마라. 자신의 이성과 신성과 그것의 탁월함을 기리는 의식을 택하는 사람은 비극적인 운명을 맞이하거나 탄식하지 않을 것이며, 고독도 군중도 갈구하지 않을 것이다. 무엇보다도 그는 죽음을 추구하지도 피하지도 않으면서 살 것이다. 그는 자신의 혼이 육신의 거죽에 싸여 있는 기간이 더 길 것인가 아니면 짧을 것인가 하는 문제에는 전혀 관심이 없다. 그는 지금 당장 세상을 떠나야 한다 해도 품위를 지키며 정연하게 처리할 수 있는 다른 일을 처리하러 가는 양 담담하게 떠날 것이다. 그가 평생 동안 조심하는 것은, 오직 자신의 생각이 변하여 이성적이고 공동체적인 동물에 어울리지 않는 상태가 되지 않는 것이다.

8 절도 있고 정화된 사람의 마음속에서는 고름 같은 것이나 썩거나 곪은 상처를 발견할 수 없을 것이다. 그리고 맡은 역을 다 끝내지 못하고 막이 내리기도 전에 무대를 떠나는 배우처럼 채 완성되지 않은 그의 삶을 운명이 따라잡는 일은 없을 것이다. 게다가 그에게는 노예 같은 데가 없고 꾸민 데도 없으며, 남에게 의존하거나 남을 멀리하는 일도 없으며, 해명해야 할 것도 없고 감출 것도 없다.

9 네 판단력을 존중하라. 너의 지배적인 이성에 자연과 이성적 동물의 본성에 어긋나는 의견이 있는지 여부는 전적으로 그 판단력에 달려 있다. 판단력은 신중함과 사람에 대한 친밀감, 신들에 대한 복

종을 보장한다.

10 다른 것은 다 던져버리고 이 몇 가지만 간직하도록 하라. 무엇보다도 각자는 현재라는 짧은 순간을 살고 있다는 점을 명심하라. 나머지 시간은 이미 살았거나 불확실하다. 따라서 각자가 사는 시간은 짧고, 각자가 살고 있는 대지의 구석은 좁다. 가장 길다는 사후의 명성도 짧기는 마찬가지이다. 그마저 머지않아 죽게 될 것이며, 오래전에 죽은 사람은 고사하고 자기 자신도 알지 못하는 인간들에 의해 전승되고 있다.

11 앞서 말한 원칙들에 한 가지만 덧붙이겠다. 머릿속에 떠오르는 모든 대상을 정의하고 기술하여 그 대상이 그 본질에서는, 발가벗었을 때는, 전체로서는 그리고 부분들로서는 어떤 것인지 볼 수 있어야 한다. 그 대상의 고유한 이름과 대상을 이루며 대상을 해체할 요소들의 이름을 스스로에게 말할 수 있어야 한다.
2) 우리가 인생에서 마주치는 것을 하나하나 체계적으로 올바르게 검토하되, 항상 그것이 어떤 종류의 우주에 어떤 이익을 가져다주며, 한편으로는 우주에 대하여 어떤 가치가 있고 다른 한편으로는 다른 국가가 모두 그것의 식솔들에 불과한 가장 높은 국가의 시민인 인간에 대하여 어떤 가치가 있는지 고찰해야 한다. 그렇게 고찰하는 것만큼 마음의 도량을 키우는 데 도움이 되는 것은 없다. 그리고 지금 내 머릿속에 있는 인상을 일깨우는 것은 대체 무엇이며, 어떤 요소들로 이루어져 있으며, 그 본성에 따라 얼마나 오래 존속할 수 있으며, 그것은 내게 이를테면 온유, 용기, 진실, 성실, 소박, 자

립 등등의 미덕 가운데 어떤 것을 요구하는지 분명히 알고 있는 것도 도움이 된다.

3) 우리는 매사에, 이것은 신에게서 비롯된 것이며, 이것은 운명적인 인연과 인과관계와 우연의 일치로 일어난 것이며, 저것은 또 나의 동포, 나의 친족, 나의 동료에게서 비롯되었지만 그는 무엇이 자신의 본성에 맞는지 모르고 있다고 말해야 한다. 그러나 나는 그것을 잘 알고 있다. 그래서 나는 공동체 의식이라는 자연법칙에 따라 그를 우의와 정의로써 대한다. 동시에 나는 선하지도 악하지도 않은 사물들의 가치를 올바르게 평가하려 한다.

12 올바른 이성에 따라 지금 해야 할 일을 진지하게 온 힘을 다해 호의적으로 행하고, 어떤 것도 부차적인 것으로 여기지 않고 너 자신의 신성을 마치 당장이라도 돌려주어야 할 것처럼 순결한 상태로 간직한다면, 네가 이런 원칙을 고수하며 아무것도 기대하지 않거나 아무것도 두려워하지 않고 자연에 따르는 현재의 활동과 네 말과 발언에 담긴 영웅적인 진실성에 만족한다면, 너는 행복한 삶을 살게 될 것이다. 그것을 막을 자는 아무도 없다.

13 의사들이 갑작스러운 수술에 대비해 도구와 메스를 가까이 준비해두듯이, 신에 관한 일과 인간에 관한 일을 이해하고 아무리 사소한 일이라도 이 양자 사이의 유대를 의식하고 있는 사람처럼 처리하려면 자신만의 원칙들을 마련해두어야 한다. 인간에 관한 일을 신에 관한 일과 결부시키고, 반대로 신에 관한 일을 인간사와 결부시키지 않고서는 잘 처리할 수 없기 때문이다.

14 이제 더는 헤매지 마라. 너는 네 작은 비망록도, 고대 로마인들과 헬라스인들[74]의 행적도, 노후에 읽겠다고 제쳐놓은 그들의 저술 발췌본도 읽을 시간이 없을 것이다. 그러니 목표를 향하여 서둘러라. 헛된 희망을 버리고, 자신이 염려된다면 아직 그럴 수 있을 때 너 자신을 돕도록 하라.

15 사람들은 훔친다든가, 씨 뿌린다든가, 구입한다든가, 쉰다든가, 의무를 안다든가 하는 말에 얼마나 많은 의미가 담겨 있는지 모른다. 이것은 눈이 아니라 다른 종류의 시야로 볼 수 있기 때문이다.

16 육신, 혼, 지성. 육신에는 감각이, 혼에는 충동이, 지성에는 원칙이 포함된다. 감각에 따라 여러 인상을 받는 것은 가축 떼도 할 수 있는 일이다. 충동의 줄에 조종당하는 것은 들짐승이나 변태 성욕자들, 팔라리스[75]와 네로[76] 같은 자에게도 해당하는 일이다. 지성을 길잡이 삼아 자신의 의무라고 여기는 일로 나아가는 것은, 신을 믿지 않는 자들과 조국을 배신하는 자들과 문을 걸어 잠그고 무슨 짓이든 하는 자들도 할 수 있는 일이다.
2) 이런 것들이 모두 앞서 말한 부류들의 공통점이라면, 선한 자의 고유한 특징으로 남는 것은 자신에게 일어난 것과 자신을 위하여 운명의 베틀이 짠 것을 사랑하고 반기고, 자신의 가슴속에 자리 잡

---

[74] 헬라스인들(Hellenes)은 '그리스인들'의 그리스어 이름이다.
[75] 팔라리스(Phalaris)는 기원전 6세기 중엽 시칠리아 아크라가스(Akragas) 시의 참주(僭主)인데, 잔인하기로 이름난 폭군이었다.
[76] 네로(기원후 37~68년)는 로마의 황제로 이름난 폭군이었다.

고 있는 신성을 더럽히거나 무수한 상념들로 어지럽히지 않고, 신에게 순종하고 진리에 어긋나는 말을 하지 않고 정의에 어긋나는 짓을 행하지 않음으로써 그 신성을 편안하게 간직하는 것뿐이다. 그는 자신이 소박하고 겸손하고 유쾌한 삶을 살고 있다는 것을 아무도 믿어주지 않아도 누구에게도 화내지 않으며 삶의 목표에 이르는 길에서 벗어나지 않는다. 그는 순결하게, 조용하게 떠날 각오를 하고, 자신의 운명과 사이좋게 지내며 삶의 목표에 이르러야 한다.

IV

1 우리 안에서 주인 노릇하는 것[77]은, 자연스러운 상태에서는 일어나는 사건들에 대하여 가능한 것과 주어진 것에 언제나 쉽게 적응할 수 있게끔 대응한다. 그것은 어떤 특정한 질료를 선호하는 것이 아니라 사정이 허락하는 범위에서 높은 목적을 추구하되 자신에게 맞서는 것을 자신이 사용할 대상으로 만든다. 이는 불이 자신에게 떨어진 것들을 제압할 때와도 같다. 작은 불길은 자신에게 무언가 떨어지면 꺼져버리지만, 환한 불길은 그것들을 금세 자신에게 동화시켜 집어삼키며 그것들로 인해 더 높이 솟아오른다.

2 어떤 행동도 아무 계획 없이, 또는 기술을 완전한 것으로 만드는 원리에 따르지 않는 방법으로는 행하지 마라.

3 사람들은 시골이나 바닷가, 또는 산속에서 자신을 위한 은신처를 찾는다. 너도 무엇보다 그런 것을 그리워하는 버릇이 있다. 그러나

---

[77] 이성.

이것이야말로 어리석기 짝이 없는 짓이다. 너는 원하기만 하면 언제든 너 자신 속으로 은둔할 수 있기 때문이다. 인간에게 자신의 혼보다 더 조용하고 한적한 은신처는 없다. 자신의 내면을 들여다보기만 해도 당장 더없이 마음이 편안해지는 사람에겐 특히 그러하다. 마음이 편안해진다는 것은 마음이 정리되어 있다는 뜻이다. 따라서 늘 그런 은둔의 기회를 마련해 자신을 새롭게 하라. 네 원칙들은 눈앞에 떠올리기만 해도 당장 근심을 모두 쫓아주고 네가 돌아가야 할 것들에게로 아무 불만 없이 너를 보내줄 수 있도록 짧고 근원적이어야 한다.

2) 너는 무엇이 불만인가? 인간의 사악함인가? 그렇다면 이성적인 동물들은 서로를 위하여 태어났고, 참는 것도 정의의 일부이며, 본의 아니게 인간은 과오를 저지른다는 명제를 상기하라. 이미 얼마나 많은 사람들이 서로 원수가 되어 의심하고 미워하고 싸우다가 결국에는 죽어 한 줌의 재가 되었는지 생각해보라. 이제 그런 불만은 집어치워라. 우주가 너에게 나눠준 몫이 불만스러운가? 그러면 "섭리가 아니면 원자(原子)"[78]라는 양자택일을, 우주는 일종의 국가[79]라는 증거들을 머리에 떠올려라. 아직도 육신에 관한 것들이 너를 성가시게 하는가? 그렇다면 혼은 일단 분리되어 제 권능을 알고 나면 호흡이 부드럽든 거칠든 간에 호흡과는 섞이지 않는다는 점을 생각하라. 그리고 고통과 쾌락에 관하여 네가 듣고 받아들인 모든 것을 생각해보라.

3) 거품 같은 명성이 너를 옆길로 들게 하는가? 그렇다면 모든 것이 얼마나 빨리 망각되는지, 얼마나 깊은 시간의 심연이 우리 앞에 있었고 우리 뒤에 올지, 갈채가 얼마나 공허한 것인지, 너를 좋게 말

하는 것처럼 보이는 자들이 얼마나 변덕스럽고 판단력이 부족한지, 이 모든 것이 얼마나 한정된 좁은 공간에서 일어나는지 생각해보라. 대지 전체가 하나의 점에 불과한데, 네가 살고 있는 이곳은 얼마나 작은 모퉁이[80]인가. 그러니 여기서 너에게 찬사를 보내는 자들이 있어봐야 얼마나 되겠으며, 그들은 또 어떤 자들이겠는가.

4) 그러니 앞으로는 너 자신이라는 작은 영역으로 은신할 생각을 하라. 그리고 무엇보다도 빗나가거나 긴장하지 말고 자유인이 되어 남자로서, 인간으로서, 시민[81]으로서, 죽게 마련인 동물로서 사물들을 보라. 네가 늘 가까이하며 마음에 새겨야 할 원칙에는 다음 두 가지가 있어야 한다. 첫째, 사물들은 네 혼을 장악하지 못하고 꼼짝없이 혼 바깥에 존재하는 것이므로, 불안은 오직 우리 안에 있는 의견에서 기인한다. 둘째, 네가 보고 있는 이 모든 것은 한순간에 변하여 더이상 존재하지 않을 것이다. 너 자신이 이미 얼마나 많은 변화를 경험했는지 항상 명심하라. "온 우주는 변화이고, 인생은 의견이다."[82]

4 지적 능력이 우리 모두에게 공통된 것이라면, 우리를 이성적인 존

---

[78] 섭리가 우주를 지배한다는 것은 스토아학파의 주장이고, 생명과 우주는 원자들의 우연한 결합으로 생겨났다는 것은 에피쿠로스학파의 주장이다.
[79] 2권 16절, 4권 4절, 10권 15절, 12권 36절 참조.
[80] 3권 10절, 8권 21절 참조.
[81] 3권 11절, 4권 4절 참조.
[82] 2권 15절, 4권 7절, 12권 22절 참조. 퓌타고라스학파의 데모크라테스(Demokrates)가 한 말이라고 한다.

재로 만들어주는 이성도 우리에게 공통된 것이다. 그렇다면 해야 할 일과 하지 말아야 할 일을 우리에게 정해주는 이성도 공통된 것이다. 법도 공통된 것이다. 우리는 한 시민이며 한 국가 공동체의 구성원이다. 그렇다면 우주란 어떤 의미에서는 일종의 국가이다. 그도 그럴 것이 모든 인류가 그 밖에 어떤 다른 국가 공동체의 구성원이라고 말할 수 있겠는가? 그리고 바로 이 국가 공동체에서 우리의 지적 능력과 이성과 법의식이 비롯된다. 그렇지 않다면 어디에서 비롯된단 말인가? 나에게서 흙으로 이루어진 부분은 어떤 흙에서 내게 주어진 부분이고, 물로 이루어진 부분은 다른 요소에서, 내가 쉬는 호흡은 어떤 원천에서, 따뜻하고 불로 이루어진 부분은 또 그 나름의 원천에서 비롯된 것(무로 소멸되는 것이 아무것도 없듯이 무에서 생겨나는 것은 아무것도 없기 때문이다)처럼 지적 능력도 틀림없이 어딘가에서 왔을 것이다.

5 죽음은 태어남과 같은 것이며 자연의 신비이다. 태어남이 여러 요소의 결합이라면 죽음은 그 요소들로 해체되는 것이므로, 조금도 곤혹스러워할 일이 아니다. 그것은 이성적 동물의 본성이나 그의 타고난 기질과 모순되지 않기 때문이다.

6 이러저러한 유형의 사람들은 그 본성상 필연적으로 이러저러한 행동을 하게 마련이다. 그러지 않기를 바라는 것은 무화과나무에 유즙이 생기지 않기를 바라는 것과 같다. 간단히 말해 너도 그도 곧 죽을 것이며, 얼마 뒤에는 너희 이름조차 남지 않으리라는 것을 명심하라.

7   네 의견을 버려라. 그러면 '피해를 입었다'는 느낌이 사라질 것이다. '피해를 입었다'는 느낌이 사라지면 피해도 사라질 것이다.

8   어떤 사람을 본래의 그보다 더 나쁘게 만들지 못하는 것은 그의 삶도 더 나쁘게 만들지 못하며, 밖에서도 안에서도 그에게 해를 입히지 못한다.

9   그 본성상 유익한 것은 필연적으로 유익한 일을 하게 마련이다.

10 일어나는 모든 일은 정당하게 일어난다는 점을 명심하라. 자세히 관찰해보면 너는 그것이 사실임을 알게 될 것이다. 내 말은, 그것이 순리에 맞을 뿐 아니라 정의에도 맞으며 공적에 따라 합당하게 나눠주는 사람의 행동과도 같다는 것이다. 따라서 여태까지 그랬듯이 유심히 살펴보되, 네가 무슨 일을 하든 진정한 의미에서 선한 자가 되고자 노력하며 행동하라. 매사에 선한 자가 되겠다는 이 원칙을 지켜라.

11 너를 모욕한 자가 판단하는 대로, 또는 네가 판단해주기를 누군가 바라는 대로 사물을 이해하려 하지 마라. 사물을 있는 그대로 보라.

12 다음 두 가지는 언제나 대비하고 있어야 한다. 첫째, 입법 능력이 있는 제왕다운 이성이 인류의 복리를 위하여 네게 일러주는 것만을 행하라. 둘째, 너를 바로잡아주고 그릇된 의견에서 벗어나게 해

명상록   53

줄 사람이 가까이 있으면 네 생각을 바꾸어라. 생각을 바꿀 때는 그것이 옳고 공동체의 이익에 이바지한다는 확신에 근거해야 한다. 반드시 그런 이유로 생각을 바꿔야 하지 그것이 즐겁고 명예로워 보이기 때문에 그래서는 안 된다.

13 "너에게 이성이 있는가?" "나에겐 이성이 있다." "그렇다면 왜 이성을 사용하지 않는가? 이성이 작동하면 더이상 무엇을 바라는가?"

14 너는 전체의 한 부분으로 들어온 것이다. 너는 너를 낳은 것 속으로 소멸할 것이다. 아니, 오히려 너는 변형되어 생식력을 가진 이성 속으로 귀속될 것이다.

15 같은 제단 위로 수많은 유향 방울들이 떨어진다. 어떤 것은 먼저 떨어지고 어떤 것은 나중에 떨어진다. 그것이 무슨 차이가 있겠는가.

16 네 원칙으로 돌아가 이성을 존중한다면, 지금 너를 야수나 원숭이로 여기는 자들은 열흘도 못 가 너를 신으로 여길 것이다.

17 천년만년 살 것처럼 행동하지 마라. 죽음이 지척에 있다. 살아 있는 동안, 할 수 있는 동안 선한 자가 되라.

18 이웃 사람이 무엇을 말하고 행하고 생각하는지에 마음 쓰지 않고,

오직 자신이 행하는 것이 올바르고 신의 마음에 들도록 마음 쓰는 사람은 얼마나 많은 여가가 생기는가. 선한 사람이라면 주위 사람들의 나쁜 성격을 둘러볼 것이 아니라, 이쪽저쪽 돌아보지 말고 목표를 향해 곧장 달려가야 한다.

19 사후의 명성을 염려하는 자는, 자신을 기억하는 사람도 모두 곧 죽고 그다음 세대도 죽을 것이며, 그러다가 마침내 자신에 대한 기억도 타올랐다 꺼져버리는 인간들에 의해 무엇이 이어지다가 완전히 꺼져버릴 것이라는 점을 생각하지 못한다. 너를 기억하는 사람들이 불멸하고, 따라서 너에 대한 기억까지 불멸한다고 한들, 그것이 도대체 너에게 무슨 의미가 있단 말인가? 죽은 자에게 찬사는 아무 가치가 없다는 것은 말할 것도 없거니와, 산 사람에게도 부차적인 이익 외에 어떤 가치가 있단 말인가? 후세 사람의 평판에 매달림으로써 자연의 선물을 소홀히 하는 것은 시의 적절하지 못하다.

20 아름다운 것은 어떤 종류건 그 자체로 아름답고, 그 자체로 완성되어 있다. 찬미는 아름다움을 이루는 성분이 아니다. 찬미를 받는다고 해서 더 나아지지도, 더 나빠지지도 않기 때문이다. 일반적으로 아름답다고 일컬어지는 것들, 이를테면 자연의 산물이나 예술작품에 대해서도 같은 말을 할 수 있다. 진실로 아름다운 것에 무엇이 필요하겠는가? 그것은 법이나 진리나 선의나 겸손만큼이나 아무것도 필요로 하지 않는다. 이 가운데 어느 것이 칭찬받는다고 아름다워지고, 비난받는다고 흉해지겠는가? 에메랄드가

칭찬받지 못한다고 더 나빠지겠는가? 황금과 상아와 자줏빛 옷과 뤼라[83]와 단검과 꽃송이와 어린 나무는 또 어떤가?

21 혼이 계속해서 존재한다면 아득히 먼 옛날부터 대기는 모든 혼을 어떻게 수용할까? 대지는 아득히 먼 옛날부터 그 안에 묻힌 시신들을 어떻게 수용할까? 대지에서 시신이 얼마 동안 머물다가 변하여 해체되어 다른 시신에게 자리를 내주듯이, 대기 속으로 옮겨간 혼들도 얼마 동안 머물다가 변하여 흩어지거나 불이 붙어 우주의 생식력을 가진 이성 속으로 도로 받아들여짐으로써 뒤이어 그곳에 거주하게 된 혼들에게 자리를 내준다. 혼이 계속해서 존재한다고 믿는 자들에게는 이렇게 답변할 수 있다.
2) 그러나 여기서 우리는 이렇게 매장되는 시신뿐 아니라 날마다 우리 인간과 다른 동물이 먹어치우는 동물 무리도 고려해야 한다. 얼마나 많은 동물이 잡아먹혀 어떤 의미에서는 그것을 먹고 사는 것들의 육신 속에 묻히는가! 하지만 동물이 피로 변하고 공기와 불기운으로 변형됨으로써 그것들을 수용할 공간이 생기는 것이다.
3) 이 경우 진리를 탐구하는 방법은 무엇인가? 그것은 진리의 질료와 원인을 구분하는 것이다.

22 이리저리 헤매지 말고, 충동이 일 때마다 정의의 요구를 들어주고, 생각할 때마다 네가 명확히 이해하는 것에 의지하라.

23 오오, 우주여! 너와 조화를 이루는 것은 나와도 조화를 이룬다. 너에게 시의적절한 것은 나에게도 너무 이르지도, 너무 늦지도 않다.

자연이여, 너의 계절들이 가져다주는 것은 나에게도 결실이다. 만물이 너에게서 오고, 네 안에 있고, 너에게로 돌아간다. 시인은 "케크롭스의 사랑스러운 도시여!"[84]라고 노래했다. 너는 "오오, 제우스의 사랑스러운 도시여!"라고 노래하지 않겠느냐?

24 "마음의 평정을 바란다면 일을 적게 벌여라"[85]라고 데모크리토스는 말한다. 그러나 반드시 해야 할 일과 본성상 공동체적 동물인 인간의 이성이 요구하는 것을 이성이 요구하는 대로 행하는 것이 더 낫지 않겠는가? 그렇게 하면 우리는 선한 일을 벌이는 데서 오는 마음의 평정뿐 아니라, 일을 적게 벌이는 데서 오는 마음의 평정을 얻기 때문이다. 우리가 말하고 행하는 것은 십중팔구 불필요한 것이므로, 그것을 버리면 시간의 여유가 생기고 마음의 동요는 줄어들 것이다. 그러니 매사에 이것도 불필요한 것 가운데 하나가 아닐까 하고 스스로에게 물어야 한다. 우리는 불필요한 행동뿐 아니라 불필요한 생각도 버려야 한다. 그렇게 하면 우리를 빗나가게 하는 행동이 뒤따르지 않기 때문이다.

25 우주로부터 주어진 운명에 만족하고 자신의 올바른 행동과 자비로운 품성에 만족하는 선한 자의 삶이 네게 맞는지 한번 살펴보라.

---

83 뤼라(lyra)는 길이가 같은 일곱 개의 현으로 만든 고대 그리스의 발현악기이다.
84 이 시행은 그리스의 희극작가 아리스토파네스(단편 112 Kassel-Austin)에서 인용한 것이다. 케크롭스(Kekrops)는 아테나이의 전설적인 왕이다. 여기서 '제우스의 도시'란 우주를 뜻하는 듯하다.
85 데모크리토스, 단편 B 3 Diels/Kranz.

26 그림의 저쪽을 보았으니 이번에는 이쪽을 보라. 너 자신을 혼란에 빠뜨리지 마라. 너 자신을 단순화하라. 누가 네게 잘못을 저지른다고? 그렇다면 그는 자신에게 잘못을 저지르는 것이다. 네게 어떤 일이 일어났다고? 그건 잘된 일이다. 네게 일어나는 모든 것은 처음부터 우주가 너를 위하여 정해놓고 펼쳐놓은 것이다. 한마디로 인생은 짧다. 신중하고 올바른 행동으로 현재에서 무언가를 얻도록 하라. 정신을 맑게 하되 긴장하지 마라.

27 우주가 잘 정돈되어 있지 않다면 무질서하고 우발적인 뒤죽박죽일 것이다. 네 안에는 어떤 질서가 있는데 우주에는 질서가 없다는 것이 가능할까? 만물이 구분되고 분산되어도 서로 공감하거늘 과연 그럴 수가 있을까?

28 음험한 성격, 남자답지 못한 성격, 완고한 성격, 야수 같고, 가축 같고, 어린애 같고, 나태하고, 거짓되고, 야비하고, 장사꾼 같고, 폭군 같은 성격.

29 우주 안에 있는 것들을 모르는 자가 우주의 나그네라면, 우주 안에서 일어나는 일을 모르는 자도 그에 못지않게 나그네이다. 공동체적 이성에서 달아나는 자는 도망자이다. 이성의 눈을 감아버리는 자는 장님이다. 남에게 의존하고 삶에 필요한 모든 것을 자신 안에 갖고 있지 못한 자는 거지이다. 일어난 일에 불만을 느껴 누구에게나 공통된 자연의 이성에 등을 돌리고 물러서는 자는 우주의 부스럼[86]이다. 다름 아닌 그 이성이 일어난 일들을 일어나게 해주고 또

너를 낳았기 때문이다. 하나이자 전체인 이성적 존재들의 혼에서 자신의 혼을 떼어내는 자는 마치 국가에서 떨어져나간 팔다리에 불과하다.

30 한 사람은 키톤[87]도 입지 않고, 다른 사람은 책도 없이, 또 다른 사람은 반쯤 벌거벗은 채 철학을 한다. "나는 빵은 없지만 이성에 충실하다"고 철학자는 말한다. 나도 학문으로 생계를 유지하지 못하지만 학문에 충실하다.[88]

31 네가 익힌 얼마 안 되는 기술을 사랑하고 편안하게 자신을 맡기도록 하라. 그리고 자신의 모든 것을 충심으로 신들에게 맡기고, 자신을 어느 누구의 폭군이나 노예로 만들지 않는 사람으로 여생을 보내도록 하라.

32 베스파시아누스[89]의 치세 때를 생각해보라. 그때도 이런 자를 모두 보게 될 것이다. 결혼하고 자녀를 키우는 자들, 병든 자들, 죽어가는 자들, 전쟁하는 자들, 축제를 벌이는 자들, 장사하는 자들, 농사짓는 자들, 아첨하는 자들, 잘난 체하는 자들, 의심하는 자들, 음모

---

86 2권 16절 참조.
87 chiton/라 tunica. 소매가 짧고 무릎까지 내려오는 옷이다.
88 이 부분을 "나는 학문으로 생계를 유지하지만 학문에 충실하지 못하다"고 읽는 텍스트들도 있다.
89 베스파시아누스(Titus Flavius Sabinus Vespasianus 기원후 9~79년. 재위 기간 69~79년)는 플라비아가(gens Flavia) 출신으로는 처음으로 로마 황제가 된 사람이다.

를 꾸미는 자들, 누가 죽기를 비는 자들, 자신의 운명을 투덜대는 자들, 사랑하는 자들, 재물을 쌓는 자들, 집정관직을 바라는 자들, 왕위를 바라는 자들 말이다. 그러나 이제 어느 곳에서도 더이상 그들의 그러한 삶의 흔적을 찾을 수 없다.

2) 이번에는 트라이아누스[90] 치세 때로 옮겨가보라. 이번에도 똑같고, 그러한 삶 역시 흘러가고 없다. 마찬가지로 여러 시대와 모든 민족의 다른 기록들을 살펴보고, 얼마나 많은 사람이 용을 쓰다가 잠시 뒤 쓰러져 원소들로 해체되었는지 보라. 무엇보다도 네가 아는 사람 가운데 헛된 것들을 좇느라 정작 자신의 소질에 맞는 것을 행하고 거기에 몰입하고 그것으로 만족하기를 소홀히 한 자들을 머리에 떠올려보라. 여기서 한 가지 염두에 두어야 할 점은, 무엇을 행하든 그것에 쏟는 열성은 그 가치와 비례해야 한다는 것이다. 그렇게 하면 너는 사소한 일에 지나치게 몰두하지 않게 되어, 싫증이 나서 그만두는 일이 없을 것이다.

33 전에 쓰던 표현들은 지금은 옛말이 되었다. 그와 마찬가지로 전에 대단히 찬양받던 자들의 이름도 지금은 어떤 의미에서는 옛말이다. 카밀루스, 카이소, 볼레수스, 덴타투스[91]가 그렇다. 얼마 뒤에는 스키피오와 카토[92]가 그렇고, 그다음에는 아우구스투스[93]가, 그다음에는 또 하드리아누스[94]와 안토니누스[95]가 그렇다. 모든 것이 금세 사라져 옛이야기가 되고 완전히 망각된다. 여기서 나는 놀랍도록 빛을 발하던 자들에 관해 말하는 것이다. 나머지는 숨이 끊어지자마자 "보이지도, 들리지도 않기"[96] 때문이다. 영원한 사후의 명성이란 대체 무엇인가? 그야말로 아무것도 아니다. 그렇다면 우리가 열

성을 쏟아야 할 것은 무엇인가? 한 가지뿐이다. 올바른 생각, 공동체에 이익이 되는 행동, 거짓을 모르는 말 그리고 일어나는 모든 일을 필연적인 것으로, 친숙한 것으로, 우리와 같은 근원과 원천에서 흘러나온 것으로 환영하는 심성이 곧 그것이다.

34 너를 기꺼이 [운명의 여신] 클로토[97]에게 맡기고 네 운명의 실로 그녀가 원하는 베를 짜게 하라.

35 기억하는 것도 기억되는 것도 모두 하루살이이다.

---

90 트라이야누스(Marcus Ulpius Traianus 재위 기간 98~117년)는 로마 황제이다.
91 카밀루스(Camillus), 카이소(Caeso), 볼레수스(Volesus)와 덴타투스(Dentatus)는 모두 로마 공화정 시대의 쟁쟁한 인물들이다.
92 스키피오(Scipio)와 카토 또한 로마 공화정 시대에 명성을 떨친 인물들이다. 여기서는 제2차 포이니 전쟁 때 한니발을 이긴 대(大)스키피오를 말하는지 아니면 그의 손자로 제3차 포이니 전쟁 때 카르타고를 함락한 소(小)스키피오를 말하는지 알 수 없다. 카토도 로마적 검소함과 도덕적 엄격성의 상징인 대카토를 말하는지 아니면 그의 증손자로 율리우스 카이사르의 독재에 항거하여 로마 공화정을 사수하다가 자살한 소카토를 말하는지 알 수 없다.
93 아우구스투스(Augustus '존엄힌 자'라는 뜻)는 기원전 31년 오랜 내전을 끝내고 로마 초대 황제가 된 옥타비아누스(Gaius Iulius Caesar Octavianus 기원전 64년~기원후 14년)의 존칭이다.
94 하드리아누스(Hadrianus 재위 기간 기원후 117~138년)는 트라이야누스 바로 다음의 로마 황제이다.
95 1권 주 31 참조.
96 호메로스(Homeros), 『오뒷세이아』(Odysseia) 1권 242행.
97 클로토(Klotho '실 잣는 여자'라는 뜻)와 라케시스(Lachesis '나눠주는 여자'라는 뜻)와 아트로포스(Atropos '돌이킬 수 없는 여자'라는 뜻)의 세 자매는 운명의 여신들이다.

36 만물은 변화를 통하여 태동하고 있음을 언제나 지켜보라. 보편적 자연은 존재하는 것을 변화시켜 같은 종류의 새로운 것을 만들어내기를 무엇보다도 좋아한다는 생각에 익숙해져라. 존재하는 모든 것은 어떤 의미에서는 거기서 생겨날 것의 씨앗이기 때문이다. 너는 대지나 자궁 속에 뿌려지는 씨앗만 생각하지만, 그것은 비철학적인 생각이다.

37 너는 곧 죽을 것이다. 그런데도 아직 단순하지 못하고, 담담하지도 못하고, 외부로부터 해를 입지 않을까 하는 의심에서 벗어나지 못하고, 모든 사람에게 상냥하지 못하다. 지혜와 올바른 행동을 하는 것은 같은 것이라는 것도 이해하지 못하고 있다.

38 사람들의 지배적인 이성을 면밀히 살피되, 현인들이 무엇을 피하고 무엇을 추구하는지 살펴보라.

39 네 불행은 남의 지배적인 이성에 달려 있는 것도 아니고, 네 주변 환경이 바뀌거나 변하는 데 달려 있지도 않다. 그렇다면 무엇에 달려 있는가? 악에 대한 네 판단력이 깃든 부분에 달려 있다. 이 부분이 판단을 내리지 못하게 하라. 그러면 만사가 잘될 것이다. 설령 그것과 가장 가까이에 있는 육신이 잘리고 불타고 곪고 썩더라도, 이런 것에 대하여 판단을 내리는 부분은 가만있게 하라. 곧 악인과 선인에게 똑같이 일어날 수 있는 것을 악이나 선이라고 판단하지 못하게 하라. 자연에 어긋나게 사는 사람과 자연에 따라서 사는 사람에게 똑같이 일어나는 것은 자연에 따르는 것도 아니고 자연에

어긋나는 것도 아니기 때문이다.

40 언제나 우주를 하나의 실체와 하나의 혼을 가진 하나의 생명체로 생각하라. 어떻게 만물이 우주의 하나의 지각 속으로 전달되고, 어떻게 우주가 하나의 충동으로 모든 것을 야기하고, 어떻게 존재하는 만물이 생성되는 만물의 공동의 원인인지 그리고 만물이 어떻게 서로 얽히고 짜이는지 생각해보라.

41 에픽테토스[98]가 말했듯이, "너는 시신을 짊어지고 다니는 작은 혼일 뿐이다."

42 변화하고 있는 것들에게 악한 것은 아무것도 없다. 변화의 산물로 존재하는 것들에게 선한 것은 아무것도 없듯이.[99]

43 시간은 생성되는 만물로 이루어진 강, 아니 급류이다. 무엇이든 눈에 띄자마자 휩쓸려가고, 다른 것이 떠내려오면 그것도 곧 휩쓸려갈 것이다.

44 일어나는 모든 일은 봄철의 장미나 여름철의 과일처럼 친숙하고 잘 알려진 것들이다. 병과 죽음, 중상모략과 음모, 바보들을 기쁘게 하

---

[98] 1권 주 15 참조. 에픽테토스, 단편 26 Schenkl. 에픽테토스의 이 말은 현존하는 그의 작품에는 없다.
[99] 죽음은 불행이 아니고, 삶은 선이 아니라는 뜻이다.

거나 슬프게 하는 모든 것이 그와 같다.

45 후속되는 것은 선행한 것과 늘 유기적인 관계에 있다. 그것은 어쩔 수 없이 이어지지만 따로 떨어져 있는 개체들을 열거하는 것과 같은 것이 아니라, 하나의 합리적인 결합이기 때문이다. 존재하는 것들이 서로 조화롭게 결합되어 있듯, 생성되는 것은 모두 단순한 연속이 아니라 놀라운 유기적 관계를 보여준다.

46 "흙의 죽음은 물이 되고, 물의 죽음은 공기가 되고, 공기의 죽음은 불이 되며 그 역(逆)도 같다"[100]고 한 헤라클레이토스의 말을 항상 명심하라. 그리고 "자신의 길이 어디로 나 있는지 잊고 있는 사람"이라는 그의 말도 새겨두어라. 또한 "사람들은 자신들이 가장 지속적으로 접촉하는 것, 즉 우주를 관장하는 이성과 불화한다"는 말과, "사람들이 날마다 만나는 것이 그들에게는 낯설어 보인다"는 말과, 우리는 "잠든 사람처럼 행하고 말해서는 안 된다"는 말을 명심하라. 잠을 자면서도 우리는 행하고 말하는 것처럼 보이기 때문에 하는 말이다. 그리고 우리는 또 말하자면 "그저 부모가 시키는 대로" 행동해서는 안 된다는 그의 말도 명심해야 한다.

47 어떤 신이 너에게 내일 아니면 늦어도 모레쯤에는 죽을 것이라고 말한다면, 완전한 겁쟁이가 아닌 한 내일이 됐든 모레가 됐든 개의치 않을 것이다. 그도 그럴 것이, 그 둘 사이에 무슨 큰 차이가 있겠는가? 그와 마찬가지로 네가 여러 해 뒤에 죽든 내일 죽든 그것은 큰 차이가 없는 일이라고 여겨라.

48 항상 명심하라. 얼마나 많은 의사가 환자 때문에 자주 눈살을 찌푸린 뒤 죽었으며, 얼마나 많은 점성가가 무슨 놀라운 일인 양 남의 죽음을 예언한 뒤 죽었는가. 얼마나 많은 철학자가 죽음과 불사(不死)에 관해 수없이 토론한 뒤 죽었는가. 그리고 얼마나 많은 장수가 수많은 적군을 도륙한 뒤 죽었으며, 얼마나 많은 폭군이 마치 자신은 죽지 않을 것처럼 무섭도록 오만하게 자신들의 생사여탈권을 휘두른 뒤 죽었는가. 얼마나 많은 도시가, 이를테면 헬리케[101]와 폼페이와 헤르쿨라네움[102]과 그 밖에 무수한 다른 도시가, 이런 표현을 써도 된다면 몰사했는지를.

2) 네가 알았던 사람들을 한 명씩 눈앞에 떠올려보라. 한 명은 이 사람을, 한 명은 저 사람을 묻어준 뒤 자신도 묻혔다. 그것도 잠깐 사이에. 간단히 말해, 인간사란 얼마나 덧없고 하찮은 것인가. 어제는 한 방울의 진액이었다가 내일은 미라나 재가 된다. 그러니 이 짧은 시간을 자연에 따라 보내고 나서 즐거운 마음으로 떠나라. 올리브 열매가 다 익고 나면 낳아준 대지를 찬미하고 자신을 길러준 나무에 감사하며 떨어지듯이.

49 파도가 끊임없이 밀려와 부서지는 곶(岬)처럼 되라. 곶은 꿋꿋이 버

---

[100] 죽는 것은 아무것도 없고, 모든 것은 변할 뿐이라는 것이다. 헤라클레이토스, 단편 B 76, 71~74 Diels/Kranz.
[101] 헬리케(Helike)는 그리스 펠로폰네소스 반도 북안에 있던 도시인데, 기원전 373년 지진으로 완전히 파괴되어 수몰되었다.
[102] 폼페이(Pompei)와 헤르쿨라네움(Herculaneum)은 이탈리아 캄파니아 지방에 있던 도시들로, 기원전 79년 베수비우스(Vesuvius) 화산 폭발 때 완전히 매몰되었다.

티고 서서 주위에서 끓어오르는 바닷물을 잠재운다.

2) "이런 일이 나에게 일어나다니, 나야말로 불운하구나!" 천만에! 그렇게 말할 것이 아니라 이렇게 말하라. "나는 이런 일을 당했는데도 고통을 겪지 않았고, 현재의 불운에도 망가지지 않고 미래의 고통도 두렵지 않으니, 나야말로 행운아로구나!" 그런 일은 누구에게나 일어날 수 있지만, 그런 일을 당하고도 고통을 겪지 않는 것은 누구에게나 주어지는 것이 아니기 때문이다. 그렇다면 어째서 후자를 행운으로 여기지 않고 전자를 불운으로 여기는가? 너는 도대체 왜 인간의 본성에서 벗어나지 않는 것을 인간의 불운이라고 부르며, 인간 본성의 의지에 어긋나지 않는 것을 인간의 본성에서 벗어난다고 여기느냐? 이 의지란 무엇인가? 너는 그것을 배워 알고 있다. 너에게 일어난 일이 네가 무엇을 하거나 하지 못하게 가로막더냐? 이를테면 네가 공정하고, 고매하고, 신중하고, 현명하고, 서두르지 않고, 올곧고, 겸손하고, 자유로워지고, 그 밖에 그것만 가지면 인간의 본성이 제 사명을 완수하게 되는 다른 자질을 갖지 못하게 막더냐? 앞으로는 너에게 고통을 주는 일이 일어날 때마다 잊지 말고 다음의 원칙을 적용하라. "이것은 불운이 아니다. 이것을 용감하게 참고 견디는 것이야말로 오히려 행운이다."

50   악착같이 삶에 집착한 자들을 떠올려보는 것은 죽음을 경멸하는 데 평범하지만 효과적인 방법이다. 그들이 요절한 자들보다 무엇을 더 얻었던가? 그들도 결국 어디엔가 묻혀 있지 않은가. 카디키아누스, 파비우스, 율리아누스, 레피두스,[103] 그 밖에 이들과 비슷한 자들도 많은 사람들을 무덤으로 실어 나르고 나서 자신들도 실려 나가지

않았던가. 간단히 말해, 그 차이란 미미하다. 그나마 그들은 얼마나 많은 노고 속에서 어떤 사람들과 더불어 어떤 몸으로 끝까지 끌려 갔던가. 그것을 대단하게 여기지 마라. 네 뒤의 무한한 시간과 네 앞의 무한한 시간을 보라. 무한 시간 속에서 사흘을 산 아이와 세 세대를 산 노인[104] 사이에 무슨 차이가 있겠는가?

51 항상 짧은 길로 들어서라. 자연에 따르는 길이 짧은 길인데, 그 길은 네가 가장 건전하게 말하고 행동하게 해줄 것이다. 그러면 너는 수많은 근심과의 싸움에서, 온갖 꾸밈과 가식에서 벗어날 것이다.

---

103 카디키아누스(Cadicianus), 파비우스(Fabius), 율리아누스(Iulianus), 레피두스(Lepidus)에 관해서는 달리 알려진 것이 없으나 장수(長壽)했던 것으로 생각된다.
104 호메로스, 『일리아스』(Ilias)에 나오는 그리스의 노장 네스토르(Nestor)처럼.

V

1 아침에[105] 일어나기 싫으면, '나는 인간으로서 일하기 위하여 일어난다' 고 생각하라. 그 때문에 내가 태어났고, 그 때문에 내가 세상에 나온 일을 하려는데 아직도 불평을 한단 말인가? 아니면 나는 이불을 덮고 누워 몸이나 데우려고 만들어졌단 말인가? "하지만 그렇게 하는 게 즐거운걸." 그렇다면 너는 즐거움을 위하여 태어났단 말인가? 간단히 말해, 네가 태어난 것은 느끼기 위해서인가, 아니면 행동하기 위해서인가? 너는 작은 식물들이, 참새들이, 개미와 거미와 꿀벌들이 맡은 바 소임을 다하며 우주를 구성하는 데 나름대로 기여하고 있는 것이 보이지 않느냐? 하거늘 너는 인간으로서 맡은 일을 거부하고 네 본성에 맞는 것을 향해 달려가지 않겠다는 것인가? "하지만 휴식도 필요하답니다." 그야 물론이지. 그러나 휴식에도 자연은 한계를 정해놓았다. 먹고 마시는 데 한계를 정해놓듯이 말이다. 하지만 너는 그 한계를, 충분한 정도를 넘어서고 있다. 한데 행동에서는 더이상 그렇지 못하고, 네 능력에도 못 미친다.

2) 너는 너 자신을 사랑하지 않는다. 너 자신을 사랑한다면 너는 네 본성도, 네 본성의 의도도 사랑할 것이다. 자신의 기술을 사랑하는

다른 사람들은 목욕도 않고 식사도 거르며 자기 일에 전력을 쏟는다. 하지만 네가 너 자신의 본성을 존중하는 것은, 청동 조각가가 청동상을, 무용수가 무용술을, 수전노가 돈을, 헛된 명성을 좇는 자들이 그 명성을 존중하는 것에도 미치지 못한다. 이런 자들도 자기 일에 열중할 때는 자신이 마음먹은 일이 이루어지는 것을 포기하느니 차라리 먹고 자는 것을 포기한다. 너는 공동체를 위한 행동들이 더 하찮고 노력할 만한 가치가 더 적다고 생각하는가?

2   성가시거나 혼란스러운 인상을 무시하고 말끔이 지워버리고 당장에 마음의 완전한 평정을 회복한다는 것은 얼마나 즐거운 일인가!

3   자연에 따르는 말과 행동은 무엇이든 네게 어울리는 것으로 여겨라. 남들의 비난이나 말 때문에 옆길로 끌려들지 말고, 행하거나 말해서 옳은 것이 있으면 너 자신이 그렇게 할 가치가 없다고 여기지 마라. 저들은 저들 나름대로 지배적인 이성을 갖고 있고, 자신들의 충동에 따른다. 너는 그런 것들을 둘러보지 말고, 너 자신의 본성과 보편적 자연에 따라 곧장 걸어가라. 이 두 길이 하나이다.

4   나는 자연의 길을 따라 앞으로 나아가다가 드디어 내가 날마다 숨을 들이쉬던 대기 속으로 내 마지막 숨을 내쉬리라. 그리고 거기서 나의 아버지가 씨를, 나의 어머니가 피를, 내 유모가 젖을 모았던 대지에 쓰러지며 쉬리라. 대지는 그토록 여러 해 동안 내게 날마다

---

105   2권 1절 참조.

먹고 마실 것을 대주었고, 내가 짓밟고 다니며 온갖 용도로 써대는 데도 나를 짊어지고 있지 않은가.

5 너는 날카로운 기지로 사람들의 감탄을 자아낼 수 없을지 모른다. 그래도 너에게는 "나는 타고나지 못했다니까요"라고 말할 수 없는 다른 자질이 많다. 그렇다면 전적으로 네 손안에 있는 그 자질들을 보여주도록 하라. 정직, 위엄, 끈기, 쾌락에 대한 혐오, 운명에 대한 만족, 자비심, 마음의 자유, 검소함, 과묵함, 고매함 말이다. 너는 재능을 타고나지 못했다든가 능력이 모자란다는 핑계를 대지 않고도 얼마나 많은 것을 보여줄 수 있는지 알지 못하겠느냐? 그런데도 너는 자진하여 낮은 수준에 머물러 있겠다는 것인가? 아니면 너는 재능을 타고나지 못했다는 핑계로 억지를 쓰며 운명을 불평하고, 쩨쩨하게 굴고, 아부하고, 네 가련한 몸을 탓하고, 잘난 체하고, 큰 소리치고, 마음을 뒤흔들 참인가? 신들에 맹세코, 그리해서는 안 된다. 오히려 너는 오래전에 이런 결함들에서 벗어날 수도 있었을 것이다. 너는 이해가 느리고 아둔한 사람으로 여겨졌다 해도 이런 결점을 훈련을 통해 극복해야지, 자신의 태만을 무시하거나 즐겨서는 안 된다.

6 어떤 이는 남에게 선행을 베풀고 나서 자신에게 돌아올 보답을 미리 계산한다. 어떤 이는 계산은 하지 않더라도 마음속으로 자신을 채권자로 여기고는 자기의 행위를 기억해둔다. 또 다른 부류는 어떤 의미에서 자기가 한 일을 의식하지 않는다. 그는 포도송이들이 열려 있으나 일단 제 열매가 맺힌 뒤에는 더이상 아무것도 요구하

지 않는 포도나무와도 같다. 주로를 달린 말이나, 사냥감을 찾아낸 개나, 꿀을 모은 벌과도 같다. 그와 같이 선행을 베푼 사람도 나팔을 불지 않고 다음 선행으로 넘어간다. 제철이 되면 포도나무에 다시 포도송이들이 열리는 것처럼.

2) "그렇다면 우리는 어떤 의미에서는 자기가 무슨 일을 하는지도 모르는 채 해야 하나요?" 그렇다. "하지만 우리는 그것도 알고 있어야 해요. 왜냐하면 자신이 공동체를 위하여 행동한다는 것을 아는 것과 공동체가 그것을 알아주기를 바라는 것은 공동체적 인간의 특징이니까요." 네 말이 옳다. 그러나 너는 내 말뜻을 오해하고 있다. 너는 앞서 내가 언급했던 자들 가운데 한 명이 될 것이다. 그들도 그럴듯한 이유를 대다가 옆길로 빠졌으니 말이다. 하지만 네가 내 말뜻을 이해하려고 한다면, 그 때문에 네가 공동체를 위한 행동을 소홀히 하게 되지 않을까 두려워할 필요는 없을 것이다.

7 아테나이인들의 기도. "비를 내려주소서. 오오! 경애하는 제우스여, 아테나이인들의 경작지와 풀밭에 비를 내려주소서!" 기도는 애당초 하지 말든지 하려면 이렇게 단순하고 솔직하게 해야 한다.

8 우리는 흔히 "아스클레피오스[106]가 이러저러한 사람에게 승마 연습이나 냉수욕이나 맨발로 다닐 것을 처방했다"고 말한다. 마찬가지로 우리는 보편적 자연이 이러저러한 사람에게 질병이나 불구나 피해나 그 밖에 이와 비슷한 다른 것을 처방했다고 말할 수 있다. 전

---

[106] 아스클레피오스(Asklepios)는 그리스 신화에서 의술의 신이다.

자의 경우 "그가 처방했다"는 것은 그가 이러저러한 사람에게 이러저러한 것을 건강에 유익한 것으로 지정해주었다는 뜻이고, 후자의 경우 각자에게 일어나는 것이 어떤 의미에서 그의 운명에 유익한 것으로 지정되었다는 뜻이다. 우리는 누군가에게 일어나는 일이 그에게 맞다[107]고 말하는데, 석공들도 성벽이나 피라미드를 쌓을 때 건축 규정에 의해 네모난 큰 돌들을 이어붙이며 그것들이 "맞다"고 말한다. 전체적으로 단 하나의 조화가 존재하며, 우주가 온갖 물체가 결합함으로써 이런 조화로운 물체가 되듯, 운명도 온갖 원인이 결합함으로써 이런 조화로운 원인이 된다. 지금 내가 하는 말은 일자무식들도 이해한다. 그들도 "이것은 운명이 그에게 보낸 것이다"라고 말하기 때문이다. 그러니까 그것은 그에게 보내진 것, 다시 말해 그에게 처방된 것이다. 그러니 우리는 운명이 처방한 것을 아스클레피오스가 처방한 것처럼 받아들이자. 사실 그가 처방한 것 중에는 쓰디쓴 것도 많지만, 우리는 건강해지기를 바라며 그 처방을 받아들인다.

2) 보편적 자연이 승인한 것이 완성되고 성취되는 것을 네 건강이 그렇게 되는 것처럼 보아야 하며, 일어나는 일이 쓰라리다 싶어도 모두 반기도록 하라. 그것은 우주의 건강에, 제우스의 번영과 복리에 이바지하기 때문이다. 그는 전체에 이익이 되지 않는다면 누구에게도 그런 일을 보내지 않을 것이다. 어떤 종류의 자연도 자신의 지배를 받는 것들에게 이롭지 않은 것을 결코 보내지 않는다.

3) 두 가지 이유에서 너는 너에게 일어나는 일에 만족해야 한다. 첫째, 그 일은 너에게 일어났고, 처방되었고, 가장 오래된 원인들로 거슬러 올라가는 운명의 실로 너와 이어져 있기 때문이다. 둘째, 우

주의 지배자에게는 각자에게 개별적으로 일어나는 일도 행복과 성취, 그리고 맹세코 존속의 원인이 되기 때문이다. 네가 전체의 결합과 연결에서 부분이든 원인이든 조금만 잘라내도 전체는 불구가 된다. 한데 너는 불만이 있을 때마다 힘 닿는 대로 그것을 잘라내고 어떤 의미에서는 그것을 파괴하고 있구나.

9 매번 성공하지 못한다 해도 매사를 올바른 원칙에 따라 행하는 데 싫증 내거나 낙담하거나 포기하지 마라. 실패하면 다시 그 원칙으로 돌아가고, 네 행동이 대체로 인간 본성에 맞는다면 그것으로 만족하고, 네가 무엇을 지향하든 그것을 사랑하라. 철학으로 돌아가되 엄격한 교사를 구하듯이 철학에 접근할 것이 아니라, 눈병 환자가 해면과 달걀을, 다른 환자가 고약이나 습포를 찾듯이 접근하라. 그렇게 하면 너는 이성에 복종하는 것을 과시하지 않고도 이성에서 안식을 얻을 것이다. 그리고 철학은 네 본성이 원하는 것만을 원한다는 사실을 명심하라. 한데 너는 자연에 맞지 않는 다른 것을 원하고 있다. "그도 그럴 것이, 그보다 더 즐거운 일이 어디 있겠어요?" 그래서 즐거움이 우리를 흔들어놓는 것이 아니겠느냐? 하지만 고매함, 자유, 소박함, 남에 대한 배려, 경건함이 더 즐거운 것 아닌지 고찰해보라. 지혜보다 더 즐거운 것이 또 어디 있겠는가? 이해하고 인식하는 능력이 매사에 얼마나 확실하고 원활한지 네가 마음속에 떠올려본다면 말이다.

107 그리스어 symbaino에는 '(사건이) 일어나다'는 뜻 말고도 '일치하다' '맞다'는 뜻이 있다.

10 사물들은 어떤 의미에서는 가려져 있고 비범한 철학자들도 적잖이 이 사물들을 전혀 인식할 수 없는 것으로 생각했다. 스토아 철학자들조차도 사물들은 인식하기 어렵다고 생각한다. 아닌 게 아니라 감각에 대한 우리의 동의는 잘못될 수 있다. 어떤 경우에도 잘못 판단하지 않는 사람이 있을 수 있겠느냐? 이번에는 인식된 대상 자체로 시선을 돌려, 그 대상이 얼마나 덧없고 무가치한가를, 그리고 방탕한 자나 창녀나 도둑도 그 대상을 소유할 수 있다는 것을 생각해 보라. 다음에는 너와 더불어 사는 사람들의 성격을 향해 눈길을 돌려보라. 사람들이 자기 자신을 간신히 참고 견디는 것은 말할 나위도 없고, 사람들 가운데 가장 상냥한 사람조차도 참고 견디기 어려울 때가 있지 않은가.

2) 이러한 어둠과 더러움 속에서 존재와 시간의, 운동과 운동하는 사물들의 거대한 급류 속에서 높이 평가하거나 진지하게 추구할 만한 것이 무엇이 있는지 나로서는 알 수가 없다. 오히려 우리가 마땅히 해야 할 일은, 자연에 따르는 해체를 담담하게 기다리며 그것이 늦어진다고 불평하지 않고 오직 다음 두 가지 생각으로 자신을 위로하는 것이다. 한 가지는, 보편적 자연에 맞지 않는 일은 어떤 것도 내게 일어나지 않을 것이라는 생각이다. 다른 한 가지는, 나의 신과 내 안의 신성에 거역하면서 어떤 일도 하지 않을 능력이 나에게 있다는 생각이다. 그 신성에게 거역하도록 나에게 강요할 사람은 아무도 없기 때문이다.

11 "지금 나는 내 혼을 어떤 목적에 쓰고 있는가?" 매사에 그렇게 자문해보고 다음과 같이 또 자신에게 물어보라. 사람들이 지배적 이성

이라고 일컫는 나의 그 부분에서는 지금 어떤 일이 일어나고 있는가? 지금 나는 누구의 혼을 갖고 있는가? 어린아이의 혼인가? 소년의 혼인가? 여자의 혼인가? 폭군의 혼인가? 가축의 혼인가? 아니면 들짐승의 혼인가?

12　대중이 좋다고 여기는 것이 어떤 것인지 다음과 같은 고찰로 알 수 있다. 지혜, 절제, 정의, 용기 같은 것을 진실로 좋은 것이라고 생각하는 사람이 있다면, 그는 이런 것들을 염두에 두고 있으므로 "좋은 것들은 너무도 많으니"[108]라는 시인의 말에 더는 귀가 솔깃하지 않을 것이다. 그 말은 맞지 않기 때문이다. 그렇지만 누가 대중에게 좋아 보이는 것들을 염두에 두고 있다면 그는 귀를 기울이며 희극 시인의 말을 재치 있는 발언으로 금세 받아들일 것이다. 대중도 그런 방법으로 차이를 감지한다. 그렇지 않다면 그런 농담은 불쾌감을 주거나 품위 없는 것으로 생각되기는커녕 오히려 부와 사치나 명망을 쌓는 재물에 적용될 때는 적절하고 재치 있는 발상으로 받아들여질 것이다. 거기서 한 걸음 더 나아가 물어보라. 우리가 마음에 떠올릴 때 "그 주인은 하도 많이 갖고 있어서 대소변을 볼[109] 자리도 없다"는 말을 적절한 표현으로 이용할 수 있는 그런 것을 존중하면서 좋은 것으로 간주해야 하는지 말이다.

13　나는 원인과 질료로 구성되어 있다. 이 중 어느 것도 무(無)에서 생

108　그리스의 희극시인 메난드로스(Menandros), 『유령』(Phasma) 단편 42 Sandbach.
109　메난드로스의 원전에는 '대소변을 볼'(chesēi) 대신 '침 뱉을'(ptysēi)로 되어 있다.

성되지 않는 것처럼, 무로 소멸되지도 않을 것이다. 그리하여 나의 모든 부분은 변화에 의해 우주의 어떤 부분으로 옮겨갈 것이고, 그 부분도 우주의 다른 부분으로 변할 것이며, 이런 과정은 끊임없이 이어질 것이다. 이러한 변화에 의해 내가 생겨났고 나의 부모들도 생겨났으며, 이런 과정은 또 다른 무한으로 거슬러 올라갈 것이다. 비록 우주가 정해진 주기[110]에 따라 다스려진다 해도 이렇게 말하는 것을 가로막을 것은 아무것도 없다.

14 이성과 추론술은 그 자체로도, 그것들이 하는 일로도 자족적이다. 그것들은 고유한 원리에서 출발하여 그들 앞에 세워진 목표를 향하여 나아간다. 그래서 이성적인 행위는 올바른 행위라고 불리는데, 그 까닭은 그러한 행위는 올바른 길을 가기 때문이다.

15 인간으로서의 개인에게 속하지 않는 것이라면 그 어떤 것도 인간적인 것이라고 부르지 마라. 그런 것은 인간이 요구하는 것도, 인간의 본성이 약속하는 것도 아니다. 그런 것은 또 인간의 본성을 완성하는 것도 아니다. 따라서 그런 것에는 인간의 목표도, 그 목표에 도달하는 데 도움이 되는 것, 즉 좋음〔善〕도 들어 있지 않다. 또한 그런 것이 정말로 좋은 것이라면, 그런 것 가운데 어떤 것이 인간에게 의무로 주어질 경우 그런 것을 경멸하거나 반대하는 것은 의무가 아닐 것이다. 그런 것이 자기에게는 필요 없는 척하는 자는 칭찬받지 못하고, 그런 것 가운데 어떤 것을 절제하는 자는 선하지 못할 것이다. 한데 사실은 누군가 그런 것과 그와 비슷한 것을 자신에게 거절하거나 거절당해도 담담하게 참고 견딜수록 그는 그만큼 더 선

한 자가 아닌가.

16 네 마음은 네가 자주 떠올리는 생각과 같아질 것이다. 혼은 생각에 의해 물들기 때문이다. 그러니 다음과 같은 생각들을 잇달아 떠올림으로써 혼을 물들여라. 이를테면, 사람이 살 수 있는 곳이라면 잘 살 수 있다. 궁전에서도 살 수 있으므로 궁전에서도 잘 살 수 있다. 나아가 각각의 존재가 만들어진 이유는 또한 그 존재가 만들어진 목적이며, 각각의 존재는 그것을 지향한다. 각각의 존재가 지향하는 곳에 그의 목표가 있고, 그의 목표가 있는 곳에 각각의 존재의 이익과 선이 있다. 그런데 이성적 동물의 선은 공동체이다. 우리가 공동체를 위하여 태어났다는 것은 앞서[111] 밝힌 바 있다. 아니면 열등한 존재는 우월한 존재를 위해 존재하고, 우월한 존재는 서로를 위해 존재한다는 것이 분명하지 않단 말인가? 생명체는 생명이 없는 것보다 더 우월하고, 이성이 있는 것은 생명만 있는 것보다 우월하다.

17 불가능한 것을 추구하는 것은 미친 짓이다. 그런데 사악한 자들이 사악하지 않은 짓을 한다는 것은 불가능하다.

18 어느 누구에게도 자신의 본성이 참을 수 없는 일은 결코 일어나지 않는다. 너에게 일어난 것과 똑같은 일이 다른 사람에게 일어나지

---

110 생성과 소멸의 주기.
111 2권 1절 참조.

만, 그 사람은 자기에게 어떤 일이 일어났는지 모르기 때문이든 자신의 대범함을 보이기 위해서이든, 꿋꿋하게 견디고 해를 입지 않는다. 그렇지만 무지와 허영심이 지혜보다 더 강하다는 것은 끔찍하지 않은가.

19 사물 자체는 결코 혼과 접촉하지 못한다. 사물은 혼으로 들어갈 길을 갖지 못하고, 혼을 바꾸거나 움직일 수 없다. 혼만이 스스로 자신을 바꾸거나 움직이며, 자신이 어떤 판단을 내리든 외부에서 다가오는 사물을 그 판단에 따라 평가한다.

20 우리가 인간에게 선행을 베풀고 인간을 참고 견뎌야 하는 한, 어떤 의미에서 인간은 우리에게 가장 친숙한 존재이다. 그렇지만 몇몇 인간이 나의 고유한 임무를 수행하는 데 방해가 된다면, 인간은 태양이나 바람이나 들짐승 못지않게 나와 무관한 것 가운데 하나이다. 그들이 어떤 의미에서 내 활동을 방해한다 해도 내 의지와 마음가짐에는 방해가 될 수 없다. 내가 마음속으로 방해를 제거하고 그 방향을 바꿔놓기 때문이다. 마음은 자신의 활동을 방해하는 모든 것의 방향을 바꿈으로써 자신의 계획을 촉진시킨다. 그리하여 그러한 활동을 방해하려던 것이 그러한 활동에 도움이 되고, 길을 막으려던 것이 길을 열어주게 된다.

21 우주 안에 있는 것 가운데 가장 강력한 것을 존중하라. 그것은 만물을 이용하고 만물을 지배하는 것이다. 마찬가지로 네 안에 있는 것 가운데 가장 강력한 것[112]을 존중하라. 그것은 우주 안의 가장 강력

한 것과 동족이다. 네 안에서도 그 강력한 것은 다른 것을 모두 이용하고, 네 삶은 그것에 지배되기 때문이다.

22 국가[113]에 해를 끼치지 못하는 것은 시민에게도 해를 끼치지 못한다. 네가 해를 입었다고 생각할 때마다, 국가가 그것에 의해 해를 입지 않는다면 나도 해를 입지 않은 것이라는 원칙을 적용하라. 그러나 국가가 해를 입으면, 국가에 해를 입힌 자에게 화내지 말고 그가 무엇을 잘못했는지 물어야 한다.

23 종종 존재하는 것들과 생성되는 것들이 얼마나 빨리 우리 앞을 지나 시야에서 사라지는지 떠올려보라. 사물들의 실체는 쉴 새 없이 흐르는 강과 같고, 그것들의 활동은 지속적으로 변한다. 그것들의 원인은 한없이 다양하고, 정지해 있는 것은 거의 아무것도 없다. 그리고 늘 모든 것이 그 안에서 사라져버리는 과거의 무한한 시간과 입을 쩍 벌린 미래의 심연이 바로 우리 곁에 있다. 그렇다면 이러한 상황에서 우쭐대거나, 마음이 산란해지거나, 상당 기간 또는 오래 지속될 고통을 당하는 것처럼 우는소리를 하는 자야말로 바보가 아닌가?

24 네가 그것의 가장 작은 일부분에 지나지 않는 모든 실체를 생각하고, 그 가운데 짧고 순간에 불과한 기간만이 너에게 주어진 시간의

---

112 신.
113 우주.

전부라고 생각하라. 그리고 운명을 생각하라. 너는 그것의 얼마나 작은 부분을 지니고 있는가?

25 다른 사람이 내게 나쁜 짓을 한다고? 그것은 그가 알아서 할 일이다. 그에게는 나름대로의 기질과 행동방식이 있다. 나는 지금 보편적 자연이 내가 갖기를 원하는 바를 갖고 있으며, 내 본성이 지금 내가 행하기를 원하는 바를 행하고 있다.

26 네 혼의 지배적이고 주도적인 부분이 네 육신 안의 원활하거나 격렬한 움직임에 휘둘리지 않게 하고, 그러한 움직임과 섞이지 않고 자신의 한계를 정하게 하라. 그러한 자극들은 그것들이 속하는 부분에 국한되게 하라. 그러나 그런 자극들이 단일한 유기체 안에서 일어날 수 있듯이 상호 공감 작용에 따라 마음속으로 파고든다면, 그때는 그 감각이 자연스러운 것인 만큼 거기에 대항하려 해서는 안 되며, 너의 지배적인 부분이 그런 것들은 악한 것이라는 둥 선한 것이라는 둥 제 의견을 덧붙이지 못하게 하라.

27 신들과 함께 살라. 자신의 혼이 자신에게 주어진 몫에 만족하고, 제우스가 자신의 분신으로 각자에게 지배자와 길라잡이로 준 신성이 원하는 것을 행하고 있음을 신들에게 늘 보여주는 자야말로 신들과 함께 사는 자다. 신성이란 바로 각자의 정신과 이성이다.

28 너는 설마 몸에서 악취가 나는 사람에게 화내지 않겠지? 설마 입에서 악취가 나는 사람에게 화내지 않겠지? 화를 낸다고 너에게 무슨

이득이 있겠는가. 그는 일단 그런 입과 겨드랑이를 가졌고, 그런 곳에서는 악취가 나게 마련이다. "하지만 그자는 이성을 갖고 있으니까, 조금만 생각해보면 자기가 어떤 점에서 남들의 기분을 상하게 하는지 알 수 있을 텐데요"라고 누군가 말하겠지. 좋은 말이다. 너는 이성을 갖고 있다. 그러니 네 이성적 성향으로 그의 이성적 성향을 움직여 그를 지적하고 타일러라. 그가 귀를 기울인다면 너는 그를 치유할 수 있으니 화낼 필요가 없다. 그러니 비극배우나 창녀처럼 행동하지 마라.

29 '이 세상을 떠나서는 이러저러하게 살아야지' 하고 소망하는 대로 이 세상에서도 살 수 있다. 그러나 사람들이 그러지 못하게 하면, 그때는 목숨을 버리되 너에게 어떤 불상사도 일어나지 않은 것처럼 하라. "연기가 나니, 나는 떠난다."[114] 그게 뭐 그리 대단한 일인가? 그러나 그런 일이 나를 내쫓지 않는다면 나는 자유인으로 남을 것이며, 아무도 내가 원하는 대로 하는 것을 막지 못할 것이다. 또한 나는 이성적이고 공동체적인 동물의 본성에 맞는 것을 원한다.

30 우주의 지성은 공동체적이다. 그래서 그것은 우월한 것들을 위해 열등한 것들을 만들어냈고, 우월한 것들은 협조하도록 만들어놓았다. 너도 보다시피 우주는 종속시키고, 결합시키고, 각자에게 응분의 몫을 주었으며, 탁월한 것들은 서로 화목하게 해놓았다.

---

114 에픽테토스, 『강론』 2권 8장 11절. 도덕적 삶을 살 수 없으니 이 세상을 떠난다는 뜻.

31 너는 지금까지 신, 부모형제, 처자, 스승과 개인교사, 친구와 친척과 하인 들에게 어떻게 대했는가? 너는 지금까지 그들 모두에 대하여 과연 다음과 같이 말할 수 있겠는가?

누구에게도 못할 말이나 못할 짓을 한 적이 없다.[115]

또 상기해보라, 네가 얼마나 많은 것을 겪었으며, 얼마나 많은 것을 참고 견뎠는지. 그리고 네 인생의 역사는 이미 다 씌어졌으며, 네 복무(服務)[116]는 이제 끝났다는 것을. 또한 상기해보라. 네가 아름다운 것을 얼마나 많이 보았으며, 얼마나 많은 쾌락과 고통을 무시했으며, 야망을 이룰 수 있는 얼마나 많은 기회를 외면했으며, 얼마나 많은 불친절한 사람에게 친절히 대해주었는지를.

32 왜 재주도 없고 무식한 혼들이 재주 있고 지식을 가진 혼을 당황스럽게 하는 것일까? 대체 어떤 혼이 재주 있고 지식을 가졌는가? 시작과 끝과, 모든 존재에 가득 차 있고 정해진 주기에 따라 영원토록 우주를 관장하는 이성을 알고 있는 혼이다.

33 머지않아 순식간에 너는 재나 유골이 될 것이며, 이름만, 아니 이름조차 남지 않을 것이다. 이름은 공허한 소리나 메아리에 불과하다. 살아 있는 동안 높이 평가받던 것들도 공허해지고 썩고 하찮아지며, 서로 물어뜯는 강아지들이나 금방 웃다가 금방 울음을 터뜨리는 앙살스러운 아이들과 같다. 그러나 성실과 염치와 정의와 진리는 길이 넓은 대지에서 올림포스로[117] 가게 될 것이다. 그렇다면 무

엇이 너를 이 세상에 붙잡아두는가? 만약 감각의 대상들이 쉬이 변하고 안정성이 없다면, 우리의 감각기관들이 불확실하고 쉬이 오도된다면, 가련한 혼 자체가 피의 증기에 지나지 않는다면, 그런 자들 사이에서 명성을 얻는 것이 무의미한 일이라면 말이다. 그러면 어떻게 해야 하는가. 소멸이 됐든 이주가 됐든 담담하게 기다려야 한다. 하지만 그때가 올 때까지 어떻게 하면 만족스럽겠는가? 신들을 공경하고 찬양하는 것, 사람들에게 선행을 베푸는 것, 사람들을 '참고 견디거나' '멀리하는 것' 말고 또 무엇이 있겠는가. 그러나 이 가련한 육신과 호흡의 영역 안에 있는 것은 그 어떤 것도 네 것이 아니며 너에게 달려 있지 않다는 점을 명심하라.

34 네가 올바른 길을 가고 올바르게 생각하고 행동할 수 있다면, 행복하게 지내는 것은 언제나 네 힘에 달려 있다. 다음 두 가지는 신과 인간, 그리고 모든 이성적 동물의 혼에 공통된 특징이다. 남에게 방해를 받지 않는 것, 올바른 성품과 행동에서 선을 발견하고 자신의 욕망을 올바른 것 안에 한정하는 것.

35 그 일이 나의 악덕이 아니고 나의 악덕으로 야기된 것도 아니고 공동체에 해를 입히는 것도 아니라면, 왜 나는 그것 때문에 흥분하는

---

115 호메로스, 『오뒷세이아』 4권 690행.
116 인생을 군복무 기간으로 보는 데 관해서는 플라톤의 『소크라테스의 변론』(*Apologia Sokratous*) 28d와 『파이돈』 61e 참조.
117 헤시오도스(Hesiodos), 『일과 날』(*Erga kai hemerai*) 197행.

가? 대체 공동체[118]가 그것 때문에 어떤 해를 입는단 말인가?

36 감각적 인상에 휩쓸리지 말고, 네 능력껏 사리에 맞게 사람을 도와라. 그들이 선악과 무관한 일에서 손해를 봤다면 그것을 큰 손해로 여기지 마라. 그것은 나쁜 습관이기 때문이다. 이 경우 너는, 떠나가며 그것이 팽이에 지나지 않는 줄 알면서도 양자의 팽이를 돌려달라고 요구하는 노인처럼 행동하라.[119] 그러지 않으면 연단 위에서 소리 지르는 꼴이 될 것이다.[120] 인간이여, 그게 무슨 뜻인지 잊었는가? "알고 있지요. 하지만 저들에게는 그게 중요하니까요." 그래서 너도 바보가 되겠다는 것인가?

2) 한때 나는 어디에 버려져도[121] 운 좋은 사람이었다. '운 좋은 사람'이란 스스로에게 좋은 운을 가져다준 사람이고, 좋은 운이란 혼의 좋은 성향, 좋은 충동, 좋은 행동이다.

VI

1 보편적 실체는 고분고분하고 바꾸기가 쉽다. 또한 그 실체를 관장하는 이성에는 악을 행할 이유가 내포되어 있지 않다. 이성은 악의가 없고, 악을 행하지 않으며, 그 어떤 것도 이성에 의해 해를 입지 않기 때문이다. 만물은 이성에 따라 생성되고 완성된다.

2 네 의무를 수행할 때는 춥든 따뜻하든, 졸리든 푹 잤든, 욕을 듣든 칭찬을 듣든, 죽어가든 그 밖의 다른 행위를 하든 개의치 마라. 죽는 것도 삶의 행위 가운데 하나이기[122] 때문이다. 따라서 죽을 때도 눈앞의 과제를 잘 처리하면 그것으로 충분하다.

---

118 우주.
119 어떤 희극에서 따온 이야기인 듯한데 무슨 뜻인지 알 수 없다.
120 텍스트가 불확실하다. 하찮은 일로 법석을 부린다는 뜻인 듯하다.
121 또는 어디서 만나도.
122 세네카의 『루킬리우스에게 보낸 도덕 서한들』(*Epistulae morales ad Lucilium*) 77번 19절 참조. "죽는 것도 삶의 의무 가운데 하나라는 것"(unum ex vitae officiis, mori)을 그대는 모르시오?

3 내면을 보라. 어떤 사물이든 그 특질과 가치를 간과하지 마라.

4 존재하는 모든 실체는 곧 변화하고, 만약 보편적 실체가 하나라면 증기로 발산되거나 아니면 원자들로 분해될 것이다.

5 우주를 지배하는 이성은 자신의 성향이 어떠하며, 자신이 무엇을 하고 있으며, 어떤 질료에 작용하고 있는지 알고 있다.

6 복수를 하는 가장 좋은 방법은 네 적처럼 하지 않는 것이다.

7 항상 신을 생각하며 공동체적인 행동에서 또 다른 공동체적인 행동으로 나아가는 것, 이 한 가지를 낙으로 삼고 거기서 안식을 얻도록 하라.

8 혼의 지배적인 부분은 스스로를 깨우고, 스스로를 적응시키고, 스스로를 자신이 원하는 것으로 만들고, 세상에 일어나는 모든 일이 자신이 원하는 대로 자신에게 보이게 한다.

9 각각의 사물이 완성되는 것은 보편적 자연을 따르는 것이지 밖에서 그 사물을 에워싸거나, 그 사물들 안에 내포되거나, 그 사물의 외부에 딸린 다른 본성을 따르는 것이 아니다.

10 우주는 뒤범벅과 원자들의 결합과 그것들의 해체이거나, 아니면 통일과 질서와 섭리이다. 전자의 경우라면, 그런 무계획적인 뒤범벅

과 뒤죽박죽 안에 머무르기를 바랄 까닭이 어디 있겠는가? 내가 어떻게든 다시 "흙이 되는 것"[123]말고 다른 무엇에 관심이 있겠는가? 내가 안절부절못할 까닭이 어디 있겠는가? 무슨 일을 하든 나는 결국에는 분해되고 말 텐데. 후자의 경우라면 나는 편안한 마음으로 우주의 지배자를 공경하고 신뢰할 것이다.

11 주위 환경 때문에 어쩔 수 없이 마음이 어지러워지면 재빨리 네 자신 속으로 되돌아가고, 필요 이상으로 허둥대지 마라. 끊임없이 자신 속으로 되돌아감으로써 너는 마음의 조화를 더 쉽게 얻을 수 있을 것이다.

12 너에게 계모도 있고 생모도 있다면, 너는 계모를 보살피겠지만, 그래도 자꾸만 생모에게 되돌아갈 것이다. 지금 너에게 궁정과 철학이 그런 경우이다. 그러니 자주 철학으로 돌아가 안식을 얻도록 하라. 철학 덕분에 너는 궁정 생활도 견딜 만해 보이고, 궁궐에서도 너를 견딜 만한 사람으로 볼 것이다.

13 맛 좋은 요리나 그와 비슷한 다른 음식을 보고는 이것은 물고기의 사체이고 이것은 새나 돼지의 사체라고 생각하고, 팔레르누스[124]산(産) 포도주를 보고는 이것은 포도송이의 액즙에 불과하다고 생각

---

123 호메로스, 『일리아스』 7권 99행.
124 팔레르누스(Falernus ager)는 이탈리아 라티움 지방과 캄파니아 지방의 경계에 있는 구릉 지대로, 포도주 산지로 유명하다.

하고, 자포(紫袍)를 보고는 이것은 조개의 피에 담갔던 양모에 불과하다고 생각하고, 성교(性交)라는 것도 장기의 마찰과 진액의 발작적인 분비라고 생각하는 것은 얼마나 멋진 발상인가. 그런 생각은 사물의 본질과 핵심을 건드려 그 사물이 참으로 어떤 것인지 보게 해준다. 너도 평생 동안 이와 같은 방법으로써, 사물이 너무 믿음직해 보이거든 옷을 벗겨서 그것의 무가치함을 꿰뚫어보고 그것이 뻐기는 후광을 걷어내야 한다. 가식은 무서운 사기꾼이다. 그리고 네가 진지한 것을 상대하고 있다고 굳게 믿을 때 가장 현혹되기 쉽다. 그러니 크라테스가 크세노크라테스에 관하여 한 말[125]을 생각하라.

14 대중이 찬탄하는 것은 대부분 돌이나 목재나 무화과나무나 포도나무나 올리브나무처럼 자연적 응집력으로 결합되어 있는 가장 일반적인 것에 속한다. 좀 더 나은 자들은 소 떼나 양 떼처럼 혼으로 결합되어 있는 것에 찬탄을 보낸다. 한층 더 세련된 자들은 이성적 혼으로 결합되어 있는 것들을 찬탄해 마지않는다. 여기서 이성적이란 보편적 이성의 일부로서가 아니라 어떤 기술을 가진 자나 어떤 측면의 전문가라는 의미, 또는 단순히 노예를 많이 소유하고 있다는 의미이다. 그러나 이성적이고 보편적이고 공동체적인 혼을 존중하는 자는 더이상 다른 일에는 관심이 없고, 무엇보다 자신의 혼이 이성적이고 공동체적인 자세와 활동을 견지하고 자신과 같은 부류인 자와 그런 목적을 위해 협력하는 데 관심이 있다.

15 어떤 것은 생성되기 위해 서두르고, 어떤 것은 생성되었다가 소멸되었으며, 생성되고 있는 것들도 일부는 이미 소멸되었다. 흐름과

변화가 우주를 쉴 새 없이 새롭게 하는데, 대체 무엇을 높이 평가해야 한단 말인가? 시간의 부단한 진행이 끝없는 세월을 언제나 새롭게 하듯이 버티고 설 수도 없는 이 변화의 강물 속을 줄달음쳐 지나가고 있으니. 그것은 날아가는 참새에게 마음을 빼앗기는 것과 같다. 참새는 벌써 시야에서 사라졌는데 말이다. 각자의 삶은 그러한 것, 말하자면 피의 발산과 공기의 흡입과도 같다. 우리가 매 순간 그러하듯 공기를 한번 들이마셨다가 내쉬는 것이나, 네가 엊그제 태어나면서 받은 호흡 능력 전체를 네가 처음으로 그것을 낚아챘던 곳으로 돌려주는 것이나 같기 때문이다.

16 식물처럼 숨을 내쉬는 것도, 가축 떼나 들짐승처럼 숨을 들이쉬는 것도 존중할 만한 것이 못 된다. 감각을 통하여 인상을 받는 것도, 충동에 조종당하는 것도, 군서(群棲) 본능도, 음식물을 섭취하는 것도 존중할 만한 것이 못 된다. 그것은 음식물 찌꺼기를 배설하는 것만큼이나 존중할 만한 것이 못 된다.
2) 그렇다면 존중할 만한 것은 무엇인가? 박수 받는 것? 아니다. 혀로 박수 받는 것도 아니다. 대중의 갈채는 혀로 박수하는 것이기에 하는 말이다. 그래서 너는 명성이라는 하찮은 것조차 버렸다 그렇다면 존중할 만한 것으로서 무엇이 남아 있는가? 내 생각에는 자신의 고유한 소질에 따라 활동하고 다른 활동은 자제하는 것이다. 그

---

125 무슨 말을 했는지는 기록이 남아 있지 않아 알 수 없다. 크세노크라테스(Xenokrates)는 플라톤의 제자로, 훗날 아카데메이아학파의 수장이 되었다. 크라테스(Krates)는 견유학파 철학자이다.

것은 궁극적으로 모든 직업과 기술이 추구하는 목표이다. 모든 기술은 제품이 제작될 때의 기능을 수행하는 것을 목표로 삼기 때문이다. 포도나무를 돌보는 농부나 망아지 조련사나 개 조련사도 이러한 목표를 추구한다. 이것은 어린 아이를 훈육하고 교육하는 목표이기도 하다. 그렇다면 그것은 존중할 만한 것이다.

3) 그것이 잘되어간다면, 너는 자신을 위해 다른 아무것도 구하려 하지 않을 것이다. 너는 다른 많은 것에 가치를 부여하는 일을 그만두지 않을 것인가? 그렇다면 너는 자유롭지도, 자족하지도, 담담하지도 못할 것이다. 너는 필연적으로 너에게서 그런 것들을 빼앗아 갈 수 있는 자들을 시기하고 질투하고 의심할 것이고, 네가 부러워하는 것을 가진 자들을 모함할 수밖에 없기 때문이다. 간단히 말하면, 그중 한 가지라도 부족한 자는 안절부절못하게 마련이고, 거기서 한 걸음 나아가 많은 경우 신들조차 비난하게 마련이다. 그러나 네 소질을 존경하고 존중한다면, 너는 자신을 자신에게는 상냥하게, 이웃들에게는 사이좋게, 신들에게는 순응하게, 말하자면 신들이 나누고 규정해놓은 모든 것을 찬양할 것이다.

17 원소들은 위아래로 움직이고 빙글빙글 돌기도 한다. 그러나 미덕의 움직임은 그중 어느 것도 아니다. 그것은 더 신성한 것이며, 신비스러운 길로 순조롭게 앞으로 나아간다.

18 이 얼마나 이상한 행동인가. 사람들은 자신과 더불어 사는 동시대 사람을 칭찬하려고 하지는 않으면서, 자기가 본 적도 없고 보지도 못할 후세 사람에게 칭찬받는 것은 높이 평가한다. 그러나 이는 조

상이 너에 관하여 칭찬의 말을 하지 않았다고 슬퍼하는 것과 다를 바 없다.

19 너에게 어떤 일이 어렵다고 해서 인간에게 불가능한 일이라고 여길 것이 아니라, 그것이 인간에게 가능하고 인간의 본성에 맞는 일이라면 너도 틀림없이 해낼 수 있다고 생각하라.

20 경기장에서 어떤 사람이 우리를 손톱으로 할퀴고 머리로 받았다고 하자. 우리는 이를 나무라거나 못마땅히 여기거나 나중에 그가 음모를 꾸밀 것이라고 의심하지 않는다. 우리는 경계하는 눈으로 살피되, 그를 적으로 여기거나 의심하는 것이 아니라 말없이 조용히 피할 뿐이다. 인생의 다른 상황에서도 이렇게 처신하는 것이 필요하다. 우리의 경기 상대자들의 많은 부분을 너그럽게 보아주자. 앞서 말했듯이, 의심하거나 미워하지 않고 그냥 피할 능력이 있기 때문이다.

21 내 의도나 행동이 옳지 못하다고 누가 입증하고 깨우쳐주면 기꺼이 고칠 것이다. 나는 진리를 추구하는데, 진리 때문에 해를 입은 사람은 지금까지 아무도 없기 때문이다. 그러나 자기기만과 무지에 집착하는 자는 해를 입는다.

22 나는 내 의무를 수행한다. 다른 것에는 일절 관심이 없다. 다른 것은 생명 없는 것이거나, 비이성적인 것이거나, 길을 잃고 헤매거나 길을 모르는 것들이기 때문이다.

23 이성 없는 동물과 사물과 대상 일반을 관대하고 너그럽게 대하라. 너는 이성이 있지만 그것들은 이성이 없으니 말이다. 그러나 인간은 우애로 대하라. 인간은 이성이 있기 때문이다. 또한 매사에 신들에게 도움을 청하되, 얼마나 오랫동안 기도해야 할지 신경 쓰지 마라. 세 시간이면 충분하다.

24 마케도니아의 알렉산드로스나 그의 마부나 죽은 뒤에는 같은 처지가 되었다. 두 사람 모두 똑같이 우주의 생식력이 있는 이성으로 환원되었거나 아니면 원자들로 해체되었다.

25 같은 순간에 우리 각자에게 육신과 혼에 관계되는 일들이 얼마나 많이 일어나는지 생각해보라. 그러면 우리가 우주라고 부르는 하나이자 전체인 것 안에서는 훨씬 많은 일이, 아니 모든 일이 동시에 발생한다 해도 너는 놀라지 않을 것이다.

26 "안토니누스라는 이름을 어떻게 쓰느냐?"고 네게 묻는 사람이 있다면, 한 자 한 자 일러주기 위해 목청껏 고함을 지르지는 않겠지? 어떤가, 상대방이 성을 낸다고 너도 성을 낼 것인가? 너는 점잖게 한 자 한 자 불러주지 않겠는가? 그와 같이 이 세상에서의 모든 의무도 특정한 부분들로 이루어져 있음을 명심하라. 이런 부분에 유의하면서, 흥분하거나 남들이 성을 낸다고 너도 덩달아 성내지 말고 네게 부과된 일을 올바른 방법으로 수행하라.

27 자기 본성에 맞고 유익해 보이는 것들을 추구하지 못하게 사람들을

가로막는 것은 얼마나 가혹한 일인가! 사람들이 실수를 저지른다고 네가 화를 낸다면, 너는 어떤 의미에서 사람들에게 그렇게 하는 것을 허용하지 않는 것이다. 사람들은 분명 자신의 본성에 맞고 자신에게 유익해 보이는 것에 끌렸을 것이다. "하지만 사실은 그런 것이 아니오." 그렇다면 화내지 말고 그들에게 가르쳐주고 지적해주어라.

28 죽음이란 감각을 통한 인상과 우리를 꼭두각시로 만드는 충동, 마음의 방황과 육신에 대한 봉사로부터의 해방이다.

29 인생에서 아직 육신이 굴복하지 않고 있는데 혼이 먼저 굴복하는 것은 치욕이다.

30 황제 티를 내거나 궁정 생활에 물들지 않도록 조심하라. 그러기가 쉽기에 하는 말이다. 늘 소박하고, 선하고, 순수하고, 진지하고, 가식 없고, 정의를 사랑하고, 신을 두려워하고, 자비롭고, 상냥하고, 맡은 바 의무에 대하여 용감한 사람이 되도록 하라. 철학이 만들려고 했던 그런 사람으로 남도록 노력하라. 신들을 공경하고, 사람들을 구하라. 인생은 짧다. 지상의 삶에서 맺는 유일한 결실은 경건한 성품과 공동체를 위한 행동이다.
2) 매사를 안토니누스[126]의 제자답게 처리하라. 이성의 판단에 따라

---

126 1권 16절 참조.

모든 행동을 통제한 그분의 끈기, 매사에 한결같은 그분의 태도, 그분의 경건함과 평온한 표정, 그분의 자애로움과 허명에 대한 경멸, 사건을 제대로 파악하려는 그분의 열성을 생각하라. 또한 그분은 우선 면밀히 검토하여 명확히 알기 전에는 어떤 것도 포기하지 않았고, 부당하게 당신을 비난하는 자들을 도로 비난하는 일 없이 참아냈고, 결코 서두르는 일이 없었고, 중상모략에 귀를 기울이지 않았다. 그분은 자신의 성격과 행동을 꼼꼼히 검토하였고, 남을 비난하려 하지 않았다. 소심하지도, 의심하지도 않았고, 궤변가도 아니었다. 숙소든 잠자리든 의복이든 음식이든 시종이든 아주 소박한 것으로 만족했으며, 노고를 달가워하며 얼마나 참을성이 많았던가. 그분은 간소한 식사 덕분에 온종일 일을 계속할 수 있었고, 정해진 시간이 아니면 용변의 필요를 느끼지 않았다. 그분은 친구들에게 믿음직했고 늘 한결같았다. 그분은 또 공공연히 당신의 견해에 반대하는 자들을 용납하였고, 누가 더 나은 것을 지적해주면 기뻐하였다. 그분은 신을 두려워했으나 미신에 빠지지는 않았다. 네 임종이 닥쳤을 때 네가 그분처럼 마음이 떳떳하려면 이 모든 것을 명심하라.

31 잠에서 다시 깨어나 정신을 차려라. 다시 깨어나 너를 괴롭히던 것이 한갓 꿈이었다는 것을 알았으니, 이번에는 깨어 있는 상태에서 여기 이 현실을 한갓 꿈이라고 여기도록 하라.

32 나는 육체와 혼으로 이루어졌다. 육신에게는 만물이 선하지도 악하지도 않다. 육신은 구별할 능력이 없기 때문이다. 혼에게는 자신의

활동 영역에 속하지 않는 것만이 선하지도 악하지도 않다. 혼의 활동 영역에 속하는 것은 모두 혼의 지배를 받는다. 하지만 혼은 그중에서도 현재와만 관계가 있다. 혼에게는 이미 자신의 미래 활동과 과거 활동이 똑같이 선하지도 악하지도 않기 때문이다.

33 발이 할 일을 발이 하고 손이 할 일을 손이 하는 한, 손이나 발이 하는 어떤 일도 자연에 어긋나지 않는다. 마찬가지로 인간이 인간으로서의 의무를 다하는 한, 인간으로서의 인간이 하는 어떤 일도 자연에 어긋나지 않는다. 그런데 인간이 하는 일이 자연에 어긋나는 것이 아니라면, 그 노고는 인간에게 악도 아니다.

34 강도와 성도착자, 아버지를 죽인 자, 폭군 들은 얼마나 많은 쾌락을 즐겼던가.[127]

35 평범한 기술자가 어느 정도까지는 문외한의 요구에 부응하면서도 자신의 기술의 원리에 매달려 어떤 상황에서도 그 원리에서 벗어나려 하지 않는 것을 보지 않느냐? 인간이 신들과 공유하고 있는 이성이라는 자신의 원리를 존중하는 것보다 건축가나 의사가 자신의 기술의 원리를 더 존중한다면 이는 이상한 일이 아니겠는가?

36 아시아나 에우로페[128]는 우주의 구석이다. 바다 전체는 우주의 한

---

[127] 감각적 쾌락이나 부 같은 것은 악인도 즐길 수 있는 만큼 진정한 선이 아니라는 뜻.
[128] '유럽'의 그리스어 이름이다.

점 물방울이며, 아토스[129] 산은 우주의 한 줌 흙덩이이며, 모든 현재 시간은 영원 속의 작은 한 점이다. 만물은 아주 작으며, 쉬이 변하고, 금세 사라진다.

2) 만물은 저 공통된 지배적 원리에서 비롯되며, 그 원리에서 직접 유래하거나 그 원리의 부수 현상으로 나타난다. 따라서 사자의 쩍 벌린 입이나 독이나 가시나 늪지처럼 유해한 것은 모두 저 장엄하고 아름다운 것들의 부수 현상이다. 그러니 그런 현상들이 네가 공경하는 것과 무관하다고 여기지 말고, 만물의 근원을 생각하라.

37 현존하는 것을 보는 사람은 태곳적부터 일어난 모든 것과 영원토록 존재하게 될 모든 것을 본 것이다. 만물은 종류도 같고 형상도 같기 때문이다.

38 우주 안의 만물이 서로 연계되어 있고 서로 의존하고 있음을 자주 생각해보라. 어떤 의미에서 만물은 서로 얽혀 있고, 그래서 서로 호감을 품는다. 수축과 팽창 운동, 공감 능력, 실체의 통일성으로 인하여 만물은 서로가 서로의 결과인 까닭이다.

39 네 몫으로 주어진 사물들에 적응하고, 운명이 네게 정해준 사람들을 진심으로 사랑하라.

40 도구나 연장이나 용기는 그것이 만들어진 용도를 수행하면 잘된 것이고, 이때 그것을 만든 사람은 참견하지 않는다. 그러나 자연에 힘입어 유기적 통일을 이루는 사물들 속에는 그것을 만든 힘이 있으

며 그 사물들과 함께한다. 그러므로 너는 그 힘을 더 존중해야 한다. 만약 그 힘의 의지에 따라 처신하며 그 의지에 부합하는 삶을 살아간다면, 만사가 너의 뜻대로 되고 있다고 생각해야 한다. 그와 마찬가지로 우주에서도 우주의 사물들은 우주의 정신에 따른다.

41 네 마음대로 어찌할 수 없는 것 가운데 어떤 것을 너에게 좋은것이나 나쁜 것으로 여긴다면, 나쁜 것이 닥치거나 좋은 것을 상실할 때 너는 필시 신을 원망할 것이다. 또한 좋은 것을 상실하거나 나쁜 것이 닥친 것에 책임이 있거나 책임이 있다고 의심되는 자들을 증오할 것이다. 우리는 그런 것들에 가치를 부여함으로써 많은 불의를 자행한다. 그러나 우리가 마음대로 할 수 있는 것만을 좋은 것이나 나쁜 것으로 판단한다면, 그때는 신을 탓하거나 인간을 적대시할 이유가 전혀 없으리라.

42 우리는 모두 하나의 목적을 달성하기 위하여 서로 협력하고 있는데, 더러는 알면서 의식적으로 그렇게 하고, 더러는 모르고서 그렇게 한다. 생각건대, 헤라클레이토스가 그런 의미에서 "잠자는 자들도 우주에서 일어나고 있는 현상들의 일꾼이며 협력자이다"[130] 라고 말한 것 같다. 각자가 서로 다른 방법으로 협력하며, 일어나는 일들을 헐뜯거나 방해하거나 제거하려고 하는 자도 적잖이 협력한다. 우주는 그런 자도 필요로 하기 때문이다. 따라서 어떤 자들과 함께

---

[129] 아토스(Athos)는 마케도니아 지방에 있는 높은 산으로, 최고봉은 2,033미터이다.
[130] 헤라클레이토스, 단편 B 75 Diels/Kranz 참조.

할 것인지 결정하는 것은 네 몫이다. 우주를 관장하는 그분은 어떤 상황에서도 너를 잘 이용할 것이며, 자신의 협력자들과 조력자들 사이에 네 자리를 정해줄 것이다. 그러나 너는 크뤼십포스가 언급하는, 드라마에서의 저속하고 가소로운 시행[131]과 같은 자리를 차지하지 않도록 조심하라.

43 태양이 비가 할 일을 하겠다고 하는가? 아스클레피오스가 결실의 여신[132]이 할 일을 하겠다고 하는가? 각각의 별은 어떤가? 별들은 서로 다르지만 하나의 목적을 위하여 협력하지 않는가?

44 신들이 나에 대하여, 그리고 나에게 일어날 일에 대하여 어떤 결정을 내렸다면, 그것은 최선의 결정이다. 지혜 없는 신이란 상상조차 할 수 없기 때문이다. 무슨 이유로 신들이 나에게 해를 입히려 하겠는가? 그렇게 한다고 신들에게, 그리고 신들이 각별히 보살피는 우주에 무슨 이득이 되겠는가? 그러나 신들이 나에 대하여 따로 결정을 내리지 않았더라도 아무튼 우주에 대해서는 결정을 내린 것이고, 그러한 결정의 부수 현상으로서 내게 일어나는 일들을 나는 마땅히 반기고 포용해야 한다. 그러나 신들이 어떤 것에 대해서도 결정을 내리지 않는다면(이를 믿는 것은 불경한 일이지만), 더는 제물도 바치지 말고, 기도도 맹세도 하지 말고, 그 밖에 신들이 우리 곁에서 우리와 함께 산다고 믿고서 행하는 그 어떤 것도 하지 말자. 신들이 정말로 우리와 관계되는 어떤 일에 대해서도 결정을 내리지 않더라도 나는 나 자신에 대하여 결정을 내릴 수 있고, 나에게 유익한 것을 숙고할 수 있다. 누구에게나 자신의 소질과 본성에 맞는 것

은 유익한 법이다. 그러나 내 본성은 이성적이고 공동체적이다. 나의 도시와 나의 조국은 안토니누스로서의 나에게는 로마이고, 인간으로서의 나에게는 우주이다. 따라서 이들 공동체에 유익한 것들만이 나에게는 선이다.

45 우리 각자에게 일어나는 모든 일은 전체에게도 유익하다. 그것으로 충분하다. 그러나 유심히 살펴보면, 한 개인에게 유익한 것은 다른 사람들에게도 유익하다는 것을 보편적인 규칙으로 인정하게 되리라. 여기서 '유익하다'는 말은 선하지도 악하지도 않은 가치중립적 사물들에 적용될 때처럼 더욱 보편적인 의미로 받아들여야 한다.

46 원형극장이나 그와 같은 장소에서 열리는 공연들이 똑같은 광경을 매번 되풀이하는 탓에 싫증이 나고 단조로워서 구경 가는 것이 싫어지듯이, 인생 전체를 놓고 볼 때도 마찬가지이다. 위아래로나 모든 것이 언제나 똑같고, 똑같은 것들에서 비롯되기 때문이다. 언제까지 그럴 것인가?

47 온갖 부류의, 온갖 직업의, 온갖 민족의 사람들이 이미 죽었다는 사

---

131 크뤼십포스(Chrysippos), 『옛 스토아 철학자들의 단편들』(*Stoicorum Veterum Fragmenta*) II 1181. "희극에는 그 자체로 보면 저속하지만 작품 전체에 어떤 매력을 주는 시행들이 포함되어 있듯이, 악덕도 그 자체로는 나무랄 수 있겠지만 전체로서의 우주에 무익한 것은 아니다." 크뤼십포스(기원전 280년경~207년)는 스토아 철학의 창시자 제논의 후계자인 클레안테스(Kleanthes)의 제자로, 나중에 스토아학파의 수장이 되었으며 스토아 철학의 이론을 체계적으로 정립했다.

132 곡물의 여신 데메테르(Demeter).

실을 늘 명심하라. 그리고 마음속으로 필리스티온과 포이보스와 오리가니온[133]에게까지 내려가보라. 이번에는 다른 부류의 사람들에게로 옮겨가보라. 우리는 또 놀라운 웅변가들, 헤라클레이토스와 퓌타고라스와 소크라테스 같은 존엄한 철학자들, 이전의 그토록 많은 영웅들, 훗날의 그토록 많은 장군과 참주들이 머무르는 곳으로 가야 한다. 그들 외에도 에우독소스[134]와 힙파르코스[135]와 아르키메데스[136]와 그 밖의 다른 날카롭고 고매하고 끈기 있고 재주 있고 교만한 자들, 메닙포스[137]와 그의 무리처럼 무상하고 하루살이 같은 인생 자체를 조롱하던 자들이 있는 곳으로 가야 한다. 이들 모두가 벌써 오래전에 무덤 속에 누워 있다는 것을 명심하라. 한데 그것이 이들에게 그리고 이름조차 알려져 있지 않은 자들에게 뭐가 그리 끔찍한 일이란 말인가? 이 세상에서 단 한 가지 진실로 가치 있는 것은, 평생을 진리와 정의와 더불어 살아가며 거짓말쟁이들과 불의한 자들에게도 호의로써 대하는 것이다.

48 네 마음을 즐겁게 해주고 싶으면 너와 함께 사는 자들의 장점을 생각하라. A의 활동성과 B의 겸손, C의 선심과 D의 또 다른 장점을. 우리와 함께 사는 자들의 성격에서 미덕의 본보기가 최대한 큰 무리를 지어 나타나는 것만큼 즐거운 일은 없기 때문이다. 그러므로 그런 것들을 언제나 가까이 준비해두고 있어야 한다.

49 너는 네 몸무게가 300리트라[138]가 되지 않는다고 해서 화를 내지는 않을 것이다. 그렇다면 네가 그만큼의 햇수만큼 살고 더 오래 살지 못한다고 해서 왜 화를 낸단 말인가? 너에게 주어진 물질의 양에 만

족하듯이 너에게 주어진 시간에도 만족하라.

50 먼저 사람들을 설득해보라. 그러나 정의의 원칙이 사람들을 설득하도록 시키면 사람들이 언짢아하더라도 실행에 옮겨라. 누가 힘으로 너에게 대항하면, 그 때문에 괴로워하지 말고 순수히 받아들여 그 방해를 다른 미덕을 행하는 데 이용하라. 너는 조건부로 어떤 일을 하기로 마음먹었고 되지도 않을 일을 추구하는 것이 아니라는 점을 명심하라. 그렇다면 무엇을 추구할 것인가? 바로 하기로 마음먹는 것 그 자체이다. 그 점에서 너는 성공한 것이다. 또한 우리가 한번 하기로 마음먹은 것들이라면 이루어지게 마련이다.

51 명성을 좋아하는 자는 남의 활동을 자신의 선이라고 여기며, 쾌락을 좋아하는 자는 자신의 감각을 자신의 선이라고 생각하며, 이성을 가진 자는 자신의 행동을 자신의 선이라고 생각한다.

52 이러저러한 사물에 대하여 의견을 갖지 않고, 그리하여 혼을 괴롭

---

133 필리스티온(Phllistion)과 포이보스(Phoibos)와 오리가니온(Origanion)에 관해서는 달리 알려진 것이 없으나, 마르쿠스 아우렐리우스와 동시대인이었던 것 같다.
134 에우독소스(Eudoxos)는 플라톤의 제자이자 친구로 이름난 천문학자이다.
135 힙파르코스(Hipparchos)는 기원전 2세기의 천문학자이다.
136 아르키메데스(Archimedes)는 고대 세계의 가장 저명한 수학자로, 기원전 3세기에 활동했다.
137 메닙포스(Menippos)는 디오게네스의 제자로 견유학파 철학자이며 풍자시도 썼다고 하는데 지금은 남아 있지 않다.
138 litra 라/libra. 1리트라는 약 327그램이다.

히지 않는 것은 가능한 일이다. 사물 자체는 우리에게 어떤 판단도 강요할 수 없기 때문이다.

53 남이 하는 말을 귀담아듣고, 되도록이면 말하는 사람의 입장이 되어보는 습관을 들여라.

54 벌 떼에게 유익하지 못한 것은 한 마리 벌에게도 유익하지 못하다.

55 선원들이 키잡이를 욕하거나 환자들이 의사를 욕한다면, 그들은 누구의 말을 들을 것이며, 키잡이와 의사가 선원의 안전이나 건강을 어떻게 도모할 수 있겠는가?

56 너와 함께 세상에 태어난 사람 가운데 얼마나 많은 사람이 벌써 세상을 떠났는가.

57 황달 환자에게는 꿀이 쓰고, 광견병 환자에게는 물이 무섭다. 그리고 어린아이에게는 공이 좋아 보인다. 그런데 왜 나는 화를 내는가? 너는 그릇된 견해가 사람들에게 미치는 영향이 황달 환자에게 담즙이, 광견병 환자에게 독이 미치는 영향보다 약하다고 생각하느냐?

58 네가 네 본성[139]의 이성에 따라 사는 것을 막을 사람은 아무도 없다. 보편적 자연의 이성에 어긋나는 일은 결코 너에게 일어나지 않을 것이다.

59　사람들은 어떤 사람을 만족시키려 하고, 어떤 결과를 얻고자 하고, 어떤 행동으로 마음에 들기를 원하는가. 시간은 얼마나 재빨리 모든 것을 감출 것이고, 이미 얼마나 많은 것을 감추었는가!

139　'본성'의 그리스어 physis는 영어의 nature처럼 '자연'이라는 뜻도 있어, 문맥에 따라 '본성' 또는 '자연'으로 번역했다.

VII

1 악이란 무엇인가? 네가 자주 보아온 것이다. 그러니 무슨 일이 일어나든 그것은 네가 자주 보아온 것이라고 생각하라. 너는 시선을 위로 향하든 아래로 향하든 어디서나 똑같은 것들을 발견할 것이다. 고대사도 중세사도 현대사도 네가 자주 보아온 것으로 가득 차 있고, 오늘날에는 도시와 가정이 그것으로 가득 차 있다. 모든 것이 낯익고 무상한 것들이다.

2 원칙에 상응하는 표상이 사라지지 않는 이상, 네 원칙이 달리 어떻게 소멸될 수 있겠느냐? 그러한 표상을 다시 불타오르게 하는 것은 너에게 달려 있다. 사물에 대하여 나는 올바른 판단을 내릴 수 있다. 내게 그럴 능력이 있는데, 왜 나는 안절부절못하는가? 내 사고의 영역 바깥에 있는 것은 내 사고와 전혀 무관하다. 이런 것을 배우고 너는 똑바로 서도록 하라.
2) 새로운 삶을 시작하는 것은 너에게 달려 있다. 네가 보아온 사물을 새롭게 보도록 하라. 바로 그것이 새로운 삶을 시작하는 것이다.

3 공허한 과시욕, 무대 위의 연극, 양 떼, 소 떼, 모의전(模擬戰), 강아지들에게 던져준 뼈다귀, 양어장에 던져준 빵 부스러기, 개미들의 고역과 짐 나르기, 우왕좌왕하는 겁먹은 생쥐들, 실로 조종하는 인형들. 너는 이런 것들 사이에 똑바로 서 있되, 잘난 체하지 말고 친절한 모습을 보여주라. 각자의 가치는 자신이 추구하는 것의 가치와 일치한다는 점을 알아야 한다.

4 대화를 나눌 때는 상대방 표현에 주의를 기울이고, 추구하는 바가 있을 때는 그 결과에 주의를 기울여야 한다. 후자의 경우에는 그것이 노리는 목표가 무엇인지 즉시 알아야 하고, 전자의 경우에는 그 표현의 진의를 면밀히 검토해야 한다.

5 이 일을 하는 데 내 사고력은 충분한가, 그렇지 못한가? 충분하다면, 나는 내 사고력을 보편적 자연이 부여한 도구로써 이 일에 쓸 것이다. 충분하지 못하다면, 내 의무가 아닌 한, 더 잘해낼 수 있는 사람을 위하여 그 일에서 물러서거나 최선을 다해 이 일을 수행하되 내 지배적 이성에 힘입어 지금 이 순간 공동체의 이익에 적절하고 유익한 일을 해낼 수 있는 다른 사람의 도움을 받아야 할 것이다. 혼자 하는 일이든 다른 사람과 함께하는 일이든 나는 언제나 공동체에 유익하고 공동체와 조화를 이루는 것만을 추구해야 하기 때문이다.

6 얼마나 많은 사람들이 크게 찬양받다가 이미 망각되고 잊혀졌으며, 또 그들을 찬양하던 얼마나 많은 사람들이 사라져버렸는가.

7   도움받는 것을 부끄러워 마라. 너는 성벽을 공격하는 전사처럼 해야 할 의무를 완수해야 하기 때문이다. 네가 절름발이여서 혼자서는 성벽을 기어오를 수 없지만 다른 사람의 도움을 받으면 그것이 가능해진다면, 어떻게 하겠는가?

8   미래에 일어날 일로 불안해하지 마라. 미래로 가야 한다면, 네가 현재의 일에 쓰고 있는 바로 그 이성으로 무장하고 그리로 가게 될 것이기 때문이다.

9   만물은 서로 얽혀 있고 그 유대는 신성하다. 서로 낯선 것은 사실상 아무것도 없다. 만물은 서로 연관되어 있고 함께 하나의 우주를 구성하기 때문이다. 만물로 구성된 하나의 우주, 만물 속에 내재하는 하나의 신, 하나의 실체, 하나의 법, 사고력을 가진 모든 동물에게 공통된 하나의 이성, 하나의 진리가 존재하기 때문이다. 서로 같은 부류이고 같은 이성을 공유하고 있는 동물들의 완전성도 하나뿐이라면 말이다.

10 모든 질료는 순식간에 우주의 실체 속으로 자취를 감추고, 모든 원인은 순식간에 우주의 이성 속으로 다시 흡수되며, 만물에 대한 기억은 순식간에 영원 속에 묻힌다.

11 이성적인 동물에게는 자연에 따르는 행위와 이성에 맞는 행위가 동일하다.

12   똑바로 서라. 아니면 똑바로 세워져야만 할 테니까.

13   서로 협력하게 되어 있는 이성적 존재들은 서로 떨어져 있어도 개별 유기체들에서의 지체(melos)들과 흡사하다. "나는 이성적 존재들로 구성된 유기체의 한 지체이다"라고 네가 너 자신에게 되풀이해서 말한다면, 그 뜻을 더 잘 이해하게 될 것이다. 그러나 네가 [melos 대신에 meros처럼] r자를 써서 너 자신을 그저 '부분'(meros)이라고 말한다면 너는 아직 인간을 진심으로 사랑하는 것이 아니며, 선행은 아직도 그 자체로 너를 기쁘게 하는 것이 아니다. 너는 아직은 선행을 단순한 의무로서 행할 뿐, 너 자신에 대한 선행으로서 행하지는 않는 것이다.

14   외부에서 일어나는 일을 그러한 사건을 느끼고 겪을 수 있는 내적인 부분들에서 일어나게 하라. 물론 느낄 수 있는 부분들은, 원한다면 불평할 수도 있다. 그러나 내게 일어난 일을 재앙으로 여기지 않는다면 나는 여전히 해를 입지 않는다. 그리고 나는 그렇게 해를 입지 않는다고 여길 능력이 있다.

15   누가 무슨 말을 하고 무슨 짓을 하든, 나는 나름대로 선할 수 있다. 마치 황금이나 에메랄드나 자포(紫袍)가 "누가 무슨 짓을 하고 무슨 말을 하든 나는 에메랄드여야 하고 내 빛깔을 간직해야 한다"고 언제까지나 말하는 것처럼.

16   지배적 이성은 스스로를 괴롭히지 않는다. 이를테면 지배적 이성은

자신을 욕망으로 이끌지 않는다. 어떤 사람이 그 이성을 놀라게 하거나 아프게 할 수 있다고 한다면 그렇게 하도록 내버려두어라. 이성은 스스로의 판단에 따라 그런 길로 가지 않을 것이기 때문이다. 가능하다면 육신은 해를 입지 않도록 스스로 조심하게 하고, 해를 입으면 이를 말하게 하라. 그러나 두려움과 고통을 느낄 수 있고, 그것들에 대하여 유일하게 의견을 가질 수 있는 혼은 결코 고통받지 않을 것이다. 혼은 그런 판단을 내릴 수 없기 때문이다.

2) 지배적 이성 자체는 스스로 욕구를 창출하지 않는 한 아무것도 욕구하지 않는다. 같은 이유에서 이성은 스스로 자신을 동요시키고 방해하지 않는 한 동요되지도 방해받지도 않는다.

17 행복[140]이란 선한 수호신이거나 지고한 선이다. 오오! 망상이여, 네가 여기에 무슨 볼일이라도 있느냐? 신들의 이름으로 말하노니, 네가 이리로 온 것처럼 떠나거라. 나는 네가 필요 없다. 너는 예전의 습관대로 이리 온 것이다. 네게 화낼 생각은 없으니 떠나거라.

18 변화를 두려워하는 사람이 있는가? 변화 없이 일어날 수 있는 것이 도대체 있기나 한가? 보편적 자연 가운데 변화보다 더 친근한 것이 무엇이란 말인가? 나무가 변하지 않는다면 너는 더운물에 목욕할 수 있는가? 음식물이 변하지 않는다면 너는 영양을 섭취할 수 있는가? 그 밖에 생활에 필요한 것들이 변화 없이 이루어질 수 있는가? 너 자신에게도 변화는 이와 똑같은 것이며, 변화는 전체의 본성에는 똑같이 필요하다는 것을 너는 보지 못하는가?

19 모든 육신은 마치 급류에 실려가듯 보편적 실체 사이로 지나가며, 마치 우리 지체(肢體)들이 서로 협력하듯 전체와 결합해 우주와 협력한다.
2) 시간은 벌써 얼마나 많은 크뤼십포스를, 얼마나 많은 소크라테스를, 얼마나 많은 에픽테토스를 삼켜버렸는가. 어떤 사람들과 무슨 일을 하든 바로 이 점을 상기하라.

20 나의 유일한 관심사는, 인간 본성이 전혀 원하지 않거나 지금 원하지 않는 것을, 그 본성이 원하지 않는 방식으로 내 스스로가 나서서 하지 않는 것이다.

21 머지않아 너는 모든 것을 잊을 것이고, 머지않아 모두가 너를 잊을 것이다.

22 넘어진 자들도 사랑하는 것이 인간의 특성이다. 그들도 너와 동족이고, 무지하여 본의 아니게 실수를 하고, 너도 그들도 한결같이 얼마 뒤에는 죽게 되리라고 생각하면 그런 사랑은 가능하다. 무엇보다도 그가 너에게 해를 입히지 않았다는 점을 생각하라. 그가 네 지배적 이성을 이전보다 더 열등하게 만든 것은 아니기 때문이다.

23 보편적 자연은 마치 밀랍으로 그러하듯 전체의 실체에서 이번에는 말을 만들었다가 다시 녹여서 그 질료로 다음에는 나무를, 다음에

---

140 '행복'의 그리스어 eudaimonia는 '선한 수호신(daimon) 만나기'라는 뜻이다.

는 사람을, 다음에는 그 밖의 다른 것을 만든다. 그리고 그것들은 각각 잠깐씩만 존속한다. 상자에게는 조립되는 것이 무서운 일이 아니듯 부서지는 것이 결코 무서운 일이 아니다.

24 찌푸린 얼굴은 아주 부자연스럽다. 그것이 자주 반복되면 상냥한 얼굴 표정이 사라지기 시작하고 종국에는 완전히 소멸되어 전혀 되살릴 수 없다. 이러한 사실로 찌푸린 얼굴은 이성에 어긋난다는 점을 이해하라. 우리가 잘못하고 있다는 의식조차 사라져버린다면 더 이상 살 이유가 없지 않겠는가?

25 우주를 관장하는 본성은 네가 보고 있는 모든 것을 머지않아 변화시켜, 그것을 질료로 다른 것을 만들고, 그 다른 것을 질료로 삼아서 또 다른 것을 만들 것이다. 우주가 영원히 젊도록 말이다.

26 누가 너에게 잘못을 저지르면, 너는 즉시 그가 무엇을 좋거나 나쁜 것으로 여겼기에 그런 잘못을 저질렀는지 생각해보라. 그것을 알고 나면 너는 그를 동정해 놀라지도 화내지도 않을 것이다. 너 자신도 좋음에 대하여 그와 똑같거나 비슷한 의견을 갖고 있기 때문이다. 그렇다면 너는 그를 용서해야 한다. 그러나 네가 좋고 나쁨에 대한 그러한 의견을 더이상 갖고 있지 않다면, 잘못 본 자에게 관대해지기가 한결 쉬울 것이다.

27 네가 갖고 있지 않은 것들에 대해 마치 벌써 갖고 있는 양 연연해하지 마라. 오히려 가진 것 중에 가장 값진 것을 골라, 만약 네가 그것

을 갖지 못했다면 얼마나 그것을 갈망했을지 생각해보라. 그러나 아무리 좋아도 그것들을 과대평가하는 버릇이 생기지 않도록 조심하라. 언젠가 그것들이 없어지면 너는 안절부절못하게 될 테니까.

28 너 자신 속으로 물러나라. 지배적이고 이성적인 부분은 그 본성상 자신의 올바른 행동과 그 행동이 불러오는 마음의 평정에 만족한다.

29 망상을 지워버려라. 더이상 정념에 조종당하지 마라. 너 자신을 현재 시간에 국한하라. 너 자신이나 남에게 무슨 일이 일어나고 있는지 알아두라. 무슨 일이 일어나든 원인별로, 질료별로 나누고 분류하라. 네 임종의 시간을 염두에 두라. 남이 너에게 저지른 잘못은 그 잘못이 발생한 곳에 그대로 두라.

30 남이 하는 말에 주의를 집중하라. 진행되고 있는 것과 그것을 행하고 있는 것에 네 마음을 이입하라.

31 소박함과 겸손함을 지니고, 미덕과 악덕의 중간에 있는 것들에 무관심함으로써 너를 빛나게 하라. 인류를 사랑하라. 신을 따르라. 그 사람[141]은 말한다. "만물은 법칙에 따르고, 사실은 원자들만이 있을 뿐이다." 만물이 법에 따른다는 것을 명심하면 그것으로 충분하다. 그 밖의 것은 아주 사소하기 때문이다.[142]

---

141 데모크리토스, 단편 B 9, 117, 125 참조.
142 이 문장은 텍스트가 확실하지 않고, 해석도 구구하다.

32 죽음에 관하여. 우리가 원자들로 구성되어 있다면, 죽음은 분해이다. 우리가 살아 있는 통일체라면, 죽음은 소멸이거나 이행이다.

33 고통에 관하여. 참을 수 없는 고통은 우리를 죽게 할 것이다. 그러나 지속되는 고통은 참을 수 있다. 마음은 포기함으로써 평정을 유지하고, 지배적 이성은 나빠지지 않는다. 그러나 고통으로 해를 입는 부분들은, 표현할 수 있다면 그것을 표현하게 하라.

34 명성에 관하여. 명성을 구하는 자들의 마음가짐이 어떠하며, 그들이 무엇을 피하고 무엇을 추구하는지 살펴보라. 모래가 밀려오면 전에 있던 모래언덕이 묻히듯이, 인생에서도 앞선 것들은 나중 것들에 금세 가려진다는 점도 명심하라.

35 "진실로 도량이 넓고 모든 시간과 실재를 전체적으로 관조할 수 있는 사람이라면 인생을 대단한 것으로 여길 것이라고 너는 생각하느냐?" "아니, 그럴 수 없겠지요" 하고 그는 말했네. "그렇다면 그런 사람은 죽음조차도 무서운 것으로 여기지 않겠지?" "네, 조금도요."(플라톤의 말)[143]

36 좋은 일을 하고도 욕을 먹는 것은 군왕답다.(안티스테네스의 말)[144]

37 얼굴은 고분고분하게 마음이 시키는 대로 표정을 짓고 자세를 가다듬는데, 마음은 스스로가 시키는 대로 표정을 짓고 자세를 가다듬을 수 없다는 것은 수치스러운 일이다.

38 사물들에 화를 내는 것은 소용없는 짓이다. 사물들은 그 어떤 것에 대해서도 관심이 없기 때문이다.¹⁴⁵

39 너는 불사의 신들과 우리 자신에게 기쁨을 주기를!¹⁴⁶

40 인간의 목숨은 익은 곡식 이삭처럼 베어진다. 한 사람은 존재하고, 다른 사람은 사라진다.¹⁴⁷

41 신들이 나와 내 아들들을 돌보지 않는다면, 거기에도 이유가 있을 것이다.¹⁴⁸

42 선과 정의는 나와 함께한다.¹⁴⁹

43 덩달아 곡하지 말고, 덩달아 날뛰지 마라.¹⁵⁰

44 그러나 나는 그에게 다음과 같이 답변하는 것이 옳겠지요. "이봐요,

---

143 플라톤, 『국가』 486a.
144 안티스테네스, 단편 20b Caizzi. 안티스테네스(Antisthenes 기원전 445년경~360년경)는 소크라테스의 제자이자 친구로, 견유학파의 창시자이다.
145 에우리피데스(Euripides), 『벨레로폰테스』(Bellerophontes) 단편 287, 1행 이하 Nauck.
146 출전 불명.
147 에우리피데스, 『휩시퓔레』(Hypsypyle) 단편 757, 6행 이하 Nauck.
148 에우리피데스, 『안티오페』(Antiope) 단편 207, 1~2행 Nauck.
149 에우리피데스, 작품 제목 미상, 단편 910 Nauck.
150 출전 불명.

조금이라도 쓸모 있는 사람이라면 어떤 행동을 할 때 그 행동이 옳은지 그른지, 착한 사람의 행동인지 나쁜 사람의 행동인지만 고려할 것이 아니라, 살 것인지 죽을 것인지를 저울질해야 한다는 게 그대의 생각이라면 그대의 제안은 바람직하지 못하오."〔플라톤의 말〕[151]

45 아테나이인 여러분, 사실은 이러합니다. 누가 가장 좋은 곳이라 여기고 자리를 잡았거나 지휘관에 의해 그 자리에 배치되었다면, 그는 위험을 무릅쓰고 자리를 지켜야 하며, 죽음이나 그 어떤 것보다 치욕을 염려해야 한다고 나는 생각합니다.[152]

46 하지만 여보게, 안전하게 지켜주고 안전하게 지켜지는 것 외에 고귀하고 좋은 것은 없는지 살펴보게. 진정한 대장부라면 얼마나 오래 사느냐에 관심을 가져서는 안 되고 삶에 집착해서도 안 되네. 그는 그런 일들은 신들에게 맡기고, 운명은 아무도 피할 수 없다는 여인들의 말을 믿으면서 사는 동안 어떻게 하면 최선의 삶을 살 수 있는지 고찰해야 하네.[153]

47 너도 별들과 함께 도는 것처럼 별들의 운행을 관찰하고, 원소들이 매번 다른 원소로 이행한다는 사실을 늘 염두에 두라. 그런 사색은 세상살이의 때를 씻어줄 것이다.

48 플라톤의 말은 훌륭하다.[154] 사람들에 관하여 담론하는 사람은 지상의 사물을 마치 높은 곳에서 내려다보듯 관찰해야 한다. 집회, 군대, 농사, 결혼, 평화조약,[155] 탄생, 사망, 법정의 소란, 황무지, 다양

한 야만족, 축제, 애도, 장터. 이 모든 것의 뒤섞임과 상반된 것들의 질서정연한 결합을.

49 과거를, 그토록 많은 왕조의 변천을 눈앞에 떠올려보라. 그러면 미래사도 내다볼 수 있을 것이다. 미래사는 과거사와 같은 성질의 것이고, 현재사의 리듬에서 벗어날 수 없을 테니까. 따라서 인간의 삶을 40년 동안 관찰하든 1만 년 동안 관찰하든 마찬가지이다. 더 볼 것이 따로 뭐가 있겠는가?

50 *대지에서 태어난 것들은*
대지로 돌아가고, 하늘의 씨앗에서
생겨난 것은 하늘나라로 돌아간다.[156]

아니면 얽히고설킨 원자들의 해체이거나, 무감각한 원소들이 그와 비슷하게 흩어지는 것이다.

51 그들은 먹을거리와 마실 거리와 주문(呪文)으로 흐름을 돌려 죽지

---

151 플라톤, 『소크라테스의 변론』 28b.
152 같은 책 28d.
153 플라톤, 『고르기아스』(*Gorgias*) 512d~e.
154 다음 말은 플라톤의 것이 아니다. 플라톤의 말인데 전승되지 않았을 수도 있고, "플라톤의 말은 훌륭하다"는 문구는 나중에 삽입된 것으로 46절을 가리키는 것이 아닌가도 생각된다.
155 그리스어 dialysis는 '이혼'이라고 번역할 수도 있다.
156 에우리피데스, 『크뤼십포스』(*Chrysippos*) 단편 839, 9~11행 Nauck.

명상록 115

않으려 한다.[157]

2) 신으로부터 어떤 폭풍이 불어오든 우리는 괴롭더라도 꾹 참고 불평하지 말아야 한다.[158]

52   누가 너보다 '상대방을 메다꽂는 솜씨가 더 훌륭한 레슬링 선수' 일지라도, 공공심이나 겸손, 온갖 상황에 대처하거나 이웃의 과오에 관용을 베푸는 것에서는 너보다 더 훌륭하지 못하게 하라.

53   신과 인간의 공통된 이성에 따라 일을 완수할 수 있는 곳에서는 두려워할 것이 아무것도 없다. 올바른 길을 가고 있고 우리의 기질에 맞게 진행되는 활동에 힘입어 이익을 얻을 수 있는 곳에서는 해를 입을까 두려워할 필요가 없기 때문이다.

54   현재의 상황을 경건하게 받아들여 만족하는 것, 지금 주변에 있는 사람들에게 공정하게 대하는 것, 검토하지 않은 그 어떤 것이 마음 속에 몰래 스며들지 못하도록 현재의 인상을 세심하게 분석하는 것, 이것은 네가 언제 어디서나 할 수 있는 일이다.

55   남의 지배적 이성을 보려고 두리번대지 말고, 본성이 너를 인도하고 있는 목표를 직시하라. 너에게 일어나는 일을 통해 보편적 자연이 인도하고, 네가 해야 할 일을 통해 네 본성이 인도하는 목표를 직시하라는 말이다. 각자는 제 본성에서 비롯되는 것을 행해야 한다. 다른 것들은 이성적 존재들을 위하여 만들어졌다. 그것은 모든 영역에서, 열등한 것이 우월한 것을 위하여 만들어진 것과 같다. 한

편 이성적 존재들은 서로를 위하여 만들어졌다.

2) 인간의 자질에서 으뜸가는 것은 공공심이고, 두 번째는 육체적 자극에 양보하지 않는 것이다. 이성적 움직임과 지성적 움직임의 특징은 자신을 한정하고 감각적 움직임과 충동적 움직임에 결코 지지 않는 것이다. 이것들은 둘 다 동물적이다. 그러나 지성적 움직임은 우월하기를 원하고, 감각적 움직임과 충동적 움직임에 제압당하기를 바라지 않는다. 당연한 일이다. 지성적 움직임은 본성상 이들 움직임을 이용하기 때문이다. 이성적 존재의 자질에서 세 번째 특징은 성급한 판단을 피하고 기만당하지 않는 것이다. 따라서 이성적 부분이 이런 원칙들을 견지하며 곧장 앞으로 나아가게 하라. 그러면 그 부분은 제 몫을 차지할 것이다.

56 마치 지금까지 살다가 세상을 떠난 듯이 여생을 덤으로 살되 자연에 따라서 살도록 하라.

57 너 자신에게 일어난 것과 운명이 너를 위하여 자아놓은 것만을 사랑하라. 그보다 더 적절한 일이 어디 있겠는가?

58 무슨 일이 일어나든, 너와 똑같은 일을 당할 때 성내고 당황하고 욕한 자들을 눈앞에 떠올려보라. 지금 그들은 어디 있는가? 아무 데도 없다. 어쩌겠다는 것인가? 너도 그들처럼 하겠다는 것인가? 왜

---

157 에우리피데스, 『탄원하는 여인들』(Hiketides) 1110~1111행.
158 출전 불명.

너는 남의 일탈은 그런 일탈을 초래하거나 그런 일탈에 빠진 사람에게 맡겨두고, 너 자신은 어떻게 하면 그 일탈을 이용할 수 있는지에 온 정신을 집중하려 하지 않는가? 너는 그 일탈을 잘 이용할 수 있고, 그것은 너에게 질료가 되겠기에 하는 말이다. 다만 명심하고 네가 하는 모든 일에서 스스로에게 아름다운 자가 되기를 원하라. 둘 중 하나를 취사 선택할 때, 중요한 것은 행동의 목표라는 것도 명심하라.[159]

59 네 안을 들여다보라. 네 안에는 선의 샘이 있고, 그 샘은 네가 늘 퍼내야 늘 솟아오를 수 있다.

60 육신은 단단해야 하고 움직일 때나 정지해 있을 때 일그러져서는 안 된다. 마음이 현명하고 점잖은 표정을 유지함으로써 얼굴 표정에 영향을 끼칠 수 있는 것과 같은 것을 우리는 육신 전체를 위해서도 요구해야 한다. 그러나 이 모든 것은 가식 없이 행해져야 한다.

61 불의의 공격에 대비하며 꿋꿋이 서 있어야 한다는 점에서, 삶의 기술은 무용의 기술보다는 레슬링의 기술과 더 비슷하다.

62 네가 어떤 자들에게 인정받기를 원하는지, 그들이 어떤 지배적 이성을 갖고 있는지 항상 염두에 두라. 네가 그들의 판단과 동기의 원천을 들여다보게 되면, 본의 아니게 실수를 저지른 자들에게 화를 내지 않을 것이며 그들에게 인정받을 필요조차 느끼지 않을 것이다.

63 "모든 혼은 본의 아니게 진리를 빼앗긴다"고 그는 말한다.[160] 정의와 절제와 호의와 그 밖에 그런 종류의 미덕도 모두 마찬가지이다. 무엇보다도 이 점을 반드시 명심해야 한다. 그러면 너는 모든 사람을 더 온유하게 대할 수 있다.

64 고통을 당할 때마다 상기하라. 고통은 수치스러운 것이 아니며 키를 잡고 있는 마음을 더 열등하게 만드는 것도 아니라는 것을. 마음은 이성적인 한, 공동체적인 한 고통으로 파괴될 수 없기 때문이다. 그 밖에도 대부분의 경우 "네가 고통의 한계를 생각하고 상상력으로 거기에 뭔가를 덧붙이지만 않는다면, 고통은 참을 수 없는 것도 아니고 영원한 것도 아니다"라는 에피쿠로스의 말[161]은 네게 도움이 될 것이다. 졸음이나 고열이나 식욕부진 같은 여러 가지 불쾌감도 사실은 고통과 같은 것이지만 우리가 고통인 줄 모르고 있다는 점을 상기하라. 이런 것들 때문에 짜증이 나면, 너 자신에게 "너는 고통에 굴복하는 거야"라고 말하라.

65 비인간이 인간에게 품는 것과 같은 감정을 너는 비인간에게 품지 않도록 주의하라.

---

159 마지막 문장은 텍스트가 불완전하다.
160 플라톤, 『국가』 412e~413a, 『소피스테스』 228c 참조. 그러나 이 문장은 에픽테토스가 나름대로 손질한 것이다. 『강론』 1권 28장 4절.
161 에피쿠로스, 단편 447 Usener.

66 텔라우게스[162]가 소크라테스보다 성격이 더 고상하지 못했다는 것을 우리는 어떻게 아는가? 소크라테스가 더 영광스럽게 죽었고, 소피스트들과 더 능숙하게 토론했고, 차가운 노천에서 더 꿋꿋하게 밤을 지새웠고,[163] 살라미스의 레온을 데려오라는 명령에 불복하는 것[164]이 더 용감한 행동이라고 생각했고, 그게 과연 사실인지 의심스럽지만 "거리를 당당하게 활보했다"[165]는 것만으로는 충분치 않다. 오히려 우리는 소크라테스의 혼이 어떠했는지, 그가 사람들에 대하여 올바르고 신들에 대하여 경건한 것으로 만족할 수 있었는지, 남의 사악함에 성부터 내거나 남의 무지에 종노릇하지 않았는지, 우주가 자신의 몫으로 할당한 것을 뭔가 낯선 것으로 받아들이거나 참을 수 없는 짐으로 짊어지지 않았는지, 자신의 이성이 육신의 감정에 공감하도록 내버려두지 않았는지 고찰해야 한다.

67 자연은 네가 너 자신을 한정하여 네가 할 일을 손수 행하는 것을 허용하지 않을 만큼, 너를 전체와 뒤섞어놓지 않았다. 신적인 인간이지만 아무한테도 인정받지 못하는 일이 충분히 있을 수 있기에 하는 말이다. 이 점을 늘 명심하라. 그리고 행복하게 사는 데 필요한 것은 아주 적다는 점과, 네가 위대한 사상가나 과학자가 되겠다는 희망을 버리더라도 그 때문에 자유롭고 겸손하고 공동체적이고 신에게 순종하는 존재가 되기를 포기할 필요는 없다는 점도 명심하라.

68 온 세상이 목청껏 너에게 고함을 질러대도, 야수들이 너를 둘러싸고 있는 고깃덩이의 육신들을 갈기갈기 찢는다 해도, 너는 어떤 강요도 받지 않고 마음의 더없는 평온 속에서 살아갈 수 있다. 그 모

든 경우 그 무엇이 마음의 평온, 주변 환경에 대한 올바른 판단 그리고 주어진 것을 이용하겠다는 결의를 다지지 못하도록 막는단 말인가? 판단은 자신에게 일어나는 일에게 "너는 겉으로는 달라 보여도 실제로는 이런 것이지"라고 말한다. 이용은 자신에게 주어진 것에게 "너야말로 내가 찾던 거야"라고 말한다. 왜냐하면 현재는 나에게 언제나 이성적 미덕과 공동체적 미덕의, 다시 말해 인간이나 신의 기술의 질료이기 때문이다. 우리에게 일어나는 모든 일은 신이나 인간과 밀접한 관계가 있어서 새로운 것도 아니고 다루기 힘든 것도 아니며, 오히려 친숙하고 다루기 쉬운 것이다.

69 하루하루를 마지막 날인 것처럼 살아가되 흥분하지도 나태하지도 위선자가 되지도 않는다면, 그것이 바로 인격을 완성하는 것이다.

70 신들은 불사의 존재이면서도 그토록 오랜 세월 동안 그토록 보잘것없는 그토록 많은 인간을 참고 견뎌야 하는데도 짜증을 내지 않는다. 아니, 신들은 온갖 방법으로 인간을 돌보고 있다. 하거늘 너는 머지않아 죽게 되어 있는데도 돌보기를 단념한다. 너도 그 보잘것없는 자들 가운데 한 사람이면서 말이다.

---

162 텔라우게스(Telauges)는 퓌타고라스의 전설적인 아들이다.
163 플라톤, 『향연』 220a~d 참조.
164 플라톤, 『소크라테스의 변론』 32c 참조.
165 아리스토파네스, 『구름』 362행.

71 자신의 악에서 벗어나는 일은 가능한데도 그 악에서 벗어나려 하지 않고, 남의 악에서는 벗어날 수 없는데도 그 악에서 벗어나려 하니 가소로운 일이다.

72 이성적이고 공동체적인 능력이, 지적이지도 않고 사회적이지도 않다고 인식하는 것을, 자기보다 열등하다고 판단하는 것은 온당하다.

73 네가 선행을 베풀고 남이 그것을 받았으면 그만이지 어째서 바보같이 제3의 것을 바라느냐? 선행을 베푸는 것을 남이 보아주거나 선행의 보답을 받는 것 말이다.

74 도움 받는 데 싫증을 내는 사람은 아무도 없다. 그런데 남에게 도움을 주는 것이 자연에 맞는 행동이다. 그러니 너는 남에게 도움을 줌으로써 도움을 받는 데 싫증 내지 마라.

75 보편적 본성은 질서정연한 세계를 만들고 싶은 충동을 느꼈다. 그러나 지금 일어나고 있는 것은 모두 필연적인 부수 현상이며, 그렇지 않다면 우주의 지배적 이성이 자신의 충동에 따라 추구하고 있는 가장 중요한 것조차도 무의미하다. 그 점을 상기하면 많은 일에 한결 담담하게 대처할 수 있다.

VIII

1 네가 평생 동안 또는 적어도 청년이 된 후부터 철학자로서 살아왔다고 할 수 없다는 사실을 아는 것도 허튼 명예욕에서 벗어나는 데 도움이 된다. 네가 철학과는 거리가 멀다는 것이 많은 사람과 너 자신에게 분명해졌기 때문이다. 세속에 물들었기에 너는 철학자로서 명성을 얻기가 쉽지 않을 것이다. 네 인생의 사명도 그와 모순된다. 진실이 어디 있는지 제대로 인식했다면, 남들이 너를 어떻게 볼 것인가 하는 생각은 버리고 길든 짧든 남은 인생을 네 본성이 원하는 대로 사는 것으로 만족하라. 따라서 네 본성이 무엇을 원하는지 숙고하고, 그 밖의 다른 어떤 것에도 미혹되어서는 안 된다. 너의 과거 경험은 네가 얼마나 많이 길을 잃고 헤맸으며 어느 곳에서도 참다운 삶을 발견하지 못했다는 것을 말해준다. 삼단논법에서도, 부에서도, 명성에서도, 향락에서도. 그렇다면 참다운 삶은 어디에 있는가? 그 삶은 인간 본성이 요구하는 것을 행하는 데 있다. 그러려면 어떻게 해야 하는가? 의도와 행동의 원천이 되는 원칙을 갖고 있으면 된다. 어떤 원칙 말인가? 선악에 관한 원칙이다. 그 원칙에 따르면, 인간을 정의롭고 신중하고 용감하고 자유롭게 만들지 않는

것은 그 어떤 것도 선이 아니며, 방금 말한 것들과 반대되는 것들을 야기하지 않는 것은 그 어떤 것도 악이 아니다.

2 어떤 행동을 할 때는 "이 행동은 나와 무슨 관계가 있지?" "내가 이 행동을 후회하게 되지는 않을까?" 하고 자문해보라. 잠시 후면 나는 죽고 모든 것은 사라진다. 지금 내가 하고 있는 일이 이성적이고 공동체적이고 신과 동일한 법의 지배를 받는 존재에게 어울리는 일이라면 무엇을 더 바라겠는가?

3 알렉산드로스, 가이우스,[166] 폼페이우스도 디오게네스,[167] 헤라클레이토스, 소크라테스에 견주면 무엇이란 말인가? 후자는 사물과 그 원인과 질료를 보았고, 그들의 지배적 이성은 그들 자신의 것이었다. 그러나 전자는 얼마나 많은 것을 염려하고, 얼마나 많은 것의 노예였던가?

4 네가 화가 나 폭발하더라도 사람들은 아랑곳하지 않고 같은 일을 하고 있을 것이다.

5 첫째, 평정을 잃지 마라. 만물은 보편적 자연에 따르고 있으며, 잠시 후면 너도 하드리아누스나 아우구스투스처럼 무(無)가 되어 어느 곳에도 없을 것이다. 둘째, 사물을 응시하여 그 실체를 파악하되, 선한 인간이 되어야 한다는 것을 명심하고 인간의 본성이 요구하는 바를 지체 없이 행하라. 그리고 네게 가장 정당해 보이는 것을 말하되 늘 상냥하고 겸손하게 거짓 없이 말하라.

6   보편적 자연이 하는 일이란 여기 있는 것을 저리로 옮기고, 변화시키고, 여기서 들어올려 저리로 나르는 것이다. 만물은 변화에 불과하므로 새로운 것과 마주칠까 두려워할 필요가 없다. 만물은 친숙한 것들이고, 운명의 배분은 공평하다.

7   모든 본성은 순조롭게 자신의 길로 나아갈 때 만족한다. 그리고 이성적 본성은 자신의 표상에서 거짓되고 분명하지 않은 것을 받아들이지 않고, 자신의 충동을 공동체적인 일에 집중하고, 자신에게 속한 것들만 좋아하거나 싫어하고, 보편적 본성이 할당한 것이면 무엇이든 반긴다면, 순조롭게 나아가는 것이다. 마치 잎의 본성이 식물의 본성의 일부이듯, 이성적 본성은 보편적 본성의 일부이기 때문이다. 차이가 있다면, 식물의 경우 잎의 본성은 감각도 없고 이성도 없고 방해받을 수 있는 본성의 일부인 데 반해, 인간의 본성은 각자에게 제 몫의 시간과 실체와 원인과 활동과 경험을 자격에 따라 공평하게 배분하는 한 결코 방해받을 수 없는 이성적이고 정의로운 본성의 일부라는 것이다. 그러나 사물의 개별 특징을 비교하지 말고 한 종 전체를 다른 종 전체와 비교하도록 유의하라.

---

166 율리우스 카이사르.
167 디오게네스(Diogenes)는 기원전 4세기에 활동하던 그리스의 철학자로, 안티스테네스(Antisthenes)와 더불어 무욕(無慾)과 정신적 독립을 중시하는 견유학파(犬儒學派)의 창시자가 되었다. 그는 무욕과 정신적 독립에 이르기 위해서는 전통적인 의미의 염치지심을 버려야 한다고 주장함으로써 '개'(그리스어로는 kyon)라는 별명이 붙었는데, 거기에서 견유학파 철학자(kynikos)라는 이름이 생겨났다.

8 너는 책을 읽을 여유가 없다. 그러나 오만을 억제할 여유는 있다. 쾌락과 고통을 제어할 여유가 있으며 명예욕을 초월할 수도 있다. 너는 무감각하고 감사할 줄 모르는 자들에게 성내지 않을 여유가 있고 아니 그들을 돌봐줄 수도 있다.

9 앞으로 아무도 네가 궁정 생활에 대하여 불평하는 소리를 듣지 못하게 하라. 아니, 너 자신도 네 말을 듣지 못하게 하라.

10 후회는 뭔가 유익한 것을 놓친 데 대한 일종의 자책이다. 그런데 선은 반드시 유익한 것이므로 착하고 선한 자라면 선에 관심을 기울여야 한다. 진실로 선한 자는 쾌락을 놓쳤다고 해서 결코 후회하지 않을 것이다. 그러므로 쾌락은 유익한 것도 아니고 선한 것도 아니다.

11 여기 이 사물은 그 자체로 무엇이며 그 본성이 무엇인가? 이 사물의 실체와 질료는 무엇인가? 그것의 원인은 무엇인가? 그것은 우주에서 어떤 기능을 하는가? 그것은 얼마 동안 존속하는가?

12 마지못해 잠자리에서 일어난다는 생각이 들면, 공동체적 활동을 수행하는 것은 네 기질과 인간의 본성에 맞지만 잠은 비이성적 동물에게도 공통된 것임을 상기하라. 각자의 본성에 맞는 것이 더 친숙하고, 더 동질적이고, 더 흡족한 것이다.

13 끊임없이, 가능하다면 모든 표상을 자연학과 윤리학과 논리학[168] 원리에 적용해보라.

14 누구를 만나든 "이 사람은 선과 악에 관하여 어떤 의견을 갖고 있을까?" 즉시 자문해보라. 그가 쾌락과 고통과 이 두 가지의 원인에 관하여, 명예와 불명예에 관하여, 생과 사에 관하여 이러저러한 의견을 갖고 있다면 그가 이러저러한 행동을 하더라도 나는 그를 조금도 이상하게 여기거나 놀라지 않을 것이다. 또한 나는 그가 그렇게 할 수밖에 없다는 것을 기억할 것이다.

15 우주가 잉태하고 있던 특정 사물을 낳는다고 놀라는 것은 무화과나무에 무화과가 열리는 것을 보고 놀라는 것만큼이나 어리석은 짓임을 명심하라. 의사가 환자에게 열이 있다고, 키잡이가 역풍이 인다고 놀란다면 이 역시 어리석은 짓이다.

16 네 생각을 바꾸고, 네 잘못을 바로잡아주는 자를 따르는 것이 의지의 자유와 상충되지 않음을 명심하라. 네 의지와 판단, 또한 네 이성에 따라 행하는 행동은 네 행동이기 때문이다.

17 결정권이 너에게 있다면 왜 굳이 그런 짓을 하는가? 그러나 다른 사람에게 있다면 너는 누구를 비난하는가? 원자를? 신을? 원자를 비난하든 신을 비난하든 그것은 다 미친 짓이다. 너는 아무도 비난해서는 안 된다. 할 수 있다면 네가 그 장본인을 바로잡고, 그것이 안 되면 일 자체라도 바로잡도록 하라. 그것도 안 되면 비난한다고 해

---

168 스토아학파는 철학을 논리학, 윤리학, 자연학의 세 분야로 나누었다.

명상록 127

서 네게 무슨 덕이 되겠는가? 어떤 일이든 무턱대고 해서는 안 되기에 하는 말이다.

18 죽는 것은 우주 밖으로 떨어져 나가지 않는다. 그것이 우주 안에 머무른다면 그것은 또한 여기서 변하여 우주의 원소이자 네 원소이기도 한 그 자체의 원소들로 분해된다. 그 원소들도 변하지만 그렇다고 그들은 불평하지 않는다.

19 각각의 사물은 어떤 목적을 위하여 존재한다. 말〔馬〕도 그렇고 포도나무도 그렇다. 왜 놀라는가? 태양신 역시 "나는 어떤 일을 하려고 존재한다"고 말할 것이다. 다른 신들도 마찬가지이다. 그렇다면 너는 무엇을 위하여 존재하는가? 쾌락을 위하여? 네 지성이 그런 생각을 용납할 수 있을까?

20 자연은 개개의 사물에서 시작과 과정만이 아니라 종말도 배려했다. 마치 공을 던져 올려놓고 지켜보고 있는 사람처럼. 하지만 공이 위로 던져졌다고 무슨 덕이 되고, 내려와 땅에 떨어진다고 무슨 해가 되겠는가? 물거품이 인다고 무슨 덕이 되고, 꺼진다고 무슨 해가 되겠는가? 그 점에서는 촛불도 마찬가지이다.

21 그것[169]을 밖으로 뒤집어 그것이 어떤 성질의 것이고, 늙거나 병들거나 숨을 거두면 어떻게 되는지 살펴보라.
2) 칭찬하는 자도 칭찬받는 자도, 기억하는 자도 기억되는 자도 잠깐밖에 살지 못하기는 마찬가지이다. 게다가 세상의 이 모퉁이에서

그런 일이 일어나고 있고, 그 모퉁이에서도 모두가 의견이 일치하지 않고, 개인조차 자신과 의견이 일치하지 않는다. 그리고 대지 전체도 하나의 점에 불과하다.

22 주제와 활동과 원칙과 말뜻에 주목하라.
2) 네가 그런 일을 당하는 것은 당연하다. 너는 오늘보다는 내일 선한 자가 되기를 원하기 때문이다.

23 나는 무엇인가를 행하고 있는가? 나는 인류에게 베푸는 선행과 관련지으며 그 무엇을 행한다. 나에게 무슨 일이 일어나고 있는가? 나는 신들과, 일어나는 모든 일이 거기서 만물이 유출되는 원천과 관련지으며 그 무슨 일을 받아들인다.

24 목욕할 때 올리브기름, 땀, 때, 더러운 물과 그런 종류의 온갖 것들이 너에게 역한 느낌을 준다. 인생의 모든 부분과 우리가 만나는 모든 대상도 그와 같다.

25 루킬라[170]는 베루스[171]를 묻었고,[172] 그 역시 묻혔다. 세쿤다는 막시무스[173]를 묻었지만, 세쿤다도 묻혔다. 에피튕카노스는 디오티모스[174]

---

169 육신.
170 루킬라(Lucilla)는 마르쿠스 아우렐리우스의 생모(生母)이다.
171 베루스(Verus)는 마르쿠스 아우렐리우스의 생부이다.
172 원전에는 동사가 생략되어 있어 문맥에 따라 보완한 것이다.

를 묻었지만, 에피튕카노스도 묻혔다. 안토니누스는 파우스티나[175]를 묻었지만, 안토니누스도 묻혔다. 만사가 이와 같다. 켈레르[176]는 하드리아누스[177]를 묻었지만, 켈레르도 묻혔다. 저 명민한 자들과 예언자들과 오만한 자들은 지금 어디 있는가? 예컨대, 카락스와 플라톤학파의 데메트리오스와 에우다이몬[178] 같은 명민한 자들은 지금 어디 있는가? 모두가 하루살이들이고 오래전에 죽었다. 더러는 잠시도 기억되지 않았고, 더러는 옛이야기가 되었고, 더러는 이미 옛이야기의 세계에서조차 사라져버렸다. 네 육신의 조직은 해체되고, 네 작은 호흡도 꺼지거나 장소를 바꿔 다른 곳으로 옮겨갈 것임을 명심하라.

26 인간의 낙은 인간다운 일을 하는 것이다. 그런데 인간다운 일이란 동족을 호의로써 대하고, 감각적 움직임을 무시하고, 그럴듯한 표상들을 진단하고, 보편적 본성과 그 본성에 따라 일어나는 것들을 고찰하는 것이다.

27 너에게는 세 가지 관계가 있다. 하나는 너를 담고 있는 그릇[179]과의 관계이고, 다른 하나는 모두에게 일어나는 모든 것의 원천인 신적인 원인과의 관계이고, 나머지 하나는 너와 더불어 살고 있는 사람들과의 관계이다.

28 고통은 육신에게 악이거나—그럴 경우 육신이 그렇다고 말하게 하라—혼에게 악이다. 그러나 혼에게는 맑은 날씨와 자신만의 고요한 바다를 유지하고 고통을 악으로 간주하지 않을 능력이 있다. 판

단과 충동과 소망과 혐오는 모두 자기 안에서 생겨나며 어떤 것도 바깥에서 침투하지 못하기 때문이다.

29 "나는 지금 내 이 혼 안에 어떤 악도, 어떤 욕망도, 간단히 말해 어떤 동요도 생겨나지 못하게 할 능력이 있다. 나는 오히려 만물의 참된 본성을 보고는 각각의 사물을 그 가치에 따라 이용한다"고 자신에게 말함으로써 인상들을 없애버려라. 자연이 네게 준 이러한 능력을 상기하라.

30 원로원에서 말하거나 개인에게 말할 때 적절하고 명료하게 말하라. 건전한 표현을 사용하라.

31 아우구스투스의 궁전, 아내, 딸, 자손들, 선조들, 누이, 아그립파,[180]

---

173 막시무스는 마르쿠스 아우렐리우스의 스승이다(1권 15절 참조). 세쿤다(Secunda)는 그의 아내이다.
174 에피튕카노스와 디오티모스에 관해서는 달리 알려진 것이 없다.
175 안토니누스 피우스는 로마의 황제로, 마르쿠스 아우렐리우스의 양부이다. 파우스티나(Faustina)는 그의 아내이다.
176 켈레르(Kelu)는 마르쿠스 아우렐리우스의 수사학 선생이다.
177 하드리아누스(Hadrianus)는 로마의 황제이다. 그러나 동명의 소피스트라고 보는 사람도 있다.
178 카락스(Charax)와 데메트리오스(Demetrios)와 에우다이몬(Eudaimon)에 관해서는 달리 알려진 바가 없다.
179 육신.
180 아그립파(Marcus Vipsanius Agrippa)는 아우구스투스의 평생지기로, 기원전 31년 악티움 해전에서 안토니우스와 클레오파트라의 연합 함대를 격파하는 데 결정적인 역할을 했다.

친척들, 하인들, 친구들, 아레이오스,[181] 마이케나스,[182] 의사들, 사제들. 전 궁전이 죽고 없다. 거기서 다른 궁전들로 눈을 돌려보라. 한 사람이 죽은 것이 아니라, 폼페이우스가(家)처럼 일족 전체가 죽고 없다. '그의 가문의 마지막 사람'이라는 묘비명을 생각해보라. 또 선조들이 대를 이으려고 얼마나 노심초사했겠는지 생각해보라. 하지만 누군가는 마지막 사람이 될 수밖에 없다. 그렇게 되면 다시 일족 전체가 죽는다.

32 너는 하나하나의 행동으로 네 인생을 구상하되, 그 행동이 나름대로 목적을 달성하면 이에 만족해야 한다. 그렇게 하는 것을 막을 사람은 아무도 없을 것이다. "밖에 있는 어떤 것이 방해할 수도 있지요." 그러나 네가 정의롭고 신중하고 현명하게 행동하는 것을 막을 것은 아무것도 없다. "하지만 다른 활동이 방해를 받는다면?" 그렇지만 그런 방해를 기꺼이 받아들이고 가능한 다른 일로 담담하게 옮겨가면, 당장 방해받은 활동 대신 우리가 말하고 있는 구상에 적합한 다른 활동이 생길 것이다.

33 겸손하게 받고, 흔쾌히 내주어라.

34 잘려나간 손이나 발, 베어진 머리가 몸의 다른 부분과 떨어져 있는 것을 본 적이 있다면, 자신의 운명을 거부하고 남과 떨어져 있거나 공동체에 해로운 행동을 하는 자야말로 스스로를 그런 사람으로 만드는 것이다. 그럴 경우 너는 어떤 의미에서 자연에 따르는 통일체에서 너 자신을 떼어낸 것이다. 너는 자연의 일부로서 태어났건만

지금은 너 자신을 잘라냈기 때문이다. 그래도 네가 다시 통일체로 돌아갈 수 있다는 것은 얼마나 멋진가. 떨어져 나오고 잘려 나왔다가 다시 결합하는 이러한 능력을 신은 우주의 다른 부분에는 부여하지 않았다. 그러니 신이 인간에게 부여한 선의를 생각하라. 신은 인간이 아예 전체에서 찢겨나가지 못하게 했고, 혹시 찢겨나가더라도 다시 돌아와 함께 자라며 한 부분으로서의 제 역할을 다시 맡을 수 있도록 만들었다.

35 보편적 자연이 개개의 이성적 존재에게 여타의 능력을 거의 다 주었듯이, 우리는 다음과 같은 능력도 보편적 자연에게서 받았다. 즉 보편적 자연이 자신과 마주치거나 자신을 방해하는 것은 무엇이든 다 돌려세워 보편적인 운명에 편입시키고 자신의 일부로 만드는 것처럼, 이성적 피조물도 모든 방해물을 자신을 위한 질료로 만들어 자신이 추구하는 목적을 위하여 그 방해물을 사용한다.

36 네 인생 전체를 그려보고 낙담하는 일이 없도록 하라. 네가 겪었고 겪을 온갖 어려움을 한꺼번에 떠올리지 말고, 그때그때 현재의 일과 관련하여 "이번 일에서 참을 수 없고 감당할 수 없는 것은 무엇인가?"라고 자문해보라. 스스로 인정하기가 부끄러울 것이다. 나아가 너를 짓누르는 것은 미래도 과거도 아닌 언제나 현재라는 사실

---

181 아레이오스(Areios)는 아우구스투스의 궁전에 머물던 스토아 철학자이다.
182 마이케나스(Maecenas)는 아우구스투스의 절친한 친구이며, 베르길리우스, 호라티우스, 프로페르티우스 등의 시인을 발굴하고 후원한 사람으로 유명하다.

을 상기하라. 그러나 현재는 네가 그것만을 떼어서 살펴보고, 또 네 마음이 그런 사소한 것도 감당하지 못하는 네 마음을 나무라고 나면, 현재의 의미는 축소될 것이다.

37 판테이아[183]나 페르가모스[184]는 지금도 자기 주인의 무덤가에 앉아 있을까? 카브리아스나 디오티모스[185]는 하드리아누스의 무덤가에 앉아 있을까? 가소로운 생각이다. 그들이 지금까지 그곳에 앉아 있다면 고인들이 알기나 할까? 안다면 고인들이 기뻐할까? 고인들이 기뻐한다면 조문객들이 불사의 존재가 되겠는가? 조문객도 먼저 노파나 노인이 되었다가 그다음에는 죽을 운명이 아닌가? 이들이 죽고 나면 저들은 나중에 무엇을 할까? 이 모든 것이 악취요 가죽 자루에 든 썩은 피다.

38 네 눈이 밝다면, "보고 가장 현명한 판단을 내리도록 하라"라고 그는 말한다.[186]

39 이성적 동물의 기질에서 나는 정의와 상반된 미덕은 보지 못하지만, 쾌락과 상반된 미덕은 본다. 절제 말이다.

40 너를 괴롭히는 듯이 보이는 것에 대한 네 의견을 버린다면, 너 자신은 더없이 평온해진다. "자신이라니, 그가 누구지요?" 이성 말이다. "하지만 내가 이성은 아니잖아요." 그렇다고 하자. 그렇다면 이성이 자신에게 해를 입히지 않게 하라. 그러나 너의 다른 부분이 해를 입는다면, 그 부분은 자신에 관하여 의견을 가져도 무방하다.

41 감각을 방해하는 것은 동물적 본성에는 악이다. 충동을 방해하는 것도 동물적 본성에는 악이다. 이와는 다르지만 식물적 기질에도 마찬가지로 방해가 되고 악이 되는 것이 있다. 마찬가지로 이성을 방해하는 것은 이성적 본성에는 악이다. 이 모든 것을 너 자신에게 적용해보라. 고통이나 쾌락이 네게 영향을 미치는가? 그것은 감각이 살필 일이다. 네가 어떤 충동을 느꼈을 때 방해받은 적이 있는가? 네가 네 충동을 무조건 충족시키려 든다면, 그것은 이성적 존재로서의 너에게 악이다. 그러나 네가 그 방해를 일반적인 것으로 받아들인다면, 너는 해를 입지도 않고 방해를 받지도 않는다. 실제로 지성에 고유한 것들은 어느 누구도 방해하지 않는다. 불도, 칼도, 폭군도, 중상모략도, 그와 같은 다른 어떤 것도 지성을 건드릴 수 없기 때문이다. "한번 구체(球體)가 된 것은 원형을 유지한다."[187]

42 내가 나 자신에게 고통을 주는 것은 옳지 못하다. 나는 타인도 의도적으로 괴롭힌 적이 없기 때문이다.

---

183 판테이아(Pantheia)는 마르쿠스 아우렐리우스와 공동 황제였던 베루스가 총애하던 창녀이다.
184 페르가모스(Pergamos)는 베루스의 해방노예였던 것 같다.
185 카브리아스(Chabrias)와 디오티모스(Diotimos)에 관해서는 알려진 자료가 없다.
186 이 부분은 텍스트가 불확실하며, '그'가 누구인지 알 수 없다.
187 엠페도클레스, 단편 B 27, 4와 28, 2 Diels/Kranz. 구체는 정신의 완전한 자주독립을 상징한다.

43 어떤 것은 이 사람을 기쁘게 하고, 어떤 것은 저 사람을 기쁘게 한다. 그러나 나를 기쁘게 하는 것은, 내 지배적 이성이 건전하여 어떤 사람이나 사람들에게 일어나는 어떤 사건에 등 돌리지 않고 모든 것을 상냥한 눈으로 보며 받아들여서 그 하나하나를 내재적 가치에 따라 활용하는 것이다.

44 현재의 이 시간이 너에게 선물이 되게 하라. 사후의 명성을 더 추구하는 자들은, 후세 사람들도 지금 자신들을 성가시게 구는 자들과 똑같은 자들이라는 것, 그들도 마땅히 죽는다는 것을 생각하지 못하고 있다. 후세 사람들이 이런저런 메아리로 너에게 응답하든 너에 관하여 이런저런 의견을 갖든, 그게 대체 너와 무슨 상관인가?

45 나를 집어 들어 네가 원하는 곳으로 던져보라. 그곳에서도 내 수호신이 여전히 내게 호의를 품는다면, 다시 말해 내 수호신의 상태와 활동이 그것의 고유한 기질에 맞는다면 만족할 것이다.
2) 던져진다는 것 때문에 내 혼이 병들고 제 가치를 잃고 비하되고 탐닉하고 구속받고 겁에 질린다면 그럴 만한 가치가 있을까 생각하라. 도대체 무엇이 그러한 대가를 치를 만한 가치를 지니고 있겠는가?

46 인간에게는 인간에게 맞지 않는 사건이 일어날 수 없다. 소에게는 소에게 맞지 않는 사건이 일어날 수 없고, 포도나무에게는 포도나무에게 맞지 않는 사건이 일어날 수 없으며, 돌에게는 돌의 본성에 어울리지 않는 사건이 일어날 수 없다. 그렇다면 각자에게 통상적

이고 자연스러운 일이 일어나는 것인데 어째서 너는 네 운명에 불만인가? 보편적 자연은 너에게 네가 감당할 수 없는 것은 가져다주지 않기에 하는 말이다.

47 어떤 외적인 일로 네가 고통받는다면, 너를 괴롭히는 것은 그 외적인 일이 아니라 그에 대한 네 판단이다. 또한 그 판단을 당장 지워 없애는 것은 너 자신에게 달려 있다. 그러나 너를 괴롭히는 것이 네 마음속에 있는 그 무엇이라면, 네가 네 견해를 바꾸는 것을 대체 누가 막는단 말인가? 또 너에게 건전해 보이는 이러저러한 것을 행하지 않았기에 괴로운 것이라면, 괴로워하는 대신 왜 그것을 행하지 않는가? "나보다 더 강한 것이 길을 막고 있어요." 그렇다면 그것을 행하지 못하는 원인이 너에게 있는 것이 아니므로 괴로워하지 마라. "하지만 그 일을 하지 않으면 인생은 살 가치가 없는걸요." 그렇다면 목적을 이루고 죽는 사람처럼 담담하게 인생을 떠나되, 네 길을 막는 장애물들을 용서하라.

48 지배적 이성이 자신 속으로 물러나 자신에게 만족할 때, 설령 그것이 비이성적인 반항이라 해도 자신이 원치 않는 것은 아무것도 하지 않을 때 그 이성은 어느 것에든 지지 않는다. 그렇다면 그 이성이 어떤 사물에 대하여 이성적으로 신중하게 판단을 내린다면 어떻겠는가? 정염(情炎)에서 자유로운 마음은 성채와 같다. 인간에게 이보다 더 튼튼한 요새는 없다. 그곳으로 피신한 자는 앞으로 함락되지 않을 것이기 때문이다. 이런 사실을 모르는 자는 무지한 자이고, 알면서도 그곳으로 피신하지 않는다면 불운한 자이다.

49 첫인상이 네게 전해주는 것 이상을 자신에게 말하지 마라. 이러저러한 사람이 너에 대해 악담을 하더라는 말을 네가 들었다고 하자. 너는 "악담을 하더라"는 말만 전해 들었을 뿐, 그 때문에 네가 해를 입었다는 말을 전해 들은 것은 아니다. 아이가 앓고 있는 모습을 본다고 하자. 나는 그 모습은 보지만, 내 아이가 위험한 것인지는 보지 못한다. 그러니 언제나 첫인상만 고집하고 마음속으로부터 첫인상에 뭔가를 덧붙이지 마라. 그러면 아무 일도 일어나지 않는다. 무엇을 덧붙이려거든 우주 안에서 일어나는 일을 일일이 알고 있는 사람으로서 덧붙여라.

50 "오이는 써요." 던져버려라. "길에 가시덤불이 있어요." 비켜가라. 그러면 충분하다. "이런 게 왜 세상에 생겨나는 거죠?" 하고 덧붙이지 마라. 자연을 공부하는 사람에게 웃음거리가 될 뿐이다. 마치 작업장에서 대팻밥과 가죽 조각이 보인다고 목수와 제화공을 나무라면 그들에게 웃음거리가 되듯이 말이다. 그들에게는 대팻밥과 가죽 조각을 던져버릴 장소가 있다. 하지만 보편적 자연은 자신의 바깥에 아무것도 갖고 있지 않다. 그러나 보편적 자연이 지닌 기술의 놀라운 점은, 보편적 자연은 스스로에 제한되면서도 자신 안에서 상하거나 노후하거나 쓸모없어 보이는 모든 것을 자신으로 변화시켜 그것으로부터 새로운 다른 것을 만들어낸다는 것이다. 그러므로 보편적 자연에게는 외부의 질료도 필요 없고, 쓰레기를 버릴 장소도 필요 없다. 보편적 자연에게는 자신의 공간, 자신의 질료, 자신의 기술이면 충분하다.

51 행동할 때 굼뜨지 말고, 대화할 때 말을 뒤죽박죽 섞지 말고, 생각할 때 헤매지 마라. 다시 말해 네 혼이 자신 안에만 갇혀 있거나 궤도 밖으로 튀어나가지 못하게 하고, 생활에서 여유를 누리지 못할 정도로 너무 분주하지 마라.

2) "사람들이 우리를 죽여요. 사람들이 우리를 갈기갈기 찢어요. 사람들이 우리를 저주하며 쫓아다녀요." 그런 것들이 여전히 순수하고 건전하고 신중하고 올바른 네 마음과 무슨 상관이란 말인가? 예컨대 누가 맑고 물맛이 좋은 샘물가에 서서 샘물을 저주한다 해도, 샘물은 마실 물을 솟아오르게 하는 일을 그만두지 않을 것이다. 그가 진흙이나 오물을 샘에 던져 넣는다 해도, 샘물은 금세 그것을 씻어내고 정화하여 더럽혀지지 않는다. 그렇다면 너는 어떻게 우물이 아니라 늘 흐르는 샘물을 가질 수 있는가? 정신적 자유를 향하여 날마다 만족하고 소박하고 겸손한 마음으로 자신을 지키면 된다.

52 우주가 무엇인지 알지 못하는 자는 자신이 어디 있는지 알지 못한다. 자신이 무엇을 위하여 태어났는지 알지 못하는 자는 자신이 누구이며 우주가 무엇인지 알지 못한다. 이 가운데 하나도 모르는 자는 자신이 무엇을 위하여 태어났는지 말할 수 없다 자신이 어디 있으며 누구인지도 모르는 자들의 비난을 피하거나 그런 자들에게 박수 받고 싶어하는 자를 너는 어떻게 볼 것인가?

53 매 시간 세 번씩이나 자신을 저주하는 자에게 칭찬받고 싶은가? 너는 저 자신의 마음에도 들지 않는 자의 마음에 들고 싶은가? 자신이 하는 거의 모든 일을 후회하는 자가 자신의 마음에 들겠는가?

54 너를 둘러싸고 있는 대기와만 함께 호흡할 것이 아니라, 앞으로는 만물을 둘러싸고 있는 이성과도 함께 사고하라. 대기의 힘이 사방으로 쏟아져 그것을 숨 쉴 수 있는 자에게 제공되는 것 못지않게, 이성의 힘도 사방으로 쏟아져 그것을 끌어당길 수 있는 자에게 제공되기 때문이다.

55 일반적으로 악은 우주에 전혀 해를 입히지 못하고, 특정한 악도 남에게 해를 입히지 못한다. 특정한 악은 그 악을 행하는 자에게만 해를 입힌다. 그러나 그도 원하기만 하면 특정한 악에서 벗어날 수 있다.

56 이웃의 의지는 그의 호흡이 그러하듯 내 의지와 무관하다. 우리는 각별히 서로를 위하여 태어났지만 우리의 지배적 이성은 각기 나름의 주권을 갖고 있다. 그렇지 않으면 이웃의 사악함이 내게도 불행이 될 수 있기 때문이다. 신은 그렇게 되는 것을 바라지 않았으니, 내 불행이 다른 사람에게 좌우되지 않게 하려는 것이었다.

57 해는 쏟아져 내리는 것처럼 보이고 사방으로 쏟아지지만, 쏟아져 없어지지는 않는다. 이러한 쏟아짐은 일종의 확장이다. 그런 까닭에 햇살은 '확장되다'(ekteinesthai)라는 말에서 유래하여 '확장자들'(aktines)이라 불린다. [188]햇살이 좁은 틈을 뚫고 어두운 방으로 들어오는 것을 보면 너는 햇살이 어떤 것인지 볼 수 있다. 햇살은 직선으로 확장되며, 공기가 통과할 수 없는 더 단단한 물체를 만나면 굴절한다. 그 물체에서 햇살은 정지할 뿐, 미끄러지거나 아래로

떨어지지 않는다. 정신의 쏟아짐과 사방으로 퍼져나감도 그런 것이어야 하고, 쏟아져 없어짐이 아니라 확장이어야 한다. 장애물과 무리하게 격렬히 충돌하거나 아래로 떨어져서는 안 되고, 버티고 서서 자신을 받아들이는 것을 비춰야 한다. 그러나 정신을 통과시키지 않는 것은 햇살을 빼앗길 것이다.

58 죽음을 두려워하는 자는 감각이 없어지는 것을 두려워하거나 감각이 다른 것으로 바뀌는 것을 무서워한다. 감각이 없어지면 너는 어떤 불행도 느끼지 못할 것이다. 다른 종류의 감각을 갖는 것이라면 너는 다른 종류의 생명체가 되어 삶을 끝내지 않게 될 것이다.

59 인간은 서로를 위해 태어났다. 그러니 서로를 가르치거나 아니면 참아라.

60 화살이 가는 길 다르고, 정신이 가는 길 다르다. 정신은 조심할 때도, 면밀히 검토할 때도 똑같이 목표를 향하여 곧장 나아가기 때문이다.[189]

61 각자의 지배적 이성 안으로 들어가라. 그리고 모든 타인이 너 자신의 지배적 이성 안으로 들어오는 것을 허용하라.

---

188 '햇살'이라는 뜻의 그리스어 aktines(단수형 aktis)는 '어스름' '빛' '광휘'라는 뜻의 고대 인도어 aktus에서 유래했다.
189 화살은 장애물을 만날 수 있지만, 이성은 그렇지 않다는 뜻이다.

IX

1 부정한 짓을 저지르는 자는 불경죄를 짓는 사람이다. 보편적 본성은 서로를 위하여 이성적 동물들을 만들어 그들이 가치에 따라 서로 돕고 결코 해를 입히는 일이 없게 했는데, 그런 보편적 본성의 뜻을 무시하는 사람은 가장 존경스러운 신에게 명백히 불경죄를 짓는 것이다.

2) 거짓말을 하는 자도 똑같이 신에게 불경죄를 짓는다. 보편적 본성은 현존하는 사물의 본성이며, 현존하는 사물은 존재하는 모든 것과 밀접한 관계가 있다. 나아가 보편적 본성은 진리라고 불리며, 모든 진리의 제1원인이다. 고의로 거짓말을 하는 자는 기만함으로써 부정한 짓을 저지르는 한 불경죄를 짓는 것이다. 본의 아니게 거짓말을 하는 자는 보편적 본성과 불화하는 한, 그리고 보편적 본성과 싸움으로써 보편적 본성의 질서를 교란하는 한 역시 불경죄를 짓는 것이다. 진리와 반대되는 것들로 휩쓸리는 자는 보편적 본성과 싸우는 셈이다. 그는 앞서 보편적 본성에서 여러 가지 능력을 부여받았지만 그 능력을 사용하지 않은 탓에 지금은 진리를 허위와 구별할 수 없게 된 것이다.

3) 쾌락을 선인 양 추구하고, 고통을 악인 양 피하는 자도 불경죄를 짓는 것이다. 그런 자는 악인과 선인에게 공적에 맞지 않게 몫을 나눠준다고 보편적 본성을 계속해서 비판하기 마련이다. 악인은 쾌락 속에서 살고 쾌락을 즐길 수단을 갖고 있는데, 선인은 고통 속에서 살고 고통을 유발할 수 있는 것들로 빠져드는 까닭이다. 고통을 두려워하는 자는 언젠가는 우주에서 일어날 일도 두려워하게 될 텐데, 이것은 이미 불경죄를 짓는 것이다. 쾌락을 추구하는 자는 부정한 짓을 삼가지 않을 텐데, 이 역시 명백히 불경죄를 짓는 것이다.
4) 보편적 본성과 한마음이기에 보편적 본성을 따르기를 원하는 자는 보편적 본성이 동등하게 대하는 것을 역시 동등하게 대해야 한다. (보편적 자연이 쾌락과 고통을 동등하게 대하지 않았다면 이 두 가지를 만들지 않았을 것이다.) 따라서 고통과 쾌락, 죽음과 삶, 명예와 불명예 등 보편적 본성이 동등하게 대하는 것을 스스로 동등하게 대하지 않는 자는 누구나 불경죄를 짓는 것이다. 보편적 본성이 이런 것들을 동등하게 대한다는 것은 섭리의 근원적인 충동에 따라 먼저 일어나는 일들과 이어서 일어날 일들과 관련하여 그 모든 것이 동등하게 일어난다는 뜻이다. 그리고 보편적 본성은 미래에 관하여 어떤 구상을 품고는 실체들의 생식력과, 같은 종(種)의 변화와 계승을 결정한 다음, 태초부터 바로 이 근원적 충동에 따라 우주를 창조하고 싶은 충동을 느낀 것이다.

2   거짓과 온갖 종류의 위선과 사치와 오만을 맛보지 않고 인간 곁을 떠난다는 것은 확실히 더 지혜로운 사람의 몫이리라. 차선책은 이런 것들에 구역질이 났을 때 마지막 숨을 거두는 것이다. 그렇게 하

지 않는다면 너는 악과 함께하기를 선호하는 것인데, 네 경험마저도 역병에서 도망치라고 설득하지 않는단 말인가. 마음의 타락이야 말로 우리를 둘러싼 숨 쉬는 대기의 오염과 변질보다 더 무서운 역병이다. 대기의 역병은 동물로서의 우리를 공격하지만, 마음의 역병은 인간으로서의 우리를 공격하기 때문이다.

3   죽음을 멸시하지 말고, 죽음에 기뻐하라. 죽음도 자연이 원하는 것 가운데 하나이다. 젊고 늙고 성장하고 성숙하고 이가 나고 수염이 나고 머리가 세고 생식 활동을 하고 임신을 하고 분만하는 행위와 그 밖에 인생의 계절이 가져다주는 자연의 다른 과정은 모두 해체이기에 하는 말이다. 따라서 죽음에 무관심하거나 조급하거나 거만한 태도를 취하지 않고 자연의 한 과정으로서 기다리는 것이 이성을 지닌 인간에게 맞는 태도이다. 지금 네 아내의 자궁에서 아이가 태어날 순간을 기다리듯, 네 혼이 이 거죽에서 떨어져나갈 시간을 기다려라.

2) 하지만 네 마음을 위로해줄 진부한 처방이라도 갖고 싶다면, 네가 떠나게 될 사물들과 네 혼이 더이상 한데 섞이지 않게 될 사람들을 살펴보라. 그러면 너는 죽음과 완전히 화해하게 되리라. 너는 그들을 못마땅해하지 말고 보살펴주며 상냥하게 대해야 하지만, 너와 같은 원칙을 가진 사람 곁을 떠나는 것이 아니라는 점을 명심해야 한다. 우리와 같은 원칙을 가진 사람들과 함께 사는 것이 허용된다면 이것만이—어떤 것이 그럴 수 있다면 말이다—우리가 이 세상에 머물고 싶게 할 것이다. 그렇지만 보다시피, 너는 지금 그들과 함께 살면서 불화에 지쳐 "오오! 죽음이여, 어서 오라. 내가 나 자신조차

잊어버릴까 두렵구나!"라고 외치게 될 것이다.

4 남에게 죄를 짓는 자는 자신에게 죄를 짓는 것이다. 불의를 저지르는 자는 자신을 악하게 만듦으로써 자신에게 불의를 저지른다.

5 무엇을 행하는 것뿐 아니라, 무엇을 행하지 않음으로써 불의를 저지르는 경우도 종종 있다.

6 그때그때의 판단이 명확하고, 그때그때의 행위가 공동체를 지향하고, 그때그때의 심정이 자연스러운 원인에서 일어나는 모든 것에 만족한다면, 그것으로 충분하다.

7 상상을 지워버려라. 충동을 억제하라. 욕망을 꺼라. 지배적 이성을 네 것으로 만들어라.

8 이성이 없는 동물에게는 하나의 목숨이 배정되어 있고, 이성이 있는 동물에게는 하나의 이성적 혼이 배정되어 있다. 그것은 마치 지상의 모든 것에게 하나의 대지가 존재하고, 시력과 생명을 가진 우리 모두가 하나의 빛으로 보고, 우리가 숨 쉬는 대기가 하나인 것과 같다.

9 공통된 요소를 나눠 갖고 있는 것들은 같은 부류를 찾는다. 흙의 성질을 가진 것은 모두 흙으로 모여들고, 물의 성질을 가진 것은 함께 흐르며, 공기의 성질을 가진 것도 그러하다. 그러한 까닭에 이런 것

들을 갈라놓으려면 힘의 작용이 필요하다. 불은 불의 원소로서의 성질 때문에 위로 올라가는 경향이 있지만, 지상의 모든 불과 함께 발화할 준비가 되어 있다. 조금 더 마른 질료는 발화를 방해하는 성분이 덜 들어 있어 쉬이 발화할 수 있다. 우주의 이성적 본성을 나눠 갖고 있는 것도 모두 마찬가지로, 아니 더 강하게 동류를 찾는다. 그것은 다른 것보다 우월한 까닭에 그만큼 더 동류와 결합하고 섞이기를 원하기 때문이다.

2) 이성이 없는 동물에게서도 벌 떼와 가축 떼와 새들이 새끼를 돌보고 사랑하는 것이 발견된다. 이 단계에는 이미 혼이 존재하며, 더 우월한 존재에게서는 식물이나 돌이나 나무에서는 찾아볼 수 없을 만큼 공동체 의식이 강하게 나타난다. 이성이 있는 동물들 사이에는 정치 공동체, 우정, 가정과 집회와 전쟁에서의 조약과 휴전이 있다. 더 우월한 존재들 사이에는 별들의 경우처럼 서로 떨어져 있어도 어떤 의미에서 유대가 존재한다. 이처럼 우월한 존재로 상승하는 것일수록 떨어져 있으면서도 공감을 불러일으킬 수 있다.

3) 그러나 지금의 사태를 보라. 이성이 있는 동물만이 서로를 향한 노력과 상호 호감을 망각하고 있으며, 유독 이들만이 서로 합류할 기미조차 보이지 않는다. 그러나 그들은 아무리 도망쳐도 벗어나지 못할 것이다. 자연이 강자이기 때문이다. 면밀히 지켜보면 너는 내 말이 사실임을 알게 될 것이다. 인간과 단절된 인간보다는 흙과 무관한 흙덩이를 찾는 편이 더 빠르다.

10 인간도 신도 우주도 열매를 맺는다. 제때가 되면 모든 것이 열매를 맺는다. '열매'가 엄밀히 말해 포도나무나 그와 비슷한 것에 적용

되는 말이라 해도 상관없다. 이성도 전체를 위하여 그리고 자신을 위하여 열매를 맺는데, 그 열매에서 이성 자체와 같은 종류의 다른 것들이 생겨난다.

11 가능하다면, 잘못을 저지른 자를 타일러라. 가능하지 않다면, 그런 경우를 위하여 관용이 네게 주어졌음을 명심하라. 신들도 그런 자들에게는 관용을 베풀며, 건강과 부와 명성 같은 몇 가지 목적을 위해서는 그들을 도와주기까지 한다. 너도 그렇게 할 수 있다. 그렇게 할 수 없다면 그러지 못하게 막는 자가 누구인지 말해보라.

12 일을 할 때는 소처럼 일하지도 말고, 동정이나 찬탄받기를 원하는 자로서도 일하지 마라. 공동체적 이성의 지시대로 움직이고 멈춰 서기만을 원하도록 하라.

13 오늘 나는 모든 방해에서 벗어났다. 아니, 모든 방해를 내던져버렸다. 왜냐하면 방해는 바깥에 있는 것이 아니라, 내 안에, 내 판단 안에 있기 때문이다.

14 이 모든 것은 경험을 통하여 친숙해진 것들이고, 그 존속 기간은 하루살이와 같고, 그 질료는 가치가 없다. 모든 것이 지금이나 우리가 묻어준 자들이 살던 때나 마찬가지다.

15 사물들은 문밖에 혼자 서 있고, 자신에 관하여 알지도 못하고 보고하지도 않는다. 그렇다면 무엇이 사물들에 관하여 보고하는가? 지

배적 이성이다.

16　공동체를 구성하는 이성적인 동물의 좋고 나쁨은 당하는 것이 아니라 행하는 것에 있다. 마치 그의 미덕과 악덕이 당하는 것이 아니라 행하는 것에 있듯이.

17　위로 던져진 돌에게는 아래로 떨어지는 것이 악이 아니고, 위로 오르는 것이 선이 아니다.

18　사람들의 지배적 이성 안으로 들어가라. 네가 어떤 심판관을 두려워하는지, 사람들은 스스로에게 어떤 심판관인지 알게 될 것이다.

19　만물은 변한다. 너 자신도 끊임없는 변하고 어떤 의미에서는 파괴를 겪고 있다. 우주 전체도 마찬가지이다.

20　남의 과오는 있던 자리에 그대로 내버려두라.[190]

21　활동과 충동과 판단의 정지는 휴식이자 일종의 죽음이지 악은 아니다. 지금 네 생애의 여러 시절, 예컨대 소년기와 청년기와 장년기와 노년기를 회고해보라. 이 시기의 변화도 모두 일종의 죽음이었다. 그게 과연 두려운 것이었는가? 이제는 할아버지 밑에서 보낸 시절과 그다음에는 어머니 밑에서 보낸 시절, 그다음에는 양부 밑에서 보낸 시절을 회고해보라. 거기서 여러 가지 파괴와 변화와 정지를 발견하거든 "과연 그게 두려운 것이었는가?" 하고 너 자신에게 물

어보라. 마찬가지로 인생 전체의 정지와 휴식과 변화도 결코 두려운 것이 아니다.

22 너 자신의 지배적 이성과 우주의 지배적 이성과 네 이웃 사람의 지배적 이성을 향해 곧장 달려가라. 너 자신의 지배적 이성에게로 달려가는 것은 네가 그 이성을 올바른 이성으로 만들기 위해서이다. 우주의 지배적 이성에게 달려가는 것은 네가 그것의 일부임을 상기하기 위해서이다. 네 이웃 사람의 지배적 이성에게 달려가는 것은 그의 행동이 의도 때문인지 무지 때문인지 알고 그의 지배적 이성도 네 지배적 이성과 같은 종류인지 고찰하기 위해서이다.

23 너 자신이 공동체의 보완적 구성 요소인 것처럼, 네 행동도 모두 공동체적 삶의 보완적 구성 요소여야 한다. 이러한 공동체적 목표와 직접적으로나 간접적으로 아무 관계도 없는 네 행동은 어떤 것이든 네 삶을 갈기갈기 찢어놓고 네 삶의 통일성을 깨뜨리고, 마치 대중 사이에서 그러한 조화로운 관계를 외면하고 혼자 떨어져 있는 사람처럼, 파당의 성격을 띨 것이다.

24 어린애들의 말다툼과 장난, "시신을 짊어지고 다니는 가련한 혼들."[191] 그러니 저승에서의 광경[192]이 생생하게 느껴지리라.

---

190 7권 29절, 9권 38절 참조.
191 4권 41절 참조.
192 호메로스, 『오뒷세이아』 11권 219행 이하 참조.

25　특정한 원인을 향해 곧장 나아가되, 그것을 질료에서 분리시켜 살펴보라. 그런 다음 특정한 대상이 그 본성을 유지할 수 있는 시간을 얼마나 부여받았는지 확실히 해두라.

26　네가 고생을 수없이 반복하는 것은, 네 지배적 이성이 그 본연의 활동을 하는 것에 네가 만족하지 못하기 때문이다. 이 일에 관해서는 이쯤 해두자.

27　남이 너를 비난하거나 미워하고 그런 감정들을 표현하면, 사람들의 혼으로 다가가서는 그 안으로 들어가 그들이 어떤 자인지 보라. 그러면 너는 그들이 너를 어떻게 생각하든 그 때문에 괴로워할 필요가 없다는 사실을 알게 될 것이다. 그래도 너는 그들을 호의로써 대해야 한다. 그들은 본성상 네 친구들이기 때문이다. 신들도 꿈이나 신탁을 통하여 여러 가지 방법으로 그들이 관심을 두고 있는 것을 얻을 수 있도록 도와준다.

28　우주의 순환운동은 늘 같은 것이니, 오르고 내려오며 영원에서 영원으로 이어진다. 우주의 이성은 개별 사물에 충동을 느끼거나—그럴 경우 우주의 이성의 충동을 받아들여라—아니면 단 한 번 그런 충동을 느꼈고, 그 밖의 다른 것은 모두 그 부수 현상이다. 그렇다면 어떤 의미에서는 원자나 불가분의 요소만이 존재하는 것이니 불안해할 까닭이 뭐란 말인가? 간단히 말해, 신이 존재한다면 모든 것이 잘된 것이고, 우연이 지배한다면 너까지 우연의 지배를 받지는 마라.

곧 흙이 우리 모두를 덮는 날이 올 것이다. 우리를 덮고 나면 흙도 변할 것이며, 그 변화의 결과물은 계속 변하고, 다시 그 결과물이 변하여 생긴 결과물도 계속해서 변할 것이다. 누군가 끝없이 이어지는 변화와 변성의 물결과 변화가 일어나는 빠른 속도를 상기한다면 그는 모든 유한한 것을 무시할 수 있을 것이다.

29 우주의 원인은 급류와 같아서 모든 것을 휩쓸어간다. 정치에 관여하며 거기서 철학자연하는 저 사람들은 얼마나 보잘것없는 자들인가? 모두가 코흘리개들이다. 인간이여, 무엇을 하려는 것인가? 자연이 지금 너에게 요구하는 것을 행하라. 할 수 있는 한 활동하고, 누가 보아줄까 주위를 둘러보지 마라. 플라톤의 이상 국가[193]를 바라지 말고, 조금이라도 진척이 있으면 만족하고, 그 결과를 하찮게 여기지 마라. 누가 사람들의 신념을 바꿀 수 있겠는가. 그리고 신념을 바꾸지 못하면 신음하며 복종하는 척하는 자들의 강제노역말고 무엇을 기대할 수 있겠는가? 자, 이제 알렉산드로스와 필립포스[194]와 팔레론의 데메트리오스[195]에 관하여 말해다오. 그들이 보편적 자연의 뜻을 깨닫고 자신들을 그 뜻으로 인도했다면 나는 그들을 따를 것이다. 그러나 그들이 연극을 한 것에 불과하다면, 그들을 모방하도록 나를 강요하는 것은 아무것도 없다. 철학이 하는 일[196]은

---

193 플라톤, 『국가』(Politeia) 참조.
194 필립포스(Philippos)는 마케도니아의 왕으로, 알렉산드로스 대왕의 아버지이다.
195 데메트리오스(Demetrios)는 아테나이의 친(親)마케도니아적 정치가이자 웅변가이다. 팔레론(Phaleron)은 아테나이의 외항(外港) 가운데 하나이다.
196 '철학이 하는 일'(to philosophias ergon)이란 여기서 '철학자의 삶'이라는 뜻인 듯하다.

단순하고 겸손하다. 나를 잘난 체하는 허영심으로 잘못 인도하지 마라.

30 무수한 군중, 무수한 의식(儀式), 폭풍과 잔잔한 바다를 가리지 않는 온갖 항해, 태어나는 자들, 함께 어우러지는 자들, 사라져가는 자들의 천태만상을 높은 곳에서 내려다보라. 그리고 이전에 다른 사람들이 살다 간 삶과 네 다음으로 세상에서 살게 될 사람들의 삶과 지금 야만족들이 살고 있는 삶을 생각해보라. 얼마나 많은 사람이 네 이름을 알지도 못하고, 얼마나 많은 사람들이 곧 네 이름을 잊어버릴 것이며, 얼마나 많은 사람이 지금은 너를 칭찬하지만 머지않아 비난할 것인지 생각하라. 또 기억도 명성도 그 밖의 다른 것도 모두 언급할 가치조차 없다는 것을 생각하라.

31 외적인 원인 때문에 일어나는 일들에 대해서는 동요하지 말고, 네 안에 있는 원인 때문에 일어나는 일들에 대해서는 정의롭게 대처하라. 네 충동과 행위는 공동체를 위한 활동을 목표로 삼아야 한다. 그것이 네 본성에 맞기 때문이다.

32 너를 괴롭히는 수많은 불필요한 것에서 너는 벗어날 수 있다. 그것은 네 표상 속에서만 존재하기 때문이다. 네 마음으로 우주 전체를 안고, 영원한 시간과 개별 사물의 재빠른 변화를 생각하라. 생성과 소멸 사이의 시간은 짧아도 생성 이전의 시간은 무한하고 소멸 이후의 시간도 끝이 없다는 것을 생각한다면 너는 당장 너 자신을 위하여 드넓은 공간을 갖게 될 것이다.

33 네가 보고 있는 모든 것은 곧 소멸할 것이다. 그것이 소멸하는 것을 보고 있는 자들도 역시 곧 소멸할 것이다. 그리하여 최고령까지 살다 간 사람이나 요절한 사람이나 같은 처지가 될 것이다.

34 이들의 지배적 이성은 어떤 것이고, 이들이 진지하게 추구하는 것은 무엇이며, 어떤 이유에서 이들은 사랑하고 존경하는가? 너는 이들의 혼을 적나라한 상태로 보는 습관을 들이도록 하라. 이들이 자신들의 비난으로 해를 입히고 칭찬으로 이익을 준다고 믿는다면, 이 얼마나 큰 망상인가.

35 상실은 변화에 불과하다. 보편적 본성은 변화를 좋아하며, 만물은 보편적 본성의 뜻에 따라 생긴다. 태초부터 만물은 비슷한 모양으로 발생했고, 영원토록 대동소이한 모양새로 발생할 것이다. 그런데 너는 어째서 일어난 모든 것은 잘못 일어났으며 모든 것은 언제까지나 잘못될 것이라고, 또한 그 많은 신들이 있는데도 이런 상태를 바꿀 권능을 발견할 수 없으며, 오히려 우주는 끊임없는 악에 붙들려 있도록 저주받았다고 주장하는가?

36 모든 사물의 기본 질료가 썩고 남은 것이 물, 먼지, 뼈, 악취이다. 대리석은 흙이 굳은 것이고, 금과 은은 침전물이고, 옷은 짐승의 털이고, 자줏빛 염료는 조개의 피고, 그 밖의 다른 것도 모두 마찬가지이다. 우리의 호흡도 그와 같아서 이것에서 저것으로 변한다.

37 이 비참한 삶, 이 불평불만, 이 원숭이 짓거리에 신물이 난다. 왜 너

는 불안해하는가? 무슨 새로운 것이라도 있는가? 무엇 때문에 안절부절못하는가? 어떤 원인 때문인가? 원인을 잘 살펴보라. 질료인가? 질료를 잘 살펴보라. 이 두 가지 말고는 그 어떤 것도 없다. 그러니 늦게나마 신들에게 더 소박하고 더 쓸모 있는 사람이 되라.
2) 이런 것들은 100년을 관찰하여도 3년을 관찰하여도 결과는 똑같다.

38 어떤 사람이 잘못을 저질렀다면, 해는 그 사람 자신이 입게 된다.[197] 하지만 그는 잘못을 저지르지 않았을지도 모른다.

39 하나의 이성적 원천이 있어 그 원천으로부터 만물이 하나의 유기체 안에서처럼 일어나거나—그럴 경우 부분은 전체를 위하여 일어나는 것들에 불평해서는 안 된다—, 아니면 원자들만 있고 이합집산 외에는 아무것도 없다.[198] 그렇다면 너는 왜 불안해하는가? 네 지배적 이성에게 말하라. "너는 죽었어. 너는 썩었어. 너는 들짐승이 되었고, 너는 위선자야. 너는 가축 떼와 함께 몰려다니며 풀을 뜯고 있구나."

40 신들은 힘이 없거나 아니면 힘이 있거나 둘 중 하나다. 신들에게 힘이 없다면, 너는 왜 기도하느냐? 신들에게 힘이 있다면, 너는 왜 이런저런 것을 물리치거나 이런저런 것을 허락해달라고 기도하는 대신, 아무것도 두려워하지 않게, 아무것도 바라지 않게, 어느 것 때문에도 슬퍼하지 않게 해달라고 기도하지 않느냐? 신들이 인간을 도울 수 있다면 신들은 틀림없이 그렇게 되도록 도울 수도 있다. 하

지만 너는 아마도 "신들은 내게 그것들을 맡겼소"라고 말하겠지. 수중에 없는 것 때문에 노예처럼 비굴하게 애태우는 것보다 수중에 있는 것을 자유인답게 이용하는 편이 더 좋지 않겠는가? 우리 수중의 것조차도 신들은 도와주지 않는다고 누가 너에게 말하더냐? 그렇게 해달라고 기도하기 시작하라. 그러면 너는 알게 될 것이다. 누가 "저 여자와 동침할 수 있다면 좋으련만!" 하고 기도하면, 너는 "나는 저 여자와 동침하기를 원치 않게 되기를!" 하고 기도하라. 누가 "나는 저자에게서 벗어나 살고 싶어!" 하고 기도하면, 너는 "내가 그에게서 벗어나기를 원치 않기를!" 하고 기도하라. 또 다른 사람이 "내 아이를 잃지 않으면 좋으련만!" 하고 기도하면, 너는 "내가 내 아이를 잃을까 두려워하지 않기를!" 하고 기도하라. 한마디로, 네 기도를 그런 방향으로 바꾸고 어떻게 되는지 보라.

41 에피쿠로스는 말한다. "몸이 아플 때 나는 육신의 고통에 관해서는 대화하지 않았고, 문병 온 사람들과도 그 고통에 관해서는 이야기하지 않았다. 오히려 나는 기왕에 시작한 자연 탐구를 계속하며, 어떻게 하면 정신이 육신의 느낌을 의식하면서도 동요하지 않고 자신에게 있는 고유한 선을 견지할 수 있겠느냐는 문제에 전념했다. 그리고 나는 의사들에게도 내게 무슨 대단한 일을 하는 양 우쭐댈 기회를 주지 않았다. 나는 그때도 행복하고 아름답게 살았으니까." 너도 몸이 아프거나 다른 상황에 놓이면 에피쿠로스처럼 처신하라.

197 7권 29절 참조.
198 4권 27절, 6권 10절, 7권 32절, 12권 14절 참조.

어떤 상황에서도 철학을 포기하지 않고 철학과 자연에 무지한 사람의 수다에 맞장구치지 않는 것은 모든 철학 학파에 공통된 기본 원칙이다. 지금 해야 할 일과 그것을 수행할 도구에 생각을 집중하라.

42 누군가의 몰염치한 행동에 기분이 상할 때마다 "세상에 몰염치한 자들이 존재하지 않는다는 것이 가능한 일인가?" 하고 너 자신에게 즉시 물어보라. 그것은 불가능한 일이다. 그렇다면 불가능한 것을 요구하지 마라. 이 사람도 반드시 세상에 존재해야 할 몰염치한 자들 가운데 한 명이기 때문이다. 악당이나 신의 없는 자나 잘못을 저지르는 다른 모든 자에 대해서도 같은 생각을 떠올려라. 너는 이런 부류의 인간이 존재하지 않는다는 것이 불가능하다는 사실을 상기하자마자 이들 한 명 한 명에 대하여 더 관대해질 것이다. "자연이 이런 잘못에 대하여 어떤 미덕을 주었을까?" 하고 생각해보는 것도 도움이 될 것이다. 왜냐하면 자연은 무지한 사람에게 일종의 해독제로서 온유함을 주었고, 그 밖의 사람에게는 또 다른 능력을 주었기 때문이다.

2) 아무튼 길을 잃고 헤매는 자에게 바른길을 가르쳐주는 것은 너에게 가능한 일이다. 잘못을 저지르는 자는 목표에서 벗어나 길을 잃고 헤매는 것이기에 하는 말이다. 그런데 너는 대체 어떤 해를 입었는가? 너는 너를 화나게 한 자들 가운데 어느 누구도 네 혼을 더 나쁘게 만들 짓은 아무것도 하지 않았음을 깨닫게 될 것이다. 오히려 네 불행과 피해는 전적으로 네 혼 안에 존재한다.

3) 못 배운 사람이 못 배운 사람처럼 행동한다면, 그게 무슨 불행이며 놀랄 일인가? 이런 사람이 이런 잘못을 저지를 수 있다고 예상

하지 못한 데 대하여 너 자신을 나무라야 하는 것이 아닌지 살펴보라. 너는 네 이성에게서 못 배운 사람은 이런 잘못을 저지를 개연성이 있다는 것을 추리할 만한 능력을 부여받았는데도, 그것을 잊고 그가 잘못을 저질렀다고 놀라니 말이다.

4) 그러니 무엇보다도 신의가 없다거나 배은망덕하다고 누구를 탓하려거든 그 생각을 너 자신에게로 돌려라. 네가 그런 성격을 가진 자가 신의를 지킬 것이라고 믿었든, 네가 호의를 베풀되 아무 조건 없이 또는 네 행동 자체로 이미 충분한 보상을 받았다고 생각하지 않고 베풀었든, 잘못은 명백히 너에게 있다.

5) 네가 어떤 사람에게 선행을 베풀었다면 더이상 무엇을 바라는가? 네 본성에 맞는 어떤 행동을 한 것으로 만족하지 못하고 그 대가를 바랄 것인가? 그것은 무엇을 보는 행위에 대하여 눈이 대가를 요구하고, 걷는 행위에 대하여 발이 대가를 요구하는 것과 같다. 마치 눈과 발이 특정한 목적을 위하여 만들어졌고 자신의 고유한 소질에 맞게 그 목적을 달성함으로써 대가를 받듯이, 선행을 베풀도록 태어난 인간은 선행을 베풀거나 공동체에 유익한 다른 일을 행함으로써 태어날 때의 목적을 달성하는 것이며, 그렇게 함으로써 대가를 받은 것이다.

X

1   오오, 내 혼이여! 너는 이제 드디어 선하고, 단순하고, 자신과 하나 이고, 허울을 벗어 너를 둘러싸고 있는 육신보다 자신을 더 또렷이 드러내려 하는가? 이제 드디어 너는 사랑과 헌신의 심정을 맛보려 하는가? 이제 드디어 충만하고 자족하여, 더이상 쾌락을 충족시키기 위하여 바라는 것이 없고, 생명이 있는 것이든 생명이 없는 것이든 열망하지 않으려 하는가? 또한 네가 쾌락을 더 오래 충족시킬 수 있는 시간이나 장소, 공간, 좋은 날씨, 마음이 맞는 사람들도 바라지 않으려 하는가? 현재 상태에 만족하고, 현재의 모든 것에 기쁨을 느끼려 하는가? 그리고 네가 가진 것은 모두 신들에게서 유래하는 것이며, 신들의 마음에 드는 모든 것과, 선하고 정의롭고 아름다우며, 모든 것을 낳고 거느려 다스리고 포괄하며, 소멸하는 모든 것과 유사한 다른 것들이 태어나도록 모든 것을 포용하는 완전한 존재[199]를 유지하기 위하여 신들이 주려는 모든 것은 너에게 좋은 것이고 앞으로도 좋을 것이라고 너 자신에게 설득하려 하는가? 이제 드디어 너는 신들과 인간들과 같은 공동체에서 함께 살되 결코 그들을 비난하지 않고 그들에게서 멸시당하지 않는 그런 혼이 되려

하는가?

2 오직 자연의 지배를 받는 자로서의 너에게 네 본성이 요구하는 것이 무엇인지 살펴보라. 그리고 나서 동물로서의 너의 본성이 그 때문에 더 나빠지지 않는 한 그 요구를 행하고 받아들여라. 이어서 너는 동물로서의 너의 본성이 너에게 요구하는 것이 무엇인지 살펴보아야 한다. 그리고 이성적 동물로서의 너의 본성이 그 때문에 더 나빠지지 않는 한 그 요구를 모두 받아들여야 한다. 그런데 이성적인 존재는 공동체적 존재이기도 하다. 이런 규칙을 적용하여 어떤 일도 쓸데없이 행하지 마라.

3 너에게 일어나는 모든 일은 네가 본성상 참을 수 있거나 아니면 본성상 참을 수 없다. 따라서 본성상 참을 수 있는 일이 일어난다면, 불평하지 말고 네 본성에 따라 참도록 하라. 그러나 본성상 참을 수 없는 일이 일어나더라도 역시 불평하지 마라. 그 일은 너를 없앤 뒤 저도 없어질 것이기 때문이다. 그러나 불평하지 않는 것이 너에게 유익하고 네 의무라고 생각함으로써 그 일을 참고 견딜 수 있게 만드는 것이 네 판단에 달려 있는 한, 너는 본성상 무엇이든 다 참을 수 있다는 점을 명심하라.

4 누가 실수하면 친절하게 가르쳐주고 그가 무엇을 잘못했는지 지적해주어라. 그렇게 할 수 없으면, 너 자신을 탓하거나 아니면 너 자

199 자연.

신조차 탓하지 마라.

5 너에게 무슨 일이 일어나든 그것은 태곳적부터 미리 정해져 온 것이다. 그리고 원인들의 밀접한 연결은 태곳적부터 네 존재와 네게 일어날 일을 함께 엮어놓았던 것이다.

6 우주가 원자의 집합체이든 아니면 질서정연한 전체이든, 나의 첫 번째 원칙은 나는 자연에 의해 지배되는 전체의 부분이라는 것이다. 두 번째로, 나는 같은 종류의 다른 부분들과 밀접한 관계가 있다. 이런 원칙을 명심한다면, 내가 부분인 한, 전체에서 내게 할당된 그 어떤 것에도 나는 불만을 품지 않을 것이다. 전체에 유익한 것은 결코 부분에 해롭지 않은 까닭이다. 전체는 자신에게 유익하지 않은 것은 아무것도 내포하지 않는다. 이것은 모든 본성의 공통점이다. 그러나 보편적 본성은 그 밖에 어떤 외부적 원인에 의해서도 자신에게 해로운 것을 생성하도록 강요받지 않는다는 특성을 지닌다.

2) 따라서 내가 자연에 의해 지배되는 전체의 부분이라는 점을 명심하면 내게 일어나는 모든 일에 만족할 것이다. 그리고 나와 종류가 같은 부분과 밀접한 관계를 맺고 있는 한, 나는 공동체의 이익에 반하는 행동을 하지 않고, 오히려 공동체에 유익하도록 모든 노력을 쏟고 그와 반대되는 것은 삼가게 될 것이다. 이런 원칙들을 지켜 나가면, 동료 시민에게 유익한 일을 하나씩 실행하고 공동체가 부과하는 의무를 기꺼이 받아들이는 시민의 삶이 행복하리라고 네가 생각할 수 있듯이, 삶은 행복할 수밖에 없다.

7 전체의 부분, 다시 말해 본성상 우주에 포함되어 있는 것은 모두 반드시 소멸하게 마련이다. 여기서 '소멸한다'는 말은 '변한다'는 뜻이다. 그런데 소멸의 과정이 부분에게 본성상 악이고 불가피한 것이라면, 그 부분이 변화를 거듭하고 다양한 방법으로 소멸하게 되어 있는 한, 전체는 제 기능을 제대로 발휘하지 못할 것이다. 자연 자체가 자기 부분에 해를 입혀서 악에 빠지게 하고 그렇게 악에 빠질 수밖에 없도록 손을 쓴 것일까, 아니면 자연은 그렇게 된 줄도 모르고 있는 것일까? 둘 다 믿기 어렵다.

2) 누가 자연은 배제하고 사물을 자연법칙으로 설명한다고 가정하자. 그럴 경우 전체의 부분은 자연법칙에 따라 변한다고 주장하면서 동시에 어떤 일이 마치 자연법칙을 어기고 일어난 것처럼 놀라거나 분개한다는 것은 얼마나 가소로운 일인가. 사물은 각각의 사물을 구성하고 있는 요소들로 해체되기 마련인데 말이다. 해체란 사물을 구성하는 원소들이 분산되거나 고체 성분이 흙 성분으로, 기체 성분이 공기 성분으로 변환되는 것이다. 이들 성분도 우주가 주기적으로 불로 타오르든 아니면 영원한 변화에 의하여 새로워지든 우주의 이성 안으로 도로 흡수된다.

3) 고체 성분과 기체 성분은 그 성분들이 처음 생겨났을 때와 같은 것이라고 생각하지 마라. 그 성분들은 모두 엊그제 네가 섭취한 음식물과 들이마신 공기를 통해 네게 흘러들어간 것이다. 따라서 변하는 것은 네 본성이 받아들인 것이지 어머니가 낳아주었던 것이 아니다. 설사 네가 네 개성에 따라 이렇게 변하는 것과 밀접한 관계가 있다 해도, 그것은 지금의 주제에는 아무 의미도 없다.

8 일단 너 자신에게 선하고, 겸손하고, 진실하고, 지혜롭고, 공감하고, 고매하다는 이름을 붙인 다음에는 다른 이름이 붙여지지 않도록 조심하라. 그리고 그런 이름들을 잃게 되면, 서둘러 그런 이름들로 돌아가라. '지혜롭다' 함은 모든 대상을 정확하고 철저하게 파악하는 것을 뜻한다. '공감한다' 함은 보편적 자연이 할당하는 것을 기꺼이 받아들이는 것을 뜻한다. '고매하다' 함은 우리의 사고하는 부분을 육신의 순탄한 또는 거친 운동과 허튼 명성과 죽음 등등보다 더 높이 고양시키는 것임을 명심하라. 네가 그런 이름들을 고수하되 남들에게 그런 이름을 얻고 싶어하지 않는다면 너는 다른 사람이 되어 다른 삶으로 들어가게 될 것이다. 여전히 종전과 같은 상태로 남아 있고, 종전과 같은 삶을 살며 찢기고 더럽혀진다는 것은 너무나 무감각하고 생명에 집착하는 사람의 태도이다. 그런 사람은 격투기장에서 야수들과 싸우다가 반쯤 뜯어먹혀 온몸에 상처를 입고 피고름이 흐르는데도, 그런 상태로 똑같은 야수의 이빨과 발톱에게 또다시 내던져지려고 내일까지만 살아 있게 해달라고 간청하는 사람과 같다.

2) 그러니 그 얼마 안 되는 이름들을 얻기 위하여 노력하라. 그리고 그럴 수 있다면 마치 '복 받은 자들의 섬들'[200]로 이주한 것처럼 그 이름들 곁에 머무르도록 하라. 그러나 네가 그런 이름들에서 멀어졌다고 느껴지고 제어할 수 없게 되면, 네가 제어할 수 있는 구석으로 용감하게 물러나든지, 아니면 원망하지 말고 조용히 내면의 자유를 유지하며 겸손하게 완전히 삶을 떠나라. 그러면 너는 네 인생에서 적어도 그렇게 세상을 떠났다는 그 한 가지는 해낸 것이다. 그런 이름들을 항상 기억하려면 신들을 생각하되, 신들은 아첨을 원

하는 것이 아니라 모든 이성적 존재가 자신들과 같아지기를 원하며, 무화과나무는 무화과나무가 할 일을 하고 개는 개가 할 일을 하고 꿀벌은 꿀벌이 할 일을 하듯, 인간도 인간이 할 일을 하기를 원한다는 점을 생각하는 것이 너에게 큰 도움이 될 것이다.

9 익살극, 전쟁, 공포, 무기력, 굴종은 날마다 네가 자연을 연구하지 않고 생각만 하다 놓쳐버리는 너의 저 신성한 원칙을 지워버릴 것이다. 너는 모든 것을 고찰하고 수행하되, 동시에 눈앞의 과제가 완수되고, 이론적 이성이 작동하고, 개별 사물에 관한 지식에서 비롯되는 자신감이 은밀하지만 은폐되지 않은 채 유지되도록 해야 한다.
2) 도대체 언제 소박함을 즐기고 언제 엄숙함을 즐길 것인가? 언제 개별 사물의 실체가 무엇이며, 우주 안에서 그 실체가 어떤 위치를 차지하며, 본성상 얼마나 오랫동안 존속할 것이며, 어떤 성분으로 구성되어 있으며, 누구에게 속할 수 있으며, 그것을 주고 빼앗을 수 있는 자들은 어떤 자들인지 알아보는 지식을 즐길 것인가?

10 거미는 파리를 잡으면 자랑스러워한다. 어떤 자는 산토끼를, 어떤 자는 그물로 정어리를, 어떤 자는 멧돼지를, 어떤 자는 곰을, 어떤 자는 사르마테스족[201]을 잡으면 자랑스러워한다. 이들의 원칙을 검토해보면, 이들은 날강도가 아닌가?

---

200 '복 받은 자들의 섬들'(makarōn nesoi) 또는 '엘뤼시온 들판'(Ēlysion pedion)은 그리스 신화에서 소수의 복 받은 자들이 죽지 않고 옮겨가 산다는 섬들로, 대지의 서쪽 오케아노스(Okeanos) 강가에 있는 것으로 믿어졌다.
201 사르마테스족(Sarmates)은 그 무렵 남러시아에 거주하던 이란계 유목 민족이다.

11 만물이 유기적으로 어떻게 변하는지 꿰뚫어보는 학문적 방법을 습득하고 항상 이에 전념하여 이 분야에서 수련을 쌓아라. 마음을 넓히는 데는 그만한 것이 없기 때문이다. 수련을 쌓은 사람은 이미 육신의 거죽을 탈피한 것이며, 머지않아 이 모든 것을 떠나 세상 사람들과 작별해야 한다는 것을 알고는 자신을 자기가 행하는 모든 일에서는 정의에, 자기가 당하는 모든 일에서는 보편적 자연에 전적으로 맡긴다. 그는 누가 자신에 관하여 무슨 말을 하든 무슨 생각을 하든 또는 자신에게 어떤 행동을 하든 전혀 개의치 않는다. 그는 지금 자신이 하는 일을 정의롭게 수행하고, 지금 자신에게 할당된 것을 사랑하는, 이 두 가지에 진심으로 만족하기 때문이다. 또한 그는 온갖 분주한 활동과 야망을 버리고 도덕률을 준수하며 목표를 향해 곧장 나아가, 그렇게 함으로써 신의 추종자가 되겠다는 것 외에 다른 소망을 지니지 않는다.

12 지금 무엇을 해야 할지 볼 수 있거늘 무엇을 망설이는가. 그것이 보이거든 뒤돌아보지 말고 흔쾌히 그것을 향해 나아가라. 그러나 보이지 않거든 멈춰 서서 가장 훌륭한 조언자에게 물어라. 그 조언에 다른 장애물이 생기면 주어진 가능성을 따라 심사숙고하며 앞으로 나아가되, 정의라고 생각되는 것에 의지하라. 정의에 도달하는 것이 최선이며, 실패란 곧 정의에 이르지 못함을 의미하기 때문이다. 2) 매사에 이성을 따르는 자는 마음의 여유가 있으면서도 활동적이고 표정이 밝고 침착하다.

13 잠에서 깨어나자마자 "정의롭고 고상한 일을 남이 폄하한다고 해

서[202] 그게 나와 무슨 상관이지?"라고 스스로에게 물어보라. 아무 상관도 없을 것이다. 남을 제멋대로 칭찬하거나 폄하하는 자들은 침대에 누워 있을 때에도 식탁 앞에 앉아 있을 때에도 똑같이 처신한다는 사실을 잊은 것은 아니겠지? 너는 또 그들이 어떤 것을 행하고 피하고 추구하는지, 어떤 것을 훔치고 빼앗는지, 훔치고 빼앗되 손이나 발로가 아니라 원하기만 하면 신뢰, 겸손, 진리, 법, 선한 수호신을 태어나게 할 수 있는, 자신들의 가장 귀중한 부분으로 훔치고 빼앗는다는 사실을 잊은 것은 아니겠지?

14 모든 것을 주었다가 도로 거두어가는 자연에게 교양 있고 겸손한 사람은 이렇게 말한다. "그대가 원하는 것을 주고, 그대가 원하는 것을 거두어가라." 그는 자연에게 만용을 부리며 이렇게 말하는 것이 아니라, 고분고분하게 그리고 호의를 가지고 말한다.

15 네 여생은 얼마 남지 않았다. 산 꼭대기에서 살듯이 살아라. 어디서나 우주의 시민으로 사는 것이라면 여기에서 살거나 저기에서 살거나 전혀 다를 바가 없다. 사람들이 너에게서 자연에 따라서 살아가는 진실한 인간의 모습을 보고 인식하게 하라. 그들이 그런 너를 참아내지 못하면 너를 죽이게 하라. 그것이 그들처럼 사는 것보다 더 낫기 때문이다.

16 선한 사람은 어떠어떠해야 하는지 이제 더이상 논하지 말고, 그런

---

202 C.R. Haines를 따라 genētai라고 읽지 않고 J. Dalfen을 따라 psegētai로 읽었다.

사람이 되라.

17 시간의 전체와 실체의 전체를 항상 상상하라. 모든 개별 부분은 실체에 견주면 무화과 씨에 불과하고, 시간에 견주면 송곳을 한 번 돌리는 순간에 불과하다.

18 존재하는 모든 개체를 고찰하되 이미 그것이 해체되고 변하고 있음을, 그러니까 썩거나 흩어지고 있음을, 또는 모든 것은 죽기 위하여 태어났음을 명심하라.

19 먹고, 자고, 교합하고, 배설하고, 그 밖의 짓을 할 때 그들은 어떤 자들인가. 또 군림하고 교만을 떨고 화를 내고 높은 자리에서 호통을 칠 때 그들은 어떤 자들인가. 조금 전만 해도 그들은 얼마나 많은 사람에게 어떤 목적을 위하여 종노릇을 했던가? 조금 뒤에도 그들은 전과 같은 처지일 것이다.

20 보편적 본성이 각자에게 가져다주는 것은 각자에게 유익하며, 보편적 본성이 가져다주는 바로 그 순간에 유익하다.

21 "대지는 비를 좋아한다. 존엄한 대기도 비를 좋아한다."[203] 우주도 일어나야 할 일을 하기를 좋아한다. 그래서 나는 우주에게 "나도 그대가 좋아하는 것을 좋아한다"고 말한다. "이런 일은 흔히 일어난다"라는 표현도 그와 같은 뜻이 아닐까?

22 너는 이곳에 살며 사는 것에 익숙해졌거나, 아니면 떠나가며 떠나기를 원했거나, 아니면 죽어가며 복무를 마친 것이다. 그 외에 다른 가능성은 없다. 그러니 용기를 내라.

23 시골도 마찬가지[204]이며, 이곳의 모든 사정도 산꼭대기나 바닷가나 그 밖에 네가 원하는 곳에서의 사정과 같다는 것을 늘 명심하라. "산 속에서 주위에 우리를 짓고 양 떼의 젖을 짜는 사람"이라는 플라톤의 말[205]이 정곡을 찌른다는 것을 너는 알게 될 것이다.

24 나의 지배적인 정신은 내게 무엇인가? 나는 지금 그 정신을 어떤 것으로 만들고 있으며, 나는 지금 그것을 대체 어떤 목적에 사용하고 있는가? 그 정신에 지성이 결여되어 있지는 않겠지? 그 정신이 공동체에서 분리되어 떨어져 나온 것은 아니겠지? 가련한 육신과 유착되고 혼합되어 육신의 지배를 받지는 않겠지?

25 주인에게서 달아나는 자는 도망자이다. 그런데 법이 주인이니, 법을 어기는 자는 도망자이다. 슬퍼하거나 화내거나 두려워하는 자는, 만물의 지배자가 정해놓은 것들 가운데 어떤 것이 일어나지 않았거나 일어나지 않거나 일어나지 않기를 원한다. 그러나 만물의

---

203 에우리피데스, 단편 898 Nauck.
204 이 부분은 텍스트가 손상되어 있다. '마찬가지'란 '도시에서와 마찬가지'라는 뜻인 듯하다.
205 플라톤, 『테아이테토스』 174d 참조. 이 부분은 텍스트가 손상되어 있어 의미 연관이 분명하지 않다.

지배자에게 법은 각자에게 알맞은 일을 할당한다. 그러므로 두려워하거나 슬퍼하거나 화내는 자는 도망자이다.

26 남자는 자궁에 씨를 뿌리고 나서 떠난다. 그러면 곧 다른 원인이 그 씨를 맡아 다듬어 아이를 완성한다. 미미한 시작에서 비롯된 얼마나 놀라운 결과인가! 이어서 아이가 목구멍으로 음식물을 삼키면, 곧 또 다른 원인이 그 음식물을 맡아 감각과 충동을, 한마디로 생명과 힘과 그 밖의 다른 놀라운 것을 수없이 만들어낸다. 그러니 그렇게 은밀히 진행되는 과정을 고찰하고 그 동력을 관찰하되, 우리가 물체를 떨어지게 하는 힘과 솟아오르게 하는 힘을 맨눈으로 보듯이 그 동력을 보지 못해도 그에 못지않게 분명히 관찰하라.

27 지금 일어나고 있는 것과 같은 일들은 전에도 일어났음을 늘 명심하라. 그리고 앞으로도 일어날 것임을 명심하라. 네가 경험을 통하여 알고 있거나 역사 이야기에서 배운 비슷비슷한 연극과 무대들을, 예컨대 하드리아누스의 궁전 전체, 안토니누스의 궁전 전체, 필립포스와 알렉산드로스, 크로이소스[206]의 궁전 전체를 눈앞에 떠올려보라. 그 연극들도 지금 우리가 보고 있는 것과 같고, 배우들만 다르기에 하는 말이다.

28 무엇에 화를 내거나 불만스러워하는 자는 누구나 제물로 바쳐질 때 버둥거리며 비명을 지르는 돼지와 같다고 생각하라. 혼자 침상에 누워 소리 없이 운명의 속박을 한탄하는 자도 그렇다. 또한 이성적 동물에게만 일어난 일들에 스스로 순종하는 것이 허용되었으나, 무

조건 순종하는 것은 모든 존재에게 필연임을 생각하라.

29 무슨 일을 하든지 단계마다 멈춰 서서 스스로에게 물어보라. "이 일을 더이상 할 수 없기 때문에 죽음이 두려운 것이냐?"고.

30 누군가의 과오가 못마땅하거든, 즉시 자신에게로 돌아가서 너도 돈과 쾌락과 허튼 명성 등을 선으로 여김으로써 그와 비슷한 어떤 과오를 저지르고 있지는 않은지 반성해보라. 그렇게 하면 곧 노여움이 가라앉을 것이다. 특히 그가 강요에 못 이겨 그랬다는 생각이 문득 떠오르면 말이다. 그 사람인들 달리 어떻게 할 수 있겠는가. 또한 가능하다면 그에게서 강요를 없애주어라.

31 사튀론을 보면 소크라티코스나 에우튀케스나 휘멘을, 에우프라테스를 보면 에우튀키온이나 실바누스를, 알키프론을 보면 트로파이오포로스를, 세베루스를 보면 크리톤이나 크세노폰[207]을 떠올려보라. 너 자신을 보면 카이사르들 가운데 한 명을 떠올리고, 어떤 경우에든 비슷한 자를 떠올려보라. 그러면 너는 문득 생각할 것이다. "그들은 대체 어디 있지?" 아무 곳에도 없거나, 어디 있는지 아무도

---

206 뤼디아의 마지막 왕 크로이소스(Kroisos)는 큰 재물을 모았으나, 기원전 547~546년 페르시아의 대(大)퀴로스(Kyros)에게 패망한다.
207 이 가운데 크세노폰(Xenophon)은 소크라테스의 제자이고, 크리톤(Kriton)은 소크라테스의 친구이다. 에우프라테스(Euphrates)는 소피스트이다. 사튀론(Satyron), 소크라티코스(Sokratikos), 에우튀케스(Eutyches), 휘멘(Hymen), 에우튀키온(Eutychion), 실바누스(Silvanus), 알키프론(Alkiphron), 트로파이오포로스(Tropaiophoros), 세베루스(Severus)에 관해서는 달리 알려진 것이 없다.

모른다. 그러면 너는 인간사를 언제나 연기와 무(無)로 보게 될 것이다. 특히 한번 변한 것은 영원히 다시는 존재하지 못하리라는 데 생각이 미친다면 말이다. 그렇다면 왜 괴로워하는가? 왜 인생의 짧은 기간을 질서 있게 보내는 것으로 만족하지 못하는가?

2) 너는 시간과 기회를 놓치고 있는가? 사실 모든 것은 인생의 모든 영역을 자연학적 관점에서 정확하게 고찰하는 이성의 훈련장이 아니고 무엇이란 말인가? 그것들을 완전히 습득할 때까지 기다려라. 마치 튼튼한 위가 모든 것을 소화하고, 타오르는 불길이 네가 던진 모든 것을 화염과 불빛으로 바꾸듯이 말이다.

32 너는 소박하지도 선하지도 않다고 너에 관해 어느 누구도 당당하게 말하지 못하게 하라. 너를 그렇게 판단하는 자를 거짓말쟁이로 만들어라. 모든 것은 너에게 달려 있다. 네가 선하고 소박해지는 것을 막을 사람이 누구란 말인가. 그런 사람이 되지 못한다면 더이상 살지 않겠다고 마음먹어라. 이성도 네가 그런 사람이 되지 못하면 더 이상 사는 것을 원치 않을 것이다.

33 주어진 조건에서 가장 건전하게 행하거나 말할 수 있는 것은 무엇일까? 그것이 무엇이든 그것을 행하거나 말하는 것은 너에게 달려 있다. 그러니 방해받고 있다고 핑계 대지는 마라.

2) 지금 주어진 조건에서 인간의 타고난 기질에 맞게 행동하는 것이 너에게는 탕아가 사치를 탐하는 것과 같은 의미라는 것을 느끼기 전에는 네 신음 소리가 그치지 않을 것이다. 네가 네 본성에 맞게 행할 수 있는 것은 모두 즐거움으로 간주되어야 하기에 하는 말

이다. 그리고 본성에 맞게 행하는 것은 어디서나 가능하다.

3) 둥근 통이라고 해서 그것에 고유한 운동을 하는 것이 어디서나 허용되는 것은 아니다. 그 점은 물도, 불도, 그 밖에 자연이나 비이성적 혼의 지배를 받는 다른 것도 마찬가지이다. 방해하고 길을 막는 것이 허다하기 때문이다. 그러나 정신과 이성은 본성상 원하는 대로 모든 장애물을 돌파할 수 있다. 불이 위로 올라가고, 돌이 아래로 떨어지고, 둥근 통이 언덕 아래로 구르듯 이성은 모든 것을 가볍게 돌파하리라는 점을 눈앞에 떠올리고, 그 이상의 것은 찾지 마라. 그 밖의 다른 장애물은 시신이나 다름없는 육신에 관계되거나, 억측을 하지 않고 이성 자체가 굴복하지 않는 한 이성을 망치거나 이성에 어떤 해도 입힐 수 없다. 그렇지 않다면 그런 일을 당하는 자는 당장 악해질 것이기 때문이다.

4) 실제로 다른 모든 피조물의 경우 그들 가운데 어떤 것에게 불상사가 일어나면 그런 일을 당한 피조물은 그로 인해 더 나빠진다. 그러나 더 나빠질 경우 인간은 자신에게 일어난 일을 잘만 이용하면 더 발전하고, 더 칭찬받을 만한 자가 된다고 말해야 할 것이다. 간단히 말해 국가에 해를 입히지 않는 것은 진정한 시민에게도 해를 입히지 않으며, 법에 해를 입히지 않는 것은 국가에도 해를 입히지 않는다는 점을 명심하라. 이른바 불상사라는 것은 어떤 것도 법에 해를 입히지 않는다. 따라서 불상사는 법에 해를 입히지 않는 만큼 국가와 시민에게도 해를 입히지 않는다.

34 진정한 원칙에 투철한 자에게는 가장 짧고 진부한 경구로도 고통과 공포에서 벗어나야 한다는 점을 일깨워주기에 충분하다. 예컨대 다

음의 경구가 그렇다.

"인간의 가문도 바람에 날리어 땅 위에 흩어지는 나뭇잎과 같은 것이오."[208]

네 자식들도 나뭇잎이다. 신념을 갖고 너에게 큰 소리로 찬동하고 찬사를 보내거나 반대로 너를 저주하거나 남몰래 욕하고 조롱하는 자들도 나뭇잎이다. 마찬가지로 우리의 사후 명성을 전하는 자들도 나뭇잎이다. 왜냐하면 그것들은 모두

봄이 오면 새싹이 돋아나기 때문이다.[209]

그러고 나면 바람이 나뭇잎을 떨구고, 숲은 그것들 대신 다른 잎이 돋아나게 한다. 짧은 삶은 만물에 공통된 것이다. 그런데도 너는 모든 것이 영원히 존속할 것처럼 무엇을 회피하거나 좇고 있구나. 잠시 뒤면 너는 눈을 감을 것이다. 그리고 너를 운구했던 사람을 위하여 곧 다른 사람이 통곡을 하리라.

35 건강한 눈은 보이는 것은 모두 보아야 하며 "나는 초록색만 보고 싶다"고 말해서는 안 된다. 그것은 병든 눈의 징후이기 때문이다. 건강한 청각과 후각은 들을 수 있는 것은 모두 듣고 냄새 맡을 수 있는 것은 모두 냄새 맡을 준비를 하고 있어야 한다. 건강한 위는, 마치 방아가 무엇이든 찧도록 되어 있는 것이면 다 찧듯이, 음식물이면 무엇이든 소화해야 한다. 그와 같이 건전한 정신은 일어나는 모

든 일에 대비해야 한다. "내 자식들은 안전하게 해주소서!" 또는 "내가 무슨 짓을 하든 만인이 칭찬하게 해주소서!"라고 정신이 말한다면, 그 정신은 초록색만 반기는 눈이나 부드러운 것만 찾는 치아와 같다.

36 둘러서서 임종을 지키고 있는 무리 가운데 그에게 죽음이 다가오는 것을 기뻐할 사람이 한 명도 없을 만큼 유복한 자는 아무도 없다. 그가 탁월하고 현명한 사람이었다 해도, 결국에는 누군가 마음속으로 이렇게 말하는 자가 있을 것이다. "이 선생님이 가셨으니 이제 드디어 우리는 안도의 한숨을 쉴 수 있겠구나. 우리들 가운데 어느 누구도 모질게 대하지는 않았지만, 그가 은근히 우리를 경멸하는 것 같은 느낌을 받았으니까." 이는 어디까지나 탁월한 사람의 경우이고, 우리 같은 경우에는 수많은 사람이 우리에게서 벗어나고 싶어할 만한 다른 이유들이 얼마나 많겠는가. 임종할 때 너는 그런 생각을 하게 될 것이고, 다음과 같이 생각하면 더 편안하게 세상을 떠날 수 있을 것이다. 내가 그토록 애써주고 기도해주고 배려했던 동료들조차 내가 죽으면 자신이 좀 더 편안해질까 하고 내가 떠나기를 바라는 그런 세상을 나는 떠나고 있다. 그러니 누구든 더 오래 이곳에 머무르려고 아득바득 용을 쓸 까닭이 어디 있단 말인가?
2) 그렇다고 해서 그들에게 호의를 덜 보이며 떠나지는 말고, 네 본래의 성격대로 우정과 호의와 온유함을 보이도록 하라. 그리고 그

208 호메로스, 『일리아스』 6권 146~149행을 줄인 것이다.
209 같은 곳.

들에게서 떨어져나가는 것처럼 떠나지 말고, 마치 편안하게 임종할 경우 혼이 육신에서 부드럽게 빠져나가듯이, 너도 그렇게 그들 곁을 떠나야 한다. 그들과 너를 묶어주고 맺어준 것은 자연인데, 이제 자연이 그 인연을 끊고 있기 때문이다. 그러면 너는 친족들 곁을 떠나듯 버둥대지도 않고 아무 강요도 받지 않으며 그들과 헤어질 것이다. 헤어지는 것도 자연의 섭리 가운데 하나이기 때문이다.

37 남이 행하는 모든 일에서도 되도록 너 자신에게 물어보는 습관을 들이도록 하라. "이 사람은 무엇을 노리고 이런 일을 하는 걸까?" 그러나 너 자신에게서 시작하고 너 자신부터 먼저 살펴보라.

38 너를 인형처럼 줄로 조종하는 것이 네 안에 숨어 있다는 것을 명심하라. 그것은 우리의 언변이고, 우리의 삶이며, 이렇게 말해도 된다면 그것은 인간이다. 그것을 상상할 때 네 혼을 담고 있는 그릇과 그 주위에 형성되어 있는 도구들[210]을 함께 떠올리지 마라. 그 도구들은 목수의 연장과 같은 것으로, 차이점이 있다면 육신에 부착되어 있다는 것이다. 이 부분들은 자신을 움직이고 멈추게 하는 원인 없이는 직조공의 북이나 작가의 펜이나 마부의 채찍보다 더 유용하지 않다.

XI

1 이성적 혼의 특성은 다음과 같다. 이성적 혼은 자신을 보고, 자신을 분석하고, 자신을 원하는 대로 형상화하고, 자신에게 열려 있는 열매를 손수 수확하고—식물의 열매나 동물들에게 그와 유사한 것은 남들이 수확한다—인생의 종말이 어디서 닥치든 본래의 목표에 도달한다. 무용이나 연극 등의 예술에서는 어떤 방해가 생기면 상황 전체가 불완전해진다. 그와 달리 이성적 혼은 인생의 모든 단계에서 그리고 어디쯤에서 중단되더라도 자신 앞에 놓여진 과제를 완전하고 흡족하게 수행하기에 "나는 내 몫을 다했다"고 말할 만하다. 2) 나아가 이성적인 혼은 우주 전체와 그것을 둘러싸고 있는 허공을 두루 거닐며 우주의 형태를 규명하고 무한한 시간 속으로 뻗어나가 만물의 주기적 재생을 파악하고 고찰한다. 그렇게 함으로써 이성적인 혼은 우리 자손은 새로운 것을 보지 못할 것이고 우리 조상은 우리보다 더 많은 것을 보지 못했으며, 오히려 어떤 의미에서는 나이 마흔 된 사람이 약간의 이해력만 있다면 그 같음의 원칙에

---

210 지체(肢體)들.

따라 과거에 존재한 모든 것과 미래에 존재할 모든 것을 보았다는 것을 알게 된다. 이성적인 혼의 또 다른 특성은 이웃에 대한 사랑과 진리와 겸손이며 어떤 것도 자신보다 더 높이 평가하지 않는다는 것이다. 이 점은 법의 특성이기도 하다. 그리하여 합리적 이성과 정의의 이성 사이에는 아무런 차이도 없다.

2   네가 선율을 하나하나의 음표로 분해해놓고 각각의 음표를 보며 "내가 이런 것에 압도당하고 있는가?"라고 자문한다면, 너는 듣기 좋은 음악과 무용과 팡크라티온[211]을 경멸하게 될 것이다. 그것에 압도당했다고 시인하는 것이 부끄럽기 때문이다. 무용의 경우에도 네가 하나하나의 동작과 자세를 분해한다면 그렇게 될 것이며, 팡크라티온의 경우도 그 점에서는 마찬가지이다. 간단히 말해, 미덕과 미덕에서 파생된 것이 아니라면 이를 명심하여 모든 사물의 구성 성분을 고찰하되 그것을 분해함으로써 사물 자체를 경멸하도록 하라. 똑같은 방법을 네 인생 전체에 적용하라.

3   그래야 한다면 당장이라도 육신에서 풀려나 소멸되든지 흩어지든지 존속할 각오가 되어 있는 혼은 얼마나 훌륭한가. 이러한 각오는 자신의 신념에서 우러나야지 (기독교도들의 경우처럼)[212] 단순한 반항[213]이어서는 안 된다. 오히려 이러한 각오는 신중하고 품위가 있어야 하며, 남에게도 설득력이 있어 보이려면 극적인 동작을 취해서는 안 된다.

4   너는 공동체의 이익을 위하여 무엇을 행한 적이 있는가? 그렇다면

그로 인하여 덕을 본 것은 너다. 이 점을 항상 염두에 두고, 그 일을 결코 멈추지 마라.

5 네 재주는 무엇인가? "선한 자가 되는 것이오." 그러나 한편으로는 보편적 자연을, 다른 한편으로는 인간의 고유한 기질을 고찰하지 않고 어떻게 선한 자가 제대로 될 수 있겠는가?

6 처음에 비극이 공연된 것은, 우리에게 세상에서 일어나는 갖가지 일을 인식시키고, 이러저러한 일은 본성상 이러저러하게 일어나게 마련이며, 우리가 무대 위에서 매력적이라고 여기는 일들이 인생이라는 더 큰 무대에서 실제로 일어난다 해도 괴로워해서는 안 된다는 것을 일깨우기 위해서였다. 왜냐하면 이런 일들은 이런 결말을 맞게 마련이며, "아아, 키타이론이여!"[214]라고 부르짖는 자들도 이런 일들을 참아야 한다는 것을 우리는 보기 때문이다. 극작가들은 쓸 만한 말들을 했는데, 예컨대 다음과 같은 말이 특히 그러하다.

---

211 팡크라티온(pankration '전면적인 싸움'이라는 뜻)은 레슬링과 권투를 합친 격렬한 투기(鬪技)로, 이로 깨물거나 상대방의 눈을 후벼내는 것만 금지되었다고 한다.
212 이 부분을 훗날 가필된 것으로 보는 Haines의 견해는 지금은 근거 없는 것으로 간주되고 있다.
213 로마의 황제들은 기독교도들의 순교를 단순한 반항으로 보았던 것이다.
214 소포클레스, 『오이디푸스 왕』(*Oidipous tyrannos*) 1391행. 아들이 태어나면 아버지를 죽이고 어머니와 결혼하게 될 것이라는 신탁에 따라 오이디푸스는 태어나자마자 테바이 근처에 있는 키타이론(Kithairon) 산에 버려졌으나 목자들 손에 구출된다. "아아, 키타이론이여!"는 모든 것이 신탁대로 되었다는 사실을 알고 오이디푸스가 그때 키타이론 산에서 죽지 못한 것을 탄식하는 말이다.

명상록 177

나와 내 아들들이 신들에게 버림받았다면,
그럴 만한 이유가 있겠지요.[215]

그 밖에도

일어나는 일들에 화를 내서는 안 되지요.[216]

삶은 익은 곡식처럼 거둬들여야 하오.[217]

등이 있다.

2) 비극 다음에는 고(古)희극[218]이 공연되었는데, 고희극은 교육적인 목적을 위하여 언론의 자유를 사용했으며, 직설적인 표현을 통하여 효과적으로 겸손을 가르쳤다. 디오게네스[219]도 비슷한 이유에서 직설적인 표현을 받아들였다. 고희극 다음에는 어떤 목적으로 중기 희극이, 그리고 이어서 신(新)희극이 도입되었는지 살펴보라. 신희극은 점점 인생을 모방하는 기교로 타락하고 말았지만 이들 작가들도 쓸 만한 말들을 남긴 것은 널리 알려진 사실이다. 그러나 무엇보다도 이런 시와 희극이 전체적으로 추구한 목적은 무엇이었던가?

7 철학을 하기에는 인생의 어떤 다른 상황보다도 지금 네가 놓여 있는 상황만큼 적합한 것이 없다는 것은 명명백백하지 않은가!

8 이웃한 나뭇가지에서 베어진 나뭇가지는 나무 전체에서 베어질 수

밖에 없다. 그와 같이 인간도 한 인간에게서 떨어져나가면 공동체 전체에서 떨어져나가는 것이다. 그런데 나뭇가지는 남이 베지만, 인간은 이웃을 미워하여 등을 돌림으로써 스스로 이웃과 자신을 분리한다. 인간은 그렇게 하고도 그와 동시에 공동체 전체에서 자신을 베어낸 것을 알지 못한다. 공동체를 만들어낸 제우스의 선물이 이런 상황에서도 남아 있으니, 그것은 우리가 이웃한 가지와 함께 자라서 다시 전체를 완성하는 한 부분이 될 수 있다는 것이다. 그러나 그러한 분리가 자주 반복되면 분리된 부분이 나머지 부분과 다시 결합하여 이전 상태로 복원되기가 어려워진다. 정원사가 무슨 말을 하든, 처음부터 나머지 부분과 함께 자라 함께 살아온 나뭇가지는 한 번 베어졌다가 다시 접목된 나뭇가지와 같지 않다. 함께 자라도 한마음은 아닌 것이다.

9 네가 올바른 이성의 길을 따라 나아가는 것을 방해하는 자들이 너를 올바른 행동에서 벗어나게 할 수 없듯이, 너는 또 그들이 너에게서 그들에 대한 호의를 빼앗지 못하게 하라. 오히려 너는 이 두 가지 원칙을 한결같이 고수하라. 네 판단과 행동을 견지하고, 너를 방

---

215 에우리피데스, 『안티오페』(Antiope) 단편 207행 Nauck.
216 에우리피데스, 『벨레로폰테스』 단편 289행 Nauck.
217 에우리피데스, 『힙시퓔레』 단편 757행 Nauck.
218 고대 그리스의 희극은 시기별로 고희극, 중기 희극, 신희극으로 나뉘는데, 고희극의 아리스토파네스와 신희극의 메난드로스의 작품들만 남았고, 중기 희극의 작가들과 나머지 다른 희극작가들의 작품은 단편만 조금 남아 있다.
219 8권 주 167 참조.

해하거나 다른 방법으로 너를 화나게 하는 자들을 온유하게 대하는 것이다. 그들에게 화를 내는 것은 행동을 포기하고 겁이 나서 굴복하는 것 못지않은 나약함의 표시이기 때문이다. 주눅이 드는 자나, 본성적으로 친족이자 친구인 자를 혐오하는 자나 둘 다 똑같이 탈영병이다.

10 "어떤 자연도 기술에 뒤지지 않는다."²²⁰ 기술은 여러 가지 자연현상을 모방하기 때문이다. 그것이 맞다면, 가장 완전하고 다른 자연을 모두 포괄하는 그 자연은 어떤 기술자의 창작 재능에도 뒤지지 않을 것이다. 모든 기술은 더 우월한 것을 위하여 더 열등한 것을 만들어내는데,²²¹ 그 점은 보편적 자연도 마찬가지이다. 그리고 보편적 자연에서 정의가 태어나고, 정의에서 다른 모든 미덕이 태어난다. 왜냐하면 우리가 선하지도 악하지도 않은 대상에 관심을 기울이거나 그런 것에 쉬이 속아 비틀거리거나 변덕을 부리면 정의는 유지되지 못할 것이기 때문이다.

11 네가 산란한 마음으로 좇거나 피하는 대상들은 너에게 다가오지 않고, 어떤 의미에서는 네가 그 대상들에게 다가간다. 그러니 대상들에 대한 판단을 중지하라. 그러면 그것들은 그 자리에 가만히 머물러 있을 것이고, 네가 좇거나 피하는 모습도 남의 눈에 띄지 않을 것이다.

12 혼의 구체²²²가 제 모습을 유지하는 것은, 혼이 무언가를 향해 뻗어 나가지도 않고 안으로 오그라들지도 않고, 확장되지도 않고 수축되

지도 않고, 오히려 불빛으로 밝아져 그 불빛으로 만물의 진리와 자신 안의 진리를 볼 때이다.

13 누가 나를 경멸한다면? 그것은 그가 알아서 할 일이다. 내가 알아서 할 일은 경멸받을 말과 행동을 하지 않는 것이다. 그가 나를 미워하게 된다면? 그가 알아서 할 일이다. 내가 할 일은 누구나 친절하고 호의적으로 대하고, 특히 그에게는 그의 잘못을 기꺼이 지적해주되 나무라거나 내가 참고 있다는 것을 과시하지 말고, 저 유명한 포키온[223]처럼—그가 진심에서 그런 말을 했다면—점잖고 신사답게 지적해주는 것이다. 인간의 내면은 그런 것이어야 하며, 어떤 일에도 화내지 않고 불평하지 않는 인간의 모습을 신들에게 보여야 한다. 네가 네 본성에 맞는 것을 행하고, 어떻게든 공동체의 이익을 증진시키는 사명을 받은 인간으로서 보편적 자연이 지금 너에게 시의적절하다고 여기는 것을 받아들인다면, 네게 무슨 불상사가 일어나겠는가?

14 사람들은 서로 경멸하면서 서로 아부하고, 서로 능가하기를 바라면서 서로 굽실댄다.

---

[220] 출전 불명. 신희극 작가 메난드로스의 희극에 나오는 말로 보는 이도 있다.
[221] 5권 16절과 30절, 7권 55절 참조.
[222] 8권 41절, 12권 3절 참조.
[223] 포키온(Phokion)은 기원전 4세기 아테나이의 성공적인 정치가였으나 기원전 318년 사형선고를 받는다. 사형이 집행되기 직전 남기고 싶은 말이 있느냐는 물음에 그는 "나를 죽였다고 아테나이인들에게 원한을 품지는 말라고 내 아들한테 전해주시오"라고 대답했다. 플루타르코스, 『영웅전』 「포키온 전」 36절 참조.

15 "나는 너를 솔직하게 대하기로 결심했어"라고 말하는 자는 얼마나 건전하지 못하고 불순한가. 인간이여, 너는 무슨 짓을 하고 있는가? 그런 말은 미리 할 필요가 없다. 그런 의도는 저절로 드러나고 이마에 쓰여 있기 마련이니까. 마치 애인이 상대의 눈에서 단번에 모든 것을 알아채듯, 그런 의도는 목소리의 울림만 들어도 당장 알 수 있고, 눈을 보아도 당장 알 수 있다. 악취를 풍기는 자의 경우와 마찬가지로, 소박하고 선한 자에게 다가서는 사람도 다가가는 순간 원하든 원하지 않든 그것을 알아챈다. 그러나 위장된 솔직함은 비수와 같다. 늑대의 우정보다 더 수치스러운 것은 없다. 무엇보다도 그런 우정을 피하라. 선하고 소박하고 호의적인 사람은 그 모든 특징을 눈에 드러내며, 그런 특징들은 숨겨져 있지 않다.

16 가장 아름답게 살 수 있는 능력은 혼 안에 내재한다. 누군가 선하지도 악하지도 않은 것에 무관심하기만 하다면 말이다. 그는 선하지도 악하지도 않은 것을 부분적으로 보든 전체적으로 보든 그것 가운데 어떤 것도 자신에 대한 판단을 강요하지 않거니와, 우리에게 다가오는 것도 아니라는 점을 생각하면 그런 태도를 취하게 될 것이다. 선하지도 악하지도 않은 것들은 꼼짝 않고 서 있는데, 그것들을 판단하고 우리의 마음속에 각인해두는 것은 우리 자신이다. 사실 우리는 그런 것들을 각인해둘 필요조차 없으며, 무의식중에 그렇게 한다 해도 단번에 지워버릴 수 있으니 말이다. 우리가 그런 것들에 주의를 기울이는 것은 잠시 동안이고, 그러고 나면 인생도 끝날 것이라는 점 또한 명심하라. 그렇다면 그것들에 어찌 불만을 품겠는가? 선하지도 악하지도 않은 것들이 자연에 맞는다면, 그것들

을 즐겨라. 그러면 그것으로 인해 어려움을 겪지는 않을 것이다. 자연에 어긋난다면 네 본성에 맞는 것을 찾고, 명성을 가져다주지 않는다 하더라도 네 본성에 맞는 것을 추구하라. 자신의 고유한 선을 찾는 자는 누구나 용서받을 수 있기 때문이다.

17 각각의 사물은 어디서 왔으며, 어떤 성분으로 구성되어 있으며, 무엇으로 변하며, 변한 다음에는 어떤 상태가 되는가를 생각하되, 변하더라도 아무런 해도 입히지 않는다는 것을 생각해야 한다.

18 첫째, 네가 사람들과 맺는 관계를 염두에 두되, 우리는 서로를 위하여 태어났다고 생각하라. 관점을 바꾸어, 마치 숫양이 양 떼를 이끌듯, 또는 황소가 소 떼를 이끌듯, 나는 그들을 이끌기 위하여 태어났음을 생각하라. 처음에는 다음과 같은 전제에서 출발하라. 우주가 단순히 원자의 집합체가 아니라면, 전체를 다스리는 것은 자연이다. 이것이 사실이라면, 열등한 것은 우월한 것을 위하여 존재하고 우월한 것은 서로를 위하여 존재한다.

2) 둘째, 식탁 앞에 앉아 있거나 침상에 누워 있거나 그 밖의 다른 상황에서 그들이 어떤 인간들인지 생각해보라. 무엇보다도 그들이 자신의 원칙에서 어떤 강압을 받고 있으며, 자신이 행하는 일을 얼마나 오만하게 행하는지 생각해보라.

3) 셋째, 사람들이 올바르게 행동한다면 우리는 화를 내서는 안 된다. 옳지 않다면, 마지못해 그렇게 했거나 무지의 소치임이 명백하다. 왜냐하면 혼은 마지못해 진리를 빼앗기듯이, 각자에 대한 적절한 처신도 마지못해 빼앗기기 때문이다. 그래서 사람들은 불의하고

무정하고 탐욕스럽다는, 한마디로 이웃에게 잘못을 저지르는 자라는 말을 들으면 분개한다.

4) 넷째, 너도 많은 잘못을 저지르고 있으며, 다른 사람들과 같은 사람이라는 것을 생각해보라. 그리고 네가 어떤 잘못을 저지르지 않는다면, 비겁해서, 또는 명예욕 때문에 또는 그와 비슷한 다른 동기에서 그들과 같은 잘못을 저지르지 않더라도 너에게도 그런 잘못을 저지를 기질이 있다는 점을 생각해보라.

5) 다섯째, 사람들이 실제로 잘못을 저지르고 있는지 너는 확신하지 못한다는 것을 생각해보라. 많은 일들이 특정한 목적에 이바지하기 위해 일어나기 때문이다. 간단히 말해, 남의 행동을 적절하게 판단할 수 있으려면 그보다 먼저 많은 것을 알아두어야 한다.

6) 여섯째, 몹시 화가 나거나 속이 상하면, 인생이 한순간이며 잠시 뒤면 우리 모두 묻히게 된다는 것을 생각해보라.

7) 일곱째, 우리를 괴롭히는 것은 사람들의 행동이 아니다. 그들의 행동은 그들의 지배적 이성에 근거하기 때문이다. 우리를 괴롭히는 것은 사실은 그들의 행동에 대한 우리의 의견이다. 따라서 우리의 의견을 근절하고 그들의 행동이 끔찍하다는 판단을 내버릴 각오를 하라. 그러면 분노는 가라앉을 것이다. 그렇다면 어떻게 그러한 의견을 근절할 것인가? 어떤 모욕도 너에게 치욕을 안겨주지 못한다고 생각하면 가능하다. 그렇지 않다면 너는 남이 그렇다고 말하는 까닭에 수많은 잘못을 저질러 강도나 무엇이든 할 수 있는 범죄자가 될 수밖에 없을 것이다.

8) 여덟째, 우리를 화나게 하고 슬프게 하는 그들의 행동보다는 그러한 행동에 대한 우리의 분노와 슬픔이 얼마나 더 괴로운 것인지

생각해보라.

9) 아홉째, 네 호의가 꾸민 것이나 위선이 아니고 진지한 것이라면 누구든 당해낼 적수가 없다. 네가 상대방에게 변함없이 호의적이고, 기회 있을 때마다 좋게 타이르고, 상대방이 너에게 해를 입히려는 순간 "그러지 말게, 이 사람아. 우리는 다른 일을 하려고 태어났네. 나는 결코 해를 입지 않을 것이며, 오히려 자네가 자신에게 해를 입히고 있는 것일세, 이 사람아"라고 조용히 상대방에게 바른길을 가르쳐준다면, 아무리 오만불손한 자라도 너에게 무슨 짓을 할 수 있겠는가? 그러고 나서 상대방에게 재치 있게 그것은 사실이며, 꿀벌이나 그 밖에 모여 살도록 태어난 다른 피조물도 해를 입히는 행동을 하지 않는다는 점을 에둘러 지적해주어라. 빈정대거나 나무라는 말투가 아니라 마음에 상처 받지 않도록 다정하게 지적해주되, 학생을 훈계하듯 하거나 옆에 있는 사람에게 감탄받으려 하지 말고, 옆에 다른 사람이 있더라도 단둘이 있는 것처럼 행동하라.

10) 이 아홉 가지 원칙을 무사 여신[224]들의 선물로 여기고 항상 명심하라. 그리고 아직 살 날이 남아 있는 동안 드디어 인간이 되기 시작하라. 또한 사람들에게 성내지도 아첨하지도 않도록 조심하라. 이 두 가지는 반(反)공동체적이어서 공동체에 해로운 영향을 주는 경향이 있기 때문이다. 화가 날 때는, 남자다운 것은 분노가 아니라 온유함과 상냥함이며, 이런 태도가 더 인간적일 뿐 아니라 더 남자다우며, 힘과 근육과 용기를 지닌 자는 이런 성격을 갖지 화내고 불

---

[224] 무사(Mousa)는 그리스 신화에서 시가(詩歌)의 여신이다. 영어로는 뮤즈(Muse).

만스러워하는 성격이 아니라는 생각을 떠올려라. 인간의 성격은 감정에서 자유로워질수록 그만큼 더 힘이 강해지기 때문이다. 슬픔이 나약함의 표시이듯, 분노도 나약함의 표시이다. 이 두 경우 모두 인간은 상처받고 항복하기 때문이다.

11) 원한다면 무사 여신들의 지휘자[225]에게서 열 번째 선물을 받도록 하라. 악당이 잘못을 저지르기 않기를 기대한다는 것은 미친 짓이다. 불가능한 것을 바라기 때문이다. 그러나 그들이 다른 사람에게 그런 짓을 하는 것을 용인하면서 너에게는 잘못을 저지르지 않기를 기대하는 것은 어리석고 폭군 같은 짓이다.

19 너는 특히 지배적인 이성이 빠지기 쉬운 네 가지 미로를 늘 경계해야 하며, 그 미로가 보인다면 매번 이렇게 말하며 당장 제거해야 한다. "이 생각은 필요한 것이 아니다. 이 생각은 공동체를 해체할 수 있다. 네가 말하려는 것은 네 본심이 아니다." 본심이 아닌 것을 말하는 것은 가장 부조리한 것으로 여겨져야 하므로. 네 번째 미로는 너 자신을 책망하는 것이다. 왜냐하면 그것은 네 안의 신적인 부분이 덜 존경스럽고 죽게 마련인 부분, 즉 육신과 육신의 조야한 의견들에 패배하고 굴복했음을 인정하는 것이기 때문이다.

20 네 몸과 섞여 있는 혼과 모든 불의 성분은 본성상 위로 떠오르게 되어 있지만 우주의 질서에 순응해 여기 지상에서 네 육신의 복합체 안에 붙들려 있다. 또 네 안에 존재하는 흙의 성분과 물의 성분은 모두 아래로 향하는 경향이 있음에도 위로 끌어올려져 자신들의 본성에 맞지 않는 자리를 차지하고 있다. 이렇듯 원소들도 전체에 복

종하며, 일단 어떤 곳에 배치되면 전체로부터 다시 해체되라는 신호가 주어지기 전에는 강제로 그곳에 머물러 있다.

2) 그렇다면 이성적 부분만이 반항하고 제 위치를 못마땅해한다면 이상한 일이 아닌가? 그러나 이성적 부분에는 어떤 강압도 가해지지 않고 제 본성에 맞는 것들만 주어진다. 그런데도 이 부분은 그것조차 용납하지 못하고 반대 방향으로 이탈한다. 왜냐하면 불의와 방종과 분노와 슬픔과 공포를 향한 움직임은 자연으로부터의 이탈일 뿐이기 때문이다. 그리고 지배적 이성은 어떤 사건을 못마땅하다고 여기는 순간 제자리를 이탈한다. 지배적 이성은 정의를 위해서만이 아니라 그에 못지않게 경건함과 신에 대한 두려움을 위해서 만들어졌기 때문이다. 이런 미덕도 공동체 정신에 포함되며, 사실은 정의로운 행동보다 더 존중받아야 한다.

21 삶의 목표가 항상 한결같지 않은 사람은 전 생애를 한결같이 살 수 없다. 그러나 방금 말한 것만으로는 불충분하고 그 목표가 어떤 것이어야 마땅한지를 덧붙여야 한다. 마치 어떤 의미에서 다수가 선으로 간주하는 모든 사물에 관해서는 의견이 일치할 수 없지만 특정 사물, 이를테면 모두에게 공통된 사물에 관해서는 의견이 일치할 수 있듯이, 우리도 공동체와 국가에 이익이 되는 목표를 설정해야 한다. 자신의 모든 노력을 이런 목표에 쏟아붓는 사람은 모든 행동이 한결같을 것이고, 따라서 그 자신도 늘 한결같을 것이기 때문이다.

---

225 '무사 여신들의 지휘자'(Mousēgetēs)란 음악의 신으로서의 아폴론을 말한다.

22   시골 쥐와 도시 쥐를 생각해보라. 그리고 도시 쥐가 겁이 나서 허둥지둥 도망치는 장면을 생각해보라.[226]

23   소크라테스는 대중의 의견을, 아이들을 놀라게 하는 도깨비인 라미아[227]라고 부르곤 했다.

24   라케다이몬인들[228]은 축제 때 이방인들에게는 그늘에 자리를 배정해주고, 자신들은 아무 자리에나 앉았다.

25   소크라테스는 페르딕카스[229]의 초대에 응하지 않은 이유로 "내가 가장 비참하게 죽지 않기 위해서지요"라고 전하게 했는데, 그것은 대접을 잘 받고도 거기에 보답하지 못하는 처지가 되지 않기 위해서라는 뜻이다.

26   에페소스인들[230]의 저술에는 미덕을 실천한 선현(先賢)들 가운데 적어도 한 분을 항상 기억하라는 충고가 적혀 있다.

27   퓌타고라스학파가 이르기를 새벽에 하늘을 쳐다보라고 했는데, 그것은 언제나 같은 궤도를 따라 같은 방법으로 자신이 맡은 일을 완수하는 천체뿐 아니라, 그 질서와 청정함과 적나라함을 우리에게 상기시키기 위해서였다. 별을 가리는 베일은 없기 때문이다.

28   크산팁페[231]가 소크라테스의 겉옷을 갖고 나갔을 때 그가 몸에 양가죽을 두른 모습을 생각해보라. 또한 그 모습을 본 친구들이 창피해

서 뒤로 물러섰을 때 소크라테스가 그들에게 무슨 말²³²을 했는지 생각해보라.

29 쓰기와 읽기를 먼저 배우기 전에는 남을 가르칠 수 없다. 인생은 더욱 그렇다.

30 너는 노예로 태어났으니, 이성과는 상관없다.²³³

226 아이소포스(Aisopos=이솝) 우화 243번 Chambry 참조. 졸역 『이솝 우화』 참조.
227 라미아(Lamia)는 본래 여자 흡혈귀였는데, 나중에는 아이들의 울음을 그치게 하려고 어른들이 아이들을 겁줄 때 부르는 도깨비로 변했다.
228 스파르테인들. 라케다이몬(Lakedaimon)은 라코니케(Lakonike) 지방을 가리킬 때도 있지만, 대개 그 수도인 스파르테(Sparte)의 다른 이름이다.
229 소크라테스를 초대한 왕은 페르딕카스(Perdikkas)가 아니라 그의 아들인 마케도니아의 아르켈라오스(Archelaos)이다(아리스토텔레스, 『수사학』 1398a 24 참조). 아르켈라오스는 부정한 방법으로 마케도니아의 권력을 장악한 뒤(플라톤, 『고르기아스』 471 참조) 예술의 보호자를 자처하며 많은 예술가를 자신의 궁정에 초빙했는데, 에우리피데스와 아가톤(Agathon)도 기원전 5세기 말 그곳에서 만년을 보냈다.
230 헤라클레이토스학파. 에페소스(Ephesos)는 소아시아 이오니아 지방의 도시로 헤라클레이토스의 고향이다. Ephesiōn('에페소스인들의'라는 뜻) 대신 Epikoureiōn('에피쿠로스학파의'라는 뜻)으로 읽는 텍스트도 있는데, 그 까닭은 세네카가 이 구절을 에피쿠로스가 말한 것이라고 주장하기 때문이다. 세네카, 『도덕 서한집』 11번 8절과 에피쿠로스, 단편 210 Usener 참조.
231 크산팁페(Xanthippe)는 소크라테스의 아내로, 평생 동안 남편을 이해하지 못한 탓에 바가지 긁는 아내의 대명사가 되었다.
232 무슨 말을 했는지 확실히 알 수 없지만, 옷이 사람의 가치를 결정하는 것은 아니라는 취지의 말을 한 것으로 여겨진다.
233 출전 불명. 여기서 '이성'이라고 번역한 그리스어 logos에는 '말' '언변'이라는 뜻도 있어서 '언변'이라고 번역하는 이도 있다. 어떤 맥락에서 이런 말을 하는지 알기 어렵다. 31절도 마찬가지이다.

31 내 마음은 웃었소.[234]

32 그들은 미덕을 심한 말로 나무랄 것이오.[235]

33 겨울에 무화과를 구하는 자는 미친 자이다. 더이상 아이를 갖지 못할 나이에 아이를 기대하는 자도 그렇다.[236]

34 에픽테토스는 "어떤 사람이 제 자식에게 입맞출 때 '내일 이 아이가 죽을지도 모르는 일이야' 라고 마음속으로 속삭여야 한다"라고 말했다. 그건 재수 없는 말이 아니냐고? "천만에!" 하고 에픽테토스는 대답했다. "자연의 과정을 뜻하는 것이라면 어떤 것도 재수 없는 말이 아니다. 그렇지 않다면 곡식이 베어진다는 표현도 재수 없는 말일 것이다."

35 덜 익은 포도, 무르익은 포도, 건포도. 모든 게 변한다. 그러나 무로 변하는 것이 아니라, 지금 현존하지 않는 것으로 변한다.

36 "우리의 자유의지를 빼앗아가는 자는 아무도 없다."[237] 에픽테토스의 말이다.

37 에픽테토스는 또 이렇게 말했다. "우리는 동의를 표명하는 기술을 발견해야 하며, 의욕의 영역에서는 의욕이 유보 조항에 따라 제어되고, 공동체에 유익하고, 가치에 비례하도록 각별히 주의해야 한다. 그리고 우리는 욕망은 전적으로 억제해야 하고, 우리가 마음대

로 할 수 없는 것은 피해야 한다."²³⁸

38 에픽테토스는 이런 말도 했다. "우리는 평범한 대상 때문이 아니라 우리가 미쳤느냐 아니냐 하는 문제로 싸우고 있다."²³⁹

39 소크라테스는 말했다. "너희는 무엇을 바라는가? 갖고 싶은 것이 이성적 존재냐 아니면 비이성적 존재냐?" "이성적 존재이지요." "어떤 이성적 존재 말인가? 건전한 것이냐 건전하지 못한 것이냐?" "건전한 것이지요." "그렇다면 왜 너희는 그것을 구하지 않느냐?" "우리는 건전한 것을 이미 갖고 있기 때문이지요." "그렇다면 너희는 왜 싸우고 반목하느냐?"²⁴⁰

---

234 호메로스, 『오뒷세이아』 9권 413행.
235 헤시오도스, 『일과 날』 185행. 원전에는 미덕(aretē)이라는 말이 없다.
236 33~35절은 에픽테토스, 『강론』 3권 26장 86~93절을 조금씩 고친 것이다.
237 같은 책 22장 105절.
238 에픽테토스, 단편 27 Schenkl.
239 에픽테토스, 단편 28 Schenkl.
240 출전 불명. 플라톤과 크세노폰의 저술들에는 나오지 않는 것으로 보아 지금은 없어진 다른 문헌에 나왔던 것 같다.

XII

1 네가 우회로를 지나 도달하고 싶어하는 모든 것은 지금이라도 가질 수 있다. 네가 너 자신에게 그것을 거절하지 않는다면. 네가 모든 과거를 뒤로하고, 미래를 섭리에 맡기고, 현재만을 경건과 정의에 따라 바꾸어나간다면 말이다. 경건에 따라야만 너는 네게 주어진 몫을 사랑할 수 있다. 자연이 그 몫을 너에게 그리고 그 몫에게 너를 가져다주었기 때문이다. 정의에 따라야만 너는 자유롭고 솔직하게 진리를 말하고, 법과 사물의 가치에 부합하는 일을 행할 수 있다. 그러니 남의 사악함이나 너 자신의 판단이나 남의 말이나 너를 둘러싸고 자란 육신의 감각이 너를 방해하지 못하게 하라. 그런 것들은 그런 것들에서 영향을 받는 네 육신이 돌보게 하라.

2) 네가 생을 마감하게 되어 다른 것은 모두 포기하고 네 지배적 이성과 네 안의 신적인 요소만을 존중하고, 언젠가는 삶을 끝내야 한다는 것이 아니라 아직도 자연에 따르는 삶을 시작하지 못한 것을 두려워한다면, 너는 너를 낳아준 우주에 어울리는 인간이 될 것이다. 그러면 네 조국에서 더이상 이방인이 되지 않을 것이며, 날마다 일어나는 일을 마치 예견하지 못한 양 더이상 놀라지 않을 것이다.

이러저러한 것에 더이상 매달리지도 않을 것이다.

2   신은 모든 인간의 지배적 이성을 물질적 그릇과 거죽과 불순물을 벗겨놓은 상태로 본다. 왜냐하면 신은 오직 자신의 이성적 부분을 통해, 자신에게서 흘러나와 인간의 지배적 이성으로 흘러들어간 부분과만 접촉하기 때문이다. 너도 그렇게 보는 버릇을 들이면, 숱한 근심걱정에서 벗어날 것이다. 자신을 둘러싼 육신을 거들떠보지도 않는 자가 옷이나 집이나 명망이나 그런 종류의 장식품이나 겉치레로 시간을 낭비하겠는가?

3   너는 육신, 호흡, 정신의 세 부분으로 이루어져 있다. 앞의 두 가지는 네가 돌봐야 한다는 점에서 네 것이지만, 세 번째 것만이 진정한 의미에서의 네 것이다. 따라서 다른 사람이 행하거나 말하는 모든 것, 너 자신이 행했거나 말한 모든 것, 장래에 너를 괴롭힐 모든 것, 너를 둘러싼 육신과 그 안에 심어진 호흡의 일부로서 네 의사와는 관계없이 너에게 부착되어 있는 모든 것, 네 밖에서 맴도는 소용돌이가 휩쓸어가는 모든 것을 너 자신에게서, 즉 네 정신에서 멀리한다면, 그리하여 네 정신적 능력이 운명의 쇠사슬을 벗어나 순수하게 모든 장애에서 풀려나 혼자서 살아가며 올바른 것을 행하고 일어나는 일을 원하고 진리를 말한다면—다시 말해 네가 이 지배적 이성에서 정념으로 인하여 거기에 들러붙어 있는 모든 것과 미래사와 과거사를 멀리한다면—그리고 너 자신을 엠페도클레스[241]의 *주위를 둘러싼 고독을 즐기는 구체(球體)*[242]처럼 만든다면, 그리고 네가 살고 있는 삶, 즉 현재만을 살고자 노력한다면, 너는 네 여생

을 평온하고 유쾌하게 너 자신의 수호신과 사이좋게 보낼 수 있을 것이다.

4 어째서 사람들은 저마다 어느 누구보다 자신을 더 사랑하면서도 자신에 관해서는 남들의 판단보다 자신의 판단을 덜 평가하는지 나는 자주 의아하게 생각했다. 아무튼 누군가에게 신이나 현명한 스승이 다가가, 생각하자마자 큰 소리로 말할 수 없는 것은 마음에 품지도 생각하지도 말라고 명령한다면, 그는 단 하루도 견디지 못할 것이다. 그러므로 우리는 자신의 의견보다는 이웃의 의견에 더 경의를 표하게 된다.

5 신들은 인간에 대한 호의에서 만사를 훌륭하게 정돈해놓았거늘, 신성과 더없이 친밀한 관계를 맺고 있고, 경건한 행위와 신성한 의식을 통해 신성과 더없이 친근한 사이가 된 소수의 탁월한 인간들도 일단 죽고 나면 다시는 태어나지 못하고 완전히 소멸해버린다는 이 한 가지 사실을 어떻게 간과할 수 있었을까? 소멸하는 것이 사실이라면, 그와는 달라야 한다면, 신들은 그와는 달리 만들어놓았을 것이라고 확신하라. 왜냐하면 소멸하는 것이 옳다면 소멸은 또한 가능했을 것이고, 그 소멸이 자연에 맞는다면 자연이 그것을 가능하게 만들었을 것이기 때문이다. 그러므로 그렇지 않다는 사실에서, 너는 실제로 그렇지 않다면 그래서는 안 되었다고 확신하라. 너도 보다시피, 그런 질문을 하는 것은 신에게 시비를 거는 것이니까. 그러나 신들이 가장 선하고 가장 올바르지 않다면, 우리는 그런 식으로 신들에게 따질 수 없을 것이다. 신들이 가장 선하고 가장 올바르

다면, 우주에 질서를 부여할 때 어떤 것이 부당하고 불합리하게 방치되는 것을 간과하지 않았을 것이다.

6 도저히 해내지 못할 것 같은 것들도 연습해보라. 많이 써보지 않아 다른 일에는 느린 왼손도 고삐는 오른손보다 더 단단히 잡는다. 왼손은 이 일을 익혀두었기 때문이다.

7 죽음에 따라잡혔을 때 육신과 혼이 어떤 상태이겠는지 생각해보라. 그리고 인생의 짧음과, 네 앞과 네 뒤의 무한한 시간, 모든 질료의 취약함을 생각하라.

8 사물의 원인을 보되 거죽을 벗기고 보라. 인간 행동의 목표를 보라. 고통과 쾌락과 죽음과 명성의 본질을 보라. 누가 자신의 불안에 책임이 있는지 보라. 어느 누구도 남에게 방해받을 수 없으며, 모든 것이 우리의 의견이라는 점을 생각하라.

9 네 기본 원칙들을 적용할 때는 팡크라티온 선수처럼 해야 하고, 검투사처럼 해서는 안 된다. 검투사는 사용하던 칼을 떨어뜨리면 죽지만, 팡크라티온 선수는 자신의 주먹을 항상 갖고 있어서 그 주먹을 꽉 쥐기만 하면 되기 때문이다.

---

241 엠페도클레스, 단편 B27~28 Diels/Kranz. 엠페도클레스(Empedokles)는 기원전 5세기 시칠리아의 아그리겐툼에서 태어난 그리스 철학자이다.
242 8권 41절, 11권 12절 참조.

10 사물을 질료와 원인과 목적으로 구분함으로써 그 실체가 어떤 것인지 보라.

11 신이 칭찬할 것만 행하고 신이 자신에게 할당하는 것은 무엇이든 받아들일 수 있으니 인간은 얼마나 큰 능력을 갖고 있는가!

12 자연에 맞는 일로 신을 비난해서는 안 되고, 인간을 비난해서도 안 된다. 신은 의도적이든 궁지에 몰려서든 실수를 저지르지 않고, 인간은 궁지에 몰려서만 실수를 저지르기 때문이다. 그러므로 어느 누구도 비난해서는 안 된다.

13 인생에서 일어나는 어떤 일에 놀라다니 이 얼마나 가소롭고 세상 물정 모르는 사람인가!

14 운명적 필연성과 벗어날 수 없는 질서가 지배하거나, 자비로운 섭리가 지배하거나, 지도자 없는 무의미한 혼돈이 지배한다. 벗어날 수 없는 필연성이 지배한다면, 너는 왜 반항하는가? 자비를 베풀 용의가 있는 섭리가 지배한다면, 너 자신을 신의 도움을 받을 자격이 있게 만들어라. 지도자 없는 혼돈이 지배한다면, 그런 거센 파도 속에서도 네 안에 지배적 이성을 갖고 있음을 기뻐하라. 파도가 너를 휩쓸어가더라도 육신과 호흡과 그 밖의 다른 것들은 휩쓸어가게 내버려두라. 네 정신만은 휩쓸려가지 않을 것이기 때문이다.

15 등불은 꺼질 때까지 비추며 빛을 내뿜는다. 하거늘 네 안의 진리와

정의와 절제는 때가 되기도 전에 먼저 꺼지겠느냐?

16 누가 잘못을 저지른 것처럼 생각될 때는 "그가 잘못을 저질렀다는 것을 내가 어떻게 알지?"라고 자문해보라. 그가 정말로 잘못을 저질렀다면, '그는 스스로 자책하고 있다.' 그리고 '그는 제 얼굴을 할퀴는 사람과 같다' 고 생각하라.
2) 사악한 자가 잘못을 저지르지 않기를 바라는 자는, 무화과나무가 그 열매 속에 쓰디쓴 액즙을 만들어내고, 어린아이가 울어대고, 말이 울부짖는 등의 일이 일어나지 않기를 바라는 자와도 같다. 그런 기질을 가진 자에게 다른 무엇을 기대할 수 있겠는가? 그런 일에 짜증이 난다면, 그런 기질부터 고쳐라.

17 적절하지 않으면 행하지 말고, 진실하지 않으면 말하지 마라. 네 욕구는 너에게 달려 있다.

18 항상 전체를 보되, 네게 인상을 주는 모든 것을 원인과 질료와 목적, 그것이 반드시 끝나게 되어 있는 시간으로 구분함으로써 정확히 규명하라.

19 정염을 만들어내고, 너를 인형처럼 줄로 조종하는 것보다 더 우월하고 더 신적인 것을 네 안에 갖고 있다는 것을 이제 드디어 인식하라. 지금 내 마음을 지배하는 것은 무엇일까? 두려움이나 의심, 욕망 같은 것은 아니겠지?

20 첫째, 목적 없이 무턱대고 행동하지 마라. 둘째, 공동체에 유익한 것만을 네 행동 목표로 삼아라.

21 머지않아 너는 어느 곳에도 존재하지 않을 것이며, 네가 지금 보고 있는 모든 것과 지금 살아 있는 모든 사람도 마찬가지라는 점을 명심하라. 왜냐하면 만물은 다른 것들이 나름의 순서에 따라 생겨나도록 변하고 바뀌고 소멸하기 때문이다.

22 모든 것은 의견에 지나지 않고, 의견은 너에게 달려 있음을 명심하라. 따라서 원할 때는 의견을 버려라. 그러면 이미 곶을 돈 뱃사람처럼 너는 모든 것이 평온한 가운데 잔잔한 바다를 지나 안전한 항구로 들어설 것이다.

23 어떤 행위이든 적절한 때에 끝나면 끝났다고 해서 해를 입지 않으며, 그 행위자도 그 행위가 끝났다고 해서 해를 입지 않는다. 마찬가지로 모든 행위의 총화(總和)인 인생도 적절한 때에 끝나기만 하면 끝났다고 해서 해를 입지 않으며, 그 일련의 행위를 제때에 끝내는 자도 해를 입지 않는다. 그러나 적절한 때와 한계는 자연이 결정한다. 노년의 경우는 우리의 고유한 본성이 결정하는 때도 있지만, 원칙적으로 자연이 결정한다. 부분들이 변함으로써 우주 전체가 늘 젊음과 전성기를 유지한다. 그런데 전체에 유익한 것은 무엇이든 언제나 선하고 시의적절하다. 따라서 삶의 멈춤도 우리의 의사와 관계없고 공동체에 해롭지 않은 만큼, 수치스러운 것이 아니기에 각자에게 악이 아니다. 오히려 삶의 멈춤은 공동체를 위하여 적절

한 때에 일어나고, 공동체에 유익하고 그렇게 함으로써 자신도 덕을 보는 만큼 선이다. 그런 의미에서 신과 같은 길을 따라 움직이고 생각이 신과 같은 목표를 향해 움직이는 자는 신에 의하여 움직이는 자이다.

24 다음의 세 가지 원칙을 늘 명심하라. 첫째, 어떤 행동을 하든 무턱대고 행하거나 또는 정의 자체가 행하는 것과 다르게 행해서는 안 된다. 밖에서 일어나는 모든 일은 우연이나 섭리에 달려 있고, 우연을 나무라거나 섭리를 비난해서는 안 된다는 점을 생각하라. 둘째, 개개의 존재는 씨가 뿌려졌다가 혼을 받을 때까지, 혼을 받았다가 혼을 돌려줄 때까지 어떤 성질을 띠며, 어떤 성분들로 구성되어 있으며, 어떤 성분들로 해체되는지 생각해보라. 셋째, 네가 갑자기 공중으로 들어올려져 인간사와 그 변화무쌍함을 내려다보게 된다면, 그와 동시에 대기와 하늘에 사는 얼마나 많은 무리[243]가 네 주위를 에워싸고 있는지 보게 된다면, 너는 인간사를 경멸하게 되리라는 점을, 네가 아무리 자주 들어올려져도 똑같은 광경을, 모든 것이 천편일률적이고 덧없음을 발견하게 되리라는 점을 생각하라. 게다가 이런 덧없는 것들을 자랑스럽게 여겼다는 점도 생각하라.

25 의견을 밖으로 던져버려라. 너는 구원받을 것이다. 의견을 밖으로 던져버리는 것을 누가 막는단 말인가?

---

243 천체.

26   네가 무엇인가를 불쾌히 여긴다면, 너는 첫째, 모든 일은 보편적 자연에 맞게 일어나며, 둘째, 잘못은 남에게 있으며, 셋째, 일어나는 모든 일은 늘 그렇게 일어났고, 일어날 것이며, 지금도 도처에서 그렇게 일어나고 있으며, 넷째, 개인과 전 인류의 관계가 얼마나 밀접한가를 잊고 있는 것이다. 인류는 피와 씨의 공동체가 아니라 정신의 공동체이다. 너는 또 각자의 정신은 신이고 신에게서 흘러나온 것이며, 그 자신의 것은 아무것도 없으며, 그의 아이와 그의 육신과 그의 혼마저도 신에게서 온 것이며, 모든 것은 의견에 지나지 않으며, 각자는 현재만을 살고 있으며 잃는 것도 현재라는 사실을 잊고 있다.

27   어떤 사건에 몹시 분개했던 자들과, 명성이나 재앙이나 적개심이나 어떤 종류의 운명 때문에 세인의 주목을 끌었던 자들을 끊임없이 상기하라. 그리고 나서 "그것들은 지금 어디 있지?" 하고 생각해보라. 연기요 재요 옛이야기이거나 옛이야기도 못 되는 경우도 있다. 다음의 경우도 떠올려보라. 시골에서 파비우스 카툴리누스가 무엇을 추구했으며, 자기 정원에서 루시우스 루푸스가 무엇을 했는지,[244] 바이아이에서 스테르티니우스가, 카프레아이에서 티베리우스가, 벨리우스 루푸스가 무엇을 추구했는지 말이다. 그것은 간단히 말해 허영심과 결합된 기벽이다. 그들이 그토록 추구하던 것이 얼마나 무가치한 것이었는지 생각해보라. 그리고 주어진 여건에서 올바르고 신중하고 신들에게 순종하는 자신의 모습을 보여주는 것이 얼마나 철학자다운 것인지 생각해보라. 자만심 중에서도 자만심에서 벗어난 체하는 자만심이 가장 참기 어렵다.

28 "너는 대체 어디서 신들을 보았기에, 또는 신들이 존재한다는 것을 어떻게 알았기에 신들을 그토록 공경하는가?"라고 묻는 자들에게 다음과 같이 대답하라. 첫째, 신들은 맨눈으로도 보인다.[245] 둘째, 나는 아직 내 혼을 본 적이 없지만 그럼에도 내 혼을 존중한다. 마찬가지로 신들의 경우에도, 나는 신들의 권능을 매번 경험함으로써 신들이 존재한다는 것을 알기에 신들을 공경한다.

29 개별 사물의 전체적인 실체와 그 질료와 원인을 꿰뚫어보고, 온 마음으로 올바른 것을 행하고 진실을 말하는 데 인생의 구원이 달려 있다. 조그만 틈도 남지 않을 만큼 선행에 선행을 이어붙임으로써 인생을 즐기는 것말고 또 무엇이 남아 있겠는가?

30 벽과 산과 무수히 많은 다른 장애물에 막힌다 해도 햇빛은 하나뿐이다. 공통된 실체는 개별적 특징을 지닌 무수히 많은 개체로 나뉘지만 하나뿐이다. 이성적인 혼은 나뉜 것처럼 보여도 하나뿐이다. 그런데 앞서 말한 것들의 다른 부분들, 이를테면 호흡과 사물들의 물질적 토대는 지각 능력이 없고 서로 간에 유대도 없다. 그것들은 이성과 같은 목표를 지향하는 중력으로 결합되어 있다. 그러나 정

---

244 파비우스 카툴리누스(Fabius Catullinus), 루시우스 루푸스(Lusius Lupus), 스테르티니우스(Stertinius), 벨리우스 루푸스(Velius Rufus)에 관해서는 알려진 것이 없지만 아마도 무척 사치스러운 생활을 했던 듯하다. 티베리우스는 로마의 황제로 만년에 나폴리 앞바다에 있는 카프레아이(Capreae, 지금의 Capri) 섬을 자주 찾았다고 한다. 바이아이(Baiae)는 나폴리 서쪽에 있는 휴양도시이다.
245 별들을 뜻하는 것 같다. 플라톤, 『법률』(Nomoi) 10권 855e 참조.

신은 나름대로 같은 부류에게 이끌려 같은 부류와 결합하며, 공동체 감정은 결코 방해받지 않는다.

31 너는 무엇을 바라는가? 영생하고 싶은가? 감각을 갖고 싶고, 충동도 느끼고 싶은가? 성장하다 다시 멈추고 싶은가? 목소리를 사용하고 싶은가? 생각하고 싶은가? 이 가운데 어느 것이 바람직해 보이는가? 만일 네가 원하는 것들이 하나같이 경멸스러운 것이라면, 이성과 신에 대한 순종이라는 마지막 목표를 향해 나아가라. 그러나 네가 원하는 것들을 높이 평가하고, 죽음이 우리에게서 그런 것들을 앗아갈까 슬퍼하는 것은 이런 목표와는 상반된다.

32 각자에게 할당된 것은 무한하고 헤아릴 수 없는 시간의 얼마나 작은 부분인가? 그것은 순식간에 영원 속으로 사라져버리니 말이다. 보편적 실체의 얼마나 작은 부분이며, 보편적 혼의 얼마나 작은 부분인가? 전 대지의 얼마나 작은 흙덩이 위를 너는 기어다니는가? 이 모든 것을 명심하고, 네 본성이 이끄는 대로 행하고, 보편적 본성이 가져다주는 것을 참는 것 외에 어떤 것도 위대하다고 여기지 마라.

33 지배적 이성은 자기 자신을 어떻게 사용하는가? 모든 것이 그 이성이 자신을 어떻게 사용하느냐에 달려 있다. 나머지는 네 뜻에 달려 있든 없든 모두 생명 없는 재이며 연기이다.

34 쾌락을 선으로, 고통을 악으로 여기는 자들도 죽음을 경멸했다는

것은 죽음을 경멸하는 데 가장 효과적이다.[246]

35 적절한 때에 발생하는 것이어야 선하다고 여기는 사람, 올바른 이성에 따르기만 한다면 자신의 행위가 많든 적든 마찬가지라고 여기는 사람, 세상을 보는 기간이 더 길든 더 짧든 차이를 두지 않는 사람에게 죽음은 무서운 것이 아니다.

36 인간이여, 너는 이 거대한 국가[247]의 시민이었다. 시민인 때가 5년 동안이든 100년 동안이든 그게 너와 무슨 상관이냐? 그 도시의 법규에 맞게 사는 것은 모두 마찬가지이다. 그렇다면 폭군이나 공정하지 못한 재판관이 아니라, 너를 그 국가로 데려다준 자연이 너를 그 도시에서 내보내기로서니 뭐가 가혹한 일이란 말인가? 그것은 관리[248]가 배우[249]를 고용했다가 무대에서 해고하는 것과도 같다.[250] "하지만 나는 5막이 아니라 3막만을 연기했을 뿐이오." 좋은 표현이다. 그러나 네 인생에서는 3막이 연극 전체이다. 왜냐하면 언제 끝날지 결정하는 것은, 전에는 너의 구성에, 지금은 너의 해체에 책임이 있는 자의 몫이기 때문이다. 너는 어느 쪽에도 책임이 없다. 그러니 호의를 품고 떠나라. 너를 해고하는 자도 호의를 품고 있다.

---

246 키케로, 『투스쿨룸 담론』(*Tusculanae disputationes*) 5권 119~120절.
247 여기서 '국가'란 로마가 아니라 세계를 뜻한다. 3권 11절, 4권 23·29절 참조.
248 제정 때는 주로 법정관(法政官 praetor)이 축제를 관장했다.
249 정확하게는 희극배우.
250 인생을 한 편의 연극으로 보는 것과 관련해서는 키케로, 『노년에 관하여』(*De senectute*) 70절 참조.

영혼을 치유하는
세네카

세네카

세네카(기원전 4년경~기원후 65년)는 이름이 같은 아버지와 구별하기 위해 아들을 '소(小)세네카' 또는 '철학자 세네카', 아버지를 '대(大)세네카' 또는 '수사학자 세네카'라고 부른다. 제정 로마 시대의 정치가·철학자·시인으로 스토아 철학의 주요한 주창자이며, 당대의 정신 문화를 지도한 대표자이다. 그는 철학에 정통한 사람으로서 언제나 어떤 문제, 어떤 고통에 대해서도 적절한 해결책을 제시해주었으며 현실 문제를 다룬 뛰어난 연설로 로마의 젊은이들을 매료시켰다.

로마가 자신의 위세로 세상을 제압한 평화의 시기(팍스 로마나)에 로마인들은 사회생활의 즐거움과 의무를 다하기 위해 개인이 여유롭게 삶을 즐기는 것을 사회적 이상으로 여겼다. 안정과 번영 속에 사치와 향락에 빠져드는 로마인들을 보면서 세네카는 문학적 기술과 개인의 경험, 상식을 동원해 그 시대 독자들에게 도덕적 감화를 주고 그들을 변화시키려 했다. 그리하여 그는 생생한 은유, 인상적인 어휘, 정확한 논점, 우화와 격언들을 통해 시대를 생생하게 고발하고 올바른 이성과 선(善)을 권하는 철학적 산문을 쓴다.

세네카는 키케로 못지않은 탁월한 문장가였는데 그가 철학 에세이와 서한을 쓴 것은 문필가로서의 재능을 실현하려는 것이 아니라 더 나은 삶을 위해 철학을 공부하라고 권유하기 위해서였다. 세네카의 신념은 주로 헬레니즘 시대의 그리스 세계에서 발전한 주요 학파 가운데 하나인 스토아 철학에 바탕을 두고 있다. 그러면 세네카의 작품을 이해하기 위해 스토아 철학에 관해 간략하게나마 살펴보자.

로마인은 철학적 사고에서 독창적이라기보다는 그리스적인 사고방식을 받아들여 자신의 필요와 성향에 따라 수용하는 방법을 택했다. 세네카는 완고한 스토아 철학자가 아니라 필요에 따라서는 다른 학파의 세계관과 도덕관도 받아들이는 절충주의자였다. 또한 독창적인 사상가라기보다는 자신이 수용한 사상을 설득력 있게 표현한 해설자 또는 자상한 선전원이었다. 따라서 세네카의 철학 에세이와 서한은 에픽테토스와 마르쿠스 아우렐리우스 황제의 저술과 함께 로마화한 그리스 스토아 철학의 중요한 자료로 꼽힌다.

스토아 철학은 알렉산드로스 대왕이 거대 제국을 건설하면서 도시국가라는 자족적인 활동 공간을 빼앗기게 된 개인들이 새로운 사회 환경에 적응해가는 과정에서 발생한 여러 대응 방안 가운데 하나였다. 거대 제국과 상대적으로 왜소해지고 몰락한 개인의 불균형을 시정하려면 인간을 더 중시하거나 세계를 덜 중시하는 방법밖에 없었다.

첫 번째 방법을 택한 것이 스토아학파이고, 두 번째 방법을 택한 것이 에피쿠로스(Epikouros)학파이다. 에피쿠로스학파는 철저한 유물론 신봉자들로, 세계는 원자(原子)들의 우연한 결합 외에 아무것도 아니라고 믿었다. 거기에는 계획도 섭리도 없다. 신들이 존재하긴 하지만, 그들 역시 원자들의 우연한 결합이므로 인간과 아무런 관계도 없다. 죽음은 원자들의 이산(離散)일 따름이다. 따라서 인간은 고통에서 벗어나기 위하여 자력으로 행복, 즉 쾌락을 추구해야 하지만 부동심(不動心 ataraxia)을 훼손할 정도로 추구해서는 안 된다. 에피쿠로스학파는 개인의 자유를 철저히 주장한 까닭에 사회의 지배계층뿐 아니라 다른 학파, 이를테면 플라톤의 사상을 계승한 아카데메이아학파와 스토아학파에 의해 매도되기도 했다. 후세 사람들이 에피쿠로스학파에 대해 부정적인 편견을 품게 된 것은 이들 탓이라고 할 수 있다.

에피쿠로스학파의 우주가 무정부적이라면 스토아학파의 우주는 질서정연하다. 우주 또는 자연은 이성에 의해 지배되며, 이성은 신, 운명 또는 섭리와 같은 것이다. 무슨 일이 일어나든 그것은 신적인 이성에 따른 것이므로 인간은 꿋꿋하게 참고 견뎌야 한다. 이런 진리를 알고 있는 현인(賢人)이 추구해야 할 일은, 무슨 일이 일어나든 기꺼이 받아들이고 '자연에 맞게' 사는 것이다. 그 밖의 외적인 가치는 모두 중요하지 않다. 외적인 가치는 전혀 지니지 못해도 현인은 행복한 반면, 외적인 가치를 두루 갖춘 왕이라 해도 현인이 아니면 행복하지 못하기 때문이다. 스토아 철학은 변화를 추구하면서도 그것을 개인의 자아 완성으로, 또 개인의 자아 완성은 도덕적 수양으로 한정하고 있다. 그리고 행복과 불행은 현실 자체보다는 현실에 대한 태도가 결정하는 것으로 보고 있다. 에피쿠로스학파가 개인의 철저한 자유를 주장한 것과는 달리 스토아 철학은 개인주의적 경향을 띠면서도 공동체에 대한 봉사를 권장한다. 이런 절충주의적인 경향 때문에 로마인들은 스토아 철학에 공감했던 것이다.

대략 기원전 300년부터 기원후 200년까지 서양 철학사에 영향을 준 스토아 철학은 퀴프로스(Kypros) 섬 키티온(Kition) 시 출신인 제논

(Zenon)에 의해 창시되었다. 그는 기원전 311년경 아테나이로 건너갔는데, 학교 부지를 살 재원을 마련할 수 없어 그곳의 '채색주랑'(Stoa Poikile)에서 강의한 까닭에 그 제자들을 스토아학파라고 불렀다. 스토아 철학의 연구 대상은 논리학과 자연학과 윤리학으로 삼분되지만, 차츰 윤리학이 압도적인 비중을 차지했다.

스토아 철학은 제논과 클레안테스(Kleanthes)와 이론적 토대를 완성한 크뤼십포스(Chrysippos)가 주도한 전기(前期), 스토아 철학을 로마의 지식인이 받아들일 수 있도록 완벽주의적 요구를 완화하고 소요학파(逍遙學派)와 아카데메이아학파의 이론도 일부 받아들인 파나이티오스(Panaitios)와 포세이도니오스(Poseidonios)와 헤카톤(Hekaton)이 주도한 중기, 로마적 절충주의를 표방한 세네카와 에픽테토스와 마르쿠스 아우렐리우스 황제가 주도한 후기로 나뉜다.

* * *

대본은 L. Annaei Senecae, *dialogorum libri duodecim*, edited by L. D. Reynolds, Oxford 1977(Oxford Classical Texts)의 라틴어 텍스트를 사용했다. 현대어 번역으로는 M. Hadas(W. W. Norton & Company 1958)와 C. D. N. Costa(Penguin Books 1997)의 영어 번역, L. Rumpel(Philipp Reclam 1953)과 H. Berthold(Insel Verlag 1984)와 M. Rosenbach(wissenschaftliche Buchgesllschaft 1999)의 독어 번역을 참고했다. 주석은 G. D. Williams, 『인생의 짧음에 관하여』(Cambridge University Press 2003)를 참고했다.

자신의 품성을 가리지 않는
자연 그대로의 꾸밈없는 순박함은
얼마나 많은 즐거움을 내포하고 있는가!

마음의 평정에 관하여
De tranquillitate animi

경찰 업무와 소방 업무를 맡아보던 절친한 친구 세레누스에게 헌정한 이 글은 60년경에 씌어진 것으로 추정된다. 이 글은 스토아 철학에 대한 확신에도 불구하고 세속의 매력에 휘둘릴 때가 많은 세레누스가 정신적 동요를 치유할 수 있는 방법을 알려달라고 요청하자 세네카가 이에 답하는 형식으로 이루어져 있다. 세네카는, 인간이 자신에게 만족하려면 마음의 평정이 필요한데 이것은 어떤 조건에서도 능력껏 공동체에 봉사하고 언제 어디서나 불행과 죽음을 각오할 때 얻을 수 있다고 주장한다.

01

1 **세레누스**[1] 나 자신을 들여다보면, 세네카여, 어떤 결점은 겉으로 분명히 드러나 손으로 잡을 수 있지만, 어떤 결점은 깊숙이 숨어 있네. 또 어떤 결점은 항상 거기 있는 게 아니라 이리저리 돌아다니곤 한다네. 나는 이런 결점을 가장 성가신 것이라 말하고 싶네. 그것들은 돌아다니다가 기회가 생기면 기습해오는 적병과 같아서, 전시처럼 대비할 수도 없고 평화로울 때처럼 안심할 수도 없다네.

2 그런데 나는 대체로 이런 상태에 있는 것 같네. (내가 의사에게 말하듯이 자네에게 사실대로 말하면 안 될 까닭이 어디 있겠나.) 나는 내가 두려워하고 싫어하는 결점들에서 완전히 자유롭지 못하지만 그렇다고 그것에 예속되어 있지도 않네. 그러니까 최악의 상태는 아니지만, 짜증나고 역겨운 상태에 있네그려. 나는 아픈 것도 아니고 건강한 것도 아니니 말일세.

3 어떤 미덕이든 처음에는 허약하다가 시간이 지나면서 튼튼하고 강인해지는 법이라고 말할 필요는 없네. 겉으로 그럴듯해 보이려고 애쓰는 것들, 이를테면 사회적 지위나 웅변의 명성이나 무엇이든 남이 인정해주기에 달린 것은 시간이 지나야 견고해진다는 것쯤은

나도 모르는 바 아니네. 우리에게 실제로 힘을 주는 것뿐 아니라 겉으로 그럴듯해 보이는 것들도 제 색깔이 굳어질 때까지는 오랜 세월이 필요하지. 그래서 모든 것에 지속성을 부여하는 습관이 내 결점을 더 깊이 뿌리내리게 하지 않을까 두렵네. 오래 익숙해지다 보면 좋은 것도 나쁜 것도 똑같이 좋아지게 마련이니까.

4   양극단 사이에서 이리저리 흔들리며 옳은 쪽으로도 그른 쪽으로도 확실하게 기울지 않는 나의 이런 결점의 본성을 전체적으로 보여줄 수는 없어도 개별적으로는 보여줄 수 있네. 내 징후를 들려줄 테니 자네가 내 병명을 찾아주게.

5   고백하건대, 나는 아주 검소한 편이라네. 나는 사치스러운 잠자리나 궤짝에서 꺼낸 후 광을 내기 위해 무거운 다리미로 거듭해서 다린 옷을 좋아하지 않네. 내가 좋아하는 것은 보관하거나 입을 때 조심할 필요가 없는 싸고 편한 옷이라네.

6   내가 좋아하는 음식은 수많은 하인이 준비하고 지켜보고 여러 날 전에 주문한 여러 손이 차려주는 음식이 아니라, 간단하고 어디서나 차려낼 수 있고 공들이거나 값비싸지 않고 지갑에도 몸에도 부담스럽지 않으며 들어간 길로 도로 나오지 않을 정도의 음식이라네.

7   나는 우리집에서 태어난 유식하지 않은 평범한 노예를 하인으로 원하며, 시골 아버지 집에서 쓰는 것과 같은, 장인(匠人)의 서명이 없는 묵직한 은 식기들을 원한다네. 내가 원하는 식탁은 눈에 띄는 나뭇결과 이름난 주인이 잇달아 바뀜으로써 전 도시에 화제가 된 것

---

1   세레누스(Serenus)는 세네카의 절친한 친구로, 경찰 업무와 소방 업무를 맡아보는 고위 관리(praefectus vigilum)였다.

이 아니라 손님의 탐욕스러운 눈길을 끌거나 시기를 사지 않을, 평소 사용하기 위해 갖다놓은 평범한 식탁이라네.

8 나는 이런 것을 좋아하면서도, 한편으로 시동(侍童)을 훈련시키기 위한 시설에 드는 비용, 행렬 때보다 더 세심하게 금실로 수놓은 옷을 차려입은 하인들, 번쩍이는 제복을 입은 노예들, 바닥에 값진 돌이 깔리고 구석구석 부(富)가 널려 있으며 천장이 보석으로 장식된 집, 탕진되는 유산에 아부하며 따라다니는 수많은 무리에 마음이 황홀해지기도 한다네. 식사하는 주위를 흐르는 바닥까지 보이는 맑은 연못과 그런 무대장치에 어울리는 연회에 관해서는 더 말할 필요가 어디 있겠는가.

9 오랫동안 검소한 생활을 하다가 그런 눈부신 사치의 요란한 소음에 둘러싸이면 눈앞이 조금 가물거린다네. 그러한 일에는 눈을 들어 맞서는 것보다는 마음을 들어 맞서는 편이 더 쉽기 때문이겠지. 돌아갈 무렵에는 더 나빠지지는 않아도 서글픈 심정이 된다네. 보잘 것없는 내 재산 사이로 나는 더이상 고개를 들고 다니지 않으며, 검소한 생활이 과연 더 나은 것인가 하는 회의가 슬며시 마음속으로 파고든다네. 이런 것들은 어느 것 하나 나를 변화시키지는 못해도 이렇듯 나를 뒤흔들어놓는다네.

10 나는 스승의 가르침에 따라 정치 생활로 뛰어들기로 결심했다네. 내가 관직과 그 휘장을 구하는 것은 자포(紫袍)와 속간(束桿)[2] 때문이 아니라 친구와 친지와 모든 동포와 인류에게 더 봉사하고 더 큰 도움을 주기 위해서일세. 나는 기꺼이 [그리고 단호하게] 제논과 클레안테스와 크뤼십포스[3]를 따를 각오가 되어 있는데, 그분들은 아무도 관직을 맡지 않았지만 남들에게는 그렇게 하도록 권유했다네.

11 그러나 충격에 익숙하지 못한 내 마음을 무언가가 공격하거나, 내게 어울리지 않거나 ─ 무릇 인간의 삶에는 그러한 일이 일어나게 마련일세 ─ 또는 잘 진척되지 않는 어떤 일이 일어나거나, 하찮은 일에 너무 많은 시간을 빼앗기면, 나는 다시 여가 생활로 향하며 지친 가축들처럼 서둘러 집으로 돌아간다네. 그리고 내 인생을 도로네 벽 안에 가두기로 결심하지. "그토록 큰 손실을 적절히 보상해줄 각오가 되어 있지 않은 사람은 내게서 단 하루도 빼앗지 마라. 내 마음은 자신에게 침잠하고, 자신을 계발하고, 외적인 일 특히 남이 인정해주기를 바라는 일을 행하지 마라. 공적인 업무나 사적인 업무에 관여하지 말고 평정을 사랑할지어다."

12 그러다가도 고무적인 사례를 읽고 고귀한 본보기들이 내게 박차를 가하면 나는 광장으로 달려가 어떤 사람에게는 내 목소리를 빌려주고, 또 어떤 사람에게는 설사 내 노력이 헛수고가 된다 해도 그를 돕기 위해 기꺼이 힘이 되어주거나 또는 성공에 우쭐해진 사람의 교만에 재갈을 물리고 싶다네.

13 문학 공부에서는 주제에 주안점을 두고 그 자체를 위해 주제를 다

---

2   속간(fasces)은 막대기 다발에 도끼를 끼운 것으로, 고위 관리들의 권위 표시였다.
3   스토아학파는 기원전 3세기 초 제논(기원전 334~262년)이 창시한 그리스 철학의 한 파로, 준엄한 도덕주의와 엄격한 의무 준수를 주장했다. 스토아(stoa)란 신전이나 체육관 등의 건물 벽에 붙여 지은 지붕 달린 주랑(柱廊)인데, 주로 산책하고 대화하는 데 이용되었다. 고대 아테나이의 아고라(agora '장터'라는 뜻)에는 '채색 주랑'(Stoa Poikile)이 있었는데, 제논과 그의 제자들이 그곳에서 자주 만나 토론을 한 까닭에 '스토아학파'라는 이름을 얻게 된 것이다. 클레안테스(Kleanthes 기원전 331년경~232년경)는 제논의 후계자이고, 크뤼십포스(Chrysippos 기원전 280년경~207년)는 클레안테스의 후계자이다.

루되 표현을 주제에 맞춤으로써 애써 손질하지 않아도 주제가 인도하는 곳으로 연설이 따라가게 하는 편이 더 낫다고 나는 생각하네. "수 세기 동안 길이 남을 연설을 쓸 필요가 어디 있는가? 그것은 후세가 너에 대해 침묵하는 것을 막으려는 것이 아닌가? 너는 죽기 위하여 태어났고, 조용한 장례식이 남에게 폐를 덜 끼치지 않는가! 그러니 의미 있는 소일거리로서 글을 쓴다면 너를 광고하기 위해서가 아니라 너 자신이 사용할 수 있도록 단순한 문체로 써라. 현재만을 위해 글을 쓴다면 많은 노력을 할 필요가 없으니까."

14 그러다가도 내 마음이 위대한 사상에 고양되면 야심을 품게 되어 영감에 상응하는 표현을 찾다가 주제의 위엄에 어울리는 문체를 만들어낸다네. 그러면 나는 규칙과 절제의 원칙을 잊어버리고, 더이상 내 것이 아닌 목소리로 너무 높이 날게 되지.

15 더이상 세세한 이야기는 하지 않겠네. 좋은 의도에도 불구하고 이렇듯 확고하지 못한 태도가 매사에 나를 쫓아다닌다네. 두려운 것은 내가 점점 떠내려가거나 또는 (이것이 더 염려스럽네) 당장이라도 아래로 떨어지려는 사람처럼 허공에 매달려 있다는 것과, 내가 눈으로 보는 것보다 어쩌면 사정이 더 나쁠지 모른다는 걸세. 우리는 종종 자신의 상태를 호의적으로 보는데, 호의는 언제나 판단을 그르치기 때문일세.

16 많은 사람들이 이미 지혜를 얻었다고 믿지 않았더라면, 어떤 결점은 자신에게 숨기고 다른 결점은 눈을 뜬 채 지나치지 않았더라면, 지혜를 벌써 얻을 수 있었을 것이라고 나는 확신하네. 우리가 자신의 아부보다는 남의 아부로 망한다고 생각해서는 안 될 걸세. 어느 누가 감히 자신에게 진실을 말할 용기가 있겠는가? 칭찬하고 아부

하는 자들에게 둘러싸였을 때 자신에게 가장 많이 맞장구를 치지 않을 사람이 어디 있단 말인가?

17 그래서 부탁인데, 자네에게 이러한 마음의 동요를 멈추게 해줄 치료제가 있다면 내가 자네 덕분에 마음의 평정을 찾을 자격이 있다고 생각해주게나. 이러한 마음의 동요가 위험한 것도 아니고 극심한 혼란을 초래하는 것도 아니라는 점은 알고 있네. 내 불평을 적절한 비유로 말한다면, 나는 폭풍이 아니라 뱃멀미에 시달리고 있네. 그러니 자네는 이 병이 어떤 것이든 거기서 나를 구해주고, 눈앞에 육지를 보면서도 괴로워하고 있는 나를 도와주게나!

02

1 **세네카** 세레누스여, 나는 자네의 그러한 마음 상태를 무엇에 비유할 수 있을까 하고 오랫동안 말없이 자문해보았네. 그러다가 오랜 중병에서 회복한 뒤에도 가끔 미열과 가벼운 통증에 시달리는 환자의 상태와 가장 비슷하다는 생각을 하게 되었네. 그는 벌써 모든 후유증을 극복하고 완쾌되었는데도 마음이 놓이지 않고 미덥지 않아 의사에게 맥을 짚어보게 하고 몸에 열만 나도 괜히 의심한다네. 세레누스여, 그는 몸이 완전히 치유되지 않은 것이 아니라 건강한 상태에 충분히 익숙하지 못한 거라네. 그것은 마치 폭풍이 지나간 뒤에도 잔잔한 바다에 너울이 이는 것과 같네.

2 자네에게 필요한 것은 이미 지나온 과격한 조치들이 아닐세. 자네는 때로는 자신에게 대항하고, 때로는 자신에게 화를 내고, 때로는 자신을 윽박지를 필요가 없네. 자네에게 무엇보다도 필요한 것은

자신감을 갖는 일일세. 길에서 벗어나 이리저리 헤매는 자들과 바로 그 길에서 헤매고 있는 자들의 수많은 발자국에 오도되지 않고 바른 길을 가고 있다는 믿음을 갖게나.

3 자네가 바라는 것은 위대하고 숭고하고 신적인 것이라네. 동요하지 않는다는 것 말일세. 마음의 확고한 안정을 그라이키아인들은 에우튀미아(euthymia)⁴라고 부르는데 — 이에 관해 데모크리토스는 탁월한 논문을 쓴 바 있네⁵ — 나는 평정(tranquillitas)이라고 부르겠네. 그라이키아인들의 개념을 흉내 내어 문자 그대로 번역할 필요가 어디 있겠는가! 문제의 사항에는 그라이키아어의 형태가 아니라 의미를 전달해줄 이름이 주어져야 할 테니까 말일세.

4 그러니까 문제는 어떻게 해야만 마음이 늘 한결같고 유리한 길을 갈 수 있으며, 자기 자신에게 만족하고 자신의 상태를 즐겁게 바라보되 이러한 즐거움을 지속할 수 있으며, 들뜨지도 의기소침해지지도 않고 차분한 상태에 머물 것이냐 하는 것일세. 마음의 평정이란 바로 그런 것일 테니까. 어떻게 해야 이런 목표에 도달할 수 있는지 일반적으로 고찰하도록 하세. 일반을 위한 치료제에서 자네가 원하는 만큼 덜어가면 될 것 아닌가.

5 먼저 결점이라는 결점은 모두 밖으로 끌어내야 하네. 그러면 각자 자신의 결점을 알게 될 걸세. 동시에 자네는 자기혐오에 시달리는 자신의 처지가 화려한 직책에 얽매이고 높은 칭호에 짓눌려 마지못해 체면 때문에 자신의 역할을 계속하고 있는 자들보다 오히려 덜 어렵다는 것을 알게 될 걸세.

6 모든 이들의 처지가 같네. 경솔함과 권태와 끊임없는 계획 변경으로 고통받는 자들, 포기해버리는 것이 언제나 더 마음에 드는 자들,

무기력하고 무관심한 자들 말일세. 거기에다 불면증에 걸린 것처럼 전전반측(輾轉反側)하며 이리 누웠다 저리 누웠다 하다가 결국 지쳐서 쉬게 되는 자들을 보태게나. 그들은 끊임없이 생활방식을 바꾸다가 결국 어떤 생활방식에 머물게 되는데, 그것은 그들이 더이상 바꾸는 것을 싫어해서가 아니라 변화를 싫어하는 노년에 들어섰기 때문이라네. 또 성격이 굳건해서가 아니라 나태하기 때문에 바꾸지 않는 자들도 거기에 보태게나. 그들은 원하는 대로 사는 것이 아니라 시작한 대로 사는 것이네.

7 이 결점은 수많은 증세를 보이지만 결과는 모두 같지. 그것은 자기불만이네. 자기불만은 정신적 불균형이나 소심한 또는 이루지 못한 소망에서 생겨나지. 그들은 원하는 것을 이룰 용기나 능력이 없어 전적으로 희망에 기대게 된다네. 그들은 언제나 불안정하고 변덕스러운데, 허공에 떠 있으니 그럴 수밖에. 그들은 온갖 방법으로 목적을 이루려고 애쓰며 자신에게 수치스럽고 어려운 것을 가르치고 강요하지. 그리고 자신의 노력에 보답이 없으면 수치스러운 짓이 무익했음을 괴로워하며, 올바르지 못한 일을 소망했던 것을 후회하는 것이 아니라 자신의 소망이 무익했던 것을 후회한다네.

8 그리하여 그들은 이미 시작한 것은 후회되고 새로 시작하자니 두렵기만 하다네. 그들은 자신의 소망에 명령할 수도 복종할 수도 없는 까닭에 마음의 출구를 찾지 못해 은근히 불안해지고, 뜻을 펼치지

---

4 '쾌활' '명랑'이라는 뜻이다.
5 H. Diels, 『소크라테스 이전 그리스 철학자들의 단편들』(*Fragmente der Vorsokratiker*) 68A 33과 68B 2c 참조.

못한 탓에 삶은 머뭇거리게 되고, 소망이 좌절된 가운데 영혼은 마비되어 썩어가지.

9　그러한 자들이 분주한 생활의 실패에 혐오감을 느끼고 여가 생활로 도피해 개인적으로 공부를 하게 되면 그 모든 것이 더 악화된다네. 공적인 생활을 좋아하고 활동적이고 본성이 불안하고 마음속에 위안거리가 적은 사람은 그러한 공부를 견뎌낼 수 없는 법일세. 분주한 자가 바쁜 일상에서 느끼던 즐거움마저 빼앗기면 집도 고독도 네 벽도 견디지 못하며, 자신이 자신에게 내맡겨진 것을 보기를 원하지 않는다네.

10　여기서 권태와 자기불만, 여가가 생기면 견디지 못하고 병적으로 괴로워하며 안절부절못하는 마음의 동요가 생겨난다네. 그들이 수치심 때문에 원인을 고백하지 않고 체면 때문에 고통을 안으로 삭인다면 어떻게 될까? 궁지에 몰린 욕망은 출구를 찾지 못하고 저들끼리 싸우게 될 걸세. 여기서 우울과 무기력과 희망이 싹트면 고양되었다가 희망이 사라지면 소침해지는 확고하지 못한 마음의 수천 가지 동요가 생겨난다네. 여기서 여가를 저주하고 할 일이 없다고 불평하는 감정이 생겨나며, 남이 잘되는 것을 미워하는 극심한 시기심이 생겨난다네. 불쌍한 게으름뱅이는 질투심을 키우고 자신이 성공하지 못하는 까닭에 모두가 망하기를 바라니 말일세.

11　이렇듯 남의 성공을 싫어하고 자신에게 절망하는 까닭에 그들은 마음속으로 운명에 화를 내고 시대의 추세에 불평을 늘어놓으며 구석으로 물러나 자신이 벌 받은 것에 대해 심사숙고하다가 자신을 싫어하고 역겨워하지. 사람의 마음은 천성적으로 기민하고 움직이기를 좋아하여 자극을 받거나 자신에게서 벗어날 수 있는 기회라면

무엇이든 반긴다네. 그런데 그러한 기회를 더 반기는 것은 분주한 활동으로 자신을 소모하기를 좋아하는 가장 고약한 성격의 소유자들이지. 마치 어떤 종양은 건드려주고 만져주기를 바라고, 악성 옴은 긁어주기를 좋아하듯이, 그와 마찬가지로 욕망이 악성 종양처럼 터져나온 이런 마음에는 노고와 번거로움이 즐거움이라고 나는 말하고 싶네.

12 우리 몸에 고통스러운 즐거움을 주는 것도 더러 있다네. 예컨대 아직 지치지 않은 쪽으로 번갈아 돌아눕거나 끊임없이 다른 자세를 취하는 것 말일세. 그와 같이 호메로스에서 아킬레우스[6]도 엎드려 누웠다 바로 누웠다 하며 여러 가지 자세를 시험하고 있으며, 환자처럼 어떤 자세도 오래 견디지 못하고 자세의 변화를 치료제처럼 이용하고 있다네.[7]

13 그래서 사람들은 무턱대고 멀리 돌아다니고, 바닷가를 쏘다니고, 늘 현재의 것에 만족하지 못하는 자신의 변덕을 육지에서나 바다에서 시험해보는 것이네. "이번에는 캄파니아[8]로 가세." 사치스러운 생활도 금세 싫증이 난다네. "야생의 자연을 구경하며 브룻티움[9]과 루카니아[10]의 숲이 우거진 계곡을 거닐어봄세." 그러나 그들은 황

---

6 아킬레우스(Achilleus)는 호메로스의 서사시 『일리아스』의 주인공이다.
7 호메로스, 『일리아스』 24권 10~11행 참조. 죽마고우였던 파트로클로스(Patroklos)가 죽자 슬픔에 빠진 아킬레우스는 잠을 이룰 수 없었다.
8 캄파니아(Campania)는 지금의 나폴리 근처 지방으로, 풍광이 아름다워 로마 귀족들은 다투어 그곳에 별장을 지었다.
9 브룻티움(Bruttium)은 이탈리아 반도의 발 앞부분에 해당하는 지방이다.
10 루카니아(Lucania)는 남이탈리아에 있는 지방이다.

무지 한가운데로 지루하게 이어지는 불친절하고 거친 풍경에서 사치에 젖은 자신의 눈이 원기를 회복할 수 있도록 뭔가 쾌적한 것을 찾는다네. "타렌툼[11]으로 가세. 그곳은 이름난 항구로 기후가 온화한 겨울 휴양지이며 옛날부터 많은 사람을 받을 수 있을 만큼 부유한 곳이 아니던가!" "이제는 로마로 진로를 바꾸도록 하지." 너무나 오랫동안 그들은 박수갈채와 군중의 소음을 듣지 못했거니와 사람이 피 흘리는 것도 다시 구경하고 싶었던 것일세.

14 여행에 여행이 이어지고, 구경거리에 구경거리가 이어진다네. 그래서 루크레티우스[12]는 말하지.

이렇게 각자는 자신에게서 쉴 새 없이 도망친다네.[13]

그렇지만 아무리 도망쳐도 자신에게서 벗어날 수 없다면 무슨 소용 있겠는가? 각자가 자신을 뒤쫓으며 가장 성가신 동반자로 따라다니는데 말일세.

15 우리에게 고통을 주는 것은 장소의 결점이 아니라 우리 자신의 결점이라는 것을 알아야 하네. 무엇을 견뎌내기에 우리는 너무나 허약해서 노고도 쾌락도 자신도 남도 오래 견디지 못하네. 그러다 보니 더러는 죽음으로 내몰리지. 자주 계획을 바꾸다가 출발점으로 돌아가게 되면서 새로운 것을 위한 여지를 남겨두지 않는 것이지. 인생과 세상이 싫어지기 시작하고 향락 생활에 무기력해져 "언제까지 다람쥐 쳇바퀴 돌듯 해야 하지?"라는 의문이 생긴다네.

03

1 이러한 삶의 권태에 대해 어떤 처방을 써야 되느냐고 자네는 묻겠지. 아테노도로스[14]의 말처럼 최선의 방법은 활동적인 생활을 하며 정치 활동과 시민적인 의무에 헌신하는 것이겠지. 마치 어떤 이는 햇볕에 나가 몸을 단련하고 가꾸는 일로 소일하고, 운동선수는 근력을 키우는 데 전적으로 매달려 대부분의 시간을 바치면서 그것을 가장 중요한 일로 여기듯이, 사회생활이라는 경기를 위해 마음을 단련하는 그대들에게는 늘 실습하는 것이 최선의 방법일 것이네. 누가 동포 시민과 인류에게 봉사하기로 결심했다면, 맡은 바 임무에 뛰어들어 최선을 다해 공동체와 개인의 이익을 보살피는 것이 곧 실습이자 발전하는 것일세.

2 "그러나" 하고 아테노도로스는 말한다네. "인간은 병적으로 야심이 많고, 중상모략을 일삼는 수많은 무리가 바른 것을 그른 것으로 비틀려 하고, 정직해도 별로 안전하지 못하고, 지지보다는 반대가 더 많으므로 광장과 공적인 생활에서 물러나는 편이 나을 것이다. 위대한 정신의 소유자는 사생활에서도 충분히 뜻을 펼칠 수 있을 것이

---

11 타렌툼(Tarentum)은 남이탈리아 칼라브리아(Calabria) 지방의 항구도시이다.
12 루크레티우스(Titus Lucretius Carus 기원전 1세기경)는 로마의 시인이자 철학자로, 현재 유일하게 남아 있는 교훈시『사물의 본성에 관하여』(De rerum natura)에서 에피쿠로스가 데모크리토스에게서 받아들인 원자론(原子論)을 나름대로 재해석하고 있다.
13 루크레티우스,『사물의 본성에 관하여』3권 1068행.
14 아테노도로스(Athenodoros)는 소아시아 타르소스(Tarsos) 출신의 유명한 스토아 철학자로, 키케로의 친구이자 아우구스투스의 스승이었다.

다. 인간은 그 힘이 철창에 의해 제어되는 사자나 여느 동물과 다르다. 인간의 가장 위대한 성취는 은거(隱居)할 때 이루어진다.

3 인간은 어디서 은밀히 여가 시간을 보내든 자신의 재능과 목소리와 조언으로 개인과 인류에게 봉사할 수 있도록 은거해야 할 것이다. 관직 후보자를 소개하고, 피고인을 변호하고, 전쟁과 평화를 결정하는 투표를 하는 사람만이 국가에 봉사하는 것은 아니다. 젊은이를 격려하고, 좋은 스승이 이토록 모자라는 상황에서 젊은이의 마음속에 미덕을 심어주고, 돈과 사치를 향해 돌진하는 자를 붙들고 제지하고 다른 방법이 없으면 지연시키기라도 하는 사람도 비록 사인(私人)이지만 공익을 위해 일하는 것이다.

4 아니면 그대는 고소인에게 배석 판사의 판결을 낭독해줌으로써 외국인과 시민의 소송사건을 해결해주는 법정관이, 정의와 경건과 참을성, 죽음에 대한 경멸, 신들에 관한 지식이 무엇이며 떳떳한 양심이야말로 얼마나 안전하고 비용이 들지 않는 재산인지 가르쳐주는 사람보다 더 많이 봉사한다고 생각하는가?

5 그대가 공적인 의무에서 빼낸 시간을 학문 연구에 바친다 해도, 그것은 탈영하는 것도 의무를 저버리는 것도 아닐 것이다. 선두 대열에 서서 우익과 좌익을 지키는 사람만 군인이 아니라, 성문을 지키며 비록 덜 위험하긴 하지만 한가하기만 한 것도 아닌 부서에서 보초를 서고 무기고를 지키는 사람도 군인이다. 이런 봉사는 비록 피를 흘리지는 않지만 역시 군 복무에 속하기 때문이다.

6 그대가 학문 연구에 헌신한다면 삶에 대한 온갖 권태에서 벗어날 수 있을 것이며 햇빛이 싫어져 밤이 되기를 원하지도 않을 것이다. 그대 자신에게 짐이 되지도, 남에게 쓸모없는 존재가 되지도 않을

것이며, 많은 사람을 끌어들여 친구가 되게 할 것이다. 가장 좋은 사람들이 그대에게 몰려올 테니까. 미덕은 숨은 것이라도 결코 묻히지 않고 표가 나게 마련이며, 그래서 자격 있는 사람은 그것을 찾아낼 수 있기 때문이다.

7   그러나 사람과의 접촉을 완전히 끊고 인류와 절교하고 혼자서 산다면 진지한 노력이 결여된 이러한 고독에는 의미 있는 활동이 수반될 수 없을 것이다. 여기서는 집을 짓는가 하면 저기서는 헐기 시작할 것이며, 바다를 막는가 하면 지세가 험한 곳을 지나 수로를 낼 것이며, 자연이 쓰라고 준 시간을 낭비하게 될 것이다.

8   누구는 시간을 아껴 쓰고 누구는 헤프게 쓸 것이다. 누구는 보고할 수 있도록 쓸 것이며 누구는 흔적도 남지 않게 쓸 텐데, 이보다 더 수치스러운 일은 없다. 오래 살았다는 것을 말해줄 증거로 가끔은 고령자에게 나이 말고는 아무것도 없는 경우도 있다."

04

1   하지만 사랑하는 세레누스여, 내가 보기에 아테노도로스는 시대 상황에 쉽게 항복하여 너무 일찍 물러난 것 같네. 나도 언젠가는 물러나야 한다는 것을 부인하지 않지만, 군기(軍旗)와 군인으로서의 명예를 지키며 천천히 발을 빼야 한다고 생각하네. 무장을 하고 협상에 임하는 자는 적군에게 더 존중받을 뿐 아니라 더 안전하기도 하다네.

2   미덕은 물론이고 미덕의 추종자는 이렇게 해야 한다고 생각하네. 이를테면 운명이 더 우세하여 모든 활동 가능성을 차단한다면, 미

덕의 추종자는 즉시 무기를 버리고 등을 돌려 도망치며 마치 운명이 따라오지 못할 장소라도 있는 것처럼 은신처를 찾을 것이 아니라, 공적인 일에 좀 더 신중히 참가하고 국가에 봉사할 수 있는 일을 조심스럽게 골라야 할 것이네.

3 그가 군인이 될 수 없다면 관직을 구하게 하게나. 사인으로 살아야 한다면 변호사가 되게 하게나. 발언을 금지당했다면 무언의 지지로 동포 시민을 돕게 하게나. 광장에 나타나는 것이 위험하다면 사가(私家)나 극장이나 연회에서 좋은 동료나 성실한 친구나 예의 바른 손님 노릇을 시키게나. 시민으로서의 의무를 수행할 수 없는 처지라면 인간으로서의 의무를 수행하게 하게나.

4 그래서 우리 스토아 철학자들은 고매하게도 한 도시의 성벽 안에 갇혀 지내지 않고 전 세계와 교류하며 미덕에 더 넓은 활동 공간을 주기 위해 세계를 조국으로 선언하는 것이라네. 그대가 법정에서 배제되고 연단과 민회장(民會場)에 접근할 수 없다면, 그대의 등 뒤에 얼마나 넓은 땅이 펼쳐져 있으며 얼마나 많은 사람이 있는지 돌아보게나. 그대에게 열려 있는 부분보다 닫혀 있는 부분이 더 넓은 경우는 결코 없을 걸세.

5 하지만 그 책임이 전적으로 자네에게 돌아가지 않도록 조심하게나. 자네는 콘술이나 프뤼타니스나 케뤽스나 수페스[15]로서만 나라를 다스리려 하는 듯하네. 자네가 장군이나 연대장으로서만 군 복무를 하려 한다면 어찌 되겠는가? 다른 사람들은 선두 대열을 이루는데 자네는 제비뽑기에 따라 예비대에 배속된다 해도 거기서 성원(聲援)하고 격려하고 본보기와 기백을 보여줌으로써 군인 노릇을 해야 하네. 두 손이 잘린 사람도 버티고 서서 성원함으로써 전투에서 전

우를 도울 수 있는 방법을 발견하게 된다네.

6   자네는 그렇게 행동해야 하네. 운명이 자네를 국가의 고위직에서 내쫓으면 그래도 버티고 서서 함성으로 돕고, 누가 그대의 울대를 누르면 그래도 버티고 서서 침묵으로 돕도록 하게. 선량한 시민의 노력은 결코 헛되지 않네. 그는 들리고 보임으로써, 그리고 표정과 몸짓과 말없는 고집과 걸음걸이로써 도움을 준다네.

7   어떤 약초는 먹거나 만지지 않아도 냄새만으로 효험이 있듯이, 미덕은 멀리서 또는 숨어서도 도움을 주지. 미덕은 편안하게 걸으며 자신의 권리를 행사하든, 행동의 제약을 받아 돛을 걷도록 강요받든, 한가하고 말없이 좁은 곳에 갇혀 있든, 눈에 훤히 보이든 어떤 상황에서도 도움을 준다네. 어째서 자네는 물러나 도움을 주는 사람의 본보기를 별로 쓸모가 없다고 생각하는가?

8   우연한 방해나 나라의 사정에 따라 활동적인 생활에 지장이 생길 때는 여가를 활동과 결부시키는 것이 최선책일세. 명예로운 행동의 여지도 남지 않을 만큼 모든 것이 봉쇄되는 것은 있을 수 없는 일이기 때문이네.

05

1   30인 참주[16]에 의하여 갈기갈기 찢길 때의 아테나이보다 더 비참한

---

15   콘술(consul '집정관'으로 번역된다)은 로마의, 프뤼타니스(prytanis)는 그리스의, 수페스(sufes)는 카르타고의 최고 관리이다. 케뤽스(keryx '전령'이라는 뜻)는 원래 사제직이었다고 한다.

국가를 자네는 찾을 수 있겠는가? 그들은 1,300명의 시민을, 그것도 훌륭한 사람들을 죽이고도 그것으로 그치기는커녕 더욱더 포악해졌지. 엄숙한 법정인 아레이오스 파고스[17]와 원로원과 원로원에 손색이 없는 민회가 자리 잡은 그 도시에 사형집행인의 서글픈 무리들이 날마다 모였고, 가련한 원로원 건물은 참주들로 미어터졌다네. 참주가 하수인만큼이나 많은 나라가 평온할 리가 있었겠나? 자유를 회복할 희망이라고는 조금도 보이지 않았고, 그토록 강력한 악당들을 응징할 수단은 전혀 없어 보였네. 왜냐하면 비참한 국가가 어디서 하르모디오스[18] 같은 사람들을 충분히 발견할 수 있었겠는가?

2 하지만 그 한가운데에 소크라테스[19]가 있어 슬퍼하는 아버지들을 위로하고, 국가에 절망하는 자들을 격려하고, 재산을 잃을까 두려워하는 부자들의 탐욕에 대한 때늦은 후회를 질책했네. 그리고 30인의 독재자 사이로 당당하게 걸어 다님으로써 자기를 모방하려는 사람들에게 훌륭한 본보기를 보여주었네.

3 그런데 바로 그 소크라테스를 다름 아닌 아테나이가 감옥에서 죽였네. 독재자 무리를 겁 없이 조롱한 사람의 자유를 참을 수 없었던 거지. 자네도 알아두게나. 나라가 어려울 때 현인에게는 두각을 나타낼 기회가 주어지지만, 나라가 번창하고 행복할 때는 야만성과 시기심과 그 밖에 수천 가지 남자답지 못한 악덕이 판을 친다는 것을.

4 나라의 형편과 운명이 허용하는 대로 우리는 활동을 늘리거나 줄이되 어떤 경우에든 움직여야지 겁에 질려 굳어져서는 안 되네. 사방에서 위험이 닥쳐도, 사방에서 무기와 사슬이 절거덕거려도 용기를 잃거나 숨지 않는 사람이야말로 진정한 의미의 남자일 것이네. 자

신을 숨기는 것이 자신을 구하는 것은 아니니 말일세.
5 "죽은 자로 살아가기보다는 차라리 죽는 편이 더 낫겠다"고 한 쿠리우스 덴타투스[20]의 말은 옳은 것 같네. 죽기도 전에 산 자의 명단에서 제외된다는 것은 가장 큰 불행일 테니까 말일세. 자네가 정치 활동을 하기에 불리한 시대에 살고 있다면 여가 생활과 학문 연구에 정진하게나. 뱃길이 위험해지면 지체 없이 항구를 찾듯이 정치가 자네를 버리기를 기다리지 말고 자네가 먼저 정치를 떠나야 할 것이네.

06

1 우리는 먼저 우리 자신을, 다음에는 우리가 시작하려는 일을, 그다

---

16 30인 참주(hoi triakonta)란 펠로폰네소스 전쟁(기원전 431~404년)에서 아테나이가 패한 직후 스파르테 장군 뤼산드로스(Lysandros)의 후견 아래 아테나이의 국정을 전단(專斷)하며 민주정을 폐지하고 과두정을 세우려 했던 참주 30명을 말한다. 그들은 민주파 시민 1,500명을 처형하고 재산을 몰수하는 등 공포정치를 일삼다가 과격파를 주도하던 크리티아스(Kritias)가 민주파인 트라쉬불로스(Trasyboulos)에게 패하여 전사하자 엘레우시스(Eleusis)로 도망치는데, 이로써 아테나이에 민주정이 회복되었다.
17 아레이오스 파고스(Areios pagos '아레스의 언덕'이라는 뜻)는 아테나이의 아크로폴리스 서쪽에 있는 언덕으로, 그곳에 위치해 있던 고대 아테나이의 최고 법정에서는 주로 살인사건을 재판했다.
18 하르모디오스(Harmodios)는 기원전 514년 아테나이의 참주 힙파르코스(Hipparchos)를 암살한 젊은이다.
19 아테나이 출신의 그리스 철학자. 『명상록』 주 37 참조.
20 쿠리우스 덴타투스(Manius Curius Dentatus)는 기원전 275년 이탈리아에 침입한 에페이로스(Epeiros) 왕 퓌르로스(Pyrrhos)에게 승리를 거두고 개선 행렬에 코끼리 네 마리를 등장시켰는데, 로마인들이 코끼리를 본 것은 그때가 처음이었다고 한다.

음에는 우리와 함께 일할 사람과 그 수혜자를 꼼꼼히 검토해보아야 할 것이네.

2 무엇보다도 자신을 정확히 평가할 필요가 있네. 우리는 대체로 자신의 능력을 과대평가하기 때문일세. 어떤 사람은 자신의 언변을 믿다가 실족하고, 어떤 사람은 자신의 재산에 감당할 수 있는 것 이상을 요구하고, 어떤 사람은 자신의 허약한 몸에 힘겨운 의무를 지운다네. 어떤 사람은 너무 소심하여 정치에는 맞지 않네. 정치를 하려면 뻔뻔스러워야 하지. 어떤 사람은 고집이 세어 궁정 생활에 맞지 않네. 어떤 사람은 분노를 억제할 수 없어 아무렇게나 성을 내다가 경솔한 말을 하게 된다네. 어떤 사람은 재치를 억제하지 못해 위험한 농담을 내뱉는다네. 이들에게는 공적인 활동보다는 조용히 사는 것이 더 유익하네. 격렬하고 참을성이 없는 성격은 해악을 끼칠 수 있는 솔직함의 발작을 피해야 하네.

3 다음에는 우리가 행하는 일을 평가하고, 우리의 능력을 우리가 시도하려는 일과 비교해보아야 하네. 일하는 사람은 자신이 하는 일보다 더 강해야 하기 때문이네. 짐이 더 크면 짐 진 자를 깔아뭉개게 마련이니까 말일세.

4 그 밖에 어떤 일은 규모는 그리 크지 않지만 번거로운 일을 많이 파생시킨다네. 많은 새로운 일들을 낳는 이런 일은 피해야 하네. 그리고 자유롭게 물러설 수 없는 일은 시작하지 말아야 하네. 끝낼 수 있거나 끝낼 수 있을 것으로 기대되는 일에 착수해야 하네. 하다 보니 자꾸 늘어나거나 예상했던 대로 끝나지 않는 일은 그만두어야 하네.

07

1 사람을 고를 때 특히 유의해야 할 점은, 그들이 과연 우리 인생의 일부를 바칠 만한 가치가 있느냐, 우리가 시간을 바치는 것이 그들에게 과연 도움이 되느냐 하는 것이네. 우리의 봉사를 당연한 것으로 여기는 사람도 더러 있으니 말일세.

2 아테노도로스가 말하기를, 자기가 와도 전혀 고마운 줄 모르는 사람의 집에는 식사하러 가지 않겠다고 했네. 자네도 이해하겠지만, 그는 식사 초대로 친구의 호의를 상쇄하고 마치 호사스러움으로 손님에게 경의를 표할 수 있는 양 진수성찬을 명예의 선물로 여기는 자들의 초대에는 더더욱 응하려 하지 않았네. 증인과 구경꾼도 없이 혼자 있다면 그러한 자들은 진수성찬도 즐겁지 않을 걸세. [자네의 본성이 활동적인 삶에, 또는 조용하고 명상적인 학문 연구에 더 적합한지 심사숙고한 뒤 자네의 타고난 소질이 이끄는 대로 향해야 하네. 이소크라테스[21]는 에포로스[22]를 광장의 연단에서 끌고 내려왔는데, 그는 역사 기술에 더 쓸모 있다고 믿었기 때문이라네.]

3 하지만 믿음직하고 상냥한 우정만큼 우리의 마음을 즐겁게 해주는 것은 없다네. 안심하고 비밀을 털어놓을 수 있고, 혼자 알고 있을 때보다 둘이 같이 알고 있어도 조금도 두렵지 않은 마음을 품는다

---

21 이소크라테스(Isokrates 기원전 436~338년)는 아테나이의 웅변가인데, 그의 연설은 실제 연설이 아니라 읽히기 위해 씌어진 만큼 일종의 에세이라고 할 수 있다. 그의 정치 연설 중 대표작인 『축제 연설』(Panegyrikos)의 주제는 그리스의 도시국가들이 내분을 끝내고 유능한 지도자 밑에서 하나로 뭉쳐 페르시아를 정복해야 한다는 것이다.
22 기원전 4세기에 활동한 그리스 역사가로, 이소크라테스의 제자이다.

는 것은 얼마나 복 받은 일인가? 그들과의 대화는 자네의 근심을 덜어주고, 그들의 조언은 자네의 계획을 촉진하고, 그들의 쾌활함은 자네의 슬픔을 쫓아주고, 그들의 얼굴만 보아도 반가우니 말일세. 그러나 우리는 되도록이면 욕망에서 자유로운 사람들을 친구로 삼아야 하네. 악덕은 슬그머니 다가와 가장 가까이 있는 사람들에게 달려들어 감염시킴으로써 해코지를 하기 때문이네.

4 역병이 퍼지면, 우리는 이미 감염되어 몸이 뜨겁게 달아오른 사람들 가까이 가지 않도록 조심해야 하네. 병자의 입김에 의해서도 위험을 자초할 수 있기 때문일세. 그와 마찬가지로 우리는 친구를 고를 때도 성격에 유의하여 되도록 덜 타락한 친구들을 골라야 하네. 병은 건강한 것을 병든 것과 섞는 데서 시작된다네. 현인을 추종하고 현인만 사귀라는 뜻은 아닐세. 우리가 여러 세기 동안 찾고 있는 사람을 어디서 쉽게 만날 수 있겠는가? 가장 덜 나쁜 사람을 가장 좋은 사람이라고 부르게나.

5 플라톤[23]이나 크세노폰[24] 같은 사람들 아니면 그 밖에 소크라테스 학파에 속하는 다른 사람 중에서 좋은 사람을 찾거나 또는 카토[25] 시대에서 선택한다면 자네는 아주 잘 선택하는 셈이네. 카토 시대에는 카토의 동시대인이 될 만한 자격이 있는 사람이 많이 태어났지. (그때는 어느 시대보다 더 고약한 악당들도 태어나 끔찍한 범죄를 저질렀지. 카토가 평가받으려면 그런 두 집단이 필요했기 때문일세. 그가 인정받기 위해서는 좋은 사람들이 필요했고, 자신의 힘을 시험해보기 위해서는 악당들이 필요했으니까 말일세.) 그러나 오늘날에는 좋은 사람들이 가물에 콩 나듯 하여 까다롭게 고를 필요도 없네.

6 하지만 늘 한탄만 하고 기회만 있으면 불평을 늘어놓는 사람은 반드시 피해야 하네. 신의와 호의가 변함없다 해도 언제나 불평을 늘어놓는 괴팍한 동반자는 마음의 평정을 위협하기 때문일세.

08

1 이제 화제를 바꾸어 인간 고통의 가장 큰 원천인 사유재산에 관하여 논의하기로 하세. 죽음, 질병, 공포, 욕구, 고통, 인고(忍苦)처럼 우리를 불안하게 하는 다른 모든 것에 견주어 돈이 가져다주는 불행이 훨씬 심각하기 때문일세.

2 우리는 가지지 못한 고통이 잃는 고통보다 훨씬 덜하리라고 생각해

---

23 플라톤(Platon 기원전 427~347년)은 아테나이 출신의 그리스 철학자로, 철학적 관념론의 창시자이자 고대 그리스의 뛰어난 산문작가 중 한 사람이다. 기원전 385년경 아테네 근교에 학원 아카데메이아를 개설하고 각지에서 청년들을 모아 연구와 교육 생활에 전념했다. 그는 25편 정도의 철학적 대화편과, 대화편이 아닌 법정에서의 소크라테스의 변론을 재현한 『변론』을 50년 이상의 기간을 두고 발표했는데, 오늘날 모두 남아 있다. 그 밖에도 그가 쓴 편지가 13편이나 남아 있다.

24 크세노폰(Xenophon 기원전 430~354년)은 소크라테스의 제자로, 아테나이의 역사가이나. 페르시아 왕위 쟁탈전에 용병으로 참가했던 1만 명의 그리스 용병대를 그가 적지인 소아시아에서 서쪽으로 안전하게 후퇴시킨 과정을 그린 『페르시아 원정기』 (Kyrou Anabasis), 페르시아 제국을 세운 대(大)퀴로스(Kyros)의 성장과정을 그린 『퀴로스의 교육』(Kyrou paideia), 스승 소크라테스의 인격과 학설을 논한 『회고록』 (Apomnemoneumata) 등을 저술했다.

25 카토(Marcus Porcius Cato Uticensis 기원전 95~46년)는 감찰관을 지낸 대(大)카토 (Cato Maior)의 증손자로, 로마의 정치가이자 철학자이다. 그는 카이사르의 독재에 맞서 로마의 공화정을 사수하려다 실패하자 북아프리카의 우티카(Utica)에서 자살했다. 스토아 철학자들은 그를 이상적인 현인으로 여겼다.

야 할 것이네. 그러면 잃을 것이 더 적은 가난이 덜 괴로울 것이네. 부자가 손실을 더 의연하게 참는다고 생각한다면 그것은 착각이네. 상처에서 느끼는 고통은 몸집이 크나 작으나 매일반이니 말일세.

3 대머리인 사람이나 숱이 많은 사람이나 머리카락을 뽑으면 아프기는 마찬가지라는 비온[26]의 발언은 적절하다 할 것이네. 부자와 가난한 자에 대해서도 같은 말을 할 수 있지. 둘 다 돈에 들러붙어 있는 탓에 통증 없이는 돈에서 떨어질 수 없으니 고통을 받을 수밖에. 그렇지만 앞서 말했듯이, 돈을 잃는 것보다는 벌지 않는 것이 더 견딜 만하고 더 수월하다네. 그래서 자네는 행운에게 버림받은 사람들보다는 행운이 거들떠보지도 않는 사람들이 더 즐거워하는 모습을 보게 될 걸세.

4 위대한 정신의 소유자인 디오게네스[27]는 이런 점을 보면서 자기한테서 아무것도 빼앗을 수 없게 만들었던 것일세. 근심에서 자유로운 이런 상태를 두고 가난, 결핍, 궁핍, 그 밖에 샘이 나서 그 어떤 이름을 붙이든 간에, 먼저 자네가 디오게네스보다 잃을 것이 적은 다른 사람을 찾아내야만 나는 디오게네스를 행복하지 못하다고 여길 것이네. 내가 잘못 생각하는 것이 아니라면, 욕심쟁이와 사기꾼, 날강도와 도둑이 득실대는 세상에서 혼자서도 해코지를 당하지 않는다는 것은 왕의 특권이 아니고 무엇이겠는가!

5 디오게네스의 행복을 의심하는 자라면 불사신의 상태에 관해서도 의심할 것이네. 그는 부동산도, 넓은 정원도, 외국인에게 소작 줄 수익 좋은 농장도, 광장에서의 큰 이자 수익도 없는데 과연 행복하게 사는 것일까 하고 말일세. 그대가 누구건 부만 보면 얼이 빠지는 자여, 부끄럽지도 않은가! 이 우주를 보라! 그대는 신들이 무일푼이

며, 아무것도 가진 것이 없어도 무엇이든 다 주는 것을 보게 되리라. 그대는 우연의 선물을 모두 벗어버린 사람을 가난하다고 여기는가, 아니면 불사신과 비슷하다고 여기는가?

6 그대는 폼페이우스의 해방노예 데메트리우스가 폼페이우스보다 더 부자이기를 부끄러워하지 않았다고 해서 더 행복하다고 하겠는가? 두 명의 부하 노예와 널찍한 방 한 칸이면 벌써 부를 의미했을 데메트리우스에게 마치 장군에게 군사의 수가 보고되듯 날마다 하인의 수가 보고되었다고 하지만 말일세.

7 그러나 디오게네스는 하나밖에 없는 노예가 도망쳤다는 보고를 받았을 때 그를 도로 데려오는 것을 별로 보람 있는 일로 여기지 않았네. 그는 "마네스는 디오게네스 없이 살 수 있는데, 디오게네스는 마네스 없이 살 수 없다면 창피한 일이지"라고 말했네. 내 생각에 그의 말은 이런 뜻인 듯하네. "운명이여, 네 할 일이나 하라. 너는 디오게네스에게 볼 일이 없다. 내 노예가 달아났다고? 그가 달아남으로써 실제로 해방된 것은 나란 말이지."

8 하인들은 입혀주고 먹여주기를 요구하네. 허기진 맹수와 같은 그들의 주린 배를 채워주어야 하고, 옷을 사와야 하고, 도벽 있는 손들을 감시해야 하고, 봉사를 받으려면 비명 소리와 욕설을 들어야 하네. 자기 자신 말고는 누구에게도 뭔가를 빚지지 않은 사람은 얼마나 행복한가! 자기 자신은 거절하기가 가장 쉬우니까 말일세.

---

26 비온(Bion)은 기원전 3세기에 활동한 흑해 연안의 보뤼스테네스(Borysthenes) 출신 대중 철학자인데, 신랄한 기지로 유명했다.
27 기원전 4세기에 활동하던 그리스의 철학자. 『명상록』 주 167 참조.

9 디오게네스 같은 힘이 없는 우리로서는 운명의 타격에 덜 노출되도록 자신의 재물을 줄이기라도 해야 하네. 전쟁터에서는 몸이 갑옷 밖으로 삐져나와 부상에 두루 노출되는 사람보다 몸이 갑옷에 쏙 들어가는 사람이 더 안전한 법일세. 마찬가지로 돈도 가난으로 영락하지도 않고 가난에서 그리 멀지도 않은 정도가 가장 이상적인 금액일세.

09

1 우리가 절약을 먼저 몸에 익혔다면 그런 금액으로도 만족할 것이네. 절약 없이는 어떤 재물로도 충분하지 않고, 절약하면 어떤 재물로도 충분하다네. 한 가지 수단만 있다면 말일세. 검소하게 생활하면 가난 자체가 부로 변할 수 있다는 것 말일세.

2 우리는 과시하기를 멀리하고, 사물을 장식적 가치보다는 쓸모에 따라 평가하는 버릇을 들이도록 하세. 먹을 것은 허기를 달래게 하고, 마실 것은 갈증을 풀게 하고, 성욕은 필요한 곳으로 움직이게 해야겠지. 우리는 사지를 이용하는 법을 배우고, 옷차림과 생활방식을 최신 유행이 아니라 선조의 관습에 맞추는 법을 배워야 할 것이네. 또한 우리는 자제력을 높이고, 사치를 줄이고, 명예욕을 억제하고, 분노를 달래고, 가난을 편견 없이 바라보고, 많은 사람이 부끄러이 여기는 검약을 실천하고, 자연적 욕구를 싸게 구할 수 있는 수단으로 충족시키고, 고삐 풀린 희망과 미래에만 열중해 있는 마음에 족쇄를 채우는 법을 배워야 할 것이네. 간단히 말해, 우리는 부를 행운에서가 아니라 오히려 자신에게서 구하도록 노력해야 할 것이네.

3 인생의 다양하고 음험한 재앙을 다 물리친다는 것은 불가능하며, 그래서 돛을 활짝 펴는 사람은 폭풍을 만나게 마련이라네. 운명의 화살이 빗나가게 하려면 활동 범위를 줄여야 하네. 그래서 가끔 추방과 재앙이 결과적으로 약이 되고, 작은 피해로 큰 피해를 막을 수 있었던 것일세. 충고해도 들으려 하지 않고 더 부드러운 방법으로는 치료받을 수 없는 사람이라면 왜 가난과 치욕과 파산이라는 처방을 써서라도 재앙을 재앙으로 막아서는 안 되는 거지? 우리는 몰려든 손님 없이 식사하고, 몇 명 되지 않는 노예로 꾸려나가고, 본래의 목적에 맞게 옷을 짓게 하고, 더 좁은 곳에서 사는 버릇을 들여야 할 것이네. 경주와 원형경기장의 경기에서뿐 아니라 인생의 주로에서도 우리는 안쪽을 따라 돌아야 하네.

4 학문 연구에 드는 비용도 자유민이라면 가장 투자할 만한 가치가 있기는 하지만 적정해야 하네. 셀 수 없이 많은 서책과 그 주인이 평생 동안 표제조차 다 읽을 수 없는 수많은 장서가 대체 무슨 의미가 있겠는가? 책 더미는 학생을 가르치는 것이 아니라 부담감만 줄 걸세. 수많은 작가 사이를 헤매는 것보다는 몇몇 작가에게 자신을 맡기는 편이 더 나을 것이네.

5 알렉산드레이아에서는 40만 권의 장서가 불에 탔다네.[28] 어떤 사람은 그 도서관을 왕이 베푼 선심의 가장 멋진 기념비라고 칭송할지도 모르지. 예컨대 티투스 리비우스[29]는 그것을 왕들의 세련된 취

---

28 고대 세계의 최대 도서관이었던 이집트 알렉산드레이아(Alexandreia) 도서관은 기원전 48년 율리우스 카이사르가 프톨레마이오스(Ptolemaios) 왕가의 왕위계승 싸움에 개입함으로써 전화(戰火)로 전소되었다.

미와 배려의 걸작품이라고 일컬었네. 그러나 그것은 세련된 취미도 배려도 아니었네. 그것은 학문적 사치였네. 아니, 학문적 사치도 아니었네. 그들은 학문 연구를 위해서가 아니라 과시용으로 책을 모았으니 말일세. 마치 기초적인 교육도 받지 못한 많은 사람들이 책을 연구 수단이 아니라 식당의 장식품으로 쓰듯이 말일세. 책은 필요한 만큼 사되 장식용으로 사서는 안 되네.

6 "코린토스산(産) 청동이나 그림에 돈을 뿌리는 것보다는 책에 투자하는 편이 그래도 더 점잖다"고 자네는 말하겠지. 무엇이든 지나치면 나쁜 법일세. 상아를 박은 감귤나무 책장이나 탐내고 무명작가 또는 삼류작가의 책을 사모아놓고는 수천 권의 책 사이에 앉아 하품이나 하며 책의 제본과 표제를 보면서 더없이 좋아하는 사람을 어떻게 용서할 수 있단 말인가.

7 다름 아니라 가장 심한 게으름뱅이의 집에서 그대는 웅변가와 역사가의 전집이 천장까지 닿는 책장 안에 들어 있는 것을 보게 될 걸세. 오늘날에는 공중목욕탕과 온천에도 도서관이 필수적인 실내장식품이 되었으니까. 학문을 지나치게 사랑하여 그러한 실수를 하는 것이라면 나도 물론 용서하겠네. 하지만 그들이 초상화가 들어 있는 존경스러운 작가의 작품을 빠짐없이 모은 것은 여봐란듯이 벽장식으로 쓰기 위해서였네.

10

1 자네가 인생에서 어려운 처지에 놓이고, 자기도 모르게 개인적인 사정이나 공적인 사정 때문에 풀 수도 끊을 수도 없는 올가미에 걸

려들었다고 가정해보세. 올가미에 걸린 사람은 처음에는 거추장스러운 올가미를 간신히 견디지만 일단 그것을 화내지 않고 받아들이기로 결심하고 나면, 필연은 용감하게 견디는 법을 가르치고 습관은 쉬이 견디는 법을 가르친다는 점을 명심하게나. 자네는 인생의 어떤 상황에서도 즐거움과 휴식과 쾌락을 발견하게 될 걸세. 자네가 불쾌한 일을 대수롭지 않게 여기고, 그 때문에 괴로워하려고만 하지 않는다면 말일세.

2 자연은 우리가 고난을 당하도록 태어난 줄 알고는 불쾌한 일을 누그러뜨리기 위해 습관을 만들어내어 가장 어려운 일에도 금세 친숙해지게 만들었네. 그것은 자연이 우리에게 베푼 가장 큰 호의라고 할 수 있네. 불행이 우리를 처음 가격했을 때와 같은 기세를 계속 유지한다면 견딜 사람은 아무도 없을 걸세.

3 우리는 모두 운명에 매여 있네. 어떤 사람은 느슨한 황금 사슬로, 어떤 사람은 저급한 금속으로 만든 팽팽한 사슬로. 하지만 그렇다고 무슨 차이가 있겠는가? 우리는 모두 똑같이 포로이며, 묶은 자도 묶여 있기는 마찬가지라네. 왼손의 사슬을 더 가볍다고 여기는 정도의 차이가 있을지는 몰라도.[30] 어떤 사람은 높은 관직에 묶여 있고, 어떤 사람은 부에 묶여 있네. 어떤 사람은 고귀한 가문으로 인해 고통받고, 어떤 사람은 미천한 출신 때문에 고통받는다네. 어

---

29 티투스 리비우스(Titus Livius 기원전 59년~기원후 17년)는 로마의 역사가이다. 그가 쓴 『로마 건국 이후의 역사』(*Ab urbe condita*)는 142권 중 35권이 남아 있는데, 여기서 언급되는 발언에 관해서는 단편 52 Weissenborn/Müller 참조.
30 당시에는 간수와 죄수를 한데 묶었는데, 간수는 왼손에, 죄수는 오른손에 사슬을 채웠다고 한다.

떤 사람은 이방인의 지배에 머리를 숙이고, 어떤 사람은 자신의 지배에 머리를 숙이지. 어떤 사람은 추방되어 한곳에 붙들려 있고, 어떤 사람은 사제가 되어 한곳에 붙들려 있다네. 인생은 모두 종살이일세.

4 그러므로 사람은 자신의 처지에 친숙해지고, 되도록이면 불평을 덜하고, 거기에 유리한 점이 있으면 무엇이든 꼭 붙잡아야 하네. 담담한 마음으로 위안을 찾지 못할 만큼 괴로운 것은 아무것도 없네. 작은 땅도 기술적으로 나누면 여러 용도로 쓸 수 있고, 좁디좁은 공간도 잘 배열하면 사람이 살 수 있을 때가 비일비재하지. 어려운 일을 당하면 이성을 사용하게. 그러면 딱딱한 것이 부드러워지고, 좁은 것이 넓어지고, 무거운 것이 그것을 질 줄 아는 사람을 덜 누르지.

5 또한 욕망이 멀리 쏘다니게 할 것이 아니라 가까이에서 돌아다니게 해야 할 것이네. 욕망을 완전히 가둘 수는 없으니까. 이룰 수 없거나 이루기 어려운 것들은 내버려두고 가까이 있거나 이루어질 성싶은 것들을 따라다니되, 모든 것은 똑같이 하찮고 겉보기만 다를 뿐 속으로는 똑같이 허무하다는 것을 알아야 할 것이네. 우리는 더 높은 자리에 있는 자를 시기하지 말아야 할 것이네. 우뚝 솟아 있는 곳이 낭떠러지일 수도 있으니까.

6 한편 적대적인 운명이 어정쩡한 위치에 갖다놓은 자들은 원래 교만해질 수 있는 처지에서 교만을 끌어내리고, 되도록 자신의 행운을 평균 수준에 맞춘다면 더 안전할 것이네. 사실 떨어지지 않고는 내려올 수 없는 높은 곳에 어쩔 수 없이 버티고 있어야 하는 사람도 많다네. 하지만 그들도 자신들의 가장 큰 짐은 어쩔 수 없이 남에게 짐이 되어야 하고, 높은 자리로 들어올려진 것이 아니라 그곳에 못

박혀 있는 것임을 증언해야 한다네. 그들은 정의와 온유함과 인간성과 선심을 쓰는 선의의 손으로 유리한 미래를 위하여 준비를 많이 해야 하고, 그렇게 함으로써 더 마음 편하게 떠 있을 수 있을 것이네.

7 하지만 우리의 출세에 한계를 설정하는 것보다 더 효과적으로 마음의 동요에서 구해줄 수 있는 방법은 아무것도 없다네. 언제 멈출 것인지를 우연에 맡길 것이 아니라, 그러기 훨씬 전에 우리는 스스로 멈춰서야 할 것이네. 그래야만 어떤 욕망이 마음을 자극한다 해도 한정되어 있는 까닭에 무한하고 불확실한 것 속으로 우리를 인도하지 않을 테니.

II

1 다음 논의는 현인이 아니라 불완전한 자와 평범한 자 그리고 건전하지 못한 자에게 해당되네. 현인은 소심하게 한 걸음 한 걸음 옮겨놓을 필요가 없네. 현인은 자신감이 넘쳐 운명에 다가가기를 망설이지 않으며 결코 운명 앞에서 물러서지도 않을 걸세. 그는 운명을 조금도 두려워하지 않네. 그는 하인과 재산과 관직뿐 아니라 자신의 몸과 눈과 손 그리고 인생을 소중한 것으로 만들어주는 것, 나아가 자신의 인격까지 무상(無常)한 것으로 간주하며 마치 모든 것을 자신이 빌려서 사는 것처럼 살다가 돌려달라면 불평 없이 모두 기꺼이 돌려줄 각오가 되어 있네.

2 현인은 자신이 자신의 것이 아님을 알고 있다고 해서 자신을 가치 없는 존재로 여기지 않으며, 마치 신심이 강한 양심적인 사람이 자

기에게 맡겨진 것들을 돌보듯이 자신의 모든 의무를 꼼꼼하고 세심하게 수행한다네.

3 언제 돌려달라는 통보를 받건 그는 운명과 말다툼하지 않고 "내가 소유하고 향유했던 것에 대해 고맙다는 인사를 하고 싶소. 나는 비싼 임대료를 주고 그대의 재산을 돌보아왔지만 그대가 그렇게 요구하니 돌려주고 감사하는 마음으로 기꺼이 물러가겠소. 내가 그대의 재산 가운데 어떤 것을 계속해서 갖고 싶어한다면 나는 그것을 돌볼 것이오. 그러나 그대의 생각이 다르다면 나는 은 식기와 은화와 집과 하인들을 돌려주고 그대의 처분에 맡길 것이오"라고 말할 것이네. 자연이 이전에 우리에게 주었던 것을 돌려주기를 요구한다면 이때도 우리는 "그대가 주었을 때보다 더 나아진 영혼을 돌려받으시오! 나는 도망치지 않을 것이고 주춤거리지 않을 것이오. 나는 그대가 준 것을 흔쾌히 돌려줄 각오가 되어 있소. 자, 가져가시오!"라고 말할 것이네.

4 자네가 왔던 곳으로 돌아가는 것이 뭐가 그리 어려운가? 잘 죽을 줄 모르는 사람은 잘 살지도 못할 걸세. 죽음을 두고 호들갑을 떨 것이 아니라 목숨을 싸구려 물건처럼 여겨야 할 것이네. 키케로가 말하기를,[31] 검투사들이 수단과 방법을 가리지 않고 살고자 하면 사람들은 그를 미워하고, 죽음을 경멸하는 태도를 보여주면 좋아하게 된다고 했네. 우리도 마찬가지라는 것을 알아야 하네. 때로는 죽음에 대한 공포가 죽음의 원인이 되기 때문일세.

5 우리를 갖고 노는 운명의 여신은 "왜 내가 너같이 비열하고 겁 많은 짐승을 살려두지?"라고 말한다네. "너는 목을 내밀 줄 모르기 때문에 더 얻어맞고 찔리게 되리라. 그러나 목을 뒤로 빼거나 손을 들

어 막지도 않고 용감하게 칼을 받는 자는 더 오래 살고 더 편안히 죽게 되리라."

6   죽음을 두려워하는 자는 결코 산 사람 노릇을 제대로 못한다네. 그러나 잉태되는 순간 그러한 운명을 타고났다는 것을 아는 사람은 그러한 조건에 맞게 살아가며, 한결같은 정신력으로 자신에게 일어나는 어떤 일도 불시에 일어나지 않게 하는 경지에 이를 것이네. 그는 미래에 일어날 일들을 임박한 것으로 가정함으로써 재앙의 충격을 완화한다네. 재앙은 이미 각오하고 대기하고 있는 자에게는 별로 놀라운 것이 못 되지만 만사가 잘되겠지 하며 안심하고 있는 자에게는 무겁게 닥친다네.

7   어떤 일도 불시에 일어나지는 않네. 질병도 투옥도 파괴도 화재도. 자연이 어떤 격동기 안에 나를 가두었는지 나는 잘 알고 있네. 내 이웃에서는 자주 곡소리가 들렸고, 비명횡사한 사람의 상여가 횃불과 촛불을 앞세우고[32] 내 집 앞을 자주 지나갔네. 그리고 가끔 가까이에서 건물이 무너지며 천둥소리를 냈다네. 광장과 원로원과 대화로 나와 결속되었던 많은 사람을 죽음의 밤이 앗아갔으며 서로 우정의 악수를 나누었던 손들을 떼어놓았네. 늘 주위를 떠돌던 위험이 어느 날 내게 닥친다 해서 놀라겠는가?

8   많은 사람이 항해하려고 할 때 폭풍은 생각하지 않네. 시행만 적절하다면 나는 나쁜 작가라도 인용하기를 주저하지 않는다네. 푸블리우스[33]는 무언극의 익살과 가장 싸구려 좌석을 찾는 관객을 노린 재

---

31   키케로, 『밀로를 위한 변론』(Pro Milone) 92절 참조.
32   고대 로마에서는 아이가 죽으면 횃불과 촛불을 밝히고 밤에 매장했다.

담만 버린다면 비극작가나 희극작가보다 더 천재성을 보여줄 수 있을 걸세. 그는 희극뿐 아니라 비극 시행보다 더 내용 있는 말을 많이 했는데, 그 가운데 이런 말이 있다네.

누군가에게 일어날 수 있는 일은 누구에게나 일어날 수 있다.[34]

이 점을 명심하고 날마다 수없이 일어나는 남의 불행은 모두 자기에게도 자유로이 다가올 수 있는 것으로 보는 사람은 공격당하기 훨씬 전에 자신을 무장할 것이네. 위험이 일단 닥친 뒤에는 위험을 견뎌내려고 무장해도 이미 때는 너무 늦었다네.

9   "이런 일이 일어날 줄 몰랐지?" 또는 "너는 이런 일이 일어날 줄 알았니?" 왜 안 일어난단 말인가? 궁핍과 기근과 걸식이 바싹 뒤따르지 않는 부가 어디 있단 말인가? 자포(紫袍)와 사제의 지팡이와 사치스러운 신발에 불결함과 치욕의 낙인과 수천 가지 오점과 극심한 경멸이 따라다니지 않는 명망이 어디 있단 말인가? 파괴와 전복과 참주와 사형집행인을 맞게 되어 있지 않은 왕국이 어디 있단 말인가? 이런 것은 서로 멀리 떨어져 있는 것이 아닐세. 옥좌에 앉느냐 옥좌 아래 부복하느냐는 간발의 차이에 불과하다네.

10   모든 상황은 바뀔 수 있으며, 누군가에게 일어난 일은 자네에게도 일어날 수 있다는 것을 알아두게나! 자네가 부자라면 폼페이우스[35]보다 더 부자이겠는가? 그러나 오랜 인척이자 새 주인인 가이우스[36]가 그의 집을 폐쇄하고 카이사르의 집을 그에게 열어주었을 때 그는 마실 물과 먹을 빵도 없었다네. 그에게는 영지에서 솟아나 그 위로 흐르는 수많은 강이 있었건만 이제는 몇 방울의 물을 구걸해야

만 했다네. 그는 인척의 궁전에서 배가 고프고 목이 말라 죽어갔다네. 그가 굶고 있는 동안 그의 상속인은 공적인 장례식을 준비하고 있었지.

11 자네가 최고 관직에 취임했다고? 그렇다면 세이야누스[37]만큼이나 높고 포괄적인 관직인가? 원로원이 그를 집으로 호송해주던 바로 그날 백성이 그를 갈기갈기 찢어버렸네. 신과 인간은 그에게 가능한 모든 명예를 쌓아올렸건만 그에게는 사형집행인이 끌고 갈 것조차 남지 않았다네.

12 자네가 왕이라고? 나는 자네더러 아직도 살아 있는 동안 화장용 장작더미가 불붙었다가 꺼지는 것을 보았고 자신의 왕국뿐 아니라 자신의 죽음보다 더 오래 살았던 크로이소스[38]를 찾아가보라고 하진 않겠네. 두려움에 떨던 로마 국민에게 일 년 안에 전시될 유구르타[39]

---

33 푸블리우스 쉬루스(Publius Syrus)는 기원전 1세기의 로마 무언극 작가이다.
34 푸블리우스 쉬루스, 무언극 단편 119번 Ribbeck.
35 여기에 나오는 폼페이유스는 대(大)폼페이유스의 손자인 것 같다.
36 여기서 가이유스란 로마의 폭군 칼리굴라를 말한다.
37 세이야누스(Lucius Aelius Seianus 기원전 20년~기원후 31년)는 로마의 기사로, 티베리우스 황제 때 요직에 올랐다가 티베리우스의 미움을 사게 되어 처형당했다.
38 크로이소스(Kroisos)는 기원전 560년경~546년 소아시아 서부 뤼디아(Lydia)의 마지막 왕으로 전설적인 거부(巨富)였다. "그대가 할뤼스(Halys) 강을 건너면 큰 왕국을 멸하게 되리라"라는 델포이(Delphoi)의 신탁에 고무되어 할뤼스 강을 건너 페르시아 제국으로 진격하다가 페르시아 왕 퀴로스에게 패하여 그토록 강성한 나라를 잃고 포로가 된다. 화형을 선고받고 화장용 장작더미에 올려졌으나 전에 델포이에 값진 선물들을 바친 덕분에 아폴론에 의해 구출되었다고 한다. 일설에 따르면 인생무상에 관한 솔론(Solon)의 경고를 되뇌이다가 이것을 들은 퀴로스가 살려주었다고도 한다.
39 유구르타(Iugurtha)는 북아프리카 누미디아 왕으로, 로마인들에게 집요하게 저항하다가 기원전 104년 사로잡혀 처형당했다.

를 찾아가보라고도 하지 않겠네. 아프리카 왕 프톨레마이오스[40]와 아르메니아 왕 미트리다테스[41]를 우리는 가이유스[42]의 호위병들 사이에서 보았네. 그중 한 명은 추방당했고, 다른 한 명은 안전하게 호송해준다는 조건으로 석방해주기를 간청했네. 이러한 인생의 영고성쇠 속에서 가능한 모든 일에 대비하지 않는다면, 자네는 자신을 불행의 힘에 맡기는 것이며 그 힘은 선견지명이 있어야 꺾을 수 있네.

12

1 다음으로 우리가 지켜야 할 것은 쓸데없이 또는 쓸데없는 일에 노력을 기울이지 말아야 한다는 것이네. 우리는 이룰 수 없는 것을 이루려 하거나 지나치게 많은 수고가 들어가는 일을 일단 이루고 난 뒤 너무 늦게야 우리 욕망의 무익함을 깨달아서는 안 되네. 달리 말해 우리의 노력은 헛되거나 결과가 없어서는 안 되고, 그 결과 또한 노력할 가치도 없는 것이어서는 안 된다는 뜻이라네. 성공하지 못하거나 성공이 부끄러운 것일 때는 대개 마음이 개운치 않기 때문일세.

2 우리는 분주히 돌아다니는 것을 멈추어야 하네. 많은 사람들이 집과 극장과 광장을 돌아다니며 남의 일에 개입하고 늘 바쁜 듯한 인상을 준다네. 그중 한 명이 외출하는데 "어디 가시오? 무슨 용건으로 가시오?" 하고 자네가 묻는다면 그는 "나도 모르겠소. 그러나 만나볼 사람들이 있고 볼일이 좀 있소"라고 대답할 것이네.

3 그들은 할 일을 찾아 정처 없이 돌아다니고, 의도한 일이 아니라 닥

치는 대로 아무 일이나 한다네. 그들은 무턱대고 일없이 돌아다니니, 숲 속을 기어 다니다가 나무줄기를 타고 정처 없이 우듬지로 올라갔다가 도로 맨 아래로 내려오는 개미 떼와도 같네그려. 사람들은 대부분 개미 같은 삶을 살고 있고, 누가 그러한 삶을 분주한 게으름이라고 불러도 틀렸다고 할 수 없을 걸세.

4 그들 가운데 더러는 불속으로 뛰어드는 사람처럼 안쓰러워 보이네. 그들은 가끔 마주 오던 다른 사람을 들이받아 자신도 넘어지고 남도 넘어뜨린다네. 그들이 이렇게 바쁘게 돌아다니는 것은 인사를 해도 알은체도 않을 사람에게 아침 문후를 드리기 위해서이거나, 알지도 못하는 사람의 장례식이나 어떤 송사꾼의 송사나 여러 번 결혼한 여자의 약혼식에 참석하기 위해서이거나, 또는 어떤 사람의 가마를 뒤따라가며 여기저기서 거들어주기 위해서라네. 그리고 나서 쓸데없는 일 때문에 지쳐 집으로 돌아오면 그들은 자신이 왜 외출했으며 어디 있었는지 모르겠다고 말하지만, 이튿날이면 또 어김없이 똑같은 경로를 따라 돌아다닐 것이네.

5 모든 노력에는 목표가 있고 목적이 있어야 하네. 이들 정신 나간 사람들을 몰아붙이는 것은 부지런함이 아니라 현실에 대한 착각이라네. 그들도 전혀 기대하는 바가 없다면 움직이지 않을 테니까 말일세. 어떤 사물의 외관이 그들을 자극하지만, 그들의 현혹된 마음은

40　여기서 프톨레마이오스(Ptolemaios)는 마우레타니아 왕 유바(Iuba) 2세(기원전 25년~기원후 23년)의 아들로, 인척인 칼리굴라에 의해 제거되었다.
41　아르메니아 왕 미트리다테스(Mithridates)는 칼리굴라에 의해 투옥되었으나, 나중에 클라우디우스가 석방해주었다.
42　칼리굴라.

그것의 무가치함을 꿰뚫어보지 못한다네.
6 외출함으로써 거리에 군중의 수만 늘리는 자들은 저마다 무의미하고 하찮은 이유에서 시내를 돌아다닌다네. 사실상 볼일이 전혀 없는데도 해가 뜨자마자 외출하여 수많은 문을 두드리지만 허탕을 친다네. 또한 그들은 수위들에게나 제 이름을 알려줄 수 있을 뿐, 대부분의 경우에는 퇴짜를 맞지. 그러나 정작 그가 집에서 가장 만나보기 어려운 것은 바로 자기 자신이라네.
7 바로 이러한 재앙으로부터 공적인 비밀과 사적인 비밀을 엿듣고 엿보며, 위험을 감수하지 않고서는 말할 수도 들을 수도 없는 수많은 정보를 수집하는 가장 가증스러운 악덕이 비롯된다네.

13

1 생각하건대 데모크리토스도 이 점을 염두에 두고 이렇게 말한 것 같네. "조용히 살기를 원하는 사람은 사적으로나 공적으로나 많은 일에 개입하지 말라."[43] 그는 물론 불필요한 일을 염두에 두었을 걸세. 필요한 일은 사적으로나 공적으로나 헤아릴 수 없을 만큼 많기 때문일세. 하지만 신성한 의무가 부르지 않는다면 우리는 행동하기를 삼가야 하네.
2 많은 일에 개입하는 사람은 가끔 자신을 운명의 힘에 맡기기도 한다네. 가장 안전한 방법은 운명을 드물게 시험하되 늘 염두에 두며 그 신뢰성에 기대를 걸지 않는 것이라네. "무슨 일이 일어나지 않는다면 나는 배를 타고 갈 것이다." 또는 "방해만 없다면 나는 법정관이 될 것이다." 또는 "무언가가 끼어들지만 않는다면 이 일은 내

가 기대한 대로 이루어질 것이다."

3 이런 이유에서 우리는 현인에게는 뜻밖에 일어나는 일이 하나도 없다고 말하는 것이네. 현인은 인간의 운명에서 벗어나 있는 것이 아니라 인간의 실수에서 벗어나 있는 것이라네. 그에게도 모든 일이 뜻대로 이루어지는 것은 아니지만 생각했던 대로는 이루어진다네. 그가 맨 먼저 생각한 것은 자신의 계획에 방해가 생길 수 있다는 것이네. 자신의 성공을 확신하지 않았을 경우에는 소원이 이루어지지 않더라도 필연적으로 마음의 고통을 견뎌내기가 훨씬 수월할 걸세.

14

1 또한 우리는 융통성이 있어야 하네. 그래야만 정해진 계획에 너무 집착하지 않고, 운명이 이끄는 대로 상황에 적응하고, 계획이나 처지의 변화를 두려워하지 않게 될 테니까 말일세. 다만 평정에 가장 적대적인 악덕인 변덕에 사로잡히는 일은 없어야 할 것이네. 사실 운명은 가끔 고집에서 무엇인가를 빼앗기 때문에 고집도 필연적으로 사람을 불안하고 불행하게 만들기는 하지만, 변덕은 어디서도 자제하지 않는 까닭에 훨씬 고약하다네. 아무것도 바꿀 수 없는 것과 아무것도 참을 수 없는 것은 모두 마음의 평정에 해가 된다네.

2 우리의 마음은 모든 외적인 것에서 벗어나 자신에게 집중해야 하네. 우리의 마음은 자신을 신뢰하고, 자신을 좋아하고, 자기 것을 존중하고, 남의 것을 되도록 멀리하고, 자신에게 헌신적이어야 하

---

43 단편 3 Diels/Kranz.

네. 또한 우리의 마음은 피해를 심각하게 느끼지 않고 역경을 선의로 해석해야 하네.

3 배가 난파당하여 자신의 전 재산이 침몰했다는 말을 들었을 때 우리 학파의 창시자인 제논은 "운명이 나더러 덜 방해받으며 철학에 몰두하라고 명령하는구나"라고 말했네. 참주[44]가 죽인 뒤 매장도 못하게 하겠다고 위협했을 때 철학자 테오도로스[45]는 이렇게 대답했네. "그대는 마음대로 할 수 있지요. 몇 방울 안 되는 내 피는 그대의 처분에 달려 있으니까요. 하지만 땅 위에서 썩느냐 땅 아래에서 썩느냐 하는 것이 내게 중요하다고 생각한다면 그대는 어리석은 사람이오."

4 율리우스 카누스[46]는 비록 우리 시대에 태어났지만 찬탄을 금할 수 없는 매우 탁월한 인물이네. 그가 칼리굴라 황제와 한참 동안 격론을 벌이다가 떠날 때, 이 제2의 팔라리스[47]가 그에게 말했네. "그대가 허튼 희망을 품지 않도록 내가 이미 그대를 처형하라는 명령을 내려두었네." 그러자 그는 "감사합니다. 가장 훌륭하신 제일인자이시여!"라고 대답했네.

5 그가 무슨 뜻으로 그러한 말을 했는지 나로서는 확실히 알 길이 없네. 여러 가지 생각이 떠오르니 말일세. 죽음이 그에게 자선이 될 만큼 칼리굴라의 지나친 잔학성을 빈정대며 알려주려 한 것일까? 아니면 황제의 일상적인 광란을 나무랐던 것일까? 자식이 살해당하고 재산이 몰수된 사람도 그에게 고마워해야 했으니 말일세. 아니면 자신의 자유를 감사하는 마음으로 받아들인 것일까? 무슨 뜻이든 간에 그것은 위대한 대답이었네.

6 나중에 칼리굴라가 그를 살려두라고 명령할 수도 있었을 것이라고

이의를 제기할 수 있을 걸세. 카누스는 그 점은 의심하지 않았네. 칼리굴라의 그러한 명령은 신뢰할 수 있는 것으로 알려져 있었으니까 말일세. 카누스가 처형당할 때까지 열흘 동안 아무 걱정 없이 편안하게 지냈다면 자네는 믿겠는가? 그의 언행과 침착한 태도는 사실 믿어지지 않을 정도라네.

7 사형수 대열을 이끌던 백인대장이 카누스에게도 대열에 참가하라고 명령했을 때 그는 바둑을 두고 있었네. 그는 자기 이름이 호명되자 돌을 세고 나서 바둑 상대에게 "내가 죽은 뒤 자네가 이겼다고 거짓말하지 말게!"라고 말했네. 그리고 나서 그는 머리를 끄덕이며 백인대장에게 "그대가 내 증인이오. 내가 한 집 이겼소"라고 말했다네. 자네는 카누스가 바둑을 둔 것이라고 생각하는가? 그는 조롱했던 것이라네.

8 그러한 인물을 잃을 생각을 하니 친구들은 마음이 슬펐네. "왜 그대들은 슬퍼하는가?"라고 카누스는 말했네. "그대들은 영혼이 불멸인지 의문을 품고 있는데 나는 곧 그것을 알게 될 걸세." 그는 죽기 직전까지도 진리 탐구를 멈추지 않았으며, 자신의 죽음마저 탐구의 대상으로 삼았다네.

9 우리의 신(神)인 카이사르께 날마다 제물을 바치는 언덕이 가까워

---

44 그리스 북쪽에 있는 트라케의 왕 뤼시마코스(Lysimachos)를 말한다.
45 테오도로스(Theodoros)는 기원전 4세기에 활동한 북아프리카 퀴레네(Kyrene) 출신의 그리스 철학자로, '무신론자'라는 별명을 갖고 있었다.
46 율리우스 카누스(Iulius Canus)는 세네카와 동시대인으로, 세네카의 저술을 통해서만 알려져 있다.
47 팔라리스(Phalaris)는 기원전 570년경 시칠리아 아크라가스(Akragas) 시의 참주였는데, 잔인하기로 악명이 높았다.

졌을 때, 동행하던 그의 철학 선생이 물었네. "카누스여, 자네 지금 무슨 생각을 하고 있는가? 기분은 어떤가?" 그러자 카누스는 "저 가장 빠른 순간[48]에 자신이 떠나고 있다는 것을 영혼이 느끼는지를 지켜볼 참입니다"라고 말하고는, 뭔가를 알아내면 친구들을 찾아 돌아다니며 영혼의 상태가 어떻다는 것을 알려주겠다고 약속했다네.

10 보라, 폭풍 한가운데에서의 평정을! 영생을 누릴 가치가 있으며, 진리를 증명하기 위해 자신의 운명을 이용하고, 마지막 순간에도 떠나가는 영혼에게 물어보고, 죽는 순간까지는 물론 죽음 자체에서도 배우는 마음을! 그보다 더 오래 철학에 전념한 사람은 아무도 없다네. 그토록 위대한 인물을 우리는 금세 잊어버릴 것이 아니라 존경하는 마음으로 언급해야 할 것이네. 칼리굴라가 자행한 폭정의 최대 피해자인 고귀한 자여, 우리는 그대를 두고두고 기억할 것이오.

15

1 사생활에서 슬픔의 원인을 제거하는 것만으로는 아무 도움이 되지 않는다네. 우리는 가끔 인류에 대한 증오심에 사로잡히니까 말일세. 순박함은 드물 뿐 아니라 어느 누구도 알아주지 않으며, 성실함은 이익이 되는 경우 외에는 너무도 희귀하며, 성공한 범죄가 얼마나 많으며, 방탕한 생활의 가증스러운 이익과 손실은 또 얼마나 많으며, 야망은 적당한 한계 안에 머물지 않고 야바위로 빛을 발한다는 점을 생각하면 마음은 점점 더 밤으로 빠져들며, 마치 미덕이 지닌 가치가 전도되어 더이상 갖기를 바랄 수도 없고 또 가져봐야 도움이 안 될 것처럼 어둠에 휩싸인다네.

2 우리는 대중의 모든 악덕을 가증스러운 것이 아니라 가소로운 것으로 보도록, 그리고 헤라클레이토스[49]보다는 데모크리토스를 모방하도록 자신을 훈련해야 하네. 헤라클레이토스는 군중 사이로 들어갔을 때 울었으나 데모크리토스는 웃었기 때문일세. 전자에게는 우리의 모든 활동이 재앙으로 보였으나 후자에게는 어리석은 짓으로 보였던 것이라네. 우리는 모든 것을 가볍게 받아들이고 가벼운 마음으로 참고 견뎌야 하네. 인생을 대하는 데 우는 것보다는 웃는 것이 더 인간답기 때문일세.

3 게다가 웃는 사람이 우는 사람보다 인류에게 더 많이 기여한다네. 웃는 사람은 개선의 여지라도 남겨두지만, 우는 사람은 어리석게도 개선의 가망성을 찾지 못하여 울기 때문이네. 대체로 웃음을 참지 못하는 사람이 울음을 참지 못하는 사람보다 세련된 편이네. 웃음은 가장 경미한 마음의 동요를 뜻하고 인생살이에서 어떤 것도 위대하게, 진지하게, 불행하게 여기지 않는다네.

4 자신을 즐겁게 하거나 슬프게 하는 것들을 각자 하나하나 눈앞에 떠올려보면, 인간의 모든 활동은 인간이 처음 시작되었을 때와 같고, 인간의 삶은 인간의 수태(受胎)보다 더 고귀하거나 진지하지 않으며, 인간은 무(無)에서 태어난다는 [그리고 무로 돌아간다는] 비온[50]의 말이 진실임을 알게 될 걸세.

---

48 영혼이 육신을 떠나는 순간을 말한다.
49 헤라클레이토스는 "만물은 유전(流轉)한다"고 주장한 소아시아 에페소스(Ephesos) 출신의 그리스 철학자이다.
50 주 26 참조.

5 그러나 더 나은 방법은 대중의 도덕성과 인간의 결점을 담담하게 받아들이고, 웃음도 울음도 터뜨리지 않는 것이라네. 남의 불행에 괴로워하다가는 재앙이 계속될 것이고, 남의 불행을 기뻐하는 것은 비인간적인 쾌락이기 때문이네.

6 마찬가지로 누가 아들을 매장하고 있다고 해서 울면서 슬픈 표정을 짓는 것은 쓸데없이 인정을 베푸는 것이네. 자신의 불행에 대해서도 습관이 아니라 자연이 요구하는 만큼만 슬퍼하는 것이 적절한 처신일세. 많은 사람이 남에게 보이기 위해 눈물을 흘리며 보는 사람이 없으면 눈에 눈물이 말라 있는데, 그것은 다들 우는데 자기만 울지 않는 것을 적절치 못하다고 여기기 때문이네. 남의 눈치나 보는 이런 폐단이 너무 깊이 뿌리내려 애도와 같은 가장 기본적인 감정조차도 위선의 대상이 되고 말았다네.

16

1 이제, 언제나 우리를 슬프고 괴롭게 하는 주제로 넘어가겠네. 착한 사람이 비참한 종말을 맞는다면, 소크라테스가 감옥에서 죽도록 강요당하고, 루틸리우스[51]가 추방 생활을 하도록 강요당하고, 폼페이우스와 키케로가 자신의 예민에게 목을 내밀어야 하고,[52] 미덕의 살아 있는 화신이었던 카토[53]가 자신과 공화정이 끝장났음을 세상에 보여주기 위하여 자신의 칼 위에 엎어져야 한다면, 운명의 그토록 불공정한 보답에 우리는 괴로워하지 않을 수 없네. 가장 훌륭한 사람이 가장 비참한 운명을 당하는 것을 보며 우리는 자신을 위해 무엇을 바랄 수 있겠는가?

2 대체 어떻게 해야 하는가? 그들이 자신의 운명을 어떻게 참고 견뎠는지 살펴보게나. 그들이 용감하게 참고 견뎠다면 그들처럼 기백 있는 사람이 되려고 노력할 일이며, 그들이 여자처럼 비겁하게 죽었다면 그들이 죽었다고 해서 우리가 잃은 것은 아무것도 없다네. 그들은 용감했기 때문에 자네의 찬탄을 받을 가치가 있거나, 아니면 비겁했기 때문에 아쉬워할 가치도 없네. 가장 위대한 사람들의 용감한 죽음이 다른 사람들을 겁쟁이로 만드는 것보다 더 수치스러운 일이 어디 있겠는가?

3 우리는 칭찬받을 만한 사람에게는 되풀이해서 이런 말로 칭찬하도록 하세. "용감할수록 더 행복하도다! 그대는 온갖 사고와 시기와 질병에서 벗어났소. 그대는 감옥에서 풀려난 것이오. 신의 뜻은, 그대가 불운을 당하는 것이 아니라 운명이 그대에게 더이상 해코지하지 못하게 하는 것이었소." 운명은 슬슬 꽁무니를 빼며 죽는 순간에도 삶을 뒤돌아보는 자들을 붙들어야 할 것이네.

4 나는 흔쾌히 죽는 자를 위해서도, 울면서 죽는 자를 위해서도 눈물을 흘리지 않을 걸세. 전자는 손수 내 눈물을 닦아주었고, 후자는

---

51 투틸리우스(Publius Rutilius Rufus)는 기원전 105년 집정관을 지낸 로마의 정치가이자 장군으로, 청렴했던 까닭에 오히려 소아시아 지방 징세청부인들의 모함을 받아 기원전 92년 횡령죄로 추방당한다.

52 폼페이우스는 그리스 파르살로스(Pharsalos)에서 카이사르에게 패하고 약 7주 뒤 자신이 후원하던 이집트의 프톨레마이오스(Ptolemaios) 13세의 도움을 얻기 위해 보트를 타고 알렉산드레이아(Alexandreia) 항에 접근하던 중, 프톨레마이오스가 보낸 군사에게 살해됐다. 키케로는 전에 자신의 예민이었던 가이우스 포필리우스 라이나스(Gaius Popilius Laenas)에게 살해당한다.

53 주 25 참조.

내 눈물을 받을 만한 가치가 없다는 것을 스스로 눈물로 입증했기 때문이네. 헤라클레스[54]가 산 채로 화장되었다고 해서, 레굴루스[55]가 그토록 많은 못이 몸에 박혔다고 해서, 또는 카토가 제 몸에 치명상을 입혔다고 해서 내가 그들을 위해 눈물을 흘려야 하겠는가? 그들은 모두 얼마 안 되는 순간을 포기함으로써 영원한 존재가 되는 길을 발견했고, 죽음을 통해 불사의 존재가 되었던 것일세.

17

1 우리를 불안하게 하는 또 하나의 무시할 수 없는 원인은 소심하게 자기 연출을 하며 누구에게도 자신의 본래 모습을 드러내지 못하는 것이네. 많은 사람의 삶이 남에게 보여주기 위한 허구라네. 가면을 벗은 평상시의 모습이 남의 눈에 띌까 두려워서 끊임없이 자기를 살피는 것은 괴로운 일이지. 관찰될 때마다 평가를 받는다고 생각하면 우리는 결코 근심에서 벗어날 수 없네. 자신의 의지와 상관없이 우리 가면은 자주 벗겨지고, 그래서 자신에 대한 이러한 주의(注意)가 성공적이라 해도 늘 가면을 쓰고 사는 사람의 삶은 즐겁거나 안전하지 못하기에 하는 말일세.

2 그와는 달리 자신의 품성을 가리지 않는 자연 그대로의 꾸밈없는 순박함은 얼마나 많은 즐거움을 내포하고 있는가! 그러나 이런 생활방식도 모든 사람에게 노출되면 멸시당할 위험이 있네. 가까워진 것이면 무엇이든 멸시하는 사람들이 있기 때문일세. 그러나 미덕은 가까이에서 관찰되어도 멸시당할 위험이 없으며, 지속적인 가식 때문에 괴로워하기보다는 순박하기 때문에 멸시당하는 편이 더 낫다

네. 하지만 여기서도 중용은 지켜야 하네. 순박하게 사는 것과 아무렇게나 사는 것은 천양지차가 아니겠는가?

3   가끔은 자기 자신 속으로 물러나야 하네. 부류가 다른 사람들과의 교류는 잘 정돈된 것을 흐트러뜨리고, 걱정을 다시 깨우고, 아직 완치되지 못한 정신의 상처를 더 악화시키기 때문일세. 하지만 고독과 교제는 서로 혼합되고 교체되어야 하네. 고독은 우리로 하여금 사람을 그리워하게 만들고, 교제는 자기 자신을 그리워하게 만드네. 이것들은 서로 치료제가 되어준다네. 군중에 대한 증오심은 고독이 치유해주고, 고독에 대한 염증은 군중이 치유해주니까 말일세.

4   우리는 마음을 한결같이 긴장 상태로 유지해서는 안 되고, 때로는 기분 전환도 해야 한다네. 소크라테스는 소년들과 놀기를 부끄러워하지 않았고, 카토는 국사를 돌보느라 지친 마음을 술로 달랬네. 스키피오[56]는 무도곡의 율동에 맞춰 전사답게 개선장군답게 몸을 흔들었네. 그러나 걸음걸이만 봐도 여자보다 더 간드러진 자들에게서 오늘날 흔히 볼 수 있듯이 우아하게 몸을 구부리는 것이 아니라, 옛

---

54   헤라클레스(Herakles)는 이른바 '12가지 고역'을 완수한 그리스의 대표적인 영웅이다. 그는 히드라의 독이 묻어 있던 옷이 살 속으로 타들어가자 고통을 견디다 못해 자신을 산 채로 화장하게 한다.
55   레굴루스(Marcus Atilius Regulus)는 기원전 267년과 256년에 집정관을 지냈으며, 제1차 포이니 전쟁 때 카르타고군의 포로가 되었다. 카르타고인들은 포로교환과 평화협정을 성사시키도록 그를 로마로 보냈으나, 그는 원로원에서 이를 거부하라는 연설을 한 뒤 약속대로 카르타고로 돌아가 온몸에 못이 박혀 고문사당한다.
56   스키피오(Publius Cornelius Scipio Africanus Maior 기원전 235~183년)는 기원전 211년 약관의 나이에 카르타고인들을 공격하도록 에스파냐로 파견되었고, 기원전 202년에는 북아프리카의 차마(Zama)에서 한니발에게 결정적인 승리를 거둔다.

날의 영웅들이 적의 눈에도 위엄을 잃지 않고 경기 때나 축제 때 남자답게 춤을 추던 방식으로 그렇게 했다네.

5 우리의 마음도 휴식을 취해야 하네. 휴식을 취하고 나서 일어서면 마음은 더 강하고 더 날카로워질 것이네. 비옥한 들판을 무리해서 경작해서는 안 되듯이 — 휴경기가 없으면 들판의 지력은 곧 고갈되고 말지 — 쉴 새 없는 노력은 마음의 활력을 저해한다네. 잠깐의 긴장 이완과 휴식은 우리의 기운을 회복시켜주지만, 지속적인 노력은 마음을 무디고 나태하게 한다네.

6 놀이와 오락에 자연스러운 즐거움이 내포되어 있지 않다면, 사람들이 그것들을 그토록 바라지는 않을 걸세. 하지만 그것들을 지나치게 즐기면 마음은 진지함과 힘을 모두 잃을 걸세. 휴식에는 잠도 필수적이네. 그러나 잠이 밤낮으로 계속되면 그것은 죽음일 것이네. 늦추는 것과 풀어버리는 것은 천양지차라네.

7 입법자가 축제일을 정한 것은 사람들이 즐기도록 공적으로 강요하기 위해서인데, 노동과 노동 사이에 휴식을 끼워넣을 필요가 있다고 생각했던 것이네. 판단력이 뛰어난 사람들 가운데 더러는 매달 정해진 날에 휴식을 취했고, 더러는 하루를 여가 시간과 업무 시간으로 나누었네. 우리가 기억하기로는, 위대한 웅변가 아시니우스 폴리오[57]는 열 시가 지나면 어떤 일에도 매달리지 않았네. 그 시간이 지나면 그는 새로운 걱정거리가 생기지 않도록 편지도 읽지 않고 두 시간 동안에 하루의 피로를 풀었다네. 어떤 사람은 정오에 휴식을 취하고 덜 급한 일은 오후로 미룬다네. 우리 선조들은 열 시가 넘으면 원로원에서 새 의안을 발의하지 못하게 했네. 군인들은 번갈아 파수를 보고, 외근을 마치고 돌아오는 자는 야간 임무가 면제

되었다네.

8 마음을 너그럽게 대하고 가끔은 휴식을 취하게 해주어야 하네. 휴식은 마음의 양식이자 힘이기 때문일세. 우리는 밖에 나가 거닐어야 하네. 탁 트인 하늘 아래 신선한 공기를 들이마셔 마음이 기운을 차리고 고양될 수 있도록 말일세. 때로는 산책과 여행과 장소의 변화와 사교와 좀 세다 싶은 음주가 기운을 차리게 해줄 것이네. 가끔은 취하도록 마셔도 좋다네. 술에 잠기는 것이 아니라 반쯤 떠 있도록 말일세. 음주는 근심을 쫓아주고, 마음을 밑바닥에서 끌어올리고, 여느 질병처럼 슬픔도 치유해주지. 포도주의 발명자[58]에게 리베르[59]라는 별명이 붙은 까닭은 그가 사람의 혀를 자유롭게 해주기 때문이 아니라, 마음을 근심의 예속에서 풀어 해방시켜주고 고무하고 무슨 일이든 할 수 있도록 대담하게 만들어주기 때문일세.

9 자유가 그렇듯이 술에도 건전한 중용이 있네. 솔론과 아르케실라오스[60]는 술을 좋아한 것으로 알려져 있으며, 카토는 주정뱅이라는 비난도 들었네. 하지만 그러한 비난이 카토를 욕되게 하기보다는 그러한 결점이 카토로 인해 명예스러운 것이 되기가 더 쉬울 걸세. 그러나 마음에 나쁜 습관이 들지 않도록 자주 그렇게 해서는 안 되네. 물론 가끔은 거리낌없이 마음껏 즐기며 잠시 우울한 각성 상태에서

---

57 아시니우스 폴리오(Asinius Pollio 기원전 76년~기원후 4년)는 기원전 40년에 집정관을 지낸 로마의 저명한 정치가이자 웅변가·저술가이다.
58 주신 박코스(Bakchos).
59 리베르(Liber '해방자'라는 뜻)는 고대 이탈리아의 풍요의 신이었으나 나중에는 그리스의 주신 디오뉘소스(Dionysos), 일명 박코스와 동일시되었다.
60 아르케실라오스(Arkesilaos)는 기원전 3세기 중엽 아카데메이아학파의 수장이었다.

벗어날 필요가 있네.

10 "가끔은 미쳐야 즐겁다"는 그라이키아의 시인[61]의 말에, 또는 "제정신인 사람은 시문학의 문을 두드려도 헛일이다"[62]라는 플라톤의 말에, 또는 "광기가 섞이지 않은 위대한 재능은 없다"[63]는 아리스토텔레스의 말에 동의하든 말든, 마음은 흥이 나야만 남을 능가하는 위대한 것을 말할 수 있다네.

11 통속적이고 일상적인 것을 무시하고 신성한 영감의 날개를 타고 높이 비상할 때에만 마음은 비로소 인간의 입으로 말할 수 있는 것보다 더 위대한 것을 노래할 수 있다네. 자신의 지배를 받는 한 마음은 숭고한 것에, 가파른 정상에 있는 것에 이를 수 없네. 마음은 익숙한 주로에서 벗어나 달리되, 자신의 마부를 혼자서는 감히 오를 엄두도 못 내던 높은 곳으로 고삐를 잡고 휘몰아 가야 하네.

12 친애하는 세레누스여, 이것이 마음의 평정을 유지하고 회복하는 방법들이며, 악덕이 파고들 때 대항할 수 있는 방법이라네. 하지만 마음이 비틀거리지 않도록 계속해서 헌신적으로 보살피지 않으면, 그 가운데 어느 것도 그토록 허약한 존재를 보호할 수 있을 만큼 충분히 강하지 못하다는 점도 명심해두게나.

---

61 서정시인 아나크레온(Anakreon)을 가리키는 것으로 추정된다.
62 『파이드로스』(*Phaidros*) 245a.
63 아리스토텔레스, 『문제들』(*Problemata*) 954a.

섭리에 관하여
De providentia

섭리가 있다면 왜 선한 사람들에게
불행이 자주 닥치는가

친구 루킬리우스에게 헌정한 이 글은 언제 씌어졌는지 알려져 있지 않다. 이 글의 부제가 제기하는 물음에 세네카는 세계는 가장 잘 다스려지고 있는 만큼 고통은 좋은 목적에 이바지할 것임에 틀림없으며, 무엇보다도 고통과 시련을 통해 인간은 더 강해진다고 대답하고 있다.

01

1 루킬리우스여, 섭리가 세상을 지배한다면 어째서 선한 사람들에게 많은 불행이 닥치느냐고 그대는 내게 물었소. 이 문제는 섭리가 만물을 지배하고 신은 우리의 행복에 관심이 있다는 것을 증명할 수 있는 포괄적인 저술에서 논하는 편이 더 나을 것이오. 그러나 전체에서 한 부분을 떼어내 다른 쟁점은 건드리지 않고 개별 문제를 해결하는 것이 그대의 마음에 든다니, 어디 한번 그렇게 해보겠소. 그것은 어려운 일이 아니오. 나는 신을 위해 변론하게 될 테니 말이오.

2 우리의 당면 목적을 위해 굳이 말할 필요는 없겠지만, 이토록 큰 구조물은 수호자 없이는 존속할 수 없소. 별들이 모이고 흩어지는 것은 우발적인 충동의 결과가 아니오. 우연히 움직이는 것은 방향도 없고 서로 충돌할 가능성이 많지만, 영원한 법칙에 따른 운행은 빠르고 반칙을 하지 않으며 지상과 바다의 수많은 사물들과, 정해진 법칙에 따라 찬란히 빛나는 더없이 밝은 별들을 함께 실어 나르오. 제멋대로 움직이는 질료는 그렇게 질서정연할 수 없소. 맹목적으로 모인 것들은, 무거운 대지가 요지부동인 채 천체가 주위에서 재빨리 돌고, 바닷물이 대지의 깊은 곳으로 흘러들어 땅을 적셔주되 강

물들로 불어나는 것을 느끼지 못하며, 작은 씨앗에서 거대한 것이 자라나는 것을 구경할 수 있을 만큼 교묘하게 떠 있을 수 없소.

3   무질서하고 뒤죽박죽인 것처럼 보이는 현상, 이를테면 비, 구름, 부서지는 벼락의 섬광, 찢어진 산정에서 흘러내리는 화염, 흔들리는 땅속 요동, 대지 위에서 벌어지는 다른 격동도 우리가 예측하지는 못하지만 계획 없이 일어나는 것은 아니오. 이런 것들도 다 나름대로 이유가 있는 법이오. 물속의 온천이나 넓은 바다에서 솟아오른 새로운 섬[島]처럼 뜻밖의 장소에서 보는 기적 같은 현상들도 다 나름대로 이유가 있듯이 말이오.

4   바닷물이 물러가면 해안이 드러났다가 잠시 뒤 또다시 파도에 덮이는 광경을 본 사람은, 어떤 난류(亂流)가 때로는 파도를 안으로 끌어들이고 때로는 파도가 세차게 돌진하여 이전 자리를 도로 차지하게 한다고 믿을 것이오. 사실 파도는 규칙적으로 불어나고 바다의 조류를 지배하는 달의 인력에 따라 날짜와 시간에 맞춰 많이 다가오기도 하고 적게 다가오기도 하는데 말이오. 하지만 이런 문제는 언젠가 때가 되면 논하기로 합시다. 특히 그대는 섭리가 있다는 것을 의심하는 것이 아니라 섭리에 대해 불평을 하고 있으니 말이오.

5   나는 그대를 신과 화해시키고 싶소. 신들은 가장 선한 자에게 가장 선의를 품고 있기 때문이오. 자연은 선한 것이 선한 것에게 해를 입히는 것을 결코 용납하지 않소. 선한 자들과 신들 사이에는 우의(友誼)가 존재하며, 그들은 미덕으로 결속되어 있소. 내가 우의라고 했던가요? 그들은 친척이며 닮았다고 해야겠지요. 선한 자와 신의 차이는 시간뿐이니까요. 선한 자는 신의 제자이며 모방자이자 진정한 후손이고, 존엄한 아버지인 신은 미덕을 고집하며 엄한 아버지처럼

선한 자를 좀 엄격하게 교육하지요.

6 보다시피 신들이 받아들인 선한 자들은 수고하고 땀 흘리며 힘들게 위로 오르는 데 반해 악한 자들은 방탕한 짓을 하며 쾌락에 몰두해요. 그대는 우리도 아들들이 겸손한 것을 좋아하면서도 젊은 노예들은 방종한 것을 좋아하며, 아들들은 엄격한 훈련으로 다스리면서도 젊은 노예들의 건방진 태도는 부추긴다는 점을 명심해두시오. 신도 그대와 똑같이 한다고 생각해야 하오. 신은 선한 자를 응석받이로 만드는 것이 아니라 시험하고 단련하며 자신을 위해 준비시키니까요.

02

1 어째서 선한 자들에게 불운이 많이 닥치는 것일까? 선한 자들에게 어떤 악이 일어난다는 것은 불가능하오. 상반된 것들은 섞이지 않기 때문이오. 그토록 많은 강물과 그토록 많이 쏟아져내린 빗물과 광천수의 힘도 바닷물의 맛을 바꾸지 못하듯이, 아니 묽게도 하지 못하듯이, 사납게 덤벼드는 불운도 용감한 자의 마음가짐을 바꾸지 못하오. 그는 꿋꿋하게 버티고 서서 무슨 일이 일어나든 그것을 자신의 성향에 맞추지요. 선인은 모든 외적인 것들보다 더 강하기 때문이오.

2 그것은 그가 외적인 것을 느끼지 못한다는 뜻이 아니라 극복한다는 뜻이오. 그는 여느 때는 차분하고 유순하지만 공격해오는 것은 무엇이든 일어나 물리치지요. 그는 모든 외적인 것을 훈련으로 간주하지요. 명예로운 것을 노리는 올곧은 사람이라면 누구나 적절한

노고를 추구하며, 설사 위험이 따른다 해도 의무를 수행할 각오가 되어 있지 않을까요? 부지런한 사람이라면 여가를 벌(罰)로 여기지 않을까요?

3 우리도 보다시피 운동선수는 체력 단련을 위해 언제나 가장 강한 자와 싸우며, 트레이너에게 있는 힘을 다해 자신을 상대해달라고 요구하지요. 그는 타격과 타박상을 참고 견디며, 자신과 일대일로 상대할 만큼 강한 적수를 찾지 못하면 한꺼번에 여러 사람과 맞서지요.

4 미덕도 적대자가 없으면 무기력해지게 마련이오. 미덕이 참고 견디며 자신이 무엇을 할 수 있는지 보여줄 때 비로소 그 진정한 위대함과 힘이 드러나는 법이지요. 선한 자들도 그와 같이 행동해야 한다는 것을 그대는 알아야 하오. 말하자면 그들은 단련과 어려움 앞에서 몸을 사리거나 운명에 대해 불평해서는 안 되오. 그들은 무슨 일이 일어나든 좋게 받아들이고 좋게 바꿔놓아야 하오. 중요한 것은 무엇을 참고 견디느냐가 아니라 어떻게 참고 견디느냐는 것이오.

5 아버지의 다정함과 어머니의 다정함이 어떻게 다른지 그대는 보지 못하시오? 아버지는 아이들에게 어려서부터 일을 시키고, 휴일에도 놀리지 않으며, 아이들이 땀과 때로는 눈물을 흘리게 하지요. 그러나 어머니는 아이들을 품에 안고 싶어하고, 그늘 아래 있기를 바라고, 아이들이 슬퍼하거나 울지 못하게 하고, 일하지 못하게 하지요.

6 그런데 신은 선한 자에 대해 아버지의 마음을 갖고 있고, 선한 자를 엄한 아버지가 자식을 대하는 것처럼 사랑하지요. 그분은 말하오. "그는 노고와 고통과 피해에 시달림으로써 진정한 힘을 얻어야 할 게야." 잘 사육된 자들은 무위도식으로 무기력해지며, 노력이 아니

라 운동과 제 몸무게 때문에 탈진하지요. 얻어맞아보지 않은 행복은 한 방에 나가떨어지지요. 그러나 끊임없이 불운과 싸우는 자는 잇단 가격에 굳은살이 박여 어떤 고난에도 물러서지 않으며, 땅바닥에 쓰러져도 무릎으로 서서 계속해서 싸우지요.

7 신은 선한 자들을 사랑하여 그들이 더없이 선하고 탁월하기를 바라거늘, 그러한 신이 그들을 단련시킬 수 있는 운명을 배정한다고 해서 뭐가 그리 놀랄 일이란 말이오! 위대한 인간이 재앙과 싸우는 모습을 신들이 가끔 보고 싶어한다 해도 그것은 조금도 놀랄 일이 못 되오.

8 우리도 가끔 젊은이가 덤벼드는 맹수에 사냥용 창으로 꿋꿋이 맞서거나 사자의 공격을 겁 없이 버텨내면 좋아하지 않나요? 그가 명예롭게 그 일을 수행할수록 그 광경은 보기 좋지요. 하지만 그러한 일들은 경박한 인간의 유치한 오락이기에 신들의 시선을 끌 수는 없소. 자, 자신의 일에 전념하는 신도 주목할 만한 광경을, 신에게 어울리는 한판 승부를 보시오. 불운에 맞서 싸우는 용감한 사람 말이오. 그가 불운에 도전했을 때는 더욱더 볼 만하지요.

9 단언하건대, 제우스가 지상으로 눈길을 돌린다면, 그가 보기에 자신의 당파가 거듭 패배했지만 조국의 폐허 한가운데에 당당하게 버티고 서 있는 카토[1]의 모습보다 더 아름다운 광경은 없을 것이오.

10 그는 말하오. "설사 모든 것이 한 사람의 지배 아래 들어가고, 육지는 군단에, 바다는 함대들에 포위되고, 성문들은 카이사르의 부대에 점령됐다고 해도, 카토에게는 탈출구가 있지. 그는 한 손으로 자유를 위해 넓은 길을 열 테니까. 내전 때도 깨끗하고 아무 허물이 없었던 이 칼이 마침내 고귀하고 좋은 일을 해낼 거야. 이 칼은 조

국에게 줄 수 없었던 자유를 카토에게는 줄 테니 말이야. 영혼이여, 네가 오랫동안 계획했던 일에 착수해 이 세상으로부터 너를 낚아채다오! 벌써 페트레이우스와 유바²는 서로 싸우다가 서로의 손에 쓰러져 누워 있구나. 그것은 남자답고 탁월한 운명 공동체이긴 하지만 내 수준에는 맞지 않아. 카토에게는 누구에게 죽여달라거나 살려달라고 간청하는 것은 수치스러운 일이니까."

11 신들은 보고 크게 기뻐했을 것이라고 나는 확신하오. 자신에게는 더없이 엄격한 재판관인 그 사람이 남의 안전을 염려하고, 떠나는 자들이 도주할 수 있게 해주고, 죽기 전날에도 독서를 하고, 그 거룩한 가슴에 칼을 꽂고, 자신의 내장을 꺼내어 칼로 더럽혀지기에는 너무나 순수한 더없이 고결한 영혼을 제 손으로 해방시켜주었을 때 말이오.³

12 칼의 가격이 정확하지 못해 상처가 치명상이 되지 못한 까닭은, 불사신들에게는 카토를 한 번 보는 것으로는 충분하지 못했기 때문이오. 더 어려운 상황에서 자신의 진가를 보여주도록 그의 용기가 제

---

1 『마음의 평정에 관하여』 주 25 참조.
2 마우레타니아의 왕 유바(Iuba)와 전에 로마의 장군이었던 페트레이우스(Marcus Peueius)는 둘 다 공화정 시시사들의 편에 가담했다. 유바는 자신의 도시 차마에서 거대한 장작더미를 쌓아놓고 그 위에서 화장되기를 원했으나, 그 때문에 도시가 파괴되지나 않을까 두려워한 시민들이 유바와 그의 일행인 페트레이우스를 시내에 들어오지 못하게 했다. 그래서 유바는 시골 별장에 가서 주연을 벌인 뒤 떳떳하게 죽을 수 있도록 페트레이우스에게 결투를 신청했다. 페트레이우스가 쓰러지자 유바는 노예를 시켜 자기를 죽이게 했다.
3 소(小)카토는 칼로 자살하려 했으나 실패하자 의사의 도움을 거절하고 제 손으로 내장을 꺼내어 죽었다고 한다. 플루타르코스, 『영웅전』(*Bioi pararelloi*) 「소카토 전」 70장 8~10절 참조.

지되고 각하되었던 것이지요. 단번에 죽는 것보다는 재차 죽으려 할 때 더 큰 용기가 필요하기 때문이지요. 자신의 제자가 그토록 영광스럽고 기억에 남도록 세상을 떠나는 것을 보고 신들이라고 왜 좋아하지 않겠소? 죽음을 두려워하는 자들에게조차 칭찬받으며 죽는 사람은 죽음에 의해 축성(祝聖)되는 것이지요.

03

1 담론이 진행되는 동안 나는 재앙으로 보이는 것들이 사실은 재앙이 아님을 보여주겠소. 지금 내가 말하고자 하는 바는, 그대가 가혹하다고, 불운하다고, 혐오스럽다고 말하는 것들이, 첫째, 그러한 일을 당하는 자들에게, 둘째, 인류 전체에 도움이 된다는 것이오. 신들은 개인들보다는 인류 전체를 더 염려하니까 말이오. 그다음, 선한 자들은 이런 일들을 기꺼이 받아들이며, 만약 그렇지 않다면 불운을 당해 마땅하지요. 게다가 이런 일들은 운명으로 정해져 있으며, 선한 자들을 선하게 하는 바로 그 법칙에 따라 선한 자들에게 일어나지요. 끝으로, 나는 그대에게 선한 자를 결코 동정하지 말라고 설득할 것이오. 그는 불행하다는 소리를 들을 수는 있어도, 불행할 수는 없기 때문이지요.

2 모든 명제 가운데 가장 어려운 것은, 우리가 두려워 떠는 것들이 그것을 당하는 자들에게는 도움이 된다는 내 첫 번째 주장일 듯하오. 그대는 말하겠지요. "추방당하고, 가난해지고, 처자를 잃고, 치욕을 당하고, 활동할 수 없게 되는 것이 그러한 일을 당하는 자들에게 도움이 된다는 말인가요?" 이런 일이 누군가에게 도움이 된다는 것

이 놀랍다면, 어떤 질병은 칼과 불과 단식과 갈증에 의해 치유된다는 사실에도 그대는 놀랄 것이오. 치료를 위해 어떤 사람은 뼈를 깎거나 잘라내고, 혈관을 꺼내고, 몸 전체에 해를 입히지 않고는 남아 있을 수 없는 사지를 절단한다는 점을 고려한다면, 어떤 불편은 그것을 당하는 자에게 도움이 된다는 점도 그대는 이해하게 될 것이오. 반대로, 사람들이 찬양하고 추구하는 것은 그것을 즐기는 자들에게 해가 되지요. 과식과 과음, 죽음에 이르게 하는 쾌락의 경우가 그러하지요.

3 우리 친구 데메트리오스[4]의 수많은 멋진 발언 가운데 다음 발언은 마치 방금 들은 것처럼 아직도 귀에 쟁쟁하오. 그는 이렇게 말했소. "내가 보기에, 불운을 당해보지 않은 사람만큼 불행한 사람은 없는 것 같소." 그러한 사람은 자신을 시험해볼 기회를 얻지 못했기 때문이오. 그에게는 원하는 대로, 아니 원하기도 전에 만사가 형통할는지는 몰라도 신들은 그에게 호감을 갖고 있지 않소. 신들에게 그는 운명을 극복할 자격이 없는 자로 보였으니 말이오. 운명은 마치 "왜 내가 저런 자를 상대해야 하지? 저자는 당장 무기를 내릴 텐데 말이야. 저런 자에게는 내 힘을 다 쓸 필요도 없어. 저자는 내가 조금만 위협해도 뒤로 물러설 거야. 내 험상궂은 표정을 견디지 못할 테니까. 나와 싸울 수 있는 다른 사람을 찾아봐야지. 패할 준비가 되어 있는 사람과 싸운다는 것은 창피한 일이니까"라고 말하고 싶은 듯, 가장 비겁한 자는 회피하니까 말이오.

4 검투사는 자신보다 못한 자와 싸우는 것을 수치로 여기오. 위험이

---

4 데메트리오스(Demetrios)는 견유학파 철학자로, 세네카와 동시대인이었다.

없는 곳에서는 영광을 얻을 수 없다는 것을 알고 있으니까요. 운명도 그러하오. 운명은 자신과 대등한 가장 강한 적수를 찾고, 많은 사람들을 무시하며 지나치니까 말이오. 운명이 도전하는 것은 절대 굽힐 줄 모르고 가장 올곧은 자들인데, 그들에게는 자기가 가진 힘을 다 쓸 수 있기 때문이오. 운명은 무키우스[5]는 불로, 파브리키우스[6]는 가난으로, 루틸리우스[7]는 추방으로, 레굴루스[8]는 고문으로, 소크라테스[9]는 독약으로, 카토는 죽음으로 시험했소. 불운이 아니고서는 어찌 그런 위대한 본보기를 찾아낼 수 있겠소!

5 무키우스는 불행할까요? 불 속에 오른손을 밀어넣어 자신의 과오에 대해 자신을 벌주었기 때문에? 무장한 손으로는 도망치게 할 수 없었던 왕을 불에 탄 손으로 도망치게 했기 때문에? 어때요? 애인의 품속에서 손을 데웠더라면 그는 더 행복했을까요?

6 파브리키우스는 불행할까요? 관직에서 물러난 뒤 손수 자기 농토를 갈아엎었기 때문에? 그가 퓌르로스[10]와 부(富)를 두고 전쟁을 수행했기 때문에? 개선식까지 올렸던 노인인데도 자기 들판에서 김을 매다가 손수 뽑은 뿌리와 풀잎을 화롯가에서 먹었기 때문에? 어때요? 먼 바다의 물고기와 외국에서 수입해온 가금(家禽)으로 배를 가득 채웠더라면, 위쪽 바다[11]와 아래쪽 바다[12]의 갑각류로 망가진 위의 활력을 돋웠더라면, 많은 사냥꾼들이 목숨을 잃으며 잡은 정선된 사냥감 위에 과일을 겹겹이 쌓아올렸더라면 그는 더 행복했을까요?

7 루틸리우스는 불행할까요? 그를 심판한 자들은 모든 후세 사람들 앞에서 자기변호를 해야 할 것이기 때문에? 추방이 끝났을 때보다 조국에서 추방되었을 때 더 담담하게 받아들였기 때문에? 그만이

독재관 술라¹³에게 "아니요"라고 대답했고, 귀국하라는 명을 받자 뒷걸음질치며 더 멀리 도망쳤기 때문에? 그는 말했소. "그런 것들이라면 로마에서 그대의 행복한¹⁴ 정치에 사로잡힌 자들이나 보라고 하시오! 그들이나 광장의 피바다와, 세르빌리우스 연못에서 원로원 의원들의 머리들과(그곳에서 술라에 의해 추방된 자들이 처형당했으니까), 도시 곳곳을 돌아다니는 암살자 집단과, 안전을 보장

---

5 무키우스(Gaius Mucius Scaevola Cordus)는 기원전 507년 로마를 함락한 에트루리아 왕 포르센나(Porsenna)를 살해하려고 적진으로 숨어들어갔다가 붙잡혀 불 고문을 당하게 되자 "큰 명성을 추구하는 사람에게 육신이란 얼마나 보잘것없는 것인지" 보여주려고 자진하여 오른손을 불 속에 밀어넣었다고 한다. 리비우스, 『로마 건국 이후의 역사』 2권 12장 참조.
6 파브리키우스(Gaius Fabricius Luscinus)는 기원전 282년과 278년에 집정관을 지낸 로마의 청렴하고 검소한 정치가이자 장군으로, 이탈리아를 침공한 에페이로스 왕 퓌르로스와 싸운 적이 있다.
7 『마음의 평정에 관하여』 주 51 참조.
8 『마음의 평정에 관하여』 주 55 참조.
9 『마음의 평정에 관하여』 주 19 참조.
10 퓌르로스(Pyrrhos 기원전 319~272년)는 그리스 북서부에 있는 에페이로스(Epeiros) 지방의 왕으로, 알렉산드로스 대왕처럼 대제국을 건설하고자 한때 마케도니아와 시칠리아를 정복한다. 그 뒤 그는 타렌툼 시가 도움을 청하자 이탈리아에 쳐들어가 기원전 280·~279년 로마군을 격파하시만 그노 큰 피해를 입는다. 그 뒤로 막대한 대가를 치른 승리를 '퓌르로스의 승리'라고 한다. 그는 기원전 275년 삼니움 지방의 베네벤툼(Beneventum)에서 로마군에게 패하여 본국으로 퇴각한다.
11 이탈리아 반도 북동쪽의 아드리아 해.
12 이탈리아 반도 서남쪽의 튀르레니아(Tyrrhenia) 해.
13 술라(Lucius Cornelius Sulla 기원전 138년경~78년)는 로마의 장군으로, 내전 때 마리우스(Marius)의 민중파(popularis)에 맞서 귀족파(optimates)를 이끌었다. 그의 잔인한 보복행위는 오래오래 기억되었다.
14 술라의 별명 펠릭스(Felix)는 '행복한' '행운의'라는 뜻이다.

하겠다는 언질을 받은 뒤 사실은 그 언질 때문에 한곳에서 학살당한 수천 명의 로마인들을 보라고 하시오. 그런 것들은 추방 생활을 할 수 없는 자들이나 보아야 할 광경이니까."

8 어때요? 루키우스 술라는 행복할까요? 그가 광장으로 갈 때 사람들이 칼을 휘둘러 길을 냈기 때문에? 살해된 집정관들의 머리를 자기에게 가져오게 하고는 살인 행위에 대한 보수를 재정관을 통해 공금에서 지불하게 했기 때문에? 이 모든 짓을 저지른 것은 바로 코르넬리우스 법[15]을 통과시킨 술라였지요.

9 이제 레굴루스 차례군요. 그를 충성심의 본보기로, 참을성의 본보기로 만들었을 때 운명은 그에게 얼마나 해롭게 했던가요? 못들이 살갗에 꽂혀 있어서, 그는 지친 몸을 어느 쪽으로 기대든 상처 위에 누웠고, 두 눈은 계속해서 망을 보도록 떠져 있었소. 고통이 클수록 명성도 커질 것이오. 그가 미덕을 위하여 이런 대가를 치른 것을 조금도 후회하지 않았는지 그대는 알고 싶은가요? 그를 소생시켜 원로원으로 보내보시오. 그는 똑같은 견해를 밝힐 것이오.

10 그대는 마이케나스[16]가 더 행복하다고 여기시오? 상사병에 걸린 그가 변덕스러운 아내가 날마다 거절한다고 비탄하며 멀리서 부드럽게 들려오는 음악 소리로 잠을 청했기 때문에? 그가 물 타지 않은 술로 자신을 마취시키든, 졸졸거리는 물소리로 기분 전환을 하든, 수천 가지 쾌락으로 불안한 마음을 속이든, 레굴루스가 고문대 위에서 그러하듯 그는 깃털 침상 위에서 뜬눈으로 밤을 지새울 것이오. 레굴루스는 명예를 위해 힘든 일을 참는 것을 위안으로 삼으며 고통에서 그 원인 쪽으로 눈길을 돌리오. 그러나 마이케나스는 쾌락에 무기력해지고 지나친 행복에 시달려 고통보다는 고통의 원인

때문에 더 괴로워하지요.

11 인류가 악덕에 사로잡혔다 해도, 자신의 운명을 선택할 수 있다면 마이케나스보다는 레굴루스로 태어나기를 바라는 사람이 더 많을 것임을 의심할 정도는 아니지요. 누가 뻔뻔스럽게도 자기는 레굴루스보다는 마이케나스로 태어나기를 바란다고 말한다면, 그러한 사람이야말로 말은 안 해도 테렌티아[17]로 태어나기를 바랄 것이오.

12 그대는 소크라테스가 불상사를 당했다고 생각하시오? 그가 국가의 명령으로 조제된 독액을 불멸에 이르는 치료약으로서 들고는 죽을 때까지 죽음에 관해 이야기했기 때문에? 그에게 불상사가 일어났나요? 그의 피가 굳어지며 차츰 냉기가 스며드는 가운데 혈관들의 힘이 멈춰 섰기 때문에?

13 소크라테스가 훨씬 부럽지 않나요? 보석 술잔에 술을 받고, 아무리 학대해도 참도록 배우고 남자인지 의심스럽거나 할례를 받은 미동(美童)이 황금 동이에서 떨어지는 눈 녹은 물로 술을 희석해주는 자들보다는 말이오. 그들은 무엇을 마셨든 간에 토함으로써 마신 만큼 달아서 되돌려주고, 쓰라린 제 쓸개를 맛보며 괴로워할 것이오. 그러나 소크라테스는 기쁜 마음으로 기꺼이 독배를 비울 것이오.

14 카토에 관해서는 앞에서 충분히 말했소. 그에게 최고의 행복이 주어졌으리라는 것은 만인의 일치된 의견이오. 두려운 자연이 그를

---

15 코르넬리우스 법(lex Cornelia)은 살인자와 극약 조제에 관한 법으로, 기원전 81년 술라가 통과시켰다.
16 마이케나스(Gaius Maecenas)는 아우구스투스 시대의 유명한 문예 후원자인데, 그의 아내 테렌티아(Terentia)는 한때 아우구스투스와 각별한 사이였다고 한다.
17 주 16 참조.

싸움 상대로 골랐으니까 말이오. 자연은 이렇게 말할 것이오. "권력자들을 적대시하면 매우 불리하다고요? 그렇다면 그는 동시에 폼페이유스와 카이사르와 크랏수스[18]를 상대할 것이오. 자기보다 못한 자에게 관직에서 뒤진다는 것은 힘든 일이라고요? 그렇다면 그는 바티니우스[19] 뒤로 물러설 것이오. 내전에 가담하는 것은 힘든 일이라고요? 그렇다면 그는 온 지구 위에서 좋은 일을 위해 불운하게, 집요하게 싸울 것이오. 자살하는 것은 힘들다고요? 그렇다면 그는 그렇게 할 것이오. 왜 이런 말을 하느냐고요? 내가 카토에게 어울린다고 여기는 이런 일들은 결코 재앙이 아니라는 것을 모두들 알아야 하기 때문이지요."

04

1 번영은 대중과 평범한 재능을 가진 자들에게도 내려오지요. 그러나 인간의 재앙과 공포를 제압하는 것은 위대한 사람의 몫이지요. 늘 행복하고 마음의 고통 없이 인생을 통과한다는 것은 자연의 다른 반쪽은 모른다는 뜻이오.

2 그대가 위대한 사람이라고요? 내가 그걸 어떻게 알지요? 자연이 그대에게 미덕의 능력을 보여줄 기회를 주지 않았는데 말이오. 그대는 올륌피아[20] 경기에 참가했으나 경쟁자가 없소. 그래서 그대는 영광은 차지하겠지만 승리하는 것은 아니오. 나는 그대를 축하하기는 하나, 그대의 용기 때문이 아니라 누가 집정관직이나 재정관직을 차지했을 때처럼 축하하오. 그대의 명예가 드높아졌으니까요.

3 나는 선한 자에게도 같은 말을 할 수 있을 것이오. 역경이 그에게

정신력을 보여줄 기회를 주지 않았다면 말이오. "나는 그대를 불행하다고 여기오. 그대는 불행해본 적이 없기 때문이오. 그대는 역경 없이 인생을 통과했소. 아무도 그대의 능력을 알 수 없을 것이오. 그대 자신조차도 말이오." 자신을 알기 위해서는 실험이 필요하오. 시도해보지 않고서는 아무도 자기가 무엇을 할 수 있는지 모르오. 그래서 어떤 사람들은 불행이 머뭇거릴 때는 자진하여 불행으로 다가가, 그러지 않았더라면 어둠 속에 묻히고 말았을 자신의 미덕이 빛을 내뿜을 기회를 찾았던 것이오.

4   단언하건대, 위대한 사람은 때로는 역경을 반긴다오. 용감한 군인이 전쟁을 반기듯 말이오. 나는 검투사 트리움푸스가 티베리우스[21] 황제 재위 기간에 공연 기회가 드물어졌다고 불평하는 말을 들은 적이 있소. 그는 말했소. "옛날에는 참 세월이 좋았는데!" 미덕은 위험을 탐하며, 시련보다는 목표를 생각하지요. 시련도 영광의 일부이기 때문이오. 군인은 자신의 상처를 자랑하며, 갑옷에서 피가 솟아나오는 것을 기꺼이 보여주지요. 부상당하지 않고 싸움터에서 돌아오는 자도 똑같이 잘 싸웠겠지만, 부상당한 채 돌아오는 자가 더 주목받는 법이오.

---

18   폼페이유스와 카이사르와 크랏수스는 제1차 삼두정치의 주역들이다.
19   바티니우스(Publius Vatinius)는 카이사르의 추종자이자 하수인으로 세평이 나쁜 인물이었는데, 정치적인 음모로 카토 대신 재정관이 된 적이 있다.
20   올륌피아(Olympia)는 그리스 펠로폰네소스 반도 엘리스(Elis) 지방에 있는 소도시로, 그곳에서 4년마다 열리는 경기에는 본토와 해외의 전 그리스인이 참가했다. 근대 올림픽 경기는 이 경기를 부활시킨 것이다.
21   티베리우스(Tiberius Claudius Nero Caesar 재위 기간 14~37년)는 아우구스투스에 이어 로마 황제가 되었다.

5 단언하건대, 신은 기백 있고 용감한 행위를 할 기회를 줌으로써 되도록 존경받았으면 싶은 자들을 배려하지요. 그러한 행위를 하자면 역경이 필요하오. 키잡이는 폭풍을 겪어봐야 알고, 군인은 싸움터에 나가봐야 아는 법이오. 부가 넘쳐난다면 그대가 가난을 얼마나 용감하게 참고 견딜지 내가 어떻게 알겠소? 그대가 박수갈채 속에서 늙는다면, 불패의 인기를 누리는 그대에게 모두들 호감을 느낀다면, 모욕과 수치와 대중의 무례에 그대가 얼마나 꿋꿋하게 버틸지 내가 어떻게 알겠소? 그대가 기른 아이들이 모두 그대 옆에 살아 있다면, 자식 잃는 아픔을 그대가 얼마나 담담하게 견뎌낼지 내가 어떻게 알겠소? 나는 그대가 남에게 위로의 말을 건네는 것을 들었소. 그때 그대가 자신을 위로했더라면, 슬퍼하는 것을 자신에게 금했더라면, 나는 그대의 참모습을 볼 수 있었겠지요.

6 그대는 제발 불사신들이 우리 마음에 박차로 쓰는 것들을 두려워 마시오. 재앙은 미덕에게는 기회라오. 너무나 큰 행복으로 나른해진 자들, 잔잔한 바다 위에서처럼 나태한 평온에 사로잡힌 자들은 불행하다고 불려 마땅할 것이오. 무슨 일이 생기든 그들에게는 놀라운 일이오. 잔혹한 운명은 겪어보지 못한 사람일수록 더 무겁게 짓누르지요. 멍에는 부드러운 목덜미에는 무거운 법이오. 신병은 부상을 생각만 해도 파랗게 질리지요. 고참병은 대담하게 자신의 피를 보는데, 피를 흘린 뒤에는 종종 승리했다는 것을 알고 있기 때문이지요.

7 그래서 신은 자신이 인정하고 사랑하는 자들을 단련시키고 시험하고 훈련시키는 것이오. 신이 호감을 품고 있는 것처럼 보이는 자들은 아직 단련되지 않은 까닭에 다가올 불행을 위해 아껴두는 것이

오. 누구는 고통을 면제받았다고 여긴다면 그것은 오산이오. 오랫동안 행복했던 자도 언젠가는 제 몫을 받게 될 테니까 말이오. 면제받은 것으로 보이는 자는 집행이 연기되었을 뿐이지요.

8   왜 신은 하필이면 가장 선한 자를 질병이나 슬픔이나 다른 불상사로 괴롭히는 것일까요? 군대에서도 위험한 일은 가장 용감한 군인들에게 맡겨지게 마련이오. 장군은 조심스럽게 선발된 군인들을 보내 적군을 야습하고, 길을 정찰하고, 수비대를 몰아내게 하지요. 출발하는 자들 가운데 어느 누구도 "장군은 내게 못할 짓을 한 거야"라고 말하지 않고 "장군은 나를 좋아하나 봐"라고 말할 것이오. 마찬가지로 겁 많고 소심한 자들을 울리는 일을 참고 견디도록 명령받은 자는 누구나 "신은 우리를 인간의 본성이 얼마나 참을 수 있는지 시험하기에 알맞은 대상으로 판단했던 거야"라고 말할 것이오.

9   그대는 사치를 피하고 허약하게 만드는 행복을 피하시오. 행복은 사람의 마음을 해이하게 만들고, 인간의 운명을 상기시키는 어떤 일이 일어나지 않으면 취생몽사(醉生夢死)하게 만들기 때문이오. 유리창[22]이 언제나 외풍을 막아준 자, 뜨거운 습포를 계속해서 갈아 붙이며 발의 온도를 따뜻하게 유지한 자, 식당을 바닥과 벽에 설치된 온돌로 따뜻하게 데워놓은 자는 조금만 바람을 쐬어도 위험하지요.

10 과도한 것은 무엇이든 해롭지만 과도한 행복이야말로 가장 위험하오. 과도한 행복은 뇌를 자극하고, 마음속에 허튼 공상을 불러일으키고, 참과 거짓의 경계를 자욱한 안개로 가리지요. 끝도 절제도 없

---

22 유리창은 세네카 시대에 처음 선을 뵌 것 같다.

는 행복 때문에 폭발하느니 지속적인 불행을 미덕의 도움으로 참고 견디는 편이 더 낫지 않을까요? 굶어 죽을 때는 부드럽게 죽지만, 과식하면 배가 터져 죽으니까 말이오.

11 신들이 선한 자들을 다룰 때는 스승이 제자를 다룰 때와 같은 원칙을 따르지요. 스승은 믿음직하고 기대되는 학생들에게 더 많은 노력을 요구하니까 말이오. 그대는 라케다이몬[23]인들이 자질을 시험해보려고 공개적으로 매질을 하게 했다고 해서 자식들을 미워했다고 생각하시오? 아버지들은 자식들에게 매질을 꿋꿋이 참고 견디라고 격려했고, 자식들의 살이 찢기고 초주검이 되면 새로 부상을 입히려고 부상당한 곳을 들이대라고 요구했지요.

12 신이 고결한 정신을 엄하게 시험하는 것이 뭐가 그리 놀랍단 말이오? 미덕은 결코 부드럽게 입증되는 것이 아니오. 운명이 우리를 때리고 매질한다고요? 우리는 견뎌야 하오. 그것은 잔혹 행위가 아니라 싸움이오. 우리는 자주 싸울수록 용감해지지요. 우리 몸에서 가장 빈번히 사용하고 단련하는 부위가 가장 단단한 것처럼. 우리는 자신을 운명에 맡겨야만 바로 운명의 도움으로 운명에 단련될 수 있소. 운명은 차츰 우리를 자신의 적수로 만들 것이며, 위험에 늘 노출되어야 위험을 무시할 수 있을 것이오.

13 선원의 몸은 바다를 참고 견딤으로써 단단해지고, 농부의 손바닥에는 굳은살이 생기며, 군인의 팔은 창을 던질 수 있을 만큼 강하고, 경주 선수의 사지는 민첩해지지요. 각자가 단련시킨 그 부위가 가장 단단한 법이오. 참고 견딤으로써 우리의 마음은 불행을 견디는 것을 하찮게 여길 수 있는 것이오. 이것이 우리에게 얼마나 효과적일 수 있는지 알고 싶다면, 가난하기 때문에 더 용감한 헐벗은 민족

들에게 노력이 얼마나 많은 것을 제공하는지 보시오.

14 로마의 평화가 미치지 못하는 곳에 사는 모든 민족을 생각해보시오. 게르만족과 이스트로스[24] 강 주변에 무리 지어 몰려다니는 유목민족들 말이오. 끝없는 겨울과 암울한 하늘이 그들을 짓누르고, 불모의 땅이 마지못해 그들을 부양하고 있소. 그들은 짚이나 나뭇잎으로 비를 막고, 얼어붙은 늪지 위를 뛰어다니고, 야수를 사냥하여 양식으로 삼지요.

15 그들이 비참해 보인다고요? 습관에 따라 천성이 된 것은 어떤 것도 비참하지 않아요. 처음에 마지못해 시작한 것이 나중에는 즐거움이 되지요. 그들에게는 집도 거처도 없고, 그날그날 지친 곳에 누워 쉬지요. 양식이라고 해야 보잘것없고 그나마 손수 구해야 하지요. 기후는 혹독한데 몸은 노출되어 있지요. 그대에게 재앙으로 보이는 것이 많은 민족의 일상적인 생활이지요.

16 선한 자들이 굳건해지기 위해 운명에 의해 이리저리 뒤흔들리는 것이 뭐가 그리 이상하다는 것이오? 나무는 자주 바람에 휘둘리지 않으면 굳건하지도 튼튼하지도 못하오. 나무는 괴롭힘을 당함으로써 튼튼해지고 더 깊이 뿌리를 내리지요. 양지바른 골짜기에서 자란 나무는 쉬이 꺾이지요. 그처럼 선한 자들에게는 위험과 사이좋게 지내는 것이 도움이 되지요. 그래야만 겁을 먹지 않을 테니까요. 또

---

23 라케다이몬(Lakedaimon)은 그리스 스파르테(Sparte)의 다른 이름인데, '스파르테'는 도시를 가리키지만 '라케다이몬'은 도시, 경우에 따라서는 그 주변 지역인 라코니케(Lakonike) 지방을 가리킨다.
24 이스트로스(Istros)는 지금의 다뉴브 강 하류이다.

한 그들이 담담하게 참고 견디는 운명은 그것을 제대로 참고 견딜 줄 모르는 자에게나 나쁜 것이라오.

05

1 그 밖에도 가장 선한 자가 이를테면 군인이 되어 우리를 위하여 봉사하는 편이 모두에게 이익이 되오. 대중이 원하거나 두려워하는 것은 선도 악도 아니라는 것을 보여주는 것이 신의 뜻이자 현인의 뜻이기도 하오. 신이 선한 자들에게만 나눠주는 것은 선한 것임이 밝혀질 것이고, 악한 자들에게만 부과하는 것은 악한 것임이 밝혀질 것이오.

2 눈알을 도려내어 마땅한 자 말고는 아무도 눈을 잃지 않는다면, 장님이 된다는 것은 혐오스러울 것이오. 그래서 압피우스[25]와 메텔루스[26]는 시력을 잃어야 했던 것이오. 부는 선이 아니오. 그래서 포주(抱主) 엘리우스도 부를 가져야 하는 것이오. 사람들이 돈을 신전에 봉헌한다 해도 유곽에서도 볼 수 있도록 말이오. 신은 우리 욕망의 대상을 가장 선한 자들에게서 빼앗아 가장 수치스러운 자들에게 가져다줄 때 그것을 가장 효과적으로 비하하지요.

3 "하지만 선한 자는 불구가 되고 못 박히고 결박되는데 악한 자는 온전한 몸으로 걱정 없이 즐기며 돌아다니는 것은 불공평해요." 그렇다면 어때요? 용감한 자들은 무기를 들고 진영에서 밤을 새우고 상처를 싸매고 요새 앞에서 보초를 서는데 변태적이고 직업적인 난봉꾼들은 시내에서 안전하게 지내는 것은 불공평하지 않고요? 가장 정결한 처녀들[27]은 제사를 지내기 위해 밤에 일어나야 하는데 더러

운 창녀들은 깊은 잠에 곯아떨어져 있는 것은 불공평하지 않고요?

4 노고는 가장 선한 자들을 소집하지요. 원로원은 가끔 온종일 회의를 하는데, 그 시간에 가장 하찮은 자들은 마르스의 들판[28]에서 어슬렁거리거나 술집에 틀어박혀 있거나 어떤 모임에서 시간을 보내지요. 큰 공동체에서도 같은 일이 일어나지요. 선한 자들은 애쓰고 제물을 바치고 제물로 바쳐지지요. 그것도 자진해서 말이오. 그들은 운명이 끌어당기지 않아도 운명을 따라가며 운명과 보조를 맞추지요. 방법만 알았다면 그는 운명을 앞질렀을 것이오.

5 여기서 저 용감한 데메트리오스의 기백이 넘치는 또 다른 말이 기억나는군요. "불사의 신들이여, 그대들에게 한 가지 불만이 있다면, 그것은 그대들의 뜻을 미리 알려주지 않았다는 것입니다. 그랬더라면 나는 지금 부름을 받고서야 다다른 상태에 더 일찍 다다랐을 것입니다. 그대들은 내 자식들을 데려가고 싶으신가요? 그대들을 위해 나는 그 애들을 길렀어요. 그대들은 내 몸의 일부를 원하십니까? 가지십시오. 그것은 뭐 대단한 것을 약속하는 것도 아닙니다. 나는 곧 내 몸을 전부 넘길 테니까요. 그대들은 내 목숨을 원하십니까? 그대들이 준 것을 거두어 가는데 내가 왜 머뭇거리겠어요? 그대들

---

25 압피우스(Appius Claudius Caecus)는 기원전 312년 감찰관이었을 때 신을 모독한 탓에 눈이 멀었다고 한다.
26 대사제(pontifex maximus)였던 메텔루스(Lucius Caecilius Metellus)는 기원전 241년 베스타(Vesta) 여신의 신전에 불이 나자 여신상인 팔라디온(Palladion)을 구하려고 남자가 들어가서는 안 되는 신전에 들어간 탓에 눈이 멀었다고 한다.
27 베스타 여신의 여사제들을 말한다.
28 티베리스 강변에 있는 마르스의 들판(campus Martius)은 선거 집회장과 연병장으로 사용되었다.

이 무엇을 요구하든 나는 기꺼이 내줄 것입니다. 정말이지 나는 돌려주느니 제공했으면 싶습니다. 빼앗을 필요가 어디 있겠습니까? 그대들이 넘겨받을 수 있었다면 말입니다. 지금도 그대들은 빼앗지 않을 것입니다. 안 주려고 붙들고 늘어지지 않는데 무엇을 빼앗는단 말입니까."

6 나는 어떤 강요도 받지 않으며, 어떤 것도 내 뜻에 반해 참고 견디지 않소. 나는 신의 노예가 아니라 동조자이며, 모든 것이 영원히 유효한 정해진 법칙에 따라 진행된다는 것을 아는 만큼 더욱더 동조하게 되지요.

7 운명이 우리를 인도하며, 각자의 수명은 태어나는 순간에 결정되지요. 모든 것이 인과관계로 서로 연결되어 있으며, 사물의 영속적인 질서가 개체도 전체도 지배하지요. 만사는 우리 생각처럼 우연히 발생하는 것이 아니라 필연적으로 일어나기 때문에 우리는 만사를 용감하게 참고 견뎌야 하오. 무엇이 그대를 기쁘게 하고 무엇이 그대를 울게 할지 벌써 오래전에 정해져 있으며, 개개인의 인생이 서로 아주 달라 보여도 결과는 마찬가지라오. 우리가 받는 것은 무엇이든 멸할 것이며, 우리 자신도 멸한다는 것이지요.

8 그런데 왜 우리는 분개하며, 왜 불평하지요? 우리는 그것을 참고 견디도록 태어났는데 말이오. 자연이 자신의 것인 우리 몸을 어떻게 쓰건 우리는 매사에 쾌활하고 용감해야 하오. 멸하는 것이 무엇이든 그 어떤 것도 우리의 것이 아니라는 점을 생각하며 말이오. 선한 자가 할 일은 무엇일까요? 자신을 운명에 내맡기는 것이오. 우리가 우주와 함께 휩쓸려간다는 것은 그나마 큰 위안이오. 우리더러 그렇게 살라고, 그렇게 죽으라고 명령한 것이 무엇이든 간에 그것은

똑같은 필연성으로 신들도 옭아매고 있소. 신도 인간과 마찬가지로 취소할 수 없는 주로(走路)로 나아가기 때문이오. 만물의 창시자이자 조종자인 그분도 운명의 법을 입법했으나 그것을 따르고 있소. 그분은 단 한 번 명령하고는 늘 복종하지요.

9 "하지만 어째서 신은 운명을 분배할 때 불공정하게도 선한 자들에게는 가난과 상처와 고통스러운 죽음을 배정했지요?" 예술가도 소재를 변형시킬 수 없소. 그것이 자연의 이치라오. 어떤 것들은 다른 것들과 분리될 수 없소. 그런 것들은 한데 엉겨 불가분의 전체가 되지요. 활기가 없어 졸거나 깨어 있어도 졸고 있는 것이나 다름없는 성격은 나태한 요소들로 이루어져 있소. 그야말로 큰 인물이 태어나기 위해서는 더 활기찬 자질이 필요하오. 그의 길은 평탄하지 않을 것인즉, 그는 오르막길을 오르는가 하면 내리막길을 내려가기도 해야 하고, 파도에 들까불리며 풍랑 속을 항해해야 하오. 말하자면 그는 운명을 거슬러 진로를 잡아야 하오. 그는 힘들고 거친 일을 많이 당하겠지만, 그것들을 자신의 힘으로 부드럽고 평평하게 만들 것이오.

10 불은 금을 단련하고, 불행은 용감한 자를 단련하오. 그대는 미덕이 얼마나 높이 올라야 하는지 보시오. 그러면 그대는 미덕이 안전한 길을 가는 것이 아님을 알게 될 것이오.

*길의 첫 부분은 가파르다. 그래서 아침이라 원기가 왕성한
나의 말들도 애를 쓰며 간신히 올라간다. 중천에 이르면
고도가 높아져, 거기서 바다와 대지를 내려다보면
나도 어떤 때는 겁이 나고 심히 두려워 가슴이 저릿저릿하다.*

길의 마지막 부분은 내리막이라 안전 운행이 필요하다.
그 뒤 아래에 있는 물속으로 나를 받아주는 테튀스조차도
내가 가꾸로 떨어질까 봐 염려하곤 하지.²⁹

11 고귀한 젊은이³⁰는 이 말을 듣고 말했소. "그 길이 마음에 드는군요. 나는 그 길로 오르겠어요. 떨어지는 한이 있더라도 그곳은 지나가 볼 만한 가치가 있으니까요." 그러나 아버지는 성급한 아들을 주눅 들게 하려고 겁주기를 그만두지 않았소.

설사 네가 주로를 견지하며 거기에서 벗어나지 않는다 해도,
너는 너에게 덤벼드는 황소의 뿔들 사이로, 하이모니아의 궁수와
사나운 사자의 아가리 옆을 지나가게 될 것이다.³¹

그러자 아들이 말했소. "내게 약속하신 말들에 멍에를 얹으십시오. 나를 놀라게 하리라고 아버지께서 생각하시는 바로 그 모험이 나를 자극하는군요. 나는 태양신도 떠는 곳에 서보고 싶어요." 안전만 좇는 것은 비열하고 나태한 자나 하는 짓이고, 미덕은 높은 곳을 거닐 지요.

06

1 "하지만 어째서 신은 선한 자들에게 해악이 일어나는 것을 용납하지요?" 사실, 신은 용납하지 않소. 신은 모든 해악을 그들에게서 멀리하지요. 범죄, 수치스러운 행위와 불순한 생각, 탐욕스러운 계획

과 눈먼 욕정, 남의 재물을 바라는 탐욕 말이오. 신은 선한 자들을 지켜주고 보호하지요. 신이 선한 자들의 짐까지 지켜주기를 바라나요? 선한 자들이 신에게 이런 근심을 덜어주고 있소. 그들은 외적인 것들은 경멸하니까 말이오.

2 데모크리토스[32]는 자신의 부를 던져버렸소. 그것이 선한 마음에 짐이 된다고 여겼던 것이지요. 하거늘 선한 자가 가끔 자신에게 일어나기를 바라는 일을 신이 선한 자에게 일어나게 한다고 해서 그게 뭐 그리 놀라운 일이오? 선한 자들은 아들들을 잃는다고요? 왜 아니겠소. 그들은 때로는 아들을 죽이기까지 하는데 말이오.[33] 선한 자들은 추방된다고요? 왜 아니겠소. 그들은 때로는 다시는 돌아오지 않으려고 제 발로 조국을 떠나기도 하는데 말이오. 선한 자들은 살해된다고요? 왜 아니겠소. 그들은 때로 자살도 하는데 말이오.

3 왜 그들이 힘든 일을 참고 견디느냐고요? 다른 사람들에게 참고 견디는 법을 가르치기 위해서지요. 그들은 본보기가 되라고 태어났으니까요. 그러니 그대는 신이 다음과 같이 말한다고 생각하시오. "선한 것이 마음에 드는 자들이여, 너희는 무슨 연유로 내게 불평을 늘

---

29 오비디우스, 『변신 이야기』 2권 63~69행.
30 태양신의 아들 파에톤(Phaeton).
31 오비디우스, 『변신 이야기』 2권 79~81행.
32 데모크리토스(Demokritos 기원전 460~357년경)는 트라케(Thraike) 지방 압데라(Abdera) 출신의 그리스 철학자로 원자론의 창시자이다.
33 기원전 509년 최초의 집정관이 된 브루투스(Lucius Iunius Brutus)는 추방당한 로마 왕 타르퀴니우스(Tarquinis Superbus)를 복위시키려는 음모에 자신의 아들들이 가담하자 아들들에게 사형을 선고한다. 리비우스, 『로마 건국 이후의 역사』 2권 5장 5~10절 참조.

어놓는가? 나는 다른 자들을 거짓 선으로 둘렀고, 그들의 공허한 마음을 말하자면 긴 거짓 꿈으로 우롱했다. 나는 그들을 금과 은과 상아로 치장했지만, 그들 안에 선한 것은 아무것도 없다.

4 너희가 행복하다고 여기는 자들을 눈에 보이는 쪽이 아니라 안 보이는 쪽에서 본다면, 그들이야말로 비참하고 더럽고 수치스럽고, 그들이 사는 집의 벽처럼 겉만 번지르르하다. 그것은 견실하고 순수한 행복이 아니라 얄팍한 겉치레에 불과하다. 그들은 버티고 서서 마음대로 자신을 과시할 수 있는 동안에는 반짝이며 남을 속일 수 있다. 그러나 어떤 일이 일어나 그들을 혼란스럽게 하고 그들의 덮개를 벗기면, 그때는 외부에서 빌려온 광채가 얼마나 많은 추악함을 숨기고 있었는지 드러날 것이다.

5 나는 너희에게는 머무르게 될 확실한 선을 주었다. 그것들은 이리저리 돌리며 사방에서 자세히 살펴볼수록 더 좋아지고 더 커지는 것을 보게 될 것이다. 나는 너희에게 두려운 것을 무시하고 욕망을 혐오하도록 가르쳤다. 너희는 겉으로는 번쩍이지 않는다. 너희의 선은 안쪽으로 향하고 있기 때문이다. 그와 같이 우주도 외적인 것들은 무시하고 자신을 관찰하기를 즐긴다. 모든 선을 나는 안에다 넣어놓았다. 행복을 필요로 하지 않는 것, 그것이 곧 너희의 행복이다.

6 '하지만 슬프고 무섭고 견디기 힘든 일이 많이 일어나고 있어요.' 나는 너희가 그것을 면하게 할 수 없었기에 모든 것에 대항할 수 있도록 너희의 마음을 무장시켰다. 너희는 용감하게 참고 견뎌라. 이 점에서 너희는 신을 능가할 수 있다. 신은 불운을 참는 것 밖에 있으나, 너희는 참는 것 위에 있으니까 말이다. 가난을 무시하라. 태

어났을 때만큼 가난하게 사는 사람은 아무도 없다. 고통을 무시하라. 고통은 사라지거나 너희와 함께 끝날 것이다. 죽음을 무시하라. 죽음은 너희를 끝내거나 다른 곳으로 데려갈 것이다. 운명을 무시하라. 나는 운명에게 너희의 영혼을 칠 수 있는 무기를 주지 않았다.

7 무엇보다도 나는 아무도 너희 뜻에 반해서 너희를 붙들지 못하도록 배려해두었다. 인생에서 나가는 길은 열려 있다. 싸우고 싶지 않으면 도망쳐도 좋다. 그래서 나는 너희에게 필요할 성싶은 모든 것들 가운데 죽음을 가장 쉽게 만들어놓았다. 나는 영혼을 쉽게 사라질 수 있도록 급경사진 곳에다 세워두었다. 유심히 살펴보기만 하면, 얼마나 짧고 편리한 길이 자유를 향하여 나 있는지 너희는 보게 될 것이다. 나는 너희가 나갈 때는 들어올 때만큼 오래 걸리지 않게 해두었다. 인간이 태어날 때만큼 천천히 죽는다면, 운명이 너희에 대해 큰 권세를 가질 테니까 말이다.

8 자연에게 사직서를 제출하고 자연에게서 받은 선물을 돌려주는 것이 얼마나 쉬운 일인지 매 순간과 모든 장소가 너희에게 가르쳐줄 것이다. 제단 옆에서 희생제를 올릴 때 생명을 위해 기도하면서도 너희는 죽음을 배울 수 있다. 당당한 몸집의 황소가 사소한 부상으로 쓰러지고, 사람의 손에 가격당하여 힘센 짐승이 넘어지지 않더냐? 얇은 칼날이 목덜미의 근육을 자르지 않더냐? 머리와 목을 이어주는 관절이 잘리고 나면 그토록 큰 덩치가 무너지지 않더냐?

9 목숨은 깊숙이 자리잡고 있지 않아 칼로 억지로 파괴할 필요가 없다. 내장도 깊숙이 상처를 내어 찾아낼 필요가 없다. 죽음은 아주 가까이 있으니까 말이다. 그런 치명적인 가격을 위해 나는 특별한 부위를 정해놓지 않았다. 아무 데나 네가 원하는 곳이 급소이다. 영

혼을 육신에서 떼어놓는 이른바 죽음이라는 것은 너무나 짧아 그 과정을 느낄 수 없다. 올가미가 목을 조르든, 물이 숨구멍을 막아버리든, 딱딱한 바닥에 거꾸로 떨어져 두개골이 박살 나든, 들이마신 열기가 숨길을 막아버리든 그것은 순식간에 진행된다. 너희는 부끄럽지도 않으냐? 그토록 빨리 끝나는 것을 그토록 오랫동안 두려워하고 있으니 말이다."

인생의 짧음에 관하여
DE BREVITATE VITAE

로마의 양곡 조달관 파울리누스에게 헌정한 이 글은 49년경에 씌어진 것으로 추정된다. 이 글은 사람들이 쓸데없는 일로 많은 시간을 허송하는 만큼 인생의 길이는 햇수가 아니라 시간을 얼마나 유용하게 사용하느냐로 따져야 하며, 철학이야말로 모든 시대의 위대한 인물과 사귀고 과거의 경험을 공유할 수 있게 하는 까닭에 짧은 인생도 길게 만들어 준다는 내용을 담고 있다. 세네카의 수필 중에서도 걸작으로 꼽히는 글이다.

01

1 파울리누스[1]여, 많은 사람들이 자연은 인색하다고 불평하오. 타고난 수명이 짧은 데다 우리에게 주어진 기간마저 너무나 빨리, 너무나 신속히 지나가므로 극소수를 제외한 사람들은 인생을 준비하다가 인생을 떠나게 된다는 것이지요. 보편적인 현상인 이러한 불행에 대해 군중과 무지한 대중만이 탄식하는 것은 아니라오. 유명 인사들도 이런 감정으로 불평을 털어놓으니까요. 그래서 가장 유명한 의사(醫師)[2]는 "인생은 짧고 예술은 길다"고 외쳤던 것이오.

2 아리스토텔레스[3]도 자연에 대해 철학자답지 않게 시비를 걸었지요. "자연은 동물에게는 인간보다 다섯 배 또는 열 배나 오래 살도록 수명을 넉넉히 주었거늘 그토록 많은 일을, 그토록 큰일을 하도록 태어난 인간에게는 그토록 짧은 수명을 정해놓다니"[4] 하고 말이오.

3 그렇지만 우리는 수명이 짧은 것이 아니라 많은 시간을 낭비하는 것이오. 인생은 충분히 길며, 잘 쓰기만 하면 우리의 수명은 가장 큰일을 해내기에도 넉넉하지요. 그러나 인생이 방탕과 무관심 속에서 흘러가면, 좋지 못한 일에 인생을 소모하고 나면, 그때는 마침내 죽음이라는 마지막 강요에 못 이겨 인생이 가는 줄도 모르게 지나

가버렸음을 깨닫게 되는 것이오.

4   짧은 수명을 받은 것이 아니라 우리가 수명을 짧게 만들었고, 수명을 넉넉히 타고나지 못한 것이 아니라 수명을 낭비하는 것이라오. 마치 왕에게나 어울릴 넉넉한 재산도 적합하지 않은 주인을 만나면 금세 탕진되고, 얼마 안 되는 재산도 제 주인을 만나면 사용함으로써 늘어나듯이, 우리의 수명도 제대로만 배분하면 크게 늘릴 수 있는 것이오.

02

1   왜 우리는 자연에 대하여 불평을 늘어놓는 거죠? 자연은 선심을 썼는데. 인생은 제대로 쓸 줄만 알면 길기 때문에 하는 말이오. 어떤 사람은 끝없는 탐욕에 사로잡혀 있고, 어떤 사람은 쓸데없는 일에 줄곧 매달리지요. 어떤 사람은 술에 절어 살고, 어떤 사람은 늘어지게 게으르지요. 어떤 사람은 항상 남의 판단에 매달리게 마련인 명예욕에 지쳐 있고, 어떤 사람은 사업에 대한 맹목적인 욕망에 쫓겨

---

1   파울리누스(Paulinus)가 누구인지 확실히 알 수는 없으나 18절과 19절에 나오는 내용으로 미루어 그의 직업은 양곡 조달관(praefectus annonae)이었던 것으로 보인다.
2   기원전 5세기 후반에 활동했던 그리스 의사 힙포크라테스(Hippokrates), 『잠언』 1, 1.
3   아리스토텔레스(Aristoteles 기원전 384~322년)는 플라톤의 제자로 소요학파의 창시자이다. 물리학, 화학, 생물학, 심리학, 정치학, 윤리학, 논리학, 형이상학, 역사, 문예이론, 수사학 등 매우 광범위한 분야를 연구했다.
4   키케로, 『투스쿨룸 담론』(Tusculanae disputationes) 3권 69절에 따르면 이 말은 아리스토텔레스의 제자이자 후계자인 테오프라스토스(Theophrastos)가 한 것으로 되어 있는데, 세네카는 아마도 아리스토텔레스가 한 말로 착각하고 있는 듯하다.

이익을 좇아 모든 육지와 바다를 두루 쏘다니지요. 어떤 사람은 자기가 남을 위협하려고 또는 남이 자기를 위협하지 않을까 두려워 군대 생활이 하고 싶어 안달이 나 있고, 어떤 사람은 아무 보답도 없이 높은 사람을 섬기려고 자진하여 종살이를 하느라 녹초가 되어 있지요.

2 많은 사람들이 남의 재물을 노리거나 제 재물을 염려하느라 여념이 없고, 많은 사람들이 정해진 목표를 추구하지 않고 공허하고 변화무쌍하고 저 자신도 불만스러운 변덕에 쫓겨 늘 새로운 계획을 세우곤 하지요. 어떤 사람들은 삶의 진로를 결정할 수 있는 목표를 전혀 세우지 못하고 무기력하게 하품만 하다가 느닷없이 죽음의 포로가 되지요. 그래서 나는 가장 위대한 시인[5]의 신탁 같은 말이 진리임을 믿어 의심치 않지요. "우리가 사는 것은 인생의 일부분에 지나지 않는다." 그 나머지는 삶이 아니라 그저 시간일 따름이지요.

3 여러 가지 악덕이 사방에서 에워싸고 압박하며 인간이 일어서서 눈을 들어 진리를 보는 것을 허용하지 않을 뿐 아니라 인간을 내리눌러 욕망의 포로가 되게 하지요. 그래서 인간은 결코 자기 자신에게로 되돌아갈 수 없지요. 간혹 우연히 평정(平靜)이 찾아온다 해도 마치 폭풍이 그친 뒤에도 너울이 이는 바다에 떠 있는 것처럼 인간은 이리저리 내동댕이쳐지니 욕망에서 결코 자유로울 수가 없지요.

4 그대는 내가 이미 참상이 드러난 사람들에 관해 말하고 있다고 생각하시오? 아니오. 그가 잡은 행운을 보려고 구경꾼이 문전성시를 이루고 있는 사람들을 말하는 것이오! 그들은 자신의 행운에 질식되어가고 있지요. 얼마나 많은 사람들에게 부(富)는 무거운 짐인가요! 얼마나 많은 사람들이 재능과 달변을 보여주려고 매일매일 피

말리는 노력을 하고 있는가요! 얼마나 많은 사람들이 쉴 새 없는 향락으로 창백해지고 있는가요! 얼마나 많은 사람들이 몰려드는 예민(隷民)6들로 잠시도 자유를 누리지 못하고 있는가요! 간단히 말해, 가장 낮은 사람부터 가장 높은 사람까지 일일이 살펴보시오. 이 사람은 법의 도움을 구하고 있고 저 사람은 도움을 주고 있으며, 이 사람은 피고인이고 저 사람은 변호인이고 또 다른 사람은 재판관이지요. 자신을 위해 자신을 요구하는 사람은 아무도 없고, 모두 남을 위해 자신을 소모하고 있지요. 어디, 사람들이 그 이름을 외우고 있는 유명 인사들을 한번 살펴보시오. 그대는 그들 모두 갑(甲)은 을(乙)을 섬기고 을은 병(丙)을 섬기되, 자신을 섬기는 사람은 아무도 없다는 사실을 알게 될 것이오.

5 그들 가운데 더러는 터무니없는 분통을 터뜨리곤 하지요. 그들의 불평인즉 자신이 알현을 청했는데도 높은 사람이 거만하게도 시간을 내주지 않았다는 것이오. 하지만 자신을 위해서는 시간을 내지 않으면서 남이 거만하다고 감히 불평을 늘어놓아도 되는 것인가요? 그대가 누구건 간에 아무튼 그분은 거만한 눈길로라도 언젠가 그대를 알은체했고, 귀를 낮추어 그대의 말을 들어주었고, 그대가 자기와 나란히 걷게 해주지 않았던가요? 그대를 보고 그대에게 귀

---

5   그리스 시인 호메로스(Homeros)로 보는 사람들도 있고 로마 시인 베르길리우스(Vergilius)로 보는 사람들도 있으나, 그들에게서는 이런 문장을 찾을 수 없다. 다른 시인이 한 말을 세네카가 착각했을 수도 있다.
6   예민(clientes)은 고대 로마에서 평민과 노예 사이의 계급인데, 법적으로나 물질적으로 귀족의 보호를 받았다. 그런 의미에서 귀족은 그들의 보호자(patronus)이고 그들은 귀족의 피보호자이다.

기울이는 것을 그대 자신은 가치 없는 일로 여겼는데도 말이오. 그러니 그대에게는 그러한 예의를 다른 사람에게 요구할 권리가 없어요. 그대는 다른 사람과 함께하고 싶어서가 아니라 그대와 함께할 수가 없어서 그러한 예의를 보였던 것이니까요.

03

1   일찍이 재능을 발휘했던 많은 인물들이 이 문제에 관해 숙고해보기로 의견을 모은다 해도 인간 정신이 갖고 있는 이 암흑 현상을 충분히 설명할 수는 없을 것이오. 사람들이 자기 재산은 아무도 차지하지 못하게 하고 경계의 문제로 사소한 분쟁만 생겨도 달려가 돌이나 무기를 집어 들면서도, 남들이 자기 인생 속으로 끼어드는 것은 내버려두거나 심지어 자기 인생을 차지하게 될 사람들을 자청해 불러들이는 것을 어떻게 이해할 수 있겠어요? 자기 돈을 나눠주지는 않는 사람들이 얼마나 많은 사람들에게 자기 인생을 나눠주고 있는가요? 사람들은 재산을 지킬 때는 인색하면서도 시간을 낭비하는 일에는 너그럽지요. 시간에 관한 한 탐욕이 정당한데도 말이오.

2   나는 노인들 가운데 한 명을 붙들고 이렇게 말하고 싶어요. "보아하니, 그대는 인생의 마지막 경계에 이르렀고, 백 살 또는 그 이상의 나이가 그대를 짓누르고 있소. 자, 이제 그대의 인생을 결산해보시오. 그 시간 가운데 얼마를 채권자가, 얼마를 애인이, 얼마를 보호자가, 얼마를 예민이 빼갔는지, 그리고 얼마를 부부싸움이, 얼마를 노예를 징치하는 일이, 얼마를 시내를 바쁘게 돌아다니는 일이 빼갔는지 계산해보시오! 거기에다 우리 자신의 잘못으로 생긴 병

(病)을 보태고, 쓰지 않고 버려두었던 시간을 보태시오. 예상보다 적은 햇수가 남는 것을 그대는 보게 될 것이오.

3   기억을 더듬어보시오. 언제 그대에게 확고한 계획이 있었는지, 얼마나 적은 날들만이 그대의 의도대로 지나갔는지, 언제 그대가 자신을 마음대로 할 수 있었는지, 언제 그대의 얼굴이 자연스러운 표정을 지었는지, 언제 그대의 마음에 두려움이 없었는지, 그토록 긴 세월 동안 그대가 무엇을 이루었는지, 얼마나 많은 사람이 그대가 무엇을 잃었는지도 모르는 사이 그대의 인생을 빼앗아갔는지, 얼마나 많은 것들을 근거 없는 괴로움과 어리석은 즐거움과 탐욕스러운 욕망과 매력적인 교제가 앗아갔으며, 그대의 것 중에서 얼마나 적은 것이 남아 있는지 말이오. 그러면 그대는 때가 되기도 전에 자신이 죽어가고 있음을 알게 될 것이오."

4   왜 그래야만 하는 것일까요? 그대들은 언제까지나 살 것처럼 살고 있고, 자신의 허약함을 의식하지 못하고 있으며, 이미 얼마나 많은 시간이 지나갔는지도 알지 못하지요. 그대들은 시간을 넘쳐나는 것처럼 낭비하고 있어요. 사실은 그사이 그대들이 어떤 사람 또는 사물에 바치는 그날이 그대들의 마지막 날이 될지도 모르는데도 말이지요. 그대들은 죽게 마련인 인간답게 모든 것을 두려워하면서도 불사신인 양 모든 것을 원하고 있어요.

5   많은 사람이 이렇게 말하는 것을 그대는 듣게 되겠지요. "나는 쉰 살이 되면 은퇴하여 한가하게 살 것이며, 예순 살에는 모든 공적인 의무에서 벗어날 것이오." 그런데 그대가 장수(長壽)한다는 보장이 어디 있지요? 모든 것이 그대의 뜻대로 진행된다고 누구에게 확인받았지요? 인생의 자투리만을 자신을 위해 유보해두고 다른 일에

는 쓸모가 없는 바로 그 시간만을 고상한 사상에 배정하다니, 그대는 부끄럽지도 않나요? 인생을 마감해야 할 때 인생을 시작하려면 너무 늦지 않을까요? 이성적인 계획을 쉰 살 또는 예순 살로 연기하고 소수의 사람만이 도달한 나이에 인생을 시작하려 하다니, 그것은 어리석게도 우리가 죽게 마련이라는 사실을 망각하고 있는 것이 아니고 무엇이겠소!

04

1 그대는 힘 있고 높은 자리에 오른 사람들에게서 한가한 생활을 간절히 원하고 찬미하며 모든 재산보다 더 선호한다는 말을 듣게 될 것이오. 그들은 가끔 정상에서 내려오고 싶어하지요. 위험하지만 않다면 말이오. 행운이라는 외부의 도전이나 충격 없이도 저절로 무너져 내릴 수 있기에 하는 말이오.

2 신격화한 아우구스투스[7]는 신들에게 어느 누구보다도 많은 것을 받으셨지만 언제나 자신을 위해 안식을 기원하셨고 공무(公務)에서 쉴 수 있기를 원하셨지요. 그분은 말씀하실 때마다 언제나 여가를 즐기고 싶다는 이 한 가지 희망으로 되돌아가곤 하셨지요. 언젠가는 자신을 위해 살게 될 것이라는 기만적이지만 달콤한 위안이 그분의 노고를 견딜 만한 것으로 만들어주었지요.

3 자신의 은퇴는 위엄을 잃지도 않을 것이며 이전의 영광과 모순되지 않을 것이라고 원로원[8]에 써 보낸 그분의 서신[9]에서 나는 이런 구절을 발견했지요. "이런 일들은 약속하는 것보다는 실천하는 것이 더 인상적이오. 그럼에도 그 실현의 기쁨이 여전히 멀리 떨어져 있

는 까닭에, 내가 바라마지 않는 그 시기에 대한 그리움이 나로 하여금 그 말이 주는 쾌감 속에서나마 그 기쁨을 미리 맛보게 해주었던 것이오."

4 그분에게 여가는 현실에서는 선취(先取)할 수 없는 것이었기에 생각 속에서라도 그랬을 만큼 소중했던 것이지요. 모든 것이 자기 자신에게 달려 있음을 알았고 개인과 민족의 운명을 결정하셨던 그런 분도 자신의 위대함을 벗게 될 그날을 그려보며 더없이 즐거워하셨던 것이오.

5 그분은 모든 나라를 두루 비추는 그러한 행운이 자신에게서 얼마나 많은 땀을 짜냈으며, 얼마나 많은 근심을 감추고 있는지 경험을 통해 알고 계셨지요. 처음에는 동포 시민들[10]과, 다음에는 동료들[11]과, 마지막에는 친인척들[12]과 무기로 승부를 가리기 위해 그분은 바다

---

7 로마의 초대 황제로, 본명은 가이우스 옥타비우스(Gaius Octavius)이다. 카이사르에게 양자로 입양된 후 가이우스 율리우스 카이사르 옥타비아누스(Gaius Iulius Caesar Octavianus)로 개명했다. 그의 통치를 받던 로마 시민은 세계 역사상 가장 복 받은 사람들이라고 할 만큼 책임과 권한, 스스로가 구현한 명예에서 그의 권력이 생겨났다.
8 부록의 '로마의 통치구조' 참조.
9 언제 써 보낸 서신인지 알 수 없다.
10 기원전 43년 옥타비아누스가 북이탈리아의 부티나(Mutina)에서 마르쿠스 안토니우스(Marcus Antonius)와, 기원전 42년 마케도니아의 필립포이(Philippoi)에서 카이사르를 암살한 브루투스와 캇시우스(Cassius)와 싸우던 일을 말한다.
11 기원전 43년 제2차 삼두정치에 함께 참가했던 레피두스(Lepidus)를 은퇴시킨 일과, 역시 같이 제2차 삼두정치에 참가했던 안토니우스와 기원전 32~30년에 패권을 다투었던 일을 말한다.
12 안토니우스는 기원전 40~32년에 옥타비아누스의 누이 옥타비아(Octavia)와 결혼했고, 기원전 36년 시칠리아에서 옥타비아누스에게 패한 섹스투스 폼페이우스(Sextus Pompeius)는 옥타비아누스의 두 번째 아내 스크리보니아(Scribonia)의 인척이었다.

와 육지에서 피를 쏟으셨지요. 그분은 마케도니아와 아이귑투스[13]와 쉬리아와 아시아와 거의 모든 해안 지방에서 전쟁을 벌이시며, 로마인을 살육하는 데 지친 군대를 외국과의 전쟁으로 돌아서게 만드셨지요. 그분이 알페스[14] 지방을 평정하시고, 평화스러운 제국 한가운데로 침범한 적군들을 제압하시는 동안, 그분이 레누스[15]와 에우프라테스와 다누비우스[16] 너머로 국경을 넓히시는 동안 정작 로마에서는 무레나[17]들과 카이피오[18]들과 레피두스[19]들과 에그나티우스[20]들과 다른 자들이 그분을 향해 단검을 갈았지요.

6 그분이 이들의 음모에서 채 벗어나기도 전에 그분의 따님[21]과 수많은 귀족 집안의 젊은이들이 마치 충성 서약이라도 되는 양 간통 관계로 결합되어 어느새 늙고 쇠약해진 그분을 두려움에 떨게 했지요. 그러니까 율루스[22]와 더불어, 안토니우스와 결합한 여인이 또다시 그분을 떨게 했던 셈이지요.[23] 이런 종양을 그분이 사지와 함께 절단하시자 다른 종양들이 계속 자랐지요. 그것은 마치 피가 과다한 육신이 자꾸만 어느 부위에서 출혈을 일으키는 것과도 같았지요. 그러한 연유에서 그분은 여가를 원하셨고, 그 염원으로 잠시나마 그분은 노고에서 쉬실 수 있었던 것이지요. 그것이 남의 소원을 이루어줄 수 있었던 그분의 이루지 못한 소원이었던 것이오.

05

1 마르쿠스 키케로[24]는 더러는 공공연한 적이고 더러는 의심스러운 친구인 카틸리나[25]와 클로디우스[26]와 폼페이유스[27]와 크랏수스[28] 같은 사람들 사이에 국가와 함께 내팽개쳐져 침몰하는 국가를 구하려

다가 결국에는 휩쓸려가고 말았지요. 그는 행운 속에서도 평온하지 못했고 불운 속에서도 의연하지도 못했으니, 그럴 만한 까닭이 없지는 않았지만 끝없이 자랑을 늘어놓던 자신의 집정관직을 얼마나

13 아이귑투스(Aegyptus)는 이집트의 라틴어 이름이다.
14 알페스(Alpes)는 알프스의 라틴어 이름이다.
15 레누스(Rhenus)는 라인 강의 라틴어 이름이다.
16 다누비우스(Danuvius)는 다뉴브 강의 라틴어 이름이다.
17 기원전 23년에 있었던 무레나(Aulus Terentius Varro Murena)의 음모를 말한다.
18 기원전 23년에 있었던 카이피오(Fannius Caepio)의 음모를 말한다.
19 기원전 31년에 있었던 레피두스(Aemilius Lepidus 제2차 삼두정치의 주역 중 한 명인 레피두스의 아들)의 음모를 말한다.
20 기원전 19년에 있었던 에그나티우스(Marcus Egnatius Rufus)의 음모를 말한다.
21 아우구스투스와 스크리보니아의 딸인 율리아(Iulia)를 말한다. 기원전 25년 아우구스투스의 생질인 마르쿠스 마르켈루스(Marcus Marcellus)와 결혼했으나, 그가 죽자 기원전 21년 아우구스투스의 평생지기인 마르쿠스 아그립파(Marcus Agrippa)와 결혼해 여러 자녀를 낳는다. 아그립파가 죽자 그녀는 기원전 11년 티베리우스와 결혼한다. 그녀는 소문난 바람둥이로, 아우구스투스는 기원전 2년 그녀를 작은 섬으로 유배 보낸다.
22 율루스(Iullus)는 제2차 삼두정치의 주역 가운데 한 명인 마르쿠스 안토니우스의 아들로, 율리아의 애인들 가운데 한 명이었다.
23 전에 안토니우스와 결합한 클레오파트라가 그랬듯이, 아우구스투스에게는 또 다른 안토니우스인 율루스와 결합한 율리아가 두려움의 대상이었다는 뜻이다.
24 로마의 웅변가이자 정치가.
25 카틸리나(Lucius Sergius Catilina)는 로마 귀족 출신 정치가로, 로마 공화정을 전복할 음모를 꾸미다가 집정관인 키케로에게 적발되어 추방된다.
26 클로디우스(Publius Clodius Pulcher)는 키케로의 정적으로, 기원전 58년 키케로를 추방한다.
27 폼페이우스(Gnaeus Pompeius Magnus 기원전 106~48년)는 로마의 장군이자 정치가로, 카이사르·크랏수스와 함께 제1차 삼두정치의 주역이다.
28 크랏수스(Marcus Licinius Crassus 기원전 115~53년)는 카이사르·폼페이유스와 함께 제1차 삼두정치의 주역이었던 로마의 정치가이자 군인이다. 그는 대체로 키케로에게 적대적이었다.

자주 저주했던가요!

2 아버지 폼페이유스가 패한 뒤 그의 아들이 히스파니아에서 패잔병을 다시 모았을 때[29] 키케로는 앗티쿠스[30]에게 보낸 편지에서 얼마나 애처로운 말을 했던가요! "내가 여기서 무엇을 하고 있느냐고 자네는 묻는 것인가? 나는 반(半)자유의 몸으로 투스쿨룸[31]에 있는 내 시골집에 머물고 있다네." 그리고 나서 그는 지난날을 한탄하고 현재의 삶을 푸념하고 미래에 대해 절망하는 말을 덧붙이고 있지요.

3 키케로는 자신을 반자유의 몸이라고 했어요. 하지만 현인은 그런 비천한 이름으로 자신을 비하하지 않아요. 현인은 결코 반자유의 몸이 될 수 없지요. 현인은 언제나 온전하고 흔들리지 않는 자유를 누리고, 남에게 매이지 않고, 자신의 주인이고, 남들 위에 있기 때문이지요. 무엇이 운명 위에 있는 사람보다 더 위에 있을 수 있겠소?

06

1 정력적이고 활동적인 리비우스 드루수스[32]는 전 이탈리아에서 몰려든 군중의 지지를 등에 업고 새로운 법안들을 발의하며 그락쿠스 형제[33]의 나쁜 개혁을 계속 추진했지요. 사태가 어떻게 끝날지 예견할 수 없게 되고, 일을 추진할 수도 없고 일단 시작한 일을 마음대로 중단할 수도 없게 되자 그는 처음부터 평온한 적이 없었던 인생을 저주하며 자신은 어릴 때부터 휴일을 가진 적이 없노라고 말했다지요. 실제로 그는 성년이 되기 전 소년의 토가를 입은 채 재판관들 앞에서 피고인을 변호하며 법정에서 영향력을 행사했는데, 그 결과 그는 몇몇 판결에 영향을 준 것으로 알려져 있지요.

2 그러한 시의적절치 못한 야망이 어느 쪽으론들 불거지지 않겠소? 그러한 시의적절치 못한 대담성은 자신이나 국가에 큰 재앙을 불러오리라고 짐작할 수 있지 않을까요? 그러니까 어려서부터 파쟁을 일삼고 광장에 분쟁을 안겨주던 그는 자기에게는 휴일이 주어진 적이 없다고 뒤늦게 푸념을 늘어놓았던 셈이지요. 그가 자살했는지는 확실하지 않아요. 그는 갑자기 아랫배에 부상을 입고 쓰러졌으니까요. 그의 죽음이 자살이 아닐까 의심하는 사람은 더러 있어도, 그가 적기(適期)에 죽었다는 것을 의심하는 사람은 아무도 없지요.

3 여기서 세상 사람에게는 더없이 행복해 보였지만 사실은 일생에 걸친 자신의 모든 행위를 증오함으로써 스스로에게 불리한 증언을 한 사람들을 더 언급할 필요는 없겠지요. 하지만 그들은 이런 푸념들

---

29 히스파니아(Hispania)는 '에스파냐'의 라틴어 이름이다. 로마가 내란으로 어지러울 때 카이사르와 정치적·군사적으로 맞선 폼페이우스와 한편이 된 키케로는 그것이 로마의 평화와 공화정을 위한 길이라고 여겼다. 그러나 전세가 카이사르에게로 기울자 키케로의 정치적 입지는 점차 좁아져 고향에서 은둔 생활을 하게 되고, 폼페이우스의 아들은 다시 한 번 패잔병을 모은다.

30 앗티쿠스(Titus Pomponius Atticus 기원전 110~32년)는 키케로의 평생지기이다. 키케로가 그에게 보낸 편지들은 많이 남아 있지만, 다음에 인용되는 구절이 나오는 편지는 없기 때문에 문제의 편지가 없어졌거나 세네카가 다른 편지와 혼동하고 있는 것이 아닌가 여겨진다.

31 투스쿨룸(Tusculum)은 로마 남동쪽 24킬로미터 지점에 있는 산속의 소도시로, 이름난 별장 지대였다.

32 리비우스 드루수스(Marcus Livius Drusus)는 기원전 91년에 호민관이 되면서 그락쿠스(Gracchus) 형제의 개혁 정신을 이어받아 이탈리아인들에게 로마 시민권을 부여할 것을 주장하다가 살해된다.

33 티베리우스(Tiberius)와 가이우스(Gaius) 그락쿠스(Gracchus) 형제를 말한다. 이들은 평민의 이익을 위해 개혁을 단행하다가 수구파(守舊派)에게 살해당한다.

로 남들도 자신들도 변화시키지 못했지요. 감정이 말로 표현되자마자 그들은 이전의 습관으로 되돌아갔으니까요.

4 그대들의 인생은 설사 천 년 넘게 지속된다 해도 짧은 순간이 될 것이오. 그대들의 악덕이 세기(世紀)를 차례차례 집어삼킬 테니까요. 빨리 지나가는 것이 자연스러운 일이라 해도 이성에 의해 그대들의 일생은 연장될 수 있지요. 그렇다고 해도 인생은 그대들에게서 재빨리 달아날 수밖에 없어요. 왜냐하면 그대들은 세상에서 가장 빠른 것을 붙잡거나 붙들어서 지체시키려 하지 않고, 마치 남아돌고 대치할 수 있는 것인 양 흘러가게 내버려두기 때문이지요.

07

1 나는 모든 시간을 주색(酒色)에 바치는 자들을 여기에 우선 포함시키려 하오. 이들보다 어리석은 짓을 하는 자는 아무도 없기 때문이지요. 설사 영광의 허상에 사로잡힌 자들이 있다 해도 그들의 과오는 그럴듯해 보이기나 하지요. 설사 그대가 내게 욕심쟁이나 성마른 사람 또는 부당하게 증오하거나 전쟁을 하는 자들을 열거한다 해도 그들이 저지르는 과오는 차라리 남자답다고 할 수 있는 면도 있지요. 그러나 탐식과 색욕에 자신을 내던진 자들이 앓고 있는 병(病)은 불명예스러운 것이지요.

2 그들 일생의 순간순간들을 검토해보시구려. 그들이 얼마나 오랫동안 가계부를 쓰며, 얼마나 오랫동안 음모를 꾸미며, 얼마나 오랫동안 아첨의 말을 하거나 들으며, 얼마나 많은 시간을 자신을 위해 담보를 구하거나 남을 위해 담보를 제공하는 데 쓰는지, 얼마나 많은

시간을 이제는 일상 업무가 되어버린 주연(酒宴)에 쓰는지 살펴보라는 말이오. 그들이 하는 일들은 좋은 것이든 나쁜 것이든 그들에게 숨쉴 틈조차 주지 않는다는 것을 알게 될 것이오.

3   마지막으로, 모든 사람들의 한결같은 견해에 따르면 분주한 자는 웅변이든 자유 학예든 아무것도 제대로 해낼 수 없어요. 산만한 정신은 아무것도 깊숙이 받아들이지 못하고 모든 것을 마치 억지로 집어넣은 양 도로 토해내기 때문이지요. 분주한 자들이야말로 사는 것에 가장 관심이 적지요. 그런데 사는 것처럼 배우기 어려운 일도 없지요. 그 밖의 기술들은 어딜 가나 가르쳐주는 교사들이 많이 있어요. 그러한 기술들 중에는 삼척동자도 능히 가르칠 수 있을 만큼 제대로 이해하는 것처럼 보이는 것들도 있지요. 하지만 사는 것을 배우는 데에는 평생이 걸리고, 더 놀라운 점은, 죽는 것을 배우는 데에도 평생이 걸린다는 것이오.

4   수많은 위대한 인물들이 모든 장애물을 뒤로하고 부와 공직과 환락을 체념한 뒤 고령에 이를 때까지 사는 법을 배우는 일에 전념했지요. 그러나 이들 가운데 대부분은 여전히 사는 법을 배우지 못했다고 고백하며 세상을 떠났어요. 그러니 앞서 말한 자들이야 그것을 알 리가 만무하지 않겠어요.

5   내 말 믿으시오. 자신의 시간을 조금도 빼앗기지 않는 것은 인간적 과오를 초월한 위대한 사람이나 해낼 수 있는 일이오. 그리고 그의 인생이 가장 긴 까닭은 주어진 시간이 얼마든 그것을 모두 자신을 위해 비워두기 때문이지요. 주어진 시간 가운데 놀리거나 이용하지 않는 것은 조금도 없으며, 남의 지배를 받는 법도 전혀 없어요. 왜냐하면 주어진 시간을 가장 알뜰하게 관리하는 그는 자신의 시간과

맞바꿀 만큼 가치 있는 것을 아무것도 발견하지 못했기 때문이지요. 그래서 그에게는 주어진 시간이면 충분한 것이오. 그러나 자신의 인생을 사람들에게 많이 빼앗긴 자에게는 주어진 시간이 부족할 수밖에 없겠지요.

6 그러한 자들도 때로는 자신의 손실을 알아차리지요. 큰 성공에 무겁게 짓눌려 있는 자들 대부분이 예민들의 무리 속에서나 법정에서 변호할 때나 그 밖에 다른 명예로운 고역을 치를 때 "정말 못살겠어"라고 가끔 외치는 것을 그대는 들을 수 있을 것이오.

7 그야 못살 수밖에요. 자신을 위해 그대를 부르는 자들은 모두 그대에게서 그대를 앗아가는데 어찌 살 수 있겠어요? 저 피의자는 얼마나 많은 날을 그대에게서 빼앗아갔는지요? 저 후보자와, 상속인들을 매장해주느라 지칠 대로 지친 저 노파[34]는 얼마나 많은 날을 빼앗아갔는지요? 유산 사냥꾼의 입맛을 돋우려고 꾀병을 부리는 저 남자와, 그대를 친구가 아니라 장식품쯤으로 여기는 저 세도가 나으리는 또 얼마나 많은 시간을 빼앗아갔는지요? 내 이르노니, 그대는 잘 구분하여 그대 인생의 날들을 세어보시오. 얼마 안 되는 자투리 날들만이 그대에게 남았음을 알게 될 것이오.

8 어떤 사람은 바라마지 않던 관직에 오르자 그만두고 싶어하며 "올해는 언제쯤 지나갈까?" 하는 말을 되풀이하곤 하지요. 또 어떤 사람은 경기를 개최할 기회를 얻는 것을 큰 특권으로 여기면서도 그럴 기회가 주어지면 "언제 이 경기에서 벗어나게 될까?"라고 말하지요. 온 광장의 사람들이 자신의 주위로 몰려들어, 자신의 말이 들릴 수 있는 곳보다 더 먼 곳까지 구석구석 거대한 군중을 불러 모으지만, 저 법정관(法政官)은 "휴정일이 얼마 남았지?"라고 말하지

요. 사람들은 저마다 허둥지둥 살며 미래에 대한 기대에 젖어 현재에는 싫증을 내지요.

9 그렇지만 순간순간을 자신의 필요에 따라서 쓰고, 하루하루를 마치 자신의 전 인생인 양 꾸려나가는 사람은 내일을 바라지도 않고 두려워하지도 않지요. 시간이 무슨 새로운 쾌락을 가져다줄 수 있겠어요? 모든 것은 다 알려진 것들이고, 모든 것은 물리도록 즐겼던 바가 아닌가요? 다른 것은 행운의 여신이 마음대로 할 수 있겠지요. 그러나 그의 인생은 확고부동하지요. 무엇인가를 그에게 더 줄 수는 있어도 그에게서 빼앗을 수 있는 것은 아무것도 없지요. 그리고 더 준다고 해도 그것은 이미 배불리 실컷 먹은 사람에게 음식을 더 주는 것과 같지요. 그는 그것을 받되 바라지는 않으니까요.

10 따라서 그대는 백발과 주름살만 보고 어떤 사람이 오래 살았다고 믿어서는 안 되오. 그는 오래 산 것이 아니라 오래 생존한 것뿐이니까요. 출항하자마자 사나운 폭풍에 이리저리 밀려다니다가 서로 다른 방향에서 미친 듯 불어오는 바람 탓에 같은 수면 위를 빙빙 돌던 사람을 긴 항해를 해냈다고 생각한다면 터무니없는 일이 아닐까요? 그는 긴 항해를 한 것이 아니라 많이 들까불렸던 것이지요.

08

1 어떤 사람이 시간 좀 내달라고 요청하고, 또 요청받은 사람이 기꺼

---

34 법정 상속인이 없을 경우 재산이 많은 노파는 이른바 '유산 사냥꾼'들에게 시달리다 못해 변호사에게 도움을 청할 것이라는 뜻이다.

이 이에 응하는 것을 보면서 나는 놀라곤 하지요. 양쪽 다 시간을 내달라는 까닭은 보면서도 어느 쪽도 시간 자체는 보지 못하니까요. 마치 요청한 것이 아무것도 아니고, 주는 것이 아무것도 아닌 양 말이오. 가장 소중한 것을 갖고 놀면서도 그런 줄 모르는 것은 그것이 형체가 없고 눈에 보이지 않기 때문이겠지요. 그래서 사람들은 그것을 싸구려로, 아니 거의 아무런 가치도 없는 것쯤으로 여기는 것이지요.

2 사람들은 연봉(年俸)이나 하사금 받는 것을 좋아하며, 그 대신 자신의 노동력이나 노력이나 용역을 제공하지요. 시간의 가치를 평가하는 사람은 아무도 없어요. 사람들은 마치 공짜인 양 시간을 너무 헤프게 쓰고 있어요. 그런데 바로 그러한 사람들이 병들어 죽음의 위험이 다가오면 의사의 무릎을 잡고, 사형(死刑)에 처하게 되면 살기 위해 자신의 전 재산을 바치려고 하지요. 그만큼 그들의 감정은 모순된 것이지요.

3 만일 지나간 세월을 셀 수 있듯이 다가올 세월도 일일이 셀 수 있다면, 자신의 세월이 얼마 남지 않은 것을 알게 된 사람들은 얼마나 두려움에 떨 것이며, 그 세월을 얼마나 아껴 쓸까요! 아무리 적은 것이라 해도 양이 정해져 있으면 절약하기가 쉽지요. 그러나 언제 끝날지 모르는 것은 더 신중하게 관리해야 하오.

4 하지만 시간이 얼마나 소중한 것인지 그들이 모른다고 생각해서는 안 될 것이오. 그들은 각별히 좋아하는 사람들에게 자신에게 주어진 세월의 일부를 기꺼이 주겠다고 늘 말하곤 하지요. 그들은 뭘 모르고 주는 것이지요. 시간을 준다는 것이 자신에게서 뭔가를 빼앗을 뿐 타인에게는 아무런 도움이 안 되니까 말이오. 그리고 그들은

다름 아니라 자신에게서 무엇을 빼내는지를 모르고 있는 것이지요. 그래서 그들에게는 손실이 눈에 띄지 않는 까닭에 참고 견딜 만한 것이지요.

5 아무도 그대에게 세월을 되찾아주지 않을 것이며, 아무도 그대를 다시 한 번 그대에게 돌려주지 않을 것이오. 인생은 처음 시작한 그대로 흘러갈 것이고, 진로를 되돌리거나 멈추지 않을 것이오. 인생은 소란도 피우지 않고, 자신의 속도를 상기시키지도 않은 채 소리 없이 흘러갈 것이오. 인생은 왕의 명령에 의해서도 백성의 호의에 의해서도 더 길어지지 않는다오. 인생은 첫날 출발한 그대로 계속해서 달릴 것이며, 어디서도 방향을 틀거나 머물지 않는다오. 하지만 그대는 분주하고 인생은 달려가고 있소. 그사이 죽음이 다가오면 그대는 원하든 원하지 않든 죽음을 위해 시간을 내야 할 것이오.

09

1 세상에 자신의 선견지명을 자랑하는 자보다 더 어리석은 자가 또 있을까요? 그들은 더 잘 살려고 정신없이 분주하지요. 그들은 인생에 대비하기 위해 인생을 보내고 있지요. 그들은 먼 미래를 내다보며 계획을 세우지만, 인생에서 가장 큰 손실은 뒤로 미루는 것이지요. 뒤로 미루는 것은 다가오는 족족 하루하루를 앗아가고, 멀리 떨어져 있는 것을 약속하며 현재를 낚아채가지요. 기대(期待)야말로 내일에 매달리다가 오늘을 놓쳐버리게 하니 인생의 가장 큰 장애물이지요. 그대는 운명의 여신 수중에 있는 것을 탐내다가 그대 수중의 것을 놓치고 있는 것이오. 그대는 무엇을 원하며, 어디로 향하고

있지요? 미래는 모두 불확실한 법이오. 현재를 살도록 하시오!

2   보세요. 가장 위대한 시인[35]이 소리치며, 마치 신의 목소리에 영감을 얻은 듯 구원의 노래를 부르고 있어요.

> 인생의 가장 좋은 날이 가련한 인간에게서 언제나
> 맨 먼저 도망가노라.[36]

"뭘 망설이는가?"라고 그는 말하고 있어요. "뭘 꾸물대는가? 그대가 붙잡지 않는다면 인생의 가장 좋은 날은 도망가리라." 붙잡았다 해도 그것은 도망갈 것이오. 그러니 그대는 시간의 재빠름에 시간을 이용하는 속도로 맞서야 하며, 언제 그칠지 모르는 급류에서 물을 떠마시듯 해야 하오.

3   시인은 '가장 좋은 나이'라고 하지 않고 '가장 좋은 날'이라고 말함으로써 한없이 뒤로 미루는 것을 점잖게 나무라고 있지요. 시간은 그렇게 흘러가는데 그대는 어찌 그리 태평스럽게 느긋하게 달과 해를 욕심껏 앞에다 길게 늘어놓는단 말이오? 시인은 그대에게 날에 관해, 그것도 도망가고 있는 날에 관해 말하고 있는데 말이오.

4   그런데 가련한 인간들, 말하자면 분주한 자들에게 가장 좋은 날이 맨 먼저 도망간다는 것을 의심할 만한 무슨 근거라도 있나요? 노년이 그들을 덮칠 때 그들의 마음은 여전히 소년이지요. 그들은 준비도 없이 무장도 하지 않은 채 노년을 맞으니까요. 그들은 아무 대비도 없이 아무것도 모르고 있다가 갑자기 노년이 되어버렸으니, 노년이 날마다 다가오고 있다는 것을 알아차리지 못했던 것이지요.

5   여행자가 대화하거나 독서하거나 골똘하게 무엇을 생각하다가 어

느새 목적지에 와 있는 것을 발견하듯이, 자나 깨나 똑같은 속도로 간단없이 계속되는 더없이 빠른 인생 여정도 분주한 자들은 그 끝 무렵에야 알아차리게 될 것이오.

10

1 내 주제를 항목별로 나누어 증거를 제시하려 한다면, 분주한 자들의 인생이야말로 가장 짧다는 것을 증명해줄 근거를 충분히 찾아낼 수 있을 것이오. 오늘날의 강단 철학자 가운데 한 사람이 아니라 구식의 진정한 철학자 가운데 한 사람인 파비아누스[37]가 늘 말하기를, 격정과 맞서 싸울 때는 격렬해야지 조심스러워서는 안 되며, 가벼운 부상만 입힐 것이 아니라 돌격해야만 격정의 전열을 무너뜨릴 수 있다고 했어요. 그는 궤변을 인정하지 않았지요. 말하자면 격정은 일침을 가할 것이 아니라 짓이겨놓아야 한다는 것이지요. 그러나 우리는 분주한 자들이 자신의 과오를 알아차리도록 가르쳐야 가망이 없다고 그냥 포기해서는 안 될 것이오.

2 인생은 과거, 현재, 미래의 세 시기로 나뉘지요. 그중 현재는 짧고, 미래는 불확실하며, 과거는 확실해요. 왜냐하면 과거에 대해서는 운명도 힘을 잃었고, 과거는 어느 누구의 자의(恣意)에도 종속될 수 없기 때문이지요. 그러나 분주한 자들은 이 부분을 놓치고 있어요.

---

35 로마의 서사시인 베르길리우스를 말한다.
36 베르길리우스, 『농경시』(*Georgica*) 3권 66~67행.
37 파비아누스는 세네카를 가르친 철학자이다(서한 100 참조).

그들에게는 과거를 뒤돌아볼 시간이 없기 때문이지요. 그리고 시간이 있다 해도 후회스러운 시기를 회고한다는 것은 즐거운 일이 아닐 테지요.

3 따라서 그들은 잘못 보낸 시기로 생각을 되돌리고 싶지 않으며 또다시 그 시기를 탐사하고 싶은 마음도 들지 않을 것이오. 그 시기의 과오가 그 당시에는 어떤 눈앞의 쾌락에 현혹되어 눈에 띄지 않았다 해도 돌이켜 생각해보면 명백히 드러날 테니까요. 자신의 모든 행동을, 결코 기만당하지 않는 자기 성찰에 내맡긴 적이 없는 사람이라면 어느 누구도 자신의 과거로 되돌아가고 싶지 않을 것이오.

4 야심 때문에 욕심을 부리고, 교만하여 경멸하고, 절제 없이 남에게 이기고, 음흉하게 속이고, 탐욕스럽게 약탈하고, 물 쓰듯 낭비한 적이 있는 자는 자신을 돌아보는 것이 두려울 수밖에 없지요. 하지만 과거는 우리에게 주어진 시간의 이미 봉헌된 신성한 부분이며, 인간에게 닥칠 수 있는 모든 우연을 초월하여 운명의 지배에서 벗어나 있어요. 과거는 궁핍에도, 두려움에도, 질병의 엄습에도 동요하지 않지요. 과거는 방해받을 수도 빼앗길 수도 없지요. 과거는 지속적이고 근심 걱정 없는 재산이지요. 현재의 날들은 하루씩 다가오며, 그 하루는 순간순간으로 다가오지요. 그러나 과거의 날들은 그대가 명령하기만 하면 모두 한꺼번에 다가와서는 마음대로 관찰하고 붙잡도록 내버려둘 것이오. 하지만 분주한 자들은 그럴 시간이 없지요.

5 근심에서 벗어나 마음이 차분한 사람은 지난 인생의 모든 부분을 돌아다닐 수 있어요. 그러나 분주한 자들의 마음은 마치 멍에를 메고 있는 양 돌아서서 뒤돌아볼 수 없지요. 그리하여 그들의 인생은

망각의 심연 속으로 사라지지요. 그리고 아무리 많이 쏟아부어도 그것을 받아서 간직할 그릇이 없다면 아무 소용 없듯이, 시간이 아무리 많이 주어져도 머무를 곳이 없다면 무슨 소용이 있겠어요! 마음의 금과 구멍 사이사이로 시간이 새어버릴 텐데 말이오.

6 현재의 시간은 매우 짧지요. 너무나 짧아서 어떤 사람에게는 존재하지 않는 것처럼 보이지요. 왜냐하면 현재는 언제나 움직이고 급히 흘러가기 때문이지요. 현재는 오기도 전에 존재하기를 그만두며, 창공이나 또는 쉬지 않고 끊임없이 움직이며 결코 한곳에 머무르지 않는 천체들과 마찬가지로 머무르는 것을 허용하지 않지요. 그러니까 분주한 자들은 너무나 짧아서 잡을 수 없는 현재 시간하고만 관계가 있고, 그마저도 여러 가지 일로 마음이 산만한 그들에게서 슬그머니 빠져나가버린다오.

II

1 그대는 그들이 사는 기간이 얼마나 짧은지 알고 싶나요? 그들이 오래 살기를 얼마나 원하는지 보시오! 늙어빠진 노인은 몇 해만 보태달라고 기도하고 구걸하며 실제보다 더 젊은 체하지요. 그는 거짓말로 자신에게 아부하는가 하면 자신을 속이는 동시에 운명도 속인 양 좋아하지요. 그러다 마침내 어떤 노쇠 현상이 죽음을 상기시키면 몹시 겁에 질려 죽어가지요! 마치 인생에서 걸어 나가는 것이 아니라 끌려 나가는 것처럼 말이오. 그는 실제로는 살지 않았던 셈이니 자신이 바보였으며 이번 병고에서 벗어나기만 하면 여가를 즐기며 살 거라고 고함을 지르지요. 그는 자신이 즐기지도 못할 것을 마

련했던 것이 얼마나 소용없는 짓이었는지 깨닫게 되며, 자신의 온갖 노력이 수포로 돌아가고 말았음을 알게 되지요.

2   하지만 모든 분주함에서 멀찍이 떨어져 사는 사람들의 인생은 당연히 길지 않겠어요? 그들의 인생은 남에게 맡겨진 것도 없고, 이리저리 흩어진 것도 없고, 우연에 맡겨진 것도, 소홀함 탓에 사라진 것도 없으며, 선심 쓰느라 낭비된 것도 없으며, 남아도는 것도 없으니 말이오. 그들의 인생 전체가 훌륭하게 투자되어 소득을 올리는 셈이라고나 할까요. 따라서 그들의 인생은 짧다 해도 충분하고도 남지요. 그리하여 언제 마지막 날이 오더라도 현인은 머뭇거리지 않고 흔들리지 않는 발걸음으로 죽음을 향해 나아가지요.

12

1   그대는 어떤 사람들을 내가 분주하다고 일컫는지 알고 싶겠지요? 경비견을 풀어놓아야 법정에서 나가는 자들,[38] 자신의 지지자들 무리 속으로 잘난 체하며 밀치고 들어가거나, 남의 지지자들[39] 무리 속으로 야유를 받으며 밀치고 들어가는 자들, 피보호자의 의무에 따라 집에서 나와 남의 집 대문을 두드리는[40] 자들이나, 법정관의 창[41]이 언젠가는 곪아터질 부당한 이익을 노리도록 부추기는 자들[42]만을 내가 말한다고 생각하지 마시오.

2   어떤 자들은 여가 중에도 분주하지요. 그들은 시골집에서나 침상에서나 고독 속에서도, 모든 것에서 벗어났기를 바라겠지만 사실은 자신에게 짐이 되고 있지요. 그들의 인생은 여가를 즐기며 사는 것이 아니라 일없이 분주한 것이라고 말할 수 있어요. 소수의 수집광

에 의해 값이 치솟은 코린토스의 청동[43] 그릇들을 꼼꼼히 정돈하며 녹슨 금속판을 가지고 하루의 대부분을 보내는 자를 그대는 여가를 즐기며 산다고 하나요? 서로 싸우는 소년들의 열렬한 구경꾼으로서(참으로 부끄러운 일이지요. 우리는 로마 것도 아닌 악덕으로 고통받고 있으니 말이오!) 레슬링장에 앉아 있는 자를, 몸에 기름을 바른 자신의 레슬링 선수들을 나이와 피부색에 따라 상대를 정해주는 자를, 신예 선수단을 먹이는 자를 그대는 여가를 즐기며 산다고 하나요?

3   어때요? 이발소에서 많은 시간을 보내며 간밤에 새로 자란 것을 뽑아내고, 머리카락 하나하나에 관하여 상담하고, 헝클어진 머리털을 다시 정돈하고, 머리털이 드문 곳은 양쪽에서 빗어 올려 감추는 자를 그대는 여가를 즐기며 산다고 하나요? 이발사가 조금이라도 부주의하면 털이 아니라 사람이라도 깎아버린 것처럼 그는 무척이나 화를 내지요! 그의 갈기 같은 머리털이 조금이라도 잘리거나, 무엇이 정돈이 안 되었거나, 모든 것이 제대로 고수머리로 돌아가지 않으면 그는 분통을 터뜨리지요! 이들 가운데 몇몇은 자기 머리가 헝클어지는 것보다는 국가가 뒤죽박죽되기를 원하지 않을까요? 또

---

38 변호사들. 고대 로마에서 소송 업무는 정오가 되기 전에 시작하여 해가 질 때까지 진행되었으며, 해가 진 뒤에는 법정에 경비견을 풀어놓았다고 한다.
39 귀족의 법적 보호를 받는 예민을 일컫는다. 예민이 많을수록 세도가 행세를 했다.
40 문안 인사차.
41 공유물을 경매할 때 권위의 상징으로 법정관의 창을 땅에 꽂아놓았다고 한다.
42 모리배들.
43 금과 은과 청동의 합금으로 당시에 인기가 좋았다고 한다.

몇몇은 자기 머릿속에 든 지혜보다는 치장에 더 신경 쓰고, 점잖아지기보다는 말쑥해지를 더 바라지 않을까요? 그대는 빗과 거울에 여념이 없는 그러한 자들을 여가를 즐기며 사는 사람들이라고 하나요?

4 작곡하고 듣고 노래를 배우느라 분주한 자들은 어떤가요? 그들은 자연에서 매우 훌륭하고 소박한 음조의 목소리를 받았음에도 그것을 부자연스럽게 전조(轉調)하기도 하고 마음속으로 어떤 노래의 박자를 맞추느라 줄곧 손가락으로 톡톡 치기도 하며, 진지하거나 슬픈 일로 불려왔는데도 혼자 흥얼대지요. 그러한 자들은 여가를 즐기는 것이 아니라 일없이 분주한 것이지요.

5 정말이지 그들의 향연도 여가로 간주하고 싶지 않아요. 세심하게 은 식기들을 배열하고, 시동(侍童)들의 투니카⁴⁴를 꼼꼼하게 허리띠로 매어 올려주고, 요리사가 돼지고기를 어떻게 다루는지 조바심치고, 말쑥한 소년들이 신호에 따라 날렵하게 봉사하러 돌아다니고, 날짐승의 고기를 솜씨 좋게 적당한 분량으로 썰고, 술 취한 자들이 게워낸 것을 가련한 노예 소년들이 재빨리 닦아내는 것을 볼 때면 그들의 향연은 정말로 여가가 아니라는 생각이 들어요. 이런 짓들을 함으로써 그들은 우아하고 화려하게 산다는 말을 듣고 싶어 하지요. 그리하여 이러한 폐습은 그들의 생활 구석구석까지 파고들어가 그들은 과시하지 않고서는 마시지도 먹지도 못하지요.

6 운반용 안락의자나 가마를 타고 이리저리 돌아다니면서 그렇게 타고 다니는 일을 그만두어서는 안 되는 것처럼 꼭 제시간에 타려고 나타나는 자들도 그대는 여가를 즐기며 사는 자들로 간주하지 않겠지요. 그리고 언제 목욕을 하고, 언제 수영을 하고, 언제 식사를 해

야 하는지를 남이 일러주는 자들도? 그들은 정신력이 해이해진 탓에 너무나 무기력해져서 자력으로는 배가 고픈지 알 수 없게 된 자들이지요.

7 듣자 하니, 이런 향락주의자들(인간의 생활 습관을 잊어버리는 것을 향락이라고 할 수 있다면 말이오) 가운데 한 명이 욕조에서 들어올려져 운반용 안락의자에 놓여졌을 때 "내가 벌써 앉아 있는 게냐?"라고 물었다 해요. 자기가 앉아 있는지도 모르는 이런 사람이 살아 있는지, 보고 있는지, 여가를 즐기고 있는지 알 수 있을 성싶은가요? 그가 정말 몰랐더라면 더 가련했을지, 아니면 모른 척했다면 더 가련했을지, 나로서는 말하기가 어렵군요.

8 그러한 자들은 많은 일을 실제로 잊어버리기도 하고 잊어버린 체하기도 하지요. 그들은 어떤 악덕을 마치 행복의 증거인 양 즐기지요. 자신이 하는 짓을 아는 사람이 그들에게는 너무나 비천하고 경멸스러운 사람으로 보이니까요. 어릿광대들이 사치를 나무라기 위하여 많은 것을 지어낸다고 믿는다면 얼마나 어리석은 생각인가요! 어릿광대들은 지어내는 것보다 더 많은 것을 지나쳐버리니까요. 우리 시대는 오직 이 분야에서만 재능을 발휘한 탓에 믿기 어려운 악덕들이 수없이 늘어나, 우리는 오히려 어릿광대들도 악덕을 모르고 지나친다고 나무랄 정도가 되었지요. 향락에 빠져든 나머지 자기가 앉아 있는지조차도 남의 말을 들어야 아는 사람이 있다니!

9 그러니까 그러한 사람은 여가를 즐기는 것이 아니지요. 그에게는 다른 이름을 붙여야겠지요. 그는 몸이 아픈 것이오. 아니, 죽은 것

---

44 무릎까지 내려오는 소매 짧은 셔츠.

이오. 자신의 여가를 의식하는 사람만이 진정으로 여가를 즐기는 것이지요. 그러나 반쯤만 살아 있는 사람은 자기 몸의 상태를 알려면 남의 안내가 필요하거늘, 그러한 사람이 어찌 자기 삶의 어떤 순간에 대해서든 주인 노릇을 할 수 있겠어요?

13

1   장기나 공놀이나 햇볕에 몸을 태우는 일[45]로 인생을 소진하는 자들까지 일일이 언급하자면 이야기가 장황해질 것이오. 자신의 향락을 위해 많은 수고를 하는 자들은 여가를 즐기는 것이 아니지요. 예컨대 쓸모없는 학문에 몰두해 있는 자들이 일없이 분주하다는 것을 의심할 사람은 아무도 없지요. 로마인 중에도 그러한 자들은 부지기수이지요.

2   그라이키아[46]인은 오뒷세우스[47]에게는 노 젓는 사람들이 몇 명이나 있었는지, 『일리아스』와 『오뒷세이아』[48] 가운데 어느 쪽이 먼저 씌어졌는지, 이 작품들을 같은 작가가 쓴 것인지 아닌지, 그 밖에도 이런 종류의 다른 문제들을 병적으로 따지고 싶어했지요. 이런 것들은 혼자 간직하고 있으면 마음에 아무런 즐거움이 되지 못하고, 발표하면 유식하다기보다는 따분하다는 인상을 주게 될 것이오.

3   보시오, 로마인들도 쓸모없는 지식에 대한 무의미한 열성으로 괴로워하고 있어요. 일전에 나는 로마 장군들 가운데 누가 처음으로 무슨 일을 했는지 보고하는 것을 들은 적이 있어요. 해전(海戰)에서는 처음으로 두일리우스[49]가 이겼고, 쿠리우스 덴타투스[50]는 처음으로 개선 행렬에 코끼리 떼를 등장시켰다는 식이었지요. 이런 일들은

진정한 명성에 기여하는 것은 아니라 해도 애국적인 노고의 본보기를 보여주기는 하지요. 그러한 지식은 아무런 이익을 주지는 않지만 그 주제는 쓸모없음에도 불구하고 매력적이어서 우리의 관심을 끌지요.

4 배를 타도록[51] 누가 처음으로 로마인들을 설득했느냐고 묻는 사람들까지도 우리는 봐줄 수 있을 것이오. 그것은 클라우디우스[52]였지요. 그에게는 카우덱스라는 별명이 붙었는데, 널빤지를 여러 장 이어붙인 것을 옛날에는 카우덱스(caudex)라 불렀기 때문이지요. 그러한 연유로 법률을 적어놓은 서판들은 코디케스(codices)[53]라고 일컫는가 하면, 티베리스 강을 거슬러 식량을 운반하는 배들은 오늘

---

45 건강을 위하여.
46 그라이키아(Graecia)는 그리스의 라틴어 이름이다.
47 오뒷세우스(Odysseus)는 목마(木馬)의 계략으로 트로이아를 함락시킨 그리스의 영웅으로, 천신만고 끝에 20년 만에 귀국하여 아내와 상봉한다.
48 『일리아스』(Ilias, '일리오스, 즉 트로이아 이야기'라는 뜻)와 『오뒷세이아』(Odysseia '오뒷세우스 이야기'라는 뜻)는 기원전 730년경에 활동한 것으로 추정되는 그리스 서사시인 호메로스의 서사시들이다.
49 두일리우스(Gaius Duilius)는 제1차 포이니 전쟁 때의 로마 집정관이다. 그는 기원전 260년 시킬리아의 뮐라이(Mylae) 곶 앞바다에서 카르타고 해군에 이겼는데, 그것이 로마인들에게는 해전에서의 첫 승리였다.
50 『마음의 평정에 관하여』 주 20 참조.
51 여기서 '배를 탄다'는 것은 해군을 이용한다는 뜻이다.
52 클라우디우스(Appius Claudius Caudex)는 기원전 264년 집정관으로, 제1차 포이니 전쟁 때 쉬라쿠사이(Syracusae)의 히에론(Hieron) 2세와 카르타고의 연합군에 대항하고자 처음으로 함대를 이끌고 시칠리아로 건너갔다고 전한다.
53 코디케스는 코덱스(codex)의 복수형인데, 코덱스는 '나무줄기' '밀랍을 입힌 서판'이라는 뜻이다.

날에도 옛 관습에 따라 코디카리아이(codicariae)⁵⁴라고 부르지요.

5 발레리우스 코르비누스⁵⁵가 처음으로 멧사나를 정복했고, 발레리이가(家)는 처음으로 정복한 도시의 이름을 따 멧사나라는 별명으로 불리다가 나중에 백성들 사이에 차츰 음(音)이 잘못 전해져서 멧살라(Messala)라는 별명으로 불리게 되었다는 사실도 확실히 주제와 무관하다고는 할 수 없겠지요.

6 그대는 루키우스 술라⁵⁶가 전에는 사슬에 묶인 채 선보였던 사자들을 처음으로 원형경기장에 풀어놓았으며, 복쿠스⁵⁷ 왕이 사자들을 처치할 사수들을 보내주었다는 사실에 누가 관심을 보이더라도 용납할 참인가요? 그것도 용납은 할 수 있겠지요. 그러나 폼페이유스가 처음으로 원형경기장에서 아무 죄 없는 사람들이 열여덟 마리의 코끼리와 맞붙어 싸우게 했던 것⁵⁸도 좋은 목적에 쓰일 수 있을까요? 나라의 일인자요 옛날 지도자들 가운데 (소문에 따르면) 남달리 선의를 품고 있다던 그가 새로운 방법으로 사람들을 죽이는 것을 기억에 남을 구경거리라고 여겼다니! 그들을 죽기 살기로 싸우게 한다고? 그것으로는 부족해. 그들을 갈기갈기 찢기게 한다고? 그것으로도 부족해. 수많은 짐승 떼에 짓이겨지게 해야지!

7 그러한 일들은 잊히는 것이 더 좋겠지요. 훗날 어떤 권력가가 듣고는 이런 비인간적인 행위를 시기하여 모방하지 않도록 말이오. 오오, 큰 행운은 우리의 정신에 얼마나 짙은 암흑을 드리우는가! 폼페이유스는 가련한 인간들 한 무리를 이국에서 들여온 짐승들에게 내던졌을 때, 다른 피조물들끼리 서로 싸우게 했을 때, 로마 시민이 보는 앞에서 그처럼 많은 피를 쏟았을 때—머지않아 그는 더 많은 피를 흘리도록 로마 국민에게 강요할 것이었다⁵⁹—자신이 자연 법

칙 위에 서 있는 줄 알았겠지요. 그러나 그러한 그도 나중에는 알렉산드레이아의 배신에 속아 가장 천한 노예에게 칼로 찌르라고 자신의 가슴을 내밀었으며,[60] 그제야 비로소 '마그누스'[61]라는 자신의 별명이 허풍선이였음을 알게 되었지요.

8 여기서 다시 본론으로 돌아가, 이런 종류의 소재에 관해 많은 사람이 쓸데없이 꼼꼼하다는 것을 보여주겠소. 같은 작가가 말하기를, 메텔루스[62]는 시킬리아에서 포이누스인[63]들에게 승리한 뒤 개선식

---

54 코디카리아이는 코디카리아(codicaria)의 복수형인데, 코디카리아는 일종의 거룻배를 가리킨다.
55 발레리우스 코르비누스(Marcus Valerius Corvinus Messala)는 집정관으로 선출된 기원전 263년, 시칠리아 동북단에 있는 멧사나(Messana 지금의 Messina)에서 카르타고인을 몰아내고 쉬라쿠사이의 히에론 2세를 압박하여 로마와 평화조약을 맺게 했다.
56 루키우스 술라(Lucius Cornelius Sulla)는 로마의 장군으로, 기원전 97년 법정관을 지내며 경기를 개최했다. 그는 훗날 독재관이 되어 정적들에게 피비린내 나는 복수를 했다.
57 복쿠스(Bocchus)는 마우레타니아(Mauretania 지금의 모로코와 서알제리)의 왕으로, 로마에 대항해 싸우던 사위 누미디아(Numidia 지금의 동알제리와 튀니지) 왕 유구르타를 배신하고 로마인들의 친구가 된 뒤 술라와 가까이 지냈다.
58 제1차 삼두정치의 주역 가운데 한 명인 폼페이우스(Gnaeus Pompeius Magnus)는 기원전 55년 자신이 마르스 들판에 로마 최초의 석조 극장을 건립한 것을 기념해 이 경기를 개최했다고 한다.
59 율리우스 카이사르와의 내전을 말한다.
60 『마음의 평정에 관하여』 수 52 참조.
61 '위대한'이라는 뜻이다.
62 메텔루스(Lucius Caecilius Metellus)는 기원전 251년과 247년에 집정관을 지냈는데, 기원전 250년 시칠리아에서 한니발(Hannibal)의 아우 하스드루발(Hasdrubal)에게 이기고 카르타고인들의 코끼리 떼를 노획했다고 한다.
63 포이누스인(Poenus)이란 카르타고인의 다른 이름이다. 포이누스인이란 '포이니케(Phoenice 그/Phoinike 지금의 페니키아 지방)인'이라는 뜻으로, 포이니케 지방의 튀로스(Tyros) 사람들이 북아프리카에 카르타고를 세운 까닭에 그곳 사람들이 그런 이름을 갖게 되었다.

때 모든 로마인들 가운데 유일하게 자신의 전차 앞으로 백이십 마리나 되는 노획한 코끼리가 행렬을 지어 걷도록 했다고 하오. 술라는 로마인들 가운데 마지막으로 성역의 경계[64]를 넓혔는데, 그러한 조처는 옛날에는 속주가 아니라 이탈리아 땅을 얻었을 때만 가능했다 하오. 그래도 그것은 아벤티눔[65] 언덕이, 그 작가의 주장에 따르면 다음 두 가지 이유 가운데 하나에 의해 성역의 경계에서 제외되었다는 것을 아는 것보다는 더 알아둘 가치가 있겠지요. 아벤티눔 언덕이 제외된 이유는 평민이 도시를 떠나 그곳에 모였거나,[66] 아니면 레무스가 그곳에서 전조를 구할 때 새들이 길조를 보여주지 않았기 때문이라 하오.[67] 그 밖에도 그 작가는 거짓말투성이거나 있을 법하지 않은 다른 이야기들을 수없이 늘어놓았지요.

9 그들의 말을 모두 믿고 하는 말이라고 인정해도, 그들이 쓴 것을 그들 자신이 보증한다 해도, 그것이 누구의 과오를 줄일 수 있겠어요? 누구의 욕망을 억제하고, 누구를 더 용감하게, 누구를 더 정의롭게, 누구를 더 너그럽게 만들겠어요? 우리의 파비아누스[68]가 말하기를, 자기는 이런 공부에 말려드느니 차라리 아예 공부를 하지 않는 편이 더 낫겠다고 했지요.

14

1 철학을 위해 시간을 내는 사람들만이 여가를 즐기는 것이지요. 그들만이 살아 있어요. 그들은 인생의 시간을 잘 건사할 뿐 아니라, 모든 시간을 자기 인생의 시간에 덧붙일 줄도 알지요. 많은 세월이 그들 앞을 흘러갔지만 그들은 그 세월을 자기 것으로 만들었어요.

우리가 배은망덕한 것이 아니라면, 성스러운 학파들의 저 유명한 창시자들은 우리를 위해 태어난 것이며 우리를 위해 사는 법을 마련해두었소. 다른 사람의 노력에 의하여 우리는 암흑에서 광명으로 꺼내진 가장 아름다운 것들로 인도되고 있는 것이오. 우리에게는 어떤 세기도 금지되어 있지 않으니 우리는 모든 세기에 다가갈 수 있어요. 그리고 인간적 허약함의 좁은 경지를 고매한 정신으로 넘어서고 싶다면 우리에게는 두루두루 돌아다닐 수 있는 기나긴 시간이 있지요.

2 우리는 소크라테스[69]와 더불어 토론할 수 있고, 카르네아데스[70]와 더불어 회의(懷疑)할 수 있으며, 에피쿠로스[71]와 더불어 물러나 조

---

64 점을 치기 위한 전조는 '성역의 경계(pomerium)' 안에서만 구하게 되어 있었다.
65 아벤티눔(Aventinum)은 로마의 일곱 언덕 가운데 하나이다.
66 평민은 정치적 동맹파업을 위해 세 번 로마를 떠난 적이 있는데, 기원전 494년과 449년에는 아벤티눔 언덕으로, 기원전 287년에는 성산(聖山 mons sacer)으로 집결했다.
67 전설에 따르면 늑대의 젖을 먹고 자란 쌍둥이 형제 로물루스(Romulus)와 레무스(Remus)가 새 도시를 팔라티움(Palatium) 언덕에 세울지 아벤티눔 언덕에 세울지, 도시 이름은 누구 이름에서 따올 것인지 하는 문제로 다투면서 각각 자기가 주장하는 언덕 위에서 새의 전조를 기다리는데 레무스에게는 여섯 마리의 새가, 로물루스에게는 열두 마리의 새가 나타나 결국 레무스가 양보했다고 한다.
68 주 37 참조.
69 『마음의 평정에 관하여』 주 19 참조.
70 카르네아데스(Karneades 기원전 214년경~129년)는 그리스 신(新)아카데메이아학파의 창시자로, 불가지론을 주창했다.
71 에피쿠로스(Epikouros 기원전 341~271년)는 사모스 섬 출신의 그리스 철학자로, 기원전 306년 아테나이에서 에피쿠로스학파를 창설했다. 그들은 쾌락, 특히 정신적인 쾌락을 인생의 목표로 삼았는데, 거기에 이르기 위해서는 무엇보다 '부동심'(不動心, ataraxia)이 중요하다고 생각했다.

용히 살 수 있으며, 스토아 철학자들[72]과 더불어 인간의 본성을 극복할 수 있으며, 견유학파(犬儒學派)[73]와 더불어 인간의 본성을 무시할 수 있지요. 자연은 우리가 어떤 나이와도 함께하는 것을 허용하거늘, 우리가 이 짧고 덧없는 시간의 흐름에서 벗어나 무한하고 영원하고 우리를 더 나은 것과 맺어주는 것을 온 마음으로 지향해서는 안 될 까닭이 어디 있겠소?

3 임무를 수행하느라 분주히 돌아다니며 자신과 남들을 못살게 구는 자들은 마음껏 광분하고, 날마다 가가호호 찾아다니며 문턱을 넘고, 열려 있는 대문은 지나치지 않고, 서로 멀리 떨어져 있는 집들에 돈을 받고 안부를 전해주다 보면[74] 서로 다른 욕망으로 나눠진 넓디넓은 도시에서 사실은 얼마나 적은 사람들을 보는 셈일까요!

4 얼마나 많은 사람들이 잠자느라, 향락을 즐기느라, 또는 인정머리가 없어 그들을 멀리할까요! 얼마나 많은 사람들이 그들을 조바심치며 기다리게 해놓고 바쁘다는 핑계로 급히 지나칠까요! 얼마나 많은 사람들이 마치 속이는 것이 거절하는 것보다는 덜 인정머리 없는 짓인 양 예민들로 가득 찬 접견실을 통과하지 않고 남모르는 뒷문으로 달아날까요! 얼마나 많은 사람들이 어제 마신 술이 깨지 않아 꾸벅꾸벅 졸면서, 남이 잠에서 깨기를 기다리려고 자다 말고 찾아온 가련한 예민의 이름을 집사가 천 번이나 속삭여주어야만 겨우 오만한 하품으로 대답할까요!

5 이런 말을 해도 좋다면, 나는 제논[75]과 퓌타고라스[76]와 데모크리토스[77]와 고귀한 학문의 다른 대가들과 날마다 최대한 친근하게 지내고, 아리스토텔레스[78]와 테오프라스토스[79]를 숭배하려는 사람들만이 인생의 임무를 다하고 있다고 생각해요. 그들은 저마다 시간을

낼 것이며, 찾아온 사람을 더 행복한 사람으로, 자신에게 더 만족하는 사람으로 만들어 떠나보낼 것이며, 아무도 빈손으로 떠나게 하지 않아요. 누구라도 그들을 밤이고 낮이고 방문할 수 있지요.

15

1   그들 중 어느 누구도 그대에게 죽기를 강요하지 않을 것이오. 그들은 모두 그대에게 죽는 법을 가르쳐줄 것이오. 그들은 그대의 세월을 마모시키지 않을 것이며 자신의 세월을 그대에게 보태줄 것이오. 그들 가운데 한 사람과 대화한다고 해서 그대는 위험해지지 않을 것이며, 그들 가운데 한 사람과 친해진다고 해서 그대의 생명이

---

72 『마음의 평정에 관하여』 주 3 참조.
73 견유학파(Kynismos)는 안티스테네스(Antistenes)가 창시한 그리스 철학의 한 파로, 무욕(無慾)과 정신적 독립을 이상으로 삼았다.
74 이상은 예민의 일상 업무이다.
75 『마음의 평정에 관하여』 주 3 참조.
76 퓌타고라스(Pythagoras)는 기원전 6세기에 활동하던 그리스 철학자로, 소아시아 이오니아 지방 앞바다에 있는 사모스(Samos) 섬에서 이탈리아 남해안의 그리스 식민시 크로토(Croto 그/Kroton)로 이주하여 이른바 '퓌타고라스학파'의 창시자가 된다. 그는 영혼의 윤회를 주장하며 청정한 생활을 강조했으며, 철학에 수학적인 원리를 도입하기도 했다.
77 데모크리토스(Demokritos 기원전 460~357년경)는 트라케(Thraike) 지방 압데라(Abdera) 출신의 그리스 철학자로, 원자론을 창시했다.
78 주 3 참조.
79 테오프라스토스(Theophrastos 기원전 370년경~287년경)는 기원전 300년경에 활동한 그리스 철학자로, 아리스토텔레스의 제자이자 친구이며 나중에 그의 뒤를 이어 소요학파의 수장이 된다.

위협받지 않을 것이며, 그들 가운데 한 사람을 그대가 공경한다고 해서 비용이 들지도 않을 것이오. 그들에게서 그대는 원하는 것은 무엇이든 얻어갈 수 있지요. 그대가 양껏 떠 마시지 못한다 해도 그것은 그들 탓이 아닐 것이오.

2 그들의 예민이 된 사람에게는 어떤 행복이, 얼마나 아름다운 노년이 기다리고 있는가! 그들의 예민이 된 사람은 가장 사소한 일과 가장 중대한 일에 조언을 구할 수 있고, 자신에 관해 날마다 상담할 수 있으며, 모욕감을 주지 않으면서 진실을 들려주고 아첨하지 않으면서 칭찬해주며 자신을 형성해나가는 데 본보기가 될 친구들을 얻게 될 것이오.

3 부모는 우연히 주어지는 것이지 마음대로 선택할 수 있는 것이 아니라고 우리는 늘 말하곤 하지요. 그러나 우리가 선택할 수 있는 계보(系譜)도 있다오. 여기 가장 고귀한 지성(知性)의 가족들이 있어요. 그대가 어느 가족에 입양되기를 원하는지 스스로 선택하시오. 그러면 그대는 그들의 이름뿐 아니라 재산도 물려받게 될 것이오. 또한 그 재산은 쩨쩨하고 인색하게 지키지 않아도 될 것이오. 그 재산은 많은 사람들에게 나눠줄수록 더 불어날 테니까요.

4 그들은 그대에게 영원에 이르는 길을 일러줄 것이며, 아무도 아래로 떨어지지 않는 곳에 그대를 올려놓을 것이오. 그것이 우리의 가멸성(可滅性)을 연장할 수 있는, 아니 불멸성으로 바꿀 수 있는 유일한 방법이지요. 영직(榮職)이든 기념비든, 명예욕 때문에 공적인 결정으로 명령하거나 건축물로 세우는 것은 무엇이나 금세 무너지며, 세월을 살면서 파괴되고 소멸되지 않는 것은 아무것도 없지요. 그러나 지혜가 축성(祝聖)한 것들은 세월도 해할 수 없어요. 어떤

세월도 그것들을 없애거나 줄일 수가 없지요. 다음 세대와 그다음 세대가 잇달아 그것들을 더 존경스러운 것으로 만들 것이오. 가까이 있는 것은 질투의 대상이 되어도 멀리 떨어져 있는 것은 거리낌 없는 경탄의 대상이 되기 때문이지요.

5 따라서 현인의 삶은 길게 연장되지요. 그는 다른 사람과 같은 경계 안에 갇혀 있지 않아요. 그만이 인간을 지배하는 법칙에서 자유로우며, 모든 시대가 그를 신처럼 떠받들지요. 그는 시간이 지나면 기억 속에 고이 간직하고, 시간이 와 있으면 이용하고, 시간이 다가오면 선취한다오. 모든 시간을 하나의 시간으로 결합시키기에 그의 수명은 길어지는 것이지요.

16

1 과거를 망각하고 현재를 소홀히 하고 미래를 두려워하는 자들의 인생은 짧고 불안하지요. 그들은 가련하게도 종착지에 이르러서야 그동안 내내 하는 일 없이 분주하기만 했다는 사실을 너무 늦게 깨닫게 되지요.

2 그들이 가끔 죽게 해달라고 기도한다고 해서 그대는 그것을 그들이 오래 살았다는 증거로 여겨서는 안 될 것이오. 다름 아닌 그들의 어리석음 탓에 두려워하는 것 속으로 제 발로 뛰어들어야 하는 걷잡을 수 없는 감정들이 생겨 그들을 괴롭히는 것이지요. 그들이 가끔 죽기를 바라는 것은 사실은 죽음을 두려워하기 때문이라오.

3 또한 그대는 가끔 그들에게도 날이 길어 보인다고 해서, 정해진 식사 시간이 될 때까지 시간이 너무 늦게 간다는 불평을 들었다고 해

서 그것을 그들이 오래 살았다는 증거로 여겨서도 안 될 것이오. 언젠가 일거리가 떨어져 여가가 생기면 그들은 안절부절못하며 그 여가 시간을 어떻게 배분하면서 보내야 할지 모르게 되지요. 그래서 그들은 다른 일거리를 찾게 되는데 그사이의 모든 시간을 견디지를 못한다오. 그것은 정말이지 마치 검투사 경기의 일정이 예고되거나, 다른 구경거리나 유흥거리가 다가오는 것을 기다릴 때 그사이의 날들을 뛰어넘고 싶어하는 것과도 같지요.

4 원하는 일을 연기하는 것이 그들에게는 언제나 지루하지요. 그러나 그들이 즐기는 시간은 짧고 덧없으며, 그들의 과오 때문에 더 짧아지지요. 그들은 하나의 향락에서 다른 향락으로 옮겨 다니느라 한 가지 욕망 안에 머무르지 못하니까요. 그들에게는 낮이 긴 것이 아니라 싫은 것이지요. 반면에 그들은 매춘부의 품속에서 또는 술로 지새는 밤을 너무나 짧게 느끼지요!

5 이야기로 인간의 과오에 영양분을 공급하는 시인들의 광기는 거기에서 비롯된다오. 그들에게는 제우스가 동침하고 싶은 욕망에 홀려 밤을 두 배로 늘인 것으로[80] 보였던 것이지요. 신들을 선례로 그리고 본보기로 인용함으로써 병적인 욕망을 용서하고 허용한다면 그것은 우리의 악덕에 불을 지르는 것이 아니고 무엇이겠어요? 그토록 비싸게 주고 산 밤들이 그들에게는 너무나 짧아 보이지 않을까요? 그들은 밤을 기다리느라 낮을 잃고 햇빛에 대한 두려움에 밤을 잃으니 말이오.

17

1 그들에게는 향락조차 불편하고 온갖 두려움으로 불안하기만 하지요. 그리하여 가장 신이 날 때도 불안한 생각을 하지요. "이것이 얼마나 오래갈까?" 이러한 감정에 사로잡혀 왕들은 자신의 권세를 비탄했던 것이라오. 큰 행운을 기뻐하기는커녕 언젠가는 다가올 종말을 겁냈던 것이지요.

2 페르시아인들의 더없이 교만한 왕[81]은 넓은 들판에서 그 수를 헤아릴 수 없는 많은 군사를 사열하다가 백 년이 지나면 저토록 많은 젊은이들 가운데 한 명도 살아남지 못할 것이라는 생각을 하며 눈물을 흘렸지요. 그러나 그들을 위해 눈물을 흘리던 그 자신이 젊은 군사들의 운명을 재촉하여 더러는 바다에서, 더러는 육지에서, 더러는 싸우다가, 더러는 패주하다가 죽게 했다오. 그는 백 년 뒤가 염려되던 젊은이들을 단기간에 몰살할 운명이었던 것이지요.

3 그들에게는 즐거움조차도 불안하기 그지없으니 대체 어찌된 일일까요? 그것은 그들의 즐거움의 기초가 튼튼하지 못하고, 공연히 생겨났다가 공연히 스러지기 때문이지요. 그들이 고양되어 인간의 경지를 뛰어넘는 시간들조차도 순수하지 못하다면, 그들이 스스로 불행하다고 자백하는 시간들은 어떠하리라고 그대는 생각하시오?

---

80 제우스(Zeus)가 암피트뤼온(Amphitryon)의 아내 알크메네(Alkmene)에게 다가가 잠자리를 같이했을 때를 말한다. 이로 인해 알크메네는 헤라클레스(Herakles)의 어머니가 된다. 플라우투스(Plautus)의 희극 『암피트뤼온』 1136행 참조.
81 기원전 480년 그리스를 침공한 크세르크세스(Xerxes)를 말한다.

4 아무리 많은 재물도 불안하며, 최고의 행복도 전혀 믿을 것이 못 되지요. 행복을 지키려면 또 다른 행복이 필요하고, 이루어진 기도를 위해 또 다른 기도를 해야 하지요. 우연히 얻은 것은 무엇이든 불안정하니까요. 높이 오른 것일수록 떨어지기가 더 쉬운 법이지요. 그렇지만 그것이 떨어진다 해도 어느 누구도 즐겁게 해주지는 못하지요. 따라서 힘들게 얻은 것을 더 힘들게 소유해야 하는 자들의 인생은 가장 짧을 뿐 아니라 가장 비참할 수밖에 없어요.

5 그들은 원하는 것을 힘들게 얻고, 얻은 것을 불안하게 소유하고 있지요. 그러는 동안 그들은 다시는 돌아오지 못할 시간에 대해서는 조금도 계산하지 않아요. 새 일거리가 옛 일거리를 대신하고, 희망이 희망을, 야심이 야심을 자극하지요. 그들은 비참한 처지를 끝내려 하지 않고 그 원인만 바꾸지요. 우리는 자신의 관직에 시달리고 나면 다른 사람이 관직에 오르도록 많은 시간을 쓰지요. 이제 더는 후보자로서 애쓰지 않게 되면 우리는 남을 위해 선거운동을 하기 시작하니까요. 검사의 번거로움을 벗고 나면 판사의 번거로움을 짊어지지요. 판사 일을 그만두게 되면 심사위원장이 되지요. 어떤 사람은 늙도록 급료를 받고 남의 재산을 관리해주다가 그 뒤에는 자기 재산을 돌보느라 여념이 없지요.

6 마리우스[82]는 군대 생활을 마치자 집정관 일에 여념이 없었지요. 퀸티우스[83]는 서둘러 독재관직을 내놓지만 밭을 갈다가 불려갈 것이오. 스키피오[84]는 아직 그런 일을 감당할 나이가 아니지만 포이누스인을 향하여 진격할 것이오. 그는 한니발에게 승리를 거두고, 안티오쿠스에게도 승리를 거두고, 자신의 집정관직을 빛내고, 아우의 집정관직을 위해 보증을 섰지요. 그가 말리지 않았더라면 제우스

입상 옆에 그의 입상이 세워졌을 것이오. 시민들 사이의 반목이 그들의 구원자를 괴롭히면, 젊었을 때는 신과 같은 명예조차 무시하던 그는 늙어서 여봐란듯이 고집을 피우며 유배 생활을 즐길 것이오. 행복해지든 비참해지든 불안해할 이유는 결코 없어지지 않을 것이오. 인생은 이 일거리에서 저 일거리로 떠밀려갈 것이오. 그리하여 여가는 즐겨보지 못한 소망으로만 남게 될 것이오.

18

1 그러므로 사랑하는 파울리누스여, 그대는 대중을 멀리하고, 나이에 비해 세파(世波)도 많이 겪었으니 이제는 평온한 항구로 물러나시오! 그대가 얼마나 많은 파도를 덮어썼으며, 얼마나 많은 폭풍을 만났는지 생각해보시오! 그중 일부는 사생활에서 겪은 것이고 일부는 공인(公人)으로서 자초한 것이지요. 쉴 새 없는 활동과 노고를 통해 그대의 미덕을 충분히 보여주었으니, 여가를 갖고 그대의 미덕이 무엇을 할 수 있는지 시험해보시오! 그대는 인생의 큰 부분을, 더 나은 부분을 국가에 바쳤으니 이제는 그대 시간의 일부나마 그대를 위해서 쓰시오!

---

82 마리우스(Gaius Marius 기원전 157년경~86년)는 일곱 번이나 집정관을 지내며 전쟁에서 여러 차례 승리했다.
83 퀸티우스(Lucius Quintius Cincinnatus)는 두 번이나 독재관(獨裁官 dictator)을 지낸 인물로, 기원전 458년 밭을 갈다가 불려가 독재관으로 임명되어 로마군을 아이퀴족(Aequi)의 포위에서 풀었다.
84 『마음의 평정에 관하여』 주 56 참조.

2 하지만 나는 그대를 나태하고 하는 일 없는 휴식으로 부르는 것이 아니며, 그대가 타고난 살아 있는 재능을 잠이나 대중이 좋아하는 향락 속에 익사시키려는 것도 아니오. 그런 것은 휴식이 아니지요. 그대는 여태까지 정력적으로 처리했던 것들보다 더 큰 과제를 발견하게 될 터인데, 그 과제는 그대가 물러나 마음이 평온해야만 처리할 수 있지요.

3 그대는 전 세계의 회계를 남의 것처럼 사심 없이, 제 것처럼 꼼꼼하게, 공유물처럼 양심적으로 처리하고 있소. 미움을 피하기가 쉽지 않은 관직에서 그대는 호감을 사고 있소. 그럼에도, 내 말을 들으시오. 국가 양곡의 대차대조표보다 자기 인생의 대차대조표를 아는 것이 더 나은 것이오.

4 가장 큰 일도 능히 해낼 수 있는 그 정신력을, 명예롭기는 하지만 행복한 생활에는 별로 적합하지 않은 관직에서 소환하시오! 그리고 그대가 어려서부터 여러 학예(學藝)를 두루 연마한 것은 수천 석 양곡의 충실한 관리인이 되기 위해서가 아니었다는 점을 생각해보시오! 그대는 더 크고 더 높은 일을 할 것으로 촉망받았소. 더없이 선량하고 열심히 일하는 사람은 부족하지 않아요. 짐을 운반하는 데는 순종의 말보다는 느리게 걷는 짐 싣는 동물이 더 적합하지요. 누가 잘 먹인 말들의 빠른 발을 무거운 짐으로 막은 적이 있었나요?

5 그런 짐을 짊어지는 것이 그대에게 얼마나 위험한지도 생각해보시오! 그대는 인간의 배[腹]를 상대하고 있으니 말이오. 백성은 배가 고프면 이성적인 말을 해도 듣지 않고, 공정하게 대해도 누그러지지 않으며, 간청해도 굽히지 않아요. 얼마 전 가이우스 카이사르[85]가 죽은 뒤 며칠 동안 (죽은 사람에게도 감정이 있다면, 그는 자신

이 죽고 로마 국민은 살아남는 것에 크게 분개했겠지요) 식량이 7일 치, 기껏해야 8일 치밖에 남지 않았었지요. 그가 선교(船橋)를 놓고[86] 제국의 자원을 갖고 장난치는 사이에 포위당한 자들에게도 최악의 재앙인 식량부족 현상이 발생했던 것이지요.[87] 저 광기에 사로잡힌 불길하게 오만한 이방의 왕[88]을 흉내 내다가 하마터면 파멸이라는, 기근이라는, 기근에 이은 총체적인 파국이라는 대가를 치를 뻔했지요.

6 돌과 칼과 불과 가이유스의 위협을 받았을 때 국가의 양곡조달 책임을 맡은 관리들의 심정은 어떠했겠어요? 그들은 시치미 뚝 떼고는 국가의 내장에 깃든 중병을 숨겼지요.[89] 그럴 만한 이유가 있었어요. 어떤 병은 환자 모르게 치료해야 하니까요. 자기 병을 아는 것이 많은 사람에게 죽음의 원인이 되었으니 말이오.

---

85 가이유스 카이사르 게르마니쿠스(Gaius Iulius Caesar Germanicus 12~41년)는 칼리굴라(Caligula '작은 군화'라는 뜻)라는 별명으로 널리 알려진 로마의 폭군이다. 14~16년 부모를 따라 라인 강변에 살 때 작은 군화를 신고 다녀 그렇게 불렸다. 37년 티베리우스(Tiberius)에 이어 제위에 올랐으나 곧 중병에 걸려 기행을 일삼았다. 자신의 신변을 지켜주는 친위대 장교의 재산까지 갈취하다가 41년 친위대 장교에게 암살당했다.
86 39년 칼리굴라가 페르시아 왕 크세르크세스를 흉내 내어 배다리를 놓은 일에 관해서는 수에토니우스의 『황제전』(De vita Caesarum) 가운데 '칼리굴라 전' 19장 참조.
87 사치가 극에 달했던 칼리굴라가 식량을 운반해오는 배를 징발하여 배다리를 놓은 것은 39년의 일이고, 그 때문에 로마에 식량이 부족했던 것은 41년의 일이다. 아마도 39년 함선들을 징발한 탓에 발생한 식량부족 현상이 그 뒤에 개선되지 않았던 것 같다. 칼리굴라는 국고가 바닥나자 사형이나 추방을 일삼고 개인의 재산을 빼앗곤 했다.
88 크세르크세스.
89 온갖 방법으로 고문을 자행하는 칼리굴라를 보는 것 자체가 일종의 고문이었다고 한다. 칼리굴라의 사치 때문에 양곡이 떨어졌는데도 책임자들은 겁이 나서 제대로 보고하지 못했다.

19

1. 그대는 더 고요하고 더 안전하고 더 중요한 세계로 물러나시오! 양곡이 인부의 속임수와 부주의로 손상되지 않은 채 양곡 저장소로 운반되고, 습기를 머금거나 열에 상하지 않고, 양과 무게에서 처음과 일치하도록 보살피는 일이 과연 이 성스럽고 숭고한 학문에 접근하는 일과 아무 차이도 없다고 생각하시나요? 이 학문은 그대에게 신의 실체와 의지와 성질과 형태가 어떤 것이고, 어떤 운명이 그대의 영혼을 기다리고 있고, 우리가 육신에서 해방되면 자연은 우리를 어디로 데려가는지, 어떤 힘이 이 우주의 가장 무거운 성분을 한가운데에 붙들어두고 가벼운 성분을 그 위에 떠다니게 하고 불은 맨 위로 가져가고 별자리들의 위치를 바꾸게 하는지, 그 밖에도 매우 경이로운 일들을 가르쳐줄 텐데 말이오.

2. 그대는 땅바닥을 떠나 마음의 눈으로 이런 것들을 보시오! 아직도 피가 뜨거운 동안 더 나은 것을 향해 힘차게 나아가야 해요. 이러한 생활방식에서는 많은 고귀한 학문이, 미덕에 대한 사랑과 실천이, 욕망의 망각이, 삶과 죽음에 관한 지식이, 마음의 안식이 그대를 기다리고 있다오.

3. 분주한 자들은 하나같이 처지가 딱하지만, 그중에서도 자기 일에 분주한 것이 아니라 남의 잠에 맞추어 자기 잠을 조절하고, 남의 걸음에 보조를 맞추고, 가장 자유스러운 것인 사랑과 증오에서 남의 지시를 받는 자들의 처지가 가장 딱하지요. 그들이 자신의 인생이 얼마나 짧은지 알고 싶으면 인생에서 얼마나 적은 부분이 자신의 것인지 생각해보라고 하시오.

20

1 그대는 어떤 사람이 전부터 자주 관복(官服)을 입고 다니거나 그의 이름이 광장에서 사람들 입에 자주 오르내리더라도 부러워하지 마시오. 그것은 인생을 대가로 주고 산 것이지요. 한 해를 자신의 이름으로 불리게 하려고[90] 그는 자신의 모든 해[年]를 희생하게 될 것이오. 더러는 노력하여 야망의 정상에 오르기도 전에 초장의 씨름판에서 인생을 떠나기도 할 것이오. 더러는 오만 가지 수모를 거쳐 최고의 위엄에 이르자 느닷없이 자신이 비문(碑文)을 위해 죽을 고생만 했다는 비참한 생각이 들겠지요. 또 더러는 고령에 젊은이인 양 새로이 희망찬 계획을 세우며 무리한 사업을 크게 벌이다가 자신이 허약해진 것을 발견하게 되겠지요.

2 나이 많은 사람이 법정에서 생면부지의 소송 당사자를 위해 변론하며 무지한 청중의 갈채를 받으려다가 숨을 거두는 것은 혐오스러운 광경이지요. 하는 일보다는 생활방식에 지칠 대로 지쳐 직무를 수행하다가 쓰러진 자는 망신스럽겠지요. 어떤 사람이 장부를 훑어보다가 죽자 오래 기다린 상속인이 안도의 미소를 짓는 광경도 망신스럽기는 마찬가지라오.

3 방금 떠오른 한 가지 예를 지나칠 수가 없군요. 섹스투스 투란니우스[91]는 꼼꼼하고 근면한 노인이었지요. 그는 청원하지 않았는데도

---

[90] 마땅한 연호가 없던 고대 로마에서는 해마다 선출되는 두 명의 집정관 가운데 한 명의 이름에서 따와 '아무개 아무개가 집정관이었을 때'라는 말로 연호를 대신했다.

[91] 섹스투스 투란니우스(Sextus Turannius)에 관해서는 달리 알려진 바가 없다.

아흔 살이 넘어 가이유스 카이사르에 의해 조달관직에서 면직되자 가솔에게 자신을 침상에 누이고는 죽은 것처럼 둘러서서 울라고 했다오. 온 집안이 늙은 주인의 휴직을 슬퍼하면서 그에게 힘든 직책이 도로 주어질 때까지 애도를 그치지 않았지요. 죽을 때까지 분주한 것이 그렇게도 즐거운가요?

4 많은 사람들이 같은 느낌을 갖고 있어요. 말하자면, 일하고자 하는 욕구가 일할 수 있는 능력보다 더 오래까지 지속된다는 것이지요. 그들은 신체의 허약함과 싸우게 되지요. 그들이 노년을 부담스럽게 여기는 것은 다름 아니라 노년이 그들을 물러나게 하기 때문이지요. 법적으로 보면, 쉰 살부터는 아무도 군인으로 징발하지 않으며, 예순 살부터는 아무도 원로원 의원으로 부르지 않아요. 사람들은 법보다는 자신한테서 여가를 얻기가 더 어렵지요.

5 서로 뺏고 빼앗기고, 서로 휴식을 망쳐놓고, 서로 불행하게 만드는 사이에 그들의 인생은 소득도 없이, 즐거움도 없이, 정신적 향상도 없이 지나가지요. 아무도 죽음은 안중에도 두지 않고, 저마다 멀찍이 떨어져 있는 것에 희망을 걸며, 사후(死後)의 일—거대한 분묘, 공공 건물의 헌납, 화장용 장작더미 옆에서의 검투사 경기, 화려한 장례식—까지 대비하지요. 하지만 그러한 사람들의 장례식은, 그들이야말로 가장 짧게 살다 간 인생이었던 만큼 횃불과 촛불을 밝히고 치러져야 마땅할 것이오.[92]

---

92 고대 로마에서는 아이가 죽으면 횃불과 촛불을 밝히고 밤에 매장했다.

행복한 삶에 관하여
De vita beata

유니우스 갈리오에게 입양된 맏형 갈리오(원명 루키우스 안나이우스 노바투스)에게 헌정된 이 글은 58~59년에 씌어진 것으로 추정된다. 이 글에서 세네카는 무엇이 행복인지, 어떻게 해야 그것을 구할 수 있는지 논하고 있다. 행복은 미덕을 추구하며 자연에 맞게 사는 데 있다는 스토아 철학의 이론에서 해답을 구하면서도, 건강과 부(富) 등이 지니는 가치도 폄하하지 않는다.

01

1 갈리오[1] 형, 사람은 누구나 행복하게 살기를 원하지만 무엇이 삶을 행복하게 만드는지는 모르는 채 살아요. 그리고 행복한 삶에 이르는 것도 그리 쉽지는 않아요. 일단 길에서 벗어나면 서둘러 다가간다 해도 목표에서 점점 더 멀어지거든요. 반대 방향의 길로 들어섰다면 서둘러 갈수록 거리가 더 멀어지게 마련이고요. 그러므로 먼저 우리가 추구하는 것이 무엇인지 분명히 안 다음, 목표에 가장 **빨리** 도달할 수 있는 가능성을 찾아봐야겠지요. 일단 바른 길로 들어섰다면 날마다 어느 정도 나아가고 있으며, 자연스러운 욕구가 이끄는 목표에 얼마나 가까워졌는지 알 수 있게 되지요.

2 우리가 정처 없이 떠돌며 길라잡이를 따르지 않고 서로 다른 방향을 외치는 사람들의 소음과 잡음을 따라다닌다면, 좋은 성품을 위해 밤낮으로 노력한다 해도 짧은 인생은 실수를 반복하다가 끝나버리겠지요. 따라서 우리는 어디로 갈 것이며 어느 길로 갈 것인지를, 우리의 목표를 정확히 알고 있는 경험 많은 길라잡이와 함께 결정해야 해요. 이것은 여느 여행과 조건이 다르기 때문이지요. 여느 여행에서는 일단 어떤 길로든 들어선 다음 그곳 주민에게 물어보면

길을 잃지 않겠지만, 행복으로 가는 길은 가장 많이 찾는 가장 번잡한 길이 가장 속임수가 많으니까요.

3 따라서 가장 경계해야 할 것은, 가야 할 길이 아니라 사람들이 다니는 길로 들어서서 가축 떼처럼 앞서가는 무리를 뒤따라가는 것이지요. 게다가 소문을 믿고는 가장 박수를 많이 받는 것을 가장 좋은 것으로 여기고, 전례(前例)가 많다고 해서 이성에 따르지 않고 거기에 맞추어 사는 것만큼 우리를 큰 불행에 말려들게 하는 것은 없어요. 그리하여 한 사람이 다른 사람 위에 엎어짐으로써 사람의 무리가 그토록 크게 늘어나는 것이지요.

4 사람이 서로 밀치면 군중 사이에서 벌어지게 되는 일—누구나 쓰러질 때엔 다른 사람을 끌어당기게 마련이어서 앞서가는 사람들이 뒤따르는 사람들에게 파멸의 원인이 되지요—이 전 인생에서 일어나는 것을 그대는 볼 수 있을 것이오. 아무도 혼자서만 길을 잃고 헤매는 것이 아니라 다른 사람도 길을 잃고 헤매게 하는 원인 제공자가 되니까요. 말하자면 앞서가는 사람들에게 맹목적으로 동조하는 것은 해롭다는 것이지요. 각자는 판단하기보다는 믿기를 더 좋아하는 만큼 인생에 관해서도 제대로 판단하지 않고 남의 말을 믿지요. 그리하여 이 사람에게서 저 사람으로 이어지는 과오가 우리를 빙글빙글 돌게 하다가 파멸로 빠뜨리지요. 우리는 남의 선례를 따르다가 망하는 것이니 만큼 군중과 거리를 두어야만 구원받을 수

---

1 갈리오(Lucius Annaeus Iunius Gallio)는 세네카의 맏형이다. 원래 이름은 루키우스 안나이우스 노바투스(Lucius Annaeus Novatus)였으나 웅변가 유니우스 갈리오(Iunius Gallio)에게 입양되면서 그런 이름을 갖게 되었다.

있어요.
5 그런데 군중은 이성에 대하여 적대적인 자세를 취하며 자신의 악덕을 옹호하지요. 그리하여 선거 집회에서 일어나는 것과 같은 일이 일어나게 되지요. 그곳에서는 나중에 변덕스럽게 민심이 바뀌면 자기가 투표했던 바로 그 사람들이 왜 법정관으로 선출되었는지 의아해하니까요. 똑같은 것을 처음에는 칭찬하다가 나중에는 비난하지요. 다수를 좇아 판단을 내리면 이렇게 되는 것이지요.

02

1 행복한 삶에 대해 이야기할 때는 표결할 때처럼 "여기 이 집단이 더 커 보이는군"이라고 말해서는 안 돼요. 이 경우에는 그렇게 하는 것이 더 나쁘기 때문이지요. 더 나은 것이 다수의 마음에 든다면 좋으련만 인간은 그렇지가 못해요. 군중의 마음에 든다는 것은 곧 그것이 최악이라는 증거니까요.
2 따라서 우리는 무엇이 가장 많이 일어나느냐가 아니라 무엇이 최선의 행동 목표인지 물어야 하고, 무엇이 진리를 최악으로 해석하는 군중의 마음에 드느냐가 아니라 무엇이 우리로 하여금 지속적인 행복을 누리게 하는지 물어야겠지요. 자포(紫袍)를 입은 사람들과 왕관을 쓴 사람들도 나는 군중이라고 불러요. 나는 몸을 가리고 있는 옷의 색깔 따위는 보지 않으며, 사람을 판단할 경우에는 눈을 믿지 않아요. 내게는 참과 거짓을 구별할 수 있는 더 나은 믿음직한 심안(心眼)이 있으니까요. 정신의 가치는 정신이 찾아내야 해요. 정신이 언젠가 숨을 돌리고 자신 속으로 물러날 기회를 갖게 되면 자책감

을 느끼고 진리를 고백하며 말하게 될 것이오.

3 "지금까지 내가 한 일을 차라리 하지 않았더라면! 내가 한 말을 돌이켜 생각해보면 말 못하는 짐승들이 부럽구나! 내가 원했던 것이 적들의 저주처럼 생각되는구나! 내가 우려했던 일이, 맙소사, 내가 원했던 것보다 얼마나 더 훌륭했던가! 많은 사람과 나는 원수가 되었다가 증오심을 버리고 화해했지. 사악한 자들 사이에도 화해라는 게 가능하다면 말이야. 하지만 나는 아직 나 자신과는 친구가 되지 못했어. 나는 군중 속에서 두드러지고 어떤 특기에 의해 눈에 띠려고 온갖 노력을 기울였지. 그래 봤자 화살에 나를 노출시키고, 악의(惡意)에게 그것이 깨물 수 있는 틈을 보여주기밖에 더했던가!

4 너는 네 웅변을 칭찬해주고, 네 부를 붙좇고, 네 호감을 사려고 애쓰고, 네 권세를 치켜세워주는 자들이 보이는가? 그들은 모두 적이거나 또는, 결과는 마찬가지지만, 적이 될 수 있어. 감탄하는 무리만큼이나 시기하는 무리도 많은 법이지. 그렇다면 나는 왜 오히려 느낄 수는 있어도 보일 필요는 없는 검증된 선(善)을 추구하지 않는 것일까? 밖으로 보이는 것, 발걸음을 멈추게 하는 것, 한 사람이 다른 사람에게 놀라며 가리키는 것은 겉만 번지르르할 뿐 속은 비참하지."

03

1 우리는 겉보기에만 아름다운 것이 아니라 견고하고 변함없고 안 보이는 부분이 더 아름다운 것을 추구하고 찾아내야 할 것이오. 그것은 멀리 있지 않아요. 어디로 손을 내밀어야 하는지 알고 있다면 그

것은 찾아낼 수 있지요. 그런데 지금 우리는 마치 어둠 속을 거닐 듯 우리가 바라는 것이 가까이 있는데도 그것에 부딪치며 지나가버리지요.

2 나는 그대를 우회로로 인도하지 않기 위하여 다른 사람의 의견은 지나치고—그것을 일일이 열거하며 반박한다는 것은 지루한 일일 테니까요—우리 의견을 말하겠어요. '우리'라고 말했다고 해서 내가 저명한 특정 스토아 철학자[2]의 견해에 동조한다는 뜻은 아니에요. 내게도 독자적으로 판단할 권리가 있으니까요. 그래서 나는 때로는 이 사람의 견해를 따르고, 때로는 다른 사람을 시켜 내 견해를 상술하게 할 것이오. 나는 아마도 맨 마지막으로 호출되어 먼저 말한 사람의 판단을 비난하지 않고 "어디, 동조하다뿐이겠습니까!"라고 말할 것이오.

3 우선 나는 스토아 철학자들이 다 그러하듯, 자연과의 조화에 동조해요. 자연에서 벗어나지 않는 것, 자연의 법칙과 본보기에 따라 자기를 형성하는 것이 곧 지혜이지요. 따라서 자신의 본성과 조화를 이루는 삶은 행복하지요. 그러한 삶이 실현될 수 있으려면 반드시 먼저 마음이 건강하고 지속적으로 건강을 유지해야 하며, 용감하고 역동적이어야 하며, 꿋꿋하게 참을 수 있어야 하며, 시대 상황에 적응할 줄 알아야 하며, 육체와 그 요구에 관심을 기울이되 지나치게 세심해서는 안 되며, 삶을 쾌적하게 만드는 다른 것들에 유의하되 그중 어느 것도 과대평가해서는 안 되며, 행복의 선물을 이용하되 그것의 노예가 되어서는 안 되지요.

4 우리를 자극하거나 놀라게 하는 것을 몰아내면 지속적인 평정과 자유가 뒤따라온다는 것이 내가 설명하지 않더라도 알고 있겠지요.

저속하고, 깨지기 쉽고, 그 수치스러움 때문에 해로운 쾌락 대신 흔들리지 않고 변함없는 큰 즐거움이 찾아올 것이고, 평화와 화목과 온유함을 곁들인 고매함이 그 뒤를 따를 것이오. 모든 형태의 야만성은 약점의 표시니까요.

04

1   우리는 선(善)의 개념을 다르게, 즉 의미는 같아도 다른 말로 정의할 수도 있지요. 똑같은 군대가 때로는 넓게 산개하고, 때로는 좁게 오므라들거나 반원형을 이루거나 직선으로 정렬할 수 있지요. 군대가 어떻게 배치되든 그 힘은 똑같고, 특정한 편을 위하려는 의지도 똑같듯이, 최고선의 정의도 때로는 확산되고 확대될 수 있고, 때로는 압축되고 단축될 수 있지요.

2   마찬가지로 내가 "최고선은 우발적인 것을 무시하고 미덕을 낙으로 삼는 마음가짐이다"라고 말하든, "그것은 인생의 경험과 침착한 행동력, 더불어 사는 사람들에 대한 이해와 배려를 겸비한 불패의 정신적인 힘이다"라고 말하든 그 의미는 같은 것이 될 것이오. 이렇게도 정의할 수 있지요. 선한 마음과 악한 마음 외에는 어떤 선과 악도 존재하지 않는다고 생각하고, 고상한 것을 존중하고, 미덕에 만족하고, 우발적인 것에 우쭐대지도 기가 꺾이지도 않고, 제 힘으로 얻을 수 있는 것보다 더 큰 선을 알지 못하고, 쾌락을 멸시하는 것을 진정한 쾌락으로 여기는 사람을 우리는 행복한 사람이라고 부

---

2 『마음의 평정에 관하여』 주 3 참조.

를 수 있다고 말이오.

3 더 장황하게 늘어놓고 싶다면 똑같은 생각을 내용은 바꾸지 않고 그대로 둔 채 계속해서 달리 표현할 수 있지요. 자유롭고 올곧고 놀라지 않고 굳건하며, 공포와 욕망에서 벗어나 있으며, 명예가 유일한 선이고 치욕이 유일한 악이며, 그 밖의 모든 것은 행복한 삶에 보태지도 빼지도 않고 최고선의 성장과 소멸에 영향을 주지 않고 왔다 가기 때문에 무가치한 것으로 여기는 정신을 행복한 삶이라고 말해서 안 될 이유가 어디 있지요?

4 그러한 바탕이 있는 만큼 그러한 정신에는 원하든 원하지 않든 지속적인 쾌활함과 내면에서 우러나오는 속 깊은 즐거움이 수반되는데, 그 까닭은 그러한 정신은 제가 가진 것을 즐기고 자기에게 맞는 것보다 더 큰 것을 원하지 않기 때문이지요. 그러한 즐거움이라면 비참한 육체의 작고 보잘것없고 지속되지 못하는 충동을 충분히 상쇄할 수 있지 않을까요? 쾌락의 지배를 받게 되는 날에는 고통의 지배도 받게 되지요. 그대도 보다시피, 가장 신뢰할 수 없고 무절제한 지배자인 욕망과 고통에 번갈아 사로잡히는 자는 얼마나 사악하고 해로운 종살이를 하게 됩니까? 그래서 자유에게로 탈출해야 하는 것이지요.

5 자유는 운명에 무관심할 때에만 얻을 수 있어요. 그때는 무한한 가치를 지닌 선, 즉 토대가 튼튼한 안식, 정신의 숭고함, 두려움을 극복한 뒤 진리의 인식에서 생기는, 그야말로 그 무엇으로도 내쫓을 수 없는 큰 즐거움, 개별적인 선이 아니라 선 자체에서 생겨난 것인 양 사람들이 선호하는 상냥함과 싹싹함이 생겨날 것이오.

05

1. 일단 자세하게 이야기하기 시작했으니까 하는 말이지만, 이성에 힘입어 바라는 것도 두려워하는 것도 없는 사람만이 행복하다고 할 수 있어요. 바위와 가축도 두려움과 슬픔에서 자유롭지요. 하지만 아무도 그것들이 행복하다고 하지는 않을 것이오. 그것들은 행복을 의식하지 못하니까요.

2. 감각이 무디고 자의식이 결여되어 가축과 무생물이나 다름없는 인간들도 여기에 포함되어야 할 것이오. 가축과 그러한 인간들 사이에는 아무런 차이도 없어요. 가축은 이성이 없고, 그러한 인간은 뒤틀린 이성을 자신에게 해롭게, 본래의 목적에 어긋나게 사용하기 때문이지요. 진리 밖으로 내던져진 사람은 아무도 행복하다고 할 수 없어요.

3. 행복한 삶이란 올바르고 확고한 판단에 기초하고 있어 동요하는 일이 없는 생활이지요. 우리 마음은 해코지와 빈정거림에서 벗어나야만 순수하고, 모든 악에서 해방되고, 일단 서 있는 곳에 늘 서 있고, 운명의 위협적인 노여움에 맞서 제자리를 지킬 테니까 말이오.

4. 쾌락이야 사방 도처에서 떼지어 나타나 우리의 마음에 아부하고 우리의 전부 또는 일부를 자극하기 위해 수단과 방법을 가리지 않겠지만, 인간의 흔적이 조금이라도 남아 있는 사람이라면 누가 밤낮으로 자신을 간질이게 하며 정신을 소홀히 하고 육체를 섬기려 하겠어요?

06

1 "하지만 정신도 나름대로 쾌락을 가질 것이오"라고 누군가 말했지요. 물론 정신은 그러한 쾌락을 가지고 있고 사치와 쾌락을 심판할 수도 있겠지요. 또 정신은 감각을 즐겁게 해주는 것으로 자신을 가득 채우고 나서 과거를 되돌아보고 사라져버린 쾌락을 회상하며 지나간 것을 자랑스레 여기고, 다가올 것을 미리 기다리며 여러 가지 희망을 품어보기도 하고, 육신이 현재에 탐닉하는 동안 미래를 생각할 수도 있겠지요. 내가 보기에, 그럴수록 정신은 더 비참해져요. 좋은 것 대신 나쁜 것을 선택하는 것은 정신 나간 짓이기 때문이지요. 건전한 정신 없이는 아무도 행복하지 못하고, 좋은 것 대신 해로운 것을 추구하는 자는 정신이 건전하지 못하지요.

2 따라서 올바른 판단을 하는 사람은 행복하지요. 현재 상황이 어떠하든 거기에 만족하고 자신의 처지에 친숙해지는 사람은 행복하지요. 그러니까 이성이 인생관 전체를 규정해주는 사람은 행복하다는 것이지요.

07

1 쾌락이 최고선이라고 말한 자들도 자신이 최고선에 얼마나 수치스러운 자리를 마련해주었는지 알고 있지요. 그래서 그들은 쾌락은 미덕과 분리될 수 없다고 주장하며, 어느 누구도 즐겁게 살지 않고는 품위 있게 살 수 없고, 품위 있게 살지 않고는 즐겁게 살 수 없다고 말하지요. 어째서 그렇게 상이한 것들이 하나로 결합될 수 있는

지 나로서는 이해할 수 없어요. 어디 말해보세요, 어째서 쾌락이 미덕과 분리될 수 없다는 것인가요? 혹시 모든 선은 미덕에서 비롯되고, 우리가 사랑하고 바라는 것들도 바로 이 뿌리에서 생겨나기 때문인가요? 그러나 미덕과 쾌락이 분리될 수 없는 것이라면, 보다시피 어째서 어떤 것은 즐겁지만 품위가 없고 어떤 것은 매우 품위가 있지만 고통을 통해서만 힘겹게 얻을 수 있는 것일까요?

2 게다가 가장 수치스러운 삶에도 쾌락은 있지만 미덕은 사악한 삶을 결코 용납하지 않으며, 어떤 자들은 쾌락이 없어서가 아니라 바로 쾌락으로 인해 불행한데, 그러한 일은 쾌락이 미덕과 떼려야 뗄 수 없이 결합되어 있다면 일어날 수 없는 일이지요. 미덕은 가끔 쾌락과 함께하지 않을 뿐 아니라 쾌락을 필요로 한 적은 결코 없어요.

3 어째서 사람들은 서로 닮지 않은 것을, 아니 서로 반대되는 것을 결합시키지요? 미덕은 높고, 숭고하고, 왕답고, 패하지 않고, 지칠 줄 모르지요. 쾌락은 저급하고, 노예답고, 허약하고, 넘어지려 하며, 청루와 선술집을 거처와 고향으로 삼지요. 그대는 미덕을 신전에서, 광장에서, 원로원 회의장에서, 성벽 앞에 버티고 서 있는 모습으로, 먼지를 뒤집어쓴 모습으로, 햇볕에 그을린 모습으로, 손바닥에 못이 박인 모습으로 발견하게 될 것이오. 한편 쾌락은 종종 숨어 지내고, 온천장이나 한증막이나 경찰을 기피하는 어두운 곳을 찾고, 유약하고, 신경이 쇠약하고, 희석하지 않은 술과 향수(香水)에 젖어 있고, 창백한 또는 화장(化粧)을 하고 약물에 절어 있는 모습으로 발견될 것이오.

4 최고선은 불멸이며, 끝날 줄 모르며, 권태도 후회도 알지 못하지요. 말하자면 올바른 마음은 결코 변하지 않으며, 자신에게 역겹지 않

으며, 최선의 생활방식을 조금도 바꾸지 않아요. 한편 쾌락은 가장 즐겁게 해줄 때 소멸되지요. 쾌락은 활동 공간이 넓지 않아 금세 그 공간을 가득 채우며 싫증이 나고 첫 기세가 꺾이면 풀이 죽어요. 그 본성이 운동인 것은 결코 신뢰할 수 없어요. 왔다가 재빨리 지나가고 즐기는 순간 이미 소멸되는 것은 본질적인 것일 수 없어요. 그것은 멈추게 될 곳으로 나아가고, 시작하자마자 끝을 찾기 때문이지요.

08

1 어때요, 쾌락은 악한 자들과 마찬가지로 선한 자들에게도 내재하고, 탁월한 것이 품위 있는 자들을 즐겁게 하듯이 수치스러운 것은 수치스러운 자들을 즐겁게 해주는 것이 아닐까요? 그래서 옛사람들이 이르기를, 가장 즐거운 삶이 아니라 최선의 삶을 따름으로써 쾌락이 올바르고 착한 삶의 인도자가 아니라 동반자가 되게 하라고 했던 것이오. 그러니까 우리는 자연을 인도자로 삼아야 하는 것이지요. 이성은 자연에 주목하고, 또한 자연에서 조언을 구하기 때문이지요.

2 행복하게 사는 것과 자연에 따라 사는 것은 같은 것이오. 그게 무슨 뜻인지 자세히 설명하겠어요. 육체적 자질과 자연의 욕구를 마치 일시적인 목적을 위해 주어진 덧없는 것인 양 세심하지만 두려움 없이 지켜내야만, 우리가 그것들의 노예가 되지 않고 이들 외적인 것들이 우리를 차지하도록 허용하지 않아야만, 육체에 반가운 것들과 외래적인 것들에게 원군과 경무장보병대가—그들은 봉사를 해야지 명령을 해서는 안 되지요—진지에서 차지하는 자리가 주어져

야만, 그것들은 우리의 마음에 쓸모 있는 것이 될 것이오.

3 사내대장부라면 외적인 것들에 망가지지 말아야 하고, 지지 말아야 하고, 오직 자신만을 경탄하고 자신의 정신을 신뢰해야 하고, 무엇이든 각오하고 있어야 해요. 말하자면 자기 삶의 형성자가 되어야 하지요. 하지만 그의 자신감에는 지식이 수반되어야 하고, 그의 지식에는 항심(恒心)이 수반되어야 하지요. 일단 결심한 것은 지켜야 하고, 한번 결정한 것은 수정하지 말아야 하지요. 따로 설명하지 않더라도 아시겠지만, 그러한 사람은 침착하고 정돈되고, 행동할 때는 늘 쾌활하면서도 고매하지요.

4 이성은 감각의 자극을 받아 거기서 출발해―이성에게는 시도해보거나 진리로 나아갈 수 있는 다른 출발점은 없어요―자신 속으로 돌아가지요. 만물을 포괄하는 세계와 우주를 조종하는 신도 외부를 지향하지만 어디서나 내면을 향하여 자신 속으로 돌아가지요. 우리의 마음도 그렇게 하지요. 우리의 마음은 자신의 감각을 따라 나서서 감각을 통해 외적인 사물들에게로 나아간 다음 사물들과 자신을 장악하니까요.

5 이런 방법으로 자신과 조화를 이루는 힘과 권세가 생겨나고, 자신과 대립하지 않을뿐더러 의견과 개념과 확신에 동요함이 없는 저 확실한 이성이 태어나는 것이지요. 그러한 이성이 자신을 정돈하고 부분들과 조화를 이루면, 즉 화음을 이루면 최고선에 다다르는 것이지요. 그러면 뒤틀린 것, 미끄러운 것, 이성을 밀치거나 비틀거리게 하는 것은 아무것도 남지 않게 되지요.

6 이제는 모든 것이 자신의 명령에 따라 행해지고, 예기하지 않은 일은 아무것도 일어나지 않아요. 무슨 일을 하든 좋은 결과를 가져다

주고, 잘 준비된 덕분에 지체 없이 이루어지지요. 태만과 망설임은 자신과의 투쟁과 마음의 동요를 말해주지요. 따라서 최고선은 마음의 화목이라고 과감하게 말해도 되겠지요. 미덕은 조화와 일치가 지배하는 곳에 있는 것이 확실하고, 악덕은 불화를 조장하게 하니까요.

09

1   "그대가 미덕을 숭배하는 것도 다름 아니라 미덕에서 어떤 쾌락을 기대하기 때문이다"라고 누군가 말하겠지요. 그러나 설사 미덕이 쾌락을 준다 해도 쾌락 때문에 미덕이 추구되는 것은 아니지요. 미덕이 쾌락을 준다면 쾌락은 미덕의 부수 현상일 뿐이지요. 미덕이 쾌락을 추구하는 것이 아니라, 다른 것을 추구하다가 쾌락도 얻게 되는 것이지요.

2   마치 파종을 위해 갈아놓은 들판에 꽃들도 함께 자라지만 눈을 즐겁게 해주는 이 어린 식물에 정성을 들인 것은 아니듯이—씨 뿌리는 사람의 의도는 다른 데 있고, 꽃은 덤이지요—쾌락도 미덕의 보수나 동기가 아니라 일종의 덤이지요. 그것이 즐겁게 해주기 때문에 마음에 드는 것이 아니라 마음에 들기 때문에 즐거운 것이지요.

3   최고선은 가장 선한 마음의 판단력 자체와 됨됨이에 있어요.[3] 가장 선한 마음이 주로를 완주하고 자신이 정해놓은 한계를 지키면 최고선은 완성되는 것이며, 더이상은 아무것도 바라지 않아요. 전체 밖에는 아무것도 없고, 한계 너머에는 아무것도 없으니까요.

4   그러므로 무엇 때문에 미덕을 추구하느냐고 그 까닭을 묻는다면 그

것은 잘못된 질문이지요. 그대는 최고선 위에 있는 것을 묻고 있으니까요. 그대는 내가 미덕에서 무엇을 바라느냐고 묻는 것인가요? 미덕 자체이지요. 미덕은 더 나은 것을 갖고 있지 않고, 미덕은 그 자체가 상(賞)이기 때문이지요. 이것으로는 충분히 위대하지 못한가요? 내가 "최고선은 흔들리지 않는 정신의 힘이며 선견지명이며 숭고함이며 건강이며 자유이며 조화이며 아름다움이다"라고 말한다면, 그래도 그대는 이런 자질들이 관련되는 더 위대한 것을 요구하겠소? 왜 그대는 내게 쾌락을 들먹이는 건가요? 내가 묻고 있는 것은 사람의 선(善)이지 배[腹]의 선이 아니오. 배라면 가축 떼와 야수들의 것이 더 널찍하지요.

10

1   누군가 이렇게 말하겠지요. "그대는 내가 말하고자 하는 바를 모르는 척하는군요. 말하자면 내 주장은 동시적인 것으로, 품위 있게 살지 않고는 어느 누구도 즐겁게 살 수 없는데, 품위 있게 사는 것이 말 못하는 동물이나 배[腹]가 곧 신(神)인 그러한 인간들에게는 불가능한 일이 아니겠소. 내 공개적으로 분명히 말해두지만, 내가 즐겁다고 말하는 이러한 삶은 미덕 없이는 전혀 불가능하다오."

2   좋아요. 그렇지만 누구나 다 알다시피, 가장 어리석은 자들이 그대들이 말하는 쾌락을 가장 많이 즐기고, 즐겁다는 일들에는 방종이 넘쳐나고, 마음 자체도 나쁜 종류의 쾌락을 가져다주지요. 무엇보

3   5장 3절과 6장 1절 참조.

다도 오만, 자신에 대한 과대평가, 다른 사람들 위로 잔뜩 부풀어 오른 거드름, 자기 것에 대한 지각 없고 맹목적인 편애, 축 늘어진 사치, 사소하고 유치한 이유에서 기고만장하는 것, 수다, 남을 모욕하기를 좋아하는 교만, 태만, 게으르게 꾸벅꾸벅 조는 마음의 무기력 말이오.

3 미덕은 이 모든 것들을 몰아내며 주의를 주고, 쾌락을 허용하기 전에 먼저 평가를 하지요. 그리고 미덕은 어떤 쾌락을 용인한다 해도 그것을 높이 평가하지는 않고, 그것을 즐기는 것이 아니라 절제하는 것을 좋아하지요. 그런데 절제라는 것은 쾌락을 감소시키는 까닭에 만약 최고선이 쾌락에 있다면 최고선에 대해 부당한 짓을 하는 것이겠지요. 그대는 쾌락을 포옹하지만 나는 제한한다오. 그대는 쾌락을 즐기지만 나는 이용한다오. 그대는 쾌락을 최고선으로 여기지만 나는 선으로 여기지 않아요. 그대는 쾌락을 위해서라면 무슨 짓이든 다 하지만 나는 아무것도 하지 않아요.

II

1 내가 쾌락을 위해서는 아무것도 하지 않는다는 말을 할 때, 그것은 그만이 진정한 쾌락을 누리는 것이라고 그대가 인정하는 현인[4]을 두고 하는 말이오. 하지만 나는 그 어떤 것에, 특히 쾌락에 종속된 사람을 현인이라고 부르지 않아요. 쾌락의 지배를 받으면서 어찌 노고, 위험, 가난, 인간의 삶을 맴도는 위협 따위에 맞설 수 있겠소? 그토록 유약한 적에게 져서야 어찌 죽음의 광경을, 고통을, 이 세상의 굉음을, 그토록 많은 사나운 적들을 견뎌내겠소? "그는 쾌락이

권하는 것은 무엇이든 할 것이오." 그런데 그대에게는 쾌락이 얼마나 많은 것을 권하게 될 것인지 보이지 않으시오?

2   "쾌락은 미덕과 결합되어 있는 만큼 그 어떤 것도 수치스럽게 권하지는 않을 것이오"라고 누군가 말하겠지요. 선이 되기 위해서는 감시자가 필요한 것이 대체 어떤 종류의 최고선이 될지 그대에게는 이번에도 보이지 않으시오? 그런데 미덕이 쾌락을 뒤따르고서야 어찌 쾌락을 지배할 수 있겠소? 뒤따르는 것은 복종하는 자의 몫이고, 지배하는 것은 명령하는 자의 몫이라면 말이오. 그대는 명령하는 자를 뒤에다 세우고 있어요. 미덕이 그대들 곁에서는 쾌락을 미리 시식하는 탁월한 임무를 띠고 있군요.[5]

3   그러나 우리는 미덕이 그토록 자신을 푸대접하는 곳에 머무를 수 있는지 볼 것이오. 미덕이 제자리를 잃으면 미덕이라는 이름을 유지할 수 없지요. 우선 나는 우리의 주제와 관련하여 행운이 온갖 선물을 쏟아부었지만 그대가 악당들이라고 시인하지 않을 수 없는 수많은 탕아들을 보여주겠소.

4   자, 보시오. 노멘타누스[6]와 아피키우스[7]가 그들 말마따나 산해진미를 차려놓고 식탁 위에서 각지의 짐승을 맛보는 모습을! 또 보시오, 바로 그들이 장미 침상에서 자신들의 요리를 살펴보며 노랫소리로

---

4   에피쿠로스를 가리키는 것 같다.
5   주인에게 음식을 올리기 전에 독이 들었는지 시식하는 것은 노예의 임무였다.
6   노멘타누스(Lucius Cassius Nomentanus)는 로마의 유명한 미식가로, 많은 재산을 미식으로 탕진했다고 한다.
7   아피키우스(Marcus Gavius Apicius)는 아우구스투스와 티베리우스 시대의 미식가로 『요리책』(De re coquinaria libri X)의 저자로도 알려져 있다.

귀를, 연극으로 눈을, 맛있는 음식으로 입천장을 즐겁게 하는 모습을! 부드럽고 가벼운 찜질 주머니로 그들은 전신을 자극하고, 그사이 코도 놀지 않도록 사치를 위해 그러한 제물을 바치는 장소 자체가 온갖 향내에 찌들어 있지요. 그대는 이들이 쾌락 속에서 산다고 말할 수 있겠지요. 하지만 선을 즐기는 것이 아니기 때문에 그들은 행복하게 지내는 것이 아니오.

12

1 "그들은 불행하게 지내겠지요" 하고 누군가 말하겠지요. "마음을 어지럽히는 것이 많이 끼어들고 서로 상충되는 의견들이 마음을 불안하게 하니까요." 나도 그렇다고 인정하오. 그럼에도 정서가 불안하고 후회의 고통에 내맡겨진 저 바보들은 쾌락을 느낄 것이오. 따라서 그들은 선한 마음에서 멀리 떨어져 있는 그만큼 모든 불평불만에서도 멀리 떨어져 있다고, 아니 그들의 경우 대개 그러하듯 유쾌한 광기에 사로잡혀 웃으면서 미쳐 날뛴다고 우리는 인정해야 할 것이오.

2 그와 달리 현인들의 쾌락은 유보적이고, 절제되고, 활기가 없다시피 하고, 억제되고, 거의 눈에 띄지 않지요. 그것들은 데리고 와야 하는 것도 아니고, 제 발로 온다 해도 존중받거나 그것을 느끼는 자들에게 환영을 받지도 못하오. 현인은 그것들을 마치 진지한 것들에 유희와 농담을 섞듯이 인생에다 섞어넣기 때문이지요.

3 따라서 그들은 서로 맞지 않는 것들을, 말하자면 미덕과 쾌락을 결합하기를 그만두어야 할 것이오. 그것은 가장 사악한 자들에게 아

부하는 악덕에 지나지 않지요. 언제나 트림을 해대며 술에 취해 쾌락을 찾는 자는 자신이 쾌락과 함께 살기 때문에 미덕과도 함께 사는 줄 알고 있어요. 말하자면 그는 쾌락은 미덕과 떼려야 뗄 수 없다는 말을 듣고는 자신의 악덕을 지혜라고 부르며 숨겨야 할 것들을 자랑 삼아 털어놓는 것이지요.

4 그러니까 그들은 에피쿠로스의 조언에 따라 쾌락 속에서 사는 것이 아니라, 악덕에 내맡겨져 자신의 쾌락에 대한 욕구를 철학의 품속에 숨기며 쾌락을 칭찬하는 말이 들리는 곳으로 몰려가는 것이지요. 그리고 그들은 에피쿠로스가 언급한 쾌락[8]의 개념이 얼마나 냉정하고 건조한지 알지 못하고(이것은 내 확신이오) 자신들의 욕망을 옹호해주고 가려줄 보호자와 핑계를 찾아 이름만 보고는 날아든 것이지요.

5 그리하여 그들이 나쁜 생활에도 불구하고 유일하게 간직하고 있던 선조차 소멸되고 말지요. 죄짓는 데 대한 두려움 말이오. 왜냐하면 그들은 예전에는 그 앞에서 얼굴을 붉히던 것을 칭찬하고, 자신의 악덕을 자랑하기 때문이오. 그리하여 수치스러운 방탕이 명예로운 이름을 얻게 된 까닭에 젊은이들조차도 다시는 맥을 못 추게 되는 것이지요. 이러한 쾌락의 예찬이 위험한 까닭은 명예로운 가르침은 안에 숨고, 해로운 것은 밖으로 드러나기 때문이지요.

---

8 '쾌락'을 뜻하는 라틴어 voluptas는 '즐거움' '기쁨'이라는 뜻의 그리스어 hedone를 옮긴 것이다.

13

1 에피쿠로스는 도덕적으로 흠 잡을 데 없고 올바른 것을, 더 자세히 살펴보면 진지한 것을 가르치고 있다는 견해—아마 우리 학파 사람들⁹은 이에 동의하지 않겠지요—에 나는 물론 동조하오. 그가 말하는 쾌락은 볼품없이 오그라들어 왜소해지고, 우리가 미덕에 부과하는 법규를 그는 쾌락에 부과하고 있어요. 말하자면 그는 쾌락에게 자연에 복종하라고 명령하는 것이지요. 하지만 자연에게는 충분한 것도 쾌락의 욕구에게는 너무 모자라지요.

2 그래서 어떻게 될까요? 무위도식하며 미식과 색욕 사이를 번갈아 오락가락하는 자가 행복이라고 부르는 것은, 자신의 나쁜 짓을 위해 듬직한 보증인을 찾다가 매혹적인 이름에 이끌려 보증인에게 접근하게 되면 그곳에서 논의되는 쾌락이 아니라 자신이 가져온 쾌락을 따라가는 것에 불과하지요. 그리고 자신의 악덕이 그곳의 이론과 일치한다고 믿기 시작하면, 그는 소심하게 숨어서 악덕에 빠져드는 것이 아니라, 이제는 목에 힘을 주며 탐닉하게 되지요. 그래서 나는 에피쿠로스학파는 수치스러운 짓을 가르치는 교사라는 우리 학파 철학자들의 주장에 동조하지 않고, 그 학파는 나쁜 말을 듣고 평판이 나쁘지만 "그것은 부당하다"고 주장하는 것이지요.

3 입문하지 않고서 누가 그것을 알 수 있겠어요? 그 학파의 외관은 악담의 소지를 제공하고, 악의적인 우려를 낳게 하지요. 그것은 용감한 남자가 여자의 긴 겉옷을 입고 있는 것과도 같아요. 적절한 것에 대한 감정은 그대로 남아 있고, 남자다움도 그대로 건재하고, 육신은 어떤 수치스러운 일도 겪지 않지만 손에는 탬버린¹⁰이 들려 있지

요. 그래서 품위 있는 명칭과 마음을 고양하는 명패(名牌)를 선택해야 하는 것이지요. 지금의 명패에는 이런저런 악덕이 꾀어들었으니 말이오.

4 미덕을 추종하는 자는 누구나 고귀한 자질의 본보기를 보여주지만, 쾌락을 추종하는 자는 무기력하고 기가 꺾이고 남자다움을 잃고 치욕 속으로 빠져들 것처럼 보이지요. 누군가 그에게 쾌락들을 구별해주어, 어떤 쾌락이 자연스러운 욕구의 테두리 안에 머무르고, 어떤 쾌락이 끝없이 곤두박질치며 가득 찰수록 만족할 줄 모르는 것인지 그가 깨닫지 못한다면 말이오.

5 자, 미덕이 앞장서게 하시오. 모든 발걸음이 안전할 것이오. 그리고 과도한 쾌락은 해로우나, 미덕은 과도하지 않을까 두려워할 필요가 없어요. 미덕에는 절제가 들어 있기 때문이지요. 자신의 크기 때문에 고통받는 것은 선이 아니지요. 이성을 타고난 존재에게 이성보다 더 나은 것은 아무것도 제공될 수 없지요! 그리고 이러한 결합이 마음에 든다면, 이런 동반자와 함께 행복한 삶으로 나아가는 것이 마음에 든다면, 미덕이 앞장서고 쾌락은 동행하게 하시오. 마치 그림자가 몸 주위를 맴돌듯이 말이오. 모든 것 가운데 가장 숭고한 미덕을 쾌락에게 하녀로 넘겨주는 것은 마음속에 위대한 것이라고는 하나도 들어 있지 않은 인간이나 할 수 있는 일이지요.

---

9 스토아 철학자들.
10 탬버린(tympanum)은 소아시아의 지모신(地母神) 퀴벨레(Kybele)의 의식이 치러질 때 제 손으로 자신을 거세한 사제들이 들고 다니던 악기이다. 여기서 탬버린은 여성적 유약함과 관능적 방종을 상징한다.

14

1 미덕이 앞장서고, 미덕이 깃발을 들게 하시오. 그것은 우리가 쾌락을 포기했음을 뜻하는 것이 아니오. 우리는 쾌락의 주인 노릇을 하며 쾌락을 절제하지요. 쾌락은 우리에게 무엇인가를 간청하되 아무것도 강요하지는 못하지요. 그러나 쾌락에 주도권을 넘겨준 자는 두 쪽 다 잃게 되지요. 그들은 미덕을 잃고, 그 밖에도 그들이 쾌락을 가지는 것이 아니라 쾌락이 그들을 가지고, 쾌락이 모자라 고통받거나 쾌락이 넘쳐 질식할 것이고, 쾌락에게 버림받으면 비참해지고 쾌락에 묻히면 더 비참해질 것이오. 그들은 유사(流砂)에 얹혀 때로는 마른땅에 남겨지는가 하면 때로는 성난 파도에 휩쓸리는 선원의 처지가 될 것이오.

2 절제가 턱없이 모자라고 욕망이 맹목적이면 그러한 결과가 나타나게 마련이지요. 좋은 것 대신 나쁜 것을 추구하는 자에게는 소원을 이룬다는 것이 위험하기 때문이지요. 마치 우리가 위험을 무릅쓰고 힘들여 야수들을 사냥하지만 그것들을 잡는다 해도 위험한 소유물이 되듯이—그것들은 가끔 주인을 갈기갈기 찢어버리니까요—큰 쾌락을 좇는 자들은 결국 큰 곤경에 빠지게 되고, 잡힌 것들이 그들을 잡게 되지요. 쾌락이 다양하고 많아서 대중이 행복하다고 일컫는 자일수록 더욱 작아지고 여러 가지 의미에서 노예로 전락하고 말지요.

3 지금 이 이미지에 좀 더 머물러도 괜찮겠지요. 마치 사냥꾼이 야수들의 잠자리를 찾아내어 '올가미로 야수를 잡는 것'과 야수의 발자국을 뒤쫓기 위해 '넓은 숲을 개 떼로 에워싸는 것'[11]을 높이 평가

하여 더 중요한 일을 뒤로 미루고 많은 임무를 소홀히 하듯이, 쾌락을 좇는 자도 모든 것을 뒤로 미루면서 무엇보다도 자유를 과소평가하여 배[腹]를 위해 자유를 바치지요. 그는 자신을 위해 쾌락을 사는 것이 아니라 쾌락에게 자신을 파는 것이지요.

15

1. 누군가 말하겠지요. "그렇다 해도 미덕과 쾌락이 혼연일체가 됨으로써 최고선이 생겨나고, 품위 있는 것과 즐거운 것 사이에 아무런 차이도 없어지는 것을 대체 무엇이 방해한단 말이오?" 그야 미덕의 일부도 미덕일 수밖에 없지만, 최고선에 열등한 부분이 포함되면 순수성을 잃게 되지요.
2. 미덕에서 생겨나는 기쁨이 비록 선하기는 하지만 절대선의 일부는 아니며, 쾌활함과 평정이 더없이 아름다운 이유에서 생겨날지라도 그 점에서는 마찬가지요. 왜냐하면 그것들은 선이기는 해도 최고선의 결과이지 최고선의 본질을 이루는 것은 아니기 때문이오.
3. 미덕과 쾌락을 불평등하게 결합시키는 자는 한 부분의 허약함으로 다른 부분의 생명력을 빼앗는 것이며 자유를 예속시키는 것이지요. 자유란 자기보다 더 값진 것은 아무것도 없다는 것을 알 때에만 완전해지니까요. 또한 이제 자유는 행운 없이는 더이상 버텨내지 못하게 되는데, 이것이야말로 가장 큰 예속이지요. 그 결과는 불안과 의혹과 두려움으로 가득 차고, 사고를 당할까 전전긍긍하고, 세상

---

11 베르길리우스, 『농경시』 1권 139~140행.

의 부침(浮沈)에 종속되는 삶이지요.

4 그대는 미덕에게 흔들리지 않는 튼튼한 토대를 제공하는 것이 아니라, 흔들리는 장소에 서 있으라고 명령하는 것이오. 그런데 우연에 대한 기대와, 육신과 육신에 영향을 주는 사물의 가변성보다 더 변덕스러운 것이 어디 있겠소? 쾌락과 고통의 가벼운 자극에도 동요하는 자가 어찌 신에게 복종하고, 무슨 일이 일어나든 담담하게 받아들이고, 운명에 불평하지 않고 자기가 당한 일들을 좋게 해석할 수 있겠소? 쾌락을 추구하는 자는 조국의 든든한 보호자나 수호자가 될 수도 없고, 친구를 지켜주는 보루가 될 수도 없어요.

5 그러므로 최고선은 어떤 폭력도 끌어내릴 수 없고, 고통도, 희망도, 공포도, 최고선의 권리를 축소할 수 있는 그 어떤 것도 다가갈 수 없는 높은 곳으로 올라가야 하오. 하지만 미덕만은 그곳으로 올라갈 수 있어요. 미덕과 함께해야만 그 정상에 오를 수 있어요. 미덕만이 용감하게 버티고, 무슨 일이 일어나든 참을성 있게 기꺼이 참고 견딜 것이며, 시대의 모든 고난이 자연의 법칙임을 알게 될 것이며, 훌륭한 전사처럼 부상을 참고 견디며 흉터를 세어볼 것이며, 날아온 무기에 꿰뚫려 죽어가면서도 장군을 사랑하여 그를 위해 전사할 것이오. 또한 미덕은 "신에게 복종하라!"는 오래된 표어를 명심할 것이오.

6 그러나 비탄하고, 울고, 탄식하는 자는 명령받은 대로 하도록 강요받은 것이며, 자신의 의사에 반해서 명령받은 것을 이행하도록 끌려가는 것이지요. 자발적으로 따르느니 차라리 끌려가겠다면 미친 짓이 아니고 무엇이겠소? 무엇이 없다거나 가혹한 일을 당했다고 해서 괴로워하거나, 또한 나쁜 자들과 선한 자들에게 똑같이 일어

나는 일들, 이를테면 질병, 사망, 불구, 인생의 걸림돌이 되는 일을 당했다고 해서 호들갑을 떨거나 불쾌하게 여긴다면 이 역시 정말로 어리석은 짓이고 제 처지를 모르는 일이 아니고 무엇이겠소?

7 우주의 법칙에 따라 참아야 하는 것은 의연하게 참아야 하오. 인간의 운명을 참고 견디고 우리의 힘으로는 회피할 수 없는 일들 때문에 당황하지 않는 것이 우리가 맹세한 충성의 서약이지요. 우리는 왕국에서 태어났고, 신에게 복종하는 것이 자유인 것이지요.[12]

16

1 따라서 진정한 행복은 미덕에 있어요. 이 미덕은 그대에게 어떻게 조언할까요? 미덕이나 악의 결과가 아닌 것은 그 어느 것도 선이나 악으로 여기지 말라고 하겠지요. 그다음에는 그대가 되도록이면 신을 닮도록, 선에서 악이 생겨난다 해도 동요하지 말라고 하겠지요.

2 이러한 투쟁의 대가로 미덕은 그대에게 무엇을 약속하나요? 엄청난 것을, 신과 같은 것을 약속하지요. 즉 그대는 아무것도 강요받지 않을 것이며, 누구에게도 종속되지 않을 것이오. 그대는 자유로울 것이며, 안전할 것이며, 피해를 입지 않을 것이오. 그대는 어떤 것도 헛되이 시도하지 않을 것이며, 어디서도 방해받지 않을 것이오. 모든 것이 그대 뜻대로 될 것이며, 역겨운 일은 결코 일어나지 않으며, 어떤 일도 뜻밖에 그대의 뜻을 거슬러 일어나지는 않을 것이오.

---

12 인간은 군주, 즉 신의 뜻에 따라야 하는 만큼 어차피 피할 수 없는 일이라면 기꺼이 행함으로써 속박에서 벗어나 자유로워진다는 뜻이다.

3   그렇다면 어때요? 행복하게 사는 데는 미덕이면 충분한가요? 미덕이 완전하고 신적인 것이라면 어찌 충분하지, 아니 충분하고도 남지 않겠어요? 왜냐하면 모든 소원을 초월한 사람에게 무엇이 부족하겠어요? 자기의 모든 것을 자기 안에 갖고 있는 사람에게 그 밖에 무엇이 더 필요하겠어요? 그러나 미덕을 추구하는 사람은 비록 앞으로 많이 나아갔다 해도 운명의 호의 같은 것이 필요하겠지요. 그는 저 매듭[13]과 인간으로서의 모든 사슬을 풀기까지 아직 인생과 싸워야 하기 때문이지요. 그래서 무슨 차이가 있다는 것이지요? 더러는 매여 있고, 더러는 묶여 있고, 또 더러는 꽁꽁 묶여 있지만, 앞으로 나아가 더 높은 곳에 오른 사람은 느슨한 사슬을 차고 다녀 아직 자유롭지 못해도 자유로운 것이나 다름없다는 것이지요.

17

1   철학을 보고 짖는 자들 가운데 누군가는 평소 버릇대로 이의를 제기할 수 있겠지요. "그렇다면 왜 그대는 생활에서보다 말에서 더 용감하시오? 왜 그대는 더 높은 사람에게 아부의 말을 하며, 돈을 필수품으로 보며,[14] 손해를 보면 동요하며, 아내나 친구가 죽었다는 소식을 듣고 눈물 흘리며, 자신에 대한 평판에 신경을 쓰며, 악담에 기분이 상하지요?

2   왜 그대의 농원(農園)은 자연스러운 용도에 필요한 것 이상으로 잘 손질되어 있지요? 왜 그대는 스스로 정해놓은 규칙에 따라 식사를 하지 않지요? 왜 그대의 살림살이는 반짝반짝 윤이 나지요? 왜 그대의 집에서는 그대의 나이보다 더 오래된 포도주를 마시지요? 황

금 식기는 왜 진열되어 있지요? 그늘밖에 주지 않을 나무들은 왜 심어놓았지요? 왜 그대의 아내는 부잣집 재산에 맞먹는 귀고리를 하고 다니지요? 왜 그대의 하인은 값비싼 옷을 입고 있지요? 왜 그대의 집에서는 시중드는 것이 예술이며, 은 식기는 아무렇게나 되는 대로가 아니라 세련되게 식탁에 올려지며, 고기나 생선 요리를 썰어주는 사람이 따로 있는 것이지요?" 원하는 대로 더 덧붙이시구려. "왜 그대는 해외에 재산을 갖고 있지요?[15] 왜 그대가 알고 있는 것보다 더 많이 갖고 있지요? 창피하게도 그대는 하인의 얼굴도 모를 만큼 소홀하거나, 아니면 기억할 수 있는 것보다 하인을 더 많이 두고 있으니 사치가 심한 편이오."

3 나는 나중에 그대의 비난을 지지할 것이고 그대가 생각하고 있는 것보다 더 심하게 나를 비난하겠지만, 지금은 그대에게 이렇게 대답하겠소. "나는 현인이 아니며, 또한 그대가 나에 대해 악의를 키울 수 있도록 현인이 되지도 못할 것이오. 그러니 그대는 내가 가장 탁월한 자와 동등해지기를 요구할 것이 아니라, 사악한 자보다 더 낫기를 요구하시오. 내게는 날마다 내 악덕 가운데 어떤 것을 제거하고 내 과오를 자책하는 것으로 충분하오.

4 나는 건강하지 못했고, 또한 건강하지 못할 것이오. 나는 내 통풍(痛風)에 대해 치료제보다는 진정제를 구하려고 노력하며, 통풍이 더 드물게 찾아오고 덜 쑤시기만 해도 그것으로 만족하오. 그러나

---

13 영혼과 육체의 결합을 말한다.
14 세네카는 네로와 가까이 지내며 3억 세스테르티우스(sestertius)라는 거금을 모았다고 한다. 타키투스, 『연대기』 13권 42장 4절 참조.
15 세네카는 이집트에 토지를 소유하고 있었다고 한다.

그대들의 발에 견주면, 그대들 허약한 자들이여, 나는 달리기 선수요. 이것을 나는 내 처지―나는 아직 악덕의 심연 속에서 살고 있소―에서가 아니라 이미 무엇인가를 이룩한 사람의 처지에서 말하는 것이오."

18

1 그대는 말하겠지요. "그대는 말과 행동이 다르군요." 나는 이렇게 답하겠소. 가장 탁월한 것이면 무엇이나 적대시하는 가장 사악한 자들이여, 그것은 플라톤[16]이, 에피쿠로스[17]가, 제논[18]이 들었던 비난이오. 그들은 자신이 어떻게 살고 있는지가 아니라, 어떻게 살아야 하는지를 말해주었소. 나는 미덕에 관해 말하는 것이지, 나 자신에 관해 말하는 것이 아니라오. 또한 내가 악덕을 비난할 때 맨 먼저 생각하는 것은 내 악덕이오. 나는 할 수만 있다면 살아야 하는 대로 살 것이오.

2 그리고 저 독(毒)에 찌든 악의도 내가 놀라서 최선의 것으로부터 물러서게 하지 못할 것이오. 그대들이 다른 사람들에게 뿌려대고 그대들 스스로를 죽이는 데 쓰고 있는 저 독도 내가 살고 있는 것이 아니라 살아야 하는 것으로 알고 있는 삶을 계속 찬양하는 것을, 그리고 미덕을 찬미하며 멀리 떨어져 슬슬 기어서라도 뒤따라가는 것을 방해하지는 못할 것이오.

3 악의에게는 루틸리우스[19]와 카토[20]조차도 신성한 존재가 아니었거늘, 그 어떤 것이 악의에게 불가침의 존재이기를 기대할 수 있겠소? 그들에게는 견유학파[21] 철학자 데메트리오스[22]도 충분히 가난하지

못했거늘, 어느 누군들 너무 부유하다고 여기지 않겠소? 데메트리오스는 자연의 모든 욕구에 맞서 싸우던 가장 엄격한 사람으로, 다른 견유학파 철학자들이 자신에게 소유를 금했던 것을 자신이 소망하는 것조차 금했을 만큼 가난했는데도, 그들은 그도 충분히 가난하지 못하다고 비난했지요. 하지만 그대도 알다시피, 그는 미덕에 관한 지식뿐 아니라 가난을 가르친 스승이었소.

19

1 며칠 전에 스스로 삶을 마감한 에피쿠로스학파 철학자 디오도로스[23]가 제 목을 딴 것은 에피쿠로스의 가르침을 따르지 않은 것이라고 들 말하고 있어요. 더러는 그의 행위를 미친 짓으로, 더러는 무모한 짓으로 보려고 하지요. 그러나 그는 삶을 마감하며 행복감에 젖어 마음에 거리끼는 것 없이 자신에게 증언했고, 항구에 들어가 닻을 내린 인생의 안식을 찬양했으며, 마치 그대들도 따라 해야 하는 양 그대들에게는 듣기 싫을 말을 했던 것이오.

16 『마음의 생성에 관하여』 주 23 참조.
17 『인생의 짧음에 관하여』 주 71 참조.
18 『마음의 평정에 관하여』 주 3 참조.
19 『마음의 평정에 관하여』 주 51 참조.
20 『마음의 평정에 관하여』 주 25 참조.
21 『인생의 짧음에 관하여』 주 73 참조.
22 『섭리에 관하여』 주 4 참조.
23 디오도로스(Diodoros)는 기원전 1세기의 에피쿠로스학파 철학자라는 것 말고는 달리 알려진 것이 없다.

나는 내 인생을 살았고, 운명이 나에게 정해준 노정을 모두 마쳤노라.[24]

2   그대들은 때로는 어떤 사람의 삶을, 때로는 어떤 사람의 죽음을 논하면서 어떤 탁월한 업적 때문에 위대해진 사람들의 이름에다 대고 마치 낯선 사람들과 마주친 강아지들처럼 짖어대지요. 다른 사람의 미덕은 그대들의 온갖 못된 짓에 대한 비난인 만큼, 아무도 선해 보이지 않는 것이 그들에게는 도움이 되기 때문이지요. 그대들은 시기하는 마음에서 찬란히 빛나는 것을 그대들의 더러움에 견주는데, 그러한 짓이 그대들 자신에게 얼마나 해가 될지 모르고 있지요. 왜냐하면 미덕의 추종자들이 탐욕스럽고 음탕하고 야심이 많다면, 미덕이라는 이름조차 듣기 싫어하는 그대들은 어떠하겠소?

3   약속대로, 말한 대로 사는 사람은 아무도 없다고 그대들은 주장하지요. 위대한 사람들은 인생의 온갖 풍상을 겪었으니 영웅적이고 엄청난 것들에 관해 말한다고 해서 뭐가 그리 놀라운 일인가요? 그들은 쾌락이라는 십자가에서 벗어나려고 하는데 그대들은 저마다 그 십자가에 손수 못을 치고 있소. 그들은 처형장으로 끌려가 하나의 십자가에 매달리지만, 자신을 벌주며 사는 자들은 자신이 좇는 쾌락만큼 많은 십자가들에 의해 갈기갈기 찢기지요. 그자들은 헐뜯기 좋아하여 남을 모욕할 때는 재치가 넘치지요. 그자들 가운데 어떤 자가 교수대에서만이라도 관중을 향해 침을 뱉지만 않는다면 나는 그자들이 헐뜯기를 그만두리라고 믿을 수 있으련만!

20

1 "철학자들은 약속을 지키지 않지요." 그러나 그들은 품위 있는 것들의 이상(理想)을 제시함으로써 약속을 상당히 지키는 셈이지요. 그들의 행동이 약속과 일치한다면 정말이지 누가 그들보다 더 행복하겠어요? 하지만 그렇다고 해서 좋은 말과 좋은 생각으로 가득 찬 마음을 경멸해서는 안 되지요. 유익한 공부에 정진하는 것은 설사 성공하지 못해도 칭찬받아 마땅하지요.

2 가파른 곳을 오르는 자가 정상까지 오르지 못한다고 해서 뭐가 그리 놀랄 일인가요? 그대가 남자라면, 큰일을 시도하는 사람들은 비록 넘어지더라도 존중해야 하지요. 자신이 가진 힘보다 본성의 힘을 믿고 무엇인가를 시도하고, 높은 목표를 세우며, 엄청난 의지의 소유자만이 해낼 수 있는 것보다 더 큰 계획을 마음에 품는다는 것은 고귀한 일이지요.

3 그가 세운 원칙은 이러할 것이오. "나는 무대 위의 죽음을 구경하는 것과 같은 표정으로 죽음을 응시할 것이오. 나는 정신력이 몸을 떠받쳐줄 것이므로 아무리 큰 노고라도 받아들일 것이오. 나는 부를 갖고 있든 그렇지 않든 무시할 것이며, 그것이 다른 곳에 가 있다고 해서 의기소침해지지 않을 것이고, 내 주위에서 그것이 번쩍인다고 해서 기고만장하지도 않을 것이오. 나는 행운이 오든지 가든지 무관심할 것이오. 나는 모든 토지를 내 재산으로, 내 토지는 만인의 것으로 간주할 것이오. 나는 내가 남들을 위해 태어났음을

---

24 베르길리우스, 『아이네이스』(Aeneis) 4권 653행.

의식하며 살아갈 것이며, 그에 대해 자연에 감사할 것이오. 왜냐하면 어떻게 자연이 나를 이보다 더 잘 보살필 수 있겠소? 자연은 나를 만인에게 선사했고, 나에게 만인을 선사했으니 말이오.

4 나는 내 재산을 인색하게 지키지도 않을 것이고 마구 탕진하지도 않을 것이오. 나는 모든 것을 소유하고 있다기보다는 선사받은 것으로 여길 것이오. 나는 내 선행을 수와 무게가 아니라 수혜자의 평가 가격에 따라 잴 것이오. 나는 받을 만한 사람이 받은 것을 결코 많다고 여기지 않을 것이오. 나는 어떤 것도 남의 평판 때문에 행하지는 않을 것이며, 모든 것을 내 양심에 따라 행할 것이오. 내가 하는 일을 아는 사람은 나밖에 없다 해도 나는 그것이 만인이 보는 앞에서 행해지고 있다고 생각할 것이오.

5 내게는 먹고 마시는 목적이 자연의 욕구를 충족시키는 데 있지, 배를 채우고 비우는 데 있지는 않소. 나는 친구들에게는 상냥하고 적들에게는 온유하고 너그러울 것이며, 간청을 받기 전에 간청을 들어줄 것이며, 점잖은 부탁에는 기꺼이 응할 것이오. 전 세계가 내 조국이며, 신들이 전 세계를 지켜주신다는 것을 그리고 신들은 내 위와 주위에 서서 내 행동과 말을 심판하신다는 것을 나는 잊지 않을 것이오. 언젠가 자연이 내 목숨을 돌려달라고 요구하거나 또는 이성이 내게 목숨을 버리라고 권한다면,[25] 나는 가책받을 것 없는 양심과 선의의 노력을 좋아했으며, 나 때문에 어느 누구의 자유도, 특히 내 자신의 자유는 제한되지 않았다고 증언하며 세상을 떠날 것이오." 이렇게 하기로 작정하고, 원하고, 시도하는 사람은 이미 신들을 향하여 길을 가고 있는 것이며, 설사 그가 길에서 이탈한다 해도 그는

큰일을 감행하다가 떨어졌소.[26]

라고 할 수 있겠지요.

6   그대들이 미덕과 미덕의 숭배자를 증오한다는 것은 사실 새로운 일도 아니지요. 병든 눈은 햇빛을 싫어하며, 야행성 동물은 밝은 날을 피하려고 날이 새기만 하면 어리둥절하여 사방에서 은신처를 찾고, 햇빛이 무서워 구멍 속으로 들어가 숨으니 말이오. 그대들은 탄식하며 선한 자에 대한 욕설로 자신의 불행한 혀를 단련하구려. 그대들은 입을 쩍 벌리고 덥석 물구려. 그대들은 이빨을 박기도 전에 먼저 이빨을 잃게 될 것이오.

21

1   "왜 그는 철학을 공부하면서도 그렇게 부자로 살아가는가? 왜 그는 재산을 경멸해야 한다면서도 재산을 갖고 있는가? 왜 그는 삶은 경멸해야 한다면서도 살고 있는가? 왜 그는 건강을 경멸해야 한다고 생각하면서도 더없이 알뜰하게 건강을 챙기며 최고의 건강을 원하는가? 그리고 그는 추방을 내용 없는 빈말로 여겨 '사는 곳을 바꾸는 것이 뭐 그리 대수인가?'라고 말하면서도 가능하다면 조국에서 늙어가려고 하는가? 왜 그는 긴 수명과 짧은 수명 사이에는 아무 차이도 없다고 말하면서 방해만 없다면 수명을 연장하며 고령이

---

25   자살을 암시하는 말로 생각된다.
26   오비디우스, 『변신 이야기』(*Metamorphoses*) 2권 328행.

되어서도 편안하게 살아가고 있는가?"

2   물론 그는 그런 것들을 경멸하라고 말하고 있지요. 그러나 이는 그런 것들을 갖지 말라는 뜻이 아니라 그런 것들에 매달리지 말라는 뜻이오. 그는 그런 것들을 버리는 것이 아니라, 그런 것들이 곁을 떠나게 되면 담담하게 바래다주지요. 돌려주는 자가 아무 불평 없이 부를 되돌려준다면, 행운이 이보다 더 안전하게 부를 맡길 수 있는 곳이 또 어디 있겠어요?

3   마르쿠스 카토는 쿠리우스[27]와 코룽카니우스[28]와, 얼마 안 되는 은화도 감찰관이 처벌해야 하는 범죄로 여겼던 시대를 찬양했지만, 자신은 400만 세스테르티우스[29]나 갖고 있었지요. 의심할 여지없이 크랏수스[30]보다는 적지만, 감찰관 카토보다는 많이 갖고 있었어요. 서로 비교해보면 그는 재산에서 크랏수스에게 떨어지는 것보다 훨씬 더 증조부[31]보다 앞섰지요. 그래도 더 큰 재산이 생겼더라면 그는 이를 거절하지 않았을 것이오.

4   현인은 요행(僥倖)이 어떤 선물을 하든지 자기가 그것을 받을 자격이 없다고는 여기지 않기 때문이지요. 그는 부를 사랑하지는 않지만 선호하지요. 그는 부를 마음속이 아니라 집으로 받아들이며, 재산을 물리치지 않고 모아두며, 자신의 미덕이 더 많은 수단을 사용할 수 있기를 바라지요.

22

1   의심할 여지없이 현인은 가난할 때보다 부자일 때 자신의 마음을 계발할 수 있는 수단을 더 많이 갖게 되지요. 가난할 때는 미덕이

굽히지 않고 억압당하지 않는다는 한 가지밖에 없지만, 부자일 때는 절제와 선심과 알뜰함과 배분과 아량을 위해 넓은 공간이 열려 있기 때문이지요.

2 체격이 몹시 왜소하다고 해서 자신을 경멸하지 않겠지만, 현인은 그래도 키가 컸으면 싶을 것이오. 몸이 허약하거나 눈이 한쪽밖에 없어도 건강할 수 있겠지만, 그래도 현인은 건강한 체력이 있었으면 싶을 것이오. 물론 그는 더 값진 것은 자신의 내면에 있다고 확신하겠지만 말이오. 그는 건강이 나빠도 참고 견디겠지만, 건강이 좋기를 바랄 것이오.

3 어떤 것은 그 자체로는 보잘것없고 또 가장 중요한 선에 피해를 주지 않고도 제거될 수 있겠지만, 그래도 미덕에서 생겨나는 지속적인 기쁨에 이바지하지요. 부는 현인에게 자극을 주고 사기를 드높일 수 있어요. 마치 항해할 때 순풍이 그러하듯, 겨울 혹한에 좋은

---

27 『마음의 평정에 관하여』주 20 참조.
28 코룽카니우스(Tiberius Coruncanius)는 기원전 280년에 집정관을 지낸 바 있는 법률가이다.
29 세스테르티우스(sestertius)는 2와 2분의 1아스(as)의 가치를 지닌 로마의 은화로, 로마 시대 재산 평가의 단위로 사용되었다.
30 크랏수스는 술라(Sulla)의 부관으로 있을 때 정치적인 격동기를 틈타 거부(巨富)가 되었다. 크랏수스에 관해서는『인생의 짧음에 관하여』주 28 참조.
31 마르쿠스 카토(Marcus Porcius Cato Censorius 기원전 234~169년)를 말한다. 대(大)카토(Cato Maior)라고도 하는데, 이는 그의 증손자로 율리우스 카이사르와의 타협을 끝까지 거부한 이른바 소(小)카토(Marcus Porcius Cato Uticensis기원전 95~46년)와 구별하기 위해서이다. 대카토는 평민 집안에서 태어나 자수성가한 사람으로 자신과 남에게 엄격하고, 선조의 관습을 존중하여 그리스 문화를 받아들이는 것에 반대하며, 카르타고를 적대시하여 원로원에서 자기 의견을 말할 기회가 주어질 때마다 주제와 관계없이 "카르타고는 멸망해야 한다"(Carthago delenda est)고 말했다고 한다.

날씨와 양지바른 장소가 그러하듯이 말이오.

4 현인들—미덕을 유일한 선으로 여기는 우리 학파 철학자들[32]—가운데 누가 부인할 수 있겠소? 우리가 중요하지 않다고 여기는 것들도 어떤 가치를 지니고 있으며 어떤 것들[33]은 다른 것들[34]보다 더 중요하다는 것을 말이오. 그 가운데 어떤 것들에는 약간의 명예가, 다른 것들에는 많은 명예가 주어지지요. 그대가 착각하는 일이 없도록 분명히 말해두거니와, 부는 중요한 것에 속하지요.

5 그대는 말하겠지요. "부가 그대와 나에게서 똑같은 자리를 차지한다면 어째서 그대는 나를 비웃는 것이오?"라고. 부가 어째서 똑같은 자리를 차지하는 것이 아닌지 알고 싶은가요? 부가 내게서 없어지더라도 자기 자신 외에는 아무것도 가져가지 않겠지만, 그대는 부가 그대 곁을 떠나고 나면 어리둥절할 것이며 버림받은 듯한 느낌을 받겠지요. 부는 나에게서는 어떤 자리를 차지하지만, 그대에게서는 최고의 자리를 차지하고 있어요. 간단히 말해, 나는 부의 주인이지만 그대는 부의 노예이지요.

23

1 그러니 그대는 철학자들이 돈을 갖지 못하게 금지하는 일을 멈추시오! 지혜는 가난해야 한다고 선고한 자는 아무도 없어요. 철학자도 큰 재산을 소유할 수 있지만, 그것은 남에게서 빼앗은 것도, 남의 피가 뚝뚝 떨어지는 것도 아니고, 누구에게 불의를 저지르고 마련한 것도 아니며, 더럽게 모은 것도 아니며, 수입과 지출이 정직하여 시기하는 자 외에는 아무도 그것을 보고 한숨짓지 않아요. 그러한

재산이라면 그대가 원하는 만큼 쌓아올리시오. 아무리 많아도 그것은 정직한 재산이지요. 그중에는 남들이 저마다 제 것이라고 말하고 싶어하는 것이 많을지라도 제 것이라고 말할 수 있는 것은 하나도 없으니까요.

2 현인은 행운의 호의를 물리치지 않을 것이며, 정직하게 모은 재산을 자랑하지도 부끄러워하지도 않을 것이오. 그러나 그가 자기 집 대문을 열고 모든 시민을 자신의 재산 앞으로 다가오게 하여 "누구든 자기 재산이다 싶은 것이 여기 있다면 가져가시오!"라고 말할 수 있다면, 그것은 그에게 자랑거리가 되겠지요. 이렇게 말한 뒤에도 재산이 줄지 않는다면 그는 위대한 사람이고 최선의 부자인 셈이지요. 말하자면 그는 아무 탈 없이 안전하게 만인에게 수색을 허용하고, 그런데도 아무도 그에게서 압수할 수 있는 것을 발견할 수 없다면, 그는 만인 앞에 떳떳한 부자인 것이지요.

3 현인은 부당하게 번 돈은 한 푼도 자기 집 문턱을 넘어오지 못하게 하겠지만, 그것이 행운의 선물이든 미덕의 결실이든 큰 재산을 문전박대하지도 않을 것이오. 왜 그가 그러한 재산에 좋은 자리를 내주면 안 되는 거죠? 그러한 재산이라면 올 테면 오라지, 손님으로 맞아줄 테니까. 현인은 재산을 자랑하지도 감추지도 않을 것이며— 하나는 진부한 사람의 태도이고, 다른 하나는 겁 많고 소심하여 이를테면 큰 선(善)을 주머니 속에 넣고 다니는 사람의 태도이지요—

32 스토아학파 철학자들.
33 부, 건강, 삶 같은 것.
34 가난, 질병, 죽음 같은 것.

앞서 말했듯이 문전박대하지도 않을 것이오.

4 그는 뭐라고 말할까요? 그는 "너는 필요 없어" 아니면 "나는 부를 쓸 줄을 몰라"라고 말할까요? 그는 제 발로 걸어서 길을 갈 수 있는데도 마차 타는 것을 선호하듯이, 가난해도 되지만 부자이기를 원할 것이오. 마찬가지로 그는 재산을 가지되 그것이 마치 경박하고 덧없는 것인 양 다른 사람이나 자신을 성가시게 하는 것을 용납하지는 않을 것이오.

5 그는 선사할 것이오. (왜 그대들은 귀를 쫑긋 세우는 것이며, 왜 지갑을 여는 거죠?) 그는 선한 사람들이나 선하게 만들 수 있는 사람들에게 선사할 것이오. 이때 그는 수입과 마찬가지로 지출에 관해서도 해명해야 한다는 점을 명심하고는 심사숙고하여 가장 자격이 있는 사람들을 선발할 것이며, 정당하고 납득이 가는 이유에서 선사할 것이오. 잘못 선사하는 것은 수치스럽게 잃어버리는 것과 다름없기 때문이지요. 그의 주머니는 열려 있어서 많이 나오기는 하지만 새어나가는 것은 없도록, 구멍이 나 있지는 않을 것이오.

24

1 선사하는 것을 쉬운 일이라고 생각한다면 그것은 오해라오. 그때그때 기분 내키는 대로 흩뿌리는 것이 아니라 신중하게 나눠주려 한다면 여러 가지 어려움이 따르는 법이지요. 이 사람에게는 내가 먼저 공을 세우는 것이고, 저 사람에게는 되갚아주는 것이지요. 이 사람은 내가 도와주는 것이고, 저 사람은 동정하는 것이지요. 어떤 사람은 가난 때문에 탈선하거나 가난에 사로잡혀 있어서는 안 되겠기

에 지원해주는 것이고, 어떤 사람에게는 궁핍해도 아무것도 주지 않는데, 그것은 준다 해도 궁핍에서 벗어나지 못할 것이기 때문이지요. 어떤 사람에게는 제공하고, 어떤 사람에게는 강요할 것이오. 나는 이런 일에 결코 소홀할 수 없어요. 나는 선사할 때 가장 꼼꼼하게 장부를 정리하지요.

2 그대는 말하겠지요. "뭐라고요? 그대는 반대급부를 바라고 선사한다는 것인가요?" 그건 아니라오. 그냥 잃어버리지는 않겠다는 것이지요. 내 선물은 돌려달라고 요구해서는 안 되지만 상환받을 수 있어야겠지요. 선행은 필요하지 않으면 파지 않도록 깊이 묻어둔 보물처럼 투자되어야 해요.

3 어때요? 부자의 살림살이는 선행을 베풀 수 있는 많은 가능성을 제공하지 않나요? 그가 로마 시민들에게 선심 쓰는 것을 누가 제한하겠소? 자연은 내게 같은 인간을 도우라고 명령하지요. 그들이 노예든 자유민이든, 자유민으로 태어났든 해방노예든, 법적 절차에 따라 해방되었든 친구가 해방시켜주었든, 그게 뭐 그리 중요한가요? 인간이 있는 곳이면 어디서나 선행의 기회가 주어지는 법이라오. 따라서 제 집 안에서도 돈을 나눠줄 수 있고 선심을 쓸 수 있지요. 선심은 자유민에게만 써야 되는 것이 아니라 자유로운 정신에서 유래한 까닭에 그러한 이름을 붙인 것이지요.[35] 현인의 선심은 그럴 자격도 없는 수치스러운 자에게 강요되는 일도 없지만, 그럴 자격이 있는 사람을 만날 때마다 콸콸 흘러나오지 못할 만큼 길을 잃고

---

35 선심(liberalitas)과 자유민들(liberi)과 자유로운 정신(liber animus)의 발음이 비슷한 것을 가지고 언어유희를 하고 있다.

헤매다 지치는 일도 없지요.

4 따라서 그대들은 지혜를 공부하는 사람들이 정직하게, 용감하게, 기백 있게 말하는 것을 곡해할 필요는 없어요. 무엇보다도 그대들은 지혜를 공부하는 사람 다르고 지혜에 입문한 사람 다르다는 점에 유의하시오. 지혜를 공부하는 사람은 그대에게 말할 것이오. "나는 말은 자주 하면서도, 아직도 악 속에 깊숙이 빠져 있소. 그대는 내가 원칙에 충실하기를 요구하지 마시오. 나는 그 어느 때보다도 까다로운 본보기에 따라 나를 만들고, 형성하고, 고양하고 있으니 말이오. 내가 계획했던 만큼 나아가게 되면, 그때는 내 말이 행동과 일치하기를 요구하시오." 최고의 인간 가치를 획득한 사람은 그대에게 다르게 말하고 행동할 것이오. "무엇보다도 그대는 자신보다 더 나은 사람에 대해 감히 판결을 내려서는 안 되오. 내가 악인의 마음에 들지 않는 데 벌써 성공했다면, 그것이 내가 바른길을 가고 있다는 증거이지요.

5 나는 어느 누구에게도 설명하기를 거절한 적이 없거늘 그대에게도 설명할 것이니, 내가 그대에게 무엇을 약속하며 개개의 사물을 어떻게 평가하는지 들으시오. 나에게 부는 선이 아니오. 부가 선이라면 사람을 선하게 만들어야 할 것이오. 그러나 악인도 갖고 있는 것은 선일 수 없으므로 부는 선이라고 할 수 없소. 물론 부를 소유하는 것은 허용되며, 부가 쓸모 있고 인생에 큰 편의를 제공한다는 점은 나도 시인하오.

25

1 어째서 내가 부를 선으로 여기지 않는지, 우리 양쪽 다 부를 소유하는 것은 허용된다고 동의했거늘 우리 사이에 어떤 견해 차이가 있는지 그대들은 들으시오. 그대는 금과 은이 온갖 용도로 쓰이는 가장 큰 부잣집에다 나를 앉히시오. 나는 내 집에 있다 해도 내 안이 아니라 내 밖에 있을 그런 것들 때문에 우쭐해하지는 않을 것이오. 나를 말뚝다리[36] 아래로 옮기고 가난한 자들 사이로 데려가시오. 나는 내가 동냥하며 손을 내미는 무리 속에 앉아 있다고 해서 나를 경멸하지는 않을 것이오. 죽을 수 있는 자유가 있는 사람에게 빵이 없다는 것이 뭐가 그리 중요하겠소? 그렇지만 나는 다리 밑보다는 으리으리한 집을 선호하오.

2 나를 으리으리한 가구와 엄선된 사치품 사이에다 앉히시오. 나는 부드러운 외투가 있고 손님이 자줏빛 쿠션에 몸을 기댄다고 해서 조금도 더 행복하다고 여기지 않을 것이오. 내 이불을 바꿔보시오. 지친 내 머리가 건초 자루 위에서 쉬고, 원형경기장에서처럼 꿰맨 자리가 터져 속이 비어져 나오는 짚방석에 기대 누워 있다고 해서 나는 조금도 더 비참해지지 않을 것이오. 하지만 나는 어깨를 드러내놓기보다는 성장(盛裝)을 하고 내 마음이 어떠한지 보여주기를 선호하리오.

3 하루하루가 내 뜻대로 지나가고, 이전의 축하연에 새 축하연이 이

---

[36] 말뚝다리(pons Sublicius)는 로마 티베리스(Tiberis) 강의 가장 오래된 다리로, 거지들이 즐겨 머물렀다고 한다.

어진다 해도, 그러한 이유로 내가 나를 더 마음에 들어하지는 않을 것이오. 그러한 유리한 시운(時運)이 기울고 바뀌어 여기저기서 상실과 슬픔과 온갖 사고가 일어나 마음을 뒤흔들고, 한시도 불평 없이 지나가지 않는다 해도, 그 때문에 나는 가장 비참한 처지에서도 나를 비참하다고 하지 않을 것이며, 그 때문에 어떤 날을 저주하지는 않을 것이오. 나는 불운한 날이 없도록 미리 대비해놓았으니까요. 하지만 나는 고통을 억제하기보다 기쁨을 적당히 즐기고 싶소."

4 저 유명한 소크라테스[37]도 그대에게 이렇게 말할 것이오. "나를 모든 민족을 이긴 승리자로 만들고, 리베르[38]의 저 화려한 수레가 나를 개선장군으로서 해 뜨는 곳[39]에서 테바이[40]로 태워 나르게 하고, 왕들이 내게 법을 내려주기를 청하게 하시오. 나는 사방에서 신으로 추앙받을 때 내가 인간임을 가장 강하게 의식하게 될 것이오. 이토록 높은 명예에 갑작스러운 변화가 이어지게 하시오. 나를 남의 들것에 앉혀 교만하고 사나운 승리자의 개선 행렬에서 특별한 구경거리가 되게 하시오. 남의 전차 뒤에 실려간다고 해서 나 자신의 전차에 서 있을 때보다 더 보잘것없어지지 않을 것이오. 하지만 나는 포로보다는 승리자가 되고 싶소.

5 나는 운명의 힘을 전적으로 무시하지만, 선택할 수 있다면 더 쾌적한 것을 고를 것이오. 내게 다가오는 것은 무엇이든 선한 것이겠지만, 더 쉽고 더 즐겁고 덜 부담스러운 것이 왔으면 좋겠소. 그대는 노고 없이 어떤 미덕도 얻을 수 없다고 생각하겠지만, 어떤 미덕은 박차가 필요하나 어떤 미덕은 고삐가 필요하오.

6 내리막길을 내려갈 때는 몸을 붙잡아주고 오르막길을 오를 때는 몸을 밀어주어야 하듯이, 미덕도 어떤 것은 내리막을 내려가고 어떤

것은 오르막을 올라야 하오. 의심할 여지 없이 참을성, 용기, 끈기, 그 밖의 여러 가지 어려움에 맞서 운명을 극복하고자 하는 미덕은 위로 오르고 버티고 몸부림칠 것이오.

7   그러나 선심과 절제와 온유가 아래로 행한다는 것도 그와 마찬가지로 명백하지 않소? 이런 미덕들은 미끄러지지 않도록 마음을 다잡아야 하지만 앞서 말한 미덕들은 격려하고 힘껏 부추겨야 하니까 말이오. 따라서 우리가 가난할 때는 싸움에 능한 더 용감한 미덕을 사용해야 하고, 부유할 때는 발걸음을 떼어놓을 줄 알고 제 무게를 지탱할 줄 아는 더 조심스러운 미덕을 사용해야 하오.

8   이런 구분이 옳다면, 나는 피와 땀을 요구하는 미덕들보다는 오히려 더 평온한 미덕들을 사용하고 싶소. 따라서 내가 말하는 것과 다르게 살고 있는 것이 아니라면" 하고 현인은 말하겠지요. "그대들은 나를 잘못 이해한 것이오. 그대들은 말소리만 귀로 들었을 뿐, 그것이 무슨 뜻인지 묻지 않았던 것이오."

26

1   "우리 둘 다 소유하기를 원한다면, 바보인 나와 현인이 그대 사이에 무슨 차이가 있단 말이오?" 큰 차이가 있지요. 부는 현인에게는

---

37 『마음의 평정에 관하여』 주 19 참조.
38 『마음의 평정에 관하여』 주 59 참조.
39 박코스는 인도를 정복한 것으로 알려져 있다.
40 테바이(Thebai)는 그리스 중동부 보이오티아 지방의 수도이며, 주신 박코스가 태어난 곳이다.

종노릇을 하지만 바보에게는 주인 행세를 하지요. 현인은 부에게 아무것도 허용하지 않지만, 부는 그대에게 모든 것을 허용하지요. 그대는 부에 익숙해지고, 마치 누가 그대에게 부의 영원한 소유를 약속이나 한 것처럼 거기에 매달리지요. 현인은 부에 둘러싸여 있을 때 가난을 가장 많이 생각하지요.

2 장군은 설사 전쟁이 일어나지 않더라도 예고된 전쟁에 대비하지 않을 만큼 평화를 믿지 않지요. 그런데 그대들은 마치 불타거나 무너져 내릴 수 없는 양 아름다운 저택에 우쭐해하고, 마치 절대로 위험에 빠질 수 없고 운명조차도 그것을 소진할 수 없다는 양 재물에 정신이 빠져 있지요.

3 그대들은 하는 일 없이 부를 갖고 놀면서도 그것이 얼마나 위험한 것인지 보지 못하지요. 그대들은 공성 무기가 얼마나 멀리 미치는지 모르기 때문에 자신을 포위한 자들의 작업을 느긋하게 바라보고 있는 무식한 야만족과도 같지요. 자신의 처지를 모르기는 그대들도 마찬가지라오. 그대들은 그대들의 재산에 무기력해진 나머지 머지않아 값진 전리품들을 앗아갈 사고가 여기저기서 얼마나 많이 도사리고 있는지 생각조차 않으니 말이오. 현인도 재산을 빼앗길 수 있지요. 그러나 그의 진정한 재산은 고스란히 남지요. 그는 미래는 개의치 않고 현재를 즐겁게 살아가니 말이오.

4 소크라테스나 그와 마찬가지로 인간사의 우연에 대해 권능을 갖고 있는 다른 사람은 말하겠지요. "나의 원칙들 가운데 어느 것도 내 인생을 다른 사람의 의견에 따라 정돈하지 않는다는 원칙만큼 확고하지는 않소. 그대들은 사방에서 귀에 익은 말을 쏟아내시오. 나는 그대들을 욕하는 것으로 보지 않고, 더없이 불쌍한 아이들이 울어

대는 것으로 볼 것이오."

5 지혜로운 사람은 그렇게 말할 것이오. 그의 자유로운 마음이 그에게 다른 사람을 꾸짖으라고 명령하는 것은 그가 다른 사람을 미워해서가 아니라 개선하고 싶기 때문이지요. 그는 이런 말을 덧붙일 것이오. "나에 대한 그대들의 평가에 내 마음이 아픈 것은 내가 아니라 그대들을 위해서요. 미덕을 미워하고 공격하는 것은 모든 희망을 포기하는 것을 뜻하기 때문이오. 그래도 그대들은 나를 해코지하지 못할 것이오. 제단을 뒤엎는 자들이 신들을 해코지하지 못하듯이 말이오. 오히려 해코지하지 못하는 경우에도 그대들의 나쁜 의도와 계획만 드러날 뿐이겠지요.

6 나는 그대들의 허튼소리를 참고 견딜 것이오. 가장 선하고 가장 위대한 제우스가 시인들의 어리석은 생각을 참고 견디듯이 말이오. 시인들 가운데 어떤 이는 그분에게 날개[41]를 가져다 붙이고, 어떤 이는 뿔[42]을 가져다 붙이고, 어떤 이는 그분을 샛서방과 외박하는 자[43]로, 어떤 이는 신들에게 행패를 부리는 자로, 어떤 이는 인간에게 부당한 짓을 하는 자로, 어떤 이는 자유민과 인척의 납치범[44]으로, 어떤 이는 친부 살해범[45]과 아버지의 왕국과 남의 왕국을 강탈한 자로 무대 위에 올리니 말이오. 그 결과 신들도 그러한 짓을 했

---

41 제우스는 레다(Leda)를 유혹할 때 백조로 변신한다.
42 제우스는 에우로페(Europe)를 유혹할 때 황소로 변신한다.
43 헤라클레스의 어머니 알크메네(Alkmene)를 유혹할 때.
44 미소년 가뉘메데스(Ganymedes)의 납치를 말한다.
45 크로노스(Kronos)와 다른 티탄 신족을 저승의 가장 깊은 곳인 타르타로스(Tartaros)에 가둔 일을 말한다.

다고 믿게 되면서 인간들에게는 죄짓는 데 대한 부끄러움이 없어지게 된 것이오.

7 그런 것들은 나에게는 해당되지 않지만 그대들을 위해 경고를 해두고 싶소. 그대들은 미덕을 우러러보시오! 오랫동안 미덕을 좇으며 미덕이야말로 날마다 더 커 보이는 뭔가 위대한 것이라고 그대들에게 일러주는 분들의 말을 믿으시오! 미덕을 신처럼, 미덕의 고지자를 사제처럼 공경하시오! 그리고 미덕의 신성한 이름이 언급될 때마다 경건하게 침묵하시오(favete linguis)! 이 말은 대부분의 사람들이 생각하고 있듯이 파보르(favor)[46]라는 말에서 유래한 것이 아니라, 제물이 불길한 말로 중단되지 않고 격식에 따라 바쳐질 수 있도록 침묵을 명하는 것이오. 그러나 저 신탁[47]이 무엇인가를 고지할 때마다 조용히 귀담아들으라고 명령하는 것이 그대들에게는 훨씬 더 필요하겠지요.

8 누가 이시스 축제 때 딸랑이를 흔들어대며 시키는 대로 거짓말을 하면, 팔에 문신을 하는 데 능한 자가 손을 들어 팔과 어깨를 피투성이로 만들면, 어떤 여인이 무릎으로 기어다니며 비명을 지르거나 무명옷을 입은 어떤 노인이 대낮에 월계수 가지와 등불을 들고 어떤 신이 노여워하고 있다고 외치면, 그대들은 달려가 귀 기울이고 서로 놀라움을 부추기며 그가 신의 예언자라고 믿어 의심치 않으니 말이오."

27

1 보시오, 소크라테스는 감옥에 들어감으로써 그곳을 정화하여 어떤

회의장보다 더 명예롭게 만들었거늘, 그가 지금 감옥에서 외치고 있소. "미덕을 모독하고 신성한 것을 악담으로 더럽히는 것은 무슨 광기이며, 신과 인간에 대한 무슨 적대 행위인가? 그대들은 할 수 있다면 선한 자를 찬양하고, 할 수 없다면 그냥 지나가시오! 그러한 가증스러운 방종이 마음에 든다면 그대들끼리 서로 덤비시오! 그대들이 하늘을 향하여 미쳐 날뛴다면, 나는 그대들이 신성을 모독한다고 말하지는 않겠지만 그대들은 헛수고를 하고 있으니 말이오.

2 나는 전에 아리스토파네스[48]에게 조롱거리가 되었고, 희극작가 무리가 내게 독기 있는 재담을 쏟았소. 그러나 그러한 공격 덕분에 내 미덕은 더욱 유명해졌소. 앞으로 불려나와 시험을 치르는 것은 내 미덕에 도움이 되기 때문이오. 그리고 내 미덕에 도전함으로써 그것의 힘을 느껴본 자들이 그것의 가치를 가장 잘 알고 있소. 부싯돌이 얼마나 단단한지는 그것을 쳐본 사람이 가장 잘 아는 것처럼 말이오.

3 나는 얕은 바닷가의 외딴 바위처럼 버티고 있소. 사방에서 쉴 새 없이 거센 파도가 몰려와 매질을 해도 끄떡없이, 몇 세기 동안 수시로 공격당해도 없어지지 않는 바위 말이오. 덤벼들어 나를 공격해보시오! 나는 견뎌냄으로써 그대들을 이길 것이오. 단단하여 이길 수 없는 것에 덤벼드는 자는 오직 자신을 해롭게 하려고 제 힘을 쓰는 것이오. 따라서 그대들은 그대들의 화살이 꽂힐 수 있는 부드럽고 말

---

46 '호의의 표시' '박수갈채'라는 뜻이다.
47 철학자들의 저술을 말한다.
48 아리스토파네스(Aristophanes 기원전 445년 또는 그 이전~385년경)는 그리스의 희극작가로 자신의 희극『구름』(Nephelai)에서 소크라테스를 소피스트로 조롱한다.

랑말랑한 물질을 찾아보시오!

4 그런데 그대들에게는 남의 결점을 찾아내어 누구를 심판할 여가는 있다고요? '왜 이 철학자는 널찍하게 사는 거지? 왜 저 사람은 매일 진진한 식사를 하는 거지?' 그대들 자신은 온통 흉터로 덮여 있으면서 남의 땀띠는 눈에 띄는가? 그것은 마치 보기 흉하게 옴에 걸린 사람이 다른 부위는 더없이 아름다운 신체의 주근깨나 사마귀를 보고 비웃는 것과도 같소.

5 그대들은 플라톤은 돈을 밝혔다고, 아리스토텔레스는 돈을 받았다고, 데모크리토스는 돈을 등한시했다고, 에피쿠로스는 돈을 탕진했다고 나무라시오! 그대들은 나를 알키비아데스와 파이드로스[49]와 사귄다고 나무라시오. 우리의 악덕을 모방할 수 있으면 그대들은 가장 행복해하면서도 말이오.

6 왜 그대들은 자신들의 악덕은 보지 못하시오? 그것들이 더러는 밖에서 날뛰고 더러는 내장 안에서 불타며 사방에서 괴롭히고 있는데 말이오. 아무리 그대들이 자기 처지를 모른다 해도, 혀를 놀려 더 나은 사람을 험담할 여가가 그대들에게 충분히 주어지게끔 인간사가 그렇게 정해져 있는 것은 아니오.

28

1 그것도 모르고 그대들은 처지에 맞지 않는 표정을 짓고 있소. 마치 집에는 초상이 났는데도 원형경기장이나 극장에 앉아 자신의 불행을 모르고 있는 사람들처럼 말이오. 하지만 나는 높은 곳에서, 어떤 폭풍이 잠시 뒤에 먹구름을 찢으며 그대들을 위협할 것인지, 또는

그대들과 그대들의 재산을 낚아채려고 벌써 가까이 다가오고 있는지 내다보고 있소. 그래서? 그대들은 거의 느끼지 못해도, 같은 것을 회피하기도 하고 추구하기도 하며 때로는 높은 곳으로 들어올려졌다가 때로는 심연 속으로 내팽개쳐지는 그대들의 영혼을 어느새 회오리바람 같은 것이 돌리고 굴리지 않는가?"[50]

49 알키비아데스(Alkibiades)와 파이드로스(Phaidros)는 소크라테스의 젊은 친구들이다.
50 나머지 부분은 없어졌다.

로마의 최고 지성

키케로

키케로

키케로(기원전 106~43년)는 로마의 웅변가·정치가·문인으로, 수사학의 대가이자 고전 라틴 산문의 창조자이며 완성자이다. 로마에서 웅변가란 폭넓은 교양을 바탕으로 탁월한 인간성과 달변으로 대의명분을 부르짖는 사람이었으며, 로마는 그런 웅변가를 교육의 목표로 삼았다.

부유한 기사계급 집안의 장남으로 태어난 그는 기원전 90년 로마에 가서 복점관 스카이볼라(Scaevola)와 대사제 스카이볼라 문하에서 법률을 공부하는 한편, 당시 로마에 와 있던 아테나이 아카데메이아학파의 수장이었던 필론(Philon)과 스토아 철학자 디오도토스(Diodotos)에게 철학을 배운다. 또한 그 시절 평생지기가 된 앗티쿠스를 만난다.

그 뒤 키케로는 뛰어난 웅변술과 문장 구사력으로 굵직굵직한 사건의 변론을 맡아 사건의 정곡을 찌르는 설득력 있는 언변으로 잇달아 승소해 변호사로서 명성을 쌓았으며 로마의 제일가는 웅변가가 되었다. 그렇게 정계 진출을 위한 엘리트 코스를 거쳐 기원전 69년에는 조영관(aedilis), 기원전 66년에는 법정관(praetor), 기원전 63년에는 집정관(consul)이 되는데, 모두 법정 최저 연령으로 선출된다.

행동하는 사상가이자 로마 최고의 문장가 키케로는 공화정 붕괴를 막기 위해 카이사르와 오랫동안 반목하던 중 정계에서 밀려나 은둔 생활을 하기에 이른다. 하지만 당대 최고의 권력가였던 카이사르는 정치적 소신이 다른 키케로의 의견을 존중했다. 키케로의 정치적 신념이 빛을 발하지는 못했지만 공화정은 로마의 귀중한 유산이었으며, 고전 문화에 대한 그의 공헌은 불멸의 것이었다. 그의 연설과 철학적 저술은 카이사르가 예견한 것처럼 유럽 문화에 지대한 영향을 끼쳤으며, 그의 사상은 세대를 거치면서 문명화한 가치체계의 원천이 되었고, 키케로와 최대한 비슷하게 언어를 구사해야 한다는 학풍까지 생겨났다.

불안한 정치적 휴전기가 시작되자 키케로는 저술 활동에서 위안을 찾게 되는데, 이때 『국가론』(De re publica 기원전 54~51년 6권), 『법률에 관하여』(De legibus 기원전 52년 이후 3권), 『웅변가에 관하여』(De oratore 기원전 55년) 등을 집필했다. 그의 철학적 저술의 방대함과 주제의 광범위함은 실로 놀라웠다.

기원전 49년 마침내 카이사르가 루비콘(Rubicon) 강을 건너 로마로 남하하자 키케로는 장고 끝에 폼페이우스 편에 가담하지만, 나중에 카이사르에게 사면을 받는다.

키케로는 만년에 정치적 좌절감에 개인적으로도 불행을 겪게 된다. 기원전 46년에는 30년 이상 동고동락하던 아내 테렌티아(Terentia)와 이혼하고, 기원전 45년에는 사랑하는 딸 툴리아(Tullia)마저 세상을 떠난다. 설상가상으로 내전이 종식되면 카이사르가 공화정을 회복할 것이라는 희망도 점점 희미해져갔다. 이때가 집중적으로 글을 쓴 두 번째 시기이다.

키케로가 기원전 67년부터 기원전 43년 7월까지 주고받은 편지 가운데 지금까지 남아 있는 것은 900통이 넘는다. 이 가운데 835통은 키케로가 직접 쓴 편지인데, 416통은 친구이자 재정 고문이며 출판업자인 앗티쿠스에게, 나머지는 그 외의 친구와 친지들에게 쓴 것이다. 그러나 이것은 극히 일부분으로, 고대에는 익히 알려져 있던 많은 편지들이 지금은 남아 있지 않다. 키케로가 죽은 뒤 많은 편지들이 정치적인 이유로 사라졌기 때문이다.

오늘날 그의 편지들은 고대 세계의 귀중한 역사적 정보를 담고 있다. 이 편지들이 없었다면 사건의 연대를 정확히 확정할 수 없는 경우도 허다하다. 로마에는 마땅한 기원(紀元)이 없어 '아무개 아무개가 집정관이던 해'라는 식으로 연대를 표시하던 때였던 것이다.

키케로의 라틴어 문장은 명료하면서 진솔하며, 조금 길고 복잡하면서도 음의 장단을 기초로 한 산문 리듬을 만들어냈다. 그가 살던 시대는 라틴 문학의 첫 번째 전성기였는데, 그는 그 시대에 가장 영향력 있는 작품들을 남겼다. 평화와 이성에 이바지한 그의 사상과 사색은 『국가론』, 『법률에 관하여』, 『웅변가에 관하여』, 『브루투스』, 『최고선과 최고악』, 『투스쿨룸 담론』, 『신들의 본성에 관하여』, 『운명에 관하여』, 『노년에 관하여』, 『우정에 관하여』, 『예언에 관하여』, 『의무에 관하여』 등 주옥같은 저술을 남겼다.

키케로의 라틴어 산문은 후세의 라틴어 작가들뿐만 아니라 근대 유럽어로 글을 쓰는 많은 인문주의자들에게도 본보기가 되었다. 고대인들의 생각과 생활을 바르게 파악하고 인간의 지적·창조적 힘을 부흥시켜 그것을 다시 현실에 적용하고자 했던 르네상스 운동의 중심에 키케로에 대한 중세 인문주의자들의 관심과 연구가 있었다는 사실은 눈여겨봐야 할 대목이다.

철학사적으로 볼 때 키케로는 그리스 사상의 전달자로서 중요한 의미가 있다. 그는 철학 저술을 통해 스토아학파·아카데메이아학파·아리스토텔레스학파 등을 소개했으며, 이 역할을 수행하는 과정에서 로마와 유럽에 철학적인 어휘를 제공하는 데 결정적으로 기여했다. 라틴어를 사상 전달의 필수적인 무기로 삼은 것 또한 키케로의 공적이다. 그리스 사상을 로마에 소개하되 공허한 이론으로서가 아니라 되도록 로마인들의 사고방식과 현실 생활에 맞게 수용하려는 그의 노력은 높이 평가받아 마땅하다.

* * *

『노년에 관하여』의 대본은 Cicero, *Cato maior de senectute*, edited with an Introduction and Commentary by J. G. F. Powell, Cambridge, 1988의 라틴어 텍스트이다. 현대어 번역으로는 W. A. Falconer(Loeb Classical Library, 1923)와 M. Grant(Penguin Books, 1971)의 영어 번역 그리고 H. Merklin(Philipp Reclam, 1998)과 M. Faltner(Sammlung Tusculum, 1993)의 독어 번역을 참고했다.

『우정에 관하여』의 대본은 Cicero, *Laelius de amicitia et Somnium Scipionis*, edited with an Introduction, Translation and Commentary by J. G. F. Powell, Warminster, 1990의 라틴어 텍스트이다. 현대어 번역으로는 J. G. F. Powell (Aris&Phillips, 1990)과 W. A. Falconer(Loeb Classical Library, 1923)와 M. Grant(Penguin Books, 1971)의 영어 번역 그리고 M. Faltner(Sammlung Tusculum, 1993)의 독어 번역을 참고했다.

힘이 있으면 그 재산을 쓰되,
없다고 아쉬워하지는 말게.
청년이 소년 시절을,
또는 장년이 청년 시절을
아쉬워해서는 안 되는 것이라면 말일세.
인생의 주로(走路)는 정해져 있네.
자연의 길은 하나뿐이며,
그 길은 한 번만 가게 되어 있지.

노년에 관하여
Cato maior de senectute

키케로의 『노년에 관하여』, 일명 『대(大)카토』는 기원전 44년 율리우스 카이사르가 암살당하기 직전에 씌어진 것으로 추정된다. 키케로의 평생지기 앗티쿠스에게 헌정된 이 대화편은 기원전 150년, 30대의 스키피오와 라일리우스의 요청에 따라 84세의 대카토가 노년의 짐을 어떻게 참고 견디는 것이 최선의 방법인지 일러주는 형식으로 구성되어 있다. 카토는 자신의 경험과 선현들의 이야기, 책을 통해 접한 고대 그리스 철학자들의 이야기를 들려주면서 포도주가 오래되었다고 모두 시어지지 않듯이, 늙는다고 해서 모든 사람이 비참해지거나 황량해지는 것이 아님을 강조하며 의미 있게 즐길 수 있는 노년을 역설한다. 결론부에서 카토는 영혼 불멸에 대한 자신의 견해를 피력한다.

01

1 오오, 티투스님이여! 제가 만약 그대를 도와, 지금 그대 마음속에 둥지를 틀고 앉아 그대를 못살게 들볶는 근심을 들어드린다면, 제게 어떤 보답을 내리시겠습니까?[1]

앗티쿠스[2]여, '재산은 많지 않지만 충성심이 강한 그 사람'이 플라미니우스에게 건넨 바로 그 시행들을 내가 자네에게 건넨다 해도 이를 이상하게 여길 사람은 없을 것이네.
그러나 티투스여, 나는 자네가 플라미니우스처럼 밤낮으로 번민하지는 않으리라고 확신한다네. 내가 알고 있는 자네는 절제 있고 원만한 성격인 데다 아테나이에서 별명뿐만 아니라 문화와 지혜도 들여왔기 때문일세. 그럼에도 지금 나를 괴롭히고 있는 시국을 마주하고 자네도 가끔은 우울해하지 않을까 우려되네.[3] 하지만 이러한 시국에 대한 위안을 찾기는 쉬운 일이 아니므로 다음 기회로 미루어야겠네. 지금은 자네를 위해 노년에 관한 글을 쓰는 것이 옳은 것 같으이.

2 나는 이미 우리를 짓누르고 있거나 아니면 틀림없이 다가올 노년[4]이

라는, 우리에게 닥친 공통의 짐을 자네와 나 자신을 위해 가볍게 만들고 싶기 때문일세. 자네가 매사에 그러하듯 그 짐도 절도 있게 그리고 지혜롭게 견뎌내고 있으며 또 견뎌내리라고 확신하긴 하지만 말일세. 하나 내가 노년에 관하여 무엇인가를 쓰기로 결심했을 때, 자네야말로 우리 두 사람이 함께 즐길 수 있는 이 선물을 받기에 손색없는 사람이라고 생각하곤 했네. 아무튼 이 책을 쓴다는 것이 내게는 무척이나 즐거운 일이어서 노년의 괴로움을 말끔히 쓸어갔을 뿐 아니라 노년을 편안하고 즐거운 것으로 만들어주기까지 했다네. 이렇게 철학에 복종하는 자는 인생의 모든 시기(時期)를 괴로움 없이 보낼 수 있다는 점에서 철학이야말로 아무리 칭송받아도 지나치

1   이 시행들은 엔니우스(기원전 239~169년)의 『연대기』(Annales) 10권 338행 이하에 나오는 것으로, 제2차 마케도니아 전쟁(기원전 200~197년)에서 로마 장군 플라미니우스(Titus Quinctius Flaminius)가 마케도니아 왕 필립포스 5세를 공격할 수 있는 유리한 지점을 찾지 못해 고민하고 있을 때 그곳 에페이로스(Epeiros) 지방의 어떤 목자가 적절한 보수를 준다면 적의 배후를 공격할 수 있는 길을 알려주겠다며 그에게 말을 거는 장면을 묘사한 것이다. 그 목자가 플라미니우스에게 건넨 말을 키케로가 여기서 인용하여 자신의 평생지기로서 이 글을 헌정받은 폼포니우스(Titus Pomponius Atticus 기원전 110~32년)에게 건네는 것은 두 사람 모두 이름이 티투스(Titus)이고 둘 다 친(親)그리스적 성향이 있었기 때문인 듯하다.
2   앗티쿠스는 획칭 시절부터 죽을 때까지 키케로의 평생지기인 폼포니우스(주 1 참조)의 별명으로, 이런 별명이 붙은 것은 그가 정치적으로 소란스러운 로마를 떠나 아테나이(Athenai)에서 20년 동안 체류했기 때문이다. 앗티케(Attike)는 그리스 남동 지방으로, 그 수도가 아테나이이다.
3   이 글은 카이사르(Iulius Caesar 기원전 100~44년)가 기원전 44년 3월 암살당하기 직전에 씌어진 것으로 추정된다. 그러므로 이 문구는 카이사르가 독재자가 되려는 야심을 드러내기 시작하면서 로마 공화정이 위기에 빠지게 되는 일련의 사태를 가리키는 것으로 생각된다.
4   이 글을 쓸 때 키케로는 62세이고, 앗티쿠스는 65세였다.

지 않을 걸세.

3 다른 주제들에 관해서 나는 지금까지 많은 말을 했고 또 앞으로도 종종 말을 하게 될 것이네. 지금 자네에게 보내는 이 책은 노년에 관한 것이라네. 하지만 나는 이야기 전체를 케오스[5]의 아리스톤[6]이 그랬듯이 티토노스[7]를 시켜 말하게 하지는 않았네. 그렇게 하면 이야기에 권위가 서지 않을 테니까. 그래서 이야기에 더 큰 권위를 부여하기 위하여 연로한 마르쿠스 카토[8]를 모셔와 말씀하게 했다네. 나는 라일리우스[9]와 스키피오[10]가 카토의 집을 방문해 그가 노년을 그토록 잘 견디는 것에 감탄하게 할 것이고, 카토가 그들에게 대답하도록 할 걸세. 만약 카토가 이 토론에서 여느 때 자신의 작품들에서 그랬던 것보다 더 유식해 보인다면 그것은 그리스 문학 덕분이라고 생각하게나. 그가 노년에 그리스 문학을 열심히 공부했다는 것은 누구나 아는 사실이니 말일세. 더 말할 필요가 어디 있겠는가? 지금부터 카토의 입을 통해 노년에 관한 내 견해를 빠짐없이 들려주도록 하겠네.

02

4 **스키피오** 마르쿠스 카토님, 여기 있는 가이유스 라일리우스와 저는 매사에 당신의 탁월하고 완벽한 지혜에 놀라움을 금치 못했습니다만, 당신에게는 결코 노년이 짐이 되지 않는다는 사실을 알게 되었을 때는 특히 더 그러했습니다. 노년은 대부분의 노인들에게는 너무나 가증스러운 것이어서 그들은 노년이 아이트네[11] 산보다 더 무거운 짐이라고 말하기 때문입니다.

카토 스키피오와 라일리우스여, 자네들은 별로 대단하지 않은 일에

5 케오스(Keos)는 에게 해에 있는 퀴클라데스 군도(Kyklades) 가운데 하나이다.
6 아리스톤(Ariston)은 기원전 225년경 아테나이의 소요학파를 이끈 철학자이다.
7 티토노스(Tithonos)는 트로이아 왕 라오메돈(Laomedon)의 미남 아들로, 새벽의 여신 에오스(Eos)에게 납치되어 그녀의 남편이 된다. 에오스는 최고신 제우스에게 간청하여 티토노스가 영생할 수 있게 해주었으나 영원한 청춘을 간청하기를 잊어버렸다. 그래서 나중에 그가 오그라들어 목소리만 남게 되자 그를 매미로 변신시켜 해마다 허물을 벗고 다시 태어나게 했다고 한다.
8 마르쿠스 카토(Marcus Porcius Cato Censorius 기원전 234~149년)는 기원전 195년에 집정관을, 기원전 184년에 감찰관을 지낸 이른바 대(大)카토(Cato Maior)를 말한다. 대카토라는 별명은 그의 증손자로 율리우스 카이사르와의 타협을 끝까지 거부한 이른바 소(小)카토(Marcus Porcius Cato Uticensis 기원전 95~46년)와 구별하기 위해 붙인 이름이다. 그는 몇 가지 저술을 남겼는데 지금은 없어진 『기원들』(Origines)에서는 로마와 다른 이탈리아 도시들의 건국 신화를 다루었고, 현재 대부분 남아 있는 『농사에 관하여』(De agri cultura 또는 De re rustica)에서는 영리 목적의 포도 재배, 올리브 재배, 과수 재배와 가축 사육을 다루고 있다.
9 라일리우스(Gaius Laelius Sapiens)는 소(小)스키피오의 절친한 친구로, 기원전 140년에 집정관을 지냈으며 철학에 조예가 깊어 '현인'(Sapiens)이라는 별명이 붙었다. 그는 키케로의 『우정에 관하여』(De amicitia)에서 주(主) 대담자로 나온다.
10 스키피오(Publius Cornelius Scipio Aemilianus 기원전 185년경~129년)는 소(小)스키피오 아프리카누스(Scipio Africanus Minor)로 알려진 로마의 저명한 장군이자 정치가이다. 그는 마케도니아의 정복자 파울루스(Lucius Aemilius Paulus 또는 Paullus)의 차남으로 태어났으나, 카르타고를 기습하여 제2차 포이니 전쟁을 승리로 이끈 대(大)스키피오 아프리카누스(Publius Cornelius Scipio Africanus Maior 기원전 236~183년)의 아들 푸블리우스 스키피오(Publius Scipio)에게 입양된다. 소스키피오는 기원전 147년과 134년에 집정관을 지냈으며, 제3차 포이니 전쟁 중이던 기원전 146년에는 카르타고를 함락하고 파괴한다. 그는 그리스 문화의 예찬자였다.
11 아이트네(Aitne)는 시칠리아 섬에 있는 활화산으로 최고봉은 3,323미터이다. 그리스 신화에 따르면 대지의 여신(Gaia)이 낳은 반인반사(半人半蛇)의 거한 튀폰(Typhon 또는 Typhoeus)이 올륌포스의 신들을 공격하다가 제우스의 벼락에 맞아 쓰러졌는데, 아이트네 산의 용암 분출은 제우스가 던진 아이트네 산에 깔린 그가 괴로워 몸부림칠 때 일어나는 현상이라고 한다.

감탄을 하는 것 같군그래. 하긴 자신 안에 훌륭하고 행복하게 살 수 있는 수단을 아무것도 갖지 못한 이들에게는 인생의 모든 시기가 힘겨운 법이지. 하지만 좋은 것을 모두 자신에게서 구하는 이들에게 자연 법칙에 따른 필연적인 결과는 그 어떤 것도 불행으로는 보이지 않네. 특히 노년이 그중 하나인데, 모두들 노년에 도달하기를 바라면서도 일단 도달하고 나면 비난을 하니, 이 얼마나 어리석고 모순되고 이치에 어긋나는가! 사람들은 노년이 예상보다 더 빨리 슬그머니 다가온다고 말하곤 하네. 우선 궁금한 것은, 잘못 예상하도록 누가 그들에게 강요라도 했단 말인가? 유년기에 청년기가 다가가는 것보다 청년기를 향해 노년기가 정말 더 빠르고 더 슬그머니 다가간다고 생각하는가? 그렇다면 80살이 아니라 800살을 산다면 노년이 그들에게 과연 덜 부담스럽겠는가? 아무리 오래 살았다 해도 일단 지나가버리고 나면 어리석은 노인들에게 그것은 아무런 위안도 주지 못할 걸세.

5 　만약 자네들이 내 지혜에 감탄하곤 한다면(내 지혜가 자네들의 평가와 내 별명[12]에 걸맞은 것이라면 좋으련만!), 내가 지혜로운 것은 자연을 최선의 지도자로 모시고 자연이 마치 신인 양 거기에 따르고 복종하기 때문일세. 인생이라는 드라마의 다른 막들을 훌륭하게 구상한 자연이 서투른 작가처럼 마지막 막을 소홀히 했으리라고는 믿기 어렵네. 그렇지만 어쩔 수 없이 어떤 종결이 있어야만 했고, 그것은 마치 나무의 열매와 대지의 곡식이 제대로 익은 뒤에 꼭지가 떨어지려고 하는 것과도 같은 것이라네. 현인은 그것을 담담하게 받아들여야 하네. 자연에 대항하여 싸운다는 것은 기가스[13]들이 신들에 대항해 싸우는 것과 다를 바 없지 않겠는가?

6 **라일리우스** 카토님, 한 가지 청이 있습니다. 이것은 스키피오를 위한 청이기도 합니다. 저희는 진실로 노년에 이르기를 원하고 기대하는 만큼, 어떻게 해야만 다가오는 노년의 짐을 가장 쉽게 견뎌낼 수 있는지 미리 가르쳐주신다면 저희로서는 더없이 고맙겠습니다.
카토 라일리우스여, 자네 말처럼 자네들 두 사람 모두 고맙게 여긴다면 내 한번 말해볼까 하네.
라일리우스 당신은 저희도 들어서야 할 먼 길을 이미 뒤로했습니다. 성가시지 않으시다면 카토님, 당신이 도달한 그곳이 과연 어떤 곳인지 저희는 알고 싶습니다.

03

7 **카토** 할 수 있는 한 해보겠네, 라일리우스. 사실 나도 내 또래들이 불평을 늘어놓는 것을 가끔 듣는다네. 왜 유유상종(類類相從)이라는 옛말도 있지 않은가! 그러니까 나는 나와 거의 같은 또래로 둘

---

12 카토는 '현인'이라는 별명을 갖고 있었다.
13 기가스(Gigas 복수형 Gigantes)들은 우라노스(Ouranos)가 아들 크로노스(Kronos)에게 남근이 잘릴 때 그 피가 대지에 쏟아져 잉태된 거한(巨漢)들로, 신과 인간이 동시에 공격해야만 죽일 수 있었다. 이 가운데 몇 명은 지상에 있는 한 죽일 수 없었다고 한다. 엄청나게 힘이 센 데다 다리가 거대한 뱀으로 되어 있는 이 털북숭이 거한들은, 제우스가 10년 전쟁 끝에 티탄(Titan) 신족을 지하 가장 깊은 곳인 타르타로스(Tartaros)에 가두자 대지의 여신이 이를 원망하여 제우스를 혼내주려고 낳은 괴물들이다. 이들에 관한 전설은 주로 올륌포스 신들과의 전쟁(Gigantomachia)과 관련이 있다. 올륌포스 신들은 처음에 이들에게 고전했으나, 제우스와 아테나(Athena)의 분전과 헤라클레스의 협력에 힘입어 이들을 제압하는 데 성공한다.

다 집정관을 지낸 적이 있는 가이유스 살리나토르[14]와 스푸리우스 알비누스[15]가 늘 그렇게 불평을 늘어놓는 것을 들었다네. 그들의 말인즉 자기들은 감각적 쾌락을 즐길 수 없게 되었는데 그러한 쾌락 없이는 살아도 사는 것이 아니라는 것이었고, 전에는 늘 자기들을 존경하던 사람들에게서 이제 멸시를 당한다는 것이었네. 하지만 나는 그들이 비난할 것을 비난하는 것이 아니라는 느낌이 들었네. 그것이 만약 노년의 탓이라면, 나는 물론이고 다른 노인들도 모두 그런 일을 당했어야 마땅할 테니까 말일세. 오히려 나는 노년에 관해 불평하지 않는 노인들을 많이 알고 있는데, 그들은 오히려 쾌락의 사슬에서 풀려나게 된 것을 기뻐했고 주위 사람들한테 멸시를 받지도 않는다네. 그러니까 그런 불평을 늘어놓는 것은 성격 탓이지 나이 탓이 아니라는 것이지. 말하자면 늙어서도 절제할 줄 알고 까다롭지 않고 퉁명스럽지 않은 사람은 노년을 잘 참고 견딘다네. 한편 무례하고 퉁명스러운 사람에게는 나이와 관계없이 인생이 괴롭기 마련일세.

8 **라일리우스** 지당하신 말씀입니다, 카토님. 그러나 당신에게는 돈과 재산과 사회적인 지위가 있으니까 노년이 참고 견딜 만해 보일지 모르지만, 그것은 소수의 사람들에게만 주어지는 행운이라고 누가 이의를 제기할 수도 있지 않을까요.

카토 라일리우스여, 그런 이의 제기는 일리는 있으나 전적으로 옳다고 할 수는 없네. 예컨대 사람들이 말하기를, 어떤 세리포스[16] 사람이 언쟁을 하다가 테미스토클레스[17]에게 그가 그토록 큰 명성을 얻은 것은 그 자신이 위대해서가 아니라 그의 조국이 위대하기 때문이라고 말하자 테미스토클레스가 이렇게 대답했다고 하네. "정말이지, 내가 세리포스인이었다면 유명해지지 못했을 것이오. 하지만 그대는 아테나이인이었다 해도 유명해지지 못했을 것이오."

노년에 관해서도 같은 말을 할 수 있을 걸세. 너무 가난하다 보면 현인에게도 노년은 견디기 쉬운 것이 아니겠지만, 엄청난 재물을 가졌다 해도 어리석은 자에게 노년은 짐스러울 수밖에 없다네.

9   스키피오와 라일리우스여, 노년에 관한 최선의 무기는 학문을 닦고 미덕을 실천하는 것이네. 미덕이란 인생의 모든 시기를 통해 그것을 잘 가꾸면 오랜 세월을 살고 난 뒤에 놀라운 결실을 가져다주지. 왜냐하면 미덕은 생의 마지막 순간에도 결코 우리를 저버리지 않을 뿐 아니라(이것이 가장 중요한 이유라네), 훌륭하게 살았다는 의식과 훌륭한 일을 많이 행했다는 기억은 가장 즐거운 것이 되기 때문일세.

04

10   젊은 시절 나는 타렌툼[18]을 탈환한 노인인 퀸투스 막시무스[19]를 마

---

14   살리나토르는 기원전 188년에 집정관을 지냈다.
15   알비누스는 기원전 186년에 집정관을 지냈다.
16   세리포스(Seriphos)는 에게 해에 있는 퀴클라데스 군도의 작은 섬이다.
17   테미스토클레스(Themistokles)는 아테나이의 유명한 정치가이자 장군으로, 기원전 480년 살라미스(Salamis) 해전에서 막강한 페르시아 함대를 격파하여 결정적인 승리를 거둔다. 나중에 그의 권력이 너무 비대해지는 것을 우려하여 아테나이인들이 그를 도편 추방하자 페르시아로 도망쳐 태수까지 지내다가 자살했다고 한다.
18   타렌툼은 남부 이탈리아의 항구도시로, 퓌타고라스학파의 활동 거점이었다. 기원전 212년 한니발이 함락시켰으나 기원전 209년 파비우스 막시무스가 탈환했다.

치 동년배인 양 좋아했다네. 그분은 위엄이 있으면서도 상냥했고, 노년에 들어서도 성격이 달라지지 않았지. 내가 처음 그분을 존경하기 시작했을 때 그분은 고령은 아니었어도 나이가 지긋한 편이었네. 그분은 내가 태어난 이듬해에 처음으로 집정관이 되었으니까. 그분이 네 번째로 집정관이 되었을 때 나는 새파랗게 젊은 병사로서 그분을 따라 카푸아[20]로, 그때부터 5년 뒤에는 타렌툼으로 진군했었네. 그 뒤 나는 재정관이 되어 투디타누스[21]와 케테구스가 집정관이었을 때 그 직무를 수행했는데, 그때 그분은 고령임에도 불구하고 선물과 증여에 관한 킹키우스 법[22]을 지지했다네. 그분은 연세가 높았는데도 마치 젊은이처럼 전쟁을 수행했고, 철없이 날뛰던 한니발[23]을 끈기로 지치게 만들었지. 내 친구 엔니우스[24]는 그에 관해 이렇게 찬양하였네.

한 사람이 지연 전술로 우리를 위해 조국을 구해주었으니,
그는 세간의 평판을 조국의 안전보다 우선시하지 않았도다.
하여 그의 영광은 세월이 갈수록 찬연히 빛나는 것이다.[25]

11 타렌툼을 탈환하면서 그분은 어떤 경각심과 어떤 전술을 보여주었던가! 도시를 잃고 성채로 도망쳤던 살리나토르[26]가 "퀸투스 파비우스여, 내 도움이 없었더라면 그대는 타렌툼을 탈환하지 못했을 것이오"라고 내가 듣는 앞에서 자랑스레 말하자, 그분은 웃으며 말했네. "그렇고말고요. 그대가 잃지 않았더라면 나는 결코 탈환하지 못했을 테니까요."

그분은 전시 못지않게 평화 시에도 뛰어난 분이었네. 그분은 두 번

째 집정관 재임 시, 호민관 가이유스 플라미니우스[27]가 피케눔[28] 지

19 퀸투스 막시무스(기원전 285~203년)는 로마의 저명한 정치가이자 장군으로 기원전 221년과 217년에 독재관을, 기원전 233년·228년·215년·214년과 209년에 집정관을 지냈다. 그는 제2차 포이니 전쟁 때 한니발과 정면대결을 피해 지연 전술을 쓴 까닭에 '지연자'(Cunctator)라는 별명이 붙으며 겁쟁이라는 오해를 사기도 했다. 그러나 그의 전술로 결국 한니발이 지쳤을 때 대(大)스키피오가 카르타고를 직접 급습하여 전쟁을 승리로 이끌 수 있었다.

20 카푸아(Capua)는 이탈리아 캄파니아(Campania) 지방의 수도로, 기원전 216년 칸나이(Cannae)에서 로마군이 크게 패한 뒤 카르타고인들에게 투항했으나 기원전 211년 로마군에 의해 탈환되었다.

21 투디타누스는 기원전 204년 케테구스와 함께 집정관이 되었다. 로마 공화정 시대에는 해마다 1년 임기의 집정관을 2명씩 선출했다. 그리고 당시에는 공통된 연호(年號)가 없어 "아무개와 아무개가 집정관이었을 때"라는 표현으로 연호를 대신했다.

22 '킹키우스 법'은 기원전 204년 호민관이던 킹키우스(Marcus Cincius Alimentus)가 발의한 법안으로, 변호인이 피변호인에게서 일정 금액 이상의 보수를 받거나 부자가 가난한 사람에게 봉사한 대가로 일정 금액 이상의 선물을 받는 것을 금하는 내용이었다고 한다.

23 한니발은 카르타고군의 장군이다. 제2차 포이니 전쟁(기원전 218~202년) 때 알프스를 넘어 이탈리아로 쳐들어와 연전연승하다가 파비우스 막시무스의 지연 전술에 예봉이 꺾여 결국 대스키피오에게 제압당한다.

24 엔니우스(주 1 참조)는 남동부 이탈리아 칼라브리아(Calabria) 지방 출신의 재능 있는 작가로, 대카토를 만나 로마에 가게 된다.

25 엔니우스, 『연대기』 12권 3/0행 이하 참조.

26 타렌툼 시의 성채를 지키고 있던 사람은 살리나토르가 아니라 그의 친척인 리비우스 마카투스(Marcus Livius Macatus)였다고 한다. 리비우스, 『로마 건국 이후의 역사』(Ab urbe condita) 27권 34장 7절 참조.

27 가이유스 플라미니우스는 기원전 223년과 217년에 집정관을 지냈는데, 기원전 232년 호민관으로 재임할 때 국유지를 로마에서 이주한 가난한 시민들에게 분배해줄 것을 주장한 바 있다.

28 피케눔(Picenum)은 아드리아 해에 면한 중부 이탈리아 지방으로, 기원전 286년 로마에 정복당했다.

방과 갈리아[29] 지방을 원로원의 뜻에 반하여 머리수에 따라 분배하려고 할 때 동료 집정관인 스푸리우스 카르빌리우스[30]는 침묵하고 있는데 홀로 이에 극력 반대한 적이 있었다네. 그분은 또 복점관(卜占官)[31]이면서도 나라의 안전을 위하여 행해지는 것은 최선의 전조 아래 행해지는 것이고, 나라의 이익에 반하는 행위라면 전조에도 반하는 것이라고 대담하게 말했다네.

12 나는 그분에게서 탁월한 점을 많이 보았네. 하지만 집정관까지 지낸 저명인사인 아들[32]의 죽음을 받아들이던 그분의 자세보다 더 경탄할 만한 것은 아무것도 없었네. 아들을 위한 그분의 추도사는 쉽게 구할 수 있는데, 우리가 그것을 읽을 때면 철학자가 무색할 정도라네. 그분은 공인(公人)으로서 동료 시민들이 보기에만 위대했던 것이 아니라 가족 간의 사생활에서는 더욱 탁월했다네. 그분은 대화를 하고 교훈을 주는 데 탁월했으며, 역사에도 정통했으며, 복점관의 법규에는 또 얼마나 해박했던지! 그분은 또 로마인치고는 책을 많이 읽은 편이었네. 그분은 내전뿐만 아니라 외국과의 전쟁도 모두 기억하고 있었네. 그때 나는 그분과의 대화에서 열심히 배우려고 노력했지. 아닌 게 아니라 나중에 실제로 그런 일이 일어났지만, 그분이 세상을 떠나고 나면 내게 가르침을 주실 분은 더이상 아무도 없으리라는 것을 미리 예감이라도 한 것처럼 말일세.

05

13 그런데 왜 나는 막시무스에 관해 그토록 많은 말을 했을까? 그것은 그분의 그러한 노년을 비참하다고 주장하는 것은 어불성설임을 자

네들도 확실히 알 수 있기 때문일세. 하지만 모든 사람이 다 스키피오[33]나 막시무스가 될 수는 없으며, 그분이 함락한 도시들이나 육지와 바다에서 행한 전투들과 그분이 쟁취한 승리들을 마음속에 떠올릴 수는 없는 법이지. 하나 다른 종류의 노년도 있다네. 조용하고 순수하고 우아하게 보낸 인생의 평온하고 부드러운 노년 말일세. 저술 활동을 하다가 여든한 살에 세상을 떠난 플라톤[34]의 노년이 그랬고, 아흔네 살에 판아테나이코스[35]라는 제목의 책을 썼다고 말하고 있고 그 뒤에도 5년을 더 산 이소크라테스[36]의 노년도 그러했다는 말을 우리는 들었네. 그의 스승인 레온티니의 고르기아스[37]는 일백일곱 살을 채우고도 학구열이 식지 않았네. 왜 그토록 오래 살기

---

29 갈리아(Gallia)는 켈트족(Celtae)의 거주 지역으로 알프스를 경계로 저쪽은 '알프스 너머의 갈리아'(Gallia Transalpina 지금의 프랑스), 이쪽은 '알프스 이쪽의 갈리아'(Gallia Cisalpina 지금의 북이탈리아)라고 했다. 여기서는 후자를 가리킨다.
30 스푸리우스 카르빌리우스는 기원전 228년 집정관을 지냈다.
31 복점관은 새의 동작, 특히 새가 나는 방향을 보고 신의(神意)를 풀이하는 일종의 사제로 그 수가 처음에는 3명이었다가 나중에는 16명으로 늘어났다.
32 아버지와 이름이 같은 아들은 기원전 213년 집정관을 지낸 바 있다.
33 주 10 참조.
34 플라톤(Platon 기원전 427~347년)은 아테나이 출신의 그리스 철학자로, 철학적 관념론의 창시자이다. 25편 정도의 철학적 대화편과, 법정에서의 소크라테스의 변명을 재현한 『변론』(Apologia Sokratous)을 50년 이상의 기간을 두고 발표했다.
35 판아테나이코스(Panathenaikos)는 기원전 342년 아테나이의 판아테나이아(Panathenaia)제(祭) 때 제출하기 위해 이소크라테스가 아흔네 살에 착수하여 3년 뒤에 완성한 책으로, 아테나이 시의 업적을 찬양하는 내용이다.
36 이소크라테스(기원전 436~338년)는 아테나이의 웅변가로 그의 연설들은 실제로 연설하기 위해서가 아니라 읽히기 위하여 씌어진 만큼 일종의 에세이라고 할 수 있다.
37 고르기아스(기원전 485년경~380년)는 동시칠리아 레온티니(Leontini) 시 출신의 그리스 소피스트 철학자이자 수사학자이다.

를 원하느냐고 누가 묻자, 고르기아스는 "노년에 관해 불평할 이유가 없으니까"라고 대답했지. 정말 학자다운 멋있는 대답이 아닌가!
14 그것은 사실 무지한 자들이 자신의 악덕과 과오를 노년에 떠넘기는 것이라네. 내가 방금 언급한 엔니우스는 그렇게 하지 않았네.

*경주로의 끝부분에서 여러 번 올림피아의 승리자가 되었으나
지금은 노령에 지쳐 쉬고 있는 준마(駿馬)처럼.*[38]

엔니우스는 자신의 노년을 경주에서 승리한 준마의 노년에 견주고 있네. 자네들도 그를 잘 기억하고 있겠지. 그는 카이피오[39]와 필립푸스가 집정관이었을 때(후자는 두 번째 임기였지) 죽었는데, 티투스 플라미니우스[40]와 마니우스 아킬리우스가 지금의 집정관으로 선출된 것은 엔니우스가 죽은 지 겨우 19년 뒤의 일이니까 말일세. 그때 나는 예순다섯 살의 나이로 튼튼한 허파에서 우러나오는 우렁찬 목소리로 보코니우스[41]의 법안을 지지했네. 엔니우스는 일흔 살의 나이에(그는 그만큼 오래 살았으니까) 가장 무겁다고 여겨지는 두 가지 짐, 즉 가난과 노령을 즐기다시피 하며 짊어지고 있었네.
15 간추려보면, 나는 노년이 비참해 보이는 네 가지 이유를 발견하게 되네. 첫째, 노년은 우리를 활동할 수 없게 만들고, 둘째, 노년은 우리의 몸을 허약하게 하며, 셋째, 노년은 우리에게서 거의 모든 쾌락을 앗아가며, 넷째, 노년은 죽음에서 멀리 떨어져 있지 않다는 것이지. 자네들만 좋다면, 이런 이유들이 과연 얼마나 타당하고 옳은지 하나하나 살펴보도록 하세.

06

'노년은 우리를 활동할 수 없게 만든다'고 했던가. 어떤 활동을 이르는 말인가? 그것은 아마도 젊음과 체력이 필요한 활동이 아닐까? 그렇다면 몸은 비록 허약하지만 정신력으로 할 수 있는 노년의 활동은 하나도 없단 말인가? 그렇다면 퀸투스 막시무스와, 탁월한 인물이었던 내 아들[42]의 장인으로 자네 부친인 루키우스 파울루스[43]는 아무 일도 하지 않았단 말인가? 그리고 파브리키우스[44]와 쿠리우스[45]와 코룽카니우스[46] 같은 다른 노인들도 조언과 권위로 나라를 수호했는데, 이들이 아무 일도 하지 않았단 말인가?

38 엔니우스, 『연대기』 5권 374~375행.
39 카이피오는 기원전 169년 필립푸스와 함께 집정관을 지냈다.
40 티투스 플라미니우스는 기원전 150년 마니우스 아킬리우스와 함께 집정관을 지냈다.
41 보코니우스(Quintus Voconius Saxa)는 기원전 169년 호민관으로서 여자들이 일정액 이상의 많은 재산을 상속하는 것을 금하는 이른바 '보코니우스 법'(lex Voconia)을 발의해 통과시켰다.
42 대카토의 장남 카토(Marcus Porcius Cato Licinianus)를 말한다. 루키우스 아이밀리우스 파울루스의 딸로 소스키피오의 누이인 아이밀리아(Aemilia)와 결혼한 그는 기원전 152년 법정관으로 선출되었으나 취임하기 전에 죽었다. 그는 아버지의 각별한 사랑을 받았다.
43 루키우스 파울루스에 관해서는 주 10 참조.
44 파브리키우스는 기원전 282년과 278년에 집정관을 지냈으며, 기원전 280~279년에는 로마와 교전 중이던 퓌르로스에게 사절단장으로 파견된다.
45 쿠리우스는 기원전 290년·284년·275년·274년에 집정관이 되었다. 그는 처음 집정관으로 재임할 때 삼니움(Samnium)인들과 사비니족(Sabini)에게, 세 번째 집정관 재임 때는 퓌르로스에게 승리를 거둔다. 그는 파브리키우스·코룽카니우스와 더불어 고대 로마의 검소함과 도덕적 엄격함의 본보기로 유명했다.
46 코룽카니우스는 기원전 280년 집정관을 지낸 법률가이다.

16   압피우스 클라우디우스[47]의 경우에는 노년에 실명(失明)까지 겹쳤다네. 원로원이 퓌르로스[48]와 평화조약을 맺고 싶어했을 때 그분은 주저 없이 다음과 같이 말했는데, 엔니우스는 그것을 시(詩)로 옮겼다네.

여태까지는 늘 똑바로 서 있던 그대들의 마음이 대체
무슨 광기에 사로잡혀 정도(正道)에서 벗어나고 말았는가?[49]

나머지 시구들도 매우 인상적이라네. 자네들도 그 시를 알고 있으며, 무엇보다도 압피우스의 연설문이 아직도 남아 있으니까 하는 말일세. 그분은 두 번째 집정관직을 물러난 지 17년 뒤에 이런 연설을 했는데, 첫 번째 집정관이 된 지 10년이 지나서야 두 번째 집정관이 되었고 첫 번째 집정관이 되기 전에 이미 감찰관이었던 점으로 미루어보아 퓌르로스와 전쟁을 할 때는 그분이 고령이었다는 사실을 알 수 있네. 그럼에도 우리는 그분이 그렇게 행동했다는 것을 선조들에게서 전해 듣고 있지 않나.

17   그러므로 노년에는 활동할 수 없다고 주장하는 자들은 근거를 대지 못하고 있는 셈일세. 그들이야말로 다른 사람들은 더러는 돛대에 오르고 더러는 배 안의 통로를 돌아다니고 또 더러는 용골에 괸 더러운 물을 퍼내는데 키잡이는 고물에 가만히 앉아 키만 잡고 있다며 항해하는 데 그가 아무것도 하는 일이 없다고 주장하는 자들과 같네. 젊은 선원들이 하는 일은 하지 않지만, 키잡이가 하는 일은 더 중요하고 의미 있는 일이라네. 큰일은 체력이나 민첩성이나 신체의 기민성이 아니라, 계획과 명망과 판단력에 따라 이루어지지.

그리고 이러한 여러 자질은 노년이 되면 대개 줄어드는 것이 아니라 더 늘어난다네.

18   나는 병사로서, 연대장으로서, 장군으로서, 사령관으로서 온갖 전쟁을 수행했지만 지금은 전쟁을 하고 있지 않으니 자네들에게는 쉬고 있는 것처럼 보일 테지. 하지만 지금도 나는 어떤 전쟁을 어떻게 해야 할 것인지 원로원에 조언을 해주고 있다네. 오래전부터 음모를 꾸미고 있는 카르타고에 나는 미리 앞질러 선전포고를 해두고 있다네. 그 도시가 완전히 파괴되었다는 소식이 들려올 때까지 나는 그 도시에 대한 의혹을 거두지 않을 걸세.[50]

19   스키피오여, 자네가 조부님의 위업을 완수할 수 있도록 불사의 신

---

47   압피우스 클라우디우스는 기원전 312년에 감찰관을, 기원전 307년과 296년에 집정관을 역임한 바 있다. 그는 고대 로마 최초의 수로인 압피아 수로(Aqua Appia)와 최초의 장거리 교통 도로인 압피아 가도(Via Appia)를 건설했다. 그는 늙어 장님이 되었는데도(그래서 '장님'이라는 뜻의 Caecus라는 별명이 붙었다) 기원전 279년 원로원에 등원하여 퓌르로스와 평화조약을 체결하지 말라고 연설했다.

48   퓌르로스(기원전 319~272년)는 그리스 북서부에 있는 에페이로스 지방의 왕으로, 알렉산드로스 대왕처럼 큰 제국을 건설하고 싶어 한때 마케도니아와 시킬리아를 정복한다. 그 뒤 타렌툼 시가 도움을 청하자 이탈리아에 쳐들어가 기원전 280~279년 로마군을 석파하지만 그도 큰 피해를 입는다. 그 뒤로 막대한 대가를 치른 승리를 '퓌르로스의 승리'라고 일컫게 되었다. 그는 기원전 275년 삼니움 지방의 베네벤툼(Beneventum)에서 로마군에게 패하여 본국으로 퇴각한다.

49   엔니우스, 『연대기』 6권 202~203행.

50   카토는 제2차 포이니 전쟁이 끝난 기원전 150년 현지조사단의 일원으로 카르타고에 갔다가 그곳이 다시 번창하는 모습을 보고는 충격을 받아 원로원에서 발언할 때마다 주제와 관계없이 "카르타고는 파괴되어야 한다"고 말했다고 한다. 플루타르코스, 『영웅전』(Bioi paralleloi) 「대카토 전」 27장 2절 참조. 이 구절은 고대의 다른 문헌에는 나오지 않는다.

들께서는 그 전쟁에서 승리를 유보해두시기를!⁵¹ 그분이 세상을 떠난 지 서른세 해가 지났지만 그분에 대한 기억은 언제까지나 사람들의 기억에 남아 있을 걸세. 그분이 세상을 떠난 것은 내가 집정관이 된 지 9년 뒤, 그러니까 내가 감찰관이 되기 1년 전이었네. 그리고 내가 집정관으로 있을 때 그분은 재차 집정관으로 선출되었네. 만약 그분이 백 살까지 사셨다면 그토록 오래 산 것을 후회했을까? 그러지는 않았겠지. 그분은 달리거나 뛰어오르거나 멀리서 창을 던지거나 가까이에서 칼을 휘두르는 일로 시간을 보내지는 않았겠지만 계획과 이성과 판단력을 사용할 수 있을 테니까 말일세. 만약 노인들에게 이런 자질들이 없다면 우리 선조들은 최고 회의체를 원로원이라고 부르지 않았겠지.

20 라케다이몬⁵²인들 사이에서도 최고 관직을 수행하는 이들은 '원로들'이라고 불렸는데, 그들은 실제로 노인들이었네.⁵³ 자네들이 외국의 역사를 읽거나 듣고 싶어한다면, 위대한 나라들은 젊은이들에 의해 전복되고 노인들에 의해 지탱되고 회복되었다는 점을 발견하게 될 걸세.

말해보시오, 어쩌다가 그대들은 그토록 큰 나라를 그토록 빨리 잃었단 말이오?

시인 나이비우스⁵⁴의 『놀이』⁵⁵라는 작품에서는 이런 질문이 제기되는데, 이에 대해 몇 가지 답변이 있었지만 무엇보다도 이런 답변이 있었네.

신출내기 웅변가들이, 어리석은 젊은이들이 앞으로 나섰지요.

한창때의 젊은이들은 경솔하게 마련이고, 분별력은 늙어가면서 생기는 법이라네.

07

21 '기억력이 떨어진다'고 했던가. 기억력을 훈련하지 않거나 날 때부터 아둔하다면 그럴 수도 있겠지. 테미스토클레스는 모든 시민들[56]의 이름을 외웠었네. 더 나이 들어가면서 그가 아리스테이데스[57]에게 "뤼시마코스[58] 씨!" 하고 인사했을 것 같은가? 예컨대 나는 살아 있는 시민들뿐만 아니라 그들의 아버지와 할아버지까지 기억하고

---

51 주 10 참조. 카토가 죽기 직전인 기원전 149년에 시작된 제3차 포이니 전쟁에서 스스키피오는 과연 카르타고 시를 함락하고 파괴한다.
52 라케다이몬은 그리스 스파르테의 다른 이름이다. '스파르테'는 도시를 가리키지만, '라케다이몬'은 도시를 가리키기도 하고 경우에 따라서는 그 주변 지역인 라코니케 지방을 가리키기도 한다.
53 고대 스파르테에서는 30명의 원로들(gerontes '노인들'이라는 뜻)로 구성된 원로원(gerousia)이 2명의 왕을 보좌했다.
54 나이비우스(기원전 270년경~200년경)는 로마의 시인으로 몇 편의 희극과 비극 이외에 제1차 포이니 전쟁을 소재로 『포이니 전쟁』(*Bellum Punicum*)이라는 서사시도 썼다.
55 Ludus('놀이'라는 뜻)가 아니라 Lupus('늑대'라는 뜻)라고 읽는 텍스트들도 있다. 여기에서 인용한 나이비우스의 작품은 제목뿐만 아니라 내용도 알려져 있지 않다.
56 당시 아테나이의 20세 이상 남자 시민은 약 2만 명이었다.
57 아리스테이데스는 아테나이의 정치가이자 장군으로 테미스토클레스의 정적이었으며, 청렴하고 온유하여 '의인'(義人)이라는 별명이 붙었다.
58 뤼시마코스(Lysimachos)는 아리스테이데스의 아버지이다.

있으며, 묘비명을 읽으며 사람들 말마따나 그가 누구였더라 하고 기억이 나지 않을까 봐 염려하는 일은 없다네. 나는 비문을 읽다 보면 고인(故人)들에 관한 기억이 되살아나기 때문일세. 나는 또 노인이 보물을 묻어둔 장소를 잊어버렸다는 말을 들어본 적이 없네. 노인들은 법정 출두일이라든가 채무자와 채권자처럼 자신들과 이해관계가 있는 것은 무엇이든 다 기억하고 있다네.

22 나이 많은 법률가와 사제와 복점관과 철학자는 어떠한가? 그들은 얼마나 많은 것을 기억하고 있는가! 열성과 관심만 남아 있다면 노인들에게도 지적 능력은 그대로 남아 있다네. 그것은 높은 관직에 있던 유명 인사들뿐만 아니라 사인(私人)으로서 조용히 산 사람들의 경우도 마찬가지라네. 소포클레스[59]는 고령이 되도록 비극을 썼지. 이 일에 몰두하다 보니 그는 가사를 돌보지 않는 것처럼 보였네. 그러자 아들들이 그를 법정으로 소환했네. 우리 관습에 따르면 재산을 탕진한 아버지에게 재산권 행사가 금지되곤 하듯이, 그가 노망이 들었으니 재판관들이 그에게서 재산권을 몰수해달라는 취지에서 말일세. 그러자 노인이 최근에 쓴 비극『콜로노스의 오이디푸스』[60]를 손에 들고 있다가 재판관들에게 낭독하고 나서 그것이 노망든 사람의 작품으로 보이느냐고 물었다고 하네. 그는 그 작품을 낭독하고 나서 재판관들의 판결에 따라 무죄 방면되었다네.

23 그 밖에도 호메로스,[61] 헤시오도스,[62] 시모니데스,[63] 스테시코로스,[64] 앞서 말했던 이소크라테스와 고르기아스, 탁월한 철학자들인 퓌타고라스,[65] 데모크리토스,[66] 플라톤, 크세노크라테스[67] 그리고 이들보다 나중에 활동한 제논,[68] 클레안테스[69] 그리고 자네들도 로마에서 본 적이 있는 스토아 철학자 디오게네스[70]도 다 마찬가지라

네. 노년이 이들의 학구열을 멈추게 할 수 있었던가? 이들 모두 다 학구열이 평생 동안 지속되지 않았던가?

59 소포클레스(기원전 496~406년)는 아테나이의 3대 비극작가 중 한 명으로, 그의 작품 가운데 지금은 『오이디푸스 왕』, 『안티고네』, 『콜로노스의 오이디푸스』 등 7편이 온전하게 남아 있다.
60 『콜로노스의 오이디푸스』는 아폴론의 신탁이 예언한 대로 아버지를 죽이고 어머니와 결혼했다는 것을 알게 되어 제 손으로 제 눈을 멀게 한 테바이 왕 오이디푸스가 훗날 추방되어 유랑 생활을 하다가 아테나이 근교의 콜로노스(Kolonos)에서 마지막 휴식을 즐기며 신비롭게 세상을 떠나는 과정을 그리고 있다.
61 호메로스는 기원전 730년경에 활동한 그리스 서사시인으로, 『일리아스』와 『오뒷세이아』의 작가로 추정된다.
62 헤시오도스는 기원전 700년경에 활동한 그리스 서사시인으로, 『신들의 계보』와 『일과 날』의 작가이다.
63 시모니데스(기원전 556~468년)는 앗티카 지방 앞바다의 작은 섬 케오스 출신의 그리스 서정시인이다.
64 스테시코로스는 기원전 6세기 전반부에 활동하던 이탈리아 출신의 그리스 합창서정시인이다.
65 기원전 6세기에 활동하던 그리스 철학자로, 영혼의 윤회를 주장하며 정결한 생활을 강조했고, 철학에 수학적 원리를 도입하기도 했다.
66 데모크리토스(기원전 460~357년경)는 트라케(Thraike) 지방에 있는 압데라(Abdera) 시 출신의 그리스 철학자로 원자론의 창시자이다.
67 크세노크라테스(기원전 396~314년)는 뷔잔티온(Byzantion)의 바다 건너 맞은편에 있는 칼케돈(Chalkedon) 출신의 철학자이다. 그는 플라톤의 제자로, 기원전 339년 아카데메이아학파의 수장이 된다.
68 그리스 철학자로 스토아 철학의 창시자이다. 『마음의 평정에 관하여』 주 3 참조.
69 클레안테스(기원전 331~232년)는 소아시아 출신의 그리스 철학자이다. 그는 제논의 제자로 그의 뒤를 이어 스토아학파의 수장이 된다.
70 디오게네스(기원전 240년경~152년)는 그리스 철학자로, 스토아학파의 수장이 된다. 기원전 155년 그가 이른바 '철학자 사절단'의 한 명으로 아테나이에서 로마로 갔다가 너무 인기몰이를 하자, 이를 우려한 카토는 그를 로마에서 추방한다. 여기 나오는 디오게네스는 유명한 견유학파(犬儒學派) 철학자 디오게네스와는 다른 사람이다.

24 자, 이런 고상한 학문에 관해서는 이쯤 해두기로 하세. 이제 사비니족[71] 들판의 로마 농부들 이야기를 할 텐데, 그들은 내 이웃들이자 친구들이라네. 그들은 씨를 뿌리거나 수확을 하거나 곡식을 저장하는 등의 중요한 농사일이 진행되는 동안 결코 들판을 떠나 있는 법이 없네. 하지만 해마다의 수확에 그들이 관심을 쏟는다는 것은 그다지 놀랄 일이 못 되지. 자기가 앞으로 1년도 못 살 것이라고 믿는 사람은 아무도 없으니까 말일세. 더 놀라운 것은 그들이 자신들에게 조금도 이익이 되지 않으리라는 것을 알고 있는 일에도 노력을 기울인다는 점일세. 우리의 시인 스타티우스[72]가 자신의 희극 『죽마고우』[73]에서 말하고 있듯이, "그는 다음 세기에 이익이 될 나무들을 심고 있는 것이오."

25 그 농부는 노인인데도 불구하고 대체 누구를 위해 씨를 뿌리는 것이냐고 묻는 사람에게 망설이지 않고 대답했다네. "불사신들을 위해서지요. 그분들은 내가 이런 일들을 조상에게서 물려받아 후손에게 전해주기를 원했으니까요."

08

다음 세기를 배려하는 노인에 관한 카이킬리우스의 말은 그가 다음 시구에서 말한 것보다 더 적절한 듯하네.

노년이여, 네가 올 때 다른 해악만 가져다주지 않는다면,
정말이지, 오래 사는 사람은 보고 싶지 않은 일을
많이 보게 된다는 것쯤은 나도 능히 받아들일 수 있지.[74]

아마도 그는 원하는 일도 많이 보게 될 것이네. 보고 싶지 않은 일이라면 젊은이들도 가끔 부닥치겠지. 카이킬리우스의 다음 시구는 더 적절하지 못한 것 같네.

그리고 생각건대, 노년이 되어 가장 비참한 것은 다른 사람에게 자신이 성가신 존재가 될 것이라는 느낌이 든다는 거지.[75]

26 노년은 성가신 것이 아니라 오히려 즐겁다네! 마치 현명한 노인들이 훌륭한 자질을 타고난 젊은이들을 보고 좋아하고 젊은이들에게 존경과 사랑을 받음으로써 노년이 더 수월해지듯이, 젊은이들도 덕을 닦도록 이끌어주는 노인들의 지도를 좋아한다네. 자네들이 내게 즐거움을 주는 것 못지않게 나도 자네들에게 즐거움을 준다고 나는 생각하네. 자네들도 보다시피, 노년은 해이하고 게으른 것이 아니라 바쁘고 언제나 무엇인가를 행하고 실천에 옮기게 한다네. 물론 각자 지난날 기울이던 노력에 상응해서 그렇게 하겠지만 말일세. 아니, 이미 알고 있는 지식에 새로운 것을 더 배우는 사람들도 있다

---

71 사비니족(Sabini)은 로마 북동부 입펜니누스(Appenninus) 산맥의 산악지대에 살던 부족으로, 처음에는 로마와 적대 관계에 있었으나 나중에는 로마에 흡수 통합된다.
72 카이킬리우스 스타티우스는 기원전 2세기에 활동한 갈리아 출신의 로마 희극작가이다. 그리스 신희극(新喜劇) 작가 메난드로스(Menandros)를 모방하여 여러 편의 희극을 썼으나, 지금은 몇몇 단편과 제목만 남아 있다.
73 『죽마고우』(*Synephebi*)는 스타티우스가 메난드로스를 모방하여 쓴 희극이다.
74 이 시구는 스타티우스의 희극 『목걸이』(*Plocium*)에서 인용한 것이다.
75 이 시구는 스타티우스의 희극 『에페소스인』(*Ephesius*)에서 인용한 것이다. 에페소스(Ephesos)는 사모스 섬 건너편에 있는 소아시아 지방의 도시이다.

네. 이를테면 솔론[76]의 경우가 그러하네. 우리도 알다시피, 그는 자신이 쓴 시구에서 자기는 날마다 무엇인가를 더 배우면서 노인이 되어간다고 자랑하고 있으니 말일세. 나도 그렇다네. 나는 노인이 되어서야 그리스어를 배웠으니 말일세. 나는 마치 오랜 갈증을 식히려는 것처럼 열심히 그리스어를 배운 까닭에 자네들도 들었다시피 내가 방금 인용한 문장들을 알게 된 거라네. 또 소크라테스[77]가 고대인들이 즐겨 배우던 현악기[78]를 배우는 일에 열심이었다는 말을 듣고는 나도 그렇게 해보기도 하였다네. 아무튼 그리스어만큼은 나는 열심히 배웠다네.

09

27 나는 젊었을 때 황소나 코끼리의 힘을 아쉬워한 적도 없지만 그에 못지않게 지금도 젊은이의 체력이 아쉽지가 않네. 이것이 노년의 약점에 관한 두 번째 주제이니까 하는 말일세. 사람은 갖고 있는 힘을 사용하되 매사를 자기 힘에 맞게 행해야 하네. 크로토나 출신 밀론[79]의 발언보다 더 경멸스러운 말이 어디 있겠는가? 그는 노인이 된 뒤 운동선수들이 경기장에서 훈련하는 모습을 지켜보다가 자신의 두 팔을 보고는 눈물을 흘리며 말했다고 하네. "아아, 이것들은 이미 죽었구나!"
하지만 그대만큼 죽지는 않았소, 이 수다쟁이여! 그대가 명성을 얻은 것은 그대 자신의 덕분이 아니라 그대의 허파와 팔 덕분이었으니까. 그런 말은 섹스투스 아일리우스[80]도 하지 않았고, 여러 해 전에 티베리우스 코룽카니우스[81]도 하지 않았으며, 최근에는 푸블리우스 크랏수스⁸²도 하지 않았네. 그들은 같은 시민들에게 입법을 해주고, 마지막 숨을 거둘 때까지 법률 지식이 해박하지 않았던가!

28 나는 웅변가로서 노년이 되면 능률이 떨어지지 않을까 두렵네. 웅변가로서의 성공은 타고난 재능만이 아니라 허파와 체력에도 달려 있기 때문일세. 일반적으로 노년에는 어째서 그런지는 몰라도 목소리가 광채를 내뿜는다네. 내 나이가 얼마인지는 자네들도 알고 있지만, 아무튼 나는 아직도 목소리의 그러한 광채를 잃지 않고 있네. 그리고 노인에게 적합한 것은 조용하고 차분한 연설이라네. 달변인 노인의 침착하고 부드러운 연설은 그 자체로 청중의 호감을 사는 일이 비일비재하다네. 그리고 몸소 그렇게 할 수 없다 하더라도 스키피오나 라일리우스 같은 젊은이에게 그것을 전수할 수도 있을 걸세. 노년이 되어 열성적인 젊은이들에게 둘러싸여 있는 것보다 더

76 솔론(기원전 640년경~560년경)은 아테나이의 입법자이자 시인이다. 그는 기원전 594년 귀족 계급과 평민 사이에 분쟁이 발생하자 조종자로 나서서 여러 가지 개혁 조치를 취했으며 채무노예제도를 폐지했다.
77 아테나이 출신의 그리스 철학자. 『명상록』 주 37 참조.
78 여기서 '현악기'(fides)란 그리스 로마 시대의 현악기인 뤼라(lyra)를 말한다. 뤼라는 활을 쓰지 않고 손가락이나 채로 현을 뜯는 발현악기(撥絃樂器)인데, 길이가 서로 다른 현으로 만들어진 하프와 달리 길이가 같은 일곱 개의 현으로 만들어졌다. 뤼라를 개량한 키타라(kithara)도 마찬가지이다.
79 밀론(Milon)은 기원전 6세기 후반에 활동하던 남이탈리아 크로토나 시 출신의 유명 운동선수이다.
80 아일리우스는 기원전 191년 집정관을 지낸 저명한 법률가로, 로마법을 체계화한 것으로 알려져 있다.
81 주 46 참조.
82 크랏수스는 기원전 205년에 집정관을 지내고 기원전 212년부터 대사제(pontifex maximus)가 된 유명 법률가이다.

즐거운 일이 어디 있겠는가?

29 설마 젊은이들을 가르치고 훈련시키고 온갖 종류의 과제와 임무에 대비시킬 수 있는 그런 능력조차 노년에게 양보하지 않으려는 것은 아니겠지? 사실 이보다 더 멋있는 일이 또 어디 있겠는가? 아무튼 내가 보기엔 그나이우스 스키피오[83]와 푸블리우스 스키피오[84]는, 그리고 자네들의 두 분 조부님이신 루키우스 아이밀리우스[85]와 푸블리우스 아프리카누스[86]는 행복해 보였네. 고귀한 젊은이들이 그분들을 따라다녔으니 말일세. 연로하여 기력이 쇠약해졌다 해서 고귀한 학문을 가르치는 스승들이 행복하지 않으리라고 여겨서는 안 될 것이네.

그리고 기력이 떨어지는 것은 사실 노년 탓이라기보다는 젊었을 적의 방탕 때문인 경우가 더 많다네. 젊어서 쾌락을 좇고 절제를 지키지 못하면 늙어서 몸이 허약해지게 마련이니까.

30 예컨대 크세노폰[87]에 따르면 퀴로스[88]는 고령의 나이에 임종 침상에서[89] 말하기를, 자기는 노년이 되어도 젊었을 때보다 더 허약해졌다고 느껴본 적이 없다고 했네.

나는 소년 시절에 루키우스 메텔루스[90]를 본 기억이 있는데, 그는 두 번째로 집정관을 역임한 지 4년 뒤에 대사제[91]가 되어 22년 동안이나 그 사제직을 맡아보았네. 그런데 그는 고령이 되어서도 청년기가 그립지 않을 만큼 원기가 왕성했다네. 이와 관련하여 나 자신에 관해서는 이야기할 필요가 없겠지. 그렇게 하는 것이 나 같은 노인의 특권이며 내 나이에는 허용되는 일이기는 하지만 말일세.

10

31   호메로스에서 네스토르[92]가 자신의 장점에 관해 얼마나 자랑을 늘
어놓았는지[93] 자네들도 알고 있겠지? 그는 그때 벌써 세 번째 세대
의 사람들을 보고 있었지만,[94] 자신에 관해 진실을 말할 때 너무 오

---

83   그나이우스 스키피오는 대스키피오의 백부로 기원전 222년 집정관을 지냈다. 그는 제2차 포이니 전쟁 때 에스파냐에서 카르타고인들과 싸우다가 기원전 212년 전사한다.
84   푸블리우스 코르넬리우스 스키피오는 대스키피오의 아버지로 기원전 218년 집정관을 지냈으며, 제2차 포이니 전쟁 때 에스파냐에서 카르타고인들과 싸우다가 기원전 212년 전사한다.
85   루키우스 아이밀리우스는 소스키피오의 친조부로 기원전 219년 집정관을 지냈으며, 기원전 216년 제2차 포이니 전쟁 중 칸나이(Cannae) 전투에서 전사한다.
86   소스키피오의 양조부인 푸블리우스 아프리카누스에 관해서는 주 10 참조.
87   크세노폰은 소크라테스의 제자로, 아테나이의 역사가이다. 『마음의 평정에 관하여』 주 24 참조.
88   퀴로스는 페르시아 제국을 세워 기원전 559년부터 529년까지 통치했다. 크세노폰은 『퀴로스의 교육』 8권 7장 6절에서 그를 이상적인 군주로 그리고 있다.
89   대퀴로스는 기원전 529년 스퀴타이족(Scythae)과 싸우다 전사했다고 한다. 헤로도토스(Herodotos), 『역사』 1권 24절 참조.
90   루키우스 메텔루스는 기원전 251년과 247년에 집정관을 지냈으며, 기원전 243년부터 221년 세상을 떠날 때까지 대사제로 있었다.
91   시제(pontifex)는 '다리 만드는 자'라는 뜻으로 로마의 국가 종교 전반을 관장했는데, 그들의 수장(首長)이 대사제이다. 사제는 원래 3명이었으나 기원전 300년경에는 9명으로, 율리우스 카이사르 때는 16명으로 늘어났다. 율리우스 카이사르에 이어 아우구스투스와 다른 로마 황제들이 모두 대사제로 선출된 점으로 미루어 이 직위가 로마인들에게 얼마나 권위가 있었는지 알 수 있다.
92   네스토르는 그리스 필로스(Pylos)의 왕으로, 트로이아 전쟁에 참전한 그리스 장수들 중에서 가장 고령이지만 탁월한 언변과 조언으로 두각을 나타낸다.
93   『일리아스』 1권 260행, 7권 124행, 11권 668행 참조.
94   『일리아스』 1권 247행 참조.

만하거나 또는 너무 수다스러워 보이지 않을까 두려워할 필요가 없었네. 호메로스가 말하듯이, "그의 혀에서 흘러나오는 말은 꿀보다 더 감미로웠기"[95] 때문이지. 그런데 그런 감미로움에는 체력이 필요 없네. 그리고 저 유명한 그라이키아[96]의 지도자[97]가 바란 것은 아이아스[98] 같은 장수 열 명이 아니라 네스토르 같은 장수 열 명이었네. 또한 그는 네스토르 같은 장수가 열 명만 있으면 트로이아[99]가 금세 함락될 것임을 믿어 의심치 않았네.[100]

32 내 이야기로 돌아가겠네. 나는 여든네 살이지만, 나도 퀴로스가 자랑한 것과 같은 자랑을 할 수 있었으면 좋겠네. 하지만 나는 이렇게는 말할 수 있지. 지금 내게는 내가 병사로 그리고 또 재정관으로 포이니 전쟁에서, 총사령관으로 히스파니아[101]에서, 또는 그보다 4년 뒤 마니우스 글라브리오[102]가 집정관으로 있을 때 연대장으로 테르모퓔라이[103]에서 싸웠을 때와 같은 체력은 없지만, 그래도 자네들도 보다시피 노령이 나를 완전히 약골로 만들거나 기를 꺾어놓은 것은 아니라고 말일세. 원로원도 연단(演壇)[104]도 내가 힘이 없다고 말하지 않으며, 그 점에서는 친구들과 예민(隸民)[105]들과 손님들도 마찬가지일세. 말하자면 "오랫동안 노인으로 남으려면 일찍 노인이 되라"[106]고 권하는 칭찬이 자자한 옛 속담에 나는 결코 동의하지 않았네. 나로서는 때가 되기도 전에 노인이 되느니 차라리 잠시 노인이 되고 싶다네. 그래서 나는 나와 면담하기를 원하는 사람에게 만나주기를 거절한 적이 없다네.

33 자네 두 사람 중 어느 누구보다도 나는 체력이 약하다고 말할 수 있겠지. 그렇지만 자네들도 백인대장(百人隊長) 티투스 폰티우스[107]의 체력을 갖고 있지는 못하네. 그래서 그가 자네들보다 더 탁월한가?

각자가 자신의 힘을 적절히 쓰되 최선을 다하면, 자신의 힘이 부족하다고 안타까워하는 일은 없을 걸세. 밀론은 어깨에 황소를 메고 올림피아[108]의 경주로를 따라 걸었다고 하네. 한데 자네는 밀론의 체력과 퓌타고라스의 정신력 가운데 어느 것이 자신에게 주어지기를 더 바라는가?

95 『일리아스』 1권 249행 참조.
96 그라이키아(Graecia)는 그리스(Greece)의 라틴어 이름이다.
97 트로이아 전쟁 때 그리스군 총사령관이었던 아가멤논(Agamemnon)을 말한다.
98 아이아스는 텔라몬(Telamon)의 아들로, 트로이아 전쟁 때 가장 용맹을 떨친 그리스 장수 가운데 한 명이다.
99 트로이아(Troia)는 소아시아 서북부에 있는 해안 도시로, 트로이아 전쟁과 트로이아의 목마(木馬)로 유명하다.
100 『일리아스』 2권 371행 참조.
101 히스파니아(Hispania)는 에스파냐의 라틴어 이름이다.
102 마니우스 글라브리오는 기원전 191년 집정관을 지냈으며, 그리스의 테르모퓔라이 전투에서 쉬리아 왕 안티오코스(Antiochos) 3세에게 승리했다.
103 테르모퓔라이는 중부 그리스에 있는 고갯길이다. 기원전 480년 그곳에서 레오니다스(Leonidas) 왕이 이끌던 스파르테의 결사대 300명이 페르시아군과 용전 분투하다가 옥쇄(玉碎)했다.
104 연단(rostrum. 대개 복수형 rostra를 쓴다)은 포룸에 설치되어 있었는데, 전면이 적선(敵船)에서 베어온 충각(衝角 rostrum)들로 장식되어 있었다.
105 예민(clientes)은 고대 로마에서 평민과 노예 사이의 계급으로 법적·물질적으로 귀족의 보호를 받았다. 그런 의미에서 귀족은 그들의 보호자(patronus)이고 그들은 귀족의 피보호자이다.
106 이 속담은 다른 문헌에는 나오지 않는다.
107 티투스 폰티우스는 힘이 센 백인대장으로 소스키피오의 부하였다.
108 올륌피아(Olympia)는 그리스 펠로폰네소스(Peloponnesos) 반도 서북부 엘리스(Elis) 지방에 있는 소도시이다. 기원전 776년부터 4년마다 이곳에서 개최되는 축제 경기에는 본토뿐 아니라 해외 식민시에 거주하는 모든 그리스인이 참가했는데, 이것이 오늘날 올림픽 경기의 전신이다.

간단히 말해, 힘이 있으면 그 재산을 쓰되, 없다고 아쉬워하지는 말게나. 청년이 소년 시절을, 또는 장년이 청년 시절을 아쉬워해서는 안 되는 것이라면 말일세. 인생의 주로(走路)는 정해져 있네. 자연의 길은 하나뿐이며, 그 길은 한 번만 가게 되어 있지. 그리고 인생의 매 단계에는 고유한 특징이 있다네. 소년은 허약하고, 청년은 저돌적이고, 장년은 위엄이 있으며, 노년은 원숙한데, 이런 자질들은 제철이 되어야만 거두어들일 수 있는 자연의 결실과도 같은 것이라네.

34 스키피오여, 자네 조부님의 친구인 마시닛사[109]가 지금 아흔 살인데 어떻게 지내고 있는지 자네도 들었으리라고 생각하네. 그는 도보로 여행하기 시작하면 말을 타지 않고, 말을 타고 출발하면 말에서 내리지 않네. 아무리 비가 오고 아무리 추워도 그는 머리에 모자를 쓰는 법이 없네. 그리하여 그는 강인한 체력으로 왕이 해야 할 모든 업무를 몸소 처리하고 있지. 따라서 노년에도 훈련과 절제를 통해 이전의 체력을 상당히 유지할 수 있다네.

II

설사 노년이 되어 체력이 소진된다 해도 노년에게 체력을 요구하는 일은 없네. 그러니까 내 나이쯤 되면 법률과 관습에 따라 체력 없이 할 수 없는 공공 봉사에서는 면제된다네. 그래서 사람들은 우리 노인들에게는 우리가 할 수 없는 일을 하라고 요구하지 않을뿐더러 우리가 할 수 있는 만큼도 요구하지 않는다네.

35 그런데 어떤 임무나 인생의 과업도 수행할 수 없을 만큼 많은 노인

들이 허약한 것도 사실이네. 하지만 그것은 노년만의 특징적인 약점이 아니라, 나쁜 건강 상태의 공통된 약점이라네. 푸블리우스 아프리카누스의 아드님은 얼마나 허약했던가! 자네 양부(養父)님 말일세, 스키피오. 그분은 건강이 허약했다기보다는 건강이 아예 없었다고 해야겠지. 그렇지 않았던들 그분은 우리나라의 제2의 빛이 되었을 걸세.[110] 그분은 아버지의 고매한 정신에 풍부한 학식을 겸비하고 있었으니까. 그러니까 젊은이들도 그렇게 되지 않는다고 장담하지 못하는 판에 간혹 노인들이 허약하다고 해서 뭐 그리 호들갑을 떨 일인가? 라일리우스와 스키피오여, 사람들은 노년에 대항해야 하며, 노년의 약점을 근면으로 벌충해야 하며, 마치 질병에 대항해 싸우듯 노년에 대항해 싸워야 하네.

36 그리고 건강을 고려해야 하며, 적당한 운동을 해야 하며, 체력을 억제하는 것이 아니라 강화할 수 있을 정도로 음식물을 섭취해야 하네. 몸만 돌볼 것이 아니라, 마음과 정신은 더 돌보아야 하네. 기름을 대주지 않으면 등불이 꺼지듯, 마음과 정신도 노년이 되면 꺼지기 때문일세. 육체는 힘든 운동을 하면 지쳐 무거워지는 반면 정신은 활동을 함으로써 가벼워진다네. 카이킬리우스가 말한 "우스꽝스럽고 어리석은 노인들"[111]이란 귀가 여리고 건망증이 심하고 무기

109 마시닛사(기원전 240년경~148년)는 북아프리카 누미디아(Numidia)의 왕으로 처음에는 카르타고와, 나중에는 로마와 동맹을 맺는다. 그의 기병대는 제2차 포이니 전쟁 때 카르타고 남서쪽의 차마(Zama) 전투에서 대스키피오가 한니발에게 결정적인 승리를 거둘 수 있도록 해준다.
110 대스키피오에 이어.
111 카이킬리우스(주 72 참조)의 희극 『상속녀』(Epiclerus)에 나오는 시행의 일부를 인용한 것으로, 이 시행의 온전한 인용은 키케로, 『우정에 관하여』 99절 참조.

력한 노인들을 두고 한 말인데, 이는 노년 일반이 아니라 나태하고 게으르고 꾸벅꾸벅 조는 노인들의 약점이지. 마치 뻔뻔스러움과 격정이 노인들보다는 젊은이들의 특징이라 하더라도 모든 젊은이들이 아니라 불량한 젊은이들의 특징이듯, 노망이라고 불리는 노년의 어리석음도 모든 노인이 아니라 경솔한 노인의 특징이라네.

37 압피우스[112]는 눈멀고 늙었어도 건장한 아들 넷과 딸 다섯과 많은 가솔(家率)과 많은 예민을 거느리고 있었네. 무기력하게 노년에 굴복하지 않고 그는 활처럼 팽팽한 마음을 지니고 있었던 것이지. 그는 자신의 식구들에 대해 권위뿐만 아니라 명령권도 지니고 있었네. 그의 노예들은 그를 두려워했고, 자식들은 그를 존경했네. 그래도 모두들 그를 사랑했네. 그리고 그의 집은 선조들의 관습과 규율이 지배했네.

38 노년은 이처럼 존경스러운 것이라네. 노년이 자신을 방어하고, 제 권리를 지키고, 누구에게도 종속되지 않고, 마지막 숨을 거둘 때까지 제 영역을 지배한다면 말일세. 나는 노인 같은 구석이 있는 젊은이를 좋아하듯이, 젊은이 같은 구석이 있는 노인을 좋아한다네. 그렇게 되려고 노력하는 자는 육체는 노인이 되었어도 정신은 그렇게 될 수 없을 테니까 말일세.

나는 지금 『기원들』[113]의 제7권을 집필하고 있다네. 고대의 기록을 모두 수집하고, 유명한 소송 사건에서 내가 변호사로서 행한 모든 연설을 이제야 손질하고 있네. 복점관법과 사제법과 시민법을 조사하고 있으며, 그리스 문학도 열심히 공부하고 있지. 그리고 기억력을 훈련시키기 위해 퓌타고라스학파의 방식에 따라, 내가 낮에 말하고 듣고 행한 모든 것을 저녁에는 마음속에 떠올려본다네. 이것이 나의 지적 훈련이고, 내 마음의 경주로라네. 또한 그것 때문에 땀 흘리고 애쓰는 동안 체력이 떨어졌다는 것을 별로 느끼지 못한다네. 나는 친구들에게 법률에 관해 조언을 해주고, 가끔 원로원에 등원해 오랫동안 숙고한 안건들을 자진하여 발의하며 내 견해를 피력하는데, 그 일에 필요한 것은 정신력이지 체력이 아닐세. 설사 더 이상 그런 일을 할 수 없다 해도, 내가 침상에 비스듬히 누워[114] 이제는 더이상 수행할 수 없는 바로 그 일들을 숙고해보는 것도 내게는 즐거움이 될 걸세. 한데 내가 그런 일을 행할 수 있는 것은 내가 살아온 생활 덕분이라네. 늘 이런 공부와 연구를 하며 살아가는 사람은 언제 노년이 슬그머니 다가오는지 알아차리지 못하기 때문일세. 이처럼 인생은 모르는 사이에 조금씩 노년으로 넘어가며, 갑자기 깨져버리는 것이 아니라 오랜 기간을 두고 꺼져간다네.

12

39 이제 노년을 비난하는 세 번째 이유가 이어지는데, 그것은 노년에는 감각적 쾌락이 없다는 것일세. 세월이 정말로 젊은 시절의 가장 위험한 약점에서 우리를 해방해준다면, 그것은 세월이 우리에게 주는 얼마나 멋진 선물인가!
가장 탁월한 젊은이들이여, 제일인자들 중에서도 위대하고 걸출한

---

112 주 47 참조.
113 주 8 참조.
114 독서하기 위하여.

타렌툼의 아르퀴타스[115]의 오래된 연설에 귀 기울여보게나. 나는 젊은 나이에 타렌툼에서 퀸투스 막시무스와 함께 복무할 적에 이 연설을 전해 들었네. 그의 말에 따르면, 자연이 인간에게 준 역병(疫病) 가운데 쾌락보다 치명적인 것은 없다네. 쾌락의 탐욕스러운 추구는 쾌락을 충족시키도록 사람들을 맹목적으로 거리낌 없이 부추긴다는 것이었네.

40 여기에서 조국에 대한 배신과 국가의 전복과 적과의 은밀한 밀담이 생겨난다는 것이었네. 요컨대 쾌락의 욕망이 한번 감행해보라고 인간들을 부추기지 않는 범죄나 악행은 없다는 것이지. 실제로 납치와 강간과 그런 종류의 온갖 범행은 바로 쾌락의 유혹에 의해 유발된다는 것일세. 그리고 자연 또는 어떤 신이 인간에게 정신보다 더 고귀한 것은 아무것도 주지 않았는데, 이 신성한 선물에 쾌락보다 더 해로운 것은 아무것도 없다는 것이었네.

41 욕망이 지배하는 곳에서는 자제력이 설 자리가 없고, 쾌락의 영역에서는 그곳이 어디든 미덕이 존립할 수 없다는 것일세. 이 점을 더 명확히 이해시키기 위하여, 그는 어떤 사람이 가능한 한 가장 강한 육체적 쾌락을 즐기고 있다고 상상해보라고 했네. 그의 주장인즉 그 사람이 쾌락에 빠져 있는 동안에는 이성과 사고를 요하는 일은 그 어떤 것도 이룰 수 없다는 점은 의심의 여지가 없다는 것이었네. 따라서 쾌락만큼 혐오스러운 것은 그 무엇도 없다는 것이었네. 쾌락이 너무 강하고 너무 오래 지속되면 정신의 빛을 완전히 꺼버리기 때문이라고 했네.

로마인들과 확고한 우호 관계를 맺고 있던, 타렌툼 출신의 내 친구 네아르코스[116]가 옛사람들한테 전해 들었다며 내게 들려준 이야기에 따르면 아르퀴타스가 삼니움 사람 가이유스 폰티우스[117]—카우디움[118] 전투에서 집정관들인 스푸리우스 포스투미우스[119]와 티투스 베투리우스[120]를 패배시킨 사람의 아버지 말일세—에게 이런 말을 했다네. 네아르코스는 또 아테나이 사람 플라톤도 그 이야기를 함께 들었다고 했는데, 내가 알아본 바에 따르면 루키우스 카밀루스[121]와 압피우스 클라우디우스[122]가 집정관으로 재직할 때 과연 플라톤은 타렌툼에 간 적이 있었네.[123]

42　내가 왜 이런 이야기를 한다고 생각하는가? 우리가 이성과 지혜로도 쾌락을 거부할 수 없는 것이라면, 우리가 해서는 안 되는 것에 욕망을 품지 않게 해주는 노년에게야말로 진심으로 감사해야 한다는 것을 자네들에게 알려주기 위해서라네. 쾌락은 심사숙고를 방해하고, 이성에 적대적이고, 말하자면 마음의 눈을 멀게 하고, 미덕과

115　아르퀴타스는 기원전 400년경에 활동한 타렌툼 출신의 퓌타고라스학파 철학자이자 수학자, 정치가, 장군이며, 철학자 플라톤의 친구이다.
116　네아르코스는 타렌툼 출신의 퓌타고라스학파 철학자로, 그곳에 온 카토를 환대한 적이 있다.
117　가이유스 폰티우스는 기원전 321년 카우디움에서 로마인들을 패퇴시킨 동명(同名)의 삼니움 장군의 아버지이다.
110　카우니움(Caudium)은 로마 동쪽에 있는 삼니움 지방의 도시로, 기원전 321년 로마인들은 그 근처에서 삼니움인들에게 포위되었다가 참패한다.
119　스푸리우스 포스투미우스는 기원전 334년과 321년에 집정관을 지냈다.
120　티투스 베투리우스는 기원전 334년과 321년에 집정관을 지냈다.
121　루키우스 카밀루스는 기원전 349년에 집정관을 지냈다.
122　압피우스 클라우디우스는 기원전 349년에 집정관을 지냈다.
123　플라톤은 기원전 349년에 79세의 고령으로, 당시 교통 사정을 고려하면 이탈리아를 방문하기에는 너무 연로한 것으로 생각된다. 그가 이탈리아를 마지막으로 찾은 것은 대개 기원전 361년으로 알려져 있다.

는 함께하지 않기 때문일세.

마음이 내키지 않았지만 나는 가장 용감한 전사인 티투스 플라미니우스[124]의 형 루키우스 플라미니우스[125]를 그가 집정관을 지낸 지 7년 뒤에 원로원에서 제명했네. 나는 그의 욕망이 비난받아 마땅하다고 생각했네. 말하자면 그는 집정관으로 재직할 때 갈리아 지방에 간 적이 있었는데, 그때 어떤 사람이 중대한 범죄를 저지르고 감옥에 갇혀 있었네. 그런데 그는 연회석상에서 어떤 창녀의 부탁을 받고 그 죄수의 목을 베었다네. 내 전임자로 그의 아우 티투스가 감찰관으로 재직하는 동안은 벌을 면제받을 수 있었지만 플락쿠스[126]와 나는 그런 수치스럽고 타락한 욕망을 결코 용인할 수 없었네. 그의 그러한 태도는 개인적인 수치일 뿐만 아니라 국가의 명령권을 모독한 것이기 때문일세.

13

43 나는 종종 나이 많은 분들한테 이런 이야기를 들었는데, 그분들은 또 소년 시절에 노인들에게서 들었다고 했네. 가이유스 파브리키우스[127]가 퓌르로스 왕의 진영에 사절(使節)로 파견되어 있는 동안 텟살리아의 키네아스[128]에게서 놀라움을 금치 못할 이야기를 들었다는군.

아테나이에 현인으로 자처하는 사람[129]이 있었는데, 그는 쾌락이 우리의 모든 행위의 판단 기준이 되어야 한다고 주장했다는 거야. 마니우스 쿠리우스[130]와 티베리우스 코룽카니우스[131]는 파브리키우스에게서 그런 말을 듣고는 삼니움인들과 퓌르로스가 쾌락의 노예가 되면 그만큼 쉽게 정복될 수 있을 터이니, 제발 그런 교리를 받아들였으면 좋겠다는 뜻을 피력했다네.

마니우스 쿠리우스는 푸블리우스 데키우스[132]와 절친한 사이였는데, 데키우스는 네 번째로 집정관이 되었을 때, 그러니까 쿠리우스가 집정관이 되기 5년 전에 나라를 위해 목숨을 바쳤다네. 파브리키우스와 코룽카니우스도 그를 알고 있었지. 그들은 모두 자신의 경험과 앞서 말한 데키우스의 영웅적인 행위를 통하여, 자신들 안에는 본래부터 아름답고 고귀한 것들이 있는데 그것들은 그 자체를 위해 추구되며, 선량한 사람이라면 누구나 쾌락을 경멸하고 거부하면서 그러한 목표들을 추구하게 된다는 확신을 품게 되었다네.

44 한데 내가 왜 쾌락에 관해 이처럼 장황하게 이야기하는 줄 아는가?

---

124 주 1 참조.
125 루키우스 플라미니우스는 티투스 플라미니우스의 형으로 기원전 192년에 집정관을 지냈으나, 중대한 독직 사건으로 카토에 의해 원로원에서 추방당한다.
126 플락쿠스는 카토의 친구로 기원전 195년에 집정관을, 기원전 184년에 감찰관을 함께 역임했다.
127 주 44 참조.
128 키네아스는 데모스테네스(Demosthenes)의 제자로 유명한 웅변가이다. 퓌르로스 왕은 로마인들과의 담판을 그에게 맡겼다고 한다.
129 에피쿠로스(기원전 341~271년)는 사모스 섬 출신의 그리스 철학자로 기원전 306년 아테나이에서 에피쿠로스학파를 창설했다. 그들은 쾌락, 특히 정신적인 쾌락을 인생의 목표로 삼았는데, 이를 위해서는 무엇보다도 부동심(不動心, ataraxia)이 중요하다고 생각했다.
130 주 45 참조.
131 주 46 참조.
132 푸블리우스 데키우스는 기원전 312년 · 308년 · 297년과 295년에 집정관을 지냈는데, 제3차 삼니움 전쟁 때 자신과 적군을 지하의 신들에게 제물로 바침으로써 로마군이 승리할 수 있게 했다고 한다.

노년이 되어 쾌락을 그다지 바라지 않는다는 것은 비난받을 일이 아니라 오히려 극구 칭찬받아 마땅하기 때문일세. 노년에는 진수성찬도 잔뜩 차린 식탁도 자꾸만 채워주는 술잔도 없네. 따라서 노년에는 주정도 소화불량도 불면증도 없지. 하지만 쾌락도 어느 정도는 인정해야 한다면—쾌락의 유혹에 버틴다는 것은 쉬운 일이 아니니까 하는 말일세. 그래서 플라톤은 쾌락을 '죄악의 미끼'[133]라고 적절히 표현했는데 그것은 사람들이 마치 물고기처럼 쾌락에 낚이기 때문이라네—노년에는 무절제한 진수성찬은 안 되겠지만 절제 있는 회식은 즐길 수 있을 걸세.

나는 어릴 때 해전에서 처음으로 포이누스인들을 이긴, 마르쿠스의 아들 가이우스 두엘리우스[134]가 저녁 회식을 마치고 집으로 돌아가는 것을 보았네. 그때 그는 노인이었는데 횃불을 든 자들과 피리를 부는 자들이 자기를 데려다주는 것을 즐기곤 했지. 사인(私人)이 그렇게 처신하는 것은 선례가 없는 일이었지만, 그의 명성이 그에게 그 정도의 재량을 주었던 것이라네.

45 한데 내가 왜 남들 이야기만 하고 있지? 이제 다시 내 이야기로 돌아가겠네. 우선, 내게는 언제나 동아리 친구들이 있었네. 동아리 모임들은 내가 재정관으로 있을 때 결성되었는데, 위대한 어머니[135]에 대한 숭배가 이데[136] 산에서 로마에 도입된 것을 기리기 위해서였네. 그런 친구들과 어울려 나는 비록 검소한 식사이지만 함께 회식을 했는데, 그래도 지금보다 젊을 때여서 꽤 흥겨웠네. 세월이 가면서 조금씩 흥도 식어가지만 말일세. 회식의 즐거움을 나는 식도락의 쾌락에서보다는 친구들과의 만남과 대화에서 찾았다네. 우리 선조들은 친구들과의 회식을 '함께 살기'(convivium)라고 했는데, 친

목을 도모한다는 점에서 꽤 적절한 명칭이라 생각하네. '함께 마시기'(compotatio)[137] 또는 '함께 먹기'(concenatio)[138]라는 그라이키아인들의 표현은 이보다 덜 적절하네. 그들은 가장 덜 중요한 것을 가장 높이 평가하는 것처럼 보이기 때문일세.

14

46 개인적으로 나는 대화를 좋아하여 오후의 회식도 즐긴다네. 그럴 때 나는 지금은 몇 명 남지 않은 내 또래들뿐만 아니라 자네 또래들과 또 자네들을 만나기를 좋아한다네. 그리고 나는 대화를 향한 욕구는 늘려주고 마실 것과 먹을 것을 향한 욕구는 줄여준 노년에 진심으로 감사하고 있다네.

하나 어느 정도의 쾌락은 자연도 인정하는 만큼 나는 모든 종류의 쾌락에 대해 선전포고를 한 것처럼 보이고 싶지는 않네. 마실 것과 먹을 것에서 쾌감을 느끼는 사람이 있다고 할 때, 노년이 되었다고 해서 그 사람이 그런 쾌락에 완전히 무감각해지는 것은 아닐 걸세.

---

133 플라톤, 『티마이오스』(*Timaios*) 69d.
134 가이우스 두엘리우스는 기원전 260년 집정관으로 재직할 때 시칠리아 섬 북안의 뮐라이(Mylae) 시 앞바다에서 치른 첫 해전에서 카르타고인들에게 승리하여 평생 동안 존경받았다.
135 위대한 어머니(Magna Mater)란 소아시아 프뤼기아 지방의 지모신(地母神) 퀴벨레(Kybele)를 말한다. 기원전 204년 시빌라(Sibylla)의 예언서 지시에 따라 그녀의 상(像)은 소아시아에서 로마로 옮겨졌다.
136 이데는 소아시아 프뤼기아 지방에 있는 산으로, 퀴벨레 숭배의 본산이다.
137 그리스어로는 symposion이다.
138 그리스어로는 syndeipnon이다.

아무튼 나는 우리 선조들이 관습으로 도입한 좌장(座長)의 직책과, 선조들의 관습에 따라 잔을 채운 뒤 상석(上席)에서부터 시작되는 대화와, 크세노폰의 『향연』[139]에 나오는 것과 같은 목을 축여주는 작은 잔들을 좋아한다네. 나는 또 여름에는 시원한 것을, 반대로 겨울에는 햇빛과 불기를 좋아한다네. 나는 사비니족의 땅에 와서도 그런 모임을 되풀이하고 있다네. 나는 날마다 이웃들과 함께 회식하는데, 우리는 온갖 주제에 관해 두루 이야기하며 회식을 가능한 한 밤늦게까지 늘린다네.

47 노인들은 쾌락이 근질거리는 것을 그리 강하게 느끼지 못한다고 이의를 제기할 수도 있겠지. 나도 그렇다고 믿네. 하나 노인들은 쾌락을 바라지도 않네. 그리고 바라지 않는 것은 그 어떤 것도 고통을 줄 수 없네. 이미 연로해진 소포클레스에게 어떤 사람이 아직도 성적 접촉을 즐기느냐고 묻자 그는 "아이고, 맙소사! 사납고 잔인한 주인에게서 도망쳐 나온 것처럼 이제 나는 막 거기서 빠져나왔소이다"[140]라고 적절하게 대답했다네. 그런 것을 갈망하는 사람들에게는 그런 것이 없다는 것이 아마도 혐오스럽고 괴로운 일이 되겠지만, 그런 것에 물리고 신물이 난 사람들에게는 즐기는 편보다는 없는 편이 더 즐겁다네. 하지만 아쉽지 않은 사람은 결핍도 느끼지 못한다네. 그런 고로 나는 아쉽지 않은 것이 더 즐거운 법이라고 말하는 거라네.

48 젊었을 때는 그런 종류의 쾌락을 더 마음껏 즐긴다 해도 첫째, 앞서 말했듯 그들은 사소한 것들을 즐기는 것이고, 둘째, 노년은 설사 그런 쾌락을 많이 즐기지 못해도 전혀 즐기지 못하는 것은 결코 아닐세. 암비비우스 투르피오[141]는 맨 앞줄의 관객에게 더 큰 즐거움을

주겠지만 맨 뒷줄의 관객에게도 즐거움을 주듯이, 마찬가지로 성적 접촉에서도 젊은이들은 가까이에서 보기 때문에 더 많은 쾌감을 느끼지만 멀리서 보는 노인도 거기에서 충분한 쾌감을 느낀다네.

49 그러나 마음이 성욕과 야망과 투쟁과 적대감과 온갖 욕망의 전역(戰役)을 다 치르고 나서 자신 속으로 돌아가, 흔히 말하듯이, 자신과 산다는 것은 얼마나 대단한 일인가! 또한 마음이 연구와 학문에서 말하자면 영양분을 섭취할 수 있다면, 한가한 노년보다 더 즐거운 것은 그 무엇도 없을 걸세. 스키피오여, 나는 자네 부친의 친구 가이우스 갈루스[142]가 죽는 순간까지 오롯이 하늘과 대지를 측량하는 일에 몰두하는 것을 보았네. 그는 밤에 도표를 그리기 시작했을 때는 어느새 아침 해가 떠오르는 것에 얼마나 자주 놀랐으며, 아침에 작업을 시작했을 때는 어느새 밤이 다가오는 것에 또 얼마나 자주 놀랐던가! 그는 또 우리에게 일식과 월식을 미리 앞당겨 예고하며 얼마나 좋아했던가!

50 그만큼 까다롭지는 않지만 명석한 두뇌를 요구하는 연구에 전념하는 사람들은 또 어떤가? 나이비우스[143]는 자신의 『포이니 전쟁』을

---

139 크세노폰의 『향연』(*Symposion*)은 크세노폰의 스승 소크라테스가 화자로 등장하여 육체적인 사랑보다는 정신적인 사랑이 더 우월하다고 주장하는 철학적 대화편이다. 2장 26절 참조.
140 플라톤, 『국가』(*Politeia*) 329c.
141 암비비우스 투르피오는 카토 시대의 인기 배우이자 연출가이다.
142 가이우스 갈루스는 기원전 166년에 집정관을 지낸 아마추어 천문학자이다. 그는 기원전 168년 마케도니아의 퓌드나(**Pydna**) 전투를 앞두고 월식을 예고하는 등 해박한 천문학 지식으로 로마인들에게 깊은 인상을 주었다.
143 주 54 참조.

얼마나 즐겼으며, 플라우투스[144]는 자신의 『트루쿨렌투스』와 『프세우돌루스』[145]를 또 얼마나 즐겼던가! 나는 노인이 된 리비우스[146]를 본 적이 있다네. 그는 켄토[147]와 투디타누스[148]가 집정관으로 있을 때, 그러니까 내가 태어나기 6년 전에 연극을 공연했는데, 내가 청년이 되었을 때도 여전히 살아 있었다네. 푸블리우스 리키니우스 크랏수스[149]가 보인 사제법과 시민법을 향한 학구열과 불과 며칠 전에 대사제로 선출된 푸블리우스 스키피오[150]의 학구열을 또 언급할 필요가 있겠는가?

내가 언급한 그분들이 모두 노년이 되어서야 그런 공부에 열중하는 것을 나는 보았네. 나는 또 엔니우스가 정당하게도 '설득의 진수'라고 평한[151] 마르쿠스 케테구스[152]가 노인이 된 뒤에도 얼마나 열심히 연설 연습을 하는지 내 눈으로 보았다네. 연회와 놀이와 창기(娼妓)의 어떤 쾌락을 그런 종류의 쾌락에 댈 수 있겠는가? 그리고 그분들의 쾌락은 학구열인데, 학구열이란 현명하고 잘 훈련된 사람의 경우에는 나이와 더불어 자라난다네. 솔론은 앞서 말한 시구에서 자기는 늙어가며 날마다 새로운 것을 많이 배웠다고 했는데, 그래서 그의 말에는 일리가 있는 걸세. 또한 확언하건대, 이러한 정신적인 쾌락보다 더 큰 쾌락은 존재할 수 없다네.

15

51 이제 나는 농경의 즐거움에 관해 이야기하겠네. 내게 그것은 믿을 수 없을 만큼 즐겁다네. 농경의 즐거움은 노년에 의해 방해받지 않을뿐더러, 내가 보기에는 현인(賢人)의 삶에 가장 잘 어울리는 것

같네. 그러한 즐거움은 대지와 거래를 하는데, 대지는 지불 명령을 거부하는 일 없이 자신이 받은 것을 가끔은 적은 이자를 붙여, 대개는 높은 이자를 붙여 되돌려주기 때문일세.

또한 나는 결실만이 아니라 대지의 힘과 본성도 즐긴다네. 대지는 갈아엎어놓은 물러진 품속에 뿌려진 씨앗을 받아 처음에는 그것을 눈에 띄지 않게 감추어두는데(occaecatum), 거기에서 그것을 가능하게 해주는 써레질(occatio)이라는 말이 유래했다네. 그다음 대지는 그것을 포옹의 열기로 데워 그것이 부풀고 초록색 잎을 틔우게 하는데, 그러면 잎은 섬유질이 많은 뿌리가 받쳐주는 가운데 차츰차츰 자라나 마디가 많은 줄기 위에 똑바로 서 있다가 말하자면 어른이 되면 외피에 싸이게 되지. 그것이 외피를 뚫고 나오면 가지런히 정돈된 이삭을 드러내며 작은 새들이 쪼지 못하도록 까끄라기의

144 플라우투스(기원전 250년경~184년)는 로마의 희극작가이다. 지금 남아 있는 그의 희극들은 대부분 그리스 신희극을 번안하거나 모방한 것이다.
145 이 희극들은 둘 다 등장인물에서 작품명을 따왔는데, 트루쿨렌투스(Truculentus)는 '무뢰한', 프세우돌루스(Pseudolus)는 '사기꾼'이라는 뜻이다.
146 리비우스(기원전 284년경~204년)는 타렌툼 출신의 그리스인이다. 전쟁 포로로 로마에 끌려갔다가 로마 최초의 작가가 된 그는 학생들을 가르치기 위해 『오뒷세이아』를 라틴어로 번역했으며, 기원전 240년부터는 그리스극을 번역해 무대에 올리곤 했다.
147 켄토는 기원전 240년 투디타누스(Marcus Sempronius Tuditanus)와 함께 집정관으로 선출되었다.
148 주 147 참조.
149 주 82 참조.
150 푸블리우스 스키피오는 기원전 162년과 155년에 집정관을, 기원전 159년에 감찰관을 지냈으며 기원전 150년부터 대사제가 된 유명 법률가로, 소스키피오의 사촌이다.
151 엔니우스, 『연대기』 9권 308행 참조.
152 주 21 참조.

울타리를 두른다네.

52 이에 덧붙여 포도나무의 기원과 그 재배와 성장에 관해 이야기할 필요가 또 있겠는가? 하지만 무엇이 내 노년에 휴식과 즐거움을 주는지 자네들이 알 수 있도록 포도 재배야말로 내게는 물리지 않는 즐거움을 준다고 말해두겠네. 말하자면 대지에서 생겨나는 만물의 본래적인 힘에 관해서는 길게 언급하지 않겠네. 작은 무화과 씨에서, 또는 포도 씨에서, 또는 다른 열매와 식물의 가장 작은 씨에서 그토록 우람한 줄기와 가지를 만들어내는 그 힘 말일세. 꺾꽂이와 접가지와 묘목과 분근(分根)과 휘묻이가 만들어낸 것들을 보고 감탄하며 좋아하지 않을 사람이 어디 있겠는가? 포도나무는 아래로 처지는 성질이 있어 밑에서 받쳐주지 않으면 땅에 닿게 된다네. 그러나 똑바로 세우기 위해 무엇이든 받쳐주는 것만 있으면 포도나무는 손이나 다름없는 덩굴로 그것을 껴안는다네. 그다음 그것이 뱀처럼 이리 구불 저리 구불 휘어서 나아가게 되면 농부는 재주를 부려 전지용 칼로 그것을 자른다네. 가지가 수풀이 되어 사방으로 너무 무성하게 뻗어나가지 못하도록 말일세.

53 그리하여 전지하고 남은 가지들에서 봄이 오면 마디마디마다 싹이라고 불리는 것이 돋아나고, 거기에서 포도송이가 모습을 드러낸다네. 포도송이는 대지의 습기와 태양의 열기로 자라는데, 처음에는 맛이 시금떨떨하지만 나중에 성숙하면 단맛이 난다네. 그것은 잎에 싸여 있어 적당한 온기를 유지하는 한편 과도한 태양의 열기를 막을 수 있다네. 무엇이 포도송이보다 더 감미롭고 더 보기 좋을 수 있겠는가? 앞서 말했듯이 내가 포도나무를 좋아하는 것은 유용성 때문만이 아니라 그 재배와 본성 때문이기도 하다네. 열을 지어 죽

늘어선 받침대들, 받침대 윗부분을 가로대로 이어주는 일, 가지를 묶어 올리는 일, 접을 붙여 줄기를 번식시키는 일, 가지를 앞서 말했듯이 더러는 전지하고 더러는 마음대로 자라게 내버려두는 일 말일세. 지력(地力)을 훨씬 높여주기 위해 물을 대주는 일과, 농토를 괭이로 자주 갈아엎어주는 일까지 여기서 하나하나 말할 필요가 어디 있겠는가? 그리고 퇴비의 유용성에 관해서도 따로 언급할 필요가 어디 있겠는가?

54 그에 대해서는 농경에 관한 내 책[153]에서 이미 말한 바 있네. 박식한 헤시오도스[154]도 농사에 관해 썼지만[155] 퇴비에 관해서는 일언반구도 없었네. 하나 여러 세기 전에 살았던 것으로 보이는 호메로스는 라에르테스[156]가 밭 갈고 퇴비 주는 일로써 아들을 향한 그리움을 달랜 것으로 그리고 있네.[157] 농경을 즐겁게 해주는 것으로는 곡식이 자라는 밭, 목초지, 포도밭, 조림(造林) 등이 있으며, 그 밖에 정원, 과수원, 축양(畜養), 양봉과 온갖 다채로운 꽃들이 있네. 경작도 즐겁지만 접붙이는 일도 즐거운데, 농사일에서 이보다 더 창의적인 일은 아무것도 없다네.

---

153 주 8 참조. 이 책은 대부분이 남아 있다.
154 주 62 참조.
155 『일과 날』(*Erga kai hemerai*)을 말한다.
156 라에르테스(Laertes)는 그리스 영웅 오뒷세우스의 아버지이다.
157 『오뒷세이아』 24권 225행 이하 참조.

16

55 여기서 나는 농경의 즐거움을 끝도 없이 늘어놓을 수 있지만, 생각건대 그에 관해서는 벌써 장황하게 말한 것 같네. 그래도 자네들은 나를 너그럽게 봐주겠지. 한편으로 나에게 농사일은 무척이나 감격스럽고, 다른 한편으로는 노년이 되면 자연히 수다스러워지는 법이니까 말일세. 내가 노년이 되면 모든 결점에서 벗어난다고 주장하는 것처럼 보이지 않기 위해 하는 말이네. 마니우스 쿠리우스[158]도 삼니움인들과 사비니족과 퓌르로스에게 승리한 뒤 그렇게 살면서 만년(晚年)을 보냈다네.

그의 시골집은 내 시골집에서 멀지 않네. 나는 그의 시골집을 볼 때마다 그의 검소함과 그가 살던 시대의 절제된 정신에 압도되고 만다네. 쿠리우스가 화롯가에 앉아 있을 때 삼니움인들이 큰 금덩이를 가져왔지만 그는 이를 거절했다네. 그의 말인즉, 황금을 가지는 것보다는 황금을 가진 자들을 지배하는 편이 자기에게는 더 영광스러워 보인다는 것이었네. 그토록 위대한 정신이 노년이 되었다고 하여 행복을 느끼지 않을 수 있었겠는가?

56 하지만 주제에서 벗어나지 않기 위해 다시 농부들에게로 돌아가겠네. 당시에는 원로원 의원들, 그러니까 노인들[159]은 농촌에 살았다네. 만약 루키우스 큉크티우스 킹킨나투스[160]가 밭을 갈다가 독재관으로 선출되었다는 통지를 받았다는 것이 사실이라면 말일세. 독재관인 그의 명령에 따라 기병대장 가이유스 세르빌리우스 아할라[161]가 왕권을 탐하던 스푸리우스 마일리우스[162]를 붙잡아 죽였다네. 쿠리우스와 그 밖의 다른 노인들도 시골집에 있다가 원로원으로 소환

되었으며, 그런 연유에서 그들을 불러오도록 파견된 자들은 '여행자들'[163]이라고 불렸다네.

그런데 밭갈이를 즐기던 그들의 노년이 비참했을까? 적어도 내가 보기에는 농부의 생활보다 더 행복한 생활은 없는 듯하네. 그는 농사를 지음으로써 전 인류에게 유익한 봉사를 할뿐더러 거기에는 또 내가 앞서 말한 즐거움도 있다네. 그리고 또 농사는 인간을 부양하고 신을 공경하는 데 필요한 온갖 물건을 넉넉하고 풍부하게 대준다네. 많은 사람들이 이런 물질적인 것들을 바라는 만큼 나도 이제는 쾌락과 다시 화해하고 싶네그려. 유능하고 부지런한 농부의 저장고와 광은 늘 포도주와 식용유와 식량으로 가득 차 있고 농가 전체는 풍요함으로 넘친다네. 거기에는 돼지고기, 염소고기, 새끼양고기, 닭고기, 우유, 치즈와 꿀이 넉넉하니까 말일세. 그리고 농부에게는 남새밭이 있는데 사람들은 그것을 '제2의 돼지갈비'라고 부른다네. 여가 시간에 즐기는 새 사냥과 짐승 사냥은 이런 진미들

---

158 주 45 참조.
159 '원로원 의원들'(senatores 단수형 senator)이라는 말이 '노인들'이라는 뜻의 senes에서 유래한 것을 가지고 일종의 언어유희를 하고 있다.
160 루키우스 큉크티우스 킹킨나투스는 기원전 460년 집정관을 지내고 기원전 458년 적군에 포위된 로마군을 구하기 위해 최초의 독재관으로 임명된다.
161 가이우스 세르빌리우스 아할라는 기병대장(magister equitum)으로, 기원전 439년 왕이 되려던 스푸리우스 마일리우스를 체포하여 죽인다.
162 스푸리우스 마일리우스는 부유한 평민으로 기근이 들었을 때 백성들에게 곡식을 싼값에 팔았다. 그래서 귀족들에 의해 왕권을 노린다는 죄를 뒤집어쓰고는 기원전 439년 기병대장 세르빌리우스 아할라에게 살해당한다.
163 키케로는 '여행자'라는 뜻의 라틴어 viator가 '길'이라는 뜻의 via가 아니라 마치 '시골집'이라는 뜻의 villa에서 유래한 것처럼 말하고 있다.

에 풍미를 더해주는 셈이지.

57 초록빛 목초지와, 가지런히 줄지어 늘어선 나무들과, 보기에 아름다운 포도밭과 올리브 숲에 관해서 굳이 더 이야기할 필요가 있겠는가? 간단히 말해서 잘 가꾸어진 농토보다 더 유용하고 더 보기 좋은 것은 아무것도 없네. 노년은 그것을 즐기는 데 방해가 되지 않을 뿐더러, 오히려 그것을 즐기라고 초대하고 유혹한다네. 대체 노인들이 그 어느 곳에서 햇볕과 화롯불로 몸을 더 잘 데울 수 있으며, 그늘과 흐르는 물로 더 건강하게 더위를 식힐 수 있겠는가?

58 그러니 무구, 말, 창, 곤봉, 공, 경영(競泳), 경주 등은 남이 갖도록 줘버리게나. 그 많은 놀이 가운데 우리 노인들에게는 사면체와 육면체의 두 가지 주사위놀이[164]를, 꼭 그러고 싶다면 그중 한 가지만 남겨두고 말일세. 노년은 그런 것들 없이도 행복해질 수 있으니까.

17

59 크세노폰의 저서들은 여러모로 매우 쓸모가 있으니, 자네들은 부디 앞으로도 지금처럼 열심히 읽게나. 그는 『가정론』(家政論)[165]이라는 제목이 붙은, 가정의 살림살이에 관한 자신의 책에서 농사를 얼마나 찬양하고 있는가! 크세노폰은 농사에 대한 열성만큼 왕에게 어울리는 것은 없다고 보았네. 그래서 그는 자네들에게 이를 이해시키기 위하여 이 책에서 소크라테스를 시켜 크리토불로스[166]와 다음과 같은 내용의 대화를 나누게 했다네.[167]

유달리 총기 넘치고 통치력 뛰어난 페르시아 왕자 소(小)퀴로스[168]는 사르데이스[169]에서 최고의 미덕을 갖춘 라케다이몬[170] 사람 뤼산드로스[171]의 방문을 받게 되는데 뤼산드로스는 동맹군[172]의 선물을 전했던 것이네. 그러자 퀴로스는 그를 융숭하게 접대하며 여러 가지 호의를 베풀었을 뿐 아니라, 정성 들여 나무를 심은 들판을 보여주었네. 뤼산드로스가 바둑판 모양으로 늘어선[173] 쭉쭉 자란 나무들과, 잘 손질한 깨끗한 흙과, 꽃에서 나는 달콤한 향기에 감탄하고

164 '사면체의 주사위'(talus)는 양 발바닥뼈의 두 면을 둥글게 깎은 다음 나머지 네 면에 1, 3, 4, 6의 네 숫자를 새겨 넣고 던지는 주사위놀이다. 네 개의 주사위를 던져 각각 다른 숫자가 나오면 최상의 패, 모두 같은 숫자가 나오면 최악의 패가 된다. '육면체의 주사위'라고 번역한 tessera는 오늘날의 주사위와 대동소이한 듯하다.
165 지금까지 온전하게 남아 있는 크세노폰의 『가정론』(Oikonomikos)은 키케로가 젊었을 때 라틴어로 번역한 바 있다.
166 크리토불로스는 플라톤과 크세노폰의 대화에 나오는 인물로, 플라톤의 대화편 『크리톤』(Kriton)에 나오는 크리톤의 아버지이다.
167 『가정론』 4장 20~25절 참조.
168 소퀴로스는 페르시아 왕 다레이오스(Dareios) 2세의 차남이다. 그는 뤼디아를 포함한 소아시아 서부 지방의 태수(太守)로 있었는데, 그리스 용병대의 도움으로 형 아르타크세르크세스(Artaxerxes)를 축출하고 왕위를 찬탈하려다 기원전 401년 에우프라테스 강 좌안에 있는 바빌로니아 지방의 도시 쿠낙사(Kounaxa) 전투에서 전사한다.
169 사르데이스(Sardeis)는 소아시아 서부 뤼디아 지방의 수도이다.
170 주 52 참조.
171 뤼산드로스(기원전~395년)는 스파르테의 장군 겸 정치가이다. 그는 펠로폰네소스 전쟁(기원전 431~404년) 말기에 소아시아 지방의 태수로 있던 소퀴로스를 스파르테 편으로 끌어들여 군자금을 지원받음으로써 아테나이에 결정적인 승리를 거둔다.
172 페르시아는 그리스 도시국가들에 대해 이간 정책을 썼는데, 아테나이가 강성해지자 이를 견제하기 위해 펠로폰네소스 전쟁 말기 스파르테에 군자금을 대주었다. 그 뒤 스파르테가 전쟁에서 이겨 패권을 쥐게 되자, 페르시아는 아테나이를 지원해준다.
173 '바둑판 모양으로 늘어선'의 라틴어 derectos in quincuncem ordines에서 quincunx는 주사위의 다섯 눈을 말하는데, 정확하게는 네 개의 점이 정사각형을 이루는 한가운데에 또 하나의 점이 있는 주사위의 다섯 눈 모양이 계속 이어지도록 나무를 심었다는 뜻이다.

나서 이 일을 설계하고 측량한 사람의 꼼꼼함과 재주에 놀라움을 금치 못하겠다고 말했네. 그러자 퀴로스는 "이 모든 것을 내가 측량했소. 이 배열도 내가 한 것이며, 이 나무들의 상당수도 내가 손수 심은 것이라오"라고 대답했네. 뤼산드로스는 그의 자포(紫袍)와 준수한 용모와 수많은 금과 보석으로 장식한 그의 페르시아 의복을 빤히 바라보며 말했지. "퀴로스여, 그대는 행복하다고 칭송받아 마땅하오. 그대는 행운과 미덕을 겸비하고 있기 때문이오."

60 한데 이런 행운은 노후에도 즐길 수 있네. 우리는 마지막 노령에 이를 때까지 나이에 구애받지 않고 여러 가지 활동을 할 수 있는데, 그중 하나가 농사짓는 일이라네. 전하는 이야기에 따르면, 마르쿠스 발레리우스 코르비누스[174]는 꽤 나이 들어서야 시골에서 농사짓는 일을 시작해 백 살까지 계속 농사를 지었다고 하네. 그는 처음 집정관으로 취임한 지 46년 만에 여섯 번째로 또 집정관에 취임했네. 그러니까 그는 우리 선조들이 노년이 시작되기 전까지 인간의 일생이라고 보았던 기간을 관직에 있었던 셈이지. 그리고 그의 말년은 중년보다 더 행복했으니, 명망은 높아지고 수고는 줄었기 때문일세.

61 명망이야말로 노년의 더없는 영광이라네. 루키우스 카이킬리우스 메텔루스[175]는 얼마나 명망이 높았던가! 아울루스 아틸리우스 칼라티누스[176]는 또 얼마나 명망이 높았던가! 그에게는 다음과 같은 비문이 바쳐졌다네.

여기 누운 이 사람이 그의 나라에서는 제일인자였다고
대부분의 민족이 동의하고 있도다.

이 글귀가 잘 알려진 것은 그것이 그의 비석에 새겨져 있기 때문일세. 모든 사람이 이구동성으로 칭찬하는 사람은 존경받아 마땅한 법이지. 얼마 전 우리는 대사제였던 푸블리우스 크랏수스[177]와 그에 이어 그 사제직을 맡은 마르쿠스 레피두스[178]에게서 어떤 인품을 보았던가! 파울루스[179]와 아프리카누스[180]와 앞서 언급한 바 있는 막시무스[181]에 관해서 다시 말할 필요가 어디 있겠는가? 이분들은 발언할 때뿐만 아니라 고개를 끄덕일 때도 거기에 권위가 있었다네. 권위란 높은 관직을 역임한 뒤 노년이 되어서야 생기는 것으로, 청년기의 모든 감각적 쾌락보다 더 값진 것이라네.

18

62 하지만 자네들은 내가 이 토론이 진행되는 동안 내내 칭송해 마지않는 것은 어디까지나 젊었을 적에 기초를 튼튼하게 다져놓은 노년

---

[174] 마르쿠스 발레리우스 코르비누스(기원전 370~271년)는 로마의 정치가이자 장군으로, 기원전 348년·343년·335년·300년·299년에 집정관을 지냈다.
[175] 주 90 참조.
[176] 아울루스 아틸리우스 칼라티누스는 기원전 258년과 254년에 집정관을, 249년에 독재관을, 247년에 감찰관을 지낸 바 있다.
[177] 주 82 참조.
[178] 마르쿠스 레피두스는 기원전 187년과 175년에 집정관이, 179년에 감찰관이, 180년부터는 대사제가 되었으며, 기원전 152년 고령의 나이로 죽었다.
[179] 주 10 참조.
[180] 주 10 참조.
[181] 주 19 참조.

이라는 점을 명심해두게나. 여기서 내가 전에 모든 청중의 동의를 받으며 말했듯이, 말로 자기변호를 해야 할 필요를 느끼는 노년은 불행하다는 결론이 나온다네. 권위는 백발이나 주름살로 갑자기 앗아올 수 있는 것이 아니라네. 권위란 명예롭게 보낸 지난 세월의 마지막 결실이기 때문일세.

63 얼핏 하찮고 사소해 보이는 것들이 노인에게는 명예를 의미한다네. 아침 인사를 받는 것, 예방(禮訪)을 받는 것, 길을 양보받는 것, 이쪽에서 다가가면 사람들이 일어서는 것, 광장에 오갈 때 호위받는 것, 조언을 부탁받는 것 등 말일세. 이런 관행들은 우리나라에서뿐만 아니라 외국에서도 도덕 수준이 높을수록 더 꼼꼼히 지켜진다네. 내가 방금 언급한 라케다이몬 사람 뤼산드로스는 라케다이몬이야말로 노인들에게 가장 명예로운 거처라고 말하곤 했다고 하네. 노년에게 그토록 경의를 표하고, 노년을 그토록 존중하는 곳은 아무 데도 없기 때문이지.

전해 내려오는 이야기에 따르면, 어떤 노인이 아테나이에서 연극이 공연되는 동안 극장에 갔는데, 몰려 앉아 있는 군중 가운데 같은 시민들은 아무도 그 노인에게 자리를 내주지 않았다고 하네. 그러나 노인이 사절(使節)로 와서 예약된 자리에 앉아 있던 라케다이몬인들에게 다가갔을 때 그들은 모두 일어서더니 노인에게 앉기를 권했다고 하네.

64 전 관중석에서 라케다이몬인들에게 박수가 계속 쏟아진 뒤, 그들 가운데 한 명이 아테나이인들은 무엇이 옳은지 알면서도 그것을 실천하려 하지 않는다고 말했다고 하네. 자네들[182] 복점관 조합에는 좋은 관습이 많이 있는데, 우리의 주제와 관련하여 특히 주목을 끄

는 것은 연장자가 언제나 먼저 발언권을 가지며, 더 나이 많은 복점관은 자기보다 지위가 더 높은 자들뿐만 아니라 명령권을 가진 자들[183]보다 더 우대받는다는 것일세. 하거늘 어떤 육체적 쾌락이 권위라는 특권에 견줄 수 있겠는가? 내가 보기에 이런 특권을 멋있게 사용한 사람이야말로, 서투른 배우처럼 마지막 장에서 쓰러지지 않고 인생이라는 연극에서 제 역을 성공적으로 해낸 사람일세.

65 하나 노인들은 고집이 세고, 불안해하고, 화를 잘 내고, 괴팍스럽다고들 하네. 알고 보면 어떤 노인들은 인색하기까지 하네. 그렇지만 이런 것들은 성격상의 결함이지 노년의 결함이 아닐세. 그리고 고집과 방금 언급한 다른 악덕들에는 정당하다고는 할 수 없어도 용납할 수는 있을 것 같은 변명거리가 있다네. 말하자면 노인들은 자신들이 멸시당하고 무시당하고 조롱당한다고 생각한다는 것일세. 그 밖에 몸이 허약해지면 사소한 공격도 싫은 법이지.

그러나 이 모든 결점은 좋은 성품과 교육에 의해 개선될 수 있네. 우리는 그 예를 실제 생활에서, 그리고 『형제들』[184]에 나오는 두 형제에게서 볼 수 있네. 그중 한 명은 성격이 얼마나 까다롭고, 다른 한 명은 얼마나 또 상냥한가! 그래, 바로 그것이라네. 세월이 흘러도 모든 포도주가 다 시큼해지지 않듯이, 성격도 모두 다 그렇게 되

---

182 그 무렵 소스키피오와 라일리우스는 복점관으로 있었다.
183 당시 로마에서는 집정관·법정관·독재관·기병대장들과 속주의 총독들만이 명령권(imperium), 즉 통수권과 사법권을 갖고 있었다.
184 『형제들』(Adelphoe 또는 Adelphi)은 기원전 160년경에 공연된 로마 희극작가 테렌티우스(Publius Terentius Afer 기원전 193년 또는 183년~159년)의 대표작으로, 한 명은 엄격하고 다른 한 명은 관대한 두 형제의 상이한 교육 방법을 주제로 삼고 있다.

는 것은 아닐세. 노년의 엄격함은 옳다고 보지만, 그것은 매사가 다 그렇듯 절제된 것이어야 하네. 가혹함은 결코 용납할 수 없네.

66 노년의 탐욕에 관해서 말하자면, 나는 노년의 탐욕이 무슨 의미가 있는지 모르겠네. 나그넷길은 얼마 남지 않았는데 노자(路資)를 더 마련하려는 것보다 어리석은 일이 또 어디 있겠는가?

19

이제 네 번째 이유에 관해 고찰할 일이 남았네. 그것은 우리 나이의 사람들을 가장 불안하고 걱정스럽게 하는 것 같네. 죽음이 임박했다는 것 말일세. 죽음이 노년에서 멀지 않다는 것은 사실이니까. 그토록 오래 살아오면서도 노인이 죽음은 무시되어 마땅하다는 점을 깨닫지 못했다면 그것이야말로 참으로 안타까운 일이네. 왜냐하면 죽음이 영혼을 완전히 없애버린다면 죽음은 무시되어 마땅하고, 죽음이 영혼을 영생할 어떤 곳으로 인도한다면 죽음은 바람직한 것이기 때문일세. 제3의 가능성은 있을 수 없네.

67 만약 사후(死後)에 불행하지 않거나 또는 행복할 것이라면, 내가 무엇을 두려워하겠는가? 설사 젊다 하더라도 자신이 저녁때까지 살아 있으리라고 확신할 만큼 어리석은 자가 어디 있겠는가? 그 나이에는 내 나이보다 사고사(事故死)할 가능성이 더 많은 법이네. 젊은이들은 더 쉬이 병들고, 더 심하게 앓으며, 낫기가 더 힘드니까 말일세. 그래서 그들 중 소수만이 노년에 이른다네. 그런 일이 없다면 더 훌륭하게, 더 현명하게 살 수 있으련만! 분별력과 이성과 현명한 조언은 노인들 몫이기 때문이네. 그러니 노인들이 없다면 어

떤 국가도 존재할 수 없었을 걸세.

이제 임박한 죽음의 문제로 돌아가기로 하겠네. 그것이 어찌 노년만의 부담이겠는가? 자네들도 보다시피, 젊은이도 그것을 공유(共有)하고 있는데 말일세.

68 죽음이 전혀 나이를 가리지 않는다는 것을 나는 내가 가장 아끼던 아들[185]의 죽음을 통해 깨달았고, 스키피오여, 자네 역시 최고 관직에 오를 것으로 촉망받던 형제들의 때아닌 죽음을 통해 깨달았겠지. 젊은이는 오래 살 희망이 있지만 노인은 그런 희망을 가질 수 없다고들 하겠지. 그러나 그것은 현명하지 못한 희망일세. 그도 그럴 것이, 불확실한 것을 확실한 것으로, 거짓을 참으로 여기는 것보다 더 어리석은 일이 어디 있겠는가?

그러나 노인은 또 희망할 것조차 없다고들 말하겠지. 하나 노인은 젊은이보다 형편이 더 나은 셈이네. 젊은이가 바라는 것을 노인은 벌써 얻었으니까. 젊은이는 오래 살기를 원하지만 노인은 이미 오래 살았으니 말일세.

69 오오, 신들이시여! 인간이 타고난 본성 가운데 과연 무엇이 길다 할 수 있겠나이까? 가능한 한 가장 긴 인간 수명을 생각해보구려. 우리가 타르텟소스[186]의 왕의 나이에 이른다고 상상해보세. 기데스[187]

---

185 주 42 참조.
186 타르텟소스(Tartessos)는 남(南)에스파냐의 과달퀴비르(Guadalquivir) 강 하구에 있는 도시이다.
187 가데스(Gades)는 포이니케(Phoinike 지금의 Phoenicia)인들이 타르텟소스에 이어 남에스파냐에 세운 식민시로 지금의 카디스(Cadiz)이다.

에는 아르간토니오스[188]라는 사람이 있어 80년을 통치하고 120년을 살았다는 기록을 내가 보았기에 하는 말일세. 하지만 끝이 있는 한 그 어떤 것도 내게는 길다고 여겨지지 않네. 그 끝이 오면 이미 지나간 것은 사라져버리니까 말일세. 남는 것은 자네가 미덕과 올바른 행동으로 이룩한 것뿐이네. 시간과 날과 달과 해는 흘러가고, 과거는 돌아오지 않으며, 미래에 무슨 일이 일어날지 누가 알겠는가! 그러니 우리는 각자 자신에게 주어진 수명(壽命)에 만족해야 하네.

70 이를테면 배우는 관객의 환심을 사기 위해 막(幕)마다 등장할 필요는 없고, 어느 막에 등장하든 거기서 박수갈채를 받으면 그것으로 충분하네. 마찬가지로 현인도 극이 끝나고 배우 가운데 한 명이 "자, 여러분! 박수 치십시오"[189]라고 외칠 때까지 기다릴 필요가 없다네. 주어진 수명이 짧다 해도 훌륭하고 명예롭게 살기에는 충분히 길기 때문일세.

그러나 수명이 더 길다고 해서 슬퍼할 이유는 없네. 마치 즐거운 봄날이 가고 여름과 가을이 왔다고 농부가 슬퍼할 이유가 없듯이 말일세. 봄은 청춘의 계절이고 다가올 결실을 약속하지만, 다른 계절들은 그 결실을 베어 거두어들이기에 적합하기 때문이지.

71 한데 노년의 결실이란, 앞서도 거듭 말했듯이 전에 이룩한 선(善)에 대해 회상할 일이 많다는 것일세. 자연과 조화를 이루는 것은 무엇이든 선으로 간주되어야 하네. 그런데 노인들이 죽는 것보다 자연과 조화를 이루는 것이 또 어디 있겠는가? 젊은이들도 똑같은 일을 당하지만, 그럴 경우에는 자연이 반항하고 저항한다네. 그래서 젊은이들이 죽으면 마치 강한 불길이 많은 양의 물에 의해 꺼지는 것처럼 보인다네. 그러나 노인들이 죽으면 마치 외부의 힘이 가해지

지 않는 가운데 불이 다 타서 저절로 꺼지는 것처럼 보이지. 그리고 마치 과일이 설익었을 때는 따기가 힘들지만 농익었을 때는 저절로 떨어지듯이, 젊은이들에게서는 폭력이, 노인들에게서는 완숙이 목숨을 앗아간다네. 또한 내게는 이런 '완숙'이라는 생각이 몹시도 즐거워, 내가 죽음에 더 가까이 다가갈수록 마치 오랜 항해 끝에 드디어 육지를 발견하고는 항구에 들어서려는 것 같은 느낌이 든다네.

20

72 노년의 한계는 정해져 있지 않네. 누군가 맡은 바 임무를 능히 수행할 수 있고 죽음을 무시할 수 있다면 그는 노년에도 계속해서 살 권리가 있네. 죽음을 무시할 수 있는 까닭에 노인들은 젊은이들보다 더 대담하고 용감해지는 것이네. 솔론이 참주 페이시스트라토스[190]에게 대답한 것이 그 한 예가 될 수 있을 걸세. 도대체 무얼 믿고 자기에게 그토록 대담하게 반대하느냐고 참주가 묻자 솔론은 "노년을 믿고"[191]라고 대답했다고 하네.

---

188 아르간토니오스(기원전 630~550년)는 남에스파냐에 있던 타르텟소스의 왕으로, 헤로도토스에 따르면 120년을 살았다고 한다. 헤로도토스, 『역사』 1권 163절 참조.
189 로마의 희극작가 테렌티우스의 모든 희극과 플라우투스(Plautus)의 희극은 대부분 "자, 여러분! 박수 치십시오"(plaudite)라는 말로 끝난다.
190 페이시스트라토스(기원전 600년경~527년)는 아테나이의 참주로, 군사력으로 권력을 잡았다. 국가 축제를 활성화하여 호메로스의 시를 낭송하고 연극을 경연할 기회를 제공함으로써 아테나이의 문화 발전에 이바지했다. 외가 쪽으로 솔론과 인척간이었다.
191 플루타르코스, 『영웅전』 「솔론 전」 31절.

정신이 온전하고 감각이 손상되지 않은 가운데 자연이 손수 뭉쳐놓은 작품을 손수 해체할 때 삶은 가장 훌륭하게 종결되는 것이네. 배나 집도 그것을 지은 사람이 가장 쉽게 해체하듯이, 인간도 그것을 지은 자연이 가장 잘 해체하는 법이지. 그리고 새 구조물은 허물기 어렵지만, 낡은 구조물은 쉬이 허물어지는 법이라네. 그래서 노인들은 짧은 여생에 너무 집착해서도 안 되지만 까닭 없이 그것을 포기해서도 안 되는 걸세.

73 퓌타고라스[192]는 명령권자인 신의 명령 없이 우리가 인생의 초소(哨所)를 이탈하는 것을 금하고 있네. 현인 솔론은 자기가 죽으면 친구들이 슬퍼하고 애도해주기를 바란다는 시구(詩句)를 썼지.[193] 그는 의심할 여지없이 자신이 친구들에게 소중한 존재이기를 원했던 것이네. 그러나 내가 보기에는 엔니우스의 표현이 더 훌륭한 것 같네.

누구도 눈물로 내게 조의를 표하지 말고, 곡(哭)을 하며 나를 장사 지내지 말지어다.[194]

그는 영생(永生)이 뒤따르는 죽음은 슬퍼할 까닭이 없다고 생각하고 있는 것이네.

74 그 밖에 죽을 때는 아마도 그것을 느낄 수 있을 테지만, 죽음에 대한 느낌은 특히 노인들에게는 잠깐 동안일 것이네. 사후에는 그런 느낌이 전혀 존재하지 않거나 아니면 즐거운 것이 될 걸세. 죽음을 무시할 수 있으려면 젊어서부터 그런 신념을 품고 있어야 하네. 그런 신념 없이는 아무도 마음의 평화를 찾을 수 없네. 우리가 죽는다는 것은 확실하며, 어쩌면 오늘 죽을지도 모르네. 그러니 언제든 올

수 있는 죽음을 두려워해서야 어떻게 마음이 굳건할 수 있겠는가?

75 죽음에 관해서는 여기서 더이상 길게 논의할 필요가 없을 것 같네. 여기서 나는 굳이 조국의 자유를 위해 싸우다 죽은 루키우스 브루투스,[195] 자살하기 위해 말에 박차를 가한 두 분 데키우스,[196] 적과의 약속을 지키기 위해 처형당하러 돌아간 마르쿠스 아틸리우스,[197] 자신들의 몸으로 포이누스인[198]들의 진격을 저지하려 했던 두 분 스키피오,[199] 칸나이[200]에서의 치욕스러운 패배 때 동료 집정관[201]의 어

---

[192] 퓌타고라스학파의 자살 금지에 관해서는 플라톤의 『파이돈』(Phaidon) 61d 이하와 키케로의 『국가론』(De re publica) 6권 15절 참조.

[193] 플루타르코스, '솔론과 포플리콜라(Poplicola)의 비교' 참조. 이 시구는 키케로, 『투스쿨룸 담론』 1권 117절에 라틴어로 번역되어 있다.

[194] 엔니우스, 단편 17행. 키케로, 『투스쿨룸 담론』 1권 117절에서 온전하게 인용되고 있다.

[195] 루키우스 브루투스는 기원전 510년 로마의 마지막 왕인 오만왕 타르퀴니우스(Tarquinius Superbus)를 축출한 뒤 공화정을 수립하고 기원전 509년 집정관이 되었으나, 로마로 귀환하려던 타르퀴니우스를 제지하다가 전사한다.

[196] '두 분 데키우스'란 기원전 340년 집정관으로 재임할 때 라티니족(Latini)과의 전투에서 스스로 목숨을 바친 대(大)데키우스(Publius Decius Mus Maior)와 그의 아들 소(小)데키우스(주 132 참조)를 말한다.

[197] 마르쿠스 아틸리우스는 기원전 267년과 256년에 집정관을 지냈으며, 제1차 포이니 전쟁 때 카르타고군의 포로가 되었다가 포로 교환과 평화협정을 성사시키도록 카르타고인들에 의해 로마로 보내졌다. 그러나 그는 원로원에서 이를 거부하라는 연설을 한 뒤 약속대로 카르타고로 돌아가 고문사당한다.

[198] 포이누스인(Poenus 복수형 Poeni)은 카르타고인의 다른 이름으로, 카르타고가 포이니케 지방의 튀로스 시민들이 세운 식민시였기 때문에 붙은 이름이다.

[199] 그나이우스 스키피오(주 83 참조)와 푸블리우스 스키피오(주 84 참조)를 말한다.

[200] 칸나이(Cannae)는 이탈리아 반도 남동부 아풀리아(Apulia) 지방의 도시이다. 기원전 216년 집정관 바르로(Varro)가 동료 집정관 아이밀리우스 파울루스(Aemilius Paulus)의 만류에도 불구하고 그곳에서 경솔하게 전투를 개시하다가 한니발에게 참패한다.

[201] 바르로(Gaius Terentius Varro).

리석음을 자신의 목숨으로 보상한 자네 조부 루키우스 파울루스,[202] 가장 무자비했던 적도 장례식을 거절하지 못했던 마르쿠스 마르켈루스[203]를 상기시키지는 않겠네. 대신 나는 내가 『기원들』[204]에서 기술했듯이, 우리 군단(軍團)들이 종종 다시는 돌아올 수 없으리라고 믿었던 그곳으로 흔쾌히 그리고 의기양양하게 행군했다는 사실을 상기시키겠네. 하거늘 시골 출신의 배우지 못한 젊은 병사들도 경멸하는 것을 현명한 노인들이 두려워하겠는가?

76 대체로 하는 일에 물리게 되면 인생에도 물리게 되는 것 같네. 소년들에게 나름대로의 관심사들이 있네. 하지만 청년들이 그것들을 바랄까? 그들에게는 그 나름대로의 관심사들이 있으니 말일세. 성숙하여 중년이 되면 그것들이 필요할까? 그들에게도 그 나름대로 관심사들이 있으니 말일세. 하지만 노년이 되면 그런 것들에 관심조차 없어진다네. 마지막으로 노인들도 노년에 맞는 관심사들이 있기 때문일세. 또한 지난 시기의 관심사들이 사라지듯, 노년의 관심사들도 사라지기 마련이네. 그리고 그런 일이 일어나면 사람은 인생에 물리게 되어 죽을 때가 되는 것이라네.

21

77 나는 죽음에 대한 내 자신의 생각을 자네들에게 말하지 못할 이유가 없다고 생각하네. 내가 죽음에 한 발짝 더 가까워질수록 죽음이 무엇인지 더 잘 이해할 수 있다고 보기 때문일세. 스키피오와 라일리우스여, 나는 내 절친한 친구들로 가장 유명한 분들인 자네들의 부친들[205]이 아직도 살아 있으며, 유일하게 삶이라고 할 수 있는 삶

을 살고 있으리라고 확신하네. 우리는 육체의 틀 속에 갇혀 있는 동안에는 피할 길 없는 힘든 과제를 수행하기 때문이지. 하늘에서 유래한 영혼은 가장 높은 거처에서 내려와 말하자면 그것의 신적이고 영원한 본성과는 맞지 않는 장소인 지상에 묻혀 있는 셈이라네. 그러나 불사의 신들이 영혼을 인간의 육체에다 심은 것은 하늘의 질서를 관찰하며 자신들의 절제 있고 일관성 있는 생활방식을 통하여 그러한 질서를 본받게 될 수호자들을 대지에 주기 위해서라고 나는 믿네. 내가 이런 믿음을 갖게 된 것은 이성과 토론 덕분이기도 하지만, 가장 위대한 철학자들의 명망과 권위 덕분이기도 하네.

78 '이탈리아 철학자들'이라고 불렸던 만큼 우리 동향인들이나 다름없는 퓌타고라스와 퓌타고라스학파 철학자들은 우리 영혼이 신적인 우주 정신에서 유래했음을 믿어 의심치 않았다는 말을 나는 가끔 듣곤 했네. 그 밖에 나는 아폴론의 신탁이 가장 현명한 사람이라고 판정한 소크라테스가 생애의 마지막 날 영혼의 불멸에 관하여 논의했던 것을 연구했다네.

왜 내가 긴말을 하고 있는지 알겠는가? 이것은 내 신념이자 믿음이라네. 영혼의 그러한 기민함, 과거에 대한 그러한 기억력과 미래에

202 주 85 참조.
203 마르쿠스 마르켈루스는 기원전 222년 · 215년 · 214년 · 210년과 208년에 집정관을 지냈으며, 제2차 포이니 전쟁 때 칸나이 전투에서 참패한 로마군을 차츰 안정시킨 뒤 오랜 전투 끝에 시칠리아 섬을 탈환한다. 기원전 208년 남이탈리아에서 한니발의 매복에 걸려들어 전사하지만, 한니발은 그를 후하게 장사 지내준다.
204 주 8 참조.
205 아이밀리우스 파울루스(주 10 참조)와 대스키피오의 친구로, 기원전 190년 집정관을 지낸 바 있는 가이유스 라일리우스를 말한다.

대한 선견지명, 그토록 많은 예술과 지식과 발명으로 미루어, 이런 모든 것을 포함하는 영혼의 본성은 결코 멸(滅)할 수 없다는 것일세. 그리고 영혼은 항상 움직이지만 어떤 동인(動因)도 없다네. 영혼은 저절로 움직이니까. 영혼의 이러한 움직임은 또 끝나지도 않을 걸세. 영혼이 자신을 버리는 일은 결코 없을 테니까. 또한 영혼은 본성이 단일하고 자신과 같지 않거나 닮지 않은 혼합물을 내포하지 않으므로 나누어질 수 없고, 나누어질 수 없다면 멸할 수도 없네. 인간은 태어나기 전부터 이미 대부분을 알고 있다는 가설을 뒷받침하는 강력한 논거는 아이들이 어려운 과목을 배우며 수없이 많은 것을 그토록 빨리 이해한다는 사실일세. 그래서 아이들은 그것들을 그때 처음 배우는 것이 아니라 상기하고 회상하는 것처럼 보이지. 이것이 플라톤의 가르침이라네.[206]

22

79 크세노폰[207]에서 대퀴로스는 숨을 거두며 다음과 같이 말했네. "오오, 소중한 내 아들들이여! 내가 너희 곁을 떠나더라도 너희는 내가 더이상 존재하지 않다고 생각지 말아라. 내가 너희와 함께할 동안에도 너희는 내 영혼을 보지 못했고, 내가 행한 행동으로 미루어 이 육신 안에 영혼이 있음을 알았던 것과 마찬가지로 너희는 내 영혼을 보지 못하더라도 그것이 여전히 존재한다는 것을 믿어라.

80 유명한 사람들이라 해도 우리가 그분들을 두고두고 기억할 수 있도록 그분들의 영혼이 영향력을 행사하지 않는다면 사후에 그 명예는 존속하지 못할 것이다. 나로서는 육신 안에 있는 동안 살아 있던 영

혼이 육신을 떠나면서 죽는다는 것이 도무지 믿어지지 않는다. 그리고 영혼이 지각 없는 육신을 떠나면 지각이 없어진다는 것도 믿어지지 않는다. 오히려 나는 영혼이 육신의 온갖 혼합물에서 해방되어 순수하고 온전해지기 시작해야만 그제야 지혜로워진다고 믿는다. 게다가 사람이 죽은 뒤 해체되면 각각의 육신의 요소들이 어디로 돌아가는지는 명백하다. 그것들은 모두 출발지로 돌아가는 것이다. 다만 영혼만은 죽기 전에도 죽은 뒤에도 눈에 보이지 않는다.

81 또한 너희도 보다시피 잠만큼 죽음에 가까운 것은 아무것도 없다. 그런데 잠들었을 때 영혼은 그 신성(神性)을 가장 분명히 드러내는 법이다. 왜냐하면 영혼은 잠이 들어 긴장이 풀렸을 때 여러 가지 미래사를 볼 수 있기 때문이다.[208] 그것을 보고 우리는 영혼이 육신의 사슬에서 완전히 해방되었을 때 어떤 상태가 될지 알 수 있는 것이다. 그러니 내가 한 말이 사실이라면, 너희는" 하고 퀴로스는 말했네. "나를 신처럼 공경하라. 하나 내 영혼이 육신과 함께 죽게 될 것이라면, 그래도 너희는 이 아름다운 우주를 보존하고 지배하는 신들을 공경하는 마음에서 나에 대한 기억을 경건하고 엄숙하게 간직하게 되리라."

퀴로스는 죽기 전에 이렇게 말했네. 자네들만 좋다면 이제는 나 자신의 처지를 돌아보도록 하세.

---

206 플라톤, 『파이돈』 72e~73b, 『파이드로스』(Phaidros) 245c 참조.
207 『퀴로스의 교육』 8권 7장 17~22절.
208 키케로, 『예언에 관하여』(De divinatione) 2권 58장 119절 이하 참조.

23

82 스키피오여, 자네 부친 파울루스[209]나, 두 분의 조부님 파울루스[210]와 아프리카누스[211]나, 아프리카누스의 부친[212]과 백부[213]나, 그 밖에 여기서 일일이 열거할 필요가 없는 수많은 탁월한 분들이 후세가 자신들의 것이라는 점을 알지 못했더라도 후세의 기억에 남을 그런 위업(偉業)을 시도했을 것이라고는 아무도 나를 설득하지 못할 것이네. 아니면 노인들이 흔히 그러하듯 내 자랑을 늘어놓자면, 내 명성이 내 인생과 동시에 끝날 것이라고 믿었더라도 내가 평화 시에나 전시에나 밤낮으로 그런 힘든 일들을 도맡아 수행했을 거라고 자네는 생각하는가? 나로서는 노고와 투쟁에서 벗어나 한가롭고 조용한 세월을 보내는 편이 훨씬 낫지 않았을까? 하지만 내 영혼은 왠지 고무되어 항상 후세를 내다보고 있다네, 마치 이 삶을 떠나야만 비로소 진정한 삶이 시작될 것처럼 말일세. 아무튼 영혼이 불멸이라는 것이 사실이 아니라면 가장 훌륭한 사람들의 영혼은 불멸의 영광을 얻기 위하여 그렇게 열심히 노력하지는 않았을 걸세.

83 그런데 왜 가장 현명한 자는 누구나 가장 평온한 마음으로 죽는데 가장 어리석은 자는 마지못해 죽는 것일까? 이는 더 많이 더 멀리 보는 영혼은 자신이 더 나은 곳으로 출발한다는 것을 보지만 시력이 무딘 영혼은 그것을 보지 못한다는 증거가 아닐까? 아무튼 나는 내가 존경하고 사랑했던 자네들 부친들을 만나보고 싶은 열망에 들떠 있네.

하지만 나는 내가 직접 아는 분들뿐 아니라, 내가 듣고 읽고 손수 글을 쓴 분들도 만나보고 싶네. 내가 그분들을 보러 일단 출발하면 어느 누구도 나를 뒤로 끌어당기거나, 펠리아스[214]처럼 나를 끓여 회춘시키기가 쉽지 않을 걸세. 그리고 설사 요람에서 울게 해주겠다 해도 나는 단호히 거절하겠네. 말하자면 경주가 다 끝난 지금 나는 결승선에서 출발선으로 도로 소환당하고 싶은 마음은 추호도 없네.

84 왜냐하면 삶의 이점이 대체 무엇이란 말인가? 삶이란 오히려 노고가 아닌가? 설사 삶에 이점이 있다 해도, 그럼에도 반드시 삶에 물릴 때가 올 걸세. 많은 유식한 자들이 종종 그랬듯이 나도 삶을 한탄하겠다는 것이 아니라네. 내가 살았었다는 것을 나는 후회하지 않네. 나는 내가 헛되이 태어난 것이라는 생각이 들지 않도록 살았으니까. 그래서 내가 삶을 떠날 때 집이 아니라 여인숙을 떠나는 듯한 느낌이 들 것 같네. 자연이 우리에게 준 것은 임시로 체류할 곳

---

209 소스키피오의 생부인 마케도니아의 정복자 파울루스. 주 10 참조.
210 마케도니아 정복자 파울루스의 아버지.
211 대스키피오. 주 10 참조.
212 대스키피오의 부친 푸블리우스 코르넬리우스 스키피오. 주 84 참조.
213 주 83 참조.
214 펠리아스는 텟살리아 지방에 있는 이올코스(Iolkos) 시의 왕이다. 그는 조카 이아손(Iason)이 아버지 아이손(Aison)의 왕위를 돌려달라고 요구하자, 흑해 동안에 있는 황금 양모피를 가져오면 그러겠다고 약속한다. 그러나 이아손이 천신만고 끝에 황금 양모피를 갖고 돌아와 그것을 바쳐도 그는 약속을 지키지 않았다. 그러자 이아손의 아내로 따라온 메데이아가 먼저 늙은 숫양 한 마리를 토막 내어 약초와 함께 솥 안에서 끓여 회춘시킨 다음, 그들의 아버지도 같은 방법으로 회춘시켜주겠다며 펠리아스의 딸들을 꾀어 그들이 손수 늙은 아버지를 토막 내게 하지만, 끓일 때 솥 안에 필요한 약초를 넣지 않아 죽게 만든다. 일설에 따르면 메데이아는 시아버지 아이손을 같은 방법으로 회춘시켜주었다고 한다.

이지 거주할 곳이 아니기 때문일세.

내가 이 혼잡하고 혼탁한 세상을 떠나 신과 같은 영혼들의 모임과 공동체로 출발하는 그날은 얼마나 영광스러운 날이 될 것인가! 나는 앞서 말한 분들뿐만 아니라 내 아들 카토[215]를 만나러 가게 될 테니까. 그 애보다 더 훌륭하고 더 효성스러운 사람은 태어난 적이 없다네. 그 애가 마땅히 내 시신을 화장했어야 함에도 거꾸로 내가 그 애의 시신을 화장했다네. 그 애의 영혼은 나를 버린 것이 아니라, 자꾸만 내 쪽을 뒤돌아보며 나도 틀림없이 가게 되리라고 믿었던 곳으로 떠나간 것이라네.

사람들 눈에는 내가 이러한 불행을 용감하게 견뎌낸 것처럼 보였을 것이네. 하나 그것은 내가 침착한 마음으로 참고 견뎌서가 아니라, 우리가 서로 떨어져 있는 기간이 길지 않을 것이라는 믿음에서 늘 위안을 얻었기 때문일세.

85 이런 이유들로 해서, 스키피오여, (자네와 라일리우스는 내가 노년을 가볍게 견디는 것이 놀랍다고 말하곤 했기에 하는 말이네만)[216] 노년이 내게는 가벼우며, 짐이 되지 않을 뿐 아니라 즐겁기까지 하다네. 영혼은 불멸이라는 내 믿음이 실수라면 나는 기꺼이 실수를 하고 싶고, 내가 살아 있는 동안에는 나를 즐겁게 해주는 이 실수를 빼앗기고 싶지 않네. 하지만 내가 죽은 뒤에는, 몇몇 보잘것없는 철학자들[217]이 생각하듯 감각이 없어지는 것이라면, 이들 철학자들이 죽은 뒤 내 실수를 비웃지 않을까 두려워할 필요도 없어질 걸세. 또한 우리가 불멸의 존재가 되지 않을 것이라면, 사람은 역시 적절한 때에 죽는 것이 바람직하다네. 자연은 다른 모든 것에도 그렇지만 삶에도 한계를 정해놓았기 때문일세. 그리고 노년은 인생이라는 연

극의 마지막 장인 만큼 거기에서 기진맥진해지는 것은 피해야 하네. 인생에 물렸을 때는 특히 그러하네. 이것이 노년에 관한 내 견해일세. 나는 자네들이 둘 다 노년에 이르러 나한테 들은 것이 사실임을 실제 경험을 통해 인정하게 되기를 바라네!

215 주 42 참조.
216 4절 참조.
217 에피쿠로스학파 철학자들을 말하는 듯하다.

거의 모든 것을 할 수 있는 사람이
돈으로 살 수 있는 다른 것들,
이를테면 말과 하인과 화려한 옷가지와
값비싼 그릇은 장만하면서
가장 훌륭하고
가장 아름다운 살림살이라 할 수 있는
친구들을 마련하지 않는다면
이보다 더 어리석은 일이 또 있겠는가?

우정에 관하여
LAELIUS DE AMICITIA

키케로의 『우정에 관하여』(일명 『라일리우스』)는 기원전 44년에 씌어져 평생지기인 앗티쿠스에게 헌정되었다. 이 대화편은 소(小)스키피오가 죽은 직후인 기원전 129년, 스키피오와 평생지기였던 라일리우스가 자신의 두 사위 판니우스와 복점관 스카이볼라의 정원에서 주고받은 내용으로 되어 있다. 키케로의 말에 따르면 자기는 젊었을 때 복점관 스카이볼라 문하에서 법률을 공부했는데, 그때 이 대화를 스승에게서 전해 들었다는 것이다. 라일리우스는 사위들의 요청에 따라 우정의 본질은 무엇이며, 우정이 지켜야 할 원칙에는 어떤 것들이 있는지 일러준다. 우정은 미덕에 기초하고 미덕에 의해 유지되어야 한다는 것이다. 우정의 핵심인 조화와 안정과 신뢰는 미덕에서 비롯되기 때문이다. 이 대화편은 격조 높고 차분하고 운치 있는 문장으로 키케로의 대화편 중에서도 걸작으로 평가받고 있다. 단테는 자신이 동경하던 여인 베아트리체가 죽은 뒤 이 작품을 읽으며 위안을 얻었다고 한다.

01

1   복점관[1] 퀸투스 무키우스 스카이볼라[2]는 자신의 장인 가이우스 라일리우스[3]에 관한 여러 가지 일화를 정확히 기억하고 있다가 재미나게 들려주곤 하셨다네. 그분은 라일리우스를 언급할 때마다 주저 없이 '현인'이라고 부르셨지.

내가 성인 토가[4]를 입게 되었을 때 아버지께서 나를 스카이볼라 노인에게 제자로 맡기셨는데,[5] 아버지는 내게 할 수 있는 한, 그리고 그분이 허락하시는 한 그분 곁을 떠나지 말라고 하셨네. 그분은 여러 가지 주제에 관해 지혜롭게 담론하시며 짤막하고 적확한 주석을 다셨는데, 나는 그분의 법률 지식에서 더 많은 것을 배우고 싶어 그것들을 일일이 기억해두곤 했다네. 나는 그분이 세상을 떠나신 뒤에는 사제[6] 퀸투스 무키우스 스카이볼라[7]의 제자가 되었는데, 내 감히 단언하건대, 그분 역시 지성과 정의에서 우리나라에서 가장 탁월한 인물이셨네. 그분에 관해서는 다른 기회에 말하기로 하고, 지금은 복점관에게로 다시 돌아가겠네.

2   나는 복점관 스카이볼라가 겪으신 수많은 일이 생각나지만, 가장 또렷이 기억나는 것은 어느 날 그분의 집에서 있었던 일이네. 그분

은 늘 그러하듯 정원의 반원형 의자에 앉아 계셨는데, 그 자리에는 나 말고 그분의 절친한 친구 몇 분이 있었다네. 그는 당시 많은 사람들의 입에 오르내리던 화제에 관해 말씀하셨다네. 앗티쿠스[8]여, 자네는 그때 푸블리우스 술피키우스[9]와 친근한 사이였으니 그때 일을 틀림없이 기억하고 있을 걸세. 그때 호민관이었던 술피키우스는 가장 친하고 아끼던 친구였던 당시 집정관 퀸투스 폼페이우스[10]와 불구대천의 원수가 되었네. 그래서 모두들 놀라고 안타까워했지.

3 스카이볼라는 이 일을 언급하다가 라일리우스의 우정에 관한 담론을 우리에게 들려주셨지. 그것은 소(小)스키피오 아프리카누스[11]가

---

1 『노년에 관하여』 주 31 참조.
2 복점관 퀸투스 무키우스 스카이볼라는 기원전 117년 집정관을 지낸 이름난 법률가로, 기원전 90~87년에 키케로에게 로마법을 가르쳤다.
3 『노년에 관하여』 주 9 참조.
4 '성인 토가'(toga virilis)는 고대 로마의 자유민이 만 16세가 되면 몸에 걸치는 흰색 겉옷이다.
5 키케로는 16세 되던 기원전 90년에 성인 토가를 입었고 복점관 스카이볼라는 기원전 87년에 세상을 떠났으니, 약 3년 동안 그의 강의를 들었던 셈이다.
6 사제에 관해서는 '로마의 통치구조' 중 사제들 참조.
7 사제 퀸투스 무키우스 스카이볼라는 복점관 스카이볼라의 당질로 기원전 95년에 집정관을 지냈으며, 기원선 89년부터는 대사제로 임명되었다. 뛰어난 웅변가이자 법률가였던 그는 복점관 스카이볼라가 죽은 뒤 키케로를 가르쳤다. 마리우스(Marius)와 술라(Sulla) 사이에 벌어진 내전의 와중에서 기원전 82년 마리우스파에게 암살당했다.
8 이 글을 헌정받은 앗티쿠스에 관해서는 『노년에 관하여』 주 2 참조.
9 푸블리우스 술피키우스는 기원전 88년 평민 호민관이 되었으며, 정적이었던 술라의 사주로 살해당했다. 키케로는 그를 당대 최고의 웅변가로 찬탄하고 있다.
10 퀸투스 폼페이우스는 기원전 88년 술라와 함께 집정관이 되어 호민관 푸블리우스 술피키우스와 싸웠으며 기원전 87년 살해당했다.
11 『노년에 관하여』 주 10 참조.

죽은 지 며칠 뒤 라일리우스가 스카이볼라와, 또 다른 사위인, 마르쿠스의 아들 가이유스 판니우스[12]와 나눈 대화였다네.

나는 그때 들었던 라일리우스의 이 담론의 요점을 기억해두었다가 내 방식대로 이 책에다 기록해보았다네. 말하자면 나는 배우들을 직접 무대 위에 올려보았네. "나는 말했다" 또는 "그는 말했다"라는 표현이 되풀이되는 것을 피하고 배우들이 직접 나서서 우리에게 말하는 듯한 인상을 주기 위해서 말일세.

4 자네는 가끔 나더러 우정에 관하여 글을 써보라고 권했는데, 그것은 나에게는 무척 매력적인 주제였다네. 우정은 만인의 관심사일 뿐 아니라 자네와 나같이 절친한 친구들에게는 특히 적합한 주제이니까. 그래서 나는 자네의 요청을 기꺼이 받아들인 거라네. 그리고 나는 그 결과물인 이 글이 자네는 물론이고 많은 사람들에게 도움이 되리라고 믿네. 나는 자네에게 헌정한 내 글 『노년에 관하여』에서 노년을 맞이한 카토를 주(主) 대담자로 삼았네. 내게는 그가 인생의 그 시기에 관해 말할 수 있는 가장 적임자로 여겨졌다네. 그는 오랫동안 노인이었고, 다른 어느 누구보다도 노년에 유복했기 때문일세.

한데 우정에 관하여 우리는 선조들에게서 가이유스 라일리우스와 푸블리우스 스키피오의 우정이 가장 기억에 남을 만한 것이라는 말을 들었네. 그래서 나는 라일리우스야말로 우정에 관하여 자신의 의견을 말할 수 있는 적임자라고 생각했네. 게다가 실제로 우정에 관하여 그가 의견을 말한 것으로 스카이볼라는 기억하고 있지 않은가. 이런 종류의 담론은 특히 명망 있는 선조들의 권위를 업게 되면 왠지 더 의미심장해 보이는 법이라네. 그래서 그런지 나는 내가 썼으면서도 『노년에 관하여』를 읽을 때면 때로는 너무나 감동되어 화자(話者)가 내가 아니라 카토라는 느낌마저 든다네.

5 그 글에서 나는 노인으로서 다른 노인들에게 노년에 관하여 이야기하지만, 이 글에서는 절친한 친구로서 친구에게 우정에 관하여 이야기한다네. 그 글에서는 당시 거의 최고령자이며 누구 못지않게 현명했던 카토가 화자이지만, 지금은 현명하고—그는 실제로 그렇게 간주되었다네—우정의 본보기인 라일리우스가 우정에 관하여 말할 걸세. 그러니 자네는 잠시 동안 나를 잊어버리고 라일리우스 자신이 말하고 있다고 생각하게나.

가이유스 판니우스와 퀸투스 무키우스 스카이볼라는 아프리카누스가 세상을 떠난 직후[13] 장인 라일리우스의 집을 찾았네. 두 방문객이 대화를 시작하면 라일리우스가 대답하는데, 그의 담론은 전부 우정에 관한 것이네. 그것을 읽으면 자네는 거기서 자네 자신의 모습을 알아보게 될 걸세.

02

6 **판니우스** 지당하신 말씀입니다, 라일리우스님. 아프리카누스보다 더 훌륭하고 유명한 사람은 없었습니다. 그러나 당신은 만인의 눈이 당신을 향하고 있다는 것을 아셔야 합니다. 사람들은 당신을 '현

---

12 가이유스 판니우스는 라일리우스의 사위로, 키케로의 『우정에 관하여』와 『국가론』에서 대담자로 등장한다.
13 소아프리카누스는 기원전 129년에 세상을 떠났다.

인'이라고 부르며, 또 그렇게 굳게 믿고 있습니다. 얼마 전[14]에 이 별명은 카토에게 주어졌습니다. 우리가 알기로, 루키우스 아킬리우스[15]도 우리 선조들의 시대에는 '현인'이라 불렸습니다. 그분들에게는 서로 다른 이유에서 그런 호칭이 붙었습니다. 아킬리우스는 시민법의 대가로 인정받았기 때문이고, 카토는 폭넓은 경험과, 원로원과 광장에서 수없이 보여준 날카로운 선견지명과 결단성과 재치 있는 답변 때문이었습니다. 그래서 그 결과 그분에게는 노인이 되었을 때 '현인'이라는 존칭이 별명이 되다시피 한 것입니다.

7 그러나 당신에게 이런 존칭이 주어진 것은 약간 의미가 다릅니다. 당신의 경우 그것은 타고난 재능과 성품뿐만 아니라 학구열과 학식 때문입니다. 그리고 당신에게 그런 존칭을 붙인 것은 무식한 대중이 그러하듯 막연하게 그러는 것이 아니라, 박식한 학자들이 그러하듯 엄밀한 의미에서 그러는 것입니다. 또한 그런 일은 온 그라이키아[16] 땅에서 어느 누구에게도 일어나지 않았던 일입니다. 그런 문제에 엄격한 잣대를 들이대는 사람들은 이른바 '일곱 현인'[17]도 현인들에 포함시키지 않았기 때문입니다. 아테나이에 살던 한 사람[18] 말고는 말입니다. 그리고 그는 실제로 아폴론의 신탁에 의해 가장 현명한 자라는 판정을 받았다고 합니다.[19]

사람들이 당신을 현인이라고 믿는 것은, 당신과 관계되는 것은 무엇이든 당신에게 책임이 있으며 인간의 변화무쌍한 운명보다는 미덕이 더 중요하다는 당신의 확고한 신념 때문입니다. 그래서 사람들은 나에게, 그리고 아마도 여기 있는 스카이볼라에게 묻습니다. 아프리카누스의 죽음을 당신이 대체 어찌 견디는지 말입니다. 그들이 더욱더 집요하게 캐묻는 까닭은, 지난달 노나이[20]에 늘 하던 대로 복점관에 관한 일을 실습하려고 우리가 데키무스 브루투스[21]의 시골집에 모였을 때 당신은 언제나 날짜를 지키고 그런 일에는 빠지는 일이 없었음에도 그 자리에 참석하시지 않았기 때문입니다.

8 **스카이볼라** 가이우스 라일리우스님, 방금 판니우스가 말씀드렸듯이 많은 사람들이 궁금해했습니다. 하지만 나는 내 눈으로 본 대로 대답했습니다. 당신은 가장 탁월한 분이기도 한 절친한 친구를 잃은 슬픔을 차분하게 견디고 계신다고 말입니다. 그러나 그런 친구를 잃고서도 당신은 조금도 동요하시지 않았다는 말은 하지 않았습니다. 그러기에는 당신은 마음이 너무나 따뜻하기 때문입니다. 노나이에 당신이 우리 모임에 참석하시지 않은 것은 몸이 불편해서이

---

14 카토는 기원전 149년에 세상을 떠났으므로, 여기서 '얼마 전'(modo)은 20년 전을 뜻한다.

15 루키우스 아킬리우스는 키케로의 『법률에 관하여』(De legibus) 2장 5절에서 법률가로 언급될 뿐 그에 관해서는 달리 알려진 바 없다.

16 그라이키아(Graecia)는 그리스의 라틴어 이름이다.

17 기원전 7~6세기에 활동했던 그리스의 입법가 · 철학자 · 정치가들인 이른바 '일곱 현인' 명단은 여러 가지가 있으나 대개 밀레토스(Miletos)의 탈레스(Thales), 아테나이의 솔론, 뮈틸레네(Mytilene)의 핏타코스(Pittakos), 프리에네(Priene)의 비아스(Bias), 로도스(Rhodos)의 클레오불로스(Kleoboulos), 스파르테의 킬론(Chilon), 코린토스(Korinthos)의 페리안드로스(Periandros)가 거론된다.

18 소크라테스. 『노년에 관하여』 주 77 참조.

19 플라톤, 『변론』 21a, 그리고 키케로의 『노년에 관하여』 78절 참조.

20 노나이(Nonae)는 이두스 전 '9일째 되는 날'이라는 뜻으로, 3월 · 5월 · 7월 · 10월에는 7일에 들고 나머지 달에는 5일에 든다. 이두스(Idus)는 원래 보름날이었으나, 3월 · 5월 · 7월 · 10월에는 15일에 들고 나머지 달에는 13일에 든다.

21 데키무스 브루투스는 기원전 137년에 집정관을 지냈다. 복점관을 지내기도 한 그는 웅변가로서 그리스 문화의 애호가였다.

지 슬픔 때문이 아니라고 대답했습니다.

라일리우스 스카이볼라, 자네의 대답은 탁월하고도 정확했네. 나는 건강할 때면 자네가 말한 임무를 늘 수행했거늘, 개인적인 불행 때문에 그런 임무를 기피하지는 않았을 걸세. 그리고 조금이라도 책임감이 있는 사람이라면 그런 일로 해서 의무를 소홀히 한다는 것은 있을 수 없는 일이라고 나는 생각하네.

9 한데 판니우스여, 내게 그토록 큰 명예가 주어지고 있다는 자네의 말은 고마운 말이긴 하지만 나로서는 인정할 수도 요구할 수도 없다네. 그리고 내가 보기에 카토에 대한 자네의 평가는 정당한 것 같지 않네. 왜냐하면 현인 같은 것은 존재하지 않았거나—나는 그렇게 믿고 싶네—존재했다면 카토야말로 그런 분이었기 때문일세. 다른 증거는 다 접어두더라도 그분이 어떻게 아들[22]의 죽음을 견뎌냈는지 생각해보게나! 나는 파울루스[23]가 비슷한 일을 겪었던 것도, 갈루스[24]가 같은 일을 당하는 것도 보았지만, 그들은 아들들이 어릴 때 당한 일이었으나 카토의 아들은 장래가 촉망되던 성인이었단 말일세.

10 그러니 자네 말처럼 아무리 아폴론이 가장 현명한 자로 판정했다 해도 카토보다 그 사람[25]을 우위에 놓지 않도록 조심하게나. 그 사람은 말한 것 때문에 칭찬 듣는 것이지만, 카토는 행동한 것 때문에 칭찬 듣는 것일세. 이제 나 자신에게로 돌아가겠네. 내가 이제 자네들 두 사람과 대화할 수 있도록 자네들은 앞으로 내 말이 사실이라고 믿어주게나!

03

만약 내가 스키피오를 잃고도 전혀 동요하지 않았다고 주장하려 한다면, 내 주장이 얼마나 옳은지 판단하는 것은 현인들의 몫이 될 걸세. 하지만 의심할 여지없이 나는 거짓말을 한 셈이 될 것이네. 나는 동요하고 있기 때문이네. 생각건대, 앞으로 다시는 갖지 못할, 또는 확언하건대, 지금까지 둘도 없던 친구를 잃고서 말일세. 그렇지만 내게 진정제는 필요 없네. 친구들이 죽으면 대부분의 사람들을 슬퍼하게 만드는 미망(迷妄)에서 내가 자유롭다는 것이 그나마 내게는 위안이 되기 때문이지. 나는 스키피오가 불상사를 당했다고 믿지 않기 때문일세. 불상사가 일어난 것이라면 그것은 나에게 일어난 것이겠지. 하지만 자신의 불행 때문에 지나치게 괴로워한다는 것은 친구가 아니라 자기 자신을 사랑하는 사람의 특징이라네.

11 그런데 스키피오야말로 멋있게 살았다는 것을 누가 부인할 수 있겠는가? 만약 그가 영생하기를 원하지 않았다면―그가 그런 소망을 품었을 리 없지만 말일세―사람이 바랄 수 있는 것 중에 그가 이루지 못한 것이 무엇이란 말인가? 그가 소년에 불과했을 때 동포 시

22 『노년에 관하여』 주 42와 84절 참조.
23 마케도니아의 정복자 파울루스는 소스키피오 아프리카누스의 생부(『노년에 관하여』 주 10 참조)로, 둘 다 다른 가문에 입양된 스키피오 아이밀리아누스와 파비우스 막시무스 아이밀리우스(Quintus Fabius Maximus Aemilianus) 말고도 아들이 두 명 더 있었다. 그러나 그가 개선식을 올리던 기원전 168년 한 명은 14세에, 한 명은 12세에 세상을 떠났다고 한다. 플루타르코스, 『영웅전』 「아이밀리우스 전」 35절 참조.
24 『노년에 관하여』 주 142 참조.
25 소크라테스를 가리킨다. 7절 참조.

민들은 그에게 크나큰 기대를 걸었는데, 그는 약관(弱冠)에 이미 믿을 수 없는 재능에 힘입어 그 기대를 충족시켰다네. 아니, 능가했다네. 그는 집정관직을 구하지도 않았는데 두 번이나 집정관이 되었지. 첫 번째에는 법정 나이가 되기 전이었고,[26] 두 번째에는 적정 나이를 채웠었지. 그 자신으로서는 적정 나이를 채운 셈이지만, 나라의 입장에서는 자칫 너무 늦을 뻔했다네. 그는 우리 제국의 불구대천의 원수인 두 도시를 전복함으로써[27] 진행 중인 전쟁뿐 아니라 미래의 전쟁까지 종식시킨 셈이라네. 그의 붙임성 있는 태도, 어머니에 대한 효성,[28] 누이들에 대한 너그러움, 친척들에 대한 상냥함, 만인에 대한 공정성에 관하여 여기서 다 언급할 필요가 어디 있겠는가? 그런 일이라면 자네들도 익히 알고 있으니 말일세.

동포들이 그를 얼마나 사랑했는지는 그의 장례식 때 그들이 흘린 애도의 눈물이 말해주었네. 그러니 그가 몇 년을 더 살았다고 해서 무슨 이득이 있었겠나? 설사 노년이 짐이 되지 않는다 하더라도—카토가 죽기 1년 전에 나와 스키피오와 나눈 담론에서 그렇게 주장한 것으로 기억되네만—노년은 그가 죽을 때까지 잃지 않았던 신선한 활력을 빼앗아버렸겠지.

12 이렇듯 그의 인생은 행운과 명성이 넘쳐나 거기에 더 보태려야 보탤 것이 없을 정도였네. 게다가 그의 죽음은 갑작스러운 것이어서 그는 죽음의 고통도 느끼지 않았네. 그가 어떻게 죽었는지는 말하기 어렵네. 사람들이 혐의를 품고 있는 것에 관해서는 자네들도 알고 있을 테고.[29] 한 가지 확실히 말할 수 있는 것은, 그가 살아생전에 영광스럽고 행복한 날을 많이 보았다는 것이지.

그러나 그중에서도 가장 뜻 깊은 날은 그가 세상을 떠나기 전날이었는데, 그날 그는 원로원 회의가 끝난 뒤 저녁에 동료 원로원 의원들과 로마 국민들과 동맹시의 시민들과 라티니족[30]의 호위를 받으며 집으로 돌아갔다네. 그토록 위대한 인물로 떠받들어진 만큼 그는 지하의 망령들에게로 내려간 것이 아니라 하늘의 신들에게로 올라갔을 것이라고 믿어지네.

04

13 왜냐하면 어떤 자들[31]은 영혼과 육신이 동시에 소멸하고 모든 것이 죽음에 의해 파괴된다고 주장하기도 하지만 나는 그런 자들에게는

---

26 소스키피오는 기원전 147년 조영관 후보로 나섰다가 37세에 집정관으로 선출되어 카르타고 전쟁의 지휘권을 인수했는데, 그때는 42세가 되어야만 집정관이 될 수 있었다. 그는 기원전 134년에 후보로 나서지 않았는데도 다시 집정관으로 선출되어 에스파냐에 있는 누만티아(Numantia) 시의 포위전을 지휘하면서 8년 동안 지속되던 지루한 전쟁을 끝내고 누만티아 시를 파괴했다.
27 카르타고(기원전 146년)와 누만티아(기원전 133년).
28 스키피오는 생모 파피리아(Papiria)가 생부 파울루스와 이혼하자, 대스키피오의 아내로 자신의 양조모인 아이밀리아에게서 받은 유산을 어머니에게 주었으며, 어머니가 죽은 뒤에는 그것을 자기 누이들에게 주었다고 한다.
29 스키피오는 기원전 129년 원로원에서 그락쿠스의 농지 개혁법을 격렬히 반대하다가 이튿날 시신으로 발견되었다. 그락쿠스 지지자들, 아내 셈프로니아(Sempronia), 누이 코르넬리아(Cornelia)가 의심을 받았으나, 그의 죽음은 여전히 수수께끼로 남아 있다.
30 라티니족이란 로마 주위의 라티움(Latium) 지방 주민을 말한다. '동맹시의 시민들과 라티니족'(socii et Latini)이란 로마와 동맹을 맺었거나 로마에 종속된 이탈리아 반도 내 도시의 시민을 말하는데, 그중 옛 라티움 도시의 시민이 우월한 지위를 누렸다.
31 에피쿠로스(Epikouros 기원전 341~271년)학파를 말한다. 영혼은 물질이며 사멸한다는 이론은 적어도 원자론의 창시자 데모크리토스(Demokritos 기원전 460~357년경)에게까지 거슬러 올라간다.

동의하지 않기 때문일세.[32] 나는 옛사람의 견해를 존중한다네. 그들 가운데 우리 선조들은 고인들에게 경건하게 경의를 표했는데, 고인들이 그런 일에 무관심하다고 믿었다면 분명 그리 하지 않았겠지. 그리고 이 나라에 살면서 자신들의 원칙과 교리로 지금은 폐허가 되었으나 그때는 번영을 누렸던 대(大)그라이키아[33]를 개명시켰던 사람들[34]도 비슷한 믿음을 갖고 있었네.

그 밖에 아폴론의 신탁에 의해 가장 현명한 사람으로 판정받은 사람[35]도 있네. 그는 대부분의 주제에 관해 처음에는 이렇게 말하다가 다음에는 다르게 말하지만,[36] 한 가지 주제에 관해서는 일관된 주장을 펼쳤다네. 말하자면 인간의 영혼은 신적인 것이어서 육신을 떠나면 하늘로 돌아가게 되는데, 더 훌륭하고 더 의롭게 산 영혼일수록 돌아가는 길이 더 순탄하다는 것일세.

14   그것은 스키피오의 견해이기도 했네. 그는 세상을 떠나기 불과 며칠 전에 어느 담론에 참석했는데, 장차 자기에게 무슨 일이 일어날 것인지 예감하고 있음을 보여주려는 것 같았네. 그 자리에는 필루스와 마닐리우스[37]와 그 밖에 몇 명이 더 있었고, 스카이볼라여, 자네도 나와 함께 그곳에 갔었지. 그는 사흘 동안 국가에 관하여 말했네.[38] 그러다가 담론의 말미에 이르러 그는 꿈에서 대아프리카누스에게서 들었다는 것[39]을 우리에게 전해주며 영혼의 불멸에 관해 말했네. 모든 선한 사람들의 영혼은 사후에 육신의 감옥과 사슬에서 쉬이 벗어난다는 것이 사실이라면, 우리는 누가 스키피오보다 쉬이 신들에게로 갔으리라고 생각할 수 있겠는가? 그래서 나는 그의 그러한 운명을 슬퍼하는 것은 우정이 아니라 질투의 증거로 보이지 않을까 두려운 것이네.

한편으로 만약 영혼이 육신과 동시에 죽고 어떤 감각도 남지 않는다면 죽음에는 좋은 것이 아무것도 없듯이 나쁜 것도 아무것도 없을 것이라고 나는 확신하네. 왜냐하면 어떤 사람에게 감각이 없어진다면 그는 아예 태어나지 않은 것과 같은 상태가 되기 때문이지. 하지만 스키피오가 태어났었다는 사실은 우리를 기쁘게 해주고 있으며, 또 이 나라가 존속하는 한 이 나라를 기쁘게 해줄 것이네.

15 그래서 스키피오야말로, 이미 말했듯이 가장 훌륭하게 살았던 걸세. 그러나 나 자신은 그렇지가 못하네. 나는 그보다 먼저 세상에 태어났으니 당연히 먼저 세상을 떠났어야 했단 말일세. 하지만 우리의 우정에 관한 추억이 무척이나 행복한 것이어서 내 삶도 행복한 것이었다는 생각이 드네. 나는 스키피오와 함께 살았으니까 말일세. 우리는 공적인 생활에서나 사생활에서나 관심사가 같았고, 같은 집에서 살았으며, 전장에서 군복무도 함께했다네. 우리는 취향과 목표

---

32 『노년에 관하여』 85절 참조.
33 대그라이키아(magna Graecia)는 기원전 7세기에 그리스인들이 여러 식민시를 세웠던 남이탈리아와 시칠리아 섬을 가리키는 이름이다.
34 퓌타고라스학파를 말한다. 그들은 영혼의 윤회를 믿었는데, 키케로는 그들의 윤회설을 플라톤의 영혼 불멸실과 같은 것으로 보고 있다. 그들은 기원전 5~6세기 남이탈리아의 그리스 식민시들에서 활동했다.
35 소크라테스.
36 사물을 여러 측면에서 고찰하면서 마지막 결론을 유보하려는 불가지론(不可知論)은 소크라테스의 추종자로 자처하는 후기 아카데메이아학파의 방법론적 특징이다.
37 필루스는 기원전 136년에, 마닐리우스는 기원전 149년에 집정관을 지냈는데, 둘 다 소스키피오를 중심으로 한 동아리의 회원이었다.
38 키케로의 『국가론』을 말한다.
39 『국가론』의 끝부분인 「스키피오의 꿈」(Somnium Scipionis)을 말한다.

와 의견도 완전히 일치했는데, 바로 이것이 우정의 요체(要諦)라네. 판니우스가 방금 말한 내 지혜에 관한 명성은 근거가 없는 것이어서 나로서는 그다지 기쁘지가 않네. 아무튼 우리의 우정이 끊임없이 후세에 전해지리라는 희망만큼 기쁘지는 않네그려. 내가 이 희망에 마음속으로 애착을 느끼는 것은 전 역사를 통하여 지속적으로 기억되는 친구들은 기껏해야 서너 쌍[40]밖에 되지 않기 때문일세. 그래서 나는 후세 사람들이 스키피오와 라일리우스의 우정을 이 소수의 본보기에 포함시키기를 간절히 바란다네.

16 **판니우스** 반드시 그렇게 될 것입니다, 라일리우스님. 하나 이왕 우정에 관하여 언급하셨고 우리도 여가가 있으니, 우정의 의미와 본질을 말씀해주시고 그 처방도 일러주십시오. 그러시면 스카이볼라도 나도 매우 고맙게 여길 것입니다. 주제가 무엇이든 사람들이 견해를 물어오면 당신은 그들의 물음에 기꺼이 대답해주시곤 했으니 말입니다.

스카이볼라 나도 매우 고맙게 여길 것입니다. 나도 막 그런 부탁을 드리려던 참인데 판니우스가 선수를 쳤군요. 그러니 당신은 우리 두 사람 모두에게 큰 호의를 베푸시는 것입니다.

05

17 **라일리우스** 나는 두말 없이 받아들여야겠지, 조금이라도 내게 자신감이 있다면 말일세. 주제가 훌륭한 데다 판니우스의 말처럼 우리는 지금 여가가 있으니 말이야. 하지만 내가 뭐라고 그런 일을 할 수 있단 말인가? 도대체 내게 무슨 기량이 있단 말인가?[41] 자네가

요구하는 것은 학자들, 그것도 그라이키아의 학자들이나 할 법한 일이라네. 어떤 주제가 제시되더라도 준비 없이 즉석에서 담론하는 것 말일세. 그것은 수행하기 어려운 일이고 적잖은 훈련을 필요로 한다네. 그러니 자네가 원하는 것이 우정에 관한 포괄적인 토론이라면 그런 것을 직업으로 삼는 사람들을 찾아가보라고 권하고 싶네. 내가 할 수 있는 것은 기껏해야 우정을 그 어떤 인간사보다 우선시 하라고 권하는 일뿐일세. 우정만큼 자연스러운 것은 아무것도 없으며, 행복할 때나 불행할 때나 우정만큼 적절한 것은 아무것도 없기 때문이네.

18 먼저 우정은 선한 사람들 사이에서만 가능하다는 말을 해두고 싶네. 나는 이에 대해, 결국 지혜롭지 않으면 아무도 선할 수 없다고 주장하는 사람들[42]처럼 너무 꼬치꼬치 따지고 싶지는 않네. 그들의 그러한 태도는 매우 세심하고 논리적으로 옳을지 몰라도 사회생활에 그다지 도움이 안 되기 때문이네. 게다가 그들의 주장이 옳다 해도 그들이 말하는 '지혜'란 일찍이 어떤 사람도 이룬 적이 없는 그런 종류의 것이라네. 반면에 우리는 순전히 이론적이고 가상적인 목표가 아니라 일상생활의 경험에 주안점을 두어야 할 걸세.

---

40 테세우스(Theseus)와 페이리토오스(Peirithoos), 아킬레우스(Achilleus)와 파트로클로스(Patroklos), 오레스테스(Orestes)와 퓔라데스(Pylades) 외에 네 번째로는 다몬(Damon)과 핀티아스(Phintias)(키케로, 『의무에 관하여』(De officiis) 3권 45절 참조)를 염두에 두고 있는 것 같다.
41 즉석 토론의 기량을 말한다. 당시 웅변가들과 소피스트들과 아카데메이아학파 철학자들은 그런 훈련을 쌓았다고 한다.
42 스토아 철학자들은 지(智)와 덕(德)을 동일시했다.

우리 선조들은 가이우스 파브리키우스[43]와 마니우스 쿠리우스[44]와 티베리우스 코룽카니우스[45]를 현인이라고 판정했지만, 만약 그런 까다로운 잣대를 들이댄다면 나는 그들도 현인이라고 주장할 수 없을 걸세. 그러니 그 철학자들더러 그런 의심스럽고 알쏭달쏭한 개념일랑 자신들을 위해서나 간직하고, 방금 말한 분들이 선하다는 것을 인정하라고 하게나. 하지만 그들은 그렇게 하지 않을 것이네. 그들은 지혜로운 사람만이 선하다고 우기고 있으니 말이야.

19 그러니 우리는 사람들이 말하는 '평범한 상식'에 의존해서 말할 수밖에 없네. 행동과 생활을 통하여 성실과 정직과 공정함과 아량을 보여주었던 사람들, 탐욕과 방종과 파렴치와는 거리가 먼 사람들, 방금 내가 거명했던 분들처럼 성격이 굳건한 사람들, 우리는 그들이 선하다고 간주되었던 만큼 그렇게 불릴 자격이 있다고 여기도록 하세. 왜냐하면 그들은 인간으로서 가능한 범위 안에서 자연에 순응했는데, 자연이야말로 올바른 삶을 위한 최선의 길라잡이이기 때문일세. 말하자면 우리는 태어나 누구나 서로 인연을 맺게 되는데, 그렇게 해주는 것이 바로 자연이라고 나는 믿는다네. 가까운 관계일수록 인연도 더 강해지네. 그래서 인연은 이방인들 사이에서보다 동포와 시민들 사이에서, 타인들 사이에서보다 친척들 사이에서 더 강한 법이라네. 서로 이방인들이고 서로 낯선 사이에서도 자연은 우정을 맺어주긴 했지만 그런 우정은 기초가 그리 튼튼하지 못하지. 진정한 우정은 인척 관계보다 더 힘이 있네. 인척 관계는 선의(善意) 없이 존재해도 우정은 그렇지 못하기 때문이네. 우정에서 선의가 빠지면 우정이라 할 수 없지만, 인척 관계는 선의가 빠져도 존속하니까 말일세.

20   우정의 힘이 얼마나 막강한지 알 수 있게 해주는 것은, 자연이 인간들 사이에 맺어준 인연은 부지기수인 데 반해 우정이라는 것은 호감에서 그것들을 모두 능가할뿐더러 선택적이고 한정적이어서 단지 두 사람 또는 그보다 조금 많은 사람들 사이에서만 맺어진다는 사실이네.

06

우정이란 지상에서나 천상에서나 모든 사물에 관한, 선의와 호감을 곁들인 감정의 완전한 일치라고 할 수 있을 걸세. 나는 지혜를 제외하고는 그것이 불사의 신들이 인간에게 준 최고의 선물이라고 믿고 싶네. 더러는 부(富)를, 더러는 건강을, 더러는 권세를, 더러는 관직을 우선시한다네. 그리고 더 많은 사람들이 쾌락을 최고로 치네. 하지만 그중 마지막은 짐승들에게나 맞는 것이고, 그 밖에 앞서 말한 것들도 덧없고 불확실하며, 우리의 계획에 달려 있는 것이 아니라 변덕스러운 운수에 달려 있다네. 어떤 사람들은 미덕을 최고선(最高善)으로 여기는데,[46] 그것은 옳은 견해일세. 바로 이 미덕이 우정을 낳고 지켜주니, 미덕이 없이는 우정은 어떤 경우에도 존재할 수 없다네.

---

43   『노년에 관하여』 주 44 참조.
44   『노년에 관하여』 주 45 참조.
45   『노년에 관하여』 주 46 참조.
46   키케로 시대의 스토아학파·아카데메이아학파·소요학파 철학자들은 덕을 최고선으로 여겼다.

21 이제는 일상생활의 관습과 어법에 따라 '미덕'을 정의해보기로 하세. 어떤 철학자들처럼 거창한 문구를 사용하지 말고 말일세. 우리는 선하다고 여겨지는 사람들을 선한 사람들에 포함시키도록 하세. 파울루스, 카토, 갈루스,[47] 스키피오, 필루스[48] 같은 사람들 말일세. 그들은 현실 생활의 기준을 충족시키기 때문이네. 대신 이 세상 어디에서도 찾을 수 없는 그런 사람들[49]은 생략하기로 하세.

22 방금 언급한 그런 사람들 사이에서 우정은 이루 말할 수 없을 만큼 이익을 준다네. 먼저 엔니우스의 말처럼, 친구 간의 상호 선의에서 안식을 얻지 못하는 삶이 어떻게 살 만한 가치가 있겠는가? 자네가 마치 자네 자신과 말하듯 무엇이든 마음껏 더불어 말할 수 있는 누군가를 갖는다는 것만큼 감미로운 일이 또 있겠는가? 자네가 번영을 누릴 때 자네 못지않게 그것을 기뻐해줄 누군가가 없다면 어떻게 그것을 마음껏 누릴 수 있겠는가? 자네 자신보다도 더 괴로워하는 사람이 없다면 불운은 정말로 견디기 어려운 것이 된다네.

끝으로, 우리가 추구하는 다른 것들은 대개 단 한 가지 목적에 이바지한다네. 부는 소비하는 데, 권세는 존경받는 데, 관직은 명망을 얻는 데, 쾌락은 즐기는 데, 건강은 고통에서 벗어나고 신체적인 기능을 수행하는 데 이바지하지.

그러나 우정은 동시에 여러 가지 목적에 이바지한다네. 자네가 어느 쪽으로 향하든 우정은 그곳에 있네. 어떤 장벽도 우정을 막을 수 없지. 우정은 결코 시기상조일 수도 없고 결코 거추장스러울 수도 없네. 그래서 우리에게는 생활필수품이라는 물과 불 못지않게 언제나 우정이 필요한 것이라네. 내가 지금 말하고 있는 것은 비록 즐겁고 유익하긴 하지만 평범하고 상식적인 우정이 아니라, 소수의 유명한 친구들에 의해 구현된 그런 종류의 진정하고 완전한 우정이라네. 우정은 행운은 더욱 빛나게 하고, 불운은 나누고 분담함으로써 더 가볍게 해준다네.

07

23 우정은 큰 이점을 많이 가지고 있지만, 그 점에서 의심할 여지없이 모든 것을 능가하는 것은 우정은 미래를 향하여 밝은 빛을 투사해 영혼이 불구가 되거나 넘어지지 않게 해준다는 것이라네. 진정한 친구를 보는 사람은 자신의 영상(映像)을 보는 것이네.[50] 친구는 그 자리에 없어도 그 자리에 있는 것이라네.[51] 그리고 그는 가난해도 부자이며, 약해도 강하며, 말하기 좀 거북하지만, 죽어도 살아 있다네. 그만큼 그의 친구들이 그를 존경하고 기억하고 그리워하기 때문일세. 그래서 죽은 사람은 죽어서도 행복해 보이고, 살아 있는 사람들은 칭찬받을 만해 보이는 것이라네.

이 세상에서 선의의 유대를 제거해버린다면, 가정도 도시도 존립할 수 없을 것이며, 농사도 존속될 수 없을 것이네.[52] 이 점이 잘 이해되지 않을 때는 불화와 적대감의 결과를 보면 우정과 화합이 힘이

---

47 『노년에 관하여』 주 142 참조.
48 주 37 참조.
49 스토아학파가 이상으로 여기는 완전한 인간을 말한다.
50 친구가 제2의 자아라는 생각은 아리스토텔레스에게서 비롯된 것이다. 『니코마코스 윤리학』(Ethika Nichomacheia) 9. 1166a(esti gar ho philos allos autos) 참조.
51 죽은 자가 산 자의 기억 속에 살아 있다는 생각은 키케로만의 특별한 발상은 아니다.
52 서로 협력하지 않을 것이므로.

얼마나 큰지 알 수 있을 걸세. 대체 어떤 가정이, 어떤 도시가 증오와 분열에도 무너지지 않을 만큼 튼튼하단 말인가?

24 그걸 보면 우정이 얼마나 가치 있는 것인지 판단할 수 있을 걸세. 아무튼 아그리겐툼의 어떤 학자[53]는 그라이키아어로 시구를 지어, 자연과 우주 속의 만물은 정지해 있는 것이든 움직이는 것이든 우정에 의해 결합되고 불화에 의해 분해된다고 노래했다는군. 그리고 그것은 실제로 모든 사람들이 이해하고 인정할 수밖에 없는 말이라네. 그래서 누가 친구를 위해 위험을 감수하거나 분담하는 실례를 보여주면 그는 그 때문에 최고의 찬사를 듣게 되는 것이라네. 예컨대 얼마 전에 내 손님이자 친구인 마르쿠스 파쿠비우스[54]가 새로 쓴 작품[55]을 공연할 때, 왕은 둘 중에 누가 오레스테스[56]인지 모르고 있는데 퓔라데스는 친구를 대신해서 죽기 위해 자기가 오레스테스라고 주장하고 진짜 오레스테스는 자기가 오레스테스라고 주장하는 장면에서 전 객석으로부터 얼마나 요란한 박수갈채를 받았던가! 자리에서 일어난 관객들은 연극에 불과한데도 이에 박수갈채를 보냈다네.

자네는 그런 일이 실제로 일어났더라면 그들의 감정이 어떠했을 것이라고 생각하는가? 사람들이 스스로 이룰 수 없었던 일을 다른 사람이 해냈을 때 잘했다고 판단했다면, 자연은 힘들이지 않고 자신의 힘을 드러내 보여준 것이라네.

이상으로 나는 우정에 관한 내 견해를 능력껏 말했다고 생각하네. 말해야 할 것이 더 남아 있다면—많이 있으리라는 것이 내 생각이네만—그것은 그런 토론을 직업으로 삼는 사람들에게 물어보는 편이 더 적합할 것 같네!

25 **판니우스** 하지만 우리는 당신에게 물어보고 싶습니다. 사실 나는 그런 사람들에게도 가끔 물어보았고 그들의 대답이 듣기 거북한 것만도 아니었습니다. 하지만 당신이 이 주제에 접근하는 방식은 뭔가 색다른 데가 있습니다.

스카이볼라 얼마 전 스키피오의 시골집에서 국가에 관해 담론이 진행되었을 때 그 자리에 그대가 있었더라면 그 점을 더욱더 강조했을 거예요. 필루스의 정교한 반론에 맞서 라일리우스님은 얼마나 멋있게 정의(正義)를 옹호하셨는지 몰라요.

판니우스 라일리우스님은 가장 정의로운 분이시니 정의를 옹호하는 것은 아마도 쉬운 일이었겠네그려.

스카이볼라 우정에 관하여 이야기하는 것도 라일리우스님에게는 틀림없이 쉬운 일일 거예요. 그분이야말로 최고의 성실성과 항심(恒心)과 정의감으로 우정을 실천하심으로써 가장 큰 명성을 얻지 않으셨던가요?

---

53 기원전 5세기 시칠리아 섬의 아그리겐툼(Agrigentum)에서 활동하던 철학자 엠페도클레스(Empedokles)를 말한다.
54 기원전 2세의 로마 비극작가로, 엔니우스의 조카이자 라일리우스의 친구이다.
55 작품 이름은 알려져 있지 않다.
56 아가멤논과 클뤼타이메스트라의 아들. 트로이아 전쟁에서 개선하던 날 어머니에게 살해당한 아버지의 원수를 갚기 위해 어머니를 살해하고, 친모 살해범으로 복수의 여신들에게 쫓긴다. 그래서 아폴론의 명령에 따라 아르테미스 여신의 신상을 그리스로 가져오기 위해 친구 퓔라데스와 함께 흑해 북안에 살던 타우로이족(Tauroi)의 나라로 갔다가, 죽었다고 믿었던 누이 이피게네이아를 만나 그녀의 도움으로 신상을 빼돌려 도망친다. 그들은 크뤼세스(Chryses) 왕을 찾아갔는데, 왕은 추격해온 타우로이족에게 그들을 넘기려 한다. 이러한 상황에서 퓔라데스는 친구를 살리기 위해 자기가 오레스테스라고 주장하고, 오레스테스는 자기가 오레스테스라고 주장한다.

08

26 **라일리우스** 그런 걸 강압이라고 한다네. 자네들이 어떤 방법으로 나에게 강요하든 그래서 달라질 것이 뭐가 있겠나? 강요는 강요니까. 특히 좋은 일에 사위들의 청을 거절한다는 것은 쉽지도 공정하지도 못한 일이니까 말일세.

우정에 관해 많이 생각해보았는데, 그럴수록 내게는 다음과 같은 문제를 고찰해야 할 것 같은 절실한 느낌이 들었다네. 우정이 약점이나 결핍 때문에 필요한가 하는 문제 말일세. 그렇다면 사람들이 친구를 구하려는 주된 목적은 각자가 혼자 힘으로는 쉽게 이룰 수 없는 이익을 서로 봉사함으로써 서로 주거니 받거니 하기 위한 것이지. 그러나 이런 거래는 우정의 특성 가운데 하나에 불과하다네.

그 기원은 오히려 더 오래되고, 더 아름답고, 더 직접적으로는 인간의 본성에서 유래하는 것이 아닐까? 우정(amicitia)이라는 말은 사랑(amor)에서 파생되었는데, 사랑이란 이해관계를 떠나 선의를 맺어주는 것 아닌가. 우정을 가장하여 누군가에게 아부하고 순간의 필요 때문에 경의를 표함으로써 가끔 이익을 취하는 경우가 있는 것은 사실이네. 그러나 진정한 우정에는 가짜와 가장이란 있을 수 없으며, 모든 것이 진짜이고 자발적이라네.

27 그러므로 내가 보기에 우정은 필요보다는 우리의 본성에서, 얼마만큼 이익을 가져다줄 것이냐는 계산보다는 사랑의 감정과 결합된 호감에서 비롯된 것 같네. 이런 감정이 어떤 성질인지는 많은 동물들의 경우를 통해서도 알 수 있다네. 이들 동물은 특정한 시기가 될 때까지 새끼들을 사랑하고 또 새끼들한테 사랑받는 까닭에 그 감정

이 쉽게 드러나지. 사람의 경우는 이보다 훨씬 분명히 드러난다네. 첫째, 끔찍한 범죄[57]에 의해서만 파괴될 수 있는 부모 자식 간의 사랑에서 그렇고, 다음에는 누군가로부터 말하자면 정직과 미덕의 어떤 빛을 보았다고 느낄 만큼 우리가 성품과 본성에 끌리는 사람을 발견했을 때 생기는 호감을 보더라도 그러하다네.

28 미덕보다 더 사랑스럽고 미덕보다 더 호감을 유발하는 것은 아무것도 없다네. 우리는 한 번도 본 적 없는 사람들에게마저 그들의 미덕과 정직성 때문에 일종의 호감을 품게 되기 때문일세. 가이유스 파브리키우스와 마니우스 쿠리우스를 본 적이 없다 해도 그분들을 마음속에 떠올리며 따뜻한 호감 같은 것을 느끼지 않을 사람이 어디 있겠는가? 반면 타르퀴니우스 수페르부스[58]나 스푸리우스 캇시우스[59]나 스푸리우스 마일리우스[60]를 미워하지 않을 사람이 어디 있겠는가? 그리고 우리는 이탈리아의 통치권을 위해 두 적장과 결전을 벌여야 했네. 퓌르로스[61]와 한니발[62] 말일세. 전자에게 우리는 그의 정직성 때문에 별로 적개심을 품지 않지만, 후자는 그의 잔인성 때문에 이 나라가 두고두고 미워하게 될 걸세.

---

57 부모 살해를 말하는 것 같다.
58 타르퀴니우스 수페르부스는 조기 로마의 일곱 왕들 중 마지막 왕으로, 전횡을 일삼다가 기원전 510년 브루투스(Lucius Iunius Brutus)에 의해 추방당한다. Superbus는 '오만왕'이라는 뜻이다.
59 스푸리우스 캇시우스는 기원전 493년 집정관이 되었으나, 평민들에게 토지를 분배해 주는 입법을 하다가 선동가로서 독재자가 되려 한다는 혐의를 받았다. 그 때문에 캇시우스는 기원전 485년 아버지에게 살해당했다고 한다.
60 『노년에 관하여』 주 162 참조.
61 『노년에 관하여』 주 48 참조.
62 『노년에 관하여』 주 23 참조.

09

29 정직성의 힘은 매우 강한 것이어서, 우리는 한 번도 본 적 없는 사람들이나, 한 걸음 더 나아가 심지어 적에게서 보이는 정직성까지 존중한다네. 하거늘 늘 가까이할 수 있는 사람들에게서 미덕과 탁월성을 볼 수 있다고 생각될 때 우리의 마음이 감명받는다고 해서 뭐가 그리 놀랍단 말인가? 또한 이런 우호적인 감정은 누가 우리에게 호의를 베풀고 호감을 드러낼 때, 그리고 친근하게 지낼 수 있는 사람들이 많을 때 더 강한 것이 된다네.

처음의 우호적인 충동에 이런 요소들이 곁들여지면 선의의 불길이 놀라울 정도로 활활 타오르는 법이라네. 우정은 약점에서 생겨나며 우리가 소원을 이루도록 도와줄 수 있는 누군가를 확보해두려는 의도에서 나온 것이라고 생각하는 사람이 있다면, 그 사람은 우정의 기원을 너무나 보잘것없고 비천한 것으로 보는 것이라네. 그렇다면 우정은 가난과 궁핍의 자식일 수밖에 없기 때문일세. 그게 사실이라면 자신감이 부족한 사람일수록 그만큼 더 우정에 적합하다 할 수 있네. 그러나 그것은 전혀 사실과 다르지 않은가.

30 자신감이 강한 사람일수록 도덕적·지적 자질도 더 강한 법이라네. 그리고 이런 자질들은 그 사람을 어느 누구에게도 의존하지 않게 하고 완전한 자족감(自足感)을 느끼게 하지만 실제로는 친구를 사귀고 아껴주는 그의 능력을 강화시켜준다네. 어떤가? 이를테면 아프리카누스가 나를 필요로 했을까? 천만에! 나 또한 그를 필요로 하지는 않았네. 하지만 나는 그의 미덕을 찬탄한 까닭에 그를 좋아했고, 그도 역시 내 성품을 그리 나쁘게 여기지 않은 까닭에 나를 좋

아했던 것 같네. 그리고 우리는 서로를 더 잘 알게 될수록 서로에 대한 우의도 깊어갔네. 물론 우리의 우정이 많은 이익을 가져다준 것은 사실이지만, 그렇다고 우리의 우의가 이익을 바라는 마음에서 시작된 것은 결코 아니라네.

31 우리가 서로에게 호의를 보이고 선심을 쓰는 것은 나중에 보답을 받기 위해서가 아니네. 우리는 선행으로 폭리를 취하지는 않네. 우리가 호의를 베풀려는 것은 그것이 자연스러운 일이기 때문일세. 우리가 우정을 바람직하게 여기는 것은 우리가 물질적 이익을 바라서가 아니라 우의 자체가 충분한 이익이기 때문일세.

32 짐승처럼 모든 것을 쾌락의 잣대로 재는 사람들이라면 이런 견해를 완강히 거부하겠지. 그리 놀라운 일도 아닐세. 자신들의 모든 사고(思考)를 그토록 저급하고 경멸스러운 것으로 비하하는 자들에게는 눈을 들어 고상하고 위대하고 신적인 것을 쳐다본다는 것이 불가능하기 때문이네. 그러니 우리는 그런 종류의 사람들은 아예 논외로 치기로 하고, 우리의 사랑과 호의는 자연스러운 현상으로서 다른 사람에게서 정직성이 명백히 드러날 때 유발된다는 결론을 내리는 것이 좋을 듯하네.

두 사람이 이런 자질을 추구하게 되면 공동의 성향 덕분에 서로 끌리고 서로 결합하게 된다네. 그리고 좋아하게 된 사람과 결합함으로써 서로 함께하고 서로 상대방을 즐기고 사랑으로 인해 서로 성격이 닮아간다네. 그들은 서로 봉사를 요구하기보다는 점점 더 봉사를 할 각오가 되어가면서 고귀한 일에 서로 경쟁자가 된다네. 그리하여 우정에서 최대 이익을 얻게 되는 것이네. 그리고 우정이 인간의 약점이 아니라 본성에서 기인했다는 사실은 우정을 더욱 위엄 있고 진실한 것으로 만들어줄 걸세. 만약 이익이 우정의 접착제라면 이익이 사라지면 우정도 풀어질 것이네. 하지만 본성은 바뀌지 않으므로 진정한 우정도 영원한 법이지. 이것이 우정의 기원에 관한 내 견해일세. 자네들이 거기에 덧붙일 말이 없다면 말일세.

판니우스 아닙니다. 계속하십시오, 라일리우스님! 여기 이 사람의 몫까지 합하여 대답하는 것입니다. 그는 내 손아래 동서로, 내게는 그럴 권리가 있으니까 말입니다.

33 **스카이볼라** 옳은 말입니다, 판니우스님. 그러니 우리 계속해서 듣도록 합시다.

10

라일리우스 그렇다면 가장 선량한 친구들이여, 나와 스키피오가 우정에 관해 토론할 때 자주 언급했던 것들을 들어보게나! 그가 늘 주장하기를, 생의 마지막 날까지 우정이 지속되는 것보다 더 어려운 일도 없다고 했네. 어떤 돌발 사건으로 우정이 더이상 서로에게 이익이 되지 않거나 또는 당사자들이 서로 정치적인 견해를 달리하게 된다는 것이었네. 또 그는 주장하기를, 때로는 역경 때문에, 때로는 점점 무거워지는 노년의 짐 때문에 사람의 성격이 변할 수 있다고 했네. 그 증거로 그는 어릴 적의 비슷한 상황을 예로 들었네. 소년들은 소년의 토가[63]를 벗으면서 동시에 가끔은 애틋한 우정도 벗어던진다는 것이었지.

34 이런 감정이 청년기까지 지속된다 해도 그때 가서 파탄을 맞는 경우도 종종 있다는 것이었네. 두 젊은이가 결혼할 아내나 또는 둘이

동시에 차지할 수 없는 어떤 이익을 두고 서로 경쟁하기도 한다는 것일세. 그들의 우정이 더 오래 지속된다 해도 두 사람이 관직을 두고 경쟁하게 되면 우정은 종종 허물어지고 만다는 것이었네. 말하자면 우정의 가장 큰 재앙은 대중의 경우 금전욕이고 상류층의 경우 관직과 명예에 대한 경쟁인데, 그것은 가장 친한 친구들도 철천지원수가 되게 한다는 것이었지.

35 스키피오가 또 말하기를, 한쪽이 다른 쪽에게 옳지 못한 짓을 하도록, 이를테면 방탕의 대행자나 불의의 하수인이 되도록 요구할 때 우정에는 심각한 파탄이 생기는데 그런 파탄은 대부분의 경우 당연하다고 했네. 그런 요구를 거절하는 쪽은, 설사 거절하는 것이 당연한 일이었어도, 거절당한 쪽으로부터 우정의 규칙을 어겼다는 비난을 받게 된다는 것이지. 그리고 친구에게 닥치는 대로 무엇이든 요구하는 자들은 그렇게 요구하는 것이야말로 자기들이 친구를 위해서라면 무엇이든 하겠다는 징표가 아니겠느냐고 기회 있을 때마다 암시한다는 걸세. 이들의 끊임없는 불평은 흔히 오래된 우정을 파탄에 이르게 할 뿐 아니라 지속적인 반목을 낳는다는 것이었네.
이런 종류의 수많은 위험이 우정 위에 운명처럼 걸려 있어서, 이런 위험을 모두 피하려면 지혜뿐만 아니라 행운도 필요한 것 같다고 말했네.

63 '소년의 토가'라고 번역한 토가 프라이텍스타(toga praetexta)는 입대할 나이가 되기 전의 소년들과 고관(高官)들이 입는 자줏빛 단을 댄 토가인데, 16세가 되면 이것을 벗고 흰 모직으로 만든 '성년의 토가'를 입게 된다.

II

36 그러니 자네들만 좋다면 친구를 위하여 어느 정도까지 해주어야 하는지 살펴보기로 하세. 코리올라누스[64]에게 친구들이 있었다면, 그 친구들은 그와 더불어 조국에 맞서며 무기를 들어야만 했을까? 베켈리누스[65]나 또는 마일리우스[66]의 친구들은 로마의 왕이 되려는 그들의 기도(企圖)를 지원해주었어야 했을까?

37 우리는 티베리우스 그락쿠스[67]가 나라를 혼란에 빠뜨리다가 퀸투스 투베로[68]와 또래의 다른 친구들에게 완전히 버림받는 것을 보았네. 그러나 스카이볼라여, 자네 집에 드나들던 쿠마이[69] 출신의 가이우스 블롯시우스[70]는 탄원하러 나를 찾아왔었네. 나는 두 집정관 라이나스와 루필리우스[71]의 조언자였으니까. 그는 그렇게 요청하는 이유로 자신은 티베리우스 그락쿠스가 무슨 요구를 하든지 그것을 들어주어야 한다고 생각할 만큼 그를 높이 평가한다고 했네. 그래서 내가 말했지. "그가 그대더러 카피톨리움[72]에 불을 지르라고 해도?" 그가 대답했네. "그는 결코 그런 요구를 할 사람이 아닙니다. 그러나 요구했다면 나는 그가 시키는 대로 했을 것입니다." 자네들도 보다시피, 이 얼마나 불경한 말인가!

아니나 다를까, 그는 말한 대로, 아니 그보다 더 심하게 행동했네. 그는 티베리우스 그락쿠스의 미망을 추종한 것이 아니라 이끌었고, 그 광기의 동반자가 아니라 주도자였던 걸세. 그리하여 이런 미치광이 짓을 심판하려고 특별 법정이 개설되었을 때 그는 겁이 나서 아시아로 도망쳐 적과 결탁했다가 나라에 대한 범죄의 대가를 톡톡히 치렀다네.[73]

그러니 친구를 위하여 죄를 저질렀다는 것은 변명이 될 수 없네. 우정을 맺어준 것은 무엇보다도 서로의 미덕에 대한 신뢰인 셈이라네. 따라서 미덕을 저버리면 우정은 존속하기 어려울 걸세.

38 만약 우리가 친구들에게 그들이 원하는 것을 무엇이든 들어주거나, 또는 그들에게서 우리가 원하는 것을 무엇이든 얻어내는 것이 옳다고 결정한다면, 그것은 우리가 완전한 지혜를 갖추고 있는 경우에만 무해할 것이네. 그런데 지금 우리는 눈앞에 보이거나, 기록으로

64 코리올라누스는 기원전 5세기 초 로마의 장군으로, 호민관들과 갈등을 빚어 로마에서 추방당하자 볼스키족(Volsci)에게 갔다. 그는 이들을 이끌고 로마로 진격했으나, 전설에 따르면 어머니의 만류로 로마를 공격하는 것을 중단했다고 한다.
65 베켈리누스(Vecellinus)는 스푸리우스 캇시우스(주 59 참조)의 별명인 듯하다.
66 『노년에 관하여』 주 162 참조.
67 티베리우스 그락쿠스는 기원전 133년 호민관이 되어 고통받고 있던 로마 하층민에게 토지를 분배해주려다 원로원의 반대에 부딪쳐 수많은 추종자들과 함께 살해당한다. 키케로는 그락쿠스 형제와 그 추종자들을 불온 세력으로 간주한다. 이러한 시각은 공화정의 철저한 옹호자인 그를, 시대의 추세와 달리 민중이 아니라 원로원에 의해 대표되는 귀족계급의 이익만을 대변하는 편협한 정치가로 보이게 한다.
68 퀸투스 투베로(Quintus Aelius Tubero)는 소스키피오의 생질로, 티베리우스 그락쿠스의 동료 호민관이 되었으나 그의 개혁에 극력 반대한다. 키케로의 『국가론』에서 담론에 참가한 사람들 중 한 명이다.
69 쿠마이는 그리스인들이 나폴리 근처에 세운 식민시이다.
70 가이우스 블롯시우스는 쿠마이 출신의 스토아 철학자로, 티베리우스 그락쿠스의 친구였다.
71 라이나스와 루필리우스는 기원전 132년 집정관이었다.
72 카피톨리움(Capitolium)은 로마의 일곱 언덕 가운데 하나로, 그곳에는 '성채'와 최고신 제우스를 모시는 신전이 있었다.
73 블롯시우스는 소아시아로 도망쳐 아리스토니쿠스(Aristonicus)와 결탁한다. 기원전 133년 소아시아 페르가뭄(Pergamum) 시의 왕 앗탈루스(Attalus) 3세가 죽으면서 왕국을 로마에 유증하자 앗타루스의 서제(庶弟) 아리스토니쿠스가 로마에 반란을 일으켰는데(기원전 133~130년), 그가 패하자 블롯시우스는 자살한다.

전해지거나, 일상생활을 통하여 알고 있는 친구들에 관하여 말하고 있네. 왜냐하면 우리는 이런 종류의 사람들을 예로 들어야 하기 때문일세. 그중에서도 되도록이면 지혜에 가장 가까이 다가간 사람들이면 좋겠지.

39 우리도 보다시피, 아니 선조들에게서 전해 들었다시피 파푸스 아이밀리우스는 가이유스 루스키누스[74]와 절친한 사이였네. 그들은 두 번이나 같이 집정관을 지냈고, 동료로서 감찰관직에 취임했지. 전하는 이야기에 따르면, 마니우스 쿠리우스와 티베리우스 코룽카니우스도 이들과 그리고 자기들끼리 아주 친근한 사이였다고 하네. 우리가 이런 분들을 생각할 때 그들 중 누군가가 친구에게 그의 임무와 서약과 국익에 반하는 것을 요구했으리라고는 의심조차 할 수 없네. 그런 분들이 그런 요구를 받았다면 거절했으리라는 것은 말할 필요도 없을 걸세. 그분들은 전혀 나무랄 데가 없는 사람들이라 그런 요구를 들어주는 것도 그런 요구를 하는 것도 부당하다고 여겼을 테니까.

그런데도 티베리우스 그락쿠스를 그의 아우 가이유스 그락쿠스[75]와 가이유스 카르보[76]와 가이유스 카토[77]가 추종했는데, 가이유스는 당시에는 열성을 보이지 않았으나 지금은 형의 광신적인 지지자가 되었다네.

12

40 그러니 이것을 우정의 신성불가침한 법칙으로 삼아야 할 것이네. 도의에 어긋나는 것은 요구해서도 안 되고, 요구를 받더라도 들어

주어서는 안 된다는 것 말일세. 친구를 위해서 그렇게 했다는 변명은 도리에 어긋나 전혀 받아들일 수 없는 것이네. 다른 범죄들에서도 그렇지만 반국가적인 범죄에서는 더욱 그러하지. 판니우스와 스카이볼라여, 자네들도 알다시피, 지금의 상황은 우리에게 나라의 운명이 어떻게 될지 멀리 미래를 내다보기를 요구하고 있기 때문일세. 우리 선조들이 확립해놓은 정치적 전통은 이미 제 주로(走路)에서 상당히 벗어나 있네.

41 티베리우스 그락쿠스는 왕이 되려 했고 실제로 몇 달 동안 왕으로서 통치했네. 로마 국민이 그와 유사한 일을 듣거나 본 적이 있었던가? 그가 죽은 뒤에도 그를 추종하던 친구들과 친척들이 푸블리우스 스키피오에게 어떤 짓을 했는지 나는 눈물 없이는 말할 수가 없다네. 티베리우스 그락쿠스가 죽은 지 얼마 안 되던 터라 우리는 카르보의 공격을 최선을 다해 견뎌냈네.[78] 가이유스 그락쿠스가 호민관이 된 지금 어떤 일이 예기되는지 나는 미리 말할 마음이 내키지 않네. 하지만 소요(騷擾)는 처음에는 몰래 기어들지만 일단 탄력이

---

74 파푸스 아이밀리우스와 가이유스 파브리키우스 루스키누스(『노년에 관하여』 주 44 참조)는 기원선 282년과 278년에 같이 집정관이 되었고, 기원전 275년에는 같이 감찰관이 되었다.

75 가이유스 그락쿠스는 티베리우스 그락쿠스의 아우로, 형의 개혁 정책을 계속 추진하다가 보수파의 반대에 부딪쳐 기원전 121년의 소요 때 살해된다.

76 가이유스 파피리우스 카르보는 기원전 131년 집정관을 지냈으며, 티베리우스 그락쿠스의 추종자였다

77 가이유스 카토(Gaius Porcius Cato)는 대카토의 손자로 기원전 114년에 집정관을 지냈으며, 티베리우스 그락쿠스의 추종자였다.

78 회유하고 위협함으로써.

붙기 시작하면 파멸을 향하여 곤두박질치는 법일세. 그락쿠스의 혼란이 시작되기 전에 벌써 투표지에 의한 투표와 관련하여 처음에는 가비니우스 법[79]에 의해, 2년 뒤에는 캇시우스 법[80]에 의해 얼마나 많은 불상사가 일어났는지는 자네들도 보았을 걸세. 벌써 원로원과 국민의 사이가 틀어지고 주요 정책들이 대중의 자의(恣意)에 의해 결정되는 모습이 눈에 보이는 듯하네.

42 대부분의 사람들은 개혁을 저지하는 방법보다는 개혁을 시작하는 방법을 배우게 될 테니 말일세. 그런데 내가 왜 이런 이야기를 하고 있지? 그것은 동아리 없이는 아무도 그런 짓을 시도하려 하지 않기 때문일세. 따라서 올바른 사람은 누구나 이 점을 명심해두어야 하네. 만일 그가 멋모르고 우연히 그런 종류의 우정에 빠져들게 된다면, 친구가 국가에 중대한 범죄를 저질러도 친구를 저버릴 수 없을 만큼 자신이 친구와 결속되어 있다고 느껴서는 안 된다는 것이네. 범죄자는 벌을 받아야 하고, 추종자들도 주동자들 못지않게 엄한 벌을 받아야 하네.

그라이키아에서 테미스토클레스[81]보다 더 유명하고 더 힘 있는 자가 어디 있었던가? 그는 페르시아 전쟁 때 지도자로서 그라이키아를 예속에서 해방시켰지만 나중에는 인기가 떨어져 추방당했네. 그는 배은망덕한 조국이 가한 이런 모욕을 참고 견뎠어야 했지만 참지 못하고, 20년 전 이곳 로마에서 코리올라누스가 한 것과 똑같은 짓을 했다네.

이 두 사람은 조국에 반기를 들었으나 자신들을 도와줄 사람을 한 명도 찾을 수 없었지. 그래서 두 사람 다 스스로 목숨을 끊고 말았다네.[82]

43 따라서 불한당들과의 그런 협력은 우정이라는 미명으로 비호받아서는 안 되네. 오히려 그런 결탁은 가장 엄중한 벌로 다스려야 한다네. 그래야만 조국에 전쟁을 안겨다주는 친구를 추종하는 것쯤은 허용될 것이라는 생각을 아무도 못하게 될 테니까 말일세. 세상 돌아가는 것으로 보아 언젠가 실제로 그런 일이 일어나지 않을까 걱정스럽네. 나라의 현재 상황도 몹시 우려되지만, 내가 죽고 난 후 나라가 처하게 될 상황이 그 못지않게 우려되네.

13

44 따라서 우정의 으뜸가는 규칙은 다음과 같은 것이어야 하네. 친구들에게 옳지 못한 것은 요구하지 말 것이며, 친구들을 위하여 옳은 것만 행하되 부탁해오기를 기다리지 말게나. 항상 돕겠다는 열성을 보이고 꾸물대지 말게나. 거리낌없이 솔직하게 충고해야 하네. 좋은 충고를 해주는 친구가 있으면 그가 하는 말을 항상 귀담아듣도록 하게나. 자네가 충고할 때는 영향력을 발휘하되 친구로서 솔직히, 또 필요에 따라서는 엄하게 충고하게나. 그리고 자네가 엄한 충고

---

79 '가비니우스 법'(lex Gabinia)은 기원전 139년 호민관 가비니우스(Aulus Gabinius)가 도입한 법으로, 비밀투표지로 투표하게 하는 법이었다. 비밀투표제가 도입됨으로써 귀족들은 선거에서 자신들의 예민이나 부족 구성원들을 통제하기가 어려워졌던 것이다.
80 '캇시우스 법'은 기원전 137년 호민관 캇시우스가 도입한 법으로, 비밀투표제를 형사사건의 배심원 선출에까지 확대한 것이었다.
81 『노년에 관하여』 주 17 참조
82 일설에 따르면 두 사람 다 자연사했다고 한다.

를 들을 때는 귀를 기울이되 충고받은 대로 행하게나.

45   내가 이런 말을 하는 것은 그라이키아에서 현인으로 간주되었던 몇몇 사람이 놀라운 견해를 표방했다는 말을 들었기 때문일세. 하긴 그들에게 꼬치꼬치 따지지 않을 것이 어디 있겠나! 그들 중 일부[83]의 주장에 따르면, 어느 누구도 남을 위해 조금도 염려할 필요가 없도록 친구와도 너무 친해서는 안 된다는 것이네. 우리는 저마다 자기 일로 충분하고도 남을 만큼 바쁜데, 남의 일에 너무 깊이 말려드는 것은 번거롭다는 것이지. 따라서 상책은 우리가 마음대로 당기기도 하고 늦추기도 할 수 있도록 우정의 고삐를 되도록 느슨하게 쥐고 있어야 한다는 거라네. 왜냐하면 행복한 삶의 요체는 근심으로부터의 해방인데, 한 사람이 여러 사람을 위해 염려하게 되면 그 누구도 행복한 삶에 이를 수 없다는 것이네.

46   그에 못지않은 또 다른 비인간적인 견해도 있다고 들었네. 잠시 전에도 간단히 언급한 바 있지만,[84] 그들의 주장인즉 우정은 호의나 호감 때문이 아니라 그것이 가져다주는 보호와 지원 때문에 추구되어야 한다는 것이네. 따라서 의지와 체력이 약한 사람일수록 더욱 더 우정을 구하게 된다는 것이지. 그리하여 허약한 여자가 남자보다, 가난한 자가 부자보다, 불행한 자가 행복하다고 여겨지는 자들보다 더 우정의 보호를 구하게 된다는 것이네.

47   이 얼마나 해괴한 철학인가! 인생에서 우정을 앗아가는 자들은 말하자면 세상에서 태양을 앗아가는 것이나 다름없네. 불사의 신들이 인간에게 준 선물들 가운데 우정보다 더 좋고 더 즐거운 것은 없기 때문일세. 이른바 '근심으로부터의 해방'이란 대체 무엇을 의미하는가? 겉보기에 그것은 매력적이지만 사실은 여러 가지 측면에서

피해야 하는 것이라네. 왜냐하면 단지 근심 걱정에서 벗어날 목적으로 명예로운 일과 행위를 수행하기를 거부한다거나 일단 시작했다가 중간에서 그만두는 것은 사리에도 맞지 않기 때문이네.

우리가 근심으로부터 도망치다가는 미덕으로부터도 도망쳐야 하네. 왜냐하면 선의가 악의를, 절제가 방종을, 용기가 비겁을 거부하고 미워하듯, 미덕은 자신과 양립할 수 없는 것을 거부하고 미워함으로써 어쩔 수 없이 어떤 근심 같은 것을 수반하기 때문이지. 그리하여 자네들도 보다시피, 의로운 자들이 불의로, 용감한 자들이 비겁으로, 절제 있는 자들이 방종으로 가장 괴로워한다네. 따라서 마음이 제대로 된 사람이라면 누구나 좋은 것은 반기고 그 반대의 것에는 괴로워하기 마련이라네.

48 그러니까 현인도 어차피 마음의 고통은 피할 길이 없는 셈이네. 그의 마음에서 인간적인 감정이 완전히 제거된 것이 아니라면 말일세. 한데 우정으로 인한 어떤 번거로움을 피하기 위해 인생에서 우정을 송두리째 제거할 까닭이 어디 있단 말인가? 만약 인간적인 감정이 모두 제거된다면 사람과 가축 사이는 말할 것도 없고 인간과 나무 밑동 또는 바위 또는 그런 종류의 무생물 사이에 무슨 차이가 있겠는가? 우리는 미덕을 이를테면 무쇠같이 비정한 것으로 보는 자들[85]에게는 귀 기울이지 말아야 하네. 미덕이란 많은 인간 관계, 특히 우정에서는 민감하고 유연한 것이어서, 친구가 잘되면 이를테

---

83 스토아학파.
84 29~30절 참조.
85 스토아학파.

면 확장되고 친구가 잘못되면 수축되기도 하는 것일세. 그러니 앞서 말했듯이, 친구 때문에 가끔은 괴로워해야 한다고 해서 인생에서 우정을 송두리째 도려내서는 안 된다네. 미덕이 근심과 번거로움을 수반한다 해서 거부되어서는 안 되는 것 못지않게 말일세.

14

앞서 말했듯이,[86] 우정은 찬란한 미덕이 빛을 내뿜고 유사한 성질의 영혼이 그것에 애착심을 느낄 때 맺어지는 것이며, 그럴 경우에는 사랑이 싹트기 마련일세.

49 왜냐하면 관직과 명성과 건물과 의복과 장신구 같은 수많은 무의미한 것들은 좋아하면서도, 사랑할 수 있는 그리고—이런 말을 해도 좋다면—사랑을 되갚아줄 수 있는 능력이 있는 마음을 만나고도 별로 기쁘지 않다면 이 얼마나 불합리한 일인가? 서로 호의에 보답하고 서로 성심성의껏 위해주는 것보다 더 즐거운 일은 아무것도 없기 때문이라네.

50 그런데 어떤가? 당연히 덧붙일 수 있는 것을 한 가지 더 덧붙인다면 말일세. 말하자면 비슷한 기질이 우정으로 유인하는 것만큼 어떤 것이 다른 것을 유인하는 경우는 결코 없다는 것이네. 이것은 곧 선한 사람은 선한 사람을 좋아하여 그를 자신과 결속시키기를 원한다는 것을 뜻하네. 마치 두 사람이 자연적인 혈연에 따라 서로 결합되어 있기나 한 것처럼 말일세. 자연만큼 자기와 같은 것을 갈구하고 끌어당기는 것은 아무것도 없기 때문이네.

판니우스와 스카이볼라여, 그래서 내가 보기에 확실한 것은, 선한 사람은 선한 사람에게 필연적으로 호의를 품게 마련인데, 바로 이 호의를 자연이 우정의 원천으로 만들었다는 것이네. 그렇지만 이런 선의는 일반 대중에게서도 발견되지. 선의란 비인간적이거나 폐쇄적이거나 쌀쌀맞은 것이 아니기 때문이라네. 오히려 선의는 모든 민족을 보호하고 그들을 최선을 다해 돌보는데, 만약 선의가 일반 대중에 대한 호의[87]를 무시한다면 결코 그렇게 하지는 않을 걸세.

51 우정은 이익 때문에 조작되는 것이라고 주장하는 자들[88]은 내 눈에는 우정의 가장 사랑스러운 부분을 말살하려는 것처럼 보이네. 우리가 친구에게서 즐기는 것은 그에게서 얻는 이익이 아니라 친구의 사랑 그 자체일세. 그리고 친구에게서 얻는 것은 따뜻한 마음에서 우러나와야 즐거운 법이네. 사람들이 우정을 맺는 것이 결핍 때문이라는 주장은 사실과는 거리가 멀다네. 반대로 부와 힘과, 사람을 가장 잘 보호해주는 미덕을 갖추고 있어 남의 도움이 가장 덜 필요한 사람들이 오히려 가장 너그럽고 가장 선행을 베푸는 사람들이라네. 그리고 친구들에게 아무것도 필요한 것이 없다면 그것은 좋은 일이 아닐 걸세. 예컨대 스키피오에게 평화 시에나 전시에 내 조언이나 도움이 필요하지 않았더라면 어떻게 내가 그에게 성의를 보일 수 있었겠나? 그러니까 먼저 이익이 있고 우정이 그 뒤를 따른 것이 아니라, 먼저 우정이 있고 이익이 그 뒤를 따른 것이네.

86 27절 참조.
87 '일반 대중에 대한 호의'(caritas vulgi)를 '일반 대중의 호의'라고 번역하는 이들도 있다.
88 45~46절 참조.

15

52 따라서 쾌락에 빠져 있는 자들[89]이 우정에 관해 담론할 때는 그들의 말에 귀 기울여서는 안 될 것이네. 그들은 실천에서나 이론에서나 우정을 이해하지 못하기 때문일세. 왜냐하면 사랑을 주고받기를 포기한다는 조건으로 온갖 풍요에 둘러싸여 흥청망청 살아가기를 원할 사람이 세상에 어디 있겠는가? 그것은 그야말로 참주(僭主)들의 삶이며, 거기에는 신뢰도 사랑도 없고 변함없는 호의에 대한 믿음도 없네. 거기에는 어디서나 의심과 불안이 지배하고, 우정을 위한 자리는 아무 데도 없다네.

53 왜냐하면 자기가 두려워하는 사람이나 또는 자기를 두려워한다고 믿는 사람을 누가 사랑할 수 있겠는가? 물론 참주들도 구애를 받지만 그런 구애는 겉치레이고 일시적이라네. 그러다가 대개 그러하듯 그들이 실각하고 나면 그제야 자신들에게 친구가 얼마나 적은지 알게 된다네. 전하는 말에 따르면, 타르퀴니우스[90]는 추방당했을 때 더이상 되갚을 수 없게 된 지금에야 누가 진정한 친구이고 누가 의리 없는 친구인지 알게 되었노라고 말함으로써 이 점을 예증했다고 하네.

54 그러나 타르퀴니우스는 오만한 불량배인지라 그자에게 도대체 친구가 있었는지조차 의심스럽네. 그자의 성격은 틀림없이 진정한 친구들을 사귀지 못하게 했을 걸세. 그와 같이 대개 권세가 너무 커지면 진정한 우정이 발붙일 수 없게 된다네. 행운의 여신은 자신도 눈이 멀었을 뿐 아니라 자신이 포옹하는 자들도 대개 눈멀게 한다네. 그리하여 그들은 대개 거드름과 아집에 휩쓸리게 되는데, 세상에 운

좋은 바보보다 더한 꼴불견은 없네. 실제로 우리는 전에는 점잖던 사람들이 군대의 계급과 권력과 성공으로 사람이 변해 옛 친구들을 박대하고 새 친구들에게 매달리는 것을 볼 수 있네.

55 부와 능력과 재물을 갖추고 있어 거의 모든 것을 할 수 있는 사람이 돈으로 살 수 있는 다른 것들, 이를테면 말과 하인과 화려한 옷가지와 값비싼 그릇은 장만하면서 가장 훌륭하고 가장 아름다운 살림살이라 할 수 있는 친구들을 마련하지 않는다면 이보다 더 어리석은 일이 어디 있겠는가? 그 밖에 그런 물건들을 장만한다 하더라도 그들은 누구를 위해 마련하며, 누구 좋으라고 그리 애를 쓰는 것인지 모른다네. 그런 것들은 모두 가장 강한 자의 몫이기 때문일세. 하지만 우정은 누구에게나 안정되고 확실한 재산으로 남는다네. 그리하여 말하자면 행운의 덧없는 선물들이 보존된다 하더라도 친구들에 의해 가꾸어지지 않고 친구들과 함께하지 않는 인생은 즐거울 수가 없는 법이라네. 이 점에 관해서는 이쯤 해두세.

16

56 이제 남은 것은 친구를 사랑하되 거기에 어떤 한계와 경계를 설정하는 문제일세. 이 문제에 관하여 내가 알기로는 세 가지 견해가 제시되고 있는데, 나는 그중 어느 것에도 찬성하지 않네. 그중 첫 번째 견해는 친구에 대한 우리의 감정은 우리 자신에 대한 우리의 감

---

89 에피쿠로스학파.
90 주 58 참조.

정과 같아야 한다는 것이고, 두 번째 견해는 친구에 대한 우리의 선의는 우리에 대한 친구의 선의에 모든 점에서 상응해야 한다는 것이고, 세 번째 견해는 친구에 대한 우리의 평가는 친구의 자신에 대한 평가와 정확히 일치해야 한다는 것이네. 하지만 나는 이 세 가지 견해 가운데 어느 것에도 찬동하지 않네.

57 각자는 자신에 대하여 갖는 것과 같은 감정을 친구에 대해서도 가져야 한다는 첫 번째 견해는 사실에 부합되지 않네. 우리는 자신을 위해서는 결코 하지 않을 많은 일을 친구를 위해서는 하기 때문일세. 우리는 친구를 위해서라면 그럴 가치도 없는 자에게 간청하고 탄원하고 누군가를 사납게 공격하고 사정없이 매도할 각오가 되어 있는데, 이런 일들은 우리 자신을 위해서라면 별로 명예롭지 못하지만 친구를 위해서라면 아주 명예로운 일이라네. 그래서 선한 사람들은 흔히 자기 대신 친구가 그것을 즐기게 하려고 자신의 물질적인 이익을 포기하거나 일부러 빼앗아가도록 내버려둔다네.

58 두 번째 견해는 우정을 봉사와 호감의 맞교환으로 제한하고 있네. 그것은 수지를 정확히 맞추려고 우정을 꼼꼼하고 빈틈없이 계산한다는 뜻이네. 내 보기에 진정한 우정은 더 부유하고 더 풍요로우며, 지출이 수입보다 많지 않도록 꼬치꼬치 따지지 않는다네. 무엇이 없어지지 않을까, 무엇이 땅바닥에 쏟아지지 않을까, 친구에게 너무 많이 쏟아부은 것은 아닐까 전혀 걱정할 필요가 없기 때문일세.

59 가장 나쁜 것은 세 번째 제한으로, 그것은 각자가 자기를 평가하는 만큼 친구들에 의해 평가되어야 한다는 것이네. 많은 사람들이 가끔 자신에 대해 너무 겸손하거나 자기 개선의 가능성에 대해 너무 비관적인데, 그럴 경우 우리가 할 일은 친구가 자신을 평가하는 만

큼 친구를 평가할 것이 아니라, 친구가 자신감을 회복하고 자신의 능력에 대해 더 나은 희망을 품도록 이끌어주려고 있는 힘을 다해 노력하는 것이네.

따라서 우리는 진정한 우정을 다르게 규정해야 할 걸세. 그러기 전에 먼저 스키피오가 가장 못마땅해하곤 하던 다른 견해를 말하겠네. 스키피오의 주장인즉 우정에 관해 가장 적대적인 발언은 "우리는 언젠가는 서로 미워하게 될 것처럼 사랑해야 한다"는 말이라는 것이었네. 스키피오는 이것이 일곱 현인 가운데 한 명인 비아스[91]가 한 말이라는 통설을 도저히 받아들일 수 없다고 말하곤 했다네. 그의 말인즉 그것은 어떤 타락한 자 또는 모든 것을 자신의 권력과 연계시키는 어떤 야심가의 발언이라는 것이었지. 왜냐하면 자신의 적이 될 것으로 예상되는 사람과 친구가 된다는 것이 어떻게 가능할 수 있겠는가? 그럴 경우 친구가 가능한 한 자주 실수를 저질러 책잡을 기회가 생기기를 원하고 바랄 수밖에 없을 걸세. 반대로 친구가 잘하고 잘되면 불안하고 괴롭고 샘이 날 수밖에 없을 걸세.

60 따라서 이 발언은 누가 한 것이든 간에 우정을 파괴하는 효력이 있는 셈이네. 그럴 것이 아니라 오히려 우리는 언젠가 미워할 수 있는 친구는 결코 사귀지 말아야 한다는 점을 명심해야 할 것이네. 그래서 스키피오의 주장인즉, 우리가 친구를 잘못 선택했을 경우에는 이를 참고 견뎌야지 적대 관계로 바꿀 기회를 노려서는 안 된다는 것이네.

---

91 주 17 참조.

17

61 따라서 우정을 다음과 같이 규정해야 한다고 생각하네. 말하자면 성격이 나무랄 데 없는 두 사람이 친구가 되었을 경우에는 예외 없이 매사에 의견과 뜻을 같이해야 하네. 그리고 우연히 우리 친구가 별로 명예롭지 못한 야망을 품고 있고 생명과 명성이 걸려 있는 일에서 우리의 도움을 청한다면 우리는 정도(正道)에서 벗어날 명분이 생긴 셈이네. 가장 치욕스러운 결과가 발생하지만 않는다면 말일세. 우정이라 해도 눈감아줄 수 없는 경계가 있으니 하는 말일세. 우리는 명성을 소홀히 여겨서는 안 되듯이 같은 시민들의 호의를 사회생활에서 보잘것없는 무기로 여겨서도 안 되네. 물론 아첨이나 아부로 환심을 사는 것은 부도덕한 일이겠지만, 미덕으로 대중의 환심을 사는 것은 결코 폄하할 일이 아닐세.

62 다시 스키피오에게로 돌아가겠네. 그는 기회 있을 때마다 우정에 관하여 말하곤 했으니까. 그는 사람들이 우정보다는 다른 일들에 더 정성을 들인다고 불평하곤 했다네. 자기가 얼마나 많은 염소와 양을 가지고 있는지 모르는 사람은 없어도 자기가 얼마나 많은 친구를 갖고 있는지 말할 수 있는 사람은 아무도 없다는 것이지. 사람들은 가축 떼를 마련할 때는 조심하면서도 친구를 고를 때는 조심하지 않으며, 누가 우정의 필요조건을 충족시키는지 여부를 결정할 수 있는 징표나 기준을 갖고 있지 않다는 것이지. 말하자면 우리가 고르는 친구는 굳건하고 견실하고 의연해야 하네. 하지만 그런 사람들은 매우 드문 편이지. 게다가 미리 시험해보지 않고 판단하기란 여간 어려운 일이 아니라네. 그리고 그런 시험은 우정이 시작된

후에야 가능한 법일세. 그러니까 우정이 판단을 앞지르며 미리 시험해볼 수 있는 기회를 앗아가버리는 셈이네.

63 그래서 현명한 사람은 마치 마차를 세우듯 자신의 돌진하는 호의에 제동을 걸어야 하네. 그렇게 하면 우리는 마치 말들의 성질을 시험하듯 친구들의 성품을 어느 정도는 미리 시험해볼 수 있다네. 어떤 사람들은 사소한 금전 거래에서도 자신들이 얼마나 믿을 수 없는 사람인지를 드러낸다네. 한편 다른 사람들은 적은 금액에는 움직이지 않지만 금액이 커지면 본색을 드러낸다네. 아닌 게 아니라 우정보다 돈을 더 선호하는 것을 비열한 짓이라고 여기는 사람들도 없지는 않겠지만, 우정보다는 자신의 관직과 정치적·군사적 권력과 출세를 우선시하지 않을 사람들을 찾기란 쉽지 않을 걸세. 그러니 한쪽에는 이런 것들이 놓여 있고 다른 쪽에는 우정의 요구가 놓여 있다면, 먼저 말한 것들을 훨씬 더 선호하지 않겠는가? 인간의 본성은 권력을 무시하기에는 너무나 허약하기 때문이지. 그리고 누가 친구를 버리고 권력을 얻었다 해도 그는 그런 중대한 이유에서 친구를 버렸던 만큼 자신의 과오가 잊혀지리라고 믿는 것이네.

64 그래서 관직에 있거나 정치를 하는 사람들 사이에서 진정한 우정을 찾기가 매우 어려운 거라네. 왜냐하면 자기보다 친구가 더 출세하기를 바라는 사람이 어디 있겠는가? 게다가 긴말 할 것 없이 불행에 빠진 사람의 친구로 남는다는 것은 대부분의 사람들에게는 괴롭고 성가셔 보일 뿐이네. 밑바닥으로 내려가 그의 불행을 함께할 사람들을 찾기란 쉽지 않을 걸세. 엔니우스가 한 말이 옳다네.

어려울 때 친구가 진정한 친구다.[92]

그러나 대부분의 사람들은 다음 두 가지 경우에 변덕스러워 믿을 수 없다는 말을 듣게 된다네. 자신이 잘나갈 때 친구를 무시하거나, 친구가 불행할 때 친구를 버리는 경우 말일세.

18

그래서 이 두 경우에 신중하고 의연하고 견실한 친구임이 입증되는 사람은 분명히 극히 드문, 아니 거의 신적인 인간 부류에 속한다네. 65 그런데 우리가 우정에서 구하는 견실함과 의연함의 버팀대는 신뢰일세. 신뢰가 없는 곳에 견실함이 있을 리 없기 때문이네. 그 밖에 솔직하고 사교적이고 뜻이 맞는 사람을, 말하자면 우리와 이해관계를 같이하는 사람을 친구로 선택하는 것이 바람직하네. 이 모든 것이 신뢰에 속한다네. 성격이 솔직하지 못하고 뒤틀린 사람은 결코 신뢰할 수 없네.

남의 이해관계에 무관심하고 성격상 공감하지 못하는 사람도 친구로서 믿음이 가지 않거나 견실하지 못하다네. 거기에 한 가지 요구를 덧붙이겠네. 진정한 친구는 자네를 비난하기를 좋아하지 않을 것이며 다른 사람들이 자네를 비난하더라도 믿지 않으리라는 것이지. 이 두 가지 점은 내가 지금까지 이야기한 의연함에 속한다네. 그리하여 내가 처음에 주장했던 대로 우정은 선한 사람들 사이에서만 가능하다는 것이 사실로 입증된 셈일세.[93] 그리하여 현인이라고도 부를 수 있는 선한 사람은 우정에서 다음 두 가지 원칙을 지킨다네. 첫째, 조금도 가장하거나 꾸며대지 않는다는 것이네. 솔직한 사람이라면 자신의 본심을 상냥한 얼굴 표정으로 가리기보다는 차라리 드러내놓고 미워하는 편이 더 어울릴 것이기 때문이지. 둘째, 남이 친구를 비난하면 이를 받아들이지 않을 뿐만 아니라, 자신도 친구가 나쁜 짓을 했으리라고 의심하지도 믿지도 않는 것이네.

66 이에 덧붙여 대화와 태도에서 상냥해야 한다는 것이네. 그런 것은 우정의 무시할 수 없는 양념이기 때문일세. 매사에 진지하고 엄숙한 태도는 인상적이긴 하지만, 우정은 역시 그보다 더 활달하고 더 자유롭고 더 쾌적한 편이며, 언제나 유쾌하고 부담감 없는 것을 더 좋아한다네.

19

67 여기서 꽤 어려운 또 하나의 문제가 제기된다네. 그것은 더불어 우정을 나눌 만한 새 친구들이 옛 친구들보다 때로는 더 선호되어야 하느냐 하는 것이네. 마치 우리가 늙은 말보다는 젊은 말을 더 선호하듯이 말일세. 이것은 사람이라면 물어서는 안 될 질문이네. 세상에는 우리가 쉬이 물릴 수 있는 것들이 많지만 우정은 거기에 속하지 않기 때문이네. 마치 오래될수록 더 좋아지는 포도주처럼 우정도 가장 오래된 것이 가장 유쾌한 것이어야 하네. 그러니까 우정이

---

92 "어려울 때 친구가 진정한 친구다"(amicus certus in re incerta cernitur)라는 금언은 현재 단편만 남아 있는 엔니우스(『노년에 관하여』 주 1과 24 참조)의 비극 『헤쿠바』(Hecuba)에서 인용한 것으로, 직역하면 "확실한 친구는 상황이 불확실할 때 알아볼 수 있다"가 될 것이다. 영어로는 각운(脚韻)을 살려 "A friend in need is a friend indeed" 또는 라틴어 원문처럼 두운(頭韻)을 살려 "When Fortune's fickle the faithful friend found"라고 번역한다.

93 18절 참조.

무엇인지 제대로 알려면 여러 말의 소금을 함께 먹어봐야 한다는 속담[94]에는 일리가 있는 셈이지.

68 그렇다고 해서 새로운 우정을 경원시해야 한다는 뜻은 아니네. 새로운 우정이 추수할 때 우리를 실망시키지 않는 곡식의 새싹처럼 결실의 희망을 보여준다면 말일세. 하지만 옛 우정도 제자리를 지켜야 하네. 오래된 습관에는 큰 힘이 있기 때문이네. 방금 언급한 말의 경우에도 다른 조건이 다 같다면 누구든 조련되지 않은 새 말보다는 익숙해진 말을 타고 싶어할 걸세. 습관은 생물뿐 아니라 무생물에 대해서도 강력한 힘을 발휘하지. 오래 머무른 곳은 비록 그곳이 산악 지대이고 수풀이 우거져 있다 해도 정이 들기 때문이지.

69 우정에서 가장 중요한 것은 윗사람이 아랫사람과 동등해지는 것이네. 가끔은 탁월한 인물들이 있네. 마치 스키피오가 말하자면 우리 동아리 중에서 그러했듯이 말일세. 하지만 스피키오는 필루스[95]나 루필리우스[96]나 뭄미우스[97]나 신분이 낮은 다른 친구들보다 조금도 더 잘난 척하지 않았네. 탁월한 인물이긴 하지만 자기와 대등하다고는 할 수 없는 형 퀸투스 막시무스[98]를 스키피오는 손위라는 이유에서 윗사람으로 대했다네. 스키피오가 바라는 것은 친구들이 모두 자기와의 친분을 통하여 명망이 더 높아지는 것이었네.

70 이것은 모두가 본받아야 할 일이네. 그리하여 누가 미덕과 재능과 행운에서 우월하다면 그것들을 친척들에게 나눠주고 가장 가까운 친구들과 공유해야 하네. 그리고 부모가 신분이 낮으면 부모의 신분을 높여주고, 친척들이 능력과 재산에서 자기보다 행운을 타고나지 못했으면 물질적으로 도와주어야 하네. 신화에서도 출신과 가문이 알려지지 않아 오랫동안 머슴살이를 하던 사람이 신 또는 왕의

아들임이 밝혀진 뒤에도 여러 해 동안 부모로 여겼던 목자들에 대해 정을 끊지 못하는 것처럼.[99] 부모가 누군지 확실하여 의심할 여지가 없는 경우 그런 감정은 훨씬 더 강할 걸세.

재능과 미덕과 온갖 탁월함은 가장 가까운 사람들과 나눌 때 가장 큰 결실을 거둘 수 있기 때문이네.

20

[71] 가까운 친구들과 친지들 사이에서 윗사람이 아랫사람과 대등한 관계를 유지해야 하듯이, 아랫사람은 윗사람이 재능과 재산과 지위에서 자기를 능가한다고 해서 괴로워해서는 안 되네. 그러나 대부분의 아랫사람은 노상 불평하고 비난한다네. 특히 자신들이 약간의 수고를 포함하여 친구인 윗사람을 위해 무언가 봉사를 했다고 주장할 수 있으리라 믿어질 때는 말일세. 자신들이 봉사했다고 떼를 쓰

---

[94] 이 그리스 속담은 아리스토텔레스의 『에우데모스 윤리학』(Ethika Eudemeia) 7권 1238a에도 나온다.
[95] 주 37 참조.
[96] 루필리우스는 기원전 131/130년에 집정관으로 출마했다가 스키피오의 지원에도 불구하고 낙선한다.
[97] 뭄미우스는 소스키피오의 친구로, 코린토스 시를 함락하고 파괴한 뭄미우스(Lucius Mummius Achaicus)의 동생이다.
[98] 퀸투스 막시무스는 소스키피오의 형으로, 기원전 145년에 집정관을 지냈으며 기원전 130년에 죽었다.
[99] 파리스(Paris), 암피온(Amphion)과 제토스(Zethos) 형제, 아스클레피오스(Asklepios), 오이디푸스, 로물루스(Romulus)와 레무스(Remus) 형제처럼.

는 이런 종류의 사람들이야말로 참으로 가증스럽다네. 봉사를 받은 사람은 그것을 기억해야 하고, 봉사를 한 사람은 그것을 입 밖에 내지 말아야 하네.

72 따라서 우정에서 윗사람은 자신을 친구의 수준으로 낮춰야 할 뿐만 아니라 아랫사람인 친구를 어떻게든 자기 수준으로 끌어올려야 하네. 자신들이 무시당했다고 믿을 경우 우정을 짐스러운 것으로 만드는 사람들이 더러 있다네. 하지만 자신들이 무시당해 마땅하다고 믿는 자들만이 자신들이 무시당했다고 믿는다네. 그런 미망에서 그들을 깨어나게 하려면 말만으로는 되지 않고 행동을 보여주어야 한다네.

73 그러나 자네는 친구들을 일일이 도와주되 첫째, 자네가 줄 수 있는 만큼, 둘째, 자네가 도와주려는 친구가 감당할 수 있는 만큼 도와주게나. 왜냐하면 자네가 아무리 탁월한 인물이라 해도 자네 친구들을 모두 최고 관직으로 승진시킬 수는 없을 것이기 때문일세. 예컨대 스키피오는 푸블리우스 루필리우스[100]를 집정관이 되게 할 수는 있었지만 그의 아우 루키우스를 그렇게 할 수는 없었네. 친구에게 자네가 원하는 대로 관직을 맡길 수 있다 해도 친구의 능력이 어느 정도인지 검토하는 일은 자네 몫이라네.

74 대체로 우정에 관해 판단하는 것은 나이 들어 체력이 강건해지고 지적 능력이 성숙한 뒤에야 할 수 있는 일이네. 소년 시절 사냥과 공놀이를 좋아한 사람이 성장해서도 전에 취미가 같아서 좋아했던 사람들과 여전히 가까이 지낼 것이라고 생각해서는 안 될 걸세. 그렇다면 유모들과 학교에 오갈 때 우리와 동행하는 노예들이야말로 우리를 알게 된 지가 오래된 만큼 우리의 호의 대부분을 요구하게

될 것이네. 그들을 소홀히 대해서는 안 되겠지만 그들과의 관계는 다른 시각에서 고찰되어야 하네. 그러니까 성숙해지기 전에 맺은 우정은 안정적으로 지속될 수 없네. 성격이 달라지면 취향도 달라지고, 취향이 달라지면 우정은 소멸하는 법일세. 선한 사람들이 악한 사람들의 친구가 될 수 없고 악한 사람들이 선한 사람들의 친구가 될 수 없는 까닭은 다름 아니라 그들 사이에는 성격과 취향에서 생각할 수 있는 가장 현격한 차이가 있기 때문이라네.

75 우정에는 또 한 가지 유용한 규칙이 있네. 그것은 우정이 지나쳐 중대사를 앞둔 친구의 이익을 해치는 일이 없도록 하라는 것이네. 그런 일은 비일비재하다네. 또다시 신화에서 예를 하나 들자면, 만약 네옵톨레모스[101]가 자기를 길러준 뤼코메데스의 말을 들으려 했다면 트로이아를 함락하지 못했을 것이네. 뤼코메데스는 눈물을 뿌리며 그가 떠나지 못하게 막으려 했으니 말일세. 또 때로는 중대한 일이 생겨 친구끼리 부득이 잠시 헤어지지 않을 수 없게 되는데, 이때 그리움을 견디기가 쉽지 않다 하여 그런 중대한 일을 하지 못하게 막는 사람은 굳건하지 못한 나약한 성격의 소유자이며, 바로 그런 이유에서 친구로서의 그의 태도는 옳지 못한 것이네.

76 그러니 그대는 매사에 친구에게 무엇을 요구할 것이며, 무슨 요구를 들어줄 것인지 심사숙고해야 하네.

---

100 주 71 참조.
101 네옵톨레모스는 그리스 영웅 아킬레우스의 아들이다. 아킬레우스가 전사한 뒤 그리스인들은 그의 아들 네옵톨레모스의 도움 없이는 트로이아가 함락되지 않으리라는 예언을 듣게 된다. 그래서 오뒷세우스가 스퀴로스(Skyros) 섬으로 그를 찾아가자, 그는 외조부인 뤼코메데스 왕의 만류를 무릅쓰고 출전하여 트로이아 함락에 큰 공을 세운다.

21

이제 우리의 담론이 현인들의 우정에서 평범한 우정으로 내려가고 있기에 하는 말인데, 절교(絶交)를 해야 할 경우 그것이 흔히 파국으로 이어진다는 것이네. 어느 한쪽의 결점이 친구에게 때로는 직접적으로, 때로는 제3자를 거쳐 표출될 수 있는데, 후자의 경우에도 치욕은 친구에게 돌아간다네. 하지만 이 경우 우정은 점진적인 축소 과정을 거쳐 소멸된다네. 또는 내가 카토에게 들은 바로는, 우정의 솔기는 확 찢어내기보다는 한 땀 한 땀 따는 것이 더 낫다는 것이네. 도저히 참을 수 없는 비행이 갑자기 발생하여 당장 갈라서고 절교하는 것만이 옳고 명예로운, 아니 유일하게 가능한 길이 아니라면 말일세.

77 한편 흔히 그러하듯 만약 성격과 취향이 각기 달라진 것이라면, 또는 정치적인 견해가 서로 다른 것이라면(앞서도 말했듯이 나는 지금 현인들의 우정이 아니라 평범한 우정에 관해 말하고 있다네), 그럴 경우에는 우정만 소멸된 것이 아니라 적대 관계가 시작된 것이라는 인상을 주지 않도록 유의해야 하네. 왜냐하면 가깝게 지내던 사람을 적대시하는 것보다 더 수치스러운 일은 없기 때문일세. 자네들도 알다시피, 스피키오는 나 때문에 퀸투스 폼페이우스[102]와 절교했다네. 스키피오는 또 정치적인 견해가 다른 까닭에 내 동료 메툴루스[103]와도 소원해졌네. 어느 경우에나 그는 신중하고 절도 있게 처신했으며, 불쾌감이 원한으로 악화되지 않도록 처신했다네.

78 따라서 첫째 과제는 되도록이면 우정에 금이 가지 않게 하는 것이네. 그런 일이 발생하면 우정이 억지로 꺼진 것이 아니라 다 타버린

것 같은 인상을 주어야 하네. 그러나 정말 조심해야 할 것은 우정이 심각한 적대 관계로 바뀌지 않게 하는 것일세. 언쟁과 악담과 욕설은 적대 관계에서 생겨나기 때문이네. 하지만 이런 적대적인 말들은 참을 수 있는 한 참아야 하네. 한번 맺은 옛 우정은 여전히 존경받아 마땅한 것이어서 모욕을 받는 쪽보다는 모욕을 주는 쪽이 잘못하는 것이라네.

이런 모든 잘못과 불편을 예견하고 예방해줄 수 있는 안전장치는 한 가지밖에 없다네. 그것은 너무 서둘러 사랑하지도 말고 그럴 가치도 없는 자들을 사랑하지 말라는 것일세.

79 자신의 내면에 사랑받을 만한 이유를 갖고 있는 사람들만이 우정에 합당하다네. 그런 사람들은 드물다네. 탁월한 것은 무엇이든 드문 법이며, 어떤 종류의 것이든 모든 면에서 완전한 것을 찾아내는 것보다 더 어려운 일은 없다네. 대부분의 사람들은 인간사에서 어떤 것도 이익을 가져다주지 않으면 선한 것으로 여기지 않는다네. 그들은 마치 가축을 고르듯 가장 큰 이익이 기대되는 사람들을 친구로 고르지.

80 그렇게 친구를 고른다면 그 자체 때문에, 그 자체를 위하여 추구할 만한 가치가 있는 가장 아름답고 가장 자연스러운 우정을 그들은 맛보지 못할 걸세. 그런 사람들은 이런 종류의 우정의 힘이 어떤 것

---

102 여기에 나오는 퀸투스 폼페이우스는 주 10에 나오는 폼페이우스의 할아버지이다. 소스키피오는 기원전 141년 집정관 선거에서 폼페이우스가 자신은 출마하지 않았다고 속여 라일리우스를 이긴 까닭에 그와 절교했다.

103 메툴루스는 소스키피오의 정적으로, 기원전 143년에 집정관을, 기원전 131년에 감찰관을 지냈으며, 라일리우스처럼 복점관을 지내기도 했다.

이고 얼마나 큰 것인지 자기 자신에게서는 경험하지 못할 걸세. 사람은 누구나 자신을 사랑하지만, 그것은 사랑한 대가를 얻어내기 위해서가 아니라 자신을 사랑하는 것이 자연의 이치이기 때문이네. 그리고 이와 똑같은 감정을 우정에 적용하지 않는 한 진정한 친구는 결코 구할 수 없네. 진정한 친구는 제2의 자아이기 때문이네.

81 이 점은 하늘에 사는 것이든 물속에 사는 것이든 뭍에 사는 것이든, 또 길들인 것이든 야생의 것이든 짐승들도 마찬가지라네. 우선, 짐승들은 모두 자신을 사랑하네. 이런 감정은 모든 생물이 똑같이 타고났기 때문이네. 그다음, 짐승들은 자신과 하나로 엮일 수 있는 같은 종류의 다른 동물들을 끊임없이 찾는다네. 그리고 그렇게 하도록 짐승들을 부추기는 충동은 어떤 의미에서는 인간의 사랑과 닮았다네. 사실 그것은 인간의 본성에 훨씬 더 가깝지. 인간들도 자신을 사랑하고, 인간들도 둘이 거의 하나가 될 만큼 정신적으로 서로 완전히 결합될 수 있는 짝을 찾기 때문일세.

22

82 그러나 대부분의 사람들은 부당하게도(내가 이 말을 쓰는 것은 '파렴치하게도'라는 말을 하지 않기 위해서라네) 자신들로서는 불가능한 그런 종류의 친구를 갖기를 원하며, 자신들이 해줄 수 없는 것을 친구가 해주기를 바란다네.

하지만 먼저 자신이 선한 사람이 되고, 그런 다음 자기와 같은 다른 사람을 구하는 것이 이치에 맞네. 그런 사람들 사이에서만 내가 한동안 언급했던 우정의 안정성이 확보될 수 있네.[104] 그러면 그들은 선의로 결합되어 먼저 다른 사람들이 섬기는 쾌락을 다스리게 될 것이며, 그런 다음 공정함과 정의를 기꺼이 옹호하고 서로를 위해 무엇이든 하게 될 걸세. 그들은 또 서로 명예롭고 옳은 것만을 요구하게 될 것이며, 서로 사랑하고 아낄 뿐만 아니라 서로 존경하게 될 걸세. 우정에서 존경심을 앗아가는 자는 우정에서 최고의 장식을 앗아가는 것이기에 하는 말이네.

83 그러므로 우정이 온갖 방종과 범죄를 향해 문을 열어두고 있다고 믿는 자들은 위험한 착각에 빠져 있다네. 자연이 우리에게 우정을 준 것은 악덕의 동반자가 아니라 미덕의 조력자가 되라는 것이었네. 미덕은 혼자서는 최고 목표에 이를 수 없고, 다른 동반자와 결합할 때 이 목표에 도달할 수 있기 때문이지.

만약 사람들 사이에 그런 협력 관계가 있거나 있었거나 있을 것이라면, 그것은 자연의 최고선에 이르는 더할 나위 없이 행복한 최선의 동반자 관계로 간주되어야 할 걸세.

84 내 이르노니, 그런 종류의 우정이야말로 인간이 추구할 만한 가치가 있는 모든 것, 명예, 영광, 마음의 평정, 쾌활함을 내포한다네. 그리고 이런 것들이 있다면 인생은 행복한 것이고, 이런 것들이 없다면 행복할 수 없는 것이네. 행복은 우리의 최고 최선의 목표일세. 따라서 우리가 행복하기를 바란다면 미덕을 위해 노력해야 하네. 미덕 없이 우리는 우정도 그 밖에 다른 바람직한 것도 얻을 수 없기 때문이네. 한편 미덕을 소홀히 하면서도 친구들을 갖고 있다고 생각하는 자들은 중대한 돌발 사고가 발생하여 그 친구들을 시험해보

---

104 65절 참조.

지 않을 수 없게 되었을 때 비로소 자신이 잘못 생각했음을 알게 될 걸세.

85 그래서 내가 거듭 말하고 싶은 것은, 평가하고 나서 친구를 사랑해야지 사랑하고 나서 평가해서는 안 된다는 것이네. 우리는 부주의한 탓에 벌을 받는 경우가 비일비재하지만 친구를 고르고 사귀는 경우가 특히 그러하다네. 우리는 소 잃고 외양간 고치는 짓을 하는데, 이것은 속담[105]이 금하는 일이네. 그러다 보니 우리는 날마다 만나거나 또는 호의를 주고받음으로써 서로 얽힌 다음 우정이 한창 무르익는 도중에 갑자기 어떤 불쾌한 일이 생겨 갈라서게 되는 것이라네.

23

86 그런 중차대한 일에 그렇게 큰 부주의는 더욱더 비난받아 마땅하네. 우정이야말로 모든 사람이 이구동성으로 그 유용성을 인정하는 유일한 인간사이기 때문에 하는 말일세. 사실은 미덕조차도 많은 사람들에게 멸시당하고 허세나 과시라고 불린다네. 많은 사람들이 적은 것으로 만족하고 검소한 식사와 생활방식을 즐기기에 부(富)를 무시한다네. 높은 관직도 마찬가지라네. 어떤 사람들은 그것을 차지하기를 열망하는 것도 사실이지만, 또 얼마나 많은 사람들이 그보다 더 공허하고 시시한 것은 없다고 여길 만큼 멸시하는가! 그 밖에 다른 것들도 어떤 사람들에게는 경탄의 대상으로 보이겠지만 또 많은 사람들은 전혀 무가치한 것으로 여긴다네.

그러나 우정에 관해서는 다들 생각이 같다네. 정계에 입문한 사람들이든, 학문과 연구를 즐기는 사람들이든, 공직을 맡지 않고 개인적인 업무에 종사하는 사람들이든, 마지막으로 쾌락에 완전히 몰입해 있는 사람들이든, 그들은 모두 너나없이 조금이라도 자유민답게 살기를 원한다면 우정 없는 인생은 인생이 아니라고 믿고 있다네.

87 우정은 어떤 방법으로 그렇게 하는지 알 수 없지만 모든 사람들의 삶 속으로 파고들며, 우리가 어떤 삶의 방식을 택하든 우정을 피할 수 없게 한다네. 설사 누군가 성격이 거칠고 냉담하여 사람들과 같이 있는 것을 싫어하고 피한다 해도—우리는 아테나이의 티몬[106]이라는 자가 그랬다고 들었네—자신의 독설을 내뱉을 수 있는 누군가 다른 사람을 찾지 않고는 못 배길 걸세.

다음과 같은 상황이 발생한다면 내가 말한 것을 가장 잘 평가할 수 있을 걸세. 어떤 신이 우리를 이 번잡한 세상에서 들어올려 어딘가 아무도 살지 않는 곳으로 옮겨놓고는 그곳에다 우리 본성이 바라는 것을 무엇이든 풍족하게 대주되 다른 사람을 볼 수 있는 가능성을 완전히 박탈했다고 가정해보게나. 무쇠 같은 인간이 아니고서야 누가 그런 생활을 배겨낼 수 있겠는가? 보나마나 고독이 온갖 쾌락의 즐거움을 앗아가버리지 않겠는가?

88 따라서 타렌툼[107]의 아르퀴타스[108]가 한 말이라고 선조들에게서 들었던 것으로—선조들은 또 전 세대에게서 이 말을 전해 들었네—

---

105 actum ne agas('이미 끝난 일은 다시 시작하지 마라!'는 뜻)라는 속담을 말하는 것으로 생각된다.
106 티몬은 기원전 5세기 아테나이의 전설적인 염세가이다.
107 『노년에 관하여』 주 18 참조.
108 『노년에 관하여』 주 115 참조.

생각되는 그 말이 맞네그려. 그의 말인즉 만약 누가 하늘에 올라 우주의 본성과 별자리들의 아름다움을 볼 수 있다고 한다면, 들어줄 사람만 있다면 더없이 즐거울 그 굉장한 광경도 혼자 있다면 즐겁지가 않으리라는 것이네. 인간의 본성은 혼자 있는 것을 싫어하여 언제나 버팀목에 기댄다네. 그리고 절친한 친구야말로 최상의 버팀목이지.

24

그러나 우리의 본성은 무엇을 원하고 찾고 바라는지 많은 징표로 알려주건만, 무슨 까닭인지 우리는 귀머거리가 되어 그 경고를 듣지 못한다네. 우정의 경험은 변화무쌍하고 복잡다단하여 오해를 사고 불쾌감을 줄 소지도 많은데, 그것들은 때로는 피하는 것이, 때로는 충격을 줄여주는 것이, 또 때로는 참고 견디는 것이 현명하다네. 우정의 진실성과 성실성을 유지하기 위하여 특히 이런 경우에는 불쾌감을 줄여야 하네. 말하자면 그대는 가끔 친구를 충고하고 질책할 의무가 있으며, 또 친구가 그대에게 선의에서 그렇게 할 때는 선선히 받아들여야 하네.

89 하지만 불행히도 내 친구[109]가 『안드로스의 여인』[110]에서 한 말에도 일리가 있네그려.

사근사근함은 친구를 낳고, 바른말은 미움을 낳는다.[111]

바른말에서 우정의 독(毒)인 미움이 태어난다면 바른말은 성가신 것이네. 그러나 사근사근함은 훨씬 더 성가시다네. 왜냐하면 사근사근함은 나쁜 짓에 대하여 관대함으로써 친구가 파멸의 구렁텅이로 곤두박질치게 하기 때문일세. 그러나 가장 큰 잘못은 바른말을 외면할 뿐 아니라 사근사근함으로 인하여 자기기만에 빠지는 자에게 있네. 따라서 이런 일에는 언제나 신중에 신중을 기하여 첫째, 충고는 귀에 거슬리지 않게, 둘째, 질책은 모욕적이지 않게 해야 하네. 테렌티우스의 말처럼 우리가 사근사근할 경우에도 상냥하게는 대하되 수많은 악덕의 하수인인 맞장구는 멀리하게나. 맞장구는 친구는 말할 것도 없고 자유민에게는 결코 어울리지 않는 짓이라네. 독재자와 사는 것 다르고, 친구와 사는 것 다르기 때문일세.

90 바른말에 대하여 완전히 귀가 멀어 친구에게서도 바른말을 들을 수 없는 자는 절망적인 경우일세. 카토의 말이 대부분 그러하지만, 이 점에 관해서도 그는 재치 있는 말을 했다네. 그의 말인즉, 불구대천의 원수가 겉으로만 다정한 친구보다 어떤 의미에서는 더 큰 도움이 되는데, 전자는 가끔이라도 바른말을 하지만 후자는 결코 그러지 않기 때문이라는 것이었네. 게다가 충고를 받는 사람은 불합리하게도 불쾌히 여겨야 할 것은 불쾌히 여기지 않고 불쾌히 여기지

---

109 로마의 희극작가 테렌티우스(Publius Terentius Afer 기원전 193 또는 183년~159년). 그는 아프리카의 카르타고에서 태어나 로마에 노예로 끌려왔으나, 주인의 배려 덕분에 교육을 받았으며 나중에는 자유의 몸이 되었다. 그는 그리스 신희극 작가 메난드로스(Menandros)를 본받아 우아한 표현의 희극들을 썼다.

110 『안드로스의 여인』(Andria)은 기원전 166년에 공연된 희극으로, 한 쌍의 청춘 남녀가 우여곡절 끝에 결혼하게 되는 과정을 그리고 있다. 안드로스(Andros)는 에게 해의 퀴클라데스 군도 가운데 하나이다.

111 『안드로스의 여인』 68행.

말아야 할 것은 불쾌히 여긴다네. 말하자면 그는 잘못을 저지른 것은 괴로워하지 않고 비난받는 것만 불쾌히 여기기 때문이네. 사실 그 반대로 실수한 것은 괴로워하고 교정받는 것은 기뻐해야 하는데도 말일세.

25

91 그러므로 충고를 하는 것도 충고를 받는 것도 진정한 우정의 특징이네. 충고를 할 때는 거리낌은 없되 거칠지 말아야 하며, 충고를 받을 때는 참을성은 있되 대들지 말아야 하네. 우정에는 아첨과 아부와 맞장구보다 더 큰 해악이 없다는 점도 알아야 하네. 어떤 이름으로 부르건 그런 해악은 진실과는 전혀 관계없이 오직 기쁘게 해주기 위해서만 말하는 경박하고 거짓된 사람 특유의 악덕이라네.

92 위선은 어떤 경우에도 사악하네. 위선은 진실을 알아볼 수 없게 하고 진실을 변조하기 때문이네. 위선은 무엇보다도 우정에 가장 적대적이지. 위선은 신뢰를 소멸시키는데, 신뢰 없이는 우정이라는 말은 아무런 의미도 없기 때문일세. 왜냐하면 우정의 취지는 여러 사람의 마음을 말하자면 한마음으로 결합시켜주는 데 있는데, 한 사람조차도 언제나 변함없는 한마음이 아니라 변덕스럽고 변하기 쉽고 복잡다단한 마음을 갖고 있다면 어찌 그것이 가능하겠는가?

93 사실 말이지 다른 사람의 감정이나 의도뿐 아니라 얼굴 표정이나 고갯짓에 따라 자신을 바꾸는 사람의 마음보다 더 휘기 쉽고 정도(正道)에서 벗어난 것이 또 어디 있겠는가?

누가 "아니오" 하면 나도 "아니오" 하고, "그렇소" 하면 나도 "그렇소" 하오. 한마디로 매사에 맞장구치는 것을 행동 준칙으로 삼았다오.[112]

이 역시 테렌티우스의 말이지만 그나토[113]를 시켜서 한 말이네. 한데 그런 종류의 인간은 경박한 사람이 아니고서는 아무도 친구로 삼고 싶어하지 않을 걸세.

94 그러나 출신과 재산과 명성에서 더 우위에 있긴 하지만 그나토와 똑같이 처신하는 자들은 부지기수일세. 그리고 그들의 맞장구가 위험한 까닭은 허튼소리가 명망과 결합되어 있기 때문이네.

95 하지만 조심하기만 하면 아첨하는 친구를 진정한 친구와 분리하고 구별할 수 있다네. 마치 모든 가짜와 위조품을 정품과 진짜와 구별할 수 있듯이 말일세. 민회(民會)는 전혀 경험 없는 사람들로 구성되지만 그럼에도 대개 선동가, 즉 줏대 없이 맞장구나 치는 시민과 줏대 있고 진지하고 품위 있는 정치가의 차이를 알고 있다네.

96 얼마 전 가이유스 파피리우스[114]는 호민관들이 연임될 수 있는 법안을 제출했을 때 민회의 환심을 사려고 얼마나 아첨을 했던가! 나는 이에 반대했었네. 그렇지만 나 자신의 이야기는 하지 않겠네. 내게는 스키피오에 관한 이야기가 더 즐거우니까 말일세. 정말이지 그때 그의 연설은 얼마나 품위 있고 당당했던가! 그대는 그가 로마 국

---

112 테렌티우스의 희극 『내시』(*Eunuchus*) 252~253행.
113 그나토(Gnatho 그리스어로 '먹보'라는 뜻)는 테렌티우스의 『내시』에 식객(食客)으로 등장하는 인물이다.
114 주 76 참조.

민 가운데 한 명이 아니라 로마 국민의 지도자라고 주저하지 않고 말했을 걸세. 그런데 자네들도 그 자리에 있었고, 그의 연설은 발행되어 유포되고 있네. 그리하여 민중을 위한 법안이 민중에 의해 부결되고 말았다네.

다시 나 자신에 관한 이야기를 하자면, 자네들도 기억하고 있겠지만, 스키피오의 형인 퀸투스 막시무스[115]와 루키우스 망키누스[116]가 집정관이던 해에 사제직에 관한 가이유스 리키누스 크랏수스[117]의 법안은 얼마나 민중의 인기를 얻었었나! 사제단의 보궐선거가 민중의 손으로 넘어갈 참이었네. 이 크랏수스는 민회를 주재할 때 처음으로 포룸[118] 쪽으로 향했던 사람이기도 하네.[119] 그럼에도 나는 반론을 제기하여 그의 싸구려 저질 연설을 쉽사리 이길 수 있었는데, 나는 불사의 신들에 대한 외경심에 호소했던 것이네. 그것은 내가 법정관이었을 때 있었던 일이니까, 내가 집정관이 되기 5년 전이었네. 그러니까 그 논쟁에서 이긴 것은 최고 관직의 위세 덕분이 아니라 사리(事理)에 따랐기 때문이라네.

26

97 조작과 가장(假裝)의 기회가 가장 많이 주어지는 민회라는 무대 위에서도 진실이 겉으로 드러나고 밝혀지기만 하면 이기는 법이거늘, 전적으로 신뢰를 바탕으로 하는 우정의 경우는 말해 무엇 하겠는가? 왜냐하면 우정의 경우에는 사람들 말처럼 자네가 친구의 속을 들여다보지 못하고 자네 속을 드러내 보이지 않는 한 신뢰하거나 확실히 알 수 있는 것은 아무것도 없으며 사랑하고 있는지 사랑받

고 있는지조차 모르기 때문이네. 그런 감정이 어느 정도 진실인지 알지 못하니까. 하지만 앞서 말했던 맞장구는 비록 해로운 것이긴 하지만, 그것을 받아들이고 즐기는 사람 외에는 아무도 해코지하지 않는다네. 맞장구치는 자들에게 기꺼이 귀를 기울이는 사람만 결국 자기만족과 자만심의 제물이 될 뿐이니까 말일세.

98 물론 미덕은 자신을 사랑하네. 미덕은 자신을 가장 잘 알고 자신이 사랑받아 마땅하다는 것을 자각하고 있기 때문이지. 그러나 지금 내가 말하고 있는 것은 사실은 미덕이 아니라 미덕에 대한 사람들의 평판일세. 왜냐하면 많은 사람들이 실제로 미덕을 갖기보다는 가진 것처럼 보이기를 원하기 때문이네. 그런 사람들은 누가 맞장구를 쳐주면 기뻐하네. 또한 그런 사람들은 자기들 입맛에 맞게 지어낸 말을 들으면 그런 공허한 말을 자신들의 장점에 대한 명백한 증거로 여긴다네. 그러나 한쪽은 바른말을 들으려 하지 않고 다른 쪽은 거짓말할 준비가 되어 있다면 그건 결코 우정이 아니네. 희극

---

115 주 98 참조.
116 루키우스 망키누스는 기원전 145년에 집정관을 지냈다.
117 가이우스 리키니우스 크랏수스는 기원전 145년에 호민관이 되어 종전에는 조합 내에서 자체적으로 뽑던 사제단을 민중 선거로 뽑자는 법안을 제출했으나 부결된 것으로 보인다.
118 여기서 포룸(forum '장터'라는 뜻)이란 로마의 카피톨리움(Capitolium) 언덕과 팔라티움(Palatium) 언덕 사이에 있는 직사각형의 평지로, 공공 생활의 중심지였던 포룸 로마눔(forum Romanum)을 말한다.
119 좁은 민회장 쪽에 있는 민중보다 포룸 쪽에 있는 민중이 더 많았기 때문이다. 플루타르코스, 『영웅전』「가이우스 그락쿠스 전」 5장 2절에서는 이런 관행을 맨 처음 도입한 사람은 호민관 가이우스 그락쿠스라고 한다.

에 나오는 식객들의 맞장구는 으스대는 군인[120]을 위한 것이 아니라면 사실 재미가 없을 걸세.

타이스[121]가 정말로 내게 아주 고마워하더란 말이지?[122]

"네, 아주"라고 말하면 충분할 텐데도 식객은 "엄청나게"라고 말했다네. 맞장구치는 자는 자기가 비위를 맞추려 하는 사람이 중요하게 여기는 것을 언제나 더 부풀리는 법일세.

99 따라서 그런 종류의 공허한 아부는 그것을 반기고 청하는 사람들에게나 효력을 발휘하지만, 더 진지하고 줏대가 있는 사람들에게도 교활한 맞장구에 넘어가지 않도록 조심하라고 충고할 필요가 있네. 드러내놓고 아부하는 자는 바보가 아닌 이상 누구나 다 알아본다네. 특히 조심해야 할 것은 교활하고 음험한 아첨꾼이 은밀히 파고드는 것이네. 그런 자는 알아보기가 쉽지만은 않네. 그런 자는 가끔 반대하는 척하면서 맞장구를 치기 때문일세. 그런 자는 말다툼을 하는 척하면서 아첨하다가 마지막에는 두 손 들고 패배를 자인함으로써 자기에게 놀림감이 된 자가 더 현명했다는 인상을 주지. 하지만 그런 식으로 놀림감이 되는 것보다 더 부끄러운 일이 어디 있겠는가? 그런 일을 당하지 않도록 우리는 각별히 조심해야 하네.

너는 오늘 희극에 나오는 어떤 바보 늙은이보다
나를 더 심하게 갖고 놀더니 가장 멍청한 바보로 만들었구나.[123]

100 무대 위에서도 사려 깊지 못해 남의 말을 잘 믿는 노인들의 역이야

말로 어리석음의 극치이기 때문이네. 그런데 어쩌다가 우리의 담론이 완전한, 즉 지혜로운(우리 인간이 도달할 수 있는 지혜 말일세) 사람들의 우정에서 아무 가치도 없는 우정으로 표류하게 되었네그려. 그러니 원래 주제로 되돌아가 그것을 드디어 종결짓도록 하세.

27

가이우스 판니우스와 퀸투스 무키우스[124]여, 내 거듭 말하노니, 우정을 맺어주는 것도 미덕이고 우정을 지켜주는 것도 미덕이라네. 조화와 안정과 신뢰는 모두 거기에서 비롯된다네. 그리고 미덕이 고개를 들어 제 빛을 드러내며 남에게서 똑같은 빛을 보고 그것을 알아보게 되면 그쪽으로 움직이면서 남이 가진 것을 서로 받아들인다네. 그 결과 사랑(amor) 또는 우정(amicitia)이 타오르기 시작하지. 이 두 단어는 '사랑하다'(amare)라는 말에서 유래한 것이기에 하는 말일세. '사랑한다' 함은 다름 아니라 사랑의 대상을 필요나 이익을 떠나 자진하여 좋아하는 것을 말한다네. 그렇지만 자네가 특별히 이익을 추구하지 않더라도 우정에서는 이익이 많이 생기게 마련이네.

---

[120] 테렌티우스의 『내시』에 나오는 으스대는 군인(miles gloriosus)이다. 앞서 나온 그나토는 그의 식객이다.
[121] 타이스(Thais)는 그리스의 소녀로, 테렌티우스의 『내시』의 여주인공이다.
[122] 테렌티우스, 『내시』 391~392행.
[123] 현재 남아 있지 않은 카이킬리우스 스타티우스(『노년에 관하여』 주 72 참조)의 희극 『상속녀』(Epiclerus)에서 인용한 것이다. 단편 3 참조.
[124] 주 2 참조.

101 이런 호감 때문에 나는 젊었을 때 루키우스 파울루스[125]와 마르쿠스 카토와 가이우스 갈루스[126]와 푸블리우스 나시카[127]와, 우리 스키피오의 장인인 티베리우스 그락쿠스[128] 같은 노인들을 사랑했다네. 하지만 그런 감정은 스키피오와 루키우스 푸리우스[129]와 푸블리우스 루필리우스[130]와 스푸리우스 뭄미우스[131]와 나 사이처럼 동년배 사이에서 더 빛을 발한다네. 그러나 나는 늙은이가 된 지금은 자네들과 퀸투스 투베로[132] 같은 젊은이들과의 우정을 즐기고 있다네. 나는 또 푸블리우스 루틸리우스[133]와 아울루스 베르기니우스[134] 같은 더 젊은 사람들과의 친분도 낙으로 삼고 있다네.

한 세대가 다음 세대에 의해 교체되는 것이 인생의 법칙이자 자연의 법칙인 만큼 가장 바람직한 것은 인생의 경주를 함께 시작했던 동년배들과 더불어 말하자면 결승선에 도착하는 것이네.

102 그러나 인간사는 덧없고 무상한 까닭에 우리는 늘 사랑을 주고받을 수 있는 사람들을 찾지 않을 수 없네. 사랑과 호의가 없다면 인생에는 그 어떤 낙도 없기 때문이지. 스키피오는 갑자기 세상을 떠났지만 나에게는 그가 아직도 살아 있고 언제까지나 살아 있을 걸세. 내가 사랑한 것은 그의 미덕이고, 그의 미덕은 죽지 않았기 때문이네. 그의 미덕은 그것을 늘 가까이했던 내 눈앞에만 아른거리는 것이 아니라, 후세에도 찬란히 빛날 것이네. 용감하게 큰일을 해내기를 바라는 사람은 누구나 다 반드시 그의 기억과 본보기를 마음속에 고이 간직해야 할 것이네.

103 나로서는 행운이나 자연이 내게 준 온갖 것 가운데 스키피오와의 우정에 견줄 만한 것은 아무것도 없다네. 그와의 우정의 특징으로는 정치 문제에서의 완전한 의견 일치, 사생활에서의 조언, 즐겁기

만 한 여가를 들 수 있네. 내가 알기로 나는 아주 사소한 일에도 그를 모욕한 적이 없고, 듣지 말았더라면 싶은 말을 그에게서 들은 적이 없네. 우리는 한집에서 살았고, 생활방식도 같았으며, 군대 생활과 해외여행뿐 아니라 시골에 머무를 때도 함께했다네.

104 우리가 이목이 번다한 곳을 피해 온 여가 시간을 다 바쳐 열심히 연구하고 쉬지 않고 공부하던 일을 여기서 말할 필요가 어디 있겠는가? 만약 그런 일들에 대한 기억과 추억이 그와 함께 소멸되었다면 나는 그토록 가깝고 사랑스럽던 사람을 잃은 것을 결코 견딜 수 없을 걸세. 소멸되기는커녕 그것들은 내가 회상하고 기억할수록 오히려 더 자라나고 불어난다네. 그리고 설사 내가 그런 일들을 기억할 능력을 잃었더라도 내 나이가 내게는 큰 위안이 될 것이네. 그러한 상실이 나를 오랫동안 괴롭힐 수는 없을 테니까 말일세. 아무리 심한 고통도 오래가지 않는다면 견딜 만하기 때문이네.

125 『노년에 관하여』 주 10 참조.
126 『노년에 관하여』 주 142 참조.
127 푸블리우스 나시카는 기원전 162년과 155년에 집정관을, 기원전 169년에 감찰관을 지낸 사람인데, 그의 아들 푸블리우스 코르넬리우스 나시카 세라피오(Publius Cornelius Nasica Serapio)가 기원전 133년 호민관 티베리우스 그락쿠스를 살해했다.
128 여기서 말하는 티베리우스 그락쿠스(Tiberius Sempronius Gracchus)는 두 호민관 형제의 아버지로, 대스키피오의 딸 코르넬리아와 결혼했다. 그의 딸 셈프로니아는 소스키피오와 결혼했다.
129 루키우스 푸리우스 필루스에 관해서는 주 37 참조.
130 주 71 참조.
131 주 97 참조.
132 주 68 참조.
133 푸블리우스 루틸리우스는 기원전 105년에 집정관을 지냈다.
134 아울루스 베르기니우스는 이름난 법률가로, 라일리우스의 젊은 친구였다.

이상이 내가 우정에 관해 말해야 했던 것들이네. 그러나 내 자네들에게 충고하건대, 우정은 미덕 없이는 존재할 수 없는 만큼 미덕을 높이 평가하되, 미덕 다음에는 우정보다 더 탁월한 것은 아무것도 없다는 점을 명심해두게나.

'최후의 그리스인'
플루타르코스

플루타르코스

4세기경에 작성된 것으로 추정되는 이른바 '람프리아스(Lamprias) 목록'에 플루타르코스(기원후 50년 이전~120년 이후)의 작품은 모두 227개 제목이 포함되어 있다. 박학다식하기로 유명했던 그는 철학·신학·윤리·종교·자연과학·문학 등 다방면에서 누구 못지않게 많은 작품을 남겼지만, 그중 지금까지 남아 있는 것은 50편의 『영웅전』과 78편의 『윤리론집』뿐이다.

『윤리론집』은 여러 주제에 관한 78편의 에세이와 대화편으로 이루어졌는데, 처음에는 몇 권의 선집 형태로 보급되면서 원래 있던 것이 없어지기도 하고 위작이 끼어들기도 했다. 그러던 중 비잔티움의 성직자 막시모스 플라누데스(Maximos Planudes)가 당시 구할 수 있는 것을 모두 구해 필사하게 했는데, 처음에는 69편을, 이어서 9편을 더 찾았다. 1296년에는 교열본을 내면서 『윤리론집』이라는 중간 제목을 달고 21편을 맨 앞에 배치했는데, 이것이 이 작품집 제목이 되었다. 이 중간 제목에 속하는 글은 물론이고 작품집 전체에는 윤리 문제와 무관한 글이 많이 포함되어 있다. 『윤리론집』에는 대중적인 도덕철학에 관한 글(예컨대 『수다에 관하여』 『분노의 억제에 관하여』 『친구와 아첨꾼을 구별하는 방법』), 종교에 관한 글(예컨대 『미신에 관하여』 『신벌(神罰)의 지연에 관하여』 『신탁의 쇠락에 관하여』)을 비롯해 당대의 현인들이 모여 여러 주제를 놓고 담론하는 9편의 『식사 중의 대화』, 어린 딸을 잃고 슬픔에 빠진 아내에게 건네는 『아내에게 주는 위로의 글』, 『소크라테스의 수호신』 같은 다양한 글이 포함되어 있다. 『윤리론집』은 몽테뉴를 매료시켜 『수상록』의 모델이 된 작품이기도 하다.

프랑스의 고위 성직자 J. 아뮈요(Amyot)가 1559년에 『영웅전』을, 1572년에 『윤리론집』을 프랑스어로 번역하고, 1579년에 T. 노스(North)가 『영웅전』(대부분 아뮈요의 프랑스어 번역을 중역한 것)을, 1603년에 P. 홀런드(Holland)가 『윤리론집』을 영어로 번역함으로써 플루타르코스는 일약 서양에서 가장 많이 읽히는 작가 중 한 사람이 되었다.

플루타르코스의 영향을 많이 받은 작가들로는 몽테뉴·셰익스피어·드라이든·루소·에머슨 등을 꼽을 수 있다. 이를테면 셰익스피어의 세 편의 로마극 『코리올라누스』(*Coriolanus*)와 『줄리어스 시저』(*Julius Caesar*), 『안토니와 클레오파트라』(*Antony and Cleopatra*)는 『영웅전』을 읽지 않았더라면 씌어질 수 없었을 것이다.

여기서는 『윤리론집』에 나오는 78편의 에세이와 대화 중 『수다에 관하여』『분노의 억제에 관하여』『아내에게 주는 위로의 글』『동물들도 이성이 있는지에 관하여』『소크라테스의 수호신』『결혼에 관한 조언』 6편을 소개한다.

* * *

대본은 *Plutarch' Moralia*, edited and translated by F. C. Babbitt et alii, 15vols., (Loeb Classical Library) Harvard University Press 1927~1967의 그리스어 텍스트이다. 현대어 번역으로는 위의 Loeb Classical Library, D. Russell (Oxford 1993), R. Waterfield (Penguin Books 1992)의 영어 번역과 W. Ax (Diogenes Verlag 2000), M. Giebel (Insel Verlag 2000)의 독어 번역을 참고했다.

말을 하지 않아 이득이 된 경우는 많아도,
말을 해서 이득이 된 경우는
그리 많지 않다.
말하지 않은 것은 언제든 말할 수 있어도,
일단 말한 것은 다시는 되돌릴 수 없다.

수다에 관하여
PERI ADOLESCHIAS / DE GARRULITATE

'수다'라고 번역한 그리스어 adoleschia는 이 글에서 '악의 없는 지루한 잡담'이라는 뜻과 '경솔하고 위험한 발설'이라는, 어찌 보면 상반된 두 가지 뜻으로 사용되기 때문에 '수다'가 과연 적절한 번역어인지 의심스러울 때도 있다. 그러나 여기서 '수다'가 진지한 주제가 될 수 있는 것은 이렇게 상반된 두 가지 뜻을 담고 있기 때문일 것이다. 이 글은 먼저 '수다'의 증세를 진단한 다음 이에 대한 처방을 제시하는 방법으로 논의를 펼치고 있는데, 독자는 플루타르코스의 재미있고 진지한 논리 전개에 거부감 없이 빠져들 것이다.

01

철학이 수다를 치유하려 한다면 까다롭고 힘든 과제를 떠맡는 셈이   502B
다. 수다의 치료약은 말이고, 말은 듣는 사람이 있어야 하는데, 수
다쟁이들은 계속 지껄이느라 어느 누구의 말도 듣지 않기 때문이
다. 또한 침묵하지 못하는 상태가 듣지 못하는 상태로 이어지는 것,   C
이것이 바로 수다쟁이들이 걸린 병의 첫 징후이다. 이것은 스스로
자초한 귀머거리 현상인데, 그 희생자들은 아마도 귀는 둘인데 입
은 하나밖에 주지 않았다고 자연을 탓할 것이다. 따라서 아둔한 청
자(聽者)에 관한 다음과 같은 에우리피데스[1]의 말이 옳다면,

현명하지 못한 사람에게 현명한 말을 들이붓는 것은
시루에 물 퍼붓기와 같다.[2]

수다쟁이에게 또는 수다쟁이에 관해 다음과 같이 말하는 것은 더
옳다 할 것이다.

현명하지 못한 사람에게 현명한 말을 들이붓는 것은

밑 빠진 독에 물 붓기와 같다.

그러니 남들이 듣지 않을 때 말하고 남들이 말할 때 듣지 않는 사람은 더욱더 그럴 것이다. 그의 수다가 일종의 썰물을 만나 그가 잠시 귀를 기울인다 하더라도, 다음 순간 그는 바로 그 몇 배를 되돌려주기 때문이다.

올림피아[3]에는 한 번만 소리쳐도 여러 번 메아리치는 주랑(柱廊)이 있는데, 그래서 그것은 '일곱 목소리의 주랑'[4]이라 불린다. 그러나 수다는 가장 작은 말이 와닿아도 지체 없이 사방으로 되울린다.

아직까지 울린 적 없는 마음의 거문고 줄을 울리며.[5]

수다쟁이들은 아마도 귀가 마음과 연결된 것이 아니라 혀와 연결되어 있는 듯하다. 그래서 다른 사람들은 말을 마음에 간직하는 데 반해, 수다쟁이들은 말을 흘려보내며 실속 없이 시끄럽기만 한 빈 수레처럼 요란스레 사방으로 돌아다니는 것이다.

---

1 에우리피데스는 그리스 3대 비극작가 중 막내이다.
2 A. Nauck, 『그리스 비극 단편들』(*Tragicorum Graecorum fragmenta* 이하 TGF로 줄임), Leipzig ²1889. 에우리피데스, 단편 899.
3 올림피아(Olympia)는 그리스 펠로폰네소스 반도 서북부 엘리스(Elis) 지방에 있는 마을이다. 이곳에서 기원전 776년부터 4년마다 본토와 해외의 모든 그리스인들이 참가하는 축제 경기가 열렸는데, 이것이 근대 올림픽 경기의 전신이다.
4 '일곱 목소리의 주랑'(stoa heptaphonos)은 제우스에게 봉헌된 원림(園林)인 알티스(Altis)의 동쪽에 있었다.
5 TGF, 작가 불명 361.

02

할 수 있는 것은 무엇이든 다 해보기 위해 수다쟁이에게 다음과 같이 말해봅시다.

이봐요, 입 좀 다무시오. 침묵에는 여러 이점이 있다오.[6]

그중에서도 으뜸가는 두 가지 이점은 내가 듣는 것과 남이 들어주는 것이다. 그러나 그중 어느 것도 수다쟁이들에게는 주어지지 않으니, 그들은 자신들이 바라는 것을 참을성이 없어 포기해버리는 것이다. 금전욕, 명예욕, 쾌락의 추구 같은 마음의 다른 병들이라면 만족시킬 가능성이라도 있지만, 수다쟁이들에게 가장 고통스러운 것은 누가 그들의 말을 들어주기를 바라지만 그럴 사람이 아무도 없다는 것이다. 모두들 그를 보면 허둥지둥 달아나기 때문이다. 친구들이 만남의 장소에 모여 앉았거나 주랑을 거닐다가도 수다쟁이가 다가오는 것을 보면 이제 바로 흩어지자는 신호를 주고받는다. 모임에 참가한 사람들이 갑자기 조용해지면, 사람들은 헤르메스가 모임에 참가했다[7]고 말한다. 그와 마찬가지로 수다쟁이가 만찬회장이나 친구들의 모임에 나타나면 모두들 그에게 이야깃거리를 제공하지 않으려고 입을 다문다. 그리고 누가 말을 걸지 않았는데도 그가 입을 열려고 하면,

마치 북풍이 바닷가 암벽을 채찍질하면
폭풍을 피해[8]

달아나는 선원들처럼 참석자들은 높은 파도에 들까불려 뱃멀미가 날까 봐 자리에서 일어나 퇴장한다. 그래서 만찬에 참석하거나 육로 또는 뱃길로 여행할 때는 아무도 자진하여 수다쟁이와 함께하려 하지 않으며, 그와 함께하는 자들은 강요받은 자들뿐이다. 수다쟁이는 아무에게나 매달리며 외투를 잡고, 수염을 당기고, 팔꿈치로 옆구리를 치기 때문이다. 그러면 아르킬로코스[9]의 말처럼

그러면 발이 가장 높이 평가받게 될 것이다.[10]

그리고 아리스토텔레스[11]도 이에 동의할 것이다. 언젠가 아리스토텔레스도 자꾸만 진부한 이야기를 해대는 수다쟁이에게 시달린 적이 있기 때문이다. "놀랍지 않소, 아리스토텔레스?"라고 말하는 그 자에게, "놀라운 것은" 하고 아리스토텔레스가 말했다. "그게 아니라, 멀쩡하게 걸을 수 있는 사람들이 당신을 참고 견딘다는 것이오." 또 다른 수다쟁이가 장광설을 늘어놓은 뒤 "철학자여, 내 이야

B

---

6 소포클레스(Sophokles), 단편 78 (TGF). 소포클레스(기원전 496~406/5년)는 그리스 3대 비극작가 중 한 명이다.
7 영어의 an angel has passed by, 독일어의 Es fliegt ein Engel durchs Zimmer에 해당하는 표현으로, 이야기가 갑자기 중단될 때 쓰는 표현이다.
8 D. L. Page, 『그리스 서정시인들』(*Poetai Melici Graeci* 이하 PMG로 줄임) Oxford 1962, 작가 불명 1000.
9 아르킬로코스(Archilochos)는 기원전 7세기 중엽에 활동한 그리스 서정시인이다.
10 아르킬로코스, 단편 233 West. 도망치는 것이 상책이라는 뜻이다.
11 아리스토텔레스는 그리스 철학자 플라톤의 제자이며, 소요학파(逍遙學派)의 창시자이다.

기가 지루하지는 않았지요?"라고 하자, 아리스토텔레스는 "아니오. 나는 당신 이야기를 듣지 않았으니까요"라고 말했다. 아닌 게 아니라 수다쟁이들이 우리에게 이야기를 떠안기면, 혼은 그들의 말에 귀를 맡기기는 해도, 속으로는 다른 종류의 생각을 펼치며 혼자서 고찰한다. 그래서 수다쟁이는 말을 들어주거나 믿어줄 사람을 구하기가 쉽지 않은 것이다. 성행위가 너무 잦은 이의 씨가 생식 능력이 떨어지듯, 수다쟁이의 말은 불완전하고 결실을 맺지 못하는 C 법이다.

03

인체 가운데 자연이 혀만큼 안전하게 울타리로 둘러친 부위는 없다. 자연은 혀를 지키기 위해 그 앞에 이를 배치했으니 말이다. 그래서 내부의 이성이 침묵의 고삐[12]를 당기는데도 혀가 복종하지 않거나 자제하지 않으면, 우리는 피를 흘릴 때까지 혀를 깨물어 그 불복종에 제동을 걸 수 있는 것이다. "그 종말은 재앙이다"[13]라는 에우리피데스의 말은 자물쇠를 채우지 않은 보물창고나 광을 두고 한 말이 아니라, 고삐 풀린 혀를 두고 한 말이다. 문 없는 집이나 끈 없는 주머니는 그 임자에게 아무 쓸모도 없다고 믿으면서 자기 입에는 문도 달지 않고 자물쇠도 채우지 않아, 마치 흑해에서 물이 흘러나오듯 끊임없이 말이 흘러나오는 사람들이 있는데, 이들은 말을 D 아주 무가치한 것으로 여기는 게 분명하다.

그래서 수다쟁이는 믿음직스럽지 못한 것이다. 하지만 믿음은 모든 말이 추구하는 목표이다. 듣는 사람들을 믿게 만드는 것이 말의 고유한 목적이기 때문이다. 그러나 수다쟁이는 사실을 말해도 남들이 믿어주지 않는다. 항아리에 밀을 넣고 봉해두면 양은 늘어도 질은 떨어지듯, 말이 수다쟁이의 입에 들어가면 거짓말이 늘어나 믿음직스럽지 못한 것이다.

04

점잖고 반듯한 사람이라면 누구나 술주정을 피할 것이다. 분노가 광기와 벽을 사이에 두고 산다면, 주정은 광기와 동거하기 때문이다. 더 정확히 말해 주정은, 지속 기간은 더 짧지만 스스로 선택했다는 점에서 더욱 호되게 비난받아 마땅한 광기이다. 그런데 일반적으로 주정이 가장 비난받는 까닭은 그 말에 절제와 제약이 없다는 데 있다. 그래서 호메로스는 이렇게 말한다.

술이라는 녀석은
가장 사려 깊은 사람도 노래하고,
유쾌하게 웃고, 춤추도록 부추긴다오.[14]

그런데 여기서 뭐가 그리 나쁜가? 노래가, 웃음이, 아니면 춤이? 아니, 어느 것도 그 정도는 아니다.

---

12 호메로스의 『일리아스』 5권 226행을 조금 고친 것이다.
13 『박코스 여신도들』(*Bakchai*) 386행과 388행을 짜깁기한 것이다.
14 호메로스, 『오뒷세이아』 14권 463~465행.

그러나 술이라는 녀석은 말하지 않아서 좋을 말도 내뱉게 한다오.[15]

여기에 파멸과 위험이 있는 것이다. 호메로스는 철학자들이 논의한 문제를 해결하기로 결심한 듯, 음주는 이완이고 주정은 헛소리라며 음주와 주정을 구별하고 있다. 술 취하기 전 마음속에 있던 것이 술 취하면 혀에 가 있다는 속담도 있지 않은가. 술자리에서 말이 없던 비아스[16]를 어떤 수다쟁이가 바보라고 놀리자, "바보가 술 마시고 말이 없어지는 것을 보았소?"라고 대답했다. 언젠가 아테나이에서 한 시민이 왕[17]이 보낸 사절단을 접대할 때, 이들의 간절한 요청에 따라 철학자들을 만날 수 있게 해주었다. 다른 손님은 대화에 끼어 이야기꽃을 피우는데, 제논[18]만은 아무 말도 하지 않았다. 이방인들이 그에게 예를 갖추고 건배를 제의하며 "당신에 관해 전하께 뭐라고 전할까요, 제논?" 하고 묻자 제논이 대답했다. "술 마시면서 침묵할 줄 아는 노인이 아테나이에는 딱 한 명 있더라고만 전하시오!" 이처럼 침묵은 심오하고 신비로우며 늘 깨어 있지만, 주정은 수다스럽다. 주정은 어리석고 생각이 모자라 말이 많기 때문이다. 그래서 철학자들은 주정을 '술 취해 허튼소리 하기'로 정의한다. 술 마시고 침묵을 지키면 음주에 아무 문제가 없지만, 허튼소리를 하면 음주가 주정으로 변한다. 그런데 주정뱅이는 술 마실 때만 허튼소리를 하는 데 비해, 수다쟁이는 술을 마시지 않고도 장터에서, 극장에서, 산책로에서 밤낮을 가리지 않고 허튼소리를 한다. 수다쟁이가 의사라면 병보다 더 성가시고, 같은 배를 타고 여행한다면 뱃멀미보다 더 참기 어려우며, 수다쟁이의 칭찬은 다른 사람의 비난보다 더 괴롭다. 그래서 우리는 정직한 수다쟁이와 함께할 때보다 재치 있는 악당과 함께할 때 기분이 더 좋은 것이다. 소포클레스의 비극에서 네스토르[19]는 성난 아이아스[20]를 달래려고 다음과 같은 말을 하는데, 이 말은 그가 성격을 잘 이해하고 있음을 말해준다.

내 그대를 비난하는 게 아니오. 그대의 행동은 훌륭하지만, 그대의 말은 나쁘오.[21] C

그러나 우리는 수다쟁이한테서는 그런 감정을 느끼지 못한다. 수다쟁이들이 쏟아낸 시의적절하지 못한 말들이 그들의 행위에 대한 고마움을 모조리 앗아가버리기 때문이다.

05

뤼시아스[22]는 언젠가 송사에 말려든 어떤 시민을 위해 연설문을 써

---

15 『오뒷세이아』 14권 466행.
16 비아스(Bias)는 프리에네 시 출신으로, 일곱 현인 중 한 명이다.
17 누구인지 확실치 않다.
18 제논(Zenon 기원전 333~262년)은 퀴프로스 섬 키티온(Kition) 시 출신의 스토아학파 철학자이다.
19 네스토르(Nestor)는 트로이아 전쟁 때 활약한 그리스군 노장인데, 훌륭한 언변으로 유명하다.
20 아이아스(Aias)는 텔라몬(Telamon)의 아들로, 트로이아 전쟁 때 아킬레우스에 버금가는 용장이다.
21 소포클레스, 단편 771 (TGF).
22 뤼시아스(Lysias 기원전 459년경~380년경)는 아테나이의 웅변가인데, 탁월한 성격 묘사로 유명했다.

준 적이 있었다. 그 연설문을 몇 번씩이나 거듭 읽고 나서 실망한 시민이 뤼시아스를 찾아와 말하기를, 연설문을 처음 읽을 때는 놀라웠지만 두 번 세 번 읽으니 완전히 맥 빠지고 비효율적으로 생각된다고 했다. 그러자 뤼시아스가 웃으며 말했다. "그런데 당신은 배심원들 앞에서 한 번만 읽을 거잖소?" 또한 뤼시아스의 설득력과 우아함을 생각해보자! 내 선언하건대, 뤼시아스야말로

모발이 보랏빛인 무사 여신들의 총아이니까.[23]   D

그리고 호메로스에 관한 가장 진실한 발언은, 호메로스만이 언제나 새롭고 매력이 넘쳐흘러 사람들이 싫증을 내지 않게 할 수 있다는 것이다. 하지만 호메로스는 자신에 관해 다음과 같이 말한다.

이미 분명하게 말한 것을
재차 말한다는 것은 내 성미에 맞지 않소.[24]

말하자면 호메로스는 이야기란 으레 지루해지기 쉽다는 것을 알고 이를 피하기 위해 듣는 이들을 이 이야기에서 저 이야기로 인도하는가 하면, 새로운 것을 끊임없이 제공함으로써 듣는 이들이 포만감을 느끼지 않게 해준다. 그러나 수다쟁이는 마치 글자를 지우고 다시 사용하는 서판(書板)을 펜으로 긁듯이, 같은 이야기를 자꾸 하고 또 함으로써 우리의 귀를 고문한다.

06

수다쟁이에게는 무엇보다도 말이 여러모로 포도주와 비슷하다는 점을 일깨워주어야 한다. 즐거움과 교제를 위해 생겨난 포도주이지만 희석하지 않은 채[25] 과도하게 마시면 불쾌해지고 취하게 된다. 말도 인간과 인간을 가장 즐겁게 이어주는 수단이지만 생각 없이 잘못 사용하면 반인간적이요 반사회적인 것이 된다. 그렇게 되면 즐겁게 해주려던 사람들에게 고통을 안겨주고, 경탄받으려던 사람들에게 웃음거리가 되고, 사랑받으려던 사람들에게 미움받게 된다. 같은 인간을 쫓아버리려고 사랑의 여신 아프로디테의 벨트[26]를 사용하는 자는 아프로디테의 사랑을 받지 못하듯이, 같은 인간을 모욕하고 쫓아버리려고 말을 사용하는 자는 무사 여신들과 예술의 친구가 되지 못한다.

07

다른 정념과 폐해는 대개 위험하거나, 역겹거나, 우스꽝스럽다. 그러나 수다는 이 세 가지 속성을 모두 지니고 있다. 수다쟁이는 진부한 이야기를 하다 웃음거리가 되고, 반갑잖은 소식을 전하다가 미

---

23 PMG, 작가 불명 1001. 무사(Mousa)는 시가(詩歌)의 여신들이다.
24 『오뒷세이아』 12권 452~453행.
25 고대 그리스인들은 대개 포도주에 물을 타서 마셨는데, 초기에는 1 대 3, 나중에는 2 대 3의 비율로 희석했다. 희석하지 않은 포도주는 야만인들이 마시는 것으로 여겼다.
26 사랑의 온갖 매력이 들어 있는 사랑의 여신의 상징물. kestos.

움을 사는가 하면, 비밀을 지키지 못해 위험에 처한다. 그런 연유로
아나카르시스[27]는 솔론[28]의 집에서 저녁 대접을 받은 뒤 잠자리에   505A
들었을 때 왼손은 사타구니에, 오른손은 입에 얹은 모습을 보여주
었던 것이다. 혀에는 더 강한 재갈이 필요하다고 믿었기 때문인데,
그의 생각은 지당하다. 무절제한 성생활로 말미암아 패가망신한 개
인들을, 비밀이 누설되어 멸망한 도시나 정권만큼 많이 늘어놓기란
쉬운 일이 아닐 테니 말이다. 아테나이를 포위 공격하던 술라[29]에
게는, 미트리다테스[30]가 아시아를 약탈하고 마리우스[31] 일파가 다
시 로마를 장악하는 등 '다른 일이 급해서'[32] 시간의 여유가 별로 없
었다. 이때 그의 첩자들이 이발소에서 노인 몇 명이 헵타칼콘[33] 쪽   B
에는 초소들을 세우지 않아 그쪽으로 접근하면 도시를 함락할 수
있다고 이야기하는 것을 엿들었다. 첩자들이 보고하자, 술라는 당
장 군대를 이끌고 한밤중에 시내로 들어가 도시를 완전히 파괴하고
학살과 시신으로 가득 메웠다. 그리하여 케라메이코스[34]는 온통 피
바다가 되었다. 그런데 술라가 아테나이인들에게 화가 난 것은 그
들의 행위보다는 그들의 말 때문이었다. 그들은 성벽 위로 뛰어올
라가 "술라는 밀가루 범벅이 된 오디래요"[35]라고 조롱하며 술라와   C
메텔라[36]를 욕했던 것이다. 그런 허튼소리를 하다가 그들은 플라톤
의 말처럼[37] '세상에서 가장 가벼운 것인 말 때문에 가장 무거운 벌'
을 받았던 것이다.

로마가 네로[38]에게서 해방되어 다시 공화국이 되지 못한 것도 한 사
람의 수다 때문이었다. 준비는 다 되어 있었고, 하룻밤만 지나면 폭
군은 죽게 되어 있었다.[39] 그런데 폭군을 암살하기로 되어 있던 사
람이 극장에 가다가, 네로 앞으로 끌려가느라 포박당한 채 궐문 앞

에서 신세타령하는 죄수를 보고는 그에게 다가가 귀에다 대고 속삭 D
였다. "이봐요, 오늘만 지나가게 해달라고 기도하시오. 내일이면 그
대는 나한테 감사하게 될 거요." 죄수는 이 말이 무슨 뜻인지 이내
알아차리고는 다음과 같이 생각했으리라.

불확실한 것을 좇느라 손안에 든 것을 놓치는 자는
어리석도다.[40]

27 아나카르시스(Anacharsis)는 기원전 6세기에 활동한 스퀴타이족(Skythai) 출신의 현인으로, 그리스를 여행한 적이 있었다.
28 솔론(기원전 640년경~560년경)은 아테나이의 입법자이자 시인으로, 기원전 594년 아테나이의 아르콘(archon)으로 선출된 적이 있다.
29 술라(기원전 138~78년)는 미트리다테스를 정복한 로마 장군으로, 기원전 87년 아테나이를 함락했다.
30 미트리다테스(Mithridates VI Eupator)는 소아시아 폰토스 지방의 왕으로, 아시아에 진출한 로마 세력에 평생 동안 집요하게 저항하다가 마지막으로 기원전 67년 폼페이우스에게 패했다.
31 로마의 장군 마리우스(Gaius Marius 기원전 157~86년)는 여섯 번이나 집정관으로 선출되었다. 술라의 적대자.
32 『오뒷세이아』 11권 54행.
33 헵타칼콘(Heptachalkon '일곱 청동')은 페이라이에우스(Peiraieus) 항 쪽으로 나 있던 아테나이의 성문에서 가까운 지역이나.
34 케라메이코스(Kerameikos '도공들의 구역')는 아크로폴리스 북서쪽에 있는 구역으로 공동묘지가 있었다.
35 H. Lloyd-Jones/P. J. Parsons, *Supplementum Hellenisticum*, Berlin 1983, 1156. 술라의 얼굴에는 흰 바탕에 붉은 반점이 나 있었다고 한다.
36 메텔라(Metella)는 술라의 아내이다.
37 플라톤(Platon), 『법률』(*Nomoi*) 717D, 935A.
38 네로(재위 기간 기원후 54~69년)는 로마의 황제이다.
39 기원전 65년에 있었던 음모를 말한다.

그래서 죄수는 더 명예로운 살길보다는 더 확실한 살길을 선택했으니, 들은 대로 네로에게 알려주었던 것이다. 그러자 음모를 꾸미던 자는 즉각 체포되어 고문당하지 않고도 누설했던 것을 부인하다가, 고문을 당하고 불로 지져지고 채찍질을 당했다.

08

철학자 제논[41]은 자신의 몸이 고문당하다 본의 아니게 어떤 비밀을 누설할까 두려워 혀를 깨물어 참주(僭主)[42]의 얼굴에 내뱉었다. 레아이나[43]도 끝까지 비밀을 누설하지 않은 덕분에 훌륭한 보답을 받았다. 그녀는 하르모디오스와 아리스토게이톤[44]의 동아리들과 가까이 지내던 창녀였는데, 참주들[45]을 암살하려던 음모에 여자가 할 수 있는 데까지 정신적으로 가담했다. 그녀도 사랑의 술잔을 돌려 마시는 여러 주연(酒宴)에 참석한 까닭에 그 비밀을 알고 있었기 때문이다. 그래서 음모가 실패하여 가담자들이 처형당한 뒤, 그녀도 심문을 받았다. 아직 밝혀지지 않은 가담자들의 이름을 대라는 문초를 받은 것이다. 그러나 그녀는 그 명령을 거부하며 갖은 고문을 끝까지 참고 견딤으로써, 그 남자들이 그런 여자를 사랑한 것은 결코 품위를 해치는 행위가 아니었음을 보여주었다. 아테나이인들은 혀 없는 암사자 청동상을 제작하여 아크로폴리스의 문들에 세웠는데, 암사자의 용기는 레아이나의 불굴의 정신을 상징하고, 혀가 없는 것은 그녀가 입이 무거워 끝까지 비밀을 지켰음을 나타낸다. 확실한 것은, 말을 하지 않아 이득이 된 경우는 많아도, 말을 해서 이득이 된 경우는 그리 많지 않다는 것이다. 말하지 않은 것은 언제든 말할 수 있어도, 일단 말한 것은 다시는 되돌릴 수 없다. 그것은 엎질러진 물이다. 그래서 우리에게 말하는 법을 가르치는 건 인간이지만, 침묵하는 법은 신들이 가르치는 것 같다. 우리가 비의(秘儀)⁴⁶에 입문할 때 침묵하는 법부터 배우기에 하는 말이다. 호메로스는 말을 가장 잘하는 오뒷세우스를 가장 과묵한 인물로 만들었는데, 이 점은 그의 아들도, 그의 아내도, 그의 유모도 마찬가지이다. 그의 유모는 이렇게 말한다.

506A

앞으로 나는 단단한 참나무나 무쇠처럼 행동할 거예요.⁴⁷

그리고 오뒷세우스 자신도 아내 페넬로페 옆에 앉았을 때

---

40 헤시오도스(Hesiodos), 단편 61 Merkelbach/West. 헤시오도스는 기원전 700년경에 활동한 그리스 서사시인이다. 그의 작품으로는 『일과 날』, 『신들의 계보』를 비롯해 여러 단편이 있다.
41 여기서는 스토아학파 철학자가 아니라, 기원전 495년경~445년경에 활동한 남이탈리아 엘레아(Elea) 시 출신 철학자를 말한다.
42 일종의 군사 독재자.
43 레아이나(Leaina)는 '암사자'라는 뜻이다.
44 아리스토게이톤(Aristogeiton)은 아테나이의 귀족 출신 젊은이인데, 기원전 514년 참주 힙피아스(Hippias)를 암살하려다 참주의 아우 힙파르코스(Hipparchos)밖에 암살하지 못한 까닭에 공범 하르모디오스(Harmodios)와 함께 처형당했다.
45 힙피아스와 힙파르코스.
46 사후의 행복을 약속하는 일종의 비교(秘敎) 또는 밀교(密敎). 농업과 곡물의 여신 데메테르(Demeter)와 그녀의 딸이자 저승의 신 하데스(Hades)의 아내가 된 페르세포네(Persephone)를 위한 비의와, 전설적인 가인(歌人) 오르페우스(Orpheus)를 위한 비의가 특히 유명했다.
47 『오뒷세이아』 19권 494행을 조금 고친 것이다.

울고 있는 아내가 애처로웠지만

그의 두 눈은 눈꺼풀 사이에서 뿔이나 무쇠인 양

꼼짝도 않고 아주 교묘하게 눈물을 감추었다.⁴⁸

오뒷세우스는 신체의 모든 부분을 그처럼 완전히 통제할 수 있었다. 그리하여 그의 경우 이성이 모든 것을 제어하며, 눈에는 울지 말라고, 혀에는 말하지 말라고, 마음에는 떨거나 '짖지'⁴⁹ 말라고 B 명령했던 것이다.

그의 마음도 그의 말에 복종하고 계속해서 꾹 참고 견뎠다.⁵⁰

그의 이성이 그의 무의식적인 움직임들에까지 침투하여 피와 호흡조차 고분고분하도록 만들어놓았기 때문이다. 그의 전우들도 대부분 그런 자질을 갖추고 있었다. 그들은 퀴클롭스⁵¹에게 끌려가 땅바닥에 패대기쳐져도 오뒷세우스를 배신하지 않았고, 그자의 눈을 찌르려고 불에 달구어놓은 뾰족한 말뚝이 있는 곳을 일러주지 않았고, 한 가지라도 비밀을 누설하기보다는 괴물에게 날로 먹히기를 택했는데, 이보다 더한 자제력과 충성심이 또 어디 있겠는가! 따라 C 서 핏타코스⁵²의 행동은 옳았다. 아이귑토스⁵³ 왕⁵⁴이 제물로 쓸 가축을 보내며 가장 좋고도 가장 나쁜 부위를 자르라고 했을 때, 핏타코스는 혀를 잘라 보냈다. 혀야말로 세상에서 가장 큰 선의 도구이자 가장 큰 악의 도구라는 것이다.

09

에우리피데스의 비극에서 이노[55]도 자기는 안전한 곳에서 말하고, 필요한 곳에서는 침묵할 줄[56] 안다고 거침없이 말하고 있다. 진실로 고상하고 왕에 걸맞은 교육을 받은 사람들은 먼저 침묵하는 법을 배우고 나서 말하는 법을 배운다. 이를테면 저 유명한 안티고노스[57] 왕은 언제 행군할 것이냐는 아들의 물음에 "너 혼자 나팔 소리를 듣지 못할까 두려운 게냐?"라고 대답했다. 그는 제국을 물려줄 아들에게도 비밀을 털어놓기를 원치 않았던 것일까? 천만의 말씀! 그는 그런 사소한 일에도 아들이 조심하고 자제하도록 가르치고 싶었던 것이다. 노(老)메텔루스[58]도 행군에 관해 비슷한 질문을 받았을 때

D

---

48 같은 책 19권 210~212행.
49 같은 책 20권 13행.
50 같은 책 20권 23행.
51 퀴클롭스(Kyklops 복수형 Kyklopes '둥근 눈')는 외눈박이 식인 거한들이다. 그중 한 명인 폴뤼페모스(Polyphemos)는 식량을 구하러 동굴로 찾아온 오뒷세우스의 전우 몇 명을 잡아먹고 술에 취해 자다가 발갛게 단 나무 기둥에 하나뿐인 눈을 잃고 실명한다. 『오뒷세이아』 9권 참조.
52 핏다코스(Pittakos 기원전 650년경~570년)는 레스보스(Lesbos) 섬 뮈틸레네 시의 통치자로, 일곱 현인 중 한 명이다.
53 아이귑토스(Aigyptos)는 이집트의 그리스어 이름이다.
54 아마시스(Amasis). 재위 기간 기원전 569~525년경.
55 이노(Ino)는 테바이(Thebai) 시의 창건자 카드모스(Kadmos)의 딸로, 아타마스(Athamas)의 아내이다.
56 에우리피데스, 단편 413 (TGF).
57 외눈박이 안티고노스(Antigonos)는 알렉산드로스 대왕이 죽은 뒤 분할되었던 제국을 통일하려다 기원전 301년 입소스(Ipsos)에서 다른 통치자들의 연합군에 패했다.

수다에 관하여 545

"만일 내 키톤[59]이 그 비밀을 알고 있다고 생각된다면 나는 이 키톤도 벗어 불 속에 던져버렸을 걸세"라고 대답했다. 에우메네스[60]는 크라테로스[61]가 진격해온다는 말을 듣고 어느 친구에게도 사실을 말하지 않고, 진격해오는 것은 네옵톨레모스[62]라고 믿게 만들었다. 그의 군사들은 네옵톨레모스는 경멸했지만, 크라테로스의 명성과 용기는 존중했기 때문이다. 그리하여 에우메네스 말고는 적장(敵將)이 누군지 아는 사람이 아무도 없었다. 그리하여 그들은 싸워 이겼으며, 크라테로스를 죽이고도 그의 시신을 발견할 때까지는 그런 사실조차 몰랐다. 이렇듯 침묵이 성공적으로 작전을 수행하여 그토록 무서운 적이 와 있다는 사실을 비밀로 할 수 있었다. 그리하여 에우메네스의 전우들은 그를 나무라기보다는 미리 경고하지 않기를 잘했다고 찬탄했다. 또한 그런 경우 어차피 비난을 받아야 한다면, 남을 쉬이 믿다가 망하고서 남을 원망하기보다는 남을 불신함으로써 일단 구원받은 뒤에 비난받는 편이 더 낫다.

10

비밀을 지키지 않았다고 대체 무슨 권리로 남을 나무랄 수 있단 말인가? 알려져서는 안 될 일이라면 남에게 이야기하지 말았어야 할 것이다. 그대가 비밀을 그대에게서 꺼내어 다른 사람 속에 감추려 한다면, 그대 자신보다 남을 더 신뢰하는 셈이다. 그리고 그자가 그대보다 더 나을 게 없다면 그대는 끝장날 것이며, 그것은 그대 책임이다. 그자가 그대보다 더 나은 사람이라면 그대는 운 좋게 구원받을 것이다. 그대는 그대 자신보다 더 신뢰할 수 있는 사람을 찾아냈으니까. '그는 역시 내 친구이니까.' 하지만 내가 그를 신뢰하듯 그에게도 신뢰할 친구가 있을 것이며, 그 친구에게도 또 다른 친구가 있을 것이다. 그리하여 비밀은 수다를 통해 입에서 입으로 이어지며 불어나고 증식한다.

'1'이라는 수는 한계를 넘어서지 못하고 언제나 '1'로 남으며, 그래서 '1'이라고 불린다. 그러나 '2'라는 수는 얼마든 다양해질 수 있는데, 곱하기를 통해 자기 자신에서 나와 다수(多數)가 될 수 있기 때문이다. 마찬가지로 이야기도 첫 임자에게 한정되면 진실로 비밀이 되지만, 다른 사람에게 건너가면 소문이 된다. 그래서 호메로스는 '날개 달린 말'[63]이라는 표현을 쓰는 것이다. 그리고 일단 손에서 놓아버린 새는 다시 잡을 수 없듯이, 말이라는 것도 일단 입 밖으로 나오면 제어할 수 없다. 입 밖으로 나온 말은 '날랜 날개를 활처럼 구부리며'[64] 이 사람에게서 저 사람에게로 쏜살같이 날아다닌다. 배가 폭풍을 만나면 선원들은 배가 흔들리지 않게 하고 밧줄

507A

B

---

58 메텔루스(Quintus Caecilius Metellus Macedonicus)는 기원전 143년 로마의 집정관을 지낸 바 있으며, 슬하에 집정관을 지낸 네 아들이 있었다.
59 키톤(chiton)은 소매가 짧고 무릎까지 내려오는 셔츠의 일종이다.
60 에우메네스(Eumenes)는 알렉산드로스의 비서였다가 뒷날 장군이 되었으나 기원전 316년 안티고노스의 군사에게 패하여 처형당했다.
61 크라테로스(Krateros 기원전 321~255년경)는 알렉산드로스 휘하 장군 크라테로스의 아들로, 안티고노스 2세 밑에서 펠로폰네소스 반도의 총독이 되었다.
62 네옵톨레모스(Neoptolemos)는 알렉산드로스 휘하의 장군으로 훗날 아르메니아의 태수가 되었으나, 에우메네스와 싸우다 전사했다.
63 epea pteroenta. 호메로스의 양대 서사시에 수없이 나오는 표현으로 대개 '유창한 말'이라는 뜻으로 쓰인다.
64 아르킬로코스, 단편 181 West.

과 닻으로 배의 속도를 줄인다. 그러나 말은 일단 출항하면 항구도 정박소도 없고, 요란하게 돌진하며 그 말을 입 밖에 낸 사람을 덮쳐 무섭고 큰 위험에 빠뜨린다.

작은 횃불 하나가 이데 산의 숲을
모두 불태울 수 있어요. 그리고 누군가에게
그대의 비밀을 말하면, 온 도성이 알게 될 거예요.[65]

II

한번은 로마 원로원이 여러 날 동안 비밀리에 어떤 안건을 토의하고 있었는데, 확실히 아는 사람은 없고 억측만 난무했다. 그러자 한 여인이—다른 점에서는 현명했지만 그녀 역시 한낱 여인에 불과했다—남편을 못살게 보채며 비밀을 알려달라고 집요하게 졸라댔다. 그녀는 자신을 저주하면서까지 비밀을 지키겠다고 맹세했고, 남편이 자기를 믿어주지 않는다고 눈물을 흘리며 투덜거렸다. 그래서 로마인 남편은 아내의 어리석음을 보여주려고 말했다. "여보, 당신이 이겼소. 내 말하리다. 그건 무섭고도 불길한 일이오. 사제(司祭)들이 우리에게 보고하기를, 종다리 한 마리가 황금 투구를 쓰고 창을 든 채 날아다니는 것이 보이더라고 했소. 그래서 우리는 이것이 좋은 전조인지 나쁜 전조인지 숙고 중이며 사제들과 토의하고 있소. 하지만 아무에게도 말하지 마시오!" 이렇게 말하고 그는 광장으로 갔다.

그러자 그의 아내는 맨 먼저 방 안에 들어온 하녀를 붙들어놓고는 제 가슴을 치고 머리를 뜯으며 소리쳤다. "아아, 가련한 내 남편! 가련한 내 조국! 우리는 대체 어떻게 되는 걸까?" 바라던 대로 하녀가 "왜 그러세요?"라고 묻자 그녀는 이야기를 처음부터 끝까지 되풀이하고는 으레 수다쟁이들이 덧붙이는 후렴을 덧붙였다. "아무에게도 말하지 말고, 너 혼자만 알고 있어야 한다!" 하녀는 여주인 곁을 떠나자마자 바쁘지 않아 보이는 다른 하녀에게 이 이야기를 전했고, 그 하녀는 마침 그곳을 지나던 애인에게 전했다.

이야기는 그렇게 빨리 광장을 향해 굴러가 최초 발설자보다 먼저 광장에 도착했다. "자네, 방금 집에서 오는 길인가?"라고 그의 친구 가운데 한 명이 물었다. "그렇다네. 방금." "그렇다면 자네 듣지 못했는가?" "무슨 새로운 소식이라도 있는가?" "종다리 한 마리가 황금 투구를 쓰고 창을 든 채 날아다니는 것이 보여서, 집정관들[66]이 이 일을 원로원과 상의하려 한대." 그러자 원로원 의원이 웃으며 말했다. "여보, 당신 참 빠르구려. 이야기가 나보다 먼저 광장에 도착했으니 말이오." 그러고 나서 그는 집정관들을 찾아가 그들의 걱정을 덜어주었다. 그리고 아내를 벌줄 양으로 집에 돌아가 말했다. "여보, 난 당신 때문에 망했소. 내 집에서 비밀이 새어나갔다는 게 밝혀졌소. 당신의 가벼운 입 때문에 나는 나라에서 추방당하게 생겼소." 아내는 발뺌하며 말했다. "그 이야기를 들은 사람은 당신 말고도 삼백 명이나 되잖아요?"[67] "삼백 명 좋아하시네"라고 그가 말

---

65 에우리피데스, 단편 411 (TGF). 『이노』 중에서.
66 로마에서는 1년 임기로 집정관이 두 명씩 선출되었다.
67 원로원 의원이 다 들었으니 다른 원로원 의원의 집에서 새어나갔을 수도 있지 않느냐는 뜻이다.

했다. "그것은 당신이 하도 못살게 굴기에 내가 당신을 떠볼 양으로 지어낸 이야기란 말이오." 이렇게 원로원 의원은 안전하고 조심스럽게 아내를 시험해보았던 것이다. 밑 빠진 독에 술이나 올리브유가 아니라 물을 부었으니 말이다.

카이사르 아우구스투스의 총신(寵臣) 풀비우스[68]의 경우는 다르다. 그는 노(老)황제가 친족들마저 세상을 떠나 주위가 쓸쓸하다고 탄식하는 말을 들었다. 손자 둘[69]은 죽었고, 유일하게 살아남은 손자 포스투미우스[70]는 모함에 휘말려 추방당했으니, 어쩔 수 없이 의붓아들[71]을 후계자로 삼을 수밖에 없다는 것이었다. 하지만 손자가 가엾어 해외에서 불러들일 계획이라고 했다. 풀비우스는 자기가 들은 것을 아내에게 전했고, 그녀는 다시 황후 리비아에게 전했다. 그러자 리비아는 카이사르 아우구스투스를 몹시 원망했다. 그가 오래전부터 그럴 계획이었다면 왜 사람을 보내 손자를 불러들이지 않고, 그녀가 제위(帝位) 계승자에게 적대감과 미움을 사게 만들었냐는 것이었다. 그래서 풀비우스가 여느 때처럼 아침에 아우구스투스를 뵈러 가서 "만수무강하소서, 카이사르!"라고 말했을 때, 황제는 "잘 가게, 풀비우스!"라고 대답했다. 그 말뜻을 알아차리고 집으로 돌아간 풀비우스는 집에 도착하자마자 아내를 불러오게 하여 말했다. "내가 비밀을 지키지 않은 것을 카이사르가 알았으니, 나는 자살할까 하오." 그의 아내가 말했다. "당신은 그래야 마땅해요. 오랫동안 나와 함께 살았으면 내 입이 가볍다는 것쯤은 알고 조심했어야지요. 하지만 내가 먼저 죽게 해주세요." 그러더니 그녀는 칼을 빼들고 남편보다 먼저 자살했다.

12

따라서 희극작가 필립피데스[72]의 대답은 적절하다 하겠는데, 뤼시마코스[73] 왕이 "내가 가진 것 중에서 무얼 드릴까요?"라고 정중하게 물었을 때 그는 "무엇이든 주십시오, 전하. 전하의 비밀 외에는" 하고 대답했던 것이다. 그리고 수다에는 수다 자체 못지않게 큰 악덕이 따르는데, 그것은 바로 호기심이다. 수다쟁이는 말을 많이 할 수 있기 위해 많이 듣고 싶어하기 때문이다. 그들은 특히 자신의 수다에 새로운 소재를 공급하기 위해서 비밀스러운 또는 숨겨진 이야기를 찾아내려고 꼬치꼬치 캐묻고 돌아다닌다. 그들은 얼음을 손에 들 수 없으면서도 놓으려고 하지 않는 어린아이들과도 같다. 그러므로 이렇게도 말할 수 있을 것이다. 수다쟁이는 남의 비밀을 가슴에 품지만, 그곳에 간직하지 못하면 마치 뱀에게 물리듯 그 비밀에 물리고 만다고. 동갈치나 독사는 새끼를 낳다가 터져 죽는다는데, 비밀도 입 밖에 나오면 누설자를 파멸케 하기 때문이다.

---

68 타키투스(Tacitus), 『연대기』(*Annales*) 1권 5장에서는 풀비우스(Fulvius)가 아니라 막시무스(Fabius Maximus)로 나온다.
69 가이유스(Gaius) 카이사르와 루키우스(Lucius) 카이사르.
70 타키투스의 같은 책 1권 3장에는 Agrippa Postumus.
71 아우구스투스의 아내 리비아(Livia)가 데려온 아들로, 아우구스투스에 이어 로마 황제가 된 티베리우스(Tiberius).
72 필립피데스(Philippides)는 기원전 4~3세기에 활동하던 아테나이 출신 희극작가이다.
73 뤼시마코스(Lysimachos 기원전 355년경~282년)는 알렉산드로스의 장군들 중 한 명으로, 기원전 306년부터 트라케(Thraike)의 왕이 되어 동마케도니아 지방을 장악했으나 282년 전투에서 전사했다.

셀레우코스 칼리니코스[74]는 갈라티아[75]인들과 싸우다가 군사를 모두 잃은 뒤 왕관을 벗어던진 채 시종 서너 명만 데리고 말을 타고 도주했다. 오랫동안 인적 없는 황무지를 헤매던 그는 마침내 지치고 배가 고파 어느 농가를 찾았다. 주인을 만난 그는 빵과 물을 구걸했다. 그러자 농부는 빵과 물뿐만 아니라 농가에 있는 먹을거리를 푸짐하게 내놓았고, 그렇게 환대하다가 왕의 얼굴을 알아보았다. 농부는 행운의 만남이 너무나 기뻐 자신을 제어할 수 없었고, 모른 체해달라는 왕의 부탁을 들어줄 수 없었다. 그래서 농부는 한길까지 왕을 배웅하며 "안녕히 가십시오, 셀레우코스 전하!"라고 작별인사를 했다. 그러자 왕이 그에게 오른손을 내밀어 입 맞추려는 듯 자기 쪽으로 끌어당기며 일행 중 한 명에게 칼로 농부의 목을 치라는 신호를 보냈다.

E

아직도 무슨 말을 하고 있는 그의 머리가 먼지 속에 나뒹굴었다.[76]

만약 그때 농부가 입 다물고 잠시 동안 가만있었다면, 훗날 왕이 재기하여 다시 위대한 군주가 되었을 때, 환대해준 대가보다 더 큰 침묵의 대가를 받았을 것이다. 하지만 농부가 그렇게 입을 놀린 것은 부푼 기대와 넘치는 호의 때문이었다고 변명할 수도 있을 것이다.

F

13

그러나 대부분의 수다쟁이는 꼭 그럴 만한 까닭도 없이 신세를 망친다. 예컨대, 한번은 이발소에서 참주 디오뉘시오스[77]의 견고한 철권통치가 화제가 되었다. 이발사가 웃으며 말했다. "내 앞에서 디오뉘시오스에 관해 그런 말 하지 마시오. 나는 거의 매일같이 그분 목에 면도칼을 들이댄단 말이오." 이 말을 전해 들은 디오뉘시오스는 이발사를 책형에 처했다.

509A

이발사들이 대체로 수다쟁이라는 것은 놀랄 일이 못 된다. 가장 수다스러운 자들이 그들의 가게로 몰려와 죽치고 앉아 있는 탓에 그들도 자연스레 그런 악습이 몸에 배는 것이다. 아르켈라오스[78] 왕은 어느 수다스러운 이발사가 수건을 둘러주며 "머리를 어떻게 깎아드릴까요, 전하?"라고 묻자 "조용히 깎아주게!"라고 재치 있는 대답을 한 적이 있다.

아테나이인들이 시켈리아[79] 섬에서 대재앙을 당했다는[80] 소식을 맨 먼저 전한 것도 이발사였다. 이발사는 페이라이에우스[81]에서, 섬을 탈출해온 사람 가운데 어느 노예한테서 이 사실을 전해 듣고는 가

---

74 셀레우코스(Seleukos) 2세는 셀레우코스 왕조의 네 번째 왕으로, 기원전 246~225년 시리아 지방의 왕이었다. 그의 별명인 칼리니코스(Kallinikos)는 '상승장군'이라는 뜻이다.
75 갈라티아(Galatia)는 소아시아 프뤼기아(Phrygia) 지방의 일부로, 기원전 3세기 켈트족에게 점령당했다. '갈라티아인늘'이란 이들 켈트족 침입자들을 말한다.
76 『일리아스』 10권 457행.
77 디오뉘시오스(Dionysios)는 시칠리아 쉬라쿠사이(Syrakousai) 시의 참주였다.
78 아르켈라오스(Archelaos)는 마케도니아(Makedonia)의 왕으로(재위 기간 기원전 413~399년), 총애했던 신하에게 암살당했다.
79 시켈리아(Sikelia)는 시칠리아의 그리스어 이름이다.
80 펠로폰네소스 전쟁 때 아테나이인들이 스파르테의 배후를 공격하기 위해 시칠리아에 파견했던 대(大)함대가 기원전 413년 전멸한 사건을 말한다.
81 페이라이에우스(Peiraieus)는 아테나이의 외항이다.

게를 뒤로하고 도성으로 달려갔다. 소식을 전하는

영광을 다른 자가 차지하고,
그는 두 번째가 되는 일이 없도록.[82]   B

당연히 일대 혼란이 야기되었고, 민중은 민회장으로 몰려가 소문의 진원지를 찾아내려고 했다. 그래서 이발사가 끌려나와 심문받았다. 그러나 제보자의 이름을 댈 수 없었던 이발사는 세상에 알려지지 않은 성명 미상의 인물에게서 들었다고 했다. 민회장에 모인 자들이 격노하여 아우성쳤다. "저자를 고문대에 올리고 고문하시오! 이 모든 것이 저자의 조작이오. 들은 사람이 또 있나요? 믿은 사람이 또 있나요?" 바퀴가 운반되어오자 사람들은 이발사를 그 위에 뉘었다. 그 순간, 실제로 전투에 참가했다 살아남은 자들이 도착해 대 C
재앙의 소식을 전했다. 그래서 바퀴에 묶인 이발사는 내버려두고 모두들 개인적으로 애도하려고 뿔뿔이 흩어졌다. 이발사는 저녁 무렵이 다 되어서야 풀려났는데, 풀려나자마자 먼저 형리들에게 니키아스[83] 장군이 어떻게 죽었는지 들었느냐고 물었다. 이렇듯 수다는 습관이 되면 이길 수도, 고칠 수도 없는 악덕이 된다.

14

쓰고 악취가 나는 약을 마신 사람에게는 그런 약을 담았던 잔이 역겹듯이, 나쁜 소식을 듣는 이들은 그 소식을 전해준 사람에게도 불쾌감과 혐오감을 느낀다. 그래서 소포클레스의 문제 제기는 아주 적절하다 하겠다.

파수꾼 *귀가 아프신가요, 마음이 아프신가요?*
크레온 *어찌하여 너는 내 아픈 곳을 따지려 드는 게냐?*   D
파수꾼 *마음을 아프게 한 것은 범인이고, 저는 귀를 아프게 할 뿐이에요.*[84]

말하는 사람이나 행동하는 사람이나 사실 똑같이 고통을 주지만, 수다스러운 혀는 막을 수도, 처벌할 수도 없다.

라케다이몬[85]에 있는 아테나 칼키오이코스[86]의 신전이 털렸다는 게 발견되었을 때, 신전 안에 있던 빈 병 하나가 눈에 띄었다. 호기심 많은 군중이 몰려왔지만, 그 병이 무엇을 뜻하는지 아는 사람은 아무도 없었다. 그때 몰려든 사람들 가운데 한 명이 말했다. "여러분이 원한다면, 저 병과 관련하여 내게 어떤 생각이 떠오르는지 말씀드리겠소. 생각건대, 신전 도둑들이 그런 위험한 일에 착수하기 전   E
에 미나리아재비 즙을 마신 다음 포도주를 한 병 가져온 것 같소.

82 『일리아스』 22권 207행.
03 니키아스(Nikias)는 아테나이의 정치가이자 장군으로, 기원전 413년 시칠리아의 쉬라쿠사이에서 포로가 되어 처형당했다.
84 소포클레스, 『안티고네』 317~319행. 누가 법령을 어기고 폴뤼네이케스의 시신을 매장하려 했다는 소식을 전하는 파수꾼과 테바이 왕이 된 크레온이 주고받는 대화이다.
85 라케다이몬(Lakedaimon)은 대개 스파르테의 다른 이름으로 쓰이지만, 그 주변 지역인 라코니케(Lakonike) 지방을 가리킬 때도 있다.
86 아테나(Athena)는 제우스의 딸로, 아테나이 시의 수호여신이며 지혜와 공예의 여신이기도 하다. 칼키오이코스(Chalkioikos '청동 집에 사는')는 스파르테의 아크로폴리스에 있던 그녀의 신전 문이 청동으로 만들어져서 붙은 별명이다.

들키지 않으면 포도주를 마셔 독을 희석함으로써 안전하게 도주하고, 들키면 고문당하기 전에 독 기운에 의해 고통 없이 편안하게 죽기 위해서 말이오." 그가 이렇게 말하자, 주위 사람들이 듣기에 이 복잡하고 교묘한 이야기는 그가 지어낸 것이 아니라 알고서 하는 소리 같았다. 그래서 사람들이 그를 에워싸고 사방에서 질문을 해댔다. "당신, 누구야?" "당신을 아는 사람이 누구지?" "당신이 그걸 어떻게 알았지?" 이렇게 심문당하자 궁지에 몰린 그는 결국 자신이 신전 도둑 가운데 한 명이라고 자백했다.

이뷔코스[87]의 살해자들도 그렇게 발각되지 않았던가. 그들은 노천극장에 앉아 있다가 학 떼가 보이자 "저기 이뷔코스의 복수자들이 오고 있구나!"라고 웃으며 서로 속삭였다. 옆에 앉아 있던 사람들이 이 말을 엿듣고는, 이뷔코스가 오래전에 실종되어 찾고 있던 터라 그 말뜻을 알아채고 당국에 보고했다. 범인들은 유죄선고를 받고 끌려갔다. 그렇지만 학의 무리가 그들을 처벌한 것이 아니라, 그들 자신의 가벼운 입이 복수의 여신인 양 범행을 자백하도록 강요했던 것이다. 마치 인체의 한 부위가 병이 나거나 고통당하면 이웃 부위들에서 체액을 끌어당기듯, 수다쟁이의 혀도 열이 나 진동을 감지하면 말하지 말아야 할 것과 남의 비밀을 끌어당긴다. 그래서 혀는 울타리 안에 가두어져야 하는데, 혀에서 마구 흘러나오고 새어나오는 것을 막으려면 이성이 언제나 울타리 역할을 해야 한다. 그러지 않으면 우리는 거위 떼보다 더 어리석다고 생각될 것이다. 사람들이 말하기를, 거위 떼는 킬리키아[88]를 출발하여 독수리들이 득실대는 타우로스[89]를 넘어올 때 울음소리를 억제하기 위해 입에 큰 돌멩이들을 문다고 하지 않는가. 그렇게 거위 떼는 밤에 몰래 산

맥을 넘는다고 한다.

15

"누가 세상에서 가장 사악한 악당인가?"[90]라고 누가 물으면, 누구든 배신자의 이름을 댈 것이다. 예컨대 데모스테네스[91]에 따르면, 에우뤼크라테스[92]는 "마케도니아산(産) 재목으로 지붕을 이었다"고 하며, 필로크라테스[93]는 거액을 받아 "매춘부들과 물고기를 샀으며", 에레트리아[94]를 배신한 에우포르보스와 필라그로스[95]에게 페르시아 왕[96]은 토지를 주었다. 수다쟁이 역시 배신자이다. 그러나 수다쟁이는 보수도 받지 않고 자청하여 봉사한다. 말하자면 수다쟁

---

87 이뷔코스(Ibykos)는 기원전 6세기에 활동한 남이탈리아 레기온(Rhegion) 시 출신의 그리스 서정시인이다. 전하는 이야기에 따르면, 그는 도둑들에게 살해되는 순간 학 떼가 머리 위를 맴돌자 "저 학 떼가 내 원수를 갚아줄 것이다"라고 말했는데, 얼마 뒤 도둑 가운데 한 명이 노천극장에 갔다가 학 떼가 머리 위를 맴도는 것을 보고 친구에게 "저기 이뷔코스의 복수자들이 몰려오는구나!"라고 말하자 옆에 있던 사람이 이를 듣게 되어 살인자들이 처벌받았다고 한다.
88 킬리키아(Kilikia)는 지금의 터키 남동 해안지방이다.
89 타우로스(Tauros)는 터키 남동부에 있는 산맥이다.
90 T. Kock, 『앗티케 희극 단편들』(Comicorum Aatticorum fragmenta 이하 CAF로 줄임), Leipzig 1880~1888 『분노의 억제에 관하여』 주 61 참조. 작가 불명 774.
91 데모스테네스(Demosthenes 기원전 384~322년)는 아테나이의 유명한 웅변가이다.
92 에우뤼크라테스(Eurykrates)는 라스테네스(Lasthenes)의 오기(誤記)이다.
93 Philokrates.
94 에레트리아(Eretria)는 에우보이아(Euboia) 섬에 있는 도시이다.
95 Euphorbos, Philagros.
96 다레이오스(Dareios) 1세. 헤로도토스, 『역사』(Histories apodexis: '탐구 보고서'라는 뜻) 6권 101장 참조.

이는 말[馬]이나⁹⁷ 성채를 배신하지는 않지만, 소송이나 당파싸움   C
이나 정치적 술수에 관한 기밀을 누설한다. 그에게 고마워하는 사
람은 아무도 없다. 오히려 그는 누가 들어주기만 해도 자기 쪽에서
감지덕지해야 한다고 믿는다. 가리지 않고 무턱대고 아무에게나 재
산을 탕진하는 자를 두고 하는 말이 있다.

당신은 선심 쓰는 게 아니오. 당신이 나눠주기를 좋아하는 것은 일종
의 병(病)이니까요.

이 말은 수다쟁이에게도 맞는다. "당신은 친구이거나 호감을 느껴
서 내게 그걸 말해주는 게 아니오. 당신이 수다 떨기를 좋아하는 것
은 일종의 병이니까요."

16

내가 이런 말을 하는 까닭은 수다를 탄핵하려는 것이 아니라 치료
하려는 것이다. 병은 치료를 통해 고칠 수 있는데, 치료하려면 먼저
진단을 해야 하기 때문이다. 고통을 주지 않는데도 악습을 피하거
나 마음에서 지우는 습관을 들이는 사람은 아무도 없다. 그리고 우   D
리는 악습에서 비롯되는 피해와 치욕을 이성적으로 관찰할 수 있을
때 고통을 느낀다. 이제 우리는 수다쟁이를 제대로 알게 되었다. 그
들은 사랑받으려다가 미움을 받고, 즐거움을 주려다가 짜증을 유발
하고, 경탄받으려다가 웃음거리가 되고, 아무 소득 없이 재산을 낭
비하고, 친구들은 해롭게 하고 적들은 이롭게 하며, 스스로 신세를

망친다. 따라서 악습을 치료하려면 악습에서 비롯되는 수치스럽고 고통스러운 결과를 알아내는 것이 급선무라고 할 수 있다.

17

둘째로 우리는 수다와 반대되는 것을 따져보아야 한다. 말하자면 침묵에 대한 찬사를 귀담아듣고, 침묵의 엄숙하고 성스럽고 신비스러운 성격을 마음속에 떠올려야 한다. 또한 간결하게 말하는 사람, 적은 말에 많은 의미를 담을 줄 아는 사람이 말 많은 떠버리보다 더 경탄받고, 더 사랑받고, 더 현명한 사람으로 간주된다는 점을 명심해야 한다. 플라톤도 그런 사람들이 하는 말은 촘촘하고 짜임새 있고 압축되어 있어 능숙한 궁수(弓手) 같다며 칭찬한다.[98] 뤼쿠르고스[99]도 동료 시민들이 어려서부터 침묵을 통해 그런 습관을 들이도록 강제하여, 말을 간결하게 하도록 만들었다. 마치 켈트이베레스족[100]이 무쇠를 땅속에 묻어 땅의 불순물을 제거함으로써 강철을 만드는 것처럼 라코니케인들의 말도 군더더기가 없으니, 불순물을 모조리 제거함으로써 날카롭고 함축되어 있기 때문이다. 그리고 그들이 경구(警句)와 재치 있는 즉답(卽答)에 능한 것은 평소에 자주 침

---

[97] 트로이아의 첩자 돌론(Dolon)이 레소스(Rhesos) 왕의 준마들에 관한 비밀을 그리스 장군들에게 누설한 것을 암시하는 듯하다. 『일리아스』 10권 436행 이하.
[98] 플라톤, 『프로타고라스』(Protagoras) 342E 참조.
[99] 뤼쿠르고스(Lykourgos)는 기원전 8세기에 활동한 스파르테의 입법자이다.
[100] 켈트이베레스족(Keltiberes)은 켈트족과 에스파냐 동부지방(Iberia)에 살던 부족의 혼혈족이다.

묵하기 때문이다.

우리는 바로 그런 말들을 수다쟁이에게 제시하여 그런 말들이 얼마나 매력적이고 효과적인지 보여주어야 한다. 몇 가지 예를 들어보자. "라케다이몬인들이 필립포스에게: 디오뉘시오스는 코린토스에 가 있소."[101] 그래서 필립포스가 "내가 라코니케에 쳐들어가면 그대들을 추방하리라"라고 답장을 써 보내자, 그들이 다시 "그럴 수 있다면!"이라고 써 보냈다. 그리고 데메트리오스[102] 왕이 화가 나 "라케다이몬인들이 내게 사절을 한 명만 보냈단 말인가?"라고 호통을 쳤을 때, 사절은 주눅 들지 않고 "한 분에게 한 명만 보낸 것이죠"라고 대답했다.

간결한 표현은 옛사람들에게도 경탄의 대상이었다. 암픽튀오니아[103] 동맹을 맺은 나라들은 퓌토[104]의 아폴론 신전에 『일리아스』나 『오뒷세이아』나 핀다로스[105]의 찬신가들이 아니라, "너 자신을 알라!"[106] "극단은 피하라!"[107] "보증 서면 망한다!"를 새겨 넣게 했는데, 그들은 짧지만 의미심장한 이런 금언들의 간결함에 경탄했던 것이다. 신도 신탁(神託)에서 간결함을 좋아하시지 않던가? 그분은 모호함보다는 장황함을 피하기에 록시아스[108]라고 불리시지 않는가? 또한 말하고자 하는 바를 말없이 상징만으로 표현할 수 있는 자들이 특히 칭찬받고 경탄받지 않는가? 그래서 헤라클레이토스[109]는 동료 시민들이 화합에 관해 한마디 해달라고 했을 때, 연단에 올라가 물이 든 컵을 들고 거기에 보릿가루를 치고 박하 가지로 젓더니 다 마시고 나서 연단을 떠났던 것이다. 그는 가진 것으로 만족하고 사치를 탐하지 않아야만 도시들이 평화와 화합을 유지하리라는 것을 보여주고 싶었던 것이다. 스퀴타이족[110]의 왕 스킬루로스[111]는 아들 80명을 남기고 죽으면서 막대기 묶음을 가져오게 했다. 처음에 그는 아들들에게 막대기를 묶인 채로 꺾어보라고 했다. 아들들이 꺾지 못하자, 그는 막대기를 하나씩 집더니 남김없이 다 손쉽게 꺾어버렸다. 그렇게 함으로써 그는 아들들이 화합하고 뭉치면 강하고 불패이지만, 분열하면 약하고 오래 버티지 못한다는 것을 보여주려 했던 것이다.

18

이 같은 또는 이와 비슷한 이야기들을 되뇌이고 마음속으로 되새기면 수다 떠는 것은 재미가 없어질 것이다. 아무튼 나는 이성에 복종

---

101 시칠리아 쉬라쿠사이 시의 참주였던 디오뉘시오스는 추방당해 코린토스에 가 있었다. 여기서는 '그대도 디오뉘시오스처럼 되지 않도록 조심하시오!'라는 뜻이다.
102 마케도니아 왕 데메트리오스(Demetrios) 1세를 말하는 것 같다.
103 암픽튀오니아(Amphiktyonia) 동맹이란 봄에는 델포이의 아폴론 신전에서, 가을에는 테르모퓔라이(Thermopylai 또는 Pylai) 고갯길 근처 안텔레(Anthele)에 있는 데메테르 신전에서 함께 제물을 바치는 12개 인근국가들(amphiktyones)이 맺은 동맹이다. 이 나라들은 델포이 신전을 관리하고 그곳에서 4년마다 열리던 퓌토 경기를 주관했다.
104 퓌토(Pytho)는 델포이의 옛 이름이다.
105 핀다로스(Pindaros 기원전 518~446년경)는 테바이 출신의 그리스 서정시인이다.
106 gnothi sauton.
107 meden agan.
108 록시아스(Loxias)는 아폴론의 별명 가운데 하나로, 어원은 확실하지 않다. 여기에서는 logos('말')가 아니라 loxos('모호하다')에서 유래한 것처럼 말하고 있다.
109 헤라클레이토스(Herakleitos)는 기원전 500년경에 활동한 에페소스 출신 그리스 철학자인데, 특히 모호한 경구로 유명하다.
110 스퀴타이족(Skythai)은 흑해 북쪽에 살던 기마유목민족이다.
111 스킬루로스(Skilouros)는 기원전 2세기 말 스퀴타이족의 강력한 통치자였다.

하고 의도를 견지하는 것이 얼마나 중요한 일인지 생각할 때마다, 로마의 어떤 노예에게 부끄러움 같은 것을 느낀다. 웅변가 푸피우스 피소[112]는 성가신 게 싫어서 자신의 노예들에게 묻는 말에만 대답하고 더는 한마디도 하지 말라고 일러두었다. 그 뒤 피소는 고위 공직자가 된 클로디우스[113]를 축하해주려고 만찬에 초대하게 하고는, 당연한 일이지만 연회 준비를 거창하게 했다. 시간이 되자 다른 손님들이 나타났고, 이제 클로디우스가 나타나기만 기다렸다. 피소는 초대장을 전달하곤 하던 노예를 자꾸 내보내 클로디우스가 오고 있는지 보라고 했다. 이제 날이 저물어 클로디우스가 나타날 가망이 없어지자, 피소가 노예에게 물었다. "말해봐, 그분에게 초대장을 전하기는 했느냐?" "전했습니다" 하고 노예가 대답했다. "그렇다면 왜 오지 않았지?" "거절했기 때문이지요." "그렇다면 왜 그때 말하지 않았나?" "나리께서 묻지 않으셨으니까요." 이게 로마의 노예이다. 앗티케의 노예라면 땅을 파면서도 *어떤 조건으로 휴전조약을 맺었는지*[114] 주인에게 주워섬길 것이다. 매사에 습관의 힘은 그 정도로 강한 만큼, 이제 그에 관해 논의하기로 하자.

E

19

그러니까 수다쟁이는 입에 재갈을 물려서는 제어할 수 없는 만큼, 이 악습은 습관으로 고쳐야 한다. 첫째, 여럿이 모인 자리에서 질문이 던져졌을 때, 수다쟁이는 모두가 대답하기를 사양할 때까지 기다리는 버릇을 들여야 한다.

F

조언하는 것은 경주(競走)하는 것이 아니다.[115]

소포클레스는 이렇게 말하는데, 말하고 묻는 경우에도 이는 마찬가지이다. 경주에서 승리는 먼저 결승선에 도착하는 사람의 몫이지만, 토론에서는 다른 사람이 적절한 대답을 할 때 시인하고 동의함으로써 호의적인 사람이라는 평판을 듣는 것이 옳기 때문이다. 대답이 불충분할 경우, 그때는 수정하고 보완하는 것이 비난을 사지 않는 시의적절한 처신이라 할 수 있다. 특히 주의해야 할 점은, 누군가 다른 사람이 질문을 받았는데 우리가 그에게서 대답할 기회를 가로채서는 안 된다는 것이다. 다른 사람이 요청받았는데 우리가 그를 옆으로 밀치고 자청하여 나선다는 것은 결례일 것이다. 그렇게 하면 요청받은 사람에게는 그 일을 해낼 수 없다고 비난하고, 요청한 사람에게는 그럴 능력이 있는 사람에게 요청하지 않았다고 비난하는 듯한 인상을 줄 것이다. 이런 종류의 주제넘은 태도는 질문에 대답할 때 특히 불쾌감을 준다. 512A

질문받은 사람보다 먼저 대답하는 사람은 "왜 그에게 묻지요?" "이 사람이 뭘 안다고?" "내가 있을 때는 다른 사람에게 묻지 마세요!"라고 말하고 싶어하는 듯한 인상을 준다, 그러나 우리는 대답이 필요해서가 아니라, 다정한 말을 이끌어내기 위해서 또는 대화에 끌 B

---

112 Pupius Piso. 기원전 61년에 집정관을 지낸 바 있다.
113 클로디우스(Publius Clodius 기원전 92~52년)는 율리우스 카이사르의 지지자로 키케로의 정적이었다.
114 CAF, 작가 불명 347.
115 소포클레스, 단편 772 (TGF).

어들이고 싶어서 묻는 때도 많다. 그것이 소크라테스가 테아이테토스와 카르미데스[116]를 대하는 태도이다. 따라서 남의 입에서 대답을 가로채 억지로 남의 이목을 끄는 것은, 누군가 다른 사람이 키스해주기를 원하는 사람에게 달려가 자기가 키스하는 것이나 마찬가지이며, 다른 사람을 바라보는 누군가의 시선을 억지로 자기에게로 끄는 것과도 같다. 질문받은 사람이 대답할 수 없다 하더라도, 잠시 기다리다가 질문한 사람의 의도에 맞춰 다른 사람의 이름으로 겸손하고 공손하게 대답하는 것이 바람직하다. 그리고 질문받은 사람은 대답을 잘못해도 너그러이 용서받을 수 있지만, 자청하여 나서서 남의 대답을 가로채는 사람은 옳은 말을 해도 호감을 사지 못한다. 만약 그가 실수라도 하면 웃음거리가 되고, 다들 고소해한다.

20

두 번째 훈련은 직접 질문받았을 때의 대답과 관련된다. 수다쟁이는 이때 특히 조심해야 한다. 첫째, 수다쟁이는 단지 그를 웃음거리로 만들거나 모욕하기 위해 말을 시키는 사람들에게 진지하게 대답하는 우(愚)를 범해서는 안 된다. 세상에는 꼭 필요해서가 아니라 그저 오락 삼아 기분전환을 위해 질문을 생각해내어 허튼소리를 하도록 유도하려고 수다쟁이에게 질문을 던지는 사람들이 있기 때문이다. 수다쟁이는 이런 속임수를 조심해야 하고, 질문해줘서 고맙다는 듯 신이 나서 말을 마구 내뱉을 게 아니라, 먼저 질문한 사람의 성격과 의도를 검토해봐야 한다. 그리고 질문한 사람이 분명 배우려는 의도를 갖고 있을 경우, 수다쟁이는 질문을 받고 대답하기 전에 잠시 뜸을 들이는 버릇을 들여야 한다. 그사이 질문하는 사람은 원하는 것을 덧붙일 수도 있고, 질문받은 사람은 어떻게 대답할 것인지 마음을 가다듬을 수 있을 것이다. 그러면 질문을 추월해, 아직 질문이 끝나지 않았는데도 폭포수처럼 대답을 쏟아냄으로써 질문의 취지를 흐리게 하는 일을 피할 수 있을 것이다. 물론 퓌티아[117]는 묻기도 전에 즉석에서 신탁을 말해주곤 하는데, 그것은 그녀가 섬기는 신이

벙어리 속도 알고, 말하지 않는 자의 말을 듣기 때문이다.[118]

그러나 정확하게 대답하기를 원하는 사람은 묻는 사람의 의도와 말뜻을 정확히 이해하기 위해 일단 기다려야 한다. 그래야만 속담에서처럼 이쪽에서는 양동이를 요구하는데 저쪽에서는 물통이 없다고 거절하는 일이 일어나지 않을 것이다. 어쨌거나 말하고 싶은 뜨거운 욕망은 제지되어야 한다. 그래야만 우리 혀 뒤에 오래전부터 쌓여 있던 어떤 압력이 질문에 의해 분출되기만을 기다리고 있었다는 인상을 주지 않을 것이다. 소크라테스도 그런 방법으로 갈증을 해소하곤 했다. 그는 운동한 뒤 한 잔 가득 퍼서 버리고 나서야 비로소 음료를 마셨다. 그렇게 그는 혼의 비이성적인 부분으로 하여금 이성이 정해준 때를 기다리는 버릇을 들이게 했던 것이다.

---

116 테아이테토스(Theaitetos)와 카르미데스(Charmides)는 플라톤의 동명의 대화편에 등장하는 젊은이들이다.
117 퓌티아(Pythia)는 델포이에 있는 아폴론 신전의 예언녀이다.
118 헤로도토스, 『역사』 1권 47장 참조.

21

질문에는 세 가지 대답이 가능하다. 필요한 대답, 공손한 대답, 쓸 513A
데없는 대답이 그것이다. 예컨대 누가 "소크라테스는 집에 있습니
까?"라고 묻는다면, 마음이 내키지 않는다는 듯 마지못해 "집에 없
소"라고 대답할 수 있을 것이다. 또 라코니케식으로 대답하고 싶으
면, "집에"는 빼버리고 "없소"라고 대답할 수도 있을 것이다. 라코
니케인들은 필립포스가 서찰을 보내 그들이 자기를 도시로 받아들
이겠느냐고 물었을 때 큼지막하게 "아니오"라고 쓴 서찰을 그에게
보낸 적이 있었다. 공손한 사람은 "집에는 없고, 환전소에 가 있어
요"라고 대답할 것이고, 좀 더 덧붙이고 싶으면 "그곳에서 이방인
친구들을 기다리고 있어요"라고 할 것이다. 그러나 주제넘은 수다
쟁이는 혹시 콜로폰의 안티마코스[119]를 읽기라도 했다면 다음과 같 B
이 말할 것이다. "집에는 없고, 환전소에 가서 이오니아 출신 친구
들을 기다리고 있어요. 이들을 알키비아데스[120]가 소크라테스에게
추천했는데, 알키비아데스는 전에는 라케다이몬인들을 편들었지
만 지금은 알키비아데스의 중재로 아테나이인들 편이 된, 대왕[121]의
태수 팃사페르네스[122]와 함께 밀레토스 시 근처에 체류하고 있어요.
팃사페르네스가 마음을 바꾸도록 알키비아데스가 주선한 것은 추
방 생활을 끝내고 고국으로 돌아오고 싶어서죠." 그리고 나서 그는
투퀴디데스[123]가 쓴 책의 전 8권을 단숨에 읊어 묻는 사람을 말의 홍
수에 빠뜨릴 것이다. 그러면 그가 이야기를 다 마치기도 전에 밀레 C
토스가 함락되어 알키비아데스는 두 번째로 추방당할 것이다.
특히 그런 경우에는 질문을 한 발 한 발 뒤따라가며 묻는 사람의 의

도에 맞게 콤파스와 자로 대답을 정확하게 재어줌으로써 수다를 경계 안에 가두어야 한다. 카르네아데스[124]는 아직 유명해지기 전 체육관에서 철학적 담론에 참가한 적이 있는데, 이때 체육관 관장이 그에게 사람을 보내 목소리를 좀 낮추라고 전하게 했다. 그는 실제로 목소리가 컸다. 카르네아데스가 그에게 "내 목소리를 잴 자를 주시오!"라고 전하게 하자, 관장은 "그대와 대답하는 사람을 자로 삼으시오"라고 대답했다. 그와 같이 대답하는 사람에게는 질문하는 사람의 의도가 자가 되어야 할 것이다.

22

소크라테스는 허기나 갈증을 느끼지 않는데도 먹거나 마시도록 유혹하는 먹을거리와 마실 거리를 피하라고 권한 바 있다. 마찬가지로 수다쟁이는 가장 마음에 들거나 평소 지나치게 심취하는 화제는 조심해야 하며, 그런 화제에서는 밀려오는 말의 물결에 완강하게

D

---

119 소아시아 콜로폰(Kolophon) 시 출신 안티마코스(Antimachos)는 기원전 400년경에 활동한 시인이다. 그는 테바이의 전설에 관한 서사시를 썼는데, 플라톤은 찬탄했지만 다른 사람들은 시루하고 재미없는 시로 여겼다고 한다.
120 알키비아데스(Alkibiades 기원전 450년경~404년)는 아테나이의 경박하고도 불우한 정치가이자 장군으로, 소크라테스의 제자 가운데 한 명이다.
121 페르시아 왕.
122 Tissaphernes.
123 투퀴디데스(Thoukydides)는 『펠로폰네소스 전쟁사』(전 8권)를 쓴 아테나이의 유명한 역사가이다.
124 카르네아데스(Karneades 기원전 213년경~129년)는 아카데메이아 학원의 수장을 지낸 회의파 철학자이다.

저항해야 한다. 이를테면 군인들은 툭하면 전쟁 이야기를 하고, 호메로스가 소개하는 네스토르[125]는 기회가 닿기만 하면 자신의 무훈(武勳) 이야기를 되풀이하여 늘어놓는다. 어려운 소송에서 이겼거나 왕궁이나 총독 관저에서 뜻밖의 성공을 거둔 사람들은 자신들이 어떻게 그곳에 들어가서, 어떻게 소개되고, 어떻게 말하고, 어떻게 증거를 제시하고, 어떻게 상대방이나 검사들을 이겨 박수갈채를 받았는지 장소를 가리지 않고 어디서든 회고담을 늘어놓고 싶은 저항할 수 없는 병적 욕구를 느낀다. 왜냐하면 즐거움은 희극작가가 말하는 불면증보다 훨씬 수다스럽기 때문이다.[126] 즐거움은 이야기함으로써 가끔 되살아나고 다시 새로워진다. 그래서 사람들은 핑계만 있으면 그런 이야기를 하게 되는 것이다. 우리는 *아픈 곳에만 손이 가는 것*[127]이 아니다. 즐거움은 목소리를 끌어당기는 힘이 있으며, 행복한 추억 속에 머무르고 싶어 혀를 인도하기도 한다. 그래서 애인들도 주로 자신들의 사랑을 일깨워주는 이야기에 빠져드는 것이다. 그리고 사람들과 말할 수 없으면, 그들은 무생물에게 말을 건다.

오오, 가장 사랑스러운 침대여!

축복받은 램프여, 박키스는 너를 신이라 여겼지.
그리고 그녀에게 너는 가장 위대한 신으로 보여.

그러나 수다쟁이는 이야기할 때 전혀 화제를 가리지 않는다. 하지만 특정 화제를 좋아하는 사람은 특히 조심하고, 되도록 그런 화제는 피해야 한다. 그런 화제는 즐거움을 주기 때문에 언제나 거기에 살을 붙이고 싶은 유혹을 느끼게 하기 때문이다. 경험이나 재능에서 남들을 능가한다고 생각되는 화제에 대해서도 같은 말을 할 수 있을 것이다. 자기중심적인 그런 사람은 허영심에서

하루의 대부분을 자신이 가장 능숙하다고
믿는 일들에 바칠 것이다.[128]

독서광은 역사에 관해 이야기하기를 좋아하고, 문학자는 문법에 관해 토론하기를 좋아하고, 널리 떠돌아다닌 여행가는 낯선 나라에 관해 이야기하기를 좋아한다. 그래서 이러한 기호도 조심해야 한다. 수다는 언제나 짐승처럼 낯익은 풀밭으로 가고 싶은 유혹을 느끼기 때문이다. 소년 퀴로스[129]의 처신이 높이 평가받는 까닭은, 그가 자신이 더 잘하는 종목이 아니라 덜 숙달된 종목에서 경쟁하자고 동년배들에게 도전했기 때문이다. 그는 자기가 동년배들을 능가함으로써 고통을 주기보다는 그들에게서 배우고 싶었던 것이다. 수다쟁이는 정반대이다. 그가 배울 수 있고 새로운 것을 발견할 수 있는 대화가 시작되면, 한쪽으로 밀쳐버리거나 방향을 틀어버린다. 그는 침묵이라는 얼마 안 되는 보수마저 지불할 여유가 없이, 자꾸만 빙빙 돌며 대화를 지루하고 진부한 수다로 몰아가는 것이다. 우

---

125 주 19 참조.
126 메난드로스(Menandros), 단편 164 (CAF).
127 속담이라고 한다.
128 에우리피데스, 단편 183 (TGF).
129 퀴로스(Kyros 재위 기간 기원전 559~529년)는 페르시아 제국의 창건자이다.

리 고향에는 에포로스[130]의 책을 두세 권 읽은 사람이 있었는데, 그는 듣는 사람을 지루해 죽게 만들었고, 레욱트라[131] 전투와 그 결과를 매번 이야기함으로써 번번이 만찬장의 판을 깨곤 했다. 그래서 우리는 그에게 에파메이논다스[132]라는 별명을 붙여주었다.

23

하지만 그건 약과이다. 그리고 우리는 수다를 그런 무해한 이야기로 유도해야 한다. 유식한 주제에 관한 수다는 덜 불쾌하기 때문이다. 그러나 그런 사람들은 글을 쓰거나, 자기들끼리 토론하는 습관을 들여야 한다. 스토아학파 철학자 안티파트로스[133]는 스토아학파를 격렬하게 공박하는 카르네아데스와 논쟁을 벌일 자신도 없고 의사도 없어 그를 반박하는 글로 여러 권의 책을 가득 채웠으며, 그래서 '소리치는 펜'이라는 별명이 붙었다. 이런 종류의 펜과의 그림자 싸움은 수다쟁이를 사람들에게서 떼어놓음으로써 사람들에게 점점 덜 부담이 되게 할 터인데, 그것은 마치 개가 막대기나 돌멩이에 분풀이를 하면 사람에게 덜 사나워지는 것과 같다. 그러나 수다쟁이는 자기보다 더 나은 연장자와 자주 교류하는 것이 바람직하다. 이들의 의견을 존중해 침묵하는 습관을 들일 것이기 때문이다. 일단 이런 버릇을 들이고 나면 조심하고 성찰하는 버릇도 들여야 한다. 말하고자 할 때나 말이 혀로 몰려들면, 자문해보아야 한다. "대체 어떤 말이기에 이렇게 억지로 밖으로 튀어나오려고 하지? 내 혀는 왜 이리 안절부절못하지? 내가 말해서 이로운 점은 무엇이며, 말하지 않아서 해로운 점은 뭐지?" 말하는 것은 무거운 짐을 더는

것과는 다르다. 말은 해도 여전히 남아 있기 때문이다. 사람은 필요 F
한 것이 있어서 자신을 위해 말하거나, 듣는 사람들에게 도움을 주
려고 말하거나, 소일거리나 그때그때의 활동에 양념을 쳐 서로를
즐겁게 해주기 위해서 말한다. 그러나 말이 말하는 사람에게 쓸모
가 없고, 듣는 사람에게 불필요하며, 즐거움도 우아함도 없다면, 왜
말을 하는가? 말도 행동과 마찬가지로 무익하고 무의미할 수 있기
에 하는 말이다.

끝으로, 무엇보다도 말한 것을 가끔 후회한 적은 있어도 침묵한 것 515A
을 후회한 적은 한 번도 없었다는 시인 시모니데스의 말을 명심해
야 할 것이다. 또 훈련은 만물의 주인이며 그 어떤 것보다 더 강하
다는 점도 명심해야 한다. 사람들은 고통스럽고 괴롭더라도 다른
일에 주의력을 집중함으로써 딸꾹질과 기침에서도 벗어날 수 있다.
그러나 힙포크라테스[134]에 따르면, 침묵은 목이 마른 것을 막아줄 뿐
아니라 불쾌감과 고통을 유발하지도 않는다.

130 에포로스(Ephoros 기원전 405년경~330년)는 기원전 4세기에 활동한 그리스의 중요한 역사가 가운데 한 명이다.
131 레욱트라(Leuktra)는 그리스 보이오티아 지방의 도시로, 기원전 371년 이곳에서 벌어진 전투에서 테바이인들이 스파르테인들에게 이겼다.
132 에파메이논다스(Epameinondas)는 테바이의 정치가이자 장군으로 기원전 371년 레욱트라 전투에서 스파르테군에 이겼으나, 기원전 362년 아르카디아 지방의 만티네이아(Mantineia) 전투에서 전사했다.
133 안티파트로스(Antipatros)는 소아시아의 타르소이(Tarsoi 또는 Tarsos) 출신 스토아학파 철학자로, 기원전 2세기에 활동했다.
134 힙포크라테스(Hippokrates 기원전 460년경~370년경)는 고대 그리스의 의성(醫聖)으로, 몇 권의 저서를 남겼다고 알려져 있다.

우리는 아무나 가리지 않고 사랑하거나
시기하거나 두려워하지는 않지만,
분노가 공격하지 않고
내버려두는 것은 아무것도 없지.
그래서 우리는 적들에게도 친구들에게도,
자식과 부모에게도, 심지어
신과 들짐승과 무생물에게도
분노하는 것이라네.

분노의 억제에 관하여
PERI AORGESIAS / DE COHIBENDA IRA

이 글은 대화 형식으로 되어 있지만 여러 사람이 끝까지 의견을 주고받는 것이 아니라, 첫 부분을 제외하고는 줄곧 한 사람이 자기 경험을 이야기하고 있다. '분노'는 인간의 가장 보편적인 감정의 하나이다. 그런 만큼 '분노'에 관한 글은 많이 씌어졌을 것 같지만, 지금 남아 있는 것은 세네카의 『분노에 관하여』(De Ira)뿐이다. 그러나 전체적인 구도로 보아 플루타르코스의 이 글은 세네카의 영향을 받았다기보다는 그 밖의 다른 글들을 참고하여 독창적으로 구상한 것으로 여겨진다.

대담자 술라와 푼다누스[1]

01

술라 푼다누스, 화가들이 작품을 최종으로 마무리하기 전에 이따금 멀찍이서 유심히 살펴보는 것은 내가 보기에 좋은 관행인 것 같네. 작품에서 한동안 눈을 뗐다가 다시 한 번 살펴봄으로써 새롭게 판단할 수 있고, 자꾸 보면 친숙해져 볼 수 없는 미세한 차이도 포착할 수 있을 테니 말일세. 그러나 인간이 가끔 자신에게서 멀어져 이렇게 자의식을 멈추었다가 자신에게로 돌아간다는 것은 불가능하네. 따라서 인간은 누구나 남에게보다는 자신에게 더 서투른 판관이 되고 만다네. 그래서 인간은 차선책으로 이따금 자신도 친구들을 살펴보고 친구들도 '나'를 살펴보게 할 수 있는데, 이때는 갑자기 늙어 보이는지, 몸이 더 좋아지거나 나빠졌는지 보게 하는 것이 아니라, 세월이 그에게 좋은 점은 보태고 나쁜 점은 앗아갔는지 그의 태도와 성격을 살펴보게 해야 하네. 아무튼 나는 2년 만에 로마로 돌아와 벌써 다섯 달째 자네와 함께하고 있네만, 그동안 자네가 타고난 미덕들이 그토록 향상되고 증진된 것이 아주 놀라운 일이라고는 여기지 않네.

하지만 화를 잘 내던 자네의 그 불같은 성질이 그토록 유순해지고

452F

453A

B

이성에 복종하는 모습을 보니 자네의 성질과 관련해 나는 다음과 같이 말하고 싶네.

아아, 그는 다루기가 한결 부드럽구나![2]

그러나 그 부드러움은 자네를 나태하거나 풀어지게 한 것이 아니라, 자네의 그 변덕스럽고 날카롭던 성질을, 잘 가꾸어놓은 들판에서 볼 수 있는 것처럼 부드러운 표면과 생산적인 깊이로 대치해놓았네그려. 따라서 자네의 욱하는 성미가 죽은 것은 나이 들어 기력이 쇠퇴한 탓도 아니고, 저절로 그리 된 것도 아니며, 좋은 처방에 따라 치유되었음이 분명하네. 하지만 고백하건대, 우리 친구 에로스[3]가 이 모든 것을 내게 전해주었을 때, 자네도 알다시피 나는 그가 누구에게 잘 보이려고 자신의 의견을 버릴 사람이 아닌 줄 알면서도, 자네에게 실제로는 없지만 신사라면 당연히 갖춰야 할 그런 자질을 우정 때문에 자네에게 덧붙여주는 줄 알았네. 그러나 이제 에로스가 위증 혐의에서 벗어났고 우리는 여행 중이라 달리 할 일도 없고 하니, 자네는 어떻게 해서 자네의 기질을 순하고 부드럽게 그리고 이성에 순종하게 만들었는지, 말하자면 어떤 처방을 썼는지 우리에게 말해주게나.

C

---

1 술라(Sextius Sulla)와 푼다누스(Gaius Minucius Fundanus)는 친구 사이이며, 둘 다 플루타르코스의 로마인 친구들이다.
2 『일리아스』 22권 373행. 그리스 군사들이 전사한 트로이아 장수 헥토르(Hektor) 주위에 둘러서서 하는 말이다.
3 Eros.

푼다누스 그렇지 않다네, 술라. 자네는 나에 대한 호의와 우정 때문에 내 성격의 일면을 간과하고 있는 것 같군. 에로스도 자신의 성질을 억제하여 호메로스의 말처럼 "계속해서 꾹 참고 견디지"[4] 못하고, 가끔은 증오심에서 끓어오르기에 하는 말일세. 그래서 아마도 내가 그보다는 더 유순해 보였던 것 같네. 마치 음계(音階)의 변화에서 높은 음표도 다른 높은 음표에 견주면 낮은 자리를 차지하듯이 말일세.

술라 자네의 생각은 어느 것도 사실이 아닐세. 제발 내 부탁을 들어주게나.

02

푼다누스 좋네, 술라. 무소니우스[5]는 좋은 말을 많이 했는데, 내가 기억하기에 그중 하나가 "건강하게 살고 싶으면 평생을 치료가 필요한 사람처럼 살아야 한다"[6]는 말이었네. 이성이 치료제 역할을 할 경우 크리스마스로즈처럼 즉석에서 한 번 쓰고는 질병과 함께 몸에서 배출되어서는 안 되고, 혼 안에 남아 우리의 판단을 통제하고 감시해야 한다는 것이 내 생각일세. 이성의 효력은 약과 같은 것이 아니라 건강식과 같아서, 거기에 익숙해진 사람이라야 건강과 활력을 얻기 때문이네. 한편 충고나 질책은 최고조로 부풀어오른 정념들에는 별반 효력이 없으며, 간질병 환자들을 깨우기는 하되 병을 낫게 하지는 못하는 냄새 자극제보다 더 나을 게 없다네. 다른 정념들은 설사 최고조에 이른다 해도 이성이 도우러 외부에서 혼 안으로 들어가면 양보하며 비켜준다고 할 수 있지. 그러나 분노는 그렇지가 않네. 분노는 "*이성을 따돌리고 끔찍한 짓들을 저지른다*"[7]는 멜란티오스의 말은 옳지 못하네. 오히려 분노는 이성을 집에서 완전히 내쫓은 다음 문을 걸어 잠그고 집과 함께 자신도 태우려는 사람들처럼 안에 있는 모든 것을 혼란과 연기와 소음으로 가득 채우기 때문에, 누가 도우러 달려와도 혼은 볼 수도 들을 수도 없다네. 그러므로 분노와 격정의 파도에 들까불린 사람이 자신의 이성의 힘을 준비해두지 않는 한, 외부로부터 이성을 받아들이기보다는 오히려 폭풍 치는 난바다에서 선원들이 버리고 떠난 배가 외부로부터 키잡이를 승선시키기가 더 쉬울 걸세. 마치 포위를 예상한 사람들이 외부에서 도움을 기대할 수 없을 때 생필품을 모아 비축하듯, 분노에 대해서도 철학에서 도움이 될 만한 것을 두루 모아 혼 안으로 끌어들여야 하네. 나중에 그것들이 꼭 필요할 때 안으로 끌어들이기는 쉽지 않을 테니 말일세. 이성이 갑판장처럼 혼 안에 거주하며 주어진 명령을 일일이 밝은 귀로 신속히 듣고 이해하지 못한다면, 혼은 내부의 소란으로 말미암아 바깥에서 일어나는 일을 아무것도 듣지 못하기 때문일세. 그래서 그런 혼은 차분하고 부드러운 충고의 말을 들으

---

4 『오뒷세이아』 20권 23행 참조.
5 무소니우스(Musonius Rufus)는 기원후 1세기에 활동한 에트루리아(Etruria) 출신 스토아 철학자로 로마에 큰 영향을 주었다. 후기 스토아 철학을 대표하는 에픽테토스(Epiktetos)도 그의 제자였다.
6 무소니우스, 단편 36 Hense.
7 TGF, p. 760. 빌라모비츠(Wilamowitz)에 따르면(Hermes, 29. 150ff. 참조) 이것은 기원전 5세기 아테나이 출신 비극작가의 단편이 아니라, 기원전 2세기 로도스(Rhodos) 출신 비극작가 멜란티오스(Melanthios)의 단편이라고 한다.

면 무시해버리고, 거칠게 나무라는 자들에게는 대든다네. 분노란 오만하고 완고하고 외적인 영향에는 무감각하므로, 튼튼한 방벽을 가진 참주정권(僭主政權)[8]처럼 내부자에 의해 파괴되어야만 하네.

03

분노가 지속되면서 분통을 터뜨리는 일이 잦아지면, 성마름이라는 부정적인 태도가 혼 안에 자리 잡게 되네. 이미 약해지고 가늘어져서 자꾸 부스러지는 쇳조각처럼 감정이 쉬이 상하여 사소한 일에도 흥분하게 되면, 그건 흔히 분노의 폭발과 부아와 시무룩함으로 끝난다네.

하지만 분별력으로 분노의 폭발을 곧장 제지하고 억누르면, 그것은 지금 당장의 상황을 개선할 뿐 아니라 앞으로도 마음이 활력과 저항력을 가질 수 있게 해준다네. 아무튼 내 경우에는 분노의 폭발에 두세 번 대항하자, 테바이[9]인들이 경험했던 것과 같은 일이 일어났다네. 테바이인들은 무적이라고 믿어지던 라케다이몬[10]인들에게 처음으로 이긴[11] 뒤로는 어떤 전투에서도 그들에게 지지 않았다네. 나는 이성이 이길 수 있다는 확신을 품게 되었단 말일세. 아리스토텔레스의 주장처럼, 분노는 찬물을 끼얹어야만 멈추는 것이 아니라 겁을 주어도 꺼진다는 것을 나는 알았네. 그리고 제우스에 맹세코, 즐거운 일이 생기면 호메로스의 말처럼 "마음이 흐뭇하여" 많은 사람들의 경우 분노가 사라졌다네. 따라서 분노라는 정념은, 치유하기를 원하는 사람들에게는 치유가 전혀 불가능한 것이 아니라는 결론에 이르렀네.

분노는 항상 중대한 일로만 시작되는 것이 아니기 때문일세. 오히려 농담, 장난스러운 말, 웃음, 고갯짓 등이 많은 사람들을 분노하게 한다네. 예컨대 헬레네는 질녀에게 "오랜 세월 노처녀였던 엘렉트라여"라고 말함으로써, "이제야 철이 들었군요. 하지만 그때는 치욕스럽게 이 집을 떠났지요."[12]라고 대답하도록 질녀를 화나게 했던 것이라네. 또한 칼리스테네스도 큰 술잔이 돌고 있을 때 "나는 알렉산드로스[13]를 마시다가 아스클레피오스의 도움을 청하고 싶지 않습니다"라고 말함으로써 알렉산드로스의 기분을 상하게 했다네.

E

04

토끼털이나 초의 심지나 쓰레기 더미에 붙은 불은 끄기가 쉽지만, 단단하고 두꺼운 물체에 불이 붙으면 아이스퀼로스의 말처럼 불은

---

8 참주는 일종의 군사독재자이다.
9 테바이는 그리스 중동부 보이오티아 지방의 수도이다. 펠로폰네소스 전쟁(기원전 431~404년)에서 아테나이에 이긴 스파르테인들은 그 뒤 그리스에서 패권을 쥐었으나, 기원전 4세기 말 테바이에 패하기 시작하면서 패권을 넘겨주었다.
10 라케다이몬은 때로는 라코니케 지방의, 때로는 그 수도인 스파르테의 다른 이름으로 쓰인다. 『수다에 관하여』 주 85 참조.
11 기원전 371년 테바이 서남쪽에 있는 레욱트라 전투에서.
12 에우리피데스, 『오레스테스』(Orestes) 72·99행. 엘렉트라(Elektra)는 아가멤논의 딸로, 오라비 오레스테스와 힘을 모아 아버지를 죽인 어머니 클뤼타임네스트라에게 원수를 갚는다. 헬레네와 클뤼타임네스트라는 자매간이다.
13 알렉산드로스(Alexandros) 대왕은 술을 많이 마신 것으로 알려져 있다. 여기서 칼리스테네스(Kallisthenes)는 평소 자신을 신으로 여기던 알렉산드로스를 주신(酒神) 디오뉘소스(Dionysos)에 견주며 '과음하다가 의사 신세를 지고 싶지 않다'는 뜻으로 말하고 있다. 아스클레피오스(Asklepios)는 아폴론(Apollon)의 아들로 의술의 신이다.

"젊음에 넘치며 목수들이 높다랗게 세워놓은 것을"[14] 파괴해버린다네. 처음부터 분노에 주의를 기울이다가, 분노가 농담이나 저질스러운 익살 때문에 모락모락 연기를 피우며 불이 붙는 것을 보면, 크게 애쓸 것 없이 가끔은 묵살하기만 해도 분노가 가라앉는다네. 불에 땔감을 대주지 않는 사람은 불을 끄는 것이며, 처음에 분노에 영양분을 대주며 스스로 부채질하지 않는 사람은 조심함으로써 분노를 가라앉히는 것이라네. 그래서 나는, 히에로뉘모스[15]가 비록 쓸 만한 말을 많이 남기긴 했지만, 분노는 하도 빨라서 발생할 때는 알 수 없고 존재할 때만 알 수 있다는 그의 말에는 동의할 수 없네. 일단 모여서 움직이기 시작하면 분노만큼 그 생성과 성장을 잘 관찰할 수 있는 정념도 없기 때문일세. 호메로스도 이 점을 교묘하게 가르쳐주고 있지. 그는 파트로클로스가 전사했다는 소식을 듣자마자 아킬레우스가 갑자기 괴로워하게 한다네.

이렇게 말하자 슬픔의 먹구름이 그를 덮었다.[16]

그러나 호메로스는 아가멤논을 향한 아킬레우스의 분노가 서로 많은 말을 주고받은 뒤 천천히 달아오르는 것으로 그리고 있네.[17] 하지만 처음에 누가 끼어들어 말렸더라면 그들의 언쟁이 그렇게까지 커지지는 않았겠지. 그래서 소크라테스[18]는 자신이 친구들 중 한 명에게 거칠어지는 것을 느끼면 폭풍이 불기 전에 가까운 곳[岬]으로[19] 피신하여 목소리를 낮추고 얼굴에 미소를 머금은 채 부드러운 표정을 지었던 것이라네. 소크라테스는 그렇게 반대 방향으로 기울어짐으로써 정염에 사로잡히거나 지지 않았던 것이지.

05

그러니까 친구여, 분노의 폭정에서 벗어나는 최상의 방법은, 분노가 우리더러 고함을 지르고 노려보고 가슴을 치라고 명령하더라도, 말을 듣지 않거나 복종하지 않는 것이라네. 오히려 우리는 평정을 유지하고 마치 정염이 질병인 것처럼 격렬한 동작과 고함 소리로 정염을 악화시켜서는 안 되네. 떠들며 돌아다니고, 노래 부르고, 애인의 집 대문을 화환으로 장식하는 것 같은 연인들의 관행은 사실 어떤 의미에서는 우아하고 멋있게 마음을 후련하게 해준다고도 할 수 있지.

나는 왔다가 그대가 어느 집안의 누구라고 소리 지르지 않고 문에 입만 맞추었소. 이것이 죄라면 나는 죄를 지은 것이오.[20]

c

그리고 곡(哭)하는 자들이 소리 내어 슬피 우는 것도 그렇게 함으로

---

14 아이스퀼로스(Aischylos), 단편 357 (TGF).
15 히에로뉘모스(Hieronymos)는 기원전 3세기에 활동한 로도스 출신의 소요학파 철학자이다.
16 『일리아스』 18권 22행. 그리스군의 으뜸가는 장수 아킬레우스는 여자 문제로 아가멤논과 다투고는 전투 참가를 거부하지만, 그리스군이 수세에 몰리자 죽마고우 파트로클로스(Patroklos)를 보내 트로이아군을 물리치게 한다. 그러나 파트로클로스가 헥토르의 손에 죽자, 젊은 장수 안틸로코스(Antilochos)가 아킬레우스에게 비보를 전한다.
17 『일리아스』 1권 101행 이하 참조.
18 그의 학설은 제자들인 플라톤과 크세노폰의 저서들을 통해 부분적으로 재구성된다.
19 E. Diehl, 『그리스 서정시선』(*Anthologia lyrica Graeca*) 작가 불명 2권 163쪽.
20 칼리마코스(Kallimachos), 『경구』(*Epigrammata*) 42 Pfeiffer.

써 눈물과 함께 슬픔도 많이 씻어내리기 때문일세. 하지만 분노에 사로잡힌 사람들은 무슨 짓을 하고 무슨 말을 하든지 간에 분노를 부채질할 뿐이라네.

따라서 우리는 발작의 시작을 느끼기라도 한 양 가만있거나 달아나 평정 속으로 피신하는 것이 상책이라네. 우리가 넘어지거나 남들을 덮치지 않으려면 말일세. 우리는 십중팔구 친구들을 덮치기에 하는 말이네. 우리는 아무나 가리지 않고 사랑하거나 시기하거나 두려워하지는 않지만, 분노가 공격하지 않고 내버려두는 것은 아무것도 없기 때문이지. 그래서 우리는 적들에게도 친구들에게도, 자식과 부모에게도, 심지어 신과 들짐승과 무생물에게도 분노하는 것이라네. 예컨대 타뮈리스[21]는

> 황금을 입힌 뤼라[22]의 양쪽 팔을 부수고
> 잘 울리는 현들을 끊어버렸다.[23]

판다로스는 자신의 활을 "손수 분질러"[24] 불 속에 처넣지 않으면 자기가 저주받아도 좋다고 했네. 크세르크세스도 바다에 낙인을 찍고 채찍질했을 뿐 아니라, 아토스[25] 산에 편지를 써 보냈네.[26] "하늘 높이 솟아 있는 신과 같은 아토스여, 다루기 힘든 큰 돌들로 내가 하는 일을 방해하지 말지어다. 그러지 않으면 내가 그대를 베어 바다에 던지리라." 분노가 하는 짓들은 때로는 무섭기도 하고, 때로는 우습기도 하다네. 그래서 여러 격정 중에서도 분노가 가장 미움받고 멸시받는 것이라네. 이 두 가지 측면을 다 고찰해보는 것이 유익할 듯하네.

06

아무튼 나는 옳은 방법인지는 몰라도 다음과 같이 분노를 치유하기 시작했네. 말하자면 라코니케[27]인들이 국가 노예들인 헤일로테스[28]에게서 술에 취한다는 것이 무엇인지 이해하려 했듯이, 나는 다른 사람들을 관찰함으로써 분노가 무엇인지 이해하려 했네. 첫째, 힙포크라테스[29]는 환자의 용모가 가장 심하게 달라지는 병이 가장 위험한 병이라고 말하는데,[30] 나는 분노 때문에 정신이 흐트러지는 자 F

---

21 타뮈리스(Thamyris)는 그리스 북쪽 트라케(Thraike) 지방의 전설적인 가인(歌人)으로, 무사 여신들과 노래 경연을 해도 이길 수 있다고 큰소리치다가 여신들에게 져서 장님이 되고 노래 기술마저 잊어버렸다고 한다.
22 뤼라는 길이가 같은 일곱 현으로 된 고대 그리스의 발현악기이다. 뤼라는 당시 널리 사용되었으며, 키타라는 소리가 더 잘 울리도록 뤼라를 개량한 것이다.
23 소포클레스, 단편 223 (TGF). 타뮈리스 이야기에 관해서는 『일리아스』 2권 594~600행 참조.
24 『일리아스』 5권 216행. 판다로스(Pandaros)는 트로이아 전쟁 때 트로이아를 도우러 간 뤼키아(Lykia) 출신의 명궁으로, 그리스 장수에게 화살을 날려 보내 휴전조약을 깨뜨린다.
25 아토스(Athos)는 칼키디케(Chalkidike) 반도들 중 맨 동쪽 반도에 있는 높은 산이다.
26 크세르크세스는 기원전 480년 제2차 페르시아 전쟁 때 페르시아군을 이끌고 그리스로 침입한 페르시아 왕이다. 헬레스폰토스 해협에 선교(船橋)를 놓고 아토스 산을 둘러 가는 위험한 항해를 피하려고 반도의 지협에 운하를 건설하고 바다를 채찍질하는 등 오만의 극치를 보였다. 헤로도토스, 『역사』 7권 22~24장, 35장 참조.
27 스파르테인들. 『수다에 관하여』 주 85 참조.
28 헤일로테스들(Heilotes)은 라코니케와 멧세니아(Messenia) 지방의 선주민(先住民)으로, 스파르테인들에게 정복되어 그들의 국가노예가 되었다.
29 힙포크라테스는 고대 그리스의 의성(醫聖)이다.
30 힙포크라테스, 『예후』(Prognostikon) 2 Kühlewein.

들이 용모와 낯빛과 걸음걸이와 목소리가 가장 심하게 변하는 것을 보았네. 나는 분노에 대해 이런 인상을 받게 되자, 이런 무시무시하고 일그러진 모습으로, 아니, 얼굴만 알아보지 못하게 사나워진 것이 아니라 목소리까지 귀에 거슬리게 거칠어진 채로 내 친구들과 아내와 딸들 앞에 나타날 생각을 하니 마음이 괴로웠네. 그런 상태에 있던 친구들을 더러 본 적이 있기에 하는 말일세. 그 친구들은 분노가 폭발하는 순간 평소의 성격, 외모, 우아한 말투, 설득력 있고 붙임성 있는 태도를 더는 유지할 수 없었다네.

웅변가 가이유스 그락쿠스[31]는 성격이 무뚝뚝한 열정적인 웅변가였네. 그래서 그는 음악가들이 고저(高低) 양쪽으로 자신들의 목소리에 맞는 음정을 찾으려고 사용하는 것과 같은 피리를 만들게 했다네. 그가 연설할 때면 그의 하인이 이것을 손에 들고 뒤에 서서 적절하고 부드러운 음정을 알려주면, 그 음정에 힘입어 그는 귀에 거슬리는 소리를 낮추고 자신의 목소리에서 거칠고 격정적인 요소를 제거할 수 있었지. 마치 목자(牧者)의

456A

밀랍으로 이어붙인 갈대피리가
부드러운 소리로 자장가를 불러주듯.[32]

그와 같이 하인은 웅변가의 분노를 달래고 가라앉혔네. 내게 재치 있고 영리한 하인이 있다면, 사람들이 흔히 목욕한 뒤 쓸데없이 거울을 가져오게 하듯, 내가 분노할 때 거울로 비추더라도 못마땅해 하지 않을 걸세. 자신의 일그러진 부자연스러운 모습을 본다는 것은 분노라는 격정의 명예를 실추시키는 데 적잖이 기여할 것이네.

B

실제로 아테나³³ 여신이 피리를 불다가 어떤 사튀로스³⁴에게

> 그 표정은 그대에게 맞지 않아요. 그러니 피리를 내려놓고
> 무기를 드시오. 무기는 얼굴을 일그러뜨리지 않아요.³⁵

라는 꾸중을 듣고 무시하다가 강물에 비친 자신의 얼굴을 보고는 화가 나 피리를 던져버렸다는 재미난 일화도 있네. 그러나 피리의 예술은 얼굴을 일그러지게 만들지만, 아름다운 선율을 낸다는 게 위안이 될 걸세. 그래서 마르쉬아스³⁶는 아마도 연주할 때 입가에 가죽 띠를 둘러 입김의 힘을 줄이고 얼굴이 일그러지는 것을 바루거나 숨기려 한 것 같네. c

> 그는 털북숭이 관자놀이들에는 번쩍이는 황금 띠를 매고,
> 탐욕스러운 입에는 뒤로 묶은 가죽 띠를 매었다.³⁷

---

31 가이유스 그락쿠스는 로마 공화정 때 호민관으로, 민중 편에 서서 개혁을 시도하던 그락쿠스 형제 가운데 아우이다. 플루타르코스, 『영웅전』, 「가이유스 그락쿠스 전」 참조.
32 아이스퀼로스, 『결박된 프로메테우스』(Prometheus desmotes) 574~575행.
33 아테나는 그리스 신화에서 제우스의 딸로, 전쟁과 공예의 여신이다.
34 사튀로스(Satyros)는 그리스 신화에서 반인반수(半人半獸)의 음탕한 괴물로, 주신(酒神) 디오뉘소스의 종자(從者)들이다.
35 TGF, 작가 불명 381.
36 마르쉬아스(Marsyas)는 피리의 발명자라고도 하고, 아테나 여신이 버린 피리를 주워 자유자재로 연주할 수 있게 되었다고도 한다. 그는 사튀로스로, 아폴론 신과 연주 경연을 자청했다가 지는 바람에 산 채로 가죽이 벗겨졌다고 한다.
37 이 시행들은 시모니데스(Simonides)의 것이라고도 하고, 로도스 출신 시미아스(Simias)의 것이라고도 한다.

그러나 분노는 얼굴을 보기 싫게 부풀리고 일그러뜨리며, 설상가상으로 듣기 싫고 불쾌한 소리를 내니,

그는 울려서는 안 될 마음의 현들을 울렸던 것이다.[38]

바람에 거칠어진 바다가 해초류와 해조류를 던져 올리면 사람들은 바다가 정화된다고 말한다네. 그러나 마음이 흐트러졌을 때 분노가 던져대는 방종하고 신랄하고 야비한 말들은 먼저 그렇게 말한 자들을 더럽히며 그들이 늘 마음속에 야비한 생각을 잔뜩 품고 있다가 화가 나자 밖으로 드러내는 것이 아닌가 하는 혐오스러운 의심을 사게 한다네. 그래서 그들은, 플라톤의 말처럼,[39] 가장 가벼운 말 때문에 가장 무거운 벌을 받는 것이라네. 그들은 적대적이고, 악담이나 하고, 악의나 품는 자들이라는 인상을 주니 말일세.

07

이런 일들을 주의 깊게 관찰한 결과, 나는 혀를 부드럽고 유연하게 하는 것은 열이 날 때도 좋지만 성이 날 때는 더 좋다는 점을 깨닫게 되었네. 열병 환자들의 혀가 부자연스러운 상태라면, 그것이 나쁜 징후이긴 해도 병의 원인은 아닐세. 하지만 성난 자들의 혀가 거칠어지고 더러워지고 말도 안 되는 소리를 쏟아내면, 그것은 치유할 수 없는 적대감을 자아내는 오만을 드러내고, 마음이 안으로 곪아 있다는 것을 말해주기 때문이라네.
희석하지 않은 포도주[40]도 분노보다 더 무절제하고 가증스러운 결

과를 가져오지는 않기에 하는 말일세. 술기운에 하는 말에는 웃음과 장난기가 섞여 있지만, 화가 나서 하는 말에는 담즙이 섞여 있기 때문이네. 그리고 술자리에서 침묵을 지키는 자는 합석한 자들을 성가시고 견디기 어렵게 하지만, 성이 날 때는 가만있는 것보다 더 점잖은 것은 없다네. 그래서 삽포⁴¹는 충고하고 있네.

가슴속에서 분노가 부풀어오르면
*쓸데없이 짖어대는 혀를 경계하라.*⁴²

08

분노에 사로잡히는 자들을 지속적으로 관찰하노라면 우리는 이런 성찰에 이르게 될 뿐 아니라 분노의 본성도 알게 되는데, 분노는 고상하지도 남자답지도 않으며 기품도 위대성도 없다는 것일세. 그러나 대부분의 사람들은 분노의 소란을 활동성으로, 위협을 용기로, 고집을 강직으로 오해한다네. 어떤 사람은 분노의 잔인성을 통이 큰 것으로, 비정함을 단호함으로, 퉁명스러움을 의분으로 여기기까지 하는데, 이는 잘못된 생각일세. 성난 자들의 행위와 동자과 태도

---

38 TGF, 작가 불명 361.
39 『법률』 935A, 717D 참조.
40 『수다에 관하여』 주 25 참조.
41 삽포(Sappho)는 기원전 7세기 말 에게 해의 레스보스(Lesbos) 섬에서 태어난 여류시인이다.
42 삽포, 단편 27 Bergk. 또는 단편 158 Lobel/Page.

는 그들의 옹졸함과 허약함을 드러낼 뿐이라네.

그들이 아이들을 학대하고 여자들을 거칠게 다루고, 판크라티온 선수 크테시폰[43]이 노새에게 차이자 똑같은 방법으로 보복했듯이 개나 말이나 노새를 응징해야 한다고 믿을 때만 그런 것이 아닐세. 폭군도 잔인성에서 그들의 옹졸함이, 행위에서 그들의 도착된 마음가짐이 드러난다네. 그래서 그들의 피비린내 나는 만행은 괴로워서 화가 난 독사가 분통을 터뜨리며 자신에게 해코지한 자를 무는 것과도 같네. 마치 살이 심하게 가격당하면 부어오르듯, 허약한 혼일수록 남에게 고통 주기를 좋아한다네. 그래서 그들은 혼이 허약한 만큼 더 심한 분노를 느끼게 되는 것이지. 그런 까닭에 남자보다는 여자가, 건강한 사람보다는 병든 사람이, 젊은이보다는 늙은이가, 성공한 사람보다는 불운한 사람이 화를 더 잘 낸다네. 이를테면 구두쇠가 자기 마름에게, 식도락가가 자기 요리사에게, 질투심 많은 남자가 자기 아내에게, 헛된 명성을 좇는 자가 자신을 혹평하는 말을 들었을 때 화를 가장 잘 낸다네. 그러나 핀다로스에 따르면 가장 고약한 자들은,

*도시들에서 지나치게
야망을 좇는 정치가들.
그들이 가져다주는 고통은 명백하도다.*[44]

이렇듯 분노는 무엇보다도 허약함 탓에 혼의 괴로움과 고통에서 발생하는 것이라네. 누군가 말했듯이,[45] 분노는 혼의 힘줄과 같은 것이 아니라, 오히려 자기방어의 의지로 지나치게 흥분해 있는 혼의

긴장과 경련과도 같은 것일세.

09

이제 그 예를 들겠는데, 보기에 좋지는 않지만 꼭 필요하기 때문이라네. 그러나 눈과 귀에 부담이 되지 않도록 성이 났을 때도 부드럽고 점잖게 처신하는 자들로 한정할 걸세. 먼저 나는 다음과 같이 말하는 자들을 경멸한다네.

그대는 남자에게 부당한 짓을 했소. 남자가 그런 짓을
참아야 한단 말인가?[46]

그의 목을 발로 밟고 그를 땅바닥에 쓰러뜨려라.[47]

등등의 도발적인 발언 말일세. 어떤 사람들은 이런 도발적인 발언을 사용함으로써 분노를 여자들의 거처에서 남자들의 거처로 옮기는 어리석음을 범하곤 하네. 생각건대, 용기는 다른 점에서는 모두

---

43 판크라티온(pankration)은 레슬링과 권투를 합쳐놓은 격렬한 투기(鬪技)의 일종이다. Ktesiphon.
44 핀다로스, 단편 210 Bergk. 핀다로스(Pindaros 기원전 518~446년경)는 그리스의 합창 서정시인이다.
45 플라톤, 『국가』(*Politeia*) 411B 참조.
46 TGF, 작가 불명 382.
47 『그리스 서정시인들』(*Poetae Lyrici Graeci*) p. 694 Bergk.

정의와 양립하지만 온유함이 관련되는 곳에서만은 양립할 수 없네. 온유함은 자족적이기 때문일세. 더 약한 자들이 더 강한 자들을 이기는 경우가 흔히 있긴 하지만 헤라클레이토스[48]의 말마따나 분노와의 싸움이 힘든 일이라면—"분노는 제가 원하는 것이 무엇이든 목숨을 주고 사기 때문일세"[49]—마음속에 분노에 대한 전승 기념비를 세우는 일이야말로 승리를 가져다주는 위대한 힘의 증거이며, 그런 힘은 격정에 대한 싸움에서 진실로 근육이자 힘줄인 이성적 판단력에서 비롯된다네.

그래서 나는 어리석은 자들의 주장에 따르면 쓸개가 없다는 철학자들뿐만 아니라 오히려 왕과 폭군의 그러한 사례들을 모아 정독하려고 늘 노력한다네. 예컨대, 안티고노스[50]는 자기가 못 들을 줄 알고 막사 옆에서 자기를 욕하는 군사들에게 밖으로 지휘봉을 내밀며 말했네. "젠장, 좀 멀리 떨어져 욕하면 안 되겠나?" 아카이아[51] 사람 아르카디온은 늘 필립포스[52]를 헐뜯으며 각자에게 도망치라고 권했네.[53]

E

필립포스를 전혀 모르는 사람들에게 이를 때까지.[54]

나중에 그가 무슨 일로 마케도니아에 나타났을 때, 필립포스의 친구들은 그가 놓여나지 못하고 반드시 벌 받게 되리라고 생각했네. 그러나 필립포스는 그를 만나 친절하게 대하고, 선물까지 보내주었다네. 그리고 나서 필립포스는 나중에 친구들에게 명하여, 그가 헬라스[55]인들에게 자신에 관하여 어떻게 보고했는지 알아보게 했네. 모두들 그가 필립포스를 크게 칭송하더라고 증언하자 왕이 말했네.

F

"그러니까 내가 그대들보다 훌륭한 의사로군." 한번은 올륌피아[56]에서 그를 비방하는 말이 퍼졌을 때 몇몇 사람이 헬라스인들은 필립포스에게 후대받고도 악담을 하니 벌 받아 마땅하다고 말하자, 필립포스는 "내가 학대하면 저들은 어떻게 나올까?"라고 말했네.

트라쉬불로스에 대한 페이시스트라토스[57]의 태도도, 무키우스에 대한 포르센나[58]의 태도도, 필레몬[59]에 대한 마가스[60]의 태도도 훌

458A

48 헤라클레이토스는 소아시아 에페소스 출신의 그리스 철학자이다.
49 헤라클레이토스, 단편 85 Diehls/Kranz.
50 알렉산드로스 대왕의 장군 중 한 명이었던 안티고노스(Antigonos) 1세를 말하는지, 그의 후손인 2세, 3세를 말하는지 확실치가 않다.
51 아카이아(Achaia)는 펠로폰네소스 반도 북부 해안지방이다.
52 마케도니아의 왕으로 알렉산드로스 대왕의 아버지.
53 아테나이오스(Athenaios)의 『유식한 자들의 연회』(Deipnosophistai) 6권 249C~D 참조. 아르카디온(Arkadion)은 마케도니아에서 도망치다가 우연히 필립포스를 만나 언제까지 유랑생활을 할 것이냐는 물음에 다음과 같이 대답했다고 한다.
54 『오뒷세이아』 11권 122행, 23권 269행의 패러디이다. 호메로스의 시행에는 '필립포스' 대신 '바다'라는 말이 나온다.
55 헬라스(Hellas)는 그리스의 그리스어 이름이다.
56 『수다에 관하여』 주 3 참조.
57 아테나이의 참주. 『노년에 관하여』 주 190 참조. 트라쉬불로스(Thrasyboulos)가 페이시스트라토스의 딸에게 입 맞추었을 때 참주의 아내는 혼내주기를 원했으나, 참주는 "우리를 사랑하는 사람들을 미워한다면 우리를 미워하는 사람들에게는 어쩔 셈이죠?"라고 대답했다고 한다. 플루타르코스, 『왕들과 장군들의 어록』(Basileon apophthegmata strategon) 189C 참조.
58 에트루리아(Etruria) 왕 포르센나(Porsenna)를 암살하려다 체포된 로마의 젊은이 무키우스(Mucius)가 불속에 자신의 오른손을 집어넣어 불태우자 이에 감동한 포르센나는 무키우스를 놓아주고 로마와 평화조약을 맺었으며, 무키우스는 스카이볼라(Scaevola '왼손잡이')라는 별명을 얻게 되었다고 한다. 플루타르코스, 『영웅전』 「푸블리콜라(Publicola) 전」 17장 참조.
59 필레몬(Philemon 기원전 361년경~262년)은 아테나이의 신(新)희극작가이다.

륭했네. 언젠가 필레몬은 무대 위에서 공공연히 마가스를 조롱했네.

마가스여, 여기 전하께서 그대에게 보낸 서신들이 있습니다.
낫 놓고 기역 자도 모르는 불쌍한 마가스여![61]

나중에 필레몬은 폭풍으로 파라이토니온 가까운 해안에 표류하다가 마가스에게 붙잡히는데, 마가스는 군사에게 명하여 칼집에서 칼을 빼어 필레몬의 목에 갖다 대기만 하다가 정중하게 떠나가도록 내버려두라고 하였네. 마가스는 또 철없는 어린아이에게 보내듯 필레몬에게 주사위와 공을 보내고, 그가 가던 길로 보내주었다네. 한번은 프톨레마이오스[62] 왕이 어떤 학자의 무식을 조롱하려고 펠레우스[63]의 아버지가 누구냐고 물었네. 그러자 그 학자는 "그대가 먼저 라고스의 아버지가 누구인지 말씀해주시면 제가 말씀드리겠습니다"라고 대답했네.

B

그것은 왕의 미천한 출신을 조롱하는 말이었다네. 그래서 모두들 그 말이 부당하고 시의적절치 못하다고 분개했네. 그러나 프톨레마이오스는 "왕이 농담을 받아넘길 수 없다면 농담은 하지도 말아야겠지"라고 대답했네. 그러나 알렉산드로스는 칼리스테네스와 클레이토스[64]를 여느 때보다 가혹하게 다루었네. 그래서 포로스[65]는 포로가 되었을 때 자기를 왕답게 대접해달라고 알렉산드로스에게 간청했네. "더이상의 요구는 없느냐?"고 알렉산드로스가 묻자 그는 "'왕답게'라는 말 속에 모든 것이 담겨 있소"라고 대답했네. 그런 연유에서 신들의 왕은 '자비로운 분'[66]이라 불리는 것이네. (아테나이인들은 그분을 '폭풍 같은 분'이라 부르지만 말일세.) 벌주는 것

은 복수의 여신들 또는 정령(精靈)들이나 하는 일이지, 올림포스⁶⁷ C
의 신들이 하는 일이 아니라네.

10

필립포스가 올륀토스⁶⁸를 완전히 파괴했을 때 누군가 "그는 그토록
큰 도시를 재건할 수 없을 것이다"라고 말했다네. 분노에도 이와 같

---

60 마가스(Magas)는 프톨레마이오스 필라델포스(Ptolemaios Philadelphos)의 이복동생으로 북아프리카의 퀴레네(Kyrene)를 다스렸는데, 파라이토니온(Paraitonion)은 그곳의 항구도시이다.
61 필레몬, 단편 144 (CAF).
62 알렉산드로스 대왕의 장군으로, 훗날 최초의 마케도니아계(系) 이집트 왕이 된 프톨레마이오스 소테르(Soter)를 말한다. 그의 아버지 라고스(Lagos)는 무명의 마케도니아인이었다. 일설에 따르면 프톨레마이오스의 어머니는 필립포스 2세의 첩이었다고 한다.
63 펠레우스(Peleus)는 그리스 신화에서 아이아코스(Aiakos)의 아들로, 테티스(Thetis)와 결혼하여 영웅 아킬레우스의 아버지가 된다.
64 칼리스테네스(Kallisthenes)는 철학자 아리스토텔레스의 조카인데, 알렉산드로스의 동방 원정에 참가했다가 음모에 가담했다는 혐의를 받고 알렉산드로스에게 사형을 선고받는다. 『영웅전』 「알렉산드로스 전」 55장 참조. 클레이토스(Kleitos)는 알렉산드로스의 동방 원정 때 기병대장이었으나, 알렉산드로스가 동방의 풍습을 받아들이는 것을 만나하다가 격노한 그의 칼에 찔려 죽는다.
65 포로스(Poros)는 지금의 파키스탄에 속하는 동(東)펀자브(Punjab) 주의 통치자로 알렉산드로스에게 패한다. 『영웅전』 「알렉산드로스 전」 60장 참조.
66 Zeus Meilichios.
67 올림포스(Olympos)는 그리스 본토 북쪽의 텟살리아 지방과 마케도니아(Makedonia) 지방의 경계를 이루는 산맥의 동쪽 끝에 위치하여 남쪽으로 템페(Tempe) 계곡을 굽어보는 산이며, 그리스에서 가장 높다. 고대 그리스인들은 깎아지른 듯한 이 웅장한 산의 연봉에 그들의 가장 중요한 12신이 살고 있다고 믿었다.
68 에게 해 북안 칼키디케 지방에 있는 도시.

은 말을 할 수 있을 걸세. "너는 뒤엎고 파괴하고 내던질 수 있겠지. 그러나 세우고 보존하고 아끼고 참는 데는 온유함과 용서와 정념의 절제가 필요해. 그런 것들은 카밀루스,[69] 메텔루스,[70] 아리스테이데스,[71] 소크라테스 같은 사람이 할 일이고, 반면에 들러붙어 깨무는 것은 개미나 쇠파리가 할 일이란 말이야."

게다가 분노의 보복을 살펴보면 대체로 비효과적인 것 같네. 분노는 입술을 깨물고 이를 갈며 무익하게 공격하고 욕설과 의미 없는 위협을 일삼다가 제 몸을 가누지 못하는 어린아이들처럼 결승점에 이르기도 전에 쓰러져 웃음거리가 되고 마니까 말일세. 그래서 로마 장군의 시종이 큰 소리로 호통을 치자 로도스[72]인이 "내가 신경 쓰는 것은 네 호통이 아니라, 네 주인의 침묵이란 말이야"라고 말했네. 그리고 소포클레스는 네옵톨레모스[73]와 에우뤼퓔로스[74]를 무장시키고 나서 이렇게 말했다네.

D

큰소리 치지 않고, 욕설도 퍼붓지 않고 그들은
빙 둘러싼 청동 무기들 속으로 뛰어들었다.[75]

화살촉에 독을 칠하는 야만족이 더러 있긴 하지만 용기에는 담즙[76]이 필요 없기 때문일세. 용기는 이성에 의하여 강해지지만, 분노와 광기는 부서지기 쉽고 허약하니까 말일세. 아무튼 라케다이몬인들은 자신들의 전사들에게서 노기(怒氣)를 멀리하기 위해 피리를 연주하고, 이성이 그들 안에 머무르게 해달라고 전투 전에 무사[77] 여신들에게 제물을 바치며 기도하고, 전투에서 이긴 뒤에는 추격하지 않고 마치 단검을 도로 칼집에 넣듯이 아무 어려움 없이 분노를 도

E

로 불러들인다네. 분노는 복수도 하기 전에 수많은 사람들의 목숨을 빼앗아갔는데, 예컨대 퀴로스[78]와 테바이인 펠로피다스[79]의 경우가 그렇다네. 그러나 아가토클레스[80]는 포위당한 자들이 욕을 해도 얌전하게 참았네. 그들 가운데 누가 "옹기장이야, 네 용병에게 F 급료는 어떻게 줄 참이냐?"라고 말했을 때, 아가토클레스는 웃으

---

69 카밀루스(Marcus Furius Camillus)는 로마의 장군이다. 그는 기원전 396년 로마 북쪽에 있던 에트루리아인들의 난공불락의 도시 베이이(Veii)를 10년 전투 끝에 함락했으며, 기원전 390년 갈리아(Gallia)인들이 로마를 함락했다가 철수할 때 뒤쫓아가서 몸값으로 준 보물들을 도로 빼앗았다.

70 메텔루스(Quintus Caecilius Metellus Numidicus)는 기원전 107년 집정관으로, 로마에 끈질기게 저항하던 북아프리카의 누미디아(Numidia) 왕 유구르타(Iugurtha)에게 승리한다.

71 아리스테이데스(Aristeides)는 페르시아 전쟁 때 아테나이의 장군이자 정치가로, 정직하고 사심 없기로 유명했다.

72 로도스(Rhodos)는 에게 해 동남부, 소아시아의 카리아(Karia) 지방 앞바다에 있는 큰 섬이다.

73 아킬레우스의 아들.

74 에우뤼필로스(Eurypylos)는 트로이아 전쟁 때 그리스군 장수이다.

75 소포클레스, 단편 768 (TGF).

76 여기서 '담즙'(chole)은 '분노의 독'이라는 뜻이다.

77 그리스 신화에서 시가(詩歌)의 여신.

78 여기서 '퀴로스'(Kyros)란 형 아르타크세르크세스의 제위를 찬탈하려고 페르시아로 진격하다가 기원전 401년 바빌로니아의 쿠낙사(Kounaxa) 전투에서 전사한 퀴로스 2세를 말한다.

79 펠로피다스(Pelopidas)는 에파메이논다스와 함께 불패의 스파르테군을 중부 그리스에서 물리침으로써 테바이의 전성기를 연 장군이자 정치가이다. 그는 기원전 364년 텟살리아의 퀴노스케팔라이(Kynoskephalai) 전투에서 페라이(Pherai)의 알렉산드로스를 이기고 추격하다가 전사한다.

80 아가토클레스(Agathokles)는 기원전 4세기 후반 시칠리아 쉬라쿠사이 시의 참주로, 일설에 따르면 옹기장이의 아들이었다고 한다.

며 "이 도시를 함락하면 주지"라고 대답했네. 그리고 안티고노스[81]는 성벽 위에서 몇몇 사람이 자기를 못생겼다고 조롱하자, "나는 내가 잘생긴 줄 알았는데!"라고 말했네. 또한 그는 그 도시를 함락하자 자기를 조롱하던 자들을 노예로 팔면서, 그들이 또다시 자기를 조롱하는지 새 주인들에게 알아볼 것이라고 위협했네.

나는 변호사와 웅변가들이 분노 때문에 중대한 실수를 저지르는 것을 가끔 보았다네. 아리스토텔레스의 보고에 따르면,[82] 사모스[83] 출신 사튀로스[84]는 소송 상대자들의 욕설에 분노하여 사건을 그르치지 않으려고, 변론에 앞서 친구들을 시켜 밀랍으로 귀를 막게 했다고 하네. 우리도 가끔 실수한 노예를 벌줄 기회를 놓치는 것이 아닐까? 노예들이 우리의 위협적인 말에 겁을 먹고 도망쳐버리니 말일세. 유모들은 아이들에게 "울음 뚝. 계속 울면 혼날 줄 알아!"라고 말한다네. 따라서 분노에게 이렇게 말하는 것이 유익할 걸세. "제발 서두르지 말고, 소리 지르지 말고, 덤비지 마. 그래야만 네가 원하는 것을 더 빨리, 더 쉽게 갖게 될 테니까." 아버지는 아들이 칼로 무엇을 자르거나 새기려는 것을 보면 칼을 빼앗아 손수 그렇게 한다네. 그와 마찬가지로 벌주는 일을 이성이 분노로부터 떠맡아야 하네. 그러면 이성은 벌 받아 마땅한 자를 안전하게, 해롭지 않게, 그리고 그에게 도움이 되도록 벌줄 것이고, 분노가 종종 그러하듯, 그 대신 자기를 벌주지는 않을 걸세.

II

훈련을 통해 우리 혼의 비합리적이고 완고한 요소를 길들이려면 모든 감정의 습관화가 필요하지만, 하인들에 대한 분노만큼 많은 노력이 필요한 감정도 없네. 하인들에게 우리는 두려움도 없고, 명예욕도 느끼지 못한다네. 우리는 하인들을 마음대로 할 수 있기에 자주 화를 내다 보면 실수를 많이 저지르게 되고, 또 아무도 말리는 사람이 없다 보니 화를 내다가 미끄러운 바닥에서처럼 넘어지곤 한다네. 감정이 개입하게 되면 책임지지 않는 권력은 실수에서 자유로울 수 없는 법일세.

유일한 해결책은 온유함으로 권력을 제한하고, 우리를 무르고 무심하다고 나무라는 아내와 친구들의 잦은 불평에 귀를 막는 것이라네. 또 내가 하인들에게 가혹하게 대하곤 했던 것은 하인들이 벌 받지 않으면 못쓰게 된다고 믿었기 때문일세. 나중에야 나는 첫째, 남들을 바루려다 가혹함과 분노로 나 자신을 망가뜨리는 것보다는 느긋하게 잘못을 용서해줌으로써 남들을 더 나쁘게 만드는 편이 더 낫다는 것을 깨달았다네. 둘째, 나는 그들이 오히려 벌 받지 않음으로써 나빠지는 것을 부끄러워하는 경우가 비일비재하며, 징벌보다는 용서가 개선의 시발점이 되는 것을 자주 보았네.

그리고 맹세코, 그들은 매질을 하고 낙인을 찍는 자들에게보다는 머리를 끄덕이며 조용히 명령하는 자들에게 더 기꺼이 복종하는 것을 보았네. 그리하여 나는 분노보다는 이성이 더 훌륭한 길라잡이

---

81 안티고노스(Antigonos)는 알렉산드로스 대왕의 장군들 가운데 한 명으로 '애꾸눈' 또는 '장님'이라는 별명을 갖고 있었는데, 키가 작고 사자코였던 것으로 알려져 있다.
82 아리스토텔레스, 『문제들』(*Problemata*) 875A 34 이하.
83 사모스(Samos)는 소아시아 이오니아(Ionia) 지방 앞바다에 있는 섬이다.
84 사튀로스(Satyros)는 기원전 4세기의 웅변가이다.

라는 확신을 얻게 되었네. 시인의 다음과 같은 말은 사실이 아니기 때문일세.

두려움이 있는 곳에 존경심도 있다.[85]

천만의 말씀! 존경심이 깃들인 마음에서만 자기 개선을 수반하는 두려움도 자라나는 법이라네. 반면에 지속적이고 무자비한 매질은 지난 잘못을 후회하게 하는 것이 아니라, 앞으로는 잘못을 숨겨야겠다는 생각을 일깨워준다네. 셋째, 나는 우리에게 궁술을 가르치는 사람은 우리에게 활쏘기를 금하는 것이 아니라 과녁을 빗맞히는 것을 금하며, 마찬가지로 제때에 지나치지 않게 유익하고 적절한 방법으로 벌주라는 가르침도 벌주는 것 자체를 금하는 것은 아니라는 점을 늘 명심한다네. 그래서 나는 되도록 벌 받을 자들에게서 자신을 변호할 권리를 박탈하지 않고 그들이 하는 말을 들어줌으로써 분노를 억제하려 한다네. 그렇게 시간이 지나는 동안 감정이 누그러져서 판단력이 처벌의 적절한 방법과 적정 수위를 발견하게 되니까. 게다가 벌 받을 자가 분노 때문이 아니라 납득한 뒤에 벌 받게 되면 처벌에 반항할 구실이 없어지네. 끝으로, 주인보다 하인이 더 옳은 것처럼 보이는 가장 수치스러운 경우를 피하게 된다네. 알렉산드로스가 죽었다는 소식이 전해졌을 때 포키온[86]은 아테나이인들이 그런 소식을 너무 빨리 믿고 너무 일찍 반란을 일으키는 것을 말리며 이렇게 말했네. "아테나이인들이여, 그가 오늘 죽어 있다면 내일도 모레도 죽어 있을 것이오." 마찬가지로 화가 나서 서둘러 응징하려는 자는 자기 자신에게 이렇게 말해야 한다고 나는 생각하네. "그자가 오늘 잘못이 있다면 내일도 모레도 잘못이 있겠지. 그가 좀 늦게 벌을 받았다고 해서 해로울 것은 없겠지만, 일찍 벌을 받으면, 옛날에도 그런 일이 흔히 있었는데, 언제까지나 부당하게 벌 받은 것으로 보이겠지." 왜냐하면 우리 가운데 누가 닷새 또는 열흘 전에 고기를 태웠거나 식탁을 엎었거나 너무 느리게 명령을 460A 이행했다고 해서 노예를 매질하거나 벌줄 만큼 잔인하겠는가? 그런데 바로 이런 일들이 방금 일어났거나 일어난 지 얼마 안 될 때 우리는 흥분하여 잔인하고 거칠게 대한다네. 안개 속에서는 물체가 더 커 보이듯, 화가 났을 때는 실수도 더 커 보이는 법이지. 따라서 우리는 먼저 그런 생각들을 당장 머리에 떠올려야 하네. 그리고 우리가 감정에서 자유로운 것이 확실하고, 차분하고 침착하게 숙고해봐도 그 행위가 벌 받아 마땅하다 싶으면 단호하게 응징해야 하고, 식욕이 없어지면 음식을 먹지 않듯이 벌주기를 게을리하거나 포기해서는 안 되네. 분노가 가라앉았다고 해서 사건을 묵살하고 B 벌주지 않으면 우리는 나중에 더욱더 화를 내며 벌주게 된다네. 그럴 경우 우리는 바다가 잔잔할 때는 항구에 닻을 내리고 있다가, 폭풍이 일면 생명의 위험을 무릅쓰고 항해하는 게으른 뱃사공들과도 같다네. 그리하여 우리는 벌주는 데 무르고 나약하다고 이성을 나

85 『퀴프리아』(*Kypria*) 단편 20 Kinkel. 『퀴프리아』는 이른바 '서사시권 서사시'(epikos kyklos) 가운데 하나로, 펠레우스와 테티스의 결혼식부터 그리스군의 트로이아 상륙까지 이야기하고 있다.
86 포키온(Phokion)은 아테나이의 정치가이자 장군으로, 아테나이가 군사력에서 마케도니아의 적수가 되지 못함을 알고 되도록 마케도니아와 사이좋게 지내기를 권고했다. 그러나 알렉산드로스 대왕이 죽은 뒤 아테나이에 잠시 민주정이 부활했을 때 반역죄로 처형당한다.

무라며 분노의 바람에 휩쓸려 무턱대고 앞으로 돌진한다네. 음식은 허기진 사람이 섭취하는 것이 순리이지만, 처벌은 처벌에 허기나 갈증을 느끼지 않는 사람이 행하는 것이 순리일세. 밥에 반찬이 필요하듯 처벌에 분노가 필요해서는 안 되네. 오히려 벌주고 싶은 욕망을 억제한 다음 마지못해 처벌해야 하네.

아리스토텔레스의 보고에 따르면, 당시 에트루리아[87]에는 하인들을 매질할 때 피리를 연주하게 하는 풍습이 있었다고 하네.[88] 그러나 우리는 그런 선례에 따라 개인적인 쾌락이나 처벌에 대한 욕구 때문에 물리도록 처벌하거나 벌을 주며 좋아해서는 안 되네. 그러고 나면 나중에 후회하게 되네. 그중 한 가지는 야수적이고, 다른 한 가지는 사내답지 못하기 때문이지. 오히려 고통도 쾌락도 멀리하고 이성적으로 숙고한 뒤, 분노가 핑계를 댈 여지가 없도록 처벌해야 할 걸세.

C

12

하지만 그것은 분명 분노했을 때 저지르는 실수를 늦추고 막아주는 임시방편이지 분노에 대한 치료는 아닐세. 그러나 히에로뉘모스[89]에 따르면,[90] 비장(脾臟)의 부기는 발열의 부수현상이지만 부기를 줄이면 발열도 완화된다네. 그런데 분노의 원인을 고찰해본 결과, 나는 사람들이 저마다 다른 이유에서 분노하지만 거의 모든 경우 자신이 무시당하고 푸대접받았다는 감정이 깔려 있다는 점을 알게 되었네. 따라서 우리는 경멸한다거나 거만하다는 인상을 주는 행동을 되도록 삼감으로써, 또 우리 행동을 무지, 필연, 감정, 불운 탓으

D

로 돌림으로써 분노를 피하려고 노력하는 사람들을 도와주어야 할 걸세. 그래서 소포클레스는 이렇게 말한다네.

나리, 타고난 총명도 불행을 당한 자와는
함께하지 않고 떠나가는 법이지요.[91]

마찬가지로 아가멤논[92]은 자신이 브리세이스를 빼앗은 것을 미망(迷妄)의 여신 탓으로 돌리면서도 이렇게 말하고 있네.

나는 이를 바로잡기 위해 수많은 보상금을 내놓겠소.[93]

탄원한다는 것은 경멸하지 않는다는 뜻이고, 잘못을 저지른 자가 몸가짐이 겸손하면 경멸한다는 인상을 주지 않는 법일세. 그러나 분노한 자는 이런 겸손을 기다릴 것이 아니라, 디오게네스[94]가 한 말을 자진하여 자신에게 적용해야 하네. 누가 "디오게네스여, 그들이 그대를 비웃고 있소이다"라고 말하자, 그는 "그러나 나는 비웃어지지 않소이다"라고 대답했네. 그러니까 분노한 자는 자신이 무

---

87 에트루리아(Etruria 그/Tyrrhenia)는 로마 북서쪽, 지금의 토스카나 지방을 말한다.
88 아리스토텔레스, 단편 608 Rose.
89 주 15 참조.
90 히에로뉘모스, 단편 23 Wehrli.
91 소포클레스, 『안티고네』 563~564행.
92 아가멤논은 아트레우스(Atreus)의 아들로, 트로이아 전쟁 때 그리스군 총사령관이다.
93 『일리아스』 19권 138행.
94 그리스 철학자로, 무욕과 정신적 독립을 중시하는 견유학파의 창시자이다.

시당했다고 여길 것이 아니라, 자신을 모욕하는 자를 무시해야 하네. 나약하거나, 성급하거나, 경솔하거나, 야비하거나, 노망이 들었거나, 철이 덜 들어 실수한 것은 그자이니까 말일세.

그러나 하인들과 친구들에 대해서는 전혀 그런 인상을 받을 필요가 없네. 그들이 우리를 좀 등한시하더라도, 그것은 우리가 응징할 뜻이 없거나 능력이 없는 것으로 여겨서가 아니라, 하인들은 우리의 호의와 선의를, 친구들은 우리의 우정을 믿기에 그러는 것이기 때문일세. 그러나 무시당했다 싶으면 우리는 아내와 노예들과 친구들만 거칠게 대하는 것이 아니라, 때로는 술집 주인들, 선원들, 술 취한 노새몰이꾼들과도 화를 내며 싸우고, 심지어는 개가 짖어댄다고, 당나귀가 떠받는다고 화를 내기도 한다네. 당나귀몰이꾼을 치려다 그가 "나는 아테나이 시민이오"라고 외치자 당나귀를 가리키며 "너는 아테나이 시민이 아니겠지"라고 말하고는 당나귀를 마구 쳐대는 사람과 같다고나 할까.

F

461A

13

하지만 분노가 혼 안에 벌 떼처럼 조금씩 몰려들어 자꾸 지속되고 되풀이되는 까닭은 무엇보다도 우리 마음속의 이기심이나 불만과 더불어 사치와 유약함에 있네. 따라서 하인들과 아내와 친구들에게 온유하게 대하기 위한 수단으로는, 되도록 가진 것에 만족하고 없어도 될 것을 많이 필요로 하지 않는, 까다롭지 않고 검소한 생활태도만 한 것이 없다네.

고기를 너무 익혀도 너무 구워도 화내지 않고,
고기에 양념을 너무 적게 쳐도 너무 많이 쳐도
알맞게 쳐도 화내지 않는 이는 칭찬받는 법이라네.[95]

B

눈[雪]으로 식히지 않은 포도주는 마시지 않고, 시장에서 사온 빵은 먹지 않고, 평범한 질그릇 쟁반에 담아낸 요리는 손대지 않고, 바다의 파도처럼 부풀어오르는 푹신푹신한 침대가 아니면 잠들지 못하고, 식탁 가에서 시중드는 하인들을 매질과 손찌검으로 들볶아 그들이 마치 덴 데 바를 고약을 가져와야 하는 양 땀이 나도록 소리지르며 뛰어다니게 만드는 자는 무기력하고, 흠잡기 좋아하고, 불평 많은 생활방식의 노예이며, 마치 육체가 고질적인 기침으로 고통받듯 분노 때문에 자신의 혼을 자극에 민감하게 만들고 면역 결핍증에 걸리게 했다는 것을 전혀 모르고 있네. 그러므로 우리는 검소한 생활을 통하여 육체가 쉬이 만족하고 자족하도록 단련시켜야 하네. 필요한 것이 적은 사람은 실망하는 경우가 드물기 때문일세. 먼저 음식에 관해 말하자면, 차려진 음식을 조용히 같이 먹고, 자꾸만 투정을 부림으로써 자신과 친구들에게 분노라는 가장 불쾌한 양념을 치지 않는 것은 결코 힘든 일이 아닐세.

C

더 달갑지 않은 만찬은 있을 수 없을 걸세.[96]

---

95 CAF, 작가 불명 단편 343.
96 『오뒷세이아』 20권 392행.

음식이 눋거나, 연기 내가 나거나, 소금을 덜 쳤거나, 빵이 너무 식었다고 해서 하인들이 얻어맞고 아내가 욕을 들을 때보다.

한번은 아르케실라오스[97]가 외국에서 온 손님들과 함께 친구들을 D 접대하고 있었네. 음식은 차려졌는데 빵이 나오지 않았네. 하인들이 빵 사오는 것을 잊어버렸던 거지. 이런 상황에서 우리 같으면 벽이 갈라지도록 아우성치지 않았을까? 그러나 아르케실라오스는 웃음 지으며 말했네. "현인들이 주연(酒宴)을 좋아한다는 것은 얼마나 다행스러운 일인가!"[98]

한번은 소크라테스가 에우튀데모스[99]를 대접하려고 레슬링 도장에서 집으로 데려갔네. 그러자 크산팁페[100]가 화가 나서 다가오더니 그들에게 욕설을 퍼붓다가 마침내는 식탁을 엎어버렸지. 에우튀데모스가 난처하여 일어나 가려고 하자 소크라테스가 말했네. "일전에 자네 집에서 암탉이 날아들어 똑같은 짓을 했지만 우리는 흥분하지 않았잖은가?"

우리는 친구들을 웃음 지으며 상냥하고 다정하게 맞아야 하며, 얼 E 굴을 찌푸림으로써 하인들이 두려워 떨게 해서는 안 되네. 우리는 또 아무 부엌세간이나 즐거운 마음으로 쓰는 습관을 들여야지, 어떤 것을 다른 것보다 더 선호해서는 안 되네. 어떤 사람들은, 마리우스[101]가 그랬다고 하듯이, 수많은 잔을 갖고 있으면서도 하나의 잔만 선호하고 다른 잔으로는 마시려 하지 않는다네. 어떤 사람들은 기름병이나 목욕 솔에도 같은 감정을 품고 있어서, 여러 개가 있어도 하나만 애용한다네. 그래서 그 하나가 부서지거나 없어지면 그들은 참지 못하고 하인들을 엄벌하지. 따라서 쉬이 화를 내는 사람은 술잔이나 인장 반지나 보석 같은 희귀한 귀중품을 멀리해야 하네. 쉬이 구할 수 있는 평범한 물건들보다는 그런 물건들을 잃었을 때 더 화가 나기 때문일세. 그래서 네로[102]가 놀랍도록 아름답고 호사스러운 팔각 천막을 만들게 했을 때, 세네카[103]는 "그대는 자신이 가난함을 스스로 입증한 셈입니다. 이 천막을 잃고 나면 다시는 그런 것을 구하실 수 없을 테니 말입니다"라고 말했던 거라네. 그리고 실제로 그 천막은 운반하던 배가 침몰하여 없어지고 말았네. 그러나 네로는 세네카의 말을 생각하고는 담담하게 손실을 참았네. 이런 것들에 대범해지면 자기 하인들에게도 대범하고 점잖아질 수 있을 것이며, 하인들에게 그럴 수 있다면 친구와 부하들에게도 틀림없이 그럴 수 있을 걸세. 흔히 볼 수 있듯이, 새로 사온 노예들이 새 주인에 관해 알고 싶어하는 것은 그가 미신을 잘 믿느냐 또는 시기심이 많으냐가 아니라, 화를 잘 내느냐 하는 것이라네. 분노가 있는 곳에서는 대개 남편은 아내의 정숙을, 아내는 남편의 사랑을, 친구들은 서로간의 친교를 참을 수 없다네. 이렇듯 분노가 있는 곳에서는 결혼도 우정도 참을 수 없는 반면, 분노가 없는 곳에서는 술주정도 견딜 만하지. 분노가 끼어들어 근심을 쫓아주고 춤추기 좋아

---

97 아르케실라오스(Arkesilaos 기원전 315년경~242년)는 중기 아카데메이아학파의 수장을 지낸 철학자이다.
98 빵이 없으니 주연을 먼저 시작하겠다는 뜻이다.
99 에우튀데모스(Euthydemos)는 소크라테스의 제자이다.
100 크산팁페(Xanthippe)는 소크라테스의 아내로, 바가지 긁는 아내의 대명사가 되었다.
101 마리우스(Gaius Marius 기원전 157년경~86년)는 로마의 장군이자 정치가로, 일곱 번이나 집정관을 지냈다.
102 네로(기원후 37~68년, 재위 기간 54~68년)는 로마의 황제이다.
103 세네카(기원전 4년경~기원후 65년)는 로마의 문필가이자 스토아 철학자이다.

하는 취기를 야만과 광란으로 바꿔놓지 않는 한, 주신(酒神)의 지팡이가 술 취한 자를 능히 다스릴 수 있기 때문일세. 단순한 광기는 안티퀴라[104]가 치유하지만, 광기가 분노와 섞이면 그것은 비극과 끔찍한 이야기의 소재가 된다네.

14

우리는 언제 어디서도 분노에 틈을 주어서는 안 된다네. 농담할 때도 그래서는 안 된다네. 분노는 우정을 적대감으로 바꿔놓기 때문일세. 담론할 때도 그래서는 안 된다네. 분노는 학구열을 논쟁으로 바꿔버리기 때문일세. 판결을 내릴 때도 그래서는 안 된다네. 분노는 권위에 오만을 덧붙이기 때문일세. 가르칠 때도 그래서는 안 된다네. 분노는 실망과 학문에 대한 증오심을 낳기 때문일세. 잘나갈 때도 그래서는 안 된다네. 분노는 시기심을 키우기 때문일세. 곤경에 처했을 때도 그래서는 안 된다네. 흥분하여 우리를 동정하는 사람들과 다투게 되면 분노가 동정심을 앗아가기 때문일세. 예컨대 프리아모스[105]는 이렇게 말했네.

*물러들 가라, 이 창피스러운 험담꾼들이여, 너희들 집에는
통곡할 일이 없어서 여기까지 와서 나를 괴롭히느냐?*[106]

반면에 상냥함은 도움이 되기도 하고, 인생에 광휘와 즐거움을 가져다주기도 하고, 그 온유함으로 모든 분노와 심술을 이긴다네. 예컨대 말다툼 끝에 아우가 "내가 형에게 복수하지 않는다면 나는 망

해도 좋아요"라고 말하자, 에우클레이데스[107]는 "나도 너를 설득하지 못하면 죽어도 좋아"라고 말함으로써 실제로 당장 아우의 마음을 바꿔놓았다네. 폴레몬[108]은 어느 날 보석과 값진 인장 반지들을 병적으로 좋아하는 사람한테 욕을 듣자 아무 대꾸도 않고 그자의 인장 반지들 중 하나에 시선을 고정한 채 그것을 응시하기 시작했네. 그러자 그자가 좋아하며 "폴레몬 씨, 여기서 이렇게 보는 것보다는 햇빛에 비춰보면 훨씬 더 아름다워 보일 거요"라고 말했네. 아리스팁포스[109]는 화가 나 아이스키네스[110]와 다툰 적이 있는데, 누가 "아리스팁포스여, 그대들 두 사람의 우정은 지금 어디로 갔단 말이오?"라고 묻자 "지금 자고 있는데 내가 깨우겠소"라고 대답했다네. 그리고 나서 아이스키네스에게 다가가 "그대에게는 내가 그대의 충고도 받아들이지 못할 만큼 치유 불가능한 아주 불행한 인간으로 보이시오?"라고 물었네. 그러자 아이스키네스가 "그대는 본래 모든 점에서 나보다 더 우수하거늘, 이번에도 무엇이 옳은지 나보다 먼저 알았다고 해서 놀랄 일은 아니지요"라고 대답했네.

---

104 안티퀴라(Antikyra)는 코린토스 만에 위치한 포키스(Phokis) 지방의 소도시인데, 독성이 강한 미나리아재빗과 식물인 크리스마스로즈의 산지로 유명했다.
105 프리아모스(Priamos)는 트로이아의 마지막 왕이다.
106 『일리아스』 24권 239~240행.
107 에우클레이데스(Eukleides 기원전 450년경~380년)는 소크라테스의 제자로, 메가라(Megara)학파의 창시자이다.
108 폴레몬(Polemon)은 구(舊)아카데메이아학파의 수장 중 한 명이다.
109 아리스팁포스(Aristippos)는 소크라테스의 제자로, 퀴레네학파의 창시자이다. 일설에 따르면 이 학파의 창시자는 그와 이름이 같은 손자라고 한다.
110 아이스키네스(Aischines)는 소크라테스의 제자로, 소크라테스의 대화를 기록으로 남겼다고 하나 지금은 남아 있지 않다.

*그리고 털이 곤두선 멧돼지를 더 쉬이
누이는 것은 레슬링 선수가 아니라
여자와 어린아이의 부드러운 손이라네.*[111]

우리는 야수를 길들여 순하게 만들고 늑대와 사자 새끼들을 품에 안고 다니다가도 화가 나면 자식과 친구와 친지들을 쫓아버린다네. 그리고 우리는 분노를 하인들과 다른 시민들에게 야수처럼 풀어놓으면서 '의분'(義憤)이라고 하는데, 그것은 옳지 못한 짓일세. 분노도 혼의 다른 감정이나 질병들과 같은 듯하네. 어떤 것은 '선견지명'이라 부르고, 어떤 것은 '선심'이라 부르고, 어떤 것은 '경건'이라고 불러서는 우리는 그중 어느 것에서도 벗어날 수 없기에 하는 말일세.

F

15

제논[112]은 씨앗이 혼의 모든 능력에서 추출한 혼합물이라고 말하곤 했는데,[113] 분노는 모든 감정에서 추출한 씨앗의 혼합물인 것 같네. 분노는 고통과 쾌락과 오만에서 추출되었기 때문일세. 분노는 시기심처럼 남이 잘못되는 것을 좋아하지만 시기심보다 더 나쁘다네. 분노는 자신이 고통받지 않으려고 노력하는 것이 아니라, 적을 망하게 할 수만 있다면 무슨 고통이든 감수하기 때문일세. 남에게 고통을 주기를 바란다는 점에서 분노에는 가장 달갑지 않은 욕망이 내재하네. 탕아(蕩兒)들의 집 근처에 가면, 우리는 피리 부는 여인이 날이 새도록 줄곧 연주하는 소리를 듣고, 누가 말했듯이, '마시

463A

다 남은 포도주'와 '망가진 화관 조각들'[114]과 대문간에서 술에 취해 비틀거리는 하인들을 보게 된다네. 그러나 잔인하고 성마른 자들의 징표를 그대는 하인들의 얼굴과 낙인과 족쇄에서 보게 될 걸세. 성난 자의 집 안에서 들리는 유일한 노랫소리는 곡소리라네.[115] 집사들이 안에서 매질을 당하고, 하녀들은 팔이 비틀리니까 말일세. 그리하여 재미나게 구경하던 사람들도 분노가 자아낸 고통을 보고는 동정을 금치 못한다네.

16

그렇다 해도 의분을 참지 못해 분노한다는 것은 얼마든지 가능한 일인데, 그럴 경우에는 도가 지나치지 말아야 하네. 우리는 또 더불어 사는 사람들을 지나치게 신뢰해서는 안 된다네. 지나친 신뢰는 무엇보다도 분노를 키우는 원인이 되기 때문일세. 예컨대 정직하다고 믿었던 자가 악당으로 드러난다든가, 진정한 친구라고 믿었던 자가 우리와 다투거나 흠 잡을 때가 그렇다네. 아무튼 자네도 알다시피, 나는 천성적으로 사람들에게 호감을 품고 잘 믿는 편이라네. 그래서 나는 마치 허공에 발을 내딛는 사람처럼 누구를 헌신적으로

---

111 TGF, 작가 불명 단편 383.
112 제논(기원전 334~262년)은 퀴프로스 섬 키티온(Kition) 시 출신의 그리스 철학자로, 스토아 철학의 창시자이다.
113 H. von Arnim, 『옛 스토아 철학자들의 단편들』(*Stoicorum Veterum Fragmenta*) 단편 128 참조.
114 출전을 알 수 없다.
115 TGF, 작가 불명 단편 387.

사랑할수록 더욱더 헤매고, 실수하여 넘어지게 되면 더욱더 고통받는다네. 지나치게 사람들을 좋아하고 사랑하는 내 기질을 완화하기에는 이미 때가 너무 늦었지만, 플라톤이 경고하는 말[116]을 지나친 신뢰를 억제하는 재갈로 이용할 수는 있을 걸세. 플라톤이 말하기를, 자신은 수학자 헬리콘[117]을 본성상 변하기 쉬운 동물에 걸맞게 칭찬하며, 가장 교육을 잘 받은 시민들조차도 인간의 씨앗에서 인간으로 태어난 만큼 언젠가는 본성상의 약점을 드러내지 않을까 두렵다고 했네. 그러나 소포클레스가 *"따지고 보면 인간의 특성은 대부분 비열하다는 것을 알게 되리라"*[118]라고 말한다면, 그는 우리를 너무 짓밟고 무시하는 것 같네. 하지만 이 불쾌하고 혹독한 비판은 성이 났을 때 우리가 좀 더 신중해지게 할 수는 있네. 우리를 당황하게 하는 것은 예상치 못한 뜻밖의 사태이니까 말일세. 파나이티오스[119]가 어디선가 말했듯이,[120] 우리는 아낙사고라스[121]를 본보기로 삼아야 하네. 그는 아들이 죽었을 때 "나는 죽게 되어 있는 인간을 낳았다는 것을 알고 있었네"[122]라고 말했네.

마찬가지로 우리도 누군가의 실수에 화가 날 때는 "나는 내가 산 노예가 현인이 아니라는 것을 알고 있었네" 또는 "나는 내 친구가 실수하지 않는 인간이 아니라는 것을 알고 있었네" 또는 "나는 내 아내가 여자라는 것을 알고 있었네"라고 말해야 하네. 그리고 우리는 "나도 저렇지 않을까?"[123]라는 플라톤의 말을 우리 자신에게 거듭 던진다면, 우리의 이성을 외부에서 내부로 돌린다면, 남을 향한 비난을 자기 성찰과 결합시킨다면, 우리 자신에게도 수많은 용서가 필요하다는 것을 알고는 남들에게 자주 의분을 느끼게 되지는 않을 걸세. 그러나 지금 우리는 화가 나서 벌을 줄 때는 너나없이 아리스테이데스[124]나 카토[125]처럼 소리 지른다네. "도둑질하지 마!" "거짓말하지 마!" "너는 왜 그렇게 나태하지?" 그리고 가장 수치스러운 것은 우리가 화를 내면서 남이 화를 낸다고 나무라고, 성이 나서 저지른 실수를 성을 내며 벌준다는 것일세. 그래서 우리는 의사처럼 F 쓴 약으로 쓴 담즙을 몰아내는 것이 아니라, 상태를 더 긴장시키고 악화시킨다네.

그래서 나는 이런 점을 명심하면서 동시에 호기심을 없애려 노력한다네. 하인의 관심사, 친구의 행동, 아들의 소일거리, 아내의 속삭임을 일일이 꼬치꼬치 캐고 알아내고 밝혀내다가는 매일 잇달아 수 464A 없이 화를 내고, 그러다가는 결국 괴팍하고 까다로운 성격이 되고 말 걸세. 신은 일이 너무 커질 때만

---

116 플라톤, 13번 서한 360C 참조.
117 헬리콘(Helikon)은 플라톤의 제자로, 기원전 361년 5월 12일의 일식을 계산해냈다.
118 소포클레스, 단편 769 (TGF).
119 파나이티오스(Panaitios 기원전 185년경~109년)는 아테나이에서 스토아학파의 수장이었다.
120 파나이티오스, 단편 115 van Straaten 참조.
121 아낙사고라스(Anaxagoras)는 기원전 5세기 소아시아 클라조메나이(Klazomenai) 출신의 그리스 자연철학자이다.
122 H. Diehls/W. Kranz, 『소크라테스 이전 철학자들의 단편』(Fragmente der Vorsokratiker) Berlin ²1952, A 33.
123 플라톤의 현존 작품에는 없는 것으로 미루어 전해 내려오던 일화의 한 토막이었던 것 같다.
124 주 71 참조.
125 카토(Marcus Porcius Cato Uticensis 기원전 95~46년)는 로마의 군인이자 정치가로, 엄격한 도덕성 때문에 스토아 철학자들은 그를 현인으로 여겼다.

관여하고
작은 일들은 운명에 맡긴다.[126]

는 에우리피데스의 말이 옳을지도 모르지만, 이성적인 사람이라면 아무것도 운명에 맡겨서도 간과해서도 안 된다는 것이 내 생각일세. 그런 사람은 어떤 일은 아내에게, 어떤 일은 하인에게, 또 어떤 일은 친구들에게 믿고 맡기고(마치 통치자[127]가 감독관이나 재무관이나 행정관들에게 믿고 맡기듯), 자신은 이성에 힘입어 가장 중차대한 일들을 처리해야 하네. 마치 가는 글씨가 눈을 상하게 하듯, 사소한 일들이 긴장을 유발함으로써 오히려 자극을 주고 화나게 한다네. 그러나 정작 위험한 것은 그것이 습관이 되어 더 중요한 일들에까지 영향을 끼치는 것일세.

B

이런 것들에 덧붙여, 나는 "악의 단식(斷食)"[128]이라는 엠페도클레스[129]의 말이야말로 위대하고 신적이라고 생각하기 시작했네. 나는 또 마음에 들어서가 아니라 철학자들에게 적합하기에 몇 가지 서약을 하도록 권고하기 시작했는데, 그것은 일 년 동안 사랑과 술을 멀리하여 절제로써 신을 공경하거나, 일정 기간 거짓말을 삼가고 농담이든 진담이든 언제나 진실을 말하는지 자신을 시험해보라는 것일세. 그리고 나서 나는 이런 서약과 나 자신의 서약을 비교해보며, 이 또한 신의 마음에 드는 신성한 것이라고 생각했네. 내 서약이란 우선, 마치 꿀과 물만 제물로 바칠 때는 포도주를 쓰지 않듯이, 화내지 않고 며칠을 보내겠다는 것이었네. 그렇게 한두 달 동안 나 자신을 시험해보았고, 그러자 참을성에서 큰 성과가 있었네. 그 과정에서 나는 늘 담담한 마음으로 화내지 않고, 나쁜 말과 부적절한 행

C

동과 잠시 동안의 보잘것없는 쾌락에 이어 큰 혼란과 쓰라린 후회로 빠져드는 정염에 물들지 않으려고 나 자신을 감시했네. 그리하여 나는 신의 도움도 있었겠지만, 이러한 상냥함, 온유함, 인간에 대한 사랑은 겪는 사람보다는 베푸는 사람에게 더 즐겁고 쾌적하다는 사실을 경험을 통해 알게 되었다고 생각하네.

D

126 에우리피데스, 단편 974 (TGF).
127 그리스어로 archon.
128 H. Diehls/W. Kranz, 『소크라테스 이전 철학자들의 단편』, 엠페도클레스 단편 144.
129 기원전 5세기에 활동하던 시칠리아의 아크라가스(Akragas) 출신 그리스 철학자이다.

우리 딸은 우리가
어루만지고 보고 들을 수 있던,
세상에서 가장 달콤했던 존재인 만큼
그 아이에 대한 회상도
우리 마음과 생활 속에 살아 있어야 하오.

아내에게 주는 위로의 글
PARAMYTHETIKOS PROS TEN GYNAIKA/
CONSOLATIO AD UXOREM

이 글은 출타 중인 플루타르코스가 두 살배기 어린 딸 티목세나가 죽었다는 소식을 듣고 아내를 위로하기 위해 보낸 편지이다. 그는 아내에게 미신과 관습에 따라 자학적인 슬픔에 빠지지 말고, 딸아이를 잃은 아픔보다는 그 아이가 살아 있을 때 안겨준 행복을 마음에 떠올리며 상황에 의연하게 견디자고 권하면서, 어린아이가 이 세상과 인연이 짧은 것은 더 나은 곳으로 더 일찍 가기 위한 것인 만큼 이를 위안으로 삼자고 위로한다.

01

우리 딸이 죽었다는 소식을 전하라고 당신이 내게 보낸 심부름꾼은 608B
아테나이로 가다가 나와 길이 엇갈린 것 같소. 나는 그 소식을 타나
그라¹에 도착해 질녀한테서 들었으니까요. 지금쯤은 장례식도 끝
났을 텐데, 지금도 그리고 나중에도 당신에게 고통을 가장 덜 주는
방법으로 장례식을 치렀기를 바라오. 그러나 당신의 고통을 덜기
위해 뭔가 더 하고 싶은 일이 있는데 내 승낙을 기다리고 있다면,
부디 당신 마음이 가는 대로 하시오. 사치와 미신만 아니라면. 그런
것들은 전혀 내 취향이 아니니까요.

02

여보, 한 가지 부탁이 있다면, 아무리 슬프더라도 당신도 나도 도를 C
넘지 않았으면 좋겠다는 것이오. 나는 우리가 상실한 것이 얼마나
큰지 알고 있소. 하지만 당신이 지나치게 슬퍼한다면 그게 상실보
다 더 내 마음을 아프게 할 것이오. 나라도 참나무나 바위에서 태어
나지는 않았으니까요.² 당신도 알다시피, 당신과 나는 힘을 모아 우

리 아이들을 모두 집에서 보살펴 자라게 했으며, 죽은 아이를 다른 아이들보다 더 귀여워했소. 그 아이는 당신이 네 아들을 낳은 뒤에 바라마지 않던 딸이고, 당신 이름[3]을 붙여줄 기회를 내게 주었잖소. 게다가 그 또래의 아이들에 대한 우리의 애정에는 독특한 강렬함이 있소. 그런 아이들이 주는 즐거움은 매우 순수하고, 성을 내거나 비난할 여지가 없기 때문이오. 그 아이는 또 놀랍도록 쾌활하고 온순한 자질을 타고났소. 그 아이가 호의에 반응하고 친절한 마음씨를 베푸는 방식은 우리를 즐겁게 해주었고, 그 아이의 본성이 상냥하다는 것을 알 수 있게 해주었소. 그 애는 다른 아이들뿐 아니라 즐겨 갖고 놀던 물건과 장난감들에도 젖을 먹이라고 유모에게 부탁하곤 했지요. 말하자면 그 애는 마음씨가 착해 모두를 자기 식탁에 초대해놓고 자기가 가진 좋은 것들을 나눠주며 자기가 좋아하는 이들과 마음껏 기쁨을 나누려 했지요.

03

하지만 여보, 나는 이런 것들이 그 애가 살아 있는 동안에는 우리를 즐겁게 해주다가 지금은 마음에 떠오를 때마다 우리에게 왜 고통과 슬픔을 주어야 하는지 알 수 없소. 그런가 하면 나는 또 고통스러운 생각과 함께 그 아이에 대한 기억도 지워버리게 되지 않을

---

1 타나그라(Tanagra)는 보이오티아 지방의 도시로, 앗티케 지방에서 가깝다.
2 일종의 속담이다. 『오뒷세이아』 19권 162행 참조.
3 Timoxena.

까 두렵소. 다음과 같이 말한 클뤼메네[4]처럼 말이오.   E

나는 층층나무로 만든 구부정한 활도 싫고
젊은이들의 경기도 싫어요. 그런 것들은 꺼져버려라![5]

그녀가 그렇게 말한 것은 그녀의 슬픔은 아들에 대한 기억과 불가분의 관계여서, 아들을 떠올리게 하는 것은 무엇이든 두려워 피했기 때문이지요. 그러나 우리 딸은 우리가 어루만지고 보고 들을 수 있던, 세상에서 가장 달콤했던 존재인 만큼 그 아이에 대한 회상도 우리 마음과 생활 속에 살아 있어야 하오. 그것은 슬픔보다 훨씬 많은 기쁨을 안겨주기 때문이오. 우리가 남들에게 건네곤 하던 위로의 말들은 지금처럼 어려운 때에 우리에게도 도움이 되어야 하지 않을까요? 아니면 우리는 그런 즐거움을 몇 갑절이나 되는 슬픔으로 되갚으며 우두커니 앉아 있어야만 하나요?   F

04

당신과 함께했던 사람들의 이야기에 따르면, 당신은 놀랍게도 상복을 입지 않았고, 당신은 물론이고 당신의 하녀들도 얼굴을 일그러뜨리는 자학적인 관습을 따르지 않았으며, 비싼 비용을 들여 요란하게 장례 준비를 하지도 않고 가까운 친척들만 모인 가운데 모든 일을 예를 갖춰 조용히 처리했다고 하더군요. 그러나 당신은 극장에 가거나 행렬에 참가할 때도 치장을 하지 않았고, 즐거운 일을 위해 비용을 들이는 것도 쓸데없는 짓이라 여겼거늘, 슬픔의 시간에   609A

도 똑같이 검소한 생활태도를 유지했다는 것이 내게는 놀라운 일은 아니었소. 정결한 여자는 "박코스의 축제에서도"[6] 타락하지 말아야 할 뿐 아니라, 격렬하게 소용돌이치는 슬픔도 자제할 필요가 있다고 생각해야 하오. 흔히 생각하듯이 모정(母情)을 느끼지 않기 위해서가 아니라, 마음이 방종해지는 것을 막기 위해서 말이오. 우리는 고인을 그리워하고 존중하고 회상함으로써 얼마든지 애정을 표현할 수 있소. 그러나 애도에 대한 지칠 줄 모르는 욕구에서 울고불고 가슴을 치는 것은 무절제한 쾌락 못지않게 수치스러운 짓이며, 그것이 용납되는 까닭은 분명 그런 수치에는 기쁨이 아니라 쓰라린 고통이 따르기 때문이오. 하지만 지나친 웃음과 환락은 금하면서 무절제라는 같은 원천에서 나오는 눈물과 비탄은 넘쳐나도록 내버려둔다거나, 또는 아내들이 머리에 향수를 뿌리고 진홍색 옷을 입고 다닌다고 남편들이 아내와 말다툼하면서도 아내들이 애도하느라 머리를 자르고 검은 물을 들인 옷을 입고 보기 흉하고 불편한 자세로 앉거나 누워서 밤을 새우게 내버려두는 것보다 더 불합리한 일이 어디 있겠소? 가장 나쁜 것은 아내들이 사내종이나 계집종을 지나치게 또는 부당하게 벌주면 그러지 못하게 막으면서도, 위로의 말과 상냥한 태도가 필요한 불상사를 당하여 아내들이 자신을 야만적으로 잔인하게 벌주는 것은 남편들이 무시해버린다는 점일 것이오.

---

4 클뤼메네(Klymene)는 태양신 헬리오스에 의해 파에톤(Phaeton)의 어머니가 되었다.
5 에우리피데스, 단편 785 (TGF) 『파에톤』 중에서. 파에톤이 아버지 태양신의 태양 마차를 몰다가 추락사하자 클뤼메네가 한 말이다.
6 에우리피데스, 『박코스 여신도들』 317행.

05

하지만 여보, 우리는 그런 문제들로 다툰 적도 없고, 앞으로도 다툴 일이 없을 것이오. 우리집에 드나들면서 우리와 친해진 철학자들은 당신의 수수한 옷차림과 검소한 생활태도에 감명을 받았고, 신전에서나 제물 바칠 때나 극장에서 당신의 소박함은 모든 동료 시민에게 볼거리였으니까요. 당신은 이미 지금과 같은 상황에서 당신의 굳건함을 보여주었소. 큰애를 잃었을 때, 그리고 우리의 귀여운 카론이 우리 곁을 떠났을 때 말이오. 내가 기억하기로, 아이가 죽었다는 소식을 듣고 내가 바닷가에서 올라왔을 때 몇몇 이방인이 나와 동행하여 다른 사람들과 함께 우리집에 모였지요. 나중에 다른 사람들에게 이야기한 바에 따르면, 그들은 모든 것이 평화롭고 조용한 것을 보고 집에 불상사가 일어났다는 것이 믿기지 않아 뜬소문이 나돈 줄 알았다고 했소. 야단법석을 떨 만한 때에 당신은 그만큼 차분하게 집 안을 가지런히 정돈했었소. 당신은 카론에게 모유를 먹였고, 젖꼭지에 염증이 생겨 수술까지 받았는데도 말이오. 그것은 참으로 고상한 태도이며, 진정한 모정이오.

06

대부분의 어머니는 남들이 씻기고 예쁘게 꾸며주면 아이들을 애완견처럼 가슴에 안지요. 그러다 아이들이 죽으면 공연히 쓸데없이 울고불고 야단을 치는데, 모정에서 그러는 것이 아니라—모정이야 이성적인 훌륭한 감정이지요—약간의 자연스러운 감정에 많은 허영심이 섞여들어 거칠고 광적으로 걷잡을 수 없이 애도하게 되는 것이지요. 아이소포스[7]는 이 점을 잘 알고 있었던 것 같소. 그에 따르면, 제우스가 신들에게 명예를 나눠주고 있을 때 슬픔[8]이 다가와 자기 몫을 달라고 했소. 그래서 제우스가 그를 골라 자진하여 공경하기를 바라는 사람들에게서만 명예를 받도록 그의 요구를 들어주었소. 아닌 게 아니라 처음에는 그렇게 되었소. 누구나 다 자진하여 슬픔을 받아들였으니까요. 그러나 얼마 뒤 일단 둥지를 틀고 가족의 일원이 되자, 슬픔은 사람들이 아무리 원해도 떠나려 하지 않았소. 따라서 우리는 문간에서부터 슬픔을 막아야 하며, 상복을 입거나 삭발을 하거나 하여 슬픔을 집 안에 받아들여서는 안 되오. 이런 것들이 날마다 우리를 우울하게 만들면, 우리 마음은 위축되고 소심해지고 옹졸해지며, 출구도 달랠 길도 없는 감정에 휩싸이게 되지요. 슬픔 때문에 그런 지경에 이르면 우리는 웃고 햇빛을 보고 친구들과 함께 식사할 권리도 없다고 믿게 되고, 그러면 결국 몸을 소홀히 하게 되고 향유와 목욕과 그 밖의 다른 몸 관리에도 혐오감을 느끼게 되지요. 그와 정반대로 하는 것이 적절하오. 혼이 고통을 받으면 강력한 몸의 도움이 필요하기 때문이오. 마치 날씨가 좋으면 파도가 잔잔해지듯, 몸이 평온해지면 고통도 무뎌지고 완화되는 법이라오. 그러나 잘못된 양생으로 몸이 더러워지고 지저분해져 혼에게 쾌적하고 좋은 것은 아무것도 올려보내지 않고 고통과 슬픔의 불쾌하고 독한 증기만 올려보낸다면, 설령 원한다 해도 회복하기가

610A

B

7   아이소포스(Aisopos)는 우화작가 이솝의 그리스어 이름이다.
8   Penthos.

쉽지 않을 것이오. 혼을 학대하면 그런 고통을 당하는 법이오.

07

그러나 가장 두려운 것은, 당신에게는 그런 일이 일어나지 않겠지만, "못된 여자들이 찾아와"⁹ 울고불고 하여 고통의 날을 예리하게 갈고, 우리의 고통이 다른 사람들에 의해 완화되거나 저절로 가라앉도록 내버려두지 않는 것이오. 며칠 전 당신이 테온의 누이를 도 C 우러 갔다가, 그녀를 방문해 불난 데 부채질하듯 울며불며 소리 지르던 여인들에게 맞서 싸웠던 일을 기억하기에 하는 말이오. 사람들은 친구들의 집이 불타는 것을 보면 되도록 빨리 달려와 어떻게든 불을 끄려 하지요. 그러나 친구들의 혼이 불타면 그 불에다 기름을 붓지요. 누가 눈병에 걸리면 사람들은 아무도 그에게 손대지 못하게 하고, 염증 부위를 만지지 못하게 하오. 그러나 애도하는 사람은 거기 앉아 지나가는 사람이 아무나 아픈 데를 후비도록 내버려 D 둬요. 그러면 처음에는 간지럽고 근지럽기만 하던 상처가 악화되어 위협적인 중병이 되지요. 내가 알기에, 당신은 이런 일에 잘 대처할 것이오.

08

그렇다 해도 그 애가 아직 태어나지 않아 우리가 운명을 한탄할 아무런 이유도 없던 때로 되돌아가보시오. 그리고 그때와 지금을 비교하며, 우리 처지가 달라진 것이 없다고 생각해보시오. 그 애가 태어나기 이전 시기를 지금보다 더 바람직한 시기로 여긴다면 우리는 그 애를 낳은 것을 후회하는 것처럼 보일 것이오. 그러나 우리는 지난 2년을 기억에서 지워서는 안 되며, 오히려 그 애 덕분에 마음이 흐뭇했으니 행복했던 시기로 여겨야 할 것이오. 우리는 복을 적게 받았다고 해서 큰 재앙으로 여겨서는 안 되며, 우리가 바라던 것을 행운이 덤으로 얹어주지 않았다고 해서 우리가 받은 것에 배은망덕해서도 안 되오. 신들에 관해 좋은 말을 하고 운명을 불평 없이 순순히 받아들이면 언제나 복을 받는 법이오. 이런 상황에서는 좋았던 일들을 가장 많이 기억에 떠올리고, 생각을 어둠과 고통에서 인생의 밝고 찬란했던 부분으로 돌리는 사람이라야 고통을 완전히 없애거나, 아니면 정반대되는 것과 섞음으로써 고통을 미약하고 희미하게 만드오. 언제나 후각을 즐겁게 해주는 향수에는 악취를 없애는 효과도 있소. 마찬가지로 어려울 때 좋았던 일을 떠올리는 것은 행복했던 추억을 회피하지 않거나 사사건건 운명을 탓하지 않는 사람들에게는 필요한 도움을 줄 것이오. 우리가 우리 인생을 까닭 없이 헐뜯는 것은 옳지 못하오. 우리 인생이 한 군데만 얼룩져 있고 다른 데는 아주 깨끗하고 말짱한 책과 같다면 말이오.

09

당신도 가끔 들었겠지만, 행복은 마음을 굳건하게 해주는 올바른 사고에 달려 있으며, 변화무쌍한 운은 결정적인 충격을 줄 수도 없

---

9 에우리피데스, 『안드로마케』(*Andromache*) 930행.

고 우리 인생을 철저히 파괴할 수도 없소.

그러나 우리도 대중처럼 외적인 상황의 지배를 받아야 하고, 행운이 우리에게 가져다준 것을 모두 세어봐야 하며, 평범한 인간을 우리 행복의 판관으로 삼아야 한다면, 당신을 방문한 사람들이 지금 보이는 눈물과 비탄 같은 것은 무시해버리시오. 그런 것은 나쁜 관습에서 비롯되는 것으로, 애도하는 사람이면 누구나 보고 듣는 것이니까요. 오히려 당신의 아이들 때문에, 가정 때문에, 생활방식 때문에 당신이 똑같은 여자들에게서 얼마나 부러움을 샀는지 생각해보시오. 남들은 지금 우리가 맞닥뜨린 고통까지 포함하여 당신의 운명을 선택하고 싶어하는데, 실제로 그런 행운을 누리는 당신이 불평불만이나 늘어놓으며 괴롭고 슬픈 나머지 우리에게 즐거운 일이 아직도 얼마나 많이 남았는지 모른다면 불합리한 일일 것이오. 그것은 호메로스의 시에서 긴 음절 대신 짧은 음절을 쓴 시행만 찾아내고, 흠잡을 데 없는 탁월한 구절에는 주목하지 않는 비평가들의 태도와 다르지 않소. 인생에서 불운했던 순간들은 꼼꼼하게 따지고 불평을 늘어놓으면서도 좋았던 순간들은 건성으로 보아 넘긴다면, 그것은 큰 재산을 모아서 갖고 있을 때는 쓰지 않다가 잃고 나면 절망하여 끙끙 앓는 구두쇠들이나 하는 짓이오. 그 애가 결혼도 하지 못하고 아이를 가져보지도 못하고 세상을 떠난 것이 안됐다면, 당신은 그 두 가지를 다 누렸다고 생각하면 위안이 될 수도 있을 것이오. 그런 것들은 그런 것들을 상실한 사람들에게는 중요하지만 갖고 있는 사람들에게는 하찮은, 그런 종류의 축복이 아니니까요. 그 애가 고통 없는 세상으로 갔다는 것이 우리에게 고통을 안겨주어서는 안 되오. 그 애가 이제는 고통을 모른다고 해서 우리에게 해로울 게 뭐가 있겠소? 더이상 필요를 느끼지 못하게 되면 큰 축복의 상실조차도 우리에게 고통을 줄 수 없는 법이라오. 그리고 당신의 티목세나가 상실한 것은 적은 것들이오. 그 애가 아는 것은 작은 것들이었고, 그 애가 기뻐하던 것은 작은 것들이었으니까요. 그 애가 알지 못했고 생각해보지 못한 것들을 어떻게 그 애가 상실했다고 말할 수 있겠소?

10

당신도 들었겠지만, 세상에는 사람이 일단 해체되고 나면 불행도 고통도 없다고 주장하는 자들[10]이 있는데, 많은 사람들이 그렇게 믿고 있소. 그러나 우리 조상들의 가르침과, 우리들 입문자(入門者)라면 누구나 알고 있는 디오뉘소스 비의(秘儀)의 신비스러운 경험 덕분에 당신은 그런 주장에 동조하지 않으리라 믿소. 혼은 불멸이며 사로잡힌 새와 같다고 여기시오. 혼이 오랫동안 몸 안에서 자라며 온갖 활동과 오랜 습관에 따라 이 세상의 생활방식에 길들여지면 다시 이 세상으로 돌아와 잇달아 환생하며 정념과 운명에 휘말리기를 멈추지 않소. 노년이 욕먹고 비난받는 것은 주름살과 백발과 허약한 신체 때문이라고 생각하지 않길 바라오. 노년의 가장 나쁜 점은 저승에 대한 기억이 희미해져서 혼이 이승에 집착하게 된다는 것, 혼이 뒤틀리고 억압되어 몸과의 결합에 의해 주어진 형태를 견지한다는 것이오. 그러나 사로잡혀 잠시 몸 안에 머무르다 더 높은

---

10 에피쿠로스학파.

힘들에 의해 풀려나는 혼은 구부러져 있다가 탄력을 잃지 않고 원래 상태로 되돌아가오. 불을 껐다가 금세 다시 붙이면 불은 곧 다시 활활 타오르지만, 오래전에 꺼진 불은 다시 붙이기가 더 어렵소. 마찬가지로 가장 운 좋은 혼들은 시인의 말처럼 *되도록 빨리 하데스의 문을 통과하지요*.[11] 혼이 이 세상사에 깊은 애착을 느끼기 전에, 그리고 혼이 약물에 의해 부드러워져 몸과 혼연일체가 되기 전에.

II

대대로 전해오는 오래된 법과 관습을 살펴보면 이런 것들이 사실임을 더 잘 알 수 있소. 사람들은 어려서 죽은 아이들에게는 헌주하지 않으며, 고인에게 베푸는 다른 의식도 행하지 않소. 그런 아이들은 이 세상과 그리고 이 세상사와 무관하기 때문이오. 사람들은 그런 아이들을 매장하거나 입관할 때 그 옆에 오래 머무르지 않으며, 시신 옆에 오래 앉아 있지도 않소. 어린아이들의 경우에는 법이 이를 금하기 때문이오. 신들에 가까운 더 나은 운명을 향해 떠난 이들을 애도한다는 것은 불경하다는 것이지요. 그러나 이런 것은 믿기보다 믿지 않기가 더 어려우므로, 우리는 겉으로는 법이 시키는 대로 처신하되 안으로는 더 정결하고 더 순수하고 더 절제된 상태를 유지하도록 합시다.

---

11 테오그니스(Theognis) 427. "인간은 태어나지 않는 것이 최선이고, 태어났으면 일찍 죽는 것이 차선이다."

동물들도 이성이 있는지에 관하여

PERI TOU TA ALOGA LOGOI CHRESTHAI BRUTA
ANIMALIA RATIONE UTI, SIVE GRYLLUS

트로이아 전쟁이 끝나고 귀향하는 길에 마녀 키르케의 섬에 표류하여 그곳에 잠시 머무르던 오뒷세우스는, 어느 날 키르케에게 그녀의 포로 가운데 한 명을 동물에서 인간으로 도로 변신시켜 그리스로 데려갈 수 있게 해달라고 부탁한다. 키르케는 그러자면 먼저 그 동물을 설득해야 한다면서 그륄로스라는 돼지 한 마리를 소개하는데, 그 돼지는 전에 크레테 섬에서 오뒷세우스를 본 적이 있었다. 그리하여 오뒷세우스와 그륄로스 사이에 토론이 벌어지는데, 그륄로스는 동물이 용기·절제·지혜에서 인간보다 한 수 위임을 명쾌하게 예를 들어가며 조목조목 입증한다.

대담자 오뒷세우스, 키르케, 그륄로스

01

오뒷세우스 이봐요, 키르케, 알 것 같아요. 명심할게요. 그건 그렇 985D
고, 그대가 늑대나 사자로 변신시킨 사람 가운데 헬라스[1]인들도 있
는지 궁금해요.

키르케 아주 많지요, 사랑하는 오뒷세우스. 그런데 그건 왜 묻나요? E

오뒷세우스 그들이 동물의 모습으로 비참하게 살며 늙어가게 내버
려두지 않고, 내가 그대 덕분에 그들을 인간의 모습으로 되돌아가
게 해준다면, 헬라스인들 사이에서 내 명예가 높아질까 하여 묻는
것이오.

키르케 이 양반이 어쩜 이리 어리석을까요. 자신과 자신의 전우뿐
아니라 자신과 전혀 무관한 사람들까지 망쳐놓는 것을 명예롭다고
생각하다니!

오뒷세우스 키르케, 그대가 또 내게 먹일 약을 조제하는구려. 이번
에는 말(語)을 갖고 말이오. 사람이 되는 것이 동물에게는 파멸이
라는 그대의 주장에 내가 동의하면 그대는 틀림없이 나를 동물로
바꿔버릴 테니 말이오. F

키르케 그대에게 그보다 더이상한 짓을 한 것은 그대 자신이 아니

었던가요? 그대는 내 곁에서 죽지도 늙지도 않는 삶을 살기를 거절하고 숱한 위험을 무릅쓰고 지금쯤 노파가 되었을 그대의 인간 아내에게 돌아가지 못해 안달이니 말예요. 그것도 지금보다 더 유명해지기 위해서. 하지만 그대가 추구하는 것은 선의 실체가 아니라 허상 아닌가요?

오뒷세우스 좋을 대로 생각하시오, 키르케. 같은 일을 두고 날마다 다툴 필요가 뭐 있겠소? 부탁이오, 저 남자들을 해방하여 내게 넘겨주시오.

키르케 헤카테[2] 여신에 맹세코, 그게 그리 간단치 않아요. 그들은 보통 남자들이 아니에요. 먼저 그들이 원하는지 물어보세요. 그들이 원치 않는다고 대답하면, 친구여, 그대는 토론을 통해 설득해야 해요. 그들을 설득하지 못하고 토론에서도 그대가 이기지 못한다면, 그대는 자신과 친구들에 관해 잘못 판단했다는 것을 인정해야 해요.

오뒷세우스 이봐요, 왜 나를 놀리는 거요? 당나귀나 돼지나 사자인 그들이 어떻게 나와 말을 주고받을 수 있다는 거요?

키르케 야심만만한 친구여, 낙담하지 마세요. 그들이 그대를 이해하고 그대와 토론할 수 있게 해줄 테니. 아니면 7중 하나가 그들 모두를 위해 그대와 토론해도 될 것 같은데요. 자, 여기 이자와 이야기를 주고받으세요.

오뒷세우스 그를 어떻게 불러야 하지요, 키르케? 그는 인간이었을

---

1 그리스.
2 헤카테(Hekate)는 밤과 마술의 여신이다.

때 누구였지요?

키르케 그게 뭐 그리 중요한가요? 좋으시다면, 그륄로스[3]라고 부르세요. 나를 기쁘게 해주기 위해 그가 마음에도 없는 말을 한다고 그대가 생각하지 않도록 저는 이만 자리를 뜰게요.

02

그륄로스 안녕하시오, 오뒷세우스!

오뒷세우스 그대도 안녕하시오, 그륄로스!

그륄로스 그래, 그대가 내게 묻고 싶은 게 뭐요?

오뒷세우스 그대들이 모두 인간이었음을 알기에 나는 그대들의 현재 고통에 동정을 금할 수 없소. 그러나 이런 불운을 당한 이들 중에서도 내가 특히 헬라스인들에게 관심이 많은 것은 인지상정이오. 그래서 그대들 가운데 누구든 원하는 자를 마법에서 풀어 본래 모습을 찾게 하여 나와 함께 고향으로 돌아가게 해달라고 키르케에게 부탁했던 것이오.

그륄로스 멈추시오, 오뒷세우스! 더이상 말하지 마시오. 우리 모두 그대를 경멸하오. 그대가 현명한 사람이며, 지혜로 다른 사람들을 크게 능가한다는 그 명성은 근거 없는 헛소문이었군요. 그대는 나쁜 것에서 좋은 것으로 바뀌기를 두려워하니 말이오. 그대가 곰곰이 생각해보지 않은 탓이지요. 마치 아이들이 병든 사람을 건강한 사람으로 만들어주는 의사들의 약이나, 어리석은 사람을 현명한 사람으로 만들어주는 의사의 가르침을 두려워하듯, 그대도 달라질 수 있는 기회를 거부했소. 그대는 키르케가 그대도 모르는 사이에 돼지나 늑대로 변신시킬까 봐 전전긍긍하며 그녀와 동거하고 있잖소. 그대는 또 가장 편안한 삶을 살고 있는 우리더러 이런 행운을, 그리고 이런 행운을 잡게 해준 여주인을 버리고, 세상에서 가장 불운한 피조물인 인간으로 되돌아간 다음 그대와 함께 배를 타고 떠나자며 설득하고 있소.

오뒷세우스 그륄로스, 듣자하니 약물 때문에 그대의 몸만 망가진 게 아니라 그대의 마음까지 망가진 것 같구려. 그대는 이상하고 완전히 비뚤어진 생각으로 가득 차 있으니 말이오. 그대를 이 몸에 꽁꽁 묶은 것은 타성이 주는 쾌감인가요? 아니면 그대를 이런 모습 안에 가둔 것은 타고난 돼지 근성인가요?

그륄로스 어느 쪽도 아니오, 케팔렌인[4]들의 왕이여! 그러나 그대가 바라는 게 남을 욕하는 것이 아니라 토론하는 거라면, 우리가 이전의 삶 대신 지금의 삶을 택한 것이 옳았다는 것을 그대는 곧 깨닫게 될 것이오. 우리는 두 가지 삶을 다 살아보았으니까요.

오뒷세우스 어디 한번 들어봅시다.

03

그륄로스 그렇다면 이야기할게요. 그대들이 자부심을 느끼는 미덕들에서부터 이야기를 풀어나가도록 하지요. 우리가 알기에 그대들

---

3 그륄로스(Gryllos)는 '꿀꿀이' '돼지'라는 뜻인데, 크세노폰의 가족은 사람에게도 이 이름을 사용했다고 한다.
4 케팔렌인(Kephallen 복수형 Kephallenes)들은 케팔레니아(Kephallenia) 섬뿐만 아니라 당시 오뒷세우스가 다스리던 왕국에 살던 주민 전체를 가리킨다.

은 정의, 지혜, 용기 등등에서 자신들이 동물들보다 더 우월하다고 믿고 있기에 하는 말이오. 가장 현명한 인간이여, 대답해주시오. 나는 그대가 키르케에게 퀴클롭스[5]들의 나라에 관해 이야기하는 것을 들었소. 그곳에는 쟁기질하거나 씨 뿌리는 사람이 아무도 없어도 땅이 걸고 기름져서 온갖 곡식이 절로 자란다고 말이오. 그대는 987A 어느 쪽 땅을 더 높이 평가하오? 퀴클롭스들의 나라요, 아니면 염소들이 풀을 뜯고, 농부들이 아무리 애써도 보잘것없는 소출밖에 돌려주지 않는 울퉁불퉁한 이타케[6] 섬이오? 화가 난다고 마음에도 없는 대답은 하지 마시오.

오뒷세우스 거짓말할 필요가 어디 있겠소. 내 비록 내 조국 땅을 더 사랑하고 아끼지만, 퀴클롭스들의 나라 또한 찬양하고 경탄하오.

그륄로스 그렇다면 세상에서 가장 현명한 인간은 갑(甲)을 찬양하고 경탄하면서도 을(乙)을 택하고 사랑하는 것을 옳다고 믿는다, 이렇게 말해도 되겠군요. 혼에 관해서도 그대는 같은 대답을 하겠지 B 요. 농토와 마찬가지로 혼의 경우에도, 저절로 자라는 곡식처럼 노력하지 않고도 미덕을 산출하는 혼이 더 나은 혼일 테니까요.

오뒷세우스 그렇다고 합시다.

그륄로스 그렇다면 그대는 동물들의 혼이 본성상 미덕을 생산하기에 더 맞고 더 완전하다는 것을 인정하는 셈이오. 동물들의 혼은 누가 지도하거나 지시하지 않아도, 쟁기질하거나 씨 뿌릴 필요가 없는 토양처럼 각각의 종류에 적합한 미덕이 저절로 생겨나 자라게 하니까요.

오뒷세우스 그런데 동물들이 대체 어떤 미덕을 지니고 있다는 거죠, 그륄로스?

04

그륄로스 차라리 동물들이 가장 현명한 인간보다 어떤 미덕을 덜 갖고 있느냐 물으시죠. 원하신다면 먼저 용기부터 고찰해보시오. 그대는 용기를 자랑스럽게 여기고, '대담한 자' 또는 '도시의 파괴자'라고 불려도 부끄러워하지 않으니까요. 하지만 이 고약한 양반아, 그대가 한 짓은 단순하고 고상한 전쟁 수행방법밖에 모르고 기만과 거짓말에 능하지 못한 사람들을 계략과 속임수로 속이는 것이었소.[7] 또한 그대는 그런 교활함에다 교활함과는 결코 양립할 수 없는 미덕이라는 이름을 붙였소. 그러나 그대도 보다시피, 동물들은 저들끼리 싸우거나 그대들 인간과 싸울 때 속임수를 쓰거나 재주를 부리지 않고, 공개적인 용기와 진정한 힘으로 자신을 방어하오. 동물들은 법의 부름을 받거나, 기피자라고 소추당할까 두려워 싸우는 것이 아니오. 동물들은 본능적으로 예속되기 싫어하여 끝까지 굽히지 않고 싸우며, 몸이 제압당해도 포기하기는커녕 싸우면서 죽지요. 많은 동물들이 죽을 때 힘과 용기가 신체의 어느 한 부위에 모여[8] 마지막 몸부림을 치면서 살해자에게 계속 저항하다가 불꽃처럼 꺼져버리지요.

동물들은 간청하지도 자비를 빌지도 않으며, 패배를 인정하지도 않

---

5 『수다에 관하여』 주 51 참조.
6 이타케(Ithake)는 그리스 반도 서쪽 이오니아 해에 있는 작은 섬으로, 오뒷세우스의 고향이다.
7 트로이아의 목마는 오뒷세우스의 발상이었다고 한다.
8 뱀이나 뱀장어가 죽은 뒤에도 한동안 계속 꼬리를 꿈틀거리듯.

소. 비겁함 탓에 사자가 다른 사자의 노예가 되거나, 말이 다른 말의 노예가 된 적은 일찍이 없었소. 인간이 비겁함(deilia) 때문에, 그 와 어원이 같은 종살이(douleia)를 받아들인 것처럼 말이오. 다 자란 동물들이 덫이나 함정 때문에 인간에게 잡히면, 예속을 받아들이느니 식음을 전폐하고 차라리 죽음을 택하오. 그러나 유순하여 길들이기 쉬운 새나 짐승의 새끼들이 잡히면 사람들은 고분고분하게 만들기 위해 온갖 감언이설로 유혹하지요. 새끼들은 자신의 본성에 배치되는 쾌락과 생활방식을 맛보다가 점점 기력이 떨어져서 마침내 사실상 거세(去勢)나 다름없는 이른바 '사육'을 받아들이게 되지요.

이런 사실들로 미루어 동물들은 분명 용감하게 태어나지만, 인간에게는 용기가 본성에 배치되오. 친구여, 이는 다음을 생각해보면 알 수 있소. 말하자면 동물들은 양성(兩性) 모두 용감할 수 있으며, 암컷도 수컷 못지않소. 암컷도 생존을 위해 투쟁하고 새끼들을 지키니 말이오. 그대도 크롬뮈온[9]의 암퇘지에 관해 들었겠지요. 그것은 암컷이었는데도 테세우스를 몹시 괴롭혔소.[10] 피키온 언덕에 앉아 어려운 수수께끼를 내던 스핑크스[11]도 힘과 용기에서 카드모스의 자손들[12]을 압도하지 못했다면 지혜의 덕을 크게 보지 못했을 것이오. 그 근처에는 '교활한 물건'인 테우멧소스[13]의 암여우가 살았고, 거기서 멀지 않은 곳에는 암뱀이 있었는데, 델포이의 신탁을 두고 아폴론과 결투를 벌였다고 하오.[14] 그대들의 왕[15]도 병역을 면제해주는 대가로 시퀴온인한테서 암말 아이테를 받았는데,[16] 비겁한 남자보다 용감하고 기운찬 암말을 택하기를 백번 잘했지요. 그대는 표범과 사자의 경우에도 기백과 용기에서 결코 수컷 못지않은 암컷을

가끔 보았을 것이오. 하지만 그대의 아내[17]는 그대가 전쟁터에 나가   B
고 없는 사이 집 안의 화롯가에 앉아 그녀를 건드리려 하고 그녀의
살림을 축내려 하던 악당들에게 제비만큼도 저항하지 않았소, 그녀
는 라코니케[18] 여인인데도 말이오. 하거늘 카리아 여인들이나 마이
오니아 여인들은 말해 무엇 하겠소![19] 이로 미루어 인간 남자들은
용기를 타고나지 않았음이 분명하오. 그랬더라면 여자들도 용감할
테니까요. 따라서 그대들의 용감한 행위는 법의 강제에 따른 것으
로, 자발적인 것이 아니라 관습과 비난과 여론에 종속되어 있으며,
타인의 신념과 논리에 의해 형성되지요. 그대들이 노고와 위험을   C

9 크롬뮈온(Krommyon)은 메가라 근처에 있는 곳이다.
10 아테나이의 국민적 영웅 테세우스(Theseus)는 어머니 곁을 떠나 아버지를 찾으러 아테나이로 가는 도중 여러 명의 무법자와 괴물을 퇴치하는데, 앗티케 지방을 쑥대밭으로 만들던 이 암퇘지도 그중 하나이다.
11 스핑크스(Sphinx)는 여자 얼굴에 사자의 몸을 한 날개 달린 괴물로, 지나가는 사람들에게 어려운 수수께끼를 내어 맞히지 못하면 잡아먹었다고 한다. 피키온(Phikion)은 테바이 근교의 언덕이다.
12 테바이인들. 카드모스(Kadmos)는 테바이의 창건자이다.
13 테우멧소스(Teumessos)는 테바이 동쪽에 있는 산 이름이자 마을 이름이다.
14 처음에 대지의 여신이 관리하던 델포이의 신탁소는 퓌톤(Python)이라는 큰 뱀이 지키고 있었는데, 아폴론이 이 뱀을 죽이고 신탁소를 차지했다.
15 트로이아 전쟁 때 그리스군의 총사령관인 아가멤논.
16 『일리아스』 23권 295~299행 참조. 시퀴온인이란 에케폴로스(Echepolos)를 말한다. Aithe.
17 페넬로페(Penelope).
18 스파르테. 페넬로페의 아버지 이카리오스(Ikarios)는 스파르테 왕 튄다레오스(Tyndareos)의 아우이다. 스파르테 여인들은 훈련을 받았기 때문에 다른 지방의 그리스 여인들보다 더 용감하고 독립심이 강한 것으로 여겨졌다.
19 소아시아 남서부지방과 중서부지방에 살던 카리아인들과 마이오니아인들은 유약하기로 유명했다. 마이오니아(Maionia)는 뤼디아(Lydia)의 옛 이름이다.

감수하는 것은 위험에 맞설 용기가 있어서가 아니라, 다른 것들을 더 두려워하기 때문이오. 그것은 그대의 일행이 노를 젓는 것과도 같소. 남들보다 먼저 배에 오른 자는 가벼운 노 옆에 가 서는데, 그것은 노 젓는 일을 식은 죽 먹기라고 여겨서가 아니라 더 무거운 노가 두려워서 피하는 것이지요. 그리고 인간이 전장에서의 부상을 피하기 위해 매질을 감수하거나 죽음과 고문을 피하기 위해 적군에 맞선다면, 그것은 전투에서 용감해서가 아니라 부상과 죽음을 겁내기 때문이지요. 그렇다면 분명 인간의 용기는 계획적인 비겁함이며, 인간의 대담성은 한 가지 불행을 받아들임으로써 다른 불행을 피하려는 약삭빠른 두려움 외에 아무것도 아니오. 긴말 할 것 없이, D 그대들이 용기에서 동물들을 능가한다고 생각한다면, 어째서 그대들의 시인들은 가장 용감한 전사들을 '늑대의 마음을 가진'[20] '사자의 용기를 가진'[21] '투지가 멧돼지 같은'[22]이라 일컫고, 그들 중 어느 누구도 사자를 '인간의 용기를 가진'이라 하거나 멧돼지를 '투지가 인간 같은'이라 하지 않는 거죠?

내 생각에 시인들은 빠른 주자(走者)를 과장법에 따라 '바람처럼 날랜'이라 하고, 미남을 '신과 같은'이라고 하듯, 훌륭한 인간 전사들을 더 우월한 피조물들에 비기기 때문인 것 같소. 그 이유인즉 용기의 칼날을 예리하게 해주는 것은 적개심인데, 동물들은 싸울 때 적개심이 희석되지 않지만 그대들 인간은 포도주를 물로 희석하듯 적개심을 타산으로 희석하기에, 위기 때 적개심이 실종되어 좋은 기회를 놓치기 때문이오. 실제로 그대들 인간 중에는 싸울 때는 적 E 개심을 품을 것이 아니라, 냉정한 사고를 위해 적개심을 제쳐두어야 한다고 주장하는 자들도 있소. 안전과 살아남기가 목적이라면 이런 견해도 옳다고 할 수 있겠지요. 그러나 용맹과 자기방어의 관점에서 보면 그것은 수치스러운 태도요. 그대들이 자기방어를 할 수 있도록 침(針)이나 발톱이나 이빨을 주지 않았다고 자연을 비난하면서도, 그대들의 혼이 타고난 무기[23]를 빼앗거나 못 쓰게 만든다면 분명 자가당착이 아닐까요?

05

오뒷세우스 맙소사! 전에 아주 영특한 소피스트였던 모양이오, 그 뤼로스. 돼지가 된 지금도 그토록 정열적으로 문제를 다루는 걸 보니 말이오. 왜 절제에 관한 논의로 곧장 넘어가지 않았지요? F

그륄로스 내 말에 그대가 이의를 제기할 줄 알았지요. 그런데 그대는 절제에 관해 듣고 싶어하는군요. 하긴 그대는 가장 절제 있는 여인의 남편이고, 또 키르케의 구애를 거절함으로써 자신이 절제 있는 인간임을 입증했다고 믿고 있으니까. 그렇다 해도 그대는 절제에서 다른 동물들보다 그다지 나을 게 없어요. 동물들도 자신보다 더 나은 존재들과 교합하기를 원치 않고, 동류(同類)들하고만 사랑의 기쁨을 나누니까요. 그러니 멘데스의 숫염소가 수많은 미인들과 함께 우리에 갇혀도 이들과 교합하기를 원치 않고 암염소들에게 더 989A

---

20 그리스어 뤼코프론(Lykophron)은 호메로스에서는 고유명사로만 사용되고 있다. 『일리아스』 15권 430행 참조.
21 『일리아스』 5권 639행, 7권 228행.
22 『일리아스』 4권 253행.
23 적개심.

열을 올렸다는 것은 조금도 놀라운 이야기가 아니지요.[24] 그래서 그
대도 익숙한 사랑이 좋은 것이며, 인간으로서 여신과 동침하기를
원치 않는 것이오. 페넬로페의 정절에 관해 말하면 수많은 까마귀
들이 까옥까옥 울며 비웃을 것이오. 수까마귀가 죽으면 암까마귀는
몇 년 동안이 아니라 인간으로 치면 아홉 세대를 과부로 살아가니   B
까요. 그러니 그대의 아리따운 페넬로페는 정절에서 그 어떤 까마
귀보다 아홉 배나 열등한 편이라오.

06

이제 그대는 내가 소피스트라는 것을 눈치챘으니, 내 논의를 정리
할 수 있게 해주시오. 나는 먼저 절제를 정의하고 나서 욕망을 종류
별로 나눌 것이오. 절제란 외부에서 흘러드는 불필요한 욕망은 제
거하고, 필요한 욕망은 시기와 규모를 조절하기 위해 욕망들을 제
약하고 정돈해주는 것이오. 그대도 알겠지만, 욕망들에는 수많은
차이점이 있소. 음식을 향한 욕망은 타고난 것이고 또 필요하오. 성
욕은 타고난 것이기는 하지만 버려도 큰 불편을 야기하지는 않으므
로, '타고난 것이기는 해도 필요하지는 않은' 욕망으로 분류되오.   C
남은 것은 필요하지도 않고 타고난 것도 아닌 욕망인데, 이것들은
그대들이 분별력이 부족한 탓에 공허한 망상을 통해 외부에서 흘러
들어온 것이오. 이것들은 그 수가 하도 많아 자연스러운 욕망들을
압도하다시피 하오. 마치 이방인 폭도들이 토박이 시민들을 압도하
듯 말이오. 하지만 동물들은 그렇지 않아요. 동물들의 혼은 외부에
서 흘러드는 정념이 접근할 수도 오염시킬 수도 없으며, 동물들의

삶은 공허한 망상의 바다에서 멀리 떨어져 있소. 물론 동물들은 세련되고 화려한 삶을 살지는 못하지만 그만큼 수월하게 절제를 지키며, 외부에서 유입된 것이 아니라 그들 속에 내재하는 얼마 안 되는 욕망들을 제어할 수 있소.

나도 한때는 그대처럼 재산으로는 황금만 한 것이 없다고 여겨 황금과 은과 상아에 현혹된 적이 있었소. 내 눈에는 이런 것들을 가장 많이 가진 사람이 복 받은 사람이고 신의 사랑을 받은 사람 같았소. 그가 프뤼기아인이든 카리아인이든 돌론[25]보다 더 비열한 자든 프리아모스보다 더 불운한 자든 말이오. 이런 정념의 포로가 되자 나는 다른 재산은 아무리 많아도 재미가 없었고, 가장 중요한 복을 타고나지 못해 낙오자가 된 양 내 인생에 대해 불평을 늘어놓곤 했소. 그래서 그대가 외투를 차려입고 크레테에 나타난 것을 보았을 때 나는 그대의 지혜와 미덕을 부러워한 것이 아니라, 우아하게 짠 그대의 셔츠와 아름답고 부드러운 그대의 진홍색 외투에 감탄을 금치 못했던 일이 생각나는군요. 외투에는 또 장난감이 달린 버클도 채워져 있었는데, 그야말로 장인(匠人)의 걸작품이었소. 나는 현혹되어 여자들처럼 그대 주위를 따라다녔소. 그러나 지금은 그런 공허하고 어리석은 생각에서 정화되고 해방되어 황금과 은 부기를 돌같이 하며, 내가 배불리 먹고 그대의 침구와 양탄자 위에 누워 쉬다 해도 깊고 부드러운 진흙 바닥에 누워 쉴 때보다 더 쾌적하지는 않

24 헤로도토스, 『역사』 2권 46장 참조. 멘데스(Mendes)는 이집트 삼각주의 도시이다.
25 트로이아의 비겁한 첩자 돌론(Dolon)이 사로잡혀 그리스군 장군들에게 트로이아군의 배치 상태를 누설한 것에 관해서는 『일리아스』 10권 참조. 트로이아의 마지막 왕 프리아모스의 불행에 관해서는 『일리아스』 22권 59행 이하, 24권 486행 이하 참조.

을 것이오. 우리 혼 안에는 외부에서 흘러든 그런 욕망은 하나도 없기 때문이오. 대신 우리의 삶은 대체로 필요한 욕망과 쾌락의 지배를 받지요. 그러나 타고나기는 했지만 불필요한 욕망과 쾌락에 탐닉할 때도 우리는 결코 무절제하거나 도를 넘지 않아요.

07

먼저 이런 쾌락들이 어떤 것인지 살펴보도록 합시다. 냄새로 우리의 후각을 즐겁게 해주는 향기로운 사물들에 대한 우리의 기호는 간단히 충족시킬 수 있고 비용이 적게 들 뿐 아니라 먹을거리도 구별할 수 있게 해주오. 여러 가지 맛이 뒤섞여 미각에 닿을 때 혀가 단것, 쓴것, 신것을 구별해준다고 하고, 또 실제로 그렇기 때문이오. 그렇지만 우리의 후각은 우리가 맛보기도 전에, 기미(氣味)를 보는 사람보다 더 민감하게 모든 먹을거리의 질을 구별해주오. 후각은 이로운 것은 무엇이든 받아들이되, 해로운 것은 무엇이든 거부하여 우리의 혀에 닿거나 고통을 주지 못하게 하며, 해로운 것이 우리를 해코지하기 전에 미리 알려주지요. 게다가 향기는 우리도 그렇지만 그대들 인간도 싫어하지 않지요. 그래서 향기를 얻기 위해 그대들은 여러 가지 향료, 육계, 감송, 잎사귀, 아라비아 갈대[26]를 이른바 '향수 제조법'이라는 무시무시한 조제법에 힘입어 한데 뒤섞고 합하며, 소녀들에게나 어울리고 남자들에게는 어울리지 않는 전혀 쓸데없는 쾌락을 위해 비싼 대가를 지불하지요. 하지만 후각은 모든 여자들뿐만 아니라 대부분의 남자들마저 타락시켰어요. 그래서 남자들은 향수 냄새와 분 냄새가 나지 않으면 아내와도 동

990A

B

C

침하려 하지 않아요. 그러나 암퇘지는 수퇘지를, 암염소는 숫염소를, 다른 암컷들은 제 짝을 자신만의 독특한 냄새로 유인하오. 그들은 싱싱한 이슬과 풀밭과 새 풀 냄새를 풍기며 서로 즐겁게 짝짓기를 하지요. 암컷들은 교태를 부리거나 짐짓 거절하는 척하며 애욕을 숨기는 일이 없고, 애욕의 자극을 받은 수컷들은 돈이나 노동이나 봉사 행위로 생식 행위를 구매하는 일이 없어요. 양쪽 다 속임수를 쓰거나 대가를 지불하지 않고 제때에 사랑을 즐기는데, 사랑은 봄이 되면 땅에서 식물이 자라나게 하듯 동물들이 애욕에 눈뜨게 하다가 금세 다시 수그러들게 하지요. 그래서 임신한 뒤에 암컷은 수컷을 받지 않으며, 수컷은 암컷에게 더는 다가가려 하지 않아요. 그만큼 우리는 쾌락을 대수롭지 않게 여기지요. 우리에게는 자연이 전부이니까요. 그래서 우리 사이엔 동성애라는 말이 없어요. 하지만 그대들 가운데 가치 없는 자들은 제쳐두고 고귀하고 탁월한 자들 사이에서도 동성애는 예삿일이지요. 아가멤논은 자신을 피해 다니는 미소년 아르귄노스를 뒤쫓아 보이오티아 땅 곳곳을 쏘다니며, 출항이 늦어진 것을 바다와 바람 탓으로 돌리다가 사랑의 불길을 끄고 애욕에서 벗어나기 위해 코파이스[27] 호에 몸을 담그고 목욕을 했소. 헤라클레스도 수염 나지 않은 미동(美童)을 뒤쫓다가 다른 영웅들이 뒤에 남겨두고 가는 바람에 대열에 합류하지 못했소.[28] 또

---

26 '잎사귀'란 타말라(tamala) 잎을, '아라비아 갈대'란 창포를 가리키는 것으로 보는 이들도 있다.
27 코파이스(Kopais)는 테바이 북쪽에 있는 호수이다.
28 헤라클레스는 물 길러 갔다가 돌아오지 않는 미동 휠라스(Hylas)를 찾아나섰다가, 아르고(Argo)호에 동승한 영웅들이 출항하는 바람에 혼자 뒤에 남게 된다.

그대들 인간 가운데 누군가는 아폴론 프로토오스[29]의 원형 신전에 "아킬레우스는 아름답도다!"라고 적어놓았소. 아킬레우스는 이미 아들이 있었는데도 말이오. 나는 그 명문(銘文)이 아직도 남아 있다고 들었소. 그러나 암탉이 없는 탓에 수탉이 수탉을 올라타면 산 채로 불태워져요. 예언자나 점쟁이가 끔찍한 흉조로 보기 때문이지요. 따라서 절제는 인간의 속성이라기보다는 동물의 속성이며, 동물은 쾌락을 즐기되 자연에 덜 반(反)한다는 것을 인간들 스스로 인정하는 셈이오. 그러나 그대들 인간의 무절제는 자연이 법의 도움을 받아도 경계 안에 가두어둘 수 없소. 인간은 무절제 탓에 마치 급류에 휩쓸리기라도 한 듯, 성행위를 할 때 자연에 끔찍한 폭행을 가하고 자연의 질서를 파괴하며 큰 혼란을 야기하오. 남자들은 암염소, 암퇘지, 암말과 교합하려 했고, 여자들은 동물들의 수컷에 미친 듯이 반했으니까요. 그러한 결합에서 태어난 것이 그대들의 미노타우로스와 아이기판이며, 그대들의 스핑크스와 켄타우로스[30]도 그 점에서는 마찬가지라고 나는 생각하오. 배가 고파 개가 사람을 먹은 적이 있고 새가 인육(人肉)을 맛본 적은 있어도, 인간과 교합하려고 한 동물은 일찍이 없었소. 그러나 앞서 말한 동물들과 그 밖의 다른 동물들은 인간의 법도에 어긋나는 부적절한 애욕의 제물이 되었소.

F

991A

08

인간은 앞서 말한 욕망들과 관련해서도 야비하고 무절제하지만, 필요한 욕망들과 관련해서도 동물보다 열등하오. 필요한 욕망이란 음식을 향한 욕망을 말하오. 우리들 동물은 언제나 필요를 쾌락과 연

계시키지만, 그대들은 자연스러운 영양 섭취보다는 쾌락을 추구하 B
오. 그래서 그대 인간은 온갖 질병에 시달리는데, 여러 만성병은 과
식이라는 단 한 가지 원인에서 생겨나 배출되기 어려운 온갖 가스
로 그대들의 몸을 가득 채우지요. 그런데 모든 종류의 동물은 나름
대로 한 가지 먹을거리가 있소. 더러는 풀을 먹고, 더러는 뿌리를
먹으며, 더러는 열매를 먹지요. 육식동물은 다른 종류의 먹을거리
는 거들떠보지 않으며, 약한 동물들에게서 먹을거리를 빼앗지 않
소. 사자와 늑대는 사슴과 양이 본성에 따라 풀을 뜯어 먹게 내버려 C
둬요.[31] 그러나 인간은 욕심이 많아 어디서나 쾌락을 추구하며, 자
기에게 무엇이 적절하고 유익한지 아직도 모르겠다는 듯 무엇이든
맛보고 시식해요. 그래서 인간은 무엇이든 다 먹는 유일한 동물이
되었지요. 인간이 육식을 시작한 것은 달리 수단 방법이 없어서가
아니었소. 인간은 힘들이지 않고도 철철이 차례차례 식물과 열매를
넉넉히 따거나 수확할 수 있으니까요. 필요한 먹을거리가 싫증나자
맛있는 음식이 먹고 싶어서 살육으로 불결해진 부적절한 먹을거리
를 구하게 되었고, 가장 사나운 맹수보다도 더 잔인하게 동물들을
학살하고 있어요. 피와 썩은 고기와 날고기는 솔개와 늑대와 뱀에 D
게 적절한 먹을거리라오. 그러나 인간에게 그런 것들은 별미에 붙

29 '프토온의 아폴론'이라는 뜻. 프토온(Ptoion)은 코파이스 호 근처에 있는 산으로, 그
곳에 아폴론의 신전이 있었다.
30 신화에 나오는 반인반수의 괴물들. 미노타우로스(Minotauros)는 반은 사람이고 반은
황소, 아이기판(Aigipan)은 반은 사람이고 반은 염소, 스핑크스는 반은 사람이고 반은
사자, 켄타우로스(Kentauros)는 반은 사람이고 반은 말이다.
31 잡아먹을 때까지.

과해요. 인간은 무엇이든 다 먹는데, 그 점에서 대부분의 종은 먹지 않고 식량을 위해 소수의 종하고만 전쟁을 하는 우리들 동물과는 달라요. 간단히 말해서, 날짐승과 물고기와 길짐승 중에 손님을 환대하는 그대들의 세련된 식탁을 피할 수 있었던 것은 아무것도 없어요.

09

좋아요. 그대들이 음식 맛을 돋우기 위해 별미로 육식을 하는 것은 있을 수 있는 일이라고 합시다. 그렇다면 왜…… (여기서 텍스트가 상당 부분 없어진 것 같다.)
그러나 동물의 지성은 불필요하고 쓸데없는 기술은 용납하지 않소. 대신 동물의 지성은 필요한 기술을 대주되, 외부에서 수입하거나 돈을 주고 배우게 하지 않으며, 기나긴 연구를 통해 지식의 단편들을 꿰맞추게 하지도 않아요. 우리의 기술은 우리의 지성에서 저절로 본능적으로 생겨나지요. 나는 모든 아이귑토스인이 의사라고 들었소. 동물들도 치료술뿐 아니라 식량 조달, 자기방어, 사냥, 음악에서 저마다 타고난 재능을 지닌 전문가라오. 몸이 아프면 게를 잡으러 강으로 가라고 누가 우리들 돼지에게 가르쳐주었나요? 뱀을 먹은 뒤에는 박하의 일종인 마요라나를 먹으라고 누가 거북들에게 가르쳐주었나요? 화살을 맞으면 박하의 일종인 백선(白鮮)을 먹어 몸에서 화살이 빠지게 하라고 누가 크레테의 염소들에게 가르쳐주었나요? 자연이 그들의 스승이라고 사실대로 대답한다면, 그대는 동물의 지성을 가장 지혜로운 최고의 원리로 높이는 것이오. 그대가 동물의 지성을 '이성' 또는 '지성'이라고 부르기를 거부한다면, 더 높고 더 명예로운 이름을 찾는 편이 나을 것이오. 동물의 지성이 행동에서 보여주는 힘은 인간의 지성보다 더 높고 더 놀랍기 때문이오. 그것은 무식하거나 정보가 부족한 것이 아니라 스스로 습득한 자족적인 것이며, 그것이 남들에게서 지식을 긁어모으는 과정을 거치지 않는 것은 허약하기 때문이 아니라 타고난 능력이 탁월하고 완벽하기 때문이오. 아무튼 동물들은 사람들이 재미 삼아 또는 훈련시키려고 재주를 가르치면 설령 신체 조건에 맞지 않아도 배운 것을 능히 이해할 만큼 지적이라오. 강아지가 발자국을 추적하는 법을 배운다든가, 말〔馬〕이 음악에 맞춰 걷는 법을 배운다든가, 까마귀가 말하는 법을 배운다든가, 개가 빙글빙글 도는 굴렁쇠 사이를 통과하는 법을 배운다든가 하는 이야기를 하나하나 거론할 필요는 없겠지요. 극장에서 말과 소는 엎드리고, 춤추고, 어려운 자세를 취하고, 사람에게도 쉽지 않은 동작을 연출하는 훈련을 받는데, 배운 것을 완벽하게 기억하오. 이것은 동물의 학습 능력을 보여줄 뿐, 동물에게는 아무 쓸모 없는 짓이라오.

우리가 기술을 배울 수 있다는 것이 믿어지지 않는다면, 나는 이제 우리가 기술을 가르칠 수 있다는 것을 증명하겠소. 자고는 도망칠 때 벌러덩 드러누워 발로 흙덩이를 올려놓음으로써 몸이 보이지 않게 하도록 새끼에게 가르치오. 그대는 또 새끼 학이 지붕에서 처음으로 날기를 시도할 때 다 자란 학들이 옆에서 도와주는 모습을 볼 수 있을 것이오. 밤꾀꼬리도 새끼들에게 노래를 가르치오. 어릴 때 잡혀서 사람 손에 자란 새끼 새들은, 때가 되기도 전에 스승 곁을 떠난 것처럼 제대로 노래할 줄 모르오. (여기서 텍스트가 상당 부분 없어진 것 같다.)

이 새로운 몸 안으로 들어온 뒤로 나는 인간 이외의 모든 존재는 이성과 지성이 없다는 소피스트들의 논리에 놀라지 않을 수 없소.

10

오뒷세우스 그륄로스, 이제 그대는 생각을 바꾸어, 양과 당나귀를 이성적인 동물로 여긴다는 것이오?

그륄로스 사랑하는 오뒷세우스, 이 동물들이야말로 동물은 이성과 지성을 갖고 태어난다는 사실을 가장 잘 입증해준다고 할 수 있소. 어떤 나무가 다른 나무보다 더 혼이 많거나 적지 않고, 어느 것도 D 혼을 갖고 있지 않은 만큼 모두가 같은 정도로 무감각하듯이, 마찬가지로 동물도 어떤 것이 다른 것보다 생각이 더 느리다거나 학습 능력이 떨어진다고 볼 수 없을 것이오. 만약 모든 동물이 정도의 차이는 있어도 이성과 지성을 갖고 있지 않다면 말이오. 명심해두시오, 어떤 동물의 어리석음과 나태함은 다른 동물의 영리함과 날카로움에 의해 부각된다는 것을. 예컨대 당나귀와 양을 여우나 늑대나 벌과 비교할 때처럼 말이오. 그것은 폴뤼페모스[32]를 그대와 비교하고, 코로이보스[33]를 그대의 외조부 아우톨뤼코스[34]와 비교하는 E 것과도 같소. 하지만 지성과 사고와 기억력에서 동물들 사이의 차이는 인간들 사이의 차이만큼은 크지 않다고 나는 생각하오.

오뒷세우스 하지만 그륄로스, 신을 알지 못하는 존재들에게 이성이 있다고 보는 것은 무서운 폭행이오.

그륄로스 그렇다면 오뒷세우스, 그대처럼 현명하고 탁월한 사람은 시쉬포스[35]의 아들일 수 없다고 말해야 하나요?[36] (여기서 텍스트가 일부 없어졌다고 보는 이들도 있다.)

502B

32 『수다에 관하여』 주 51 참조.
33 코로이보스(Koroibos)는 바다의 파도 수를 세어보려고 할 만큼 어리석은 바보였다고 한다.
34 아우톨뤼코스(Autolykos)는 오뒷세우스의 어머니 안티클레이아(Antikleia)의 아버지로 "도둑질과 맹세의 기술에서 모든 사람을 능가했다"(『오뒷세이아』 19권 394행)고 한다.
35 시쉬포스(Sisyphos)는 코린토스 시의 건설자이다. 그는 살아생전 속임수와 거짓말을 일삼은 까닭에, 저승에서 산 위로 굴려 올린 바위가 꼭대기에서 도로 굴러떨어지면 다시 바위를 굴려 올리는 고역을 끝없이 되풀이하는 벌을 받았다고 한다. 일설에 따르면, 아우톨뤼코스의 딸 안티클레이아가 시집가기 전에 시쉬포스가 그녀를 범한 까닭에 오뒷세우스의 실부(實父)는 라에르테스(Laertes)가 아니라 시쉬포스라고 한다.
36 신을 알지 못하는 존재들이 이성을 가질 수 없다면, 현명한 인간인 당신도 시쉬포스 같은 악명 높은 무신론자에게서 태어날 수 없을 것이라는 뜻인 듯하다.

우리의 악운은
우리의 용기와 세심한 준비가
적들의 비겁함과 무지보다
더 효과적이지 못하고
양쪽이 서로 균형을 이루게 하고 싶었던지,
처음부터 우리의 모험을
위험한 삽화로 가득 찬 드라마로 만들었소.

소크라테스의 수호신
Peri tou Sokratous daimoniou/ De genio Socratis

플루타르코스의 가장 정교하고 가장 긴장감 넘치는 이 대화편은 기원전 379년의 거사가 성공한 뒤 아테나이를 방문한 테바이인 카피시아스가 아테나이인 아르케다모스와 그의 동아리에게 들려주는 이야기이다. 이 대화편에는 그때의 거사로 테바이가 스파르테의 지배에서 극적으로 해방된 과정, 거사에 참가한 사람들이 소크라테스의 친구였던 심미아스의 집에 모여 사태의 추이를 예의 주시하며 주고받은 긴박했던 대화들이 포함되어 있다.

대화의 주제는 고대 명문(銘文)의 의미가 무엇이며, 상대방의 호의는 어떤 경우에 거절해야 하는지, 그리고 이른바 소크라테스의 '수호신'을 어떻게 해석해야 하는지 등이다.

아테나이에서의 대담자 테바이 출신 카피시아스(Kaphisias)와 아테나이 출신 아르케다모스(Archedamos)

테바이에서의 대담자 펠로피다스,[1] 심미아스(Simmmias), 폴륌니스(Polymnis 에파메이논다스와 카피시아스의 아버지), 카피시아스(에파메이논다스의 아우), 카론(Charon), 테오크리토스(Theokritos), 페이돌라오스(Pheidolaos), 갈락시도로스(Galaxidoros), 퓔리다스(Phyllidas), 힙포스테네이다스(Hippostheneidas), 클리돈(Chlidon), 에파메이논다스(거사에는 참가하지 않음)[2]

01

아르케다모스 카피시아스, 전에 어떤 화가에게서 그림을 관람하는 575B 사람들에 관해 그럴듯한 비유를 들은 기억이 나는군요. 그의 말에 따르면, 미술을 모르는 문외한은 군중에게 한꺼번에 인사하는 사람과 같고, 미술을 아는 전문가는 만나는 사람마다 따로 인사하는 사람과 같다고 했소. 그의 말이 옳소. 문외한은 미술품을 되는대로 적당히 살펴보지만, 전문가는 모든 부분을 비평가의 눈으로 꼼꼼히 살펴보기에 좋은 것이든 나쁜 것이든 보지 못하거나 언급하지 않고 넘기는 것은 하나도 없으니까요. 나는 실제로 일어난 사건들도 마 C 찬가지라고 생각하오. 마음이 게으른 사람은 기본적인 사실과 결과만 알면 만족하지만, 아름답고 고상한 것을 사랑하는 사람은 미덕의 위대한 걸작을 관람할 때 세세한 부분에서 더 큰 쾌감을 느끼니까요. 결과는 운에 많이 달려 있지만 동기와 실행은 그렇지 않기에,

---

1 『분노의 억제에 관하여』 주 79 참조.
2 에파메이논다스(Epameinondas)는 나중에 펠로피다스와 힘을 모아 기원전 371년 레욱트라(Leuktra)에서, 기원전 362년 만티네이아(Mantineia)에서 승승장구하던 스파르테군을 격파한다.

우리는 동기와 실행에서 주어진 여건에 맞서 미덕이 어떻게 투쟁하며, 이성이 순간의 정념과 뒤섞임으로써 발생하는 위험에 직면했을 때 지성과 용기가 어떤 역할을 하는지 볼 수 있기 때문이지요. 그대는 우리를 이런 종류의 관람객으로 여기고 거사의 전말을 말해주 D 되, 그때 그대의 눈앞에서 진행되었던 대화까지도 들려주시오. 아테나이인들이 내가 이미 너무 친(親)보이오티아적이라고 믿지 않았더라면 나는 그 이야기를 듣기 위해 당장 테바이로 갔을 것이오.

카피시아스 아르케다모스, 그대가 우리에 대한 호의에서 그 사건에 관해 그토록 알고 싶어하니, 나는 핀다로스의 말처럼 '만사를 제쳐놓고'[3] 아테나이로 와서 그대에게 이야기해주었어야 할 것이오. 그런데 마침 내가 사절로 와서 아테나이 백성들한테서 답변을 들을 때까지는 딱히 할 일도 없는 만큼, 이토록 우호적인 친구의 부탁을 무뚝뚝하게 거절한다면 보이오티아인은 토론하기를 싫어한다는 해묵은 비난이 되살아나겠지요. 〔심미아스와 케베스[4] 같은 사람들 E 이〕 소크라테스[5]에게 헌신적이었고 내 가족이 성자(聖者) 뤼시스[6]에게 헌신적이었던 덕분에 그런 비난은 수그러들었지만 말이오. 그렇지만 여기 모인 이분들이 수많은 사건과 대화가 포함된 그 이야기를 들을 시간이 있을지 모르겠네요. 그것은 짧은 이야기가 아닌데, 그대가 대화까지 포함시키라고 요청하니 말이오.

아르케다모스 이분들은 그대도 아는 분들이오, 카피시아스. 이분은 트라쉬불로스[7]의 조카 뤼시테이데스이고, 이분은 코논[8]의 아들 F 티모테오스이고, 이분들은 아르키노스[9]의 아들들이오. 다른 분들도 모두 우리와 한 동아리요. 그러니 그대의 청중은 우호적이고, 그대의 이야기에 관심이 많을 수밖에 없소.

카피시아스 좋아요. 하지만 이야기를 어디서부터 시작하는 것이 좋겠소? 여러분은 이 사건에 관해 어느 정도나 알고 있지요?

아르케다모스 카피시아스, 우리는 망명자들이 귀국하기 이전의 테바이 사정에 관해서는 잘 알고 있소. 평화협정[10] 기간 동안 카드메이아를 점령하도록 포이비다스를 설득한 다음 아르키아스와 레온티아데스[11]가 일부 시민들을 추방하고, 나머지는 불법적인 폭정으로 주눅 들게 한다는 소식은 이곳 아테나이에서 멜론과 펠로피다스

576A

---

3 핀다로스, 『이스트모스 송시』(*Isthmia*) 1권 2가(歌).
4 케베스(Kebes)는 테바이인으로, 퓌타고라스 학설의 신봉자이며 소크라테스의 친구이다.
5 『분노의 억제에 관하여』 주 18 참조.
6 뤼시스(Lysis)는 퓌타고라스 학설의 신봉자로, 남이탈리아의 타라스(Taras 지금의 Taranto)에서 테바이로 이주해 에파메이논다스 형제의 스승이 되었다.
7 트라쉬불로스(Thrasyboulos)는 아테나이의 유명한 민중파 정치가이다. Lysitheides.
8 코논(Konon)은 아테나이의 유명한 세톡이나. Timotheos.
9 아르키노스(Archinos)는 아테나이의 민중파 정치가이다.
10 기원전 386년 스파르테인 안탈기다스(Antalkidas)가 페르시아 왕과 맺은 굴욕적인 평화협정을 말한다.
11 아르키아스(Archias)와 레온티아데스(Leontiades)는 과두제 지지자들로, 군대를 이끌고 올륀토스로 향하던 스파르테 장군 포이비다스(Phoibidas)를 설득하여 기원전 382년 테바이의 성채인 카드메이아(Kadmeia)를 점령하게 한다. 그들은 테바이의 참주가 되지만, 기원전 379년 망명자들이 귀국하여 이 에세이의 주제가 된 거사를 통해 민주제를 부활시킨다.

한테 들었소. 그대도 알다시피, 그들은 우리와 친해져 망명 기간 내내 우리와 함께했으니까요. 그리고 라케다이몬인들이 카드메이아를 점령한 죄를 물어 포이비다스를 올륀토스[12] 원정대 사령관직에서 해임하고, 대신 다른 두 명의 사령관과 함께 뤼사노리다스를 테바이로 보내 성채의 수비대를 강화했다는 말도 들었소. 우리는 또 히스메니아스[13]가 재판을 받자마자 비참하게 죽었다는 것도 알고 있소. 이 모든 것을 고르기다스가 이곳에 와 있는 망명자들에게 서찰로 알려주었으니까요. 그러니 그대는 우리 친구들이 어떻게 테바이로 돌아가 참주들을 타도했는지, 그것만 이야기해주면 돼요.   B

02

카피시아스 그때 거사에 가담한 우리는 모두, 다리를 다쳐 요양 중이던 심미아스의 집에서 만나곤 했소. 우리의 실제 목적은 필요할 때 서로 만나는 것이었지만, 겉으로는 철학적인 토론을 위해서 만나는 척했소. 우리는 의심을 사지 않으려고 이따금 아르키아스와 레온티아데스도 데려가곤 했는데, 그들에게는 그런 이야기가 낯설지 않았소. 심미아스는 오랫동안 외국에 체류하며 수많은 이민족   C
사이를 떠돌다가 이방에 관한 온갖 이야기와 정보를 갖고 얼마 전에야 테바이로 돌아왔소. 그래서 아르키아스는 짬이 날 때마다 젊은이들과 어울려 이야기 듣기를 좋아했고, 우리가 그와 그의 추종자들이 하는 일에 관심을 두기보다는 그런 토론으로 시간을 보내기를 바랐다오.

그런데 날이 어두워진 뒤 망명자들이 몰래 성벽에 도착하게 되어 있던 날, 아테나이에서 페레니코스[14]가 보낸 사자(使者)가 도착했소. 우리 가운데 카론 말고는 그를 아는 사람이 아무도 없었소. 그의 보고에 따르면, 가장 젊은 망명자 열두 명이 사냥개 떼를 데리고 키타이론 산에서 사냥하다가 저녁 무렵 테바이에 도착할 예정이라고 했소. 그리고 그가 파견된 목적은 미리 그런 사실을 알려주고, 망명자들이 귀국하자마자 곧장 은신할 수 있도록 자기 집을 제공할 사람이 누구인지 알기 위해서라고 했소. 우리가 당황하며 머뭇거리고 있을 때 카론이 자기 집을 제공했소. 그러자 사자가 망명자들이 있는 곳으로 서둘러 돌아가겠다고 했소.

03

이때 예언자 테오크리토스가 우리 앞에서 걸어가던 카론을 응시하며 내 손을 잡고 말했소. "카피시아스, 저 사람을 보시오. 그는 철학자도 아니고, 그대의 형 에파메이논다스처럼 특별한 교육을 받지도 않았소. 그런데도 그는 그대도 보다시피 본성의 인도를 받아 고상한 행동을 하려 하고, 조국을 위해 자진하여 큰 위험을 감수하려 하오. 하지만 어떤 보이오티아인보다 미덕을 잘 배웠다고 자부하는 에파메이논다스는 친구들을 돕겠다는 열의와 열성을 보여주지 않는군요. 그의 재능과 교육을 이럴 때 쓰지 않으면 대체 언제 쓰겠다

---

12 올륀토스(Olynthos)는 에게 해 북안의 칼키디케(Chalkidike) 지방에 있는 도시이다.
13 히스메니아스(Hismenias)는 테바이의 민중파 정치가로, 기원전 379년 스파르테인들에게 처형당했다. Lysanoridas. Gorgidas.
14 Pherenikos. Charon.

는 거지요?"

그래서 내가 대답했소. "이 열성 동지여, 그대와 나는 우리가 옳다고 생각한 것을 행하고 있소. 에파메이논다스는 우리를 말리는 것이 옳다고 생각하지만 우리를 설득할 수 없었소. 그러니 그가 자기에게 맞지 않고 자기가 인정할 수 없는 일에 말려들기를 거부하는 것은 당연한 일이오. 의사가 칼이나 불을 쓰지 않고 병을 치료하겠다고 약속하는데, 수술하거나 태우라고 의사에게 강요하는 것은 옳지 못한 짓이오." 테오크리토스가 동의하자 나는 말을 이었소. "그렇다면 그를 그냥 내버려두는 것이 상책이오. 그는 꼭 필요한 경우가 아니면 적절한 재판도 없이 어떤 시민도 처형하지 않겠지만, 시민들이 피를 흘리게 하거나 시민들을 죽이지 않고 도시를 해방하려는 사람들을 기꺼이 돕겠다고 했으니 말이오. 그러나 다수가 그에게 반대하고 우리는 이미 이런 식으로 거사하기로 한 만큼, 그는 자기가 유혈 사태에 책임질 일이 없는 상태로 사태의 추이를 지켜보다가 유리할 때 정의의 편에 가담하게 해달라고 요구하며, 그러는 것이 유익할 것이라고 주장하오. 행동은 제어하기 어렵다는 것이 그의 생각이오. 그래서 페레니코스와 펠로피다스는 틀림없이 가장 죄 많은 악당들에게 무기를 휘두르겠지만, 에우몰피다스와 사미다스[15]처럼 성미가 급하고 격정적인 사람들은 어두운 밤에 일단 기회를 잡게 되면, 온 도시를 살육으로 가득 채우고 수많은 개인적인 적대자를 죽이기 전에는 칼집에 칼을 꽂지 않을 것이라 하오."

04

내가 테오크리토스와 이렇게 대화하고 있는데, 갈락시도로스가 우리의 대화를 중단시키면서 우리와 합류하기 위해서인 양 카드메이아에서 내려오고 있던 아르키아스와 스파르테인 뤼사노리다스를 가리켰소. 우리가 기다리자, 아르키아스가 테오크리토스를 부르더니 뤼사노리다스에게로 데려갔소. 그리고 암피온[16] 언덕 기슭의 도로에서 점점 멀어지며 한참 이야기를 주고받았소. 그래서 우리는 그들이 무슨 낌새를 채거나 정보를 입수하고 테오크리토스를 심문하는 것이 아닌가 싶어 안절부절못했소.

이때 퓔리다스—아르케다모스, 그가 누군지는 그대도 알고 있소. 당시 그는 아르키아스의 서기이자 동료 통치자였지만, 망명자들이 귀국한다는 사실을 알고 있었고 거사에도 가담했소—가 내 손을 잡고 여느 때처럼 내가 운동과 레슬링을 좋아한다고 놀려대더니, 나를 한쪽으로 끌고 가서는 망명자들이 약속된 날짜를 지킬 것인지 물었소. 내가 그렇다고 하자 그가 말했소. "그렇다면 오늘 아르키아스가 곤드레만드레 술에 취해 우리 친구들의 손쉬운 먹잇감이 되도록 내가 그를 위해 술자리를 마련하길 잘했군요."

"잘했고말고요, 퓔리다스" 하고 내가 말했소. "우리의 적들을 모두 아니면 대부분 한데 모으도록 하시오."

"그건 쉬운 일이 아니오" 하고 그가 말했소. "아니, 불가능하오. 아

---

15 Eumolpidas, Samidas.
16 Amphion.

르키아스는 그때 어떤 귀부인이 찾아오기를 기대하고 있어 레온티아데스가 합석하기를 원치 않으니까요. 따라서 우리는 그들을 두 집에 분산 수용해야 하오. 아르키아스와 레온티아데스가 동시에 제거되기만 하면, 나머지는 도망치거나, 뒤에 남아도 목숨을 살려주면 감지덕지하며 말썽을 부리지 않을 것이오.

"그렇게 하도록 합시다" 하고 내가 말했소. "그런데 저들이 테오크리토스와 도대체 무슨 말을 저다지도 길게 하는 걸까요?"

그러자 퓔리다스가 대답했소. "잘은 모르겠으나, 듣자하니 스파르테에 재앙을 예고하는 전조와 예언이 있었다고 하더군요."

그사이 테오크리토스가 합류하여 우리가 심미아스의 집으로 가는데, 할리아르토스[17] 출신 페이돌라오스가 우리에게 다가와 말했소. "심미아스가 부탁하기를, 암피테오스가 사형 대신 추방형을 받을 수 있도록 레온티아데스와 단둘이서 이야기하고 있으니 우리더러 잠시만 기다려달라고 했소."

05

"마침 잘 오셨소. 꼭 일부러 오신 것 같군요" 하고 테오크리토스가 말했소. "나는 할리아르토스에서 알크메네[18]의 무덤이 발굴되었을 때 무엇이 발견되었으며, 무덤은 어떻게 생겼는지 그대에게 묻고 싶었소. 아게실라오스[19] 왕의 명에 따라 유해를 스파르테로 옮겼을 때 그대도 그 자리에 있었다면 말이오."

"나는 그 자리에 없었소" 하고 페이돌라오스가 대답했소. "그런 만행을 용납한다고 내가 동료 시민들에게 노발대발하자, 그들이 나를 배제했으니까요. 무덤 안에서는 사람의 유골이 아니라, 자그마한 청동 목걸이와 세월이 흘러 돌처럼 단단해진 흙이 들어 있는 토기 항아리 두 개가 발견되었소. 무덤 앞에는 아주 오래된 글자들이 길게 새겨진 동판이 하나 있었는데, 그 글자들을 물로 씻자 분명히 모습이 드러났지만 도무지 해독할 수가 없었소. 그 글자들은 이방의 문자로 아이귑토스[20] 문자에 가장 가까웠소. 그래서 아게실라오스가 아이귑토스 왕에게 그 사본을 보내며, 혹시 해독할 수 있을지 사제들에게 보이기를 부탁했다고 하오. 이에 관해서는 심미아스가 우리에게 뭔가 말해줄 수 있을 것이오. 그는 당시 아이귑토스에서 철학을 공부하며 여러 사제와 접촉했으니까요. 아무튼 할리아르토스 사람들은 큰 흉년이 들고 코파이스 호가 범람한 것은 우연히 발생한 일이 아니라, 무덤을 발굴하도록 허락해준 탓에 천벌을 받은 것이라고 믿었소."

잠시 뒤 테오크리토스가 말했소. "뤼사노리다스가 방금 내게 말해준 전조들에 따르면, 라케다이몬인들도 하늘의 노여움을 피하지 못한 것 같소. 그는 지금 어떤 신탁의 지시에 따라 무덤을 도로 닫고 알크메네와 알레오스[21]에게 헌주하러 할리아르토스로 가는 길이오.

---

17 할리아르토스(Haliartos)는 보이오티아 지방의 도시로, 코파이스 호 남쪽에 있다. Amphitheos.
18 알크메네(Alkmene)는 헤라클레스의 어머니이다.
19 아게실라오스(Agesilaos)는 스파르테의 왕으로, 재위 기간은 기원전 399~360년이다.
20 이집트.
21 알레오스(Aleos)는 남편 암피트뤼온(Amphitryon)이 죽은 뒤 알크메네가 동거했다는 라다만튀스(Rhadamanthys)의 보이오티아식 이름이라고 한다.

그러나 그는 알레오스가 누군지 전혀 모르고 있소. 그리고 그는 돌아오는 길에 디르케[22]의 무덤을 찾아내려 하는데, 기병대장직을 맡았던 사람들 말고는 그녀의 무덤을 아는 테바이인은 아무도 없소. 은퇴하는 기병대장은 후임자를 은밀히 데려가 밤에 그 무덤을 보여주곤 하니까요. 그들은 무덤에서 불이 필요 없는 어떤 의식을 치르고 나서 의식을 치른 흔적을 지운 다음 아직 캄캄할 때 따로따로 돌아가지요. 페이돌라오스, 우리의 적이 의식을 치르겠다는 열의는 가상하지만, 무덤이 있는 곳을 찾아내기란 쉽지 않을 것이오. 합법적으로 기병대장직을 맡았던 사람들은 대부분, 아니 고르기다스와 C
플라톤을 제외하고는 모두 추방당했는데, 뤼사노리다스 일당은 이들이 너무 무서워 이들에게서 정보를 얻으려고 하지는 않을 테니까요. 그리고 지금 카드메이아에서 통치하고 있는 자들은 창과 인장만 넘겨받았지 의식과 무덤에 관해서는 아무것도 몰라요."

06

테오크리토스가 말하는 사이 레온티아데스 일행이 집을 떠났소. 그러자 우리는 안으로 들어가 심미아스와 인사를 나누었소. 침상에 앉아 있던 그는 매우 의기소침해 보였는데, 아마도 그의 청원이 받아들여지지 않은 것 같았소. 우리 모두를 보자 그는 외쳤소. "아아, 사람이 어찌 저리도 잔인하고 인정머리 없을까! 옛날에 탈레스[23]가 D
한 말이 옳아요. 오랫동안 외국에 나가 있다가 귀국한 그에게 친구들이 그가 발견한 가장 놀라운 것이 무엇이냐고 물었을 때 그는 '늙은 참주[24]이지요'라고 대답했소. 왜냐하면 누가 개인적으로 어떤 모욕을 당하지 않더라도, 그런 인간들과 함께 사는 것이 역겨워서라도 능히 불법적이고 무책임한 정권의 적이 될 수 있을 테니 말이오. 하지만 이 문제는 하늘에 맡기도록 합시다. 카피시아스, 그대의 가족은 그대들을 찾아온 그 이방인이 누군지 알고 있소?"

"잘 모르겠는데요. 누구 말씀인가요?" 하고 내가 물었소.

"레온티아데스에 따르면" 하고 그가 말했소. "수많은 시종을 거느린 어떤 당당한 남자가 날이 새기도 전에 뤼시스의 무덤에서 일어나는 것이 보였는데, 구운 제물과 우유를 헌주한 흔적과 함께 버들가지와 위성류로 엮은 침대가 눈에 띄는 것으로 미루어 그는 노천이나 임시방편으로 만든 침대에서 밤을 보낸 것 같았다고 했소. 아침이 되자 그 남자는 시내에서 폴륌니스의 아들들을 만날 수 있겠는지 지나가는 사람들에게 물었다고 했소."

"그 이방인이 누굴까요?" 하고 내가 말했소. "그대의 말을 들어보니, 그는 예사롭지 않은 비범한 사람 같군요."

07

"그런 것 같네요" 하고 페이돌라오스가 말했소. "7가 이리 오면 환영해주도록 합시다. 심미아스, 그동안 그대는 방금 우리를 어리둥

22　디르케(Dirke)는 테바이의 왕위 찬탈자 뤼코스(Lykos)의 아내로, 테바이에 그녀의 비밀 무덤이 있다고 한다.
23　탈레스(Thales)는 기원전 6세기 초에 활동한 그리스 철학자로, 일곱 현인 가운데 한 명이다.
24　참주란 일종의 군사독재자이다.

절하게 했던 명문에 관해 더 알고 있는 게 있으면 말해주시오. 듣자 하니, 아이귑토스의 사제들은 아게실라오스가 알크메네의 무덤을 발굴하고 우리한테서 빼앗아간 동판에 새겨진 글자들을 해독했다 더군요."

그러자 심미아스는 바로 생각났다는 듯, "페이돌라오스, 난 그 동판을 모르오" 하고 말했소. "그러나 스파르테인 아게토리다스는 아게실라오스가 보내는 장문의 서찰을 갖고 멤피스로 가서 예언자 코누피스를 방문했는데, 그때는 마침 플라톤[25]과 페파레토스 출신 엘로피온[26]과 내가 코누피스와 함께 철학 공부를 하던 시기였소. 아게토리다스가 코누피스에게 글자를 해독할 수 있으면 그것을 번역해서 보내달라는 왕명을 전달하자, 코누피스는 사흘 동안 집에만 틀어박혀 옛날 서책에 나오는 모든 종류의 문자를 검토한 결과 그 명문은 무사 여신들을 위해 경기를 개최하라는 내용이라고 왕에게 답장을 쓰고 나서 우리에게도 말해주었소. 그에 따르면 그 문자는 프로테우스[27] 왕의 치세 때 쓰이던 것으로, 암피트뤼온의 아들 헤라클레스가 배웠던 그 문자라고 했소. 또한 그 명문에는 헬라스인들에게 여가를 즐기며 평화롭게 함께 살되 철학으로 서로 경쟁하고, 옳고 그름을 결정할 때는 무기에 의지하지 말고 무사 여신들과 이성의 도움을 받으라고 격려하고 지시하는 내용이 포함되어 있다고 했소. 우리는 그때도 코누피스의 해석이 옳다고 여겼지만, 아이귑토스에서 귀국하던 길에 카리아[28]에서 만난 한 무리의 델로스인들이 아폴론 신께서 그들에게 주신 이상한 신탁을 설명해달라고 수학자인 플라톤에게 부탁했을 때는 더욱더 그렇게 여겼소. 그 신탁은 만약 델로스에 있는 제단을 배로 늘리면 델로스인들과 다른 헬라스인들이 지금 당하고 있는 고통이 끝날 것이라는 내용이었소. 그들은 그 신탁이 무슨 뜻인지 몰라 어리석게도 제단을 배로 늘리는 데 실패했소. 각 변(邊)을 배로 늘리자 제단이 두 배가 아니라 여덟 배로 커졌으니까요. 그것은 그들이 입체(立體)를 갑절로 늘리는 비례의 조합을 몰랐기 때문이지요. 그래서 그들은 플라톤에게 도움을 청했던 것이오. 그러자 플라톤은 아이귑토스인이 한 말이 생각나,   c
아폴론 신께서는 헬라스인들이 교육을 소홀히 하는 것을 암시하시고 우리의 무지를 조롱하시며 우리더러 기하학에 매진하라고 명령하시는 것이라고 대답했소. 왜냐하면 평범하고 근시안적인 지성이 아니라 기하학적인 도형에 능한 지성만이 모든 차원에서 똑같이 늘려 입체를 배로 늘릴 수 있는 유일한 방법인 두 비례중항(比例中項)을 찾아낼 수 있기 때문이라고 했소. 플라톤은 또 말하기를, 크니도스 출신 에우독소스[29]나 퀴지코스 출신 헬리콘[30]이 그들을 위해 그렇게 해줄 수 있겠지만, 신께서 원하시는 것이 그것이라고 생각해

25 그리스 철학자로, 철학적 관념론의 창시자이다.
26 엘로피온(Ellopion)에 관해서는 달리 알려진 것이 없다. 페파레토스(Peparethos)는 에게 해에 있는 섬이다. Agetoridas, Chonoupis, Memphis.
27 프로테우스(Proteus)는 트로이아 전쟁 때 이집트의 왕이다.
28 카리아(Karia)는 소아시아 서남지방이다. 델로스(Delos)는 에게 해의 섬으로, 아폴론과 아르테미스(Artemis) 남매신이 태어난 곳이다.
29 에우독소스(Eudoxos)는 기원전 4세기 전반에 활동한 탁월한 수학자이자 천문학자로 플라톤의 제자이다. 크니도스(Knidos)는 소아시아 서남부에 있는 카리아 지방의 도시이다.
30 헬리콘(Helikon)은 수학자이자 천문학자로, 플라톤과 같은 시대에 활동했다. 퀴지코스(Kyzikos)는 소아시아 북서부 프로폰티스(Propontis 지금의 Marmara) 해 연안에 있는 도시이다.

서는 안 된다며, 신께서 모든 헬라스인들에게 명령하는 것은 오히 D
려 전쟁과 고통을 포기하고 무사 여신들을 숭상하고 이성과 학문으
로 정념을 달래며 서로 어우러져 무해하고 유익한 삶을 살라는 것
이라고 했소."

08

심미아스가 말하는 사이 내 부친 폴륌니스께서 들어오시더니 그의
옆에 앉으시며 말씀하셨소. "에파메이논다스의 부탁인데, 여러분
모두 급한 볼일이 없으면 여기서 기다려달래요. 중요하고 명예로운
일로 이탈리아[31]의 퓌타고라스 학설 신봉자들이 이리로 파견한 중
요한 방문객을 여러분에게 소개하고 싶대요. 그 방문객은 꿈속에서 E
생생한 환영을 보고는 노(老)뤼시스의 무덤에 헌주하러 왔대요. 그
는 또 다량의 황금을 가지고 왔는데, 노년의 뤼시스를 돌봐준 대가
를 에파메이논다스에게 지불해야 한다고 생각하고 있소. 그는 꼭
그렇게 하고 싶대요. 우리의 가난을 구제해달라고 우리가 부탁하지
도, 바라지도 않는데 말이오."

그러자 심미아스가 크게 기뻐하며 말했소. "철학자라 불릴 자격이
있는 훌륭한 사람이로군요. 그런데 왜 곧장 우리한테 오지 않는 거
지요?"

"그는 뤼시스의 무덤에서 밤을 보낸 까닭에" 하고 폴륌니스께서 말 F
씀하셨소. "에파메이논다스가 목욕하라고 그를 이스메노스 강으로
데려간 것 같소. 목욕을 하고 나면 그들은 이리로 올 것이오. 우리
를 만나기 전에 그가 무덤가에서 잠을 잔 것은, 밤에 하늘에서 전조

가 나타나 그렇게 하지 말라고 말리지 않으면 뤼시스의 유해를 이탈리아로 옮기기 위해서였대요." 이렇게 말씀하시더니 내 부친께서는 침묵을 지키셨소.

09

이때 갈락시도로스가 소리쳤소. "아아, 겉치레와 미신에서 자유로운 사람을 찾기란 정말 어렵군요. 더러는 무지하거나 허약하여 본의 아니게 이런 약점들의 희생자가 되지만, 더러는 신들의 특별한 총아로 보이기 위해 자신들의 행위에 신적인 후광을 부여하며, 꿈이나 환영이나 그와 비슷한 다른 술수들을 명확한 인식보다 더 높이 평가하지요. 그것은 고집 세고 방종한 군중을 상대할 수밖에 없는 정치가들에게는 쓸모가 있겠지요. 대중의 미신을 굴레 삼아 대중을 유익한 방향으로 끌어당기고 바로잡을 수 있을 테니까요. 그러나 철학에는 이런 종류의 장식이 어울리지 않을 뿐 아니라 철학의 목적에도 정면으로 배치되오. 철학이 이성에 따라 모든 선한 것과 유익한 것을 가르친다고 주장하면서, 이성을 경멸하는 것처럼 행동하고, 행동의 원리를 신들에게서 구하고, 자신이 장기인 증명을 우습게보고, 예언과 꿈속에서 본 환영에 의지한다면 말이오. 예언과 환영에서는 가장 보잘것없는 지성이 가장 섬세한 지성 못지않

580A

B

---

31 퓌타고라스(Pythagoras)는 기원전 6세기 이오니아 지방의 사모스(Samos) 섬에서 남이탈리아의 크로톤(Kroton)으로 이주한 그리스의 철학자. 여기서 '이탈리아'란 남이탈리아를 말한다. Ismenos.

은 성공을 거두는 경우가 비일비재하지요. 그래서 내 생각에, 심미아스, 그대들의 소크라테스는 진리에 가장 잘 어울린다고 보고 순박함과 진지함을 선택함으로써 더욱 철학적인 교육방법과 사고방법을 채택하고, 철학의 연막(煙幕)에 불과한 겉치레는 소피스트들에게 날려 보낸 것 같아요."

그러자 테오크리토스가 끼어들었소. "왜 그런 말을 하시오, 갈락시도로스? 소크라테스는 신적인 것들을 믿지 않는다고 멜레토스가 그대를 설득했나요? 그자는 아테나이에서 그런 죄목으로 소크라테스를 고발했으니 말이오."[32]

"그가 신적인 것들을 무시한 적은 한 번도 없었소" 하고 갈락시도로스가 대답했소.

"그는 철학이 퓌타고라스학파에 의해 환영과 우화와 미신으로 가득 차고 엠페도클레스[33]에 의해 망아상태에 있는 것을 발견하고는, 철학이 굳건한 지성으로 현실에 맞서고 냉정한 이성으로 진리를 추구하도록 가르쳤지요."

10

"좋아요" 하고 테오크리토스가 말했소. "하지만 소크라테스의 수호신[34]은 뭐라고 불러야 하죠? 그것도 협잡이라고 불러야 하나요? 아무튼 그것은 내게 퓌타고라스의 예언 능력에 관한 어떤 보고보다도 더 깊은 인상을 주었어요. 호메로스가 여신 아테나로 하여금 '온갖 노고에서 오뒷세우스를 곁에 서서 지켜주게'[35] 하듯이, 신은 소크라테스에게 아주 어려서부터 어떤 환영을 인생의 길라잡이로 붙여준 것 같으니 말이오. 인간의 지혜로는 알 수 없는 어려운 일을 당할 때마다 그것은 '앞장서서 나아가며 그에게 불빛을 비춰주었소.' 그럴 때마다 수호신은 그와 의견을 같이함으로써 그의 결정에 어떤 신적인 광휘를 부여했으니까요. 다른 중요한 경우에 관해서는 심미아스와, 그 밖에 소크라테스의 다른 친구들에게 물어보시오. 나는 내가 몸소 체험한 경우를 이야기할게요. 우리는 예언자 에우튀프론[36]을 만나러 갔었소. 심미아스, 그대도 기억나겠지만, 소크라테스는 '교차로'[37]와 안도키데스[38]의 집 쪽으로 걸어 올라가며 익살스러운 질문으로 계속 에우튀프론을 놀려댔소. 그러다가 소크라테스는 갑자기 걸음을 멈추고 입을 다물며 잠시 생각에 잠겼소. 그러더니 그는 돌아서서 '상자 제작자들의 거리'로 내려가며, 자기에게 수호신이 나타났으니 앞장서서 걸어가던 일행더러 돌아오라고 소리쳤소. 대부분은 그와 함께 돌아섰고, 나도 에우튀프론과 떨어지기 싫어 다른 사람들과 함께 돌아섰소. 그러나 몇몇 젊은 친구들은 소크라테스의 수호신을 믿을 수 없다는 듯 곧장 나아갔소. 그들은 케베스를 방문하려고 나와 함께 아테나이에 간 피리 연주자 카

32 멜레토스(Meletos)는 소크라테스를 고발한 사람들 가운데 한 명이다. 그들이 소크라테스에게 씌운 죄목 가운데 하나는 "소크라테스는 도시가 믿는 신들을 믿지 않고 새로운 신성들(daimonia)을 도입했다"는 것이었다.
33 엠페도클레스는 기원전 5세기에 활동하던 시칠리아 아크라가스(Akragas) 출신의 그리스 철학자이다.
34 daimonion.
35 『오뒷세이아』 13권 301행.
36 Euthyphron. Charillos.
37 Symbolon. 아고라 북서쪽에 있었다.
38 안도키데스(Andokides 기원전 440년경~390년)는 아테나이의 웅변가이다.

릴로스도 끌고 갔소. 그들은 법정을 지나 '조각가들의 거리'를 내려가다가 돼지 떼와 마주쳤는데, 돼지 떼는 온통 오물투성이였고, 빈틈없이 서로 밀집해 있었소. 옆으로 피할 데가 없어서 우리 친구들은 넘어지거나 오물 범벅이 되었소. 카릴로스도 두 다리와 외투가 오물 범벅이 되어 집으로 돌아왔소. 그래서 우리는 소크라테스의 수호신 이야기만 나오면 절로 웃음이 나오고, 신이 그를 결코 버리거나 소홀히 하지 않는 것에 놀라움을 금할 수 없소."

II

갈락시도로스가 대답했소. "그러니까 테오크리토스, 그대는 정말로 소크라테스가 경험을 통해 일반적인 예언의 규칙을 일부 터득하여 이성으로 알 수 없는 모호한 일에 이를 써먹는 것이 아니라, 과연 소크라테스의 수호신에게는 특별하고 비상한 힘이 있다고 믿는단 말인가요? 1돈[39]의 무게는 그 자체로는 저울대를 기울게 할 수 없지만, 저울대가 균형을 이루고 있을 때 1돈의 무게가 어느 한쪽에 덧붙으면 결정적인 역할을 하듯이, 재채기나 우연한 말이나 다른 전조는 그 자체로는 보잘것없고 가벼워서 묵직한 마음으로 하여금 행동하게 할 수 없지만, 그것이 두 가지 상반된 계산의 어느 한쪽에 덧붙으면 균형을 무너뜨림으로써 문제를 해결하고 충동과 운동이 뒤따르게 하니 말이오."

내 부친께서 끼어드셨소. "아닌 게 아니라 나는 어떤 메가라인한테서—그는 또 테르프시온[40]한테서 들었소—소크라테스의 수호신은 그 자신의 또는 다른 사람의 재채기[41]라고 들었소. 다른 사람이 뒤쪽이든 앞쪽이든 그의 오른쪽에서 재채기를 하면 그가 하려던 일을 하라는 신호이고, 왼쪽에서 재채기를 하면 그만두라는 신호였소. 그 자신의 재채기 중에 그가 망설이고 있을 때 나는 재채기는 진행하라는 신호이고, 이미 진행하고 있을 때 나는 재채기는 그의 행동을 중단시켰다고 했소. 한 가지 놀라운 점은, 그가 실제로 재채기에 의존했다면, 그는 왜 친구들에게 그를 촉구하거나 말리는 것이 재채기라고 말하지 않고 수호신이라고 말하느냐는 것이오. 우리는 소크라테스가 순박함과 진지함 때문에 탁월하고 위대한 인간이라고 믿는데, 만일 그가 이처럼 우연한 말이나 재채기에 놀라서 하던 일을 그만두거나 결심을 번복한다면 이는 분명 그의 공허한 겉치레와 자만심을 말해주는 것이 아니고 무엇이겠소. 그러나 소크라테스의 결정은 매번 흔들리지 않는 불굴의 힘을 보여주는데, 이는 그의 결정이 강력하고도 올바른 판단에 기인했음을 말해주오. 말하자면 그는 친구들이 기꺼이 베풀고 싶어했는데도 평생을 자진하여 가난하게 살았고, 온갖 장애물에도 불구하고 철학을 포기하지 않았으며, 끝으로 친구들의 헌신적인 노력으로 쉽게 도주할 수 있었는데도 친구들의 간청을 받아들이거나 다가오는 죽음을 피하지 않고 불굴의 이성으로 무서운 순간을 맞았소. 이런 것들은 우연한 말이나 재채기에 따라 결심을 번복하는 사람의 행위가 아니라, 더 높은 존재에 의해 선(善)으로 이끌리는 사람의 행동이오.

39 드라크메(drachme). 1드라크메는 4.32그램이다.
40 테르프시온(Terpsion)은 메가라인으로 소크라테스의 제자이다. 메가라(Megara)는 아테나이 서쪽에 있는 도시이다.
41 고대 그리스에서는 재채기를 길조로 여겼다. 『오뒷세이아』 17행 541행 참조.

나는 또 소크라테스가 몇몇 친구에게 아테나이군(軍)이 시켈리아에서 궤멸될 것이라고[42] 예언했다는 말을 들었소. 그리고 그전에 안티폰의 아들 퓌릴람페스[43]는 델리온[44] 전투에서 우리 테바이군이 던진 창에 부상을 입고 추격당하다가 포로가 되었는데, 휴전협상차 이곳에 온 아테나이 사절단한테서 소크라테스가 알키비아데스·라케스[45]와 함께 오로포스[46]의 해안에 도착하여 무사히 귀국했다는 말을 듣고는 가끔 소크라테스의 이름을 불렀고, 자기 친구와 전우들의 이름도 불렀소. 이들은 파르네스 산을 넘어 도주하다가 불행히도 우리 기병대에게 도륙당했는데, 소크라테스의 수호신을 무시하고 소크라테스가 인도하던 길이 아닌 다른 길로 해서 싸움터에서 퇴각했던 것이오. 이 이야기는 아마 심미아스도 들었을 것이오."

"여러 사람한테서 여러 번 들었지요" 하고 심미아스가 말했소. "그 일로 소크라테스의 수호신은 아테나이에서 화젯거리가 되었으니까요."

12

"그렇다면 심미아스, 우리는" 하고 페이돌라오스가 말했소. "갈락시도로스가 예언과 같은 중대사를 재채기와 우연한 말로 장난삼아 축소하도록 내버려두어야 하나요? 무식한 대중도 사소한 일에 심심풀이로 그런 것들에 의지하니 말이오. 그러나 중대한 위험에 빠지거나 중대사를 앞두고는 에우리피데스의 말이 옳아요.

*전투를 앞두고는 아무도 그런 바보 같은 말은 하지 않지요.*⁴⁷

갈락시도로스가 대답했소. "페이돌라오스, 심미아스가 그에 관해 소크라테스한테서 직접 들은 것이 있다면, 나도 기꺼이 듣고 여러분처럼 믿겠소. 하지만 그대와 폴륌니스의 주장은 어렵지 않게 논박할 수 있소. 의학에서 빠른 맥박과 물집은 그 자체로는 사소한 증상이지만 중병의 징후일 수도 있소. 키잡이에게는 새의 울음소리나 한 조각 새털구름이 바람과 거친 파도를 예고해주오. 마찬가지로 582A 재채기나 우연한 말은 그 자체로는 중대사가 아니지만, 예언에 능한 사람에게는 중대사의 전조일 수 있소. 어떤 전문분야도 작은 것으로 큰 것을, 적은 것으로 많은 것을 예고하는 것을 과소평가하지 않기 때문이오. 글자를 읽을 줄 모르는 사람은 보잘것없는 짧은 명문을 보고는 학자가 거기에서 과거의 큰 전쟁들과, 도시들의 창건과 왕들의 행적과 운명을 읽어낼 수 있으리라고 믿지 않을 것이오. 그래서 이 모든 것을 역사가에게 알려주고 말해주는 것은 어떤 신 B 적인 존재라고 주장한다면, 친구여, 그대는 그런 무식꾼의 어리석음에 웃음을 터뜨릴 것이오. 어떤 현명한 사람이 여러 가지 전조를

---

42 기원전 413년. 시켈리아(Sikelia)는 시칠리아의 그리스어 이름이다.
43 Antiphon. 퓌릴람페스(Pyrilampes)는 아테나이의 부자로, 플라톤의 의붓아버지이다.
44 델리온(Delion)은 앗티케 지방에서 가까운 보이오티아 지방의 해안 도시로, 기원전 424년 이곳에서 아테나이군이 테바이군에게 패했다.
45 알키비아데스에 대해서는 『수다에 관하여』 주 120 참조. 라케스(Laches)는 스파르테와의 화친을 주장한 아테나이의 정치가이자 장군이다. Parnes.
46 오로포스(Oropos)는 보이오티아 지방의 해안 도시로, 델리온 남동쪽에 위치해 있다.
47 에우리피데스, 단편 282 (TGF).

이용하여 미래사를 읽어낸다고 해서, 특히 그의 행위를 인도하는 것은 재채기나 우연한 말이 아니라 신적인 존재라고 말한다고 해서 우리가 어리석게도 화를 낸다면, 그것은 아마도 여러 가지 전조가 어떤 의미를 담고 있으며 미래사와 어떤 관계가 있는지 우리가 모르기 때문일 것이오. 폴륌니스, 이번에는 내 그대에게 말하겠소. 순박함과 솔직함으로 어느 누구보다도 철학을 인간화한 소크라테스가 이러한 전조를 '재채기'나 '우연한 말'이라 하지 않고, 거창하게 '수호신'이라 한 것에 그대는 놀라움을 금치 못했소. 나는 오히려 문답법과 말의 대가인 소크라테스 같은 사람이 자신에게 신호를 보낸 것은 '수호신'이 아니라 '재채기'나 '우연한 말'이라고 했다면 몹시 놀랐을 것이오. 그것은 마치 누가 자기에게 부상을 입힌 것은 화살이지 화살을 쏜 궁수가 아니라고 말하고, 무게를 다는 것은 저울이지 저울로 물건의 무게를 다는 사람이 아니라고 말하는 것과도 같소. 행위는 도구에 속하는 것이 아니라, 행위를 위해 도구를 사용하는 이의 것이기 때문이오. 그리고 전조를 보내는 이가 사용하는 전조도 어떤 의미에서는 그의 도구라고 할 수 있소. 하지만 심미아스가 할 말이 있다면, 내 말대로, 그의 말을 들어봐야 할 것이오. 그가 더 잘 알고 있을 테니 말이오."

13

테오크리토스가 말했소. "좋아요. 그렇지만 집 안으로 들어오는 저 사람들이 누군지 일단 알아보도록 합시다. 이방인을 우리에게 소개하려고 데려오는 사람은 에파메이논다스가 분명하오."

우리가 문 쪽으로 시선을 돌리자 에파메이논다스가 앞장서고 히스메노도로스와 박퀼리다스와 피리 연주자 멜릿소스[48]가 그와 함께 하고 있었소. 그리고 위풍당당하지만 점잖고 상냥해 보이는 잘 차려입은 이방인이 그 뒤를 따르고 있었소. 이방인은 심미아스 곁에 앉고, 내 형님은 내 곁에 앉았으며, 나머지는 적당히 골라 앉았소. 방 안이 다시 조용해지자, 심미아스가 내 형님에게 말을 걸었소. "에파메이논다스, 이 이방인은 누구요? 그의 이름은 무엇이며, 그의 조국은 어디요? 교유(交遊)하고 대화하자면 그 정도는 미리 알아두어야 하니까요."

에파메이논다스가 대답했소. "심미아스, 그의 이름은 테아노르[49]이고, 크로톤 출신이오. 그는 퓌타고라스의 위대한 명성을 욕되게 하지 않는 그곳 철학자들 중 한 명이오. 또한 그가 지금 이탈리아에서 여기까지 먼 길을 온 것은 고상한 이론을 고상한 행위로 확인하기 위해서라오."

이때 이방인이 끼어들었소. "하지만 에파메이논다스, 바로 그대가 가장 고상한 행위를 하지 못하도록 막고 있소. 친구들에게 호의를 베푸는 것이 고상한 행위라면, 친구들의 호의를 받아들이는 것은 불명예스러운 행위일 수 없소. 호의에는 베푸는 사람 못지않게 받는 사람이 필요하며, 이 양자가 있어야 호의가 아름답게 완성되는 법이오. 호의를 거절하는 것은 호의를 훼손하는 것이며, 잘 던져준 공을 받지 않고 땅에 떨어지게 하는 것과도 같소. 호의를 받을 자격

---

48 Hismenodoros, Bakchyllidas, Melissos.
49 Theanor.

이 있는 사람에게 호의의 화살을 날려 보냈을 때만큼, 표적을 맞히면 기쁘고 맞히지 못하면 괴로울 때가 또 있을까요? 고정된 표적을 맞히지 못하는 사람은 남 탓을 할 수 없소. 하지만 주고받는 일에서 옆으로 피하며 거절하는 사람은 호의를 모욕하고, 호의가 과녁을 맞히지 못하도록 방해하는 것이오. 에파메이논다스, 내가 무슨 일로 여기까지 배를 타고 왔는지 그대에게는 벌써 충분히 설명했소. 하지만 여기에 모인 다른 분들에게도 설명하여 그분들을 그대와 나 사이의 판관으로 삼을까 하오.

583A

소요 사건이 잇따르자 퓌타고라스 학설 신봉자들은 타격을 받고 이탈리아의 여러 도시에서 쫓겨났소. 그 뒤 살아남은 회원들이 메타폰톤[50]에 있는 집에 모여 회의를 하고 있는데 퀼론 일당이 불을 질렀소. 그래서 다들 불에 타 죽고, 젊고 강하고 민첩한 필롤라오스[51]와 뤼시스만이 간신히 도망쳤소. 레우카노이족[52]의 나라로 도망친 필롤라오스는 벌써 그곳에 다시 모여 퀼론 일당을 제압하기 시작한 다른 동지들과 안전하게 합류했소. 그러나 우리는 뤼시스에 관해서는 아무 소식도 듣지 못했소. 레온티노이 출신 고르기아스[53]가 헬라스에서 시켈리아로 돌아가던 도중, 테바이에 살고 있는 뤼시스를 만났노라고 아레사스[54]에게 전하기 전에는. 아레사스는 뤼시스가 보고 싶어 몸소 항해할 계획을 세웠지만 이제는 늙고 허약한지라, 대신 우리더러 뤼시스를 이탈리아로 모셔오되, 죽었으면 그 유해라도 모셔오라고 명령했소. 하지만 그사이 전쟁이 터지고 폭동이 일어나고 참주정이 들어서는 바람에 그의 생전에는 동지들이 그의 뜻을 이루어줄 수 없었소. 그런데 뤼시스의 수호신은 우리에게 뤼시스가 죽었음을 분명히 알려주었소. 그리고 사정을 잘 아는 사람들

B

이 전하기를, 폴륌니스여, 그는 그대 가족의 보살핌을 받으며 그대들과 함께 살았으며, 그대의 살림살이가 어려운데도 노년에 극진한 대접을 받았을 뿐 아니라 그대 아들들의 아버지로 등재되기까지 하면서 여생을 편안히 보냈다고 했소. 그래서 수많은 원로를 대표하여 젊은 내가 파견되었는데, 그분들은 갖고 있던 돈을 내게 주며 우리한테 많은 호의와 친절을 베푼 대가로, 돈이 없는 그대들에게 주라고 했소. 뤼시스는 그대들 덕분에 편히 쉬고 있소. 그러나 그에게는, 자신의 친구와 동지들이 이곳에 있는 친구들의 호의에 보답하는 것이 훌륭한 무덤보다 더 중요할 것이오."

14

이방인이 이야기하는 동안 내 부친께서는 죽은 뤼시스가 생각나 한참 동안 눈물을 흘리셨소. 그러자 내 형님 에파메이논다스가 여느 때처럼 웃음 지으며 말했소. "카피시아스, 어떻게 되는 거지? 우리는 부를 위해 말없이 가난을 내줄 참인가?" "내주다니요. 천만의 말씀! 가난은 '젊은이들의 좋은 유모(乳母)'[55]인데, 형님이 가난을 옹

---

50 메타폰톤(Metaponton)은 타라스 서쪽에 위치한 도시로, 퓌타고라스의 무덤이 있던 곳이다.
51 Kylon. Philolaos.
52 레우카노이족(Leukanoi)은 남이탈리아 루카니아(Lucania) 지방에 살던 부족이다.
53 고르기아스(Gorgias 기원전 483년경~385년경)는 시칠리아 레온티노이(Leontinoi) 시 출신의 소피스트이다.
54 Aresas. Arkesos로 읽는 이들도 있다.
55 『오뒷세이아』 9권 27행.

호하세요. 말하는 것은 형님 몫이니까요" 하고 내가 대답했소. "아버지, 사실 저는" 하고 에파메이논다스가 말했소. "우리가 돈의 유혹에 맞서 우리 가정을 지키자면 카피시아스의 몸이 유일한 약점일 것이라고 우려했어요. 그가 많은 애인들에게 잘 보이려면 좋은 옷이 필요하고, 체력 단련과 레슬링 연습을 위해서는 잘 먹어야 하니까요. 그러나 그가 우리 집안에 대대로 내려오는 가난을 넘겨주거나 그 색깔이 퇴색되기를 바라지 않고, 비록 소년이지만 검소한 생활에 자부심을 느끼고 우리가 가진 것으로 만족해하니, 도대체 돈 쓸 일이 어디 있겠어요? 우리의 무기에 도금을 하고, 아테나이의 니키아스[56]처럼 방패를 진홍색과 황금으로 장식해야 하나요? 우리는 아버지께 밀레토스산(産) 외투를, 어머니께는 자줏빛 단을 댄 드레스를 사드려야 하나요? 우리는 부를 성가신 손님으로 집 안으로 받아들인 양, 값비싼 미식에 탐닉함으로써 선물로 받은 돈을 위(胃)를 위해 써서는 안 될 테니 말예요."

"무슨 그런 허튼소리를 하는 게냐, 내 아들아!" 하고 내 부친께서 말씀하셨소. "나는 우리 생활이 그렇게 바뀌는 것을 보고 싶지 않구나."

"우리는 또 돈을 지키느라 집 안에 앉아 있을 수도 없을 거예요" 하고 에파메이논다스가 말을 이었소. "그럴 경우 베푼 이의 호의는 호의가 아니고, 재산은 명예로운 것이 아닐 테니까요."

"그야 물론이지" 하고 부친께서 말씀하셨소.

"며칠 전에" 하고 에파메이논다스가 말을 이었소. "텟살리아의 통치자 이아손[57]이 제게 다량의 황금을 보내며 받아주기를 청했을 때, 사람들은 제 솔직한 대답 때문에 저를 거칠고 무례하다고 여겼지요. 저는 그때 독재 권력의 야욕을 채우려고 자유 독립 국가의 평범한 시민을 돈으로 매수하려는 것은 중대한 모욕이라고 그에게 전하게 했으니까요. 이방인이여, 내 그대의 호의는 높이 평가하오. 그것은 고상하고 철학자다우니까요. 하지만 그대는 아프지도 않은 친구들에게 약을 가져왔소. 만약 우리가 교전 중이라는 말을 듣고 그대가 우리를 도우려고 무장과 무기를 싣고 왔다가 우리가 평화롭고 평온하게 지내는 모습을 봤다면, 이제는 필요가 없는데도 그런 것을 우리에게 제공하거나 맡기고 가는 것은 옳지 않다고 여겼을 것이오. 마찬가지로 그대는 우리가 가난에 핍박받는 줄 알고 가난에 맞서 싸울 원군으로 도착했소. 그러나 가난은 우리 식구가 되었으니, 우리는 가난을 잘 견딜 수 있소. 따라서 우리는 가난과 싸울 부(富)라는 무기가 필요 없소. 가난은 우리에게 아무 해코지도 하지 않으니까요. 그러니 고향에 있는 그대의 동지들에게 전해주시오. 그들은 부를 고상한 목적을 위해 사용하지만, 이곳의 친구들은 가난도 고상한 목적을 위해 사용하더라고. 그리고 뤼시스는 무엇보다도 가난을 원망하지 않도록 우리에게 가르쳐줌으로써 자신을 돌봐주고 매장해준 대가를 몸소 갚았다고."

584A

B

15

테아노르가 끼어들었소. "가난을 원망하는 것이 비열하다면, 부를

---

56 펠로폰네소스 전쟁 때 아테나이의 정치가. 『수다에 관하여』 주 83 참조.
57 Iason.

두려워하고 피하는 것은 불합리하지 않나요?"

"불합리하지요" 하고 에파메이논다스가 대답했소. "합리적인 이유에서 부를 거부하는 것이 아니라, 어떤 허영심이나 몰취미에서 거부하는 것이라면 말이오."

"하지만 어떤 합리적인 이유가 명예롭고 정당한 재산 취득을 금할 수 있지요, 에파메이논다스?" 하고 이방인이 물었소. "또는 다음에 관해 말해주시되, 내게는 부디 텟살리아인에게 대답했을 때보다 좀 더 친절하게 말씀해주시오. 그대는 돈을 주는 것은 때로는 옳지만 돈을 받는 것은 어떤 경우에도 옳지 않다고 생각하시오? 아니면 주는 것이나 받는 것이나 어떤 경우에도 나쁘다고 생각하시오?"

"아니오" 하고 에파메이논다스가 말했소. "부의 경우에도 다른 경우와 마찬가지로, 베푸는 것도 받아들이는 것도 때로는 나쁘고 때로는 좋다는 것이 내 생각이오."

"그렇다면 자진하여 기꺼이 빚을 갚는다면, 명예롭게 주는 것이 아닌가요?"

에파메이논다스가 동의했소.

"그렇다면 명예롭게 제공되는 것을 받아들이는 것은 명예롭지 않은가요? 또는 돈을 받되 정당하게 제공하는 사람한테서 받을 때보다 더 정당하게 받을 수 있나요?"

"아니, 없어요" 하고 에파메이논다스가 대답했소.

"그런데 에파메이논다스" 하고 테아노르가 말했소. "두 친구 가운데 한 명이 주어야 한다면, 다른 한 명은 분명히 받아야 할 것이오. 싸움터에서는 명중률이 높은 적군은 피해야 하오. 그러나 호의와 관련해 말하자면, 호의를 베풀려는 친구를 피하거나 물리치는 것은 옳지 못하오. 왜냐하면 가난이 짐이 아니라 해도 부도 불명예스럽거나 배척받아 마땅한 것이 아니기 때문이오."

"옳은 말이오" 하고 에파메이논다스가 말했소. "하지만 정당하게 제공된 선물이라 해도 받아들이는 것보다 거절하는 편이 더 값지고 더 명예로운 경우도 있소. 이 문제는 다음과 같이 생각해보시오. 욕구는 다양하고, 그것이 추구하는 목표도 다양하오. 어떤 욕구들은 '타고난' 욕구라 불리는데, 몸에서 비롯되며 필요한 쾌락을 지향하오. 다른 욕구들은 외부에서 흘러들어온 것으로, 공허한 환상들만 충족시키려 하오. 이런 욕구들이 나쁜 교육 탓에 오랫동안 습관화되어 힘이 강해지면 필요한 욕구들보다 혼에 더 나쁜 영향을 끼친다오. 그런데 습관과 훈련은 가끔 이성을 도와 타고난 정념들의 힘을 약화시킬 수 있소. 그러나 훈련의 모든 힘은 외부에서 유입된 불필요한 욕구들로 돌려서 이성이 이것들을 억제하고 제어할 수 있게 해야 하오. 이성이 음식에 저항함으로써 갈증과 허기도 극복될 수 있을진대, 탐욕과 명예욕이 추구하는 것을 삼감으로써 그런 욕망들을 줄여나가다가 마침내 완전히 말살하는 것은 분명 훨씬 수월할 것이오. 그렇게 생각지 않으시오?"

이방인이 동의하자, 에파메이논다스가 물었소. "그렇다면 그대는 훈련과 훈련이 추구하는 목표의 차이를 인정하시나요? 운동에서 목표는 영관(榮冠)을 두고 경쟁자와 다투는 것이고, 훈련은 연습을 통해 몸이 그런 목적에 맞도록 준비시키는 것이오. 그대는 미덕에도 목표와 훈련의 차이가 있음을 인정하시오?"

"차이가 있음을 인정하오" 하고 이방인이 말했소.

"그렇다면 먼저 말해주시오. 수치스럽고 불법적인 쾌락을 삼가는 것을, 그대는 훈련으로 여기시오 아니면 훈련의 목표이자 증거라고 여기시오?"

"목표이자 증거라고 여기오" 하고 이방인이 말했소.

"자제(自制)의 실천과 훈련은 어떤가요? 그대들 퓌타고라스 학설 신봉자들이 추구하는 것은 지금도 자제의 훈련과 실천 아닌가요? 그대들이 운동을 통해 마치 동물인 양 식욕을 자극한 뒤, 진수성찬을 가득 차려놓은 식탁 가에 잠시 앉았다가 맛있게 먹으라고 하인들에게 음식을 몽땅 넘겨주고는, 이제 식욕이 다스려진 그대들 자신은 소식(素食)으로 만족하곤 할 때 말이오. 허용된 쾌락을 삼가는 것은 금지된 쾌락에 저항하도록 혼을 훈련시키는 것이니까 말이오."

"전적으로 맞는 말이오" 하고 이방인이 말했소.

"마찬가지로 친구여, 정의에도 부와 돈에 대한 정념에 저항하게 하는 훈련 방법이 있소. 그러나 그것은 밤에 어슬렁어슬렁 돌아다니다가 이웃집 재물을 훔치거나 남의 외투를 벗겨가지 않는 것을 뜻하는 것이 아니오. 또한 누가 돈을 받고 조국과 친구들을 배신하지 않는다고 해서 그걸 탐욕에 대한 훈련이라 할 수는 없소. 이 경우에는 법에 대한 두려움 때문에 욕심꾸러기가 범죄를 저지르지 못할 수도 있으니까요. 그보다는, 정당하고 합법적인 이익을 자진하여 그리고 되풀이하여 멀리하는 사람이야말로 부당하거나 불법적인 이익을 멀리하는 습관을 들이도록 자신을 훈련하는 사람이오. 허용된 쾌락을 종종 외면해본 경험이 있는 사람이라야 불법적인 또는 유해한 쾌락의 유혹에도 흔들리지 않을 수 있소. 마찬가지로 탐욕을 오래전부터 미리 마음속에 포박해두고 감시하지 않은 사람은 손만 내밀면 잡을 수 있는 부정한 이익이나 큰 물질적 이익을 초월하기가 쉽지 않소. 이익을 추구하는 것이 합법적일 때는 거침없이 이익을 추구하도록 교육받았다면, 탐욕이 무럭무럭 자라나 부당한 이익을 취하지 못하도록 제지하기가 무척 어려울 것이오. 그러나 친구들의 호의나 왕들의 선물을 받고 자신을 팔기는커녕 모든 횡재를 거부하고, 다가오는 이익을 향해 뛰어들지 못하도록 탐욕을 다스리는 사람에게는 탐욕이 반기를 들거나 생각을 혼란에 빠뜨리는 일이 없을 것이오. 그런 사람은 자부심이 강하고 양심에 거리낄 것이 없으므로 힘들이지 않고 올바른 길을 갈 것이오. 심미아스, 카피아스와 나는 그런 사람들을 사랑하오. 그래서 우리 손님에게 부탁하건대, 우리가 이런 미덕에 도달할 수 있도록 가난 속에서 우리 자신을 훈련할 수 있게 해주시오."

16

내 형이 말을 마치자 심미아스가 두세 번 머리를 끄덕이더니 말했소. "에파메이논다스는 참으로 위대한 사람이오. 그리고 그것은 여기 계신 폴륌니스 덕분이오. 그가 아들들에게 철학을 공부하게 함으로써 최고의 교육을 시켰으니 말이오. 이 문제는 그대가 이분들과 해결하시오, 이방인이여. 그러나 우리가 알아도 괜찮다면 말해주시오. 그대는 뤼시스를 무덤에서 이탈리아로 옮겨갈 작정이오, 아니면 여기 우리 곁에 남아 있게 할 것이오? 이곳에 남기고 우리도 세상을 떠나게 된다면 그는 우리가 그의 다정한 이웃이었음을 알게 될 것이오."

그러자 테아노르가 웃음 지으며 말했소. "뤼시스는 이곳에 애착을 느끼는 것 같소. 에파메이논다스 덕분에 아무것도 아쉬운 게 없었으니까요. 퓌타고라스 학설 신봉자들의 장례 때는 독특한 의식이 치러지는데, 그 의식에 참여하지 못한 사람은 행복한 죽음을 맞지 못했다는 것이 우리의 믿음이오. 그래서 뤼시스가 죽었다는 것을 우리가 꿈에서 알았을 때—우리는 꿈속에 나타나는 어떤 징표를 보고는 그 환영이 죽은 사람의 것인지 산 사람의 것인지 말할 수 있소—, 여러 사람들이 뤼시스는 이국땅에서 다른 관습에 따라 매장되었으니 우리가 그를 고향으로 모신 다음 그곳에서 예를 갖춰 매장해야 한다고 생각했소. 그럴 의도로 나는 여기에 왔소. 이곳 주민 몇 명이 저녁에 나를 무덤으로 안내하자, 나는 헌주하며 뤼시스의 혼백을 불렀소. 돌아와서 내가 어떻게 내 임무를 수행해야 하는지 알려달라고 말이오. 밤이 깊었을 때, 아무것도 보이지는 않았지만 '움직일 수 없는 것을 움직이지 말라'는 목소리가 들리는 것 같았소. 뤼시스의 몸은 친구들이 예를 갖춰 매장해주었고, 그의 혼은 심판을 받고 새로 태어나기 위해 새로운 수호신에게 배정되었다는 것이었소. 그리고 아침에 에파메이논다스를 만나 그가 뤼시스를 어떻게 매장했는지 듣고는, 나는 그가 비밀의식도 뤼시스에게서 제대로 배웠으며, 그의 인생도 뤼시스와 같은 수호신의 지배를 받는다는 것을 알았소. 항해하는 것을 보고 키잡이를 판단할 수 있는 능력이 내게 있다면 말이오. 왜냐하면 인생의 길은 수없이 많지만, 수호신이 인간의 길라잡이가 되는 경우는 흔하지 않기 때문이오." 이렇게 말하고 테아노르는 에파메이논다스를 바라보았는데, 그의 성격과 외모를 다시 관찰하는 것 같았소.

17

그때 의사가 들어와 상처를 치료해주려고 심미아스의 붕대를 풀었소. 그사이 필리다스도 힙포스테네이다스를 데리고 들어와서 카론과 테오크리토스와 나를 따로 부르더니 주랑 모퉁이로 데려갔소. 얼굴을 보니 그는 몹시 흥분해 있는 것 같았소. "설마 예기치 못한 일이 일어난 것은 아니겠지요?" 내가 묻자, 그가 말했소. "내가 예기치 못한 일이 일어난 것은 아니라오, 카피시아스. 나는 힙포스테네이다스가 유약하다는 것을 오래전부터 알고 여러분에게 경고하며, 그에게 우리 계획을 알리지 말고 거사에 참여시키지 말라고 부탁했으니까요." 우리가 이 말을 듣고 아연실색하자, 힙포스테네이다스가 말했소. "필리다스, 제발 그렇게 말하지 마시오. 그리고 조급함을 용기로 오해하고는 우리 자신과 조국에 파멸을 안기지 마시오. 그리고 망명자들이 무사히 돌아가게 하시오, 그것이 그들의 운명이라면."

그러자 필리다스가 화를 내며 말했소. "힙포스테네이다스, 말해보시오. 그대는 얼마나 많은 사람들이 우리 거사에 가담했다고 생각하시오?"

"내가 알기론 30명 이상이오"라고 힙포스테네이다스가 대답했소. "그렇다면 왜" 하고 필리다스가 말했소. "그토록 많은 사람들이 동의한 일을 그대 혼자서 무산시키려 했소? 그대가 이미 이리로 오고 있는 망명자들에게 기수(騎手)를 보내, 오늘은 도시로 다가오지 말고 되돌아가라고 전하게 했으니 말이오. 다행히 그들이 귀국할 모든 조건이 성숙했는데도 말이오."

필리다스의 이 말을 듣고 우리는 모두 크게 놀랐고, 카론은 힙포스테네이다스를 노려보며 말했소. "이 고약한 자여, 그대가 우리에게 무슨 짓을 한 것이오?"

"그건 전혀 위험한 일이 아니오" 하고 힙포스테네이다스가 말했소. "그대가 내게 거친 말을 해대는 대신, 그대만큼 나이가 많고 그대만큼 머리가 센 사람이 내세우는 이유를 들어보려 한다면 말이오. 우리가 동료 시민들에게 두려움을 모르는 용기와 목숨을 초개같이 여기는 기개를 보여줄 작정이라면, 필리다스, 오늘도 시간이 많이 남아 있소. 우리는 해가 떨어지기를 기다리지 말고, 당장 손에 칼을 들고 참주들을 공격합시다. 죽이거나 죽거나, 우리의 목숨을 아끼지 맙시다. 죽이든지 죽든지 하는 것은 어렵지 않소. 그러나 두세 사람의 죽음으로 수많은 적에게 점령되어 있는 테바이를 구하고, 스파르테인들의 수비대를 물리치기란 쉬운 일이 아니오. 필리다스가 연회와 잔치를 위해 아무리 많은 술을 준비한다 해도, 아르키아스의 경호원 1,500명을 취하게 할 수는 없을 것이오. 설령 우리가 아르키아스를 죽인다 해도 아침에 헤립피다스와 아르케소스[58]를 상대해야 하는데, 그들은 술에 취해 있지 않을 것이오. 하거늘 우리는 동지들과 친척들을 확실한 사지(死地)로 불러들이려고 왜 이리 서두르는 거죠? 적들도 그들이 돌아오는 줄 알고 있는데. 그렇지 않다면 왜 이틀 전 테스피아이[59]인들에게 무장한 채로 스파르테인들의 지시를 대기하라는 명령이 떨어졌겠소? 그 밖에도 듣자하니, 그들은 오늘 암피테오스를 심문하고 아르키아스가 돌아오는 대로 처형할 작정이라오. 이 모든 것이 우리의 거사 계획이 탄로 났다는 강력한 증거 아니겠소? 우리가 신들을 달랠 수 있을 만큼이라도 잠시

기다리는 것이 상책 아닐까요? 데메테르 여신께 황소를 제물로 바치던 예언자들이 말하기를, 타다 남은 제물이 도시에 큰 소란과 위기가 닥칠 것임을 예고했다고 했소. 그리고 카론, 그대는 특히 조심해야 할 일이 있소. 어제 내가 시골에서 도시로 들어올 때 에리안테스의 아들 휘파토도로스[60]가 동행했소. 그는 탁월한 인물로 내 절친한 친구인데, 무슨 일이 일어나고 있는지 전혀 모르고 있었소. 도중에 그가 말했소. '힙포스테네이다스, 카론은 그대의 가까운 친구 578A 이지만, 나는 그를 잘 모르오. 그러니 그대가 그에게 조심하라고 일러주시오. 나는 간밤에 아주 이상하고 불쾌한 꿈을 꾸었소. 그것은 카론의 집이 진통을 하며 아이를 낳으려 하는데, 그와 그의 친구들이 안절부절못하며 집 주위에 둘러서서 기도하는 꿈이었소. 그러자 집이 신음하며 알아들을 수 없는 소리를 질렀고, 마침내 안에서 세찬 불길이 솟아오르며 도시가 대부분 화염에 싸였으나, 불길이 카드메이아까지는 미치지 못해 그곳은 연기에 휩싸여 있었소.' 카론, B 그 사람이 내게 말해준 것은 그런 꿈이었소. 나는 그때도 놀랐지만, 오늘 망명자들이 그대의 집에 머무를 것이라는 말을 듣고 더욱 놀랐소. 우리가 적에게 약간의 혼란을 야기하는 것 말고는 이렇다 할 성과도 올리지 못하고 큰 불행을 당하지 않을까 두렵기 때문이오. 나는 도시는 우리 편이고, 카드메이아는 실제로 그러하듯 적의 편

---

58 헤립피다스(Herippidas)와 아르케소스(Arkesos)는 기원전 379년 스파르테의 테바이 수비대 대장들이다.
59 테스피아이(Thespiai, Thespia 또는 Thespeia)는 헬리콘 산기슭에 있는 보이오티아 지방의 도시이다.
60 Erianthes, Hypatodoros.

이라고 보기 때문이오."

18

카론이 힙포스테네이다스에게 무슨 대답을 하려 하는데, 테오크리토스가 끼어들었소. "힙포스테네이다스, 내가 제물을 바칠 때마다 망명자들에게 길조가 나타났지만, 이번 거사에서 이 꿈만큼 내게 용기를 불어넣어준 적은 없었소. 그대가 말하기를, 도시에서는 친구의 집에서 불이 크고 환하게 비쳐 나오고 적들의 성채는 시커먼 연기에 휩싸여 있다고 했는데, 연기는 눈물과 혼란만 가져다줄 뿐이오. 그대는 또 우리 쪽에서는 알아들을 수 없는 소리가 났다고 했는데, 그것은 누가 우리를 배신하려 해도 우리의 거사는 뜬소문과 막연한 의혹만 무성하다가 성공했을 때라야 비로소 드러날 것임을 뜻하오. 또한 그들의 제물이 불길한 전조를 보이는 것은 당연하오. 제물을 바치는 공직도 제물도 테바이 민중의 것이 아니라 통치자들의 것이기 때문이오."

테오크리토스가 말을 마치자, 내가 힙포스테네이다스에게 물었소. "그대는 누구를 망명자들에게 보냈소? 그가 많이 앞서지 않았다면, 우리가 그를 따라잡을 수 있을 것이오."

힙포스테네이다스가 대답했소. "여러분에게 사실을 말하는 것이 더 좋겠지요. 카피시아스, 나는 그대가 그를 따라잡을 수 있을지 의심스럽소. 그는 테바이에서 가장 좋은 말을 타고 갔으니까요. 그는 여러분도 아는 사람이오. 그는 멜론[61]의 우두머리 마부인데, 멜론을 통해 처음부터 우리 거사를 알고 있었소."

나는 그 사람이 눈에 띄어 말했소. "클리돈 말인가요? 지난해 헤라클레스 축제 때 경마에서 우승한 사람?"

"그렇소. 바로 그 사람이오" 하고 힙포스테네이다스가 대답했소. "그렇다면" 하고 내가 말했소. "잠시 동안 우리를 쳐다보며 문밖에 서 있던 저 사람은 누구지요?"

그러자 힙포스테네이다스가 돌아서더니 말했소. "맙소사, 클리돈이로군요. 무슨 불상사가 일어나지 않았으면 좋으련만!"

클리돈은 우리의 시선이 자기를 향하고 있음을 보고 천천히 문간을 등지고 다가왔소. 그러자 힙포스테네이다스가 그에게 고개를 끄덕이며, 우리가 모두 듣는 앞에서 말하라고 했소. "저는 이분들을 잘 알고 있습니다, 힙포스테네이다스" 하고 클리돈이 말문을 열었소. "저는 집에서도 장터에서도 나리를 뵐 수 없자 나리께서 이분들과 함께하실 줄 알고 급히 달려왔습니다. 나리들께서 그간에 있었던 일의 자초지종을 다 아시도록 말입니다. 저는 나리한테서 전속력으로 말을 달려 산에 계신 분들을 만나라는 명을 받고 말을 타러 집으로 갔습니다. 제가 고삐를 달라고 하자, 아내는 고삐를 찾을 수 없었습니다. 아내는 고삐를 찾는 것처럼 광에서 이런저런 도구들을 한참 동안 뒤지다가, 오랫동안 저를 속인 뒤에야 결국 엊저녁에 이웃집 아주머니에게 빌려주었다고 털어놓았습니다. 화가 난 제가 몇 마디 거친 말을 하자, 아내는 심한 악담을 퍼부으며 제가 갈 때도 돌아올 때도 불상사를 당하라고 저주했습니다. 신들께서는 제발 그 모든 것을 아내에게 내리시기를! 결국 저는 분통이 터진 나머지 아

---

61 Melon.

내에게 손찌검을 했고, 그러자 금세 이웃들과 여자들이 떼 지어 몰려들었습니다. 저는 흠씬 얻어맞기도 하고 때려주기도 한 다음 간신히 빠져나와 여러분에게 왔습니다. 저는 지금 형편이 말이 아니니, 제발 그분들에게는 다른 사람을 보내십시오."

19

우리는 이 이야기를 듣고 이상하게 기분이 바뀌었소. 조금 전까지 우리는 거사가 실패할까 봐 절망했는데, 지금은 절박한 위기에 불안하고 두려웠소. 더이상 연기하려야 연기할 수 없었소. 나는 힙포스테네이다스를 향해 돌아서서 그의 손을 잡으며, 신들께서 우리가   B
행동하도록 촉구하고 계신다는 말로 용기를 불어넣어주었소. 그 순간 퓔리다스는 잔치를 준비하고 아르키아스를 술자리로 유인하려고 자리를 떴으며, 카론은 망명자들을 영접하러 갔다오. 테오크리토스와 나는 기회가 나면 에파메이논다스와 상의하려고 심미아스가 있는 곳으로 돌아갔소.

20

그사이 이들은 이른바 소크라테스의 수호신의 본성과 성격이 무엇이냐는, 앞서 갈락시도로스와 페이돌라오스가 제기한 고답적인 문제를 꽤 깊이 있게 다루고 있었소. 우리는 갈락시도로스의 논의에   C
대한 심미아스의 답변은 듣지 못했지만, 그가 이 문제에 관해 소크라테스에게 물어보았으나 답변을 듣지 못해 다시는 묻지 않았다는 말은 들었소. 그러나 심미아스는, 소크라테스가 신적인 존재와 시각적으로 소통한다고 주장하는 사람들은 협잡꾼으로 보는 반면 목소리를 들었다고 주장하는 사람들에게는 귀를 기울이며 진지하게 묻는 것을 자주 목격했다고 했소. "그래서 이 문제를 우리끼리 검토해본 결과" 하고 심미아스가 말을 이었소. "소크라테스의 수호신은 어떤 환영이 아니라, 어떤 목소리를 듣는 것이거나 신비스러운 방법으로 그에게 전달되는 말을 이해하는 것이라고 추정하게 되었소. 마치 꿈속에서 실제로 목소리가 들리지 않아도, 말을 듣는다는 인상을 받으면 남이 말한다고 믿게 되듯이 말이오. 아닌 게 아니라 사람들은 대개 꿈속에서 더 잘 듣지요. 잘 때는 몸이 조용하고 안정된 상태에 있지만, 깨어 있을 때는 날뛰는 정념과 소망들 탓에 마음이 산만해져 신적인 존재의 계시에 귀를 기울이거나 주목할 수 없기 때문이지요. 그러나 소크라테스는 정념에서 자유롭고 필요한 경우에만 몸과 함께하는 순수한 지성의 소유자요. 그래서 그는 자신에게 닿는 것에 금세 반응할 만큼 섬세하고 민감하지요. 그리고 추측하건대, 그에게 닿는 것은 소리가 아니라, 소리 없이 의미를 통해서만 마음과 접촉하는 수호신의 말 또는 생각인 것 같소. 소리는 우리가 서로 말을 주고받을 때 마음이 귀를 통해 말을 받아들이도록 강요하는 가격(加擊)과 같은 것이오. 그러나 더 높은 존재의 지성은 재능 있는 혼을 생각만으로 인도하오. 그런 혼은 가격할 필요가 없기 때문이오. 그런 혼은 더 높은 존재가 욕망의 고삐를 늦추든 당기든 고분고분 복종하오. 그의 욕망은 반항하는 정념에 의해 폭력화하지 않고, 늦춰준 고삐처럼 유연하고 부드러우니까요. 이것은 조금도 놀랄 일이 아니오. 커다란 짐배가 작은 키에 의해 방향이 바

꿰고, 도공의 녹로가 손가락 끝만 닿아도 부드럽게 도는 것을 보면 말이오. 이런 물건들은 생명이 없어도 잘 움직이도록 유연하게 만들어져서, 조금만 눌러도 누르는 자의 뜻에 따라 움직인다오. 그러나 사람의 마음은 무수한 욕망이 실타래처럼 얽혀 있어 가능한 모든 도구들 중에서도 가장 민감한지라, 잘만 다루면 작은 충격에도 생각하는 목표를 향해 마음이 움직인다오. 이런 상황에서는 모든 감정과 충동의 시작 부분이 지적 능력과 맞닿아 있어, 지적 능력이 진동하면 감정과 충동의 현(絃)도 긴장하고 사람도 긴장하게 만들지요. 여기서 우리는 생각의 힘이 얼마나 위대한지 볼 수 있소. 감각이 없는 뼈와 근육과 습기 있는 살과, 이것들로 구성된 전체 덩어리는 무겁고 자력으로 움직일 수 없소. 그러나 혼이 어떤 생각을 품고 자신의 욕망을 그쪽으로 돌리는 순간, 덩어리 전체가 벌떡 일어나 모든 부분이 긴장하며 날개 달린 듯 행동을 향하여 날아가지요. 그리고 어떤 종류의 운동과 긴장과 자극에 의해 혼이 생각하는 것만으로도 욕망의 도움으로 덩어리가 뒤따라오게 하는지 이해하는 것은 불가능하지도 힘들지도 않은 일이오. 말의 도움 없이 단지 생각하기만 한 이유가 힘들이지 않고 몸을 움직일 수 있다면 지성이 더 높은 지성에 의해 인도되고, 마치 생각이 다른 생각에 영향을 주고 빛이 반사광을 낳는 것처럼, 혼이 어떤 접촉에 의해 외부로부터 혼을 장악하는 더 신적인 혼에 의해 인도된다는 것을 의심할 필요는 없을 듯하오. 아닌 게 아니라 우리가 목소리를 듣고 서로의 생각을 아는 것은 어둠 속을 더듬는 것과도 같소. 그에 반해 수호신들의 생각은 찬란하고, 그것을 받아들이는 사람들을 환히 비춰주지요. 수호신들의 생각에는 동사나 명사가 필요 없소. 동사나 명사는 인간들이 생각의 영상이나 그림자를 구별하기 위해 저들끼리 사용하는 상징에 불과하오. 어떤 신적인 빛이 비춰주지 않으면 인간들은 생각 자체를 알 수 없기 때문이오. 하지만 소리를 듣게 되면, 믿지 못하는 사람들은 어느 정도 안심할 수 있소. 공기가 분절된 소리에 의해 알아들을 수 있는 말로 완전히 바뀌면 듣는 사람의 마음에 생각을 전달하기 때문이오. 따라서 매우 유연한 공기가 수호신들에 의해 생각으로 바뀌어, 신의 특별한 사랑을 받는 인간들에게 그런 생각을 품고 있는 분의 의중을 전달한다고 해서 놀랄 필요가 어디 있겠소? 지하에서 땅굴을 파는 소리는 다른 수단을 통해서는 발각되지 않지만, 아래에서 올라오는 소음이 청동 방패에 부딪쳐 되울리면 발각될 수 있소.[62] 마찬가지로 수호신들이 전하는 말은 사방을 떠돌아다녀도 들리지 않고, 성격이 침착하고 혼이 차분한 사람들에게서만 되울리지요. 그래서 우리는 그들을 신성한, 또는 신적인 인간들이라고 일컫는 것이오. 그러나 대부분의 사람들은 신적인 힘은 잘 때에만 영감을 준다고 믿으며, 깨어 있거나 의식이 또렷할 때 그것의 영향을 받는 것은 예사롭지 않은 믿을 수 없는 일이라고 생각하지요. 하지만 그것은 연주자가 현이 풀려 있을 때 뤼라를 연주하고, 현이 조율되어 있을 때는 만지거나 연주하지 않는다고 생각하는 것과도 같소. 그들이 그렇게 생각하는 까닭은 자신들의 혼란과 불협화음이 그 원인이라는 것을 모르기 때문이오. 그러나 내 친구 소크라테스는 그런 것들에서 자유로웠소. 소크라테스가 어린아이였을 때, 신탁이 그의 아버지에게 분명히 예언했듯이 말이오. 신탁

---

62 헤로도토스, 『역사』 4권 200장 참조.

이 그의 아버지에게 이르기를, 소년이 제 생각대로, 제멋대로 하더라도 억지로 말리거나 강제하지 말고 내버려둔 채 소년을 위해 제우스 아고라이오스[63]와 무사 여신들에게 기도하라며, 소년은 자신 속에 1천 명의 교사와 시종보다 더 훌륭한 길라잡이를 갖고 있기 때문이라고 했소.

21

"페이돌라오스, 나는 소크라테스의 수호신에 대해 그가 살아 있을 때나 죽은 뒤에도 그런 생각을 품고 있었소. 재채기나 우연한 말 같은 것으로 그것을 설명하려는 사람들을 우리는 경멸하오. 하지만 이와 관련하여 내가 카이로네이아의 티마르코스[64]한테서 들은 이야기는 말하지 않는 편이 더 좋겠지요. 그것은 토론이라기보다는 신화 또는 지어낸 이야기를 더 닮았으니까요."

"그러지 말고 이야기해주시오" 하고 테오크리토스가 말했소. "신화도 정곡을 찌르지는 못해도 가끔 진리를 내포하고 있으니까요. 그보다 티마르코스가 누군지부터 말해주시오. 나는 모르는 사람이니까요."

"당연하지요, 테오크리토스" 하고 심미아스가 말했소. "그는 젊어서 죽었으니까요. 그리고 그는 자기보다 며칠 먼저 죽은 친구이자 동년배인, 소크라테스의 아들 람프로클레스[65] 곁에 묻히게 해달라고 소크라테스에게 부탁했지요. 티마르코스는 얼마 전 철학에 입문한 재능 있는 젊은이인데, 소크라테스의 수호신의 능력을 알고 싶어 케베스와 나에게만 미리 알리고 트로포니오스의 동굴로 내려갔소. 이 신탁소⁶⁶에서 치르곤 하는 의식을 마치고 나서 말이오. 그는 동굴에서 이틀 밤 하루 낮을 머물렀소. 그래서 대부분의 사람들이 그는 죽었다고 보았고, 친척들은 이미 그를 위해 애도하고 있었소. 그런데 그가 아침에 환한 얼굴로 다시 나타나 무릎을 꿇고 신에게 경의를 표한 뒤, 호기심 많은 군중에게서 벗어나자마자 그가 보고 들은 놀라운 것들을 모두 우리에게 이야기해주었소."

22

"그가 말하기를, 그가 신탁소로 내려가 처음으로 만난 것은 캄캄한 어둠이었다고 하오. 그는 기도하고 나서 잠을 자고 있는지 꿈을 꾸고 있는지 확실하지 않은 상태로 그곳에 한참 동안 누워 있었소. 그러다 쿵 하는 소리가 나면서 그는 머리를 맞은 것 같았는데, 뇌의 봉합선이 갈라지며 혼이 밖으로 나가는 듯했소. 혼은 위로 솟아올라 밝고 투명한 대기와 섞이며 좋아했는데, 그가 보기에 오랫동안 갇혀 있다가 처음으로 기운을 회복하는 것 같았고, 돛처럼 활짝 펼쳐지며 전보다 더 커지는 것 같았소. 이어 그의 머리 위에서 뭔가가 듣기 좋은 소리를 내며 빙글빙글 도는 것 같았다오. 그가 쳐다보았

---

63 '아고라, 즉 장터의 제우스'라는 뜻.
64 Timarchos.
65 소크라테스의 장남 람프로클레스(Lamprokles)는 사실은 소크라테스가 죽었을 때도 살아 있었다고 한다.
66 앞에서 말한 보이오티아 지방 레바데이아(Lebadeia) 시에 있는 영웅 트로포니오스(Trophonios)의 동굴을 말한다.

을 때 대지는 어디에도 보이지 않고, 서로 부드러운 불빛을 비추는 빛나는 섬들만 보였는데, 섬들은 회전운동을 하면서 때로는 이 색깔로 때로는 저 색깔로 색상이 바뀌었소. 섬은 거대하고 무수히 많았으며, 크기가 다 똑같지는 않았지만 모두 원형이었소. 그가 보기에, 대기에서 윙윙거리는 소리가 나는 것은 섬들의 회전운동 때문인 것 같았소. 개별 소리의 조화에 의한 부드러운 음악은 섬들의 부드러운 운동에 상응하는 것 같았기 때문이오. 섬들의 중앙에는 바다 또는 호수가 펼쳐져 있었는데, 그것은 여러 가지 푸른색으로 빛나고 있었소. 몇몇 섬[67]은 해협[68]을 통과하여 흐름[69]을 건넜지만, 대부분의 섬은 흐름에 실려갔소. 바다 자체도 부드럽게 회전운동을 했으니까요. 바다는 깊이가 일정하지 않아, 남쪽으로 갈수록 깊었지만 다른 곳에서는 얕은 웅덩이 같았소. 바다는 물이 들기도 하고 나기도 했지만 조수(潮水)가 심하지는 않았소. 바다는 색상도 여러 가지였소. 어떤 곳은 난바다처럼 순수했으나, 어떤 곳은 탁하고 웅덩이 물처럼 혼탁했소. 섬들은 바다의 파도를 타고 되돌아오곤 했지만, 정확하게 원을 그리며 시발점으로 되돌아오는 것이 아니라 회전할 때마다 원래의 시발점을 조금 앞질러 나선운동을 했소. 이 섬들을 에워싼 바다는 둘레가 가장 긴 중앙부에서 전체의 8분의 1이 조금 못 되는 부분이 안으로 함몰되어 있는 것 같았소. 그곳에는 두 개의 구멍이 나 있는데, 그 구멍들을 통하여 서로 반대방향에서 불의 강이 쏟아지자 푸른 바닷물이 하얗게 거품을 일으키며 뒤로 물러났소.

티마르코스는 이 모든 광경을 보고 마음이 흐뭇했소. 그러나 그가 아래를 내려다보니 마치 공을 잘라놓은 것처럼 둥근 거대한 심연이 눈에 띄었는데, 깊숙하고 무시무시했으며, 가만히 있지 못하고 자꾸만 넘치려는 캄캄한 암흑으로 가장자리까지 가득 차 있었소. 그 심연에서 무수한 동물들의 울부짖는 소리와 신음 소리, 수없이 많은 아이들의 울음소리, 남자들과 여자들의 뒤섞인 탄식 소리가 들려왔소. 알아들을 수 없는 온갖 요란한 소음이 심연에서 들려오자 티마르코스는 겁에 질렸소.

591A

잠시 뒤 모습은 보이지 않고 어떤 목소리가 들렸소. '티마르코스' 하고 목소리가 말했소. '그대는 무엇이 알고 싶소?'

'전부 다요' 하고 티마르코스가 대답했소. '이곳에 있는 것은 놀랍지 않은 것이 없으니까요.'

'우리는 상계(上界)에서 일어나는 일에는 관여할 수 없소' 하고 목소리가 대답했소. '그곳은 신들의 영역이기 때문이오. 그러나 스튁스[70] 강과 경계를 이루는 네 영역 중 하나로, 우리가 관할하는 페르세포네[71]의 영역에 관해서는 얼마든지 물어봐도 좋소.'

'스튁스가 뭐죠?' 티마르코스가 묻자, '하데스로 가는 길이오'라고 목소리가 대답했소. '그대도 보다시피 그것은 우리 앞에 펼쳐져 있고, 그 정점은 빛을 어둠과 갈라놓고 있소. 그대도 보다시피 그것은 하데스에서 솟아오르고 있으며, 빛과 만나는 곳에서 우주

67 행성들.
68 황도대.
69 천구의 적도.
70 스튁스(Styx)는 저승을 흐르는 강들 중 하나이다.
71 페르세포네(Persrphone)는 곡식의 여신 데메테르의 딸이며 저승의 신 하데스(Hades)의 아내이다.

의 마지막 영역의 경계를 획정하고 있소. 모든 사물에는 네 가지 원리가 있소. 첫째는 생명의 원리이고, 둘째는 운동의 원리이고, 셋째는 생성의 원리이며, 넷째는 소멸의 원리요. 눈에 보이지 않는 것들의 경우 단자(單子)가 첫째 것을 둘째 것과 연결하고, 태양의 영역에서는 지성이 둘째 것을 셋째 것과 연결하며, 달의 영역에서는 자연이 셋째 것을 넷째 것과 연결하지요. 그리고 필연의 딸인 운명의 여신[72]이 열쇠를 쥐고 하나하나의 연결을 관장하는데, 아트로포스는 첫 번째 연결을, 클로토는 두 번째 연결을, 라케시스는 생성으로의 전환점이 자리 잡고 있는 달에서의 연결을 관장하오. 다른 섬들은 모두 신들의 몫인데, 달은 지상의 수호신들의 영역이기 때문이오. 달은 간신히 스튁스를 피하지만 177일에 한 번씩 붙잡히지요.[73] 스튁스가 다가오면 혼들은 겁에 질려 비명을 지르지요. 미끄러져 떨어지는 수많은 혼들을 하데스가 낚아채가기 때문이오. 그러나 때마침 생성이 완료된 다른 혼들이 밑에서 헤엄쳐 올라오면 달은 이들을 구해주지요. 하지만 정화되지 않은 불결한 혼들은 구해주지 않아요. 그들이 다가오면 달은 번개를 치고 호통을 치며 쫓아버리지요. 그러면 그들은 자신의 운명을 탄식하며, 그대도 보다시피, 새로운 생성을 위해 다시 아래로 실려가지요.'

'그러나 내 눈에는 아무것도 보이지 않아요' 하고 티마르코스가 말했소. '수많은 별들이 심연 주위를 돌면서, 더러는 심연 안에 잠기고 더러는 밑에서 다시 솟아오르는 것 말고는.'

'그대는 모르고 있군요' 하고 목소리가 말했소. '그대가 보고 있는 것은 수호신들이오. 내가 설명해주겠소. 모든 혼은 지성을 갖고 있으며, 이성이나 지성이 없는 혼은 없소. 다만 몸이나 그 정념들과 섞이는 혼의 부분이 쾌락과 고통과 결합됨으로써 비이성적인 것으로 변질될 뿐이오. 그러나 몸과의 이러한 결합이 언제나 똑같은 것은 아니오. 어떤 혼은 몸속에 푹 빠져 뒤죽박죽이 된 채 평생 동안 정념에 휘둘리오. 다른 사람들은 어느 정도 몸속에 잠기지만, 가장 순수한 것은 바깥에 남겨두오. 그러면 이것은 나머지 부분과 함께 끌려들어가지 않고, 가라앉는 사람의 머리에 매달린 채 부표처럼 수면에 떠 있지요. 그리고 혼이 고분고분 그것에 복종하고 정념의 지배를 받지 않는다면, 그것은 혼을 똑바로 일으켜 세우지요. 몸속에 잠긴 부분은 혼이라 불리고, 타락하지 않는 부분은 대부분의 사람들이 지성이라 부르며 자신들에게 내재한다고 믿는데, 그것은 그들이 거울에 비친 상들이 거울 속에 있다고 믿는 것과도 같지요. 그러나 제대로 아는 사람들은 지성이 바깥에 있다는 것을 알고는[74] 수호신이라 부르지요.'

'그러니, 티마르코스여!' 하고 목소리가 말을 이었소. '그대는 빛이 꺼져가는 것처럼 보이는 별은 몸속에 푹 잠기는 혼이고, 안개와 암흑을 오물처럼 털어버리고 다시 빛을 뿜으며 밑에서 떠오르는 별은 죽었다가 다시 떠올라오는 혼이라고 여겨야 할 것이오. 그리고

---

72 운명의 여신(Moira 복수형 Moirai)은 '각자가 받은 몫'이라는 뜻의 moira가 신격화한 것이다. 이들은 호메로스 이후에는 클로토(Klotho '실 잣는 여자'), 라케시스(Lachesis '할당하는 여자'), 아트로포스(Atropos '되돌릴 수 없는 여자' '가차 없는 여자')의 세 자매인데, 한 명이 실을 자으면 다른 한 명이 이를 감고, 또 다른 한 명은 명(命)이 다하면 실을 끊어 각자의 수명(壽命)을 조절하는 것으로 여겨졌다.
73 고대 그리스인들은 월식의 주기가 6개월이라고 생각한 듯하다.
74 플라톤, 『티마이오스』(Timaios) 90A 참조.

공중을 떠도는 별들은 [지성을 가졌다는] 사람들의 수호신들이오. 그대는 수호신들이 어떻게 혼과 연결되고 결합되어 있는지, 개별적인 차이점들을 구분해보도록 하시오.'

그래서 티마르코스가 이 말을 듣고 유심히 살펴보니, 별들 가운데 더러는 더 흔들리고 더러는 덜 흔들린다는 것을 알 수 있었는데, 꼭 그물의 위치를 표시해둔 부표들이 바다 위에서 껑충껑충 뛰는 것 같았소. 어떤 별은 실 자을 때의 물렛가락처럼 불규칙한 나선을 그렸는데, 직선으로 움직일 수 없는 것 같았소. 목소리의 설명에 따르면 질서정연하게 똑바로 움직이는 수호신들은 좋은 교육과 훈련 덕분에 조종하기 쉬운 혼을 상대하고 있는데, 그런 혼의 비합리적인 부분은 지나치게 완고하거나 난폭하지 않다고 했소.[75] '반면에 속박에서 벗어나려는 듯 상하좌우로 불규칙하게 뒤죽박죽으로 움직이는 수호신들은 사실은 교육을 받지 못해 복종할 줄 모르고 제어하기 어려운 혼과 짝을 이루고 있는데, 때로는 이런 혼을 바른길로 성공적으로 이끌지만, 때로는 이런 혼의 정념에 제압되고 과오에 이끌려 내려가다가 나중에는 이에 저항하며 위로 방향을 틀지요. 수호신은 혼의 비합리적인 부분에 재갈처럼 물려놓은 고삐를 당김으로써 과오에 대해 후회라는 것을 느끼게 하고, 자의적이고 불법적인 쾌락에 대해 수치심을 느끼게 하지요. 수치심이란 혼이 자신을 제어하고 지배하는 부분에 의해 내부로부터 재갈이 물릴 때 느끼는 고통스러운 일격이니까요. 이런 과정은 되풀이되는 징벌에 의해 혼이 고분고분한 동물처럼 유순해지고 고삐에 순종하게 되어 고통스럽게 매질을 당하지 않아도 수호신의 신호와 손짓에 재빨리 반응할 수 있게 될 때까지 계속되지요. 이런 혼들은' 하고 목소리가 말을 이었소. '나중에야 천천히 의무를 향하여 인도되지요. 그러나 태어나자마자 자신의 수호신에 기꺼이 복종하는 혼들에서는 예언자와 영감이 넘치는 인간들이 나오지요.'

'이를테면 그대도 들어봤을 클라조메나이[76] 출신 헤르모도로스[77]의 혼이 그런 혼에 속한다오. 그의 혼은 몸을 떠나 밤낮을 가리지 않고 사방팔방을 떠돌아다니다 먼 곳에서 수많은 대화를 듣고 수많은 사건을 목격하고 돌아오곤 했소. 그러나 결국 그의 아내가 비밀을 누설하자 그의 정적들은 그의 집으로 가서, 혼이 떠나고 없는 그의 몸을 불태워버렸소. 이 이야기는 사실이 아닐지도 모르오. 그의 혼이 실제로 몸을 떠난 것이 아니라, 수호신과 이어진 끈을 느슨하게 늦춰준 다음 수호신이 세상을 두루 떠돌아다니며 바깥세상에서 보고 들은 것을 모두 보고하게 한 것일 수도 있으니까요. 그러나 그가 자고 있을 때 그의 몸을 불태운 자들은 타르타로스[78]에서 여전히 벌 받고 있소. 이런 일들에 관해서라면' 하고 목소리가 말했소. '젊은이여, 그대는 두 달 안에 더 잘 알게 될 것이오. 지금은 떠나도록 하시오!'

목소리가 말을 멈추자, 티마르코스는 돌아서서 말하는 사람이 누군지 보려고 했소. 그러나 그는 또다시 머리가 으스러지는 듯한 심한 통증을 느끼며 의식을 완전히 잃었소. 하지만 잠시 뒤 정신이 돌아

---

75 플라톤, 『파이드로스』(*Phaidros*) 247B, 248A~B 참조.
76 클라조메나이(Klazomenai)는 소아시아 이오니아 지방의 도시이다.
77 Hermodoros. Hermotimos의 오기일 것이라고 한다.
78 타르타로스(Tartaros)는 저승의 가장 깊숙한 곳으로, 특히 신들에게 죄를 지은 자들이 벌 받는 곳이다.

오자 그는 자신이 트로포니오스의 동굴 어귀 가까운 곳, 그가 처음에 누웠던 바로 그 자리에 누워 있다는 것을 깨달았소.

23

이상이 티마르코스가 들려준 이야기요. 그는 아테나이로 돌아가서 목소리가 예언한 대로 두 달 뒤에 죽었소. 우리가 소크라테스에게 이처럼 이상한 이야기를 들려주자 그는 티마르코스가 살아 있을 적에 들려주지 않았다고 우리를 나무라면서, 그에게 직접 듣고 세세히 물어보았으면 좋았을 것이라고 했소.

테오크리토스, 이상으로 내 이야기도 끝나고 내 논증도 끝났소. 하지만 우리 손님에게도 토론에 참가해달라고 부탁해야 할 것 같군요. 이것은 영감이 넘치는 사람들에게 아주 적합한 주제이니까 말이오."

"왜 에파메이논다스는" 하고 이방인이 말했소. "자신의 의견을 제시하지 않는 거요? 그도 나와 똑같은 교육을 받았는데 말이오."

그러자 내 부친께서 웃음 지으며 말씀하셨소. "테아노르, 그 애는 조용하고 워낙 말수가 적지만 배우고 듣는 데는 물릴 줄 모르오. 그 애와 이곳에서 오래 사귄 타라스 출신 스핀타로스[79]가 이와 관련하여 말하기를, 그는 에파메이논다스만큼 많이 알면서도 말수가 적은 사람을 만난 적이 없다고 했소. 그러니 수호신에 관해 그대 자신의 견해를 들려주시오."

24

"내 견해란" 하고 테아노르가 말했소. "티마르코스가 들려준 이야기는 신성한 것이니 신에게 바쳐야 한다는 것이오. 그리고 누구든 심미아스가 한 말을 믿지 않는다면 나는 이상하게 여길 것이오. 백조, 뱀, 개, 말은 신성하게 여기면서, 왜 사람은 신성하며 신의 사랑을 받는다고 여기지 않는 거죠? 사람들은 신을 '인간들의 친구'로 여기지 '새들의 친구'로 여기지는 않잖아요. 말을 좋아하는 사람은 B 모든 종류의 말을 똑같이 보살피는 것이 아니라 언제나 가장 훌륭한 말을 골라 따로 훈련시키고 사육하며 나머지 다른 말들보다 더 아끼는 것처럼, 우리보다 더 우월한 존재들도 마치 가축 떼 중에서 고르듯, 우리 가운데 가장 훌륭한 자들을 골라 인장을 찍고는 이들이야말로 특별한 교육을 받을 자격이 있다고 여기지요. 그들은 고삐나 재갈을 쓰지 않고, 일반 대중은 전혀 모르는 은밀한 신호를 사용해 이들을 이성으로 인도하오. 보통 개는 사냥꾼의 신호를 알아듣지 못하고, 보통 말은 조련사의 신호를 알아듣지 못하오. 그러나 C 조련된 개나 말은 우연한 휘파람 소리나 혀 차는 소리만 들어도 명령을 알아듣고 임무를 수행할 준비를 하지요. 호메로스도 분명 이런 차이를 알고 있었던 것 같소. 그는 어떤 예언자는 새 점쟁이나 사제라고 부르고, 다른 예언자는 신들의 대화를 알아들음으로써 미래를 예언한다고 믿고 있으니 말이오. 그는 이렇게 말하고 있소.

---

79 스핀타로스(Spintharos)는 기원전 4세기에 활동한 퓌타고라스 학설 신봉자이다.

그 결정이 신들의 마음에 들자 프리아모스의
사랑하는 아들 헬레노스가 마음속으로 알아차렸다.[80]

그리고

그렇게 나는 영생하는 신들의 음성을 들었어요.[81]

왕과 장군들은 대중에게는 봉화와 전령의 포고와 나팔 소리로 자신들의 뜻을 알리지만, 심복들에게는 개별적으로 알린다오. 마찬가지로 신도 소수의 사람들과는 드물지만 직접 대화하고 대중에게는 신호를 보내는데, 이것이 이른바 예언의 기원이오. 신들은 지극히 행복한 신적인 인간들로 만들고자 하는 소수의 인간들의 삶을 그렇게 정돈해주지요. 탄생에서 해방되고 육신에서 벗어나 완전히 자유로운 존재가 된 이들 혼은, 헤시오도스의 말처럼[82] 인간을 보살피기 위해 수호신들이 되지요. 나이 많아 훈련을 그만둔 운동선수들도 명예욕과 육체적 탁월성을 향한 관심은 여전하며, 남들이 훈련하는 것을 보고 좋아하는가 하면 격려해주기도 하고 옆에서 나란히 달리기도 하지요. 마찬가지로 인생의 투쟁에서 은퇴하고 혼의 미덕에 힘입어 수호신이 된 사람들도 이 세상에서의 일과 말과 관심사를 완전히 무시하지는 않소. 그들은 같은 목표를 추구하는 인간들에게 호감을 느끼고, 이들을 열심히 응원하기도 하고 미덕을 위한 투쟁에서 격려하기도 하지요. 이들이 바라던 목표에 거의 다 도달하는 것이 보이면 말이오. 수호신들은 아무나 가리지 않고 도와주지는 않으니까요. 수호신들은 해변에 서 있는 사람들과도 같소. 헤엄치는 사람들이 먼 바다에서 다가오는 동안에는 말없이 지켜보고 있다가, 가까이 헤엄쳐오면 그들은 물속으로 뛰어들어가 소리를 지르고 손을 내밀어 안전한 곳으로 끌어올리지요. 친구들이여, 이것이 수호신들의 행태요. 수호신들은 우리가 세파를 헤치며 배를 갈아타듯 몸을 바꾸는 동안에는 자력으로 자신을 구하고 항구에 무사히 닿으려고 집요하게 노력하는 우리를 혼자서 싸우게 내버려두지요. 그러나 혼이 수많은 탄생을 거치며 긴 경주를 굳세게 완주하고는 땀범벅이 된 채 위험을 무릅쓰고 더 높은 세계로 올라가려 할 때는, 혼의 수호신이 혼을 도우러 가도 신은 이를 못마땅하게 여기지 않고, 원한다면 그렇게 하도록 내버려둔다오. 수호신들은 저마다 자기가 맡은 혼을 격려하고 구원하려고 하는데, 가까이 다가와 귀 기울이는 혼은 구원받지만 시키는 대로 하지 않는 혼은 수호신에게 버림받아 비참한 말로를 맞게 되지요." 594A

25

테아노르의 말이 끝나자 에파메이논다스가 나를 바라보며 말했소. "카피시아스, 네 동지들이 더이상 기다리지 않도록 네가 체육관으로 갈 시간이 됐구나. 이 모임은 우리가 적당하다고 생각될 때 파할 것이며, 테아노르도 우리가 보살필 것이다." B

---

80 『일리아스』 7권 44~45행.
81 『일리아스』 7권 53행.
82 헤시오도스, 『일과 날』 122행 이하 참조. 헤시오도스에 관해서는 『수다에 관하여』 주 40 참조.

"그렇게 하시지요" 하고 내가 말했소. "그러나 여기 이 테오크리토스는 갈락시도로스와 제가 보는 앞에서 형님에게 할 말이 좀 있는 것 같은데요."

"좋아" 하고 형이 말했소. "할 말이 있으면 해야지." 이렇게 말하고 일어서더니 형은 우리를 주랑 모퉁이로 데려갔소. 우리는 형 주위에 둘러서서 우리 거사에 가담하도록 형을 한 번 더 설득하려 했소. 형이 말하기를, 자기는 망명자들의 귀국 날짜를 정확히 알고 있으며, 동지들이 상황에 대처할 수 있도록 고르기다스와 힘을 모아 조치를 강구해놓았다고 했소. 그러나 형은 불가피한 경우가 아니면 공정한 재판 없이는 어떤 시민도 죽이고 싶지 않다고 했소. 그 밖에 거사에 책임질 일이 없는 사람들이 몇 명 있는 편이 테바이의 민주정부에도 유리할 것이라고 했소. 그들은 민중의 의심을 사지 않을 테니, 민중은 그들의 조언을 더 신뢰하게 될 것이라고 했소. 우리가 동의하자, 형은 심미아스에게로 돌아가고 나는 체육관으로 내려가 동지들을 만났소. 우리는 레슬링 상대를 바꾸면서 정보도 교환하며 거사 준비를 했소. 우리는 아르키아스와 필립포스도 보았는데, 그들은 몸에 새로 올리브유를 바르고 만찬장으로 떠나는 길이었소. 우리가 구할 수 있기도 전에 그들이 암피테오스를 처형할까 봐 겁이 난 필리다스는 뤼사노리다스를 배웅해주고 돌아온 아르키아스를 곧장 자기 집으로 데리고 들어가며, 당시 그가 사랑하던 귀부인이 연회장에 나타날 것이라는 희망을 품게 했소. 그리하여 그는 아르키아스가 긴장을 풀고 늘 함께하던 술친구들과 질탕하게 마시고 놀도록 설득했소.

26

그사이 해가 지자 바람이 일기 시작하며 날씨가 점점 더 추워졌소. 그래서 사람들은 평소보다 일찍 귀가했소. 우리는 다모클레이다스와 펠로피다스와 테오폼포스[83]를 만나 약속된 장소로 데려갔고, 다른 망명자들도 다른 사람들이 그곳으로 데려왔소. 망명자들은 키타이론 산을 넘자마자 각자 흩어졌기 때문이오. 그리고 날씨가 궂은 덕분에 그들은 얼굴을 가리고 두려움 없이 거리를 지나갔소. 그중 몇 명은 성문을 통과할 때 오른쪽[84]에서 천둥소리 없이 번쩍이는 번개를 보았소. 거사가 위험 없이 성공적으로 끝날 것이 확실한 만큼, 그들에게 이 전조는 안전과 영광을 약속하는 것처럼 보였소.

27

우리들 마흔여덟 명이 모두 집 안에 모여 있고 테오크리토스가 옆방에서 제물을 바치고 있을 때, 요란스레 대문 두드리는 소리가 들렸소. 잠시 뒤 누군가 다가와, 급한 용무로 카론에게 파견된 아르키아스의 수하 두 명이 바깥 대문을 두드리며 문을 열라고 명령하고 있는데, 어서 열어주지 않고 꾸물댄다며 화가 나 있다고 보고했소. 카론은 몹시 당황했지만 당장 문을 열라고 하인들에게 이른 다음, 마치 의식을 치르고 나서 술을 마시고 있는 것처럼 머리에 화관을

---

83 Damokleidas, Theopompos.
84 고대 그리스인들은 오른쪽을 길한 방향으로 여겼다.

쓰고 그들을 만나 용건이 무엇이냐고 물었소.

둘 중 한 명이 대답했소. "우리는 아르키아스와 필립포스가 보내서 왔는데, 그대더러 지체 없이 와서 그분들을 뵈라고 하오."

카론이 무슨 급한 볼일이 있기에 이 시간에 이렇게 부르느냐며 무슨 불상사라도 일어났느냐고 묻자, 수하가 대답했소. "우리는 더는 모릅니다. 그분들께 무어라고 전할까요?"

"그분들께 전하시오" 하고 카론이 말했소. "내가 화관을 벗은 다음 외투를 입고 그대들을 뒤따라오고 있다고. 이 시간에 내가 그대들과 함께 가면, 내가 연행되는 줄 알고 혼란이 생길 테니까요."

"그러시오" 하고 수하가 대답했소. "마침 우리는 성채 아래 있는 수비대에 통치자들의 명령을 전해야 하니까요."

595A

그들이 떠나자 카론은 집 안으로 돌아와 이 모든 것을 전했소. 우리는 거사 기밀이 누설된 줄 알고 모두 대경실색했고, 대부분 힙포스테네이다스를 의심했소. 사람들은 그가 클리돈을 보내 망명자들의 귀국을 막으려다가 실패한 데다, 이제 위험이 닥치자 겁이 나서 거사 계획을 폭로했다고 생각했던 것이지요. 또한 그는 다른 사람들과 함께 카론의 집에 오지도 않았고, 우유부단하고 신뢰할 수 없는 인물로 평이 나 있었소. 그러나 우리는 카론이 소환되었으니 당연히 통치자들에게 가야 한다고 의견을 모았소. 하지만 아르케다모스, 그 전에 카론은 테바이에서 가장 잘생긴 소년인 자기 아들을 불러오게 했는데, 열다섯 살 난 이 소년은 운동 연습도 부지런히 했지만 같은 또래들보다 훨씬 강하고 키도 컸소. "여러분, 이 애는" 하고 카론이 말했소. "아시다시피, 내 하나밖에 없는 사랑하는 자식이오. 나는 이 아이를 여러분에게 맡기며 신들과 수호신들의 이

B

름으로 간청하건대, 내가 배신자로 드러날 경우 여러분은 이 아이를 죽이고, 내 가족을 살려두지 마시오. 그 밖에 여러분은 사태에 용감하게 대처하시고, 소심한 겁쟁이처럼 자신들을 가증스러운 적들에게 맡기지 마시오. 적을 물리치고 조국을 위해 불굴의 용기를 보이시오!"

카론이 이렇게 말하자 우리는 그의 영웅적인 정신과 고상한 마음가짐에 감탄하지 않을 수 없었지만 우리가 그를 의심한다고 생각하는 것 같아 기분이 상해서, 그에게 당장 아들을 데려가라고 했소.

"아무튼 카론" 하고 펠로피다스가 말했소. "그대가 아들을 다른 집으로 보내놓지 않은 것은 잘못한 것 같소. 왜 이 아이가 우리와 함께 이곳에 머물러 위험에 노출되어야 하지요? 지금 당장 이 아이를 보내도록 하시오. 지금 우리가 불상사를 당하면 이 아이라도 의젓하게 자라서 언젠가 참주들에게 우리의 원수를 갚을 수 있도록 말이오."

"아니오" 하고 카론이 말했소. "이 아이는 여기 머무르며 여러분과 함께 위험을 맞을 것이오. 적의 수중에 들어간다는 것은 이 아이에게도 치욕일 테니까요. 그러니 아들아, 너는 네 나이 이상으로 용감하게 자유와 명예를 위해 위험을 감수하도록 해라. 너는 피할 길 없는 싸움을 하게 될 것이며, 네 곁에는 수많은 훌륭한 시민들이 함께 할 것이다. 아직도 희망은 있다. 그리고 우리가 정의를 위해 싸울 때 신께서 틀림없이 우리를 굽어보실 것이다."

28

아르케다모스, 그의 말을 듣고 우리 가운데 여러 명이 눈물을 흘렸소. 그러나 그는 눈물 한 방울 흘리지 않고 침착하게 아들을 펠로피다스에게 맡기더니, 한 사람 한 사람 손을 잡고 우리를 격려한 다음 문밖으로 걸어 나갔소. 하지만 그대는 위험을 앞두고도 두려움 없이 안색이 밝은 소년을 보았더라면 더욱 놀랐을 것이오. 네옵톨레모스[85]처럼 소년은 '안색이 창백해지지도 않고, 두려운 빛을 보이지도 않았으며',[86] 오히려 펠로피다스의 칼을 뽑더니 칼날을 유심히 살펴보는 것이었소.

그때 우리 동지들 가운데 한 명인, 디오게이톤의 아들 케피소도로스[87]가 도착했는데, 손에는 칼을 들고 외투 아래에는 무쇠 흉갑을 입고 있었소. 그는 아르키아스가 카론을 소환했다는 말을 듣고는 우리가 꾸물댄다고 나무라며, 우리더러 당장 적의 집을 향해 출발하라고 재촉했소. 적이 우리를 공격하기 전에 우리가 먼저 적을 공격해야 하며, 그것이 안 되면 집 안에 틀어박혀 있다가 적이 피운 연기에 벌 떼처럼 쫓겨나는 것보다는 아직 대오를 갖추지 못한 적과 노천에서 싸우는 편이 더 유리하다고 했소. 예언자 테오크리토스도 제물이 구원과 승리를 약속하고 안전을 보장한다며, 우리더러 그렇게 하기를 촉구했소.

29

우리가 아직도 무장을 하며 싸울 준비를 하고 있는데, 카론이 웃음

지으며 기분 좋은 얼굴로 돌아왔소. 그는 우리를 보자마자 용기를 내라며, 두려워할 것은 아무것도 없고 우리의 거사가 순조롭게 진행되고 있다고 했소. "내가 도착했다는 말을 들었을 때" 하고 그는 596A 말했소. "아르키아스와 필립포스는 이미 술에 취해 몸도 마음도 말을 듣지 않던 터라 간신히 일어나 문간으로 나왔소. '카론' 하고 아르키아스가 말했소. '망명자들이 시내로 들어와 숨어 있다는 말이 들리던데.' 그의 말에 나는 적잖이 당황해 물었소. '그들이 누구며, 어디 있소?' '우리는 모르오' 하고 그가 말했소. '그래서 우리가 그대를 불러오게 한 것이오. 그대는 더 확실한 소식을 들었나 싶어서 말이오.'

잠시 뒤 나는 정신을 차렸는데, 꼭 한 대 맞았다가 정신이 돌아온 것 같았소. 그러자 그 보고는 뜬소문에 불과하며, 거사 가담자 가운 B 데 어느 누구도 우리의 계획을 누설하지 않았다는 생각이 들었소. 왜냐하면 정확한 정보를 알고 있는 사람이 우리를 배신했다면, 그들이 망명자들의 거처를 모를 리 없기 때문이오. 그래서 내가 말했소. '아닌 게 아니라 안드로클레이다스[88]가 살아 있을 때는 그런 뜬소문과 근거 없는 이야기들이 가끔 우리를 괴롭히곤 했지요. 하지만 이번에는 아무것도 듣지 못했소. 그러나 그대가 원한다면 이번 이야기를 면밀히 검토해보고 주의해야 할 점이 발견되면 그대에게

---

85 네옵톨레모스는 아킬레우스의 용감한 아들로, 트로이아 전쟁이 끝날 무렵 혁혁한 전공을 세운다.
86 『오뒷세이아』 11권 528~530행에서 짜깁기한 것이다.
87 Diogeiton, Kephisodoros.
88 안드로클레이다스(Androkleidas)는 테바이의 망명자로, 아테나이에서 암살당했다.

알리겠소.' '제발 그렇게 해주시오, 카론!' 하고 퓔리다스가 말했소. '이번 일일랑 빠짐없이 살피고 검토해주시오. 이런 일은 한 치의 소홀함도 없이 세세히 살펴봐야 하오. 매사는 불여튼튼이니까.' 이렇게 말하고 그는 아르키아스의 팔짱을 끼고 만찬장으로 데리고 들어갔고, 지금 그들은 그곳에서 술을 마시고 있소.

그러니 동지들이여, 우리는 지체하지 말고 신들께 기도드리고 나서 싸우러 갑시다." 카론이 이렇게 말하자 우리는 기도하고 나서 서로를 격려해주었소.

30

때는 대부분의 사람들이 저녁을 먹을 시간이었고, 바람이 강해지더니 진눈깨비가 내리기 시작했소. 우리가 지나갈 때 거리는 매우 한산했소. 서로 가까이 살던 레온티아데스와 휘파테스를 공격하게 되어 있는 조(組)는 외투를 입고 있었고, 단검 말고는 다른 무기는 휴대하지 않았소. 그 조에는 펠로피다스와 다모클레이다스와 케피소도로스가 포함되어 있었소. 아르키아스 일당을 공격하게 되어 있는 카론과 멜론과 다른 동지들은 옷 안에 흉갑의 전반부를 입고 있었고, 머리에는 전나무 또는 소나무로 만든 잎이 무성한 관을 쓰고 있었소. 그중 몇 명은 여장(女裝)을 하고 있어, 이들은 여자들과 어울려 술을 마신 영락없는 술꾼 패거리였소.

아르케다모스, 우리의 악운은 우리의 용기와 세심한 준비가 적들의 비겁함과 무지보다 더 효과적이지 못하고 양쪽이 서로 균형을 이루게 하고 싶었던지, 처음부터 우리의 모험을 위험한 삽화로 가득 찬

드라마로 만들었으며, 상연 중에도 갑작스러운 위기와 뜻밖의 반전으로 우리의 길을 막곤 했소. 말하자면 카론이 아르키아스와 필립포스를 안심시킨 뒤 집으로 돌아와 거사를 위해 우리를 준비시키는 동안, 이곳 아테나이의 사제인 아르키아스한테서 친구 사이인 테바이의 아르키아스에게 서찰이 도착했는데, 거기에는 망명자들의 귀국과 그들의 음모와 그들이 들어간 집과 그들의 공모자들에 관해 적혀 있었소. 그런데 서찰을 받긴 했지만 이미 고주망태가 되도록 술을 마신 데다 여자를 기다리느라 들떠 있던 아르키아스는, 심부름꾼이 거기에는 중대사에 관한 전언이 들어 있다고 말하자 "중대사는 내일로!"라고 대답했소. 그러고는 서찰을 베개 밑에 넣고 잔을 가져와 채우라고 하더니 필리다스를 계속 거리로 내보내 여자들이 오는지 보라고 했소.

F

31

그가 이렇게 기다리며 술을 마시고 있을 때 우리가 들이닥쳐 하인들을 밀치고 만찬장으로 진입했소. 우리는 잠깐 문턱 위에 서서 그 자리에 참석한 사람의 면면을 살펴보았소. 우리가 화관을 쓰고 변장한 까닭에 그들은 우리가 온 줄 모르고 말없이 조용히 있었소. 그러나 멜론이 칼집에 손을 얹고 맨 먼저 그들 사이로 밀고 들어가자, 추첨으로 공직자가 된 카비리코스[89]가 지나가던 그의 팔을 잡으며 소리쳤소. "필리다스, 이 사람은 멜론 아니오?" 그러나 멜론은 그

597A

---

89 Kabirichos. Lysitheos.

자를 뿌리치며 칼을 빼더니 일어서려고 발버둥 치던 아르키아스에게 돌진하여 그자가 죽을 때까지 찌르고 또 찔렀소. 카론은 필립포스의 목에 부상을 입혔고, 그자가 마침 그곳에 있던 술잔들로 자신을 방어하려 하자 뤼시테오스가 그자를 긴 의자에서 방바닥으로 내던져 죽였소. 우리는 카비리코스에게 조국에 봉사하도록 그런 공직에 임명된 만큼, 참주들을 도울 것이 아니라 조국을 해방하는 일에 협조해달라고 간청하며 그자를 진정시키려 했소. 그러나 그자는 워낙 취해 있어서 아무리 좋게 타일러도 그자의 생각을 좋은 방향으로 바꾸기가 쉽지 않았소. 오히려 그자는 극도로 흥분하여 벌떡 일어서더니, 우리 통치자들이 늘 들고 다니는 창을 휘둘렀소. 나는 창자루를 잡고 창을 내 머리 위로 들어 올리고는 그자에게 창을 놓고 목숨을 구하라고 외쳤으며, 그러지 않으면 우리가 그자를 벨 것이라 했소. 그러나 테오폼포스가 그자의 오른쪽에 나타나더니 칼로 그자를 치고는 말했소. "거기 누워 있으라. 그대가 아첨을 떨던 이자들과 함께! 그대는 해방된 테바이에서는 절대로 화관을 써서는 안 되며, 신들께 제물을 바쳐서도 안 된다. 그대는 조국의 적을 위해 수없이 기도하며 신들의 이름으로 그대의 조국에 수많은 저주를 퍼부었으니까." 카비리코스가 쓰러지자 옆에 서 있던 테오크리토스가 신성한 창을 피투성이가 된 피살자의 몸에서 뽑았소. 하인들 몇 명이 저항하자 우리는 이들을 죽였소. 말썽을 부리지 않는 하인들은 연회장에 가두었는데, 우리가 다른 조도 성공했는지 알기 전에 이들이 밖으로 빠져나가 이번 사건에 관해 소문을 퍼뜨리는 것을 바라지 않았기 때문이오.

32

다른 조에게는 다음과 같은 일이 일어났소. 펠로피다스가 속한 조는 레온티아데스의 바깥 대문으로 소리 없이 올라가 문을 두드렸고, 노예가 달려 나오자 자기들은 칼리스트라토스[90]가 레온티아데스에게 보낸 서찰을 갖고 아테나이에서 왔다고 말했소. 노예는 그들이 한 말을 주인에게 전했고, 문을 열어주라는 명령을 받았소. 노예가 빗장을 벗기고 문을 빠끔히 열자 그들은 안으로 밀고 들어가 노예를 바닥에 내던지고 한달음에 홀을 지나 침실로 들어갔소. 레온티아데스는 대번에 사태를 알아차리고 단검을 빼어 자신을 방어할 준비를 했소. 그자는 비록 불의한 폭군 같은 인간이었지만 용감하고 완력이 강했소. 그러나 그자는 램프를 엎어버리고 어둠 속에서 적대자들과 싸울 생각을 하지 않고 그들이 볼 수 있게 불빛 속에 서 있었소. 문이 열리는 순간 그자는 케피소도로스의 옆구리를 친 다음, 뒤따르던 펠로피다스에게 덤비며 어서 와서 도와달라고 큰 소리로 하인들을 불렀소. 그러나 사미다스 일행에게 제지당한 하인들은 유명한 투사들이기도 한 테바이의 가장 저명한 인사들과 치고받고 싶은 마음이 생기지 않았소. 펠로피다스는 침실의 좁은 출입구에서 레온티아데스와 결투를 했소. 케피소도로스가 그들 사이에 누워 죽어가고 있었기 때문에 다른 사람들이 펠로피다스를 도울 수 없었던 것이오. 결국 펠로피다스는 머리에 가벼운 부상을 입기는 했지만 레온티아데스에게 여러 군데 중상을 입히고 바닥에 내

---

90 Kallistratos. Samidas.

던진 다음, 아직도 살아 있는 케피소도로스의 몸통 위에서 그자를 죽였소. 케피소도로스는 적이 쓰러지는 것을 보고 펠로피다스에게 손을 내밀었고, 다른 사람들에게도 작별인사를 한 다음 평온하게 숨을 거두었소. 이 일을 마치자 그들은 휘파테스에게로 향했소. 같은 계략에 의해 문이 열리자, 그들은 지붕을 타고 이웃집으로 도망치던 그자를 추격하여 죽였소.

33

그리고 나서 그들은 우리 쪽으로 달려오다가 주랑 근처의 거리에서 우리와 마주쳤소. 우리는 서로 인사하며 이야기를 주고받은 다음 교도소로 갔소. 그곳에서 퓔리다스가 교도소장을 불러내더니 말했소. "아르키아스와 필립포스의 명령이오. 암피테오스를 당장 그들 앞으로 데려오래요." 그러나 교도소장은 그때는 그런 명령을 내릴 시간이 아닌 데다 퓔리다스가 싸우느라 흥분해서 차분하지 못했기에 계략을 의심하며 물었소. "퓔리다스, 그런데 언제 통치자들이 이 시간에 사람을 보내 죄수를 불러오게 했지요? 그리고 언제 그분들이 그대를 전령으로 고용했나요? 그대가 받은 암호는 뭐죠?" "이게 내 암호요"라고 말하며 퓔리다스는 갖고 있던 기병용 창으로 그자의 옆구리를 찔러 땅바닥에 쓰러뜨렸는데, 이튿날 아침 수많은 여자들이 이 사악한 자의 시신을 발로 밟으며 침을 뱉었소. 그러고 나서 우리는 교도소 문을 부수어 열고 죄수들의 이름을 불렀는데, 먼저 암피테오스를, 다음에는 저마다 자기가 아는 다른 사람들의 이름을 불렀소. 그들은 우리 목소리를 알아듣고 기뻐서 쇠사슬을

598A

B

질질 끌며 침상에서 벌떡 일어섰소. 그리고 차꼬에 발이 갇혀 있던 자들은 손을 내밀며 자기들을 버리지 말아달라고 큰 소리로 애원했소. 그들이 풀려나는 동안, 근처에 살던 많은 사람들이 무슨 일이 벌어지고 있는지 알고 고무되어 우리와 합류했소. 여자들도 친척 소식을 듣게 되자 보이오티아의 관습도 아랑곳하지 않고 거리 위를 몰려다니며 아무 행인에게나 물었소. 여자들이 아버지나 남편을 만나 동행해도 아무도 막지 않았소. 여자들을 본 사람은 누구나 이 점잖은 여자들의 눈물과 애원에 진심으로 감동했기 때문이오.

34

이때 나는 에파메이논다스와 고르기다스가 그들의 동지들과 함께 아테나 여신의 신전에 모여 있다는 말을 들었소. 그래서 나는 그들과 합류하러 갔소. 그곳에는 훌륭한 시민들이 벌써 많이 모여 있었고, 또 더 많이 몰려들고 있었소. 내가 그동안 있었던 일을 상세히 보고하며 장터로 가서 우리를 도와달라고 간청하자, 그들은 즉시 조국을 해방하는 일에 가세하도록 시민들을 권유하기 시작했소. 몰려든 군중은 온갖 전리품이 가득 들어찼던 주랑들과 근처에 살던 무기 제작자들의 공방들에서 무기를 지급받았소. 힙포스테네이다스도 몇몇 동지, 하인들과 함께 나타났는데, 헤라클레스 축제를 위해 시내에 와 있던 나팔수들을 데려왔소. 나팔수들은 더러는 장터에서, 더러는 다른 곳에서 나팔을 불어대기 시작했소. 적들은 도처에서 공황 상태에 빠졌는데, 온 도시가 들고일어난 줄 알았기 때문이오. 스파르테 점령을 지지하는 자들은 시내에서 카드메이아 성채로 도망치면서, 밤마다 성채 기슭에서 야영하곤 하던 이른바 정예부대까지 데려갔소. 정예부대가 무질서하게 성채로 쏟아져들어오는 동안, 성채 수비대는 우리가 장터를 차지하고 있는 가운데 조용한 곳은 어디에도 없고 사방이 떠들썩하고 소란스러운 것을 보았소. 그래서 1,500명이나 되면서도 그들은 시내로 내려올 엄두를 내지 못했다오. 그들은 사실은 겁이 났던 것이지만, 그날 돌아오기로 약속한 뤼사노리다스를 기다리고 있었노라고 변명했소. 듣자하니, 그자가 이날 성채를 비운 탓에 뒷날 라케다이몬인들의 원로들은 그자에게 무거운 벌금을 부과했다고 하오. 헤립피다스와 아르케소스는 코린토스에서 체포되어 그 자리에서 처형되었는데, 스파르테군 사령관들인 이들은 휴전조약을 맺은 뒤 우리에게 카드메이아를 넘겨주고는 군사들을 이끌고 떠났던 것이오.

결혼에 관한 조언
Gamika parangelmata/
Coniugalia praecepta

세상이 바뀌어 여성의 사회적 지위가 높아진 오늘의 신부(新婦)들에게 플루타르코스의 결혼에 관한 조언은 공감하기가 쉽지 않으리라 생각한다. 그러나 가사(家事)는 기본적으로 부부가 대화를 통하여 상대방의 동의를 얻어 분담하고 처리해야 한다는 등의 조언은 플루타르코스 자신의 결혼생활에서 터득한 불변의 진리이며, 또한 마음에 새겨두면 지금도 도움이 될 만한 명언들이 적지 않다. 이 에세이는 플루타르코스가 결혼을 앞둔 폴리아누스와 에우뤼디케에게 건넨 조언이다.

그대들이 나란히 신방(新房)으로 들어갈 때 데메테르¹ 여신의 사제 138B
가 그대들에게 베푼 전통적인 의식에 이어, 이번에는 나의 말이 그
대들에게 감동을 주고, 그대들에게 도움이 되고, 의식과도 조화를
이루는 방식으로 그대들의 결혼에 기여하길 바라오.

'사나운 수말'이라는 전통적인 피리 연주곡이 있는데, 이 곡은 암
말과 교미하도록 수말을 부추기는 곡이라고 알고 있소. 철학에도
멋진 주제가 많지만, 결혼에 관한 것만큼 진지한 주제가 또 어디 있 C
겠소. 이 주제에 힘입어 철학은 인생의 동반자가 된 두 사람에게 주
술을 베풀어 서로 점잖고 다정하게 대하도록 만들기 때문이오. 그
래서 나는 철학적인 분위기에서 성장한 그대들이 가끔은 들어봤음
직한 것들을, 좀 더 쉽게 생각나도록 짤막한 비유 형태로 한데 모았
다오. 이것을 나는 그대들 두 사람을 위한 선물로 보내며, 무사 여
신들이 아프로디테를 도와주기를 바라오. 뤼라나 키타라²를 잘 조
율하는 것보다는 대화와 조화와 철학으로 결혼과 가정을 잘 조율하
는 것이 오히려 무사 여신들의 임무라고 생각하기 때문이오. 그래
서 옛사람들은 헤르메스³에게 아프로디테 옆자리를 주었는데, 결

혼의 쾌락에는 특히 말이 필요하다고 믿었기 때문이오. 그들은 또 설득의 여신과 우미의 여신들⁴에게도 그 옆자리를 주었는데, 부부는 싸움이나 말다툼이 아니라 설득을 통해 상대방에게서 원하는 바를 얻도록 하기 위해서였소.

01

솔론⁵이 명령하기를, 신부는 잠자리에 들기 전에 마르멜로 열매를 갉아 먹어야 한다고 했는데, 아마 입과 입술에서 발산되는 매력은 처음부터 조화롭고 달콤해야 한다고 생각했던 것 같소.

02

보이오티아⁶ 지방에서는 신부를 베일로 싼 뒤, 머리에는 아스파라거스 화환을 씌워준다오. 이 식물은 가시투성이라도 가장 부드러운 열매를 맺지요. 그와 같이 신부가 처음에 반항하거나 새치미를 따도 물러서지 않거나 짜증을 내지 않는 신랑에게, 신부는 부드럽고 달콤한 결혼생활을 선사할 것이오. 젊은 여인의 첫 투정을 받아넘

---

1 데메테르는 농업과 곡물의 여신이다.
2 『분노의 억제에 관하여』 주 22 참조.
3 말하기, 글쓰기 같은 재능의 보호신으로서.
4 Peitho와 Charites(단수형 Charis).
5 아테나이의 입법자이자 시인. 『수다에 관하여』 주 28 참조.
6 보이오티아(Boiotia)는 앗티케 북서쪽에 있는 지방이며, 수도는 테바이이다.

기지 못하는 남자들은 포도알이 시다고 해서 다 익은 포도송이를 남에게 넘겨주는 사람보다 나을 게 없소. 갓 결혼한 여인들도 흔히 첫 경험 때문에 남편에게 싫증을 내는데, 그들은 벌침을 잘 참고 견디다가 벌집을 놓아버리는 사람들과 같소.

03

특히 결혼 초에는 부부가 서로 다투거나 감정을 상하게 하지 않도록 조심해야 하오. 보다시피, 여러 조각으로 이루어진 용기[7]들은 처음에는 걸핏하면 쉬이 부서지지만, 일단 접합부가 튼튼해지고 나면 불이나 무쇠로도 좀처럼 떼어놓을 수 없으니 말이오.

F

04

왕겨나 부싯깃이나 토끼털에는 불이 쉬이 붙었다가도, 불을 유지하고 자양분을 공급해주는 다른 물질이 없어지고 나면 금세 꺼져버리오. 그와 같이 신체적인 매력에서 세차게 타올랐던 신혼부부 사이의 사랑도 성격에 바탕을 두고 이성에 의해 유지되면서 자생력을 갖추지 않는 한 영속적이거나 안전할 수 없소.

05

독이 든 미끼로 낚시질을 하면 힘들이지 않고 빨리 물고기를 낚아 올리겠지만, 건져 올린 물고기는 상해서 먹을 수가 없소. 마찬가지

159A

로 미약과 마법을 사용하여 쾌락으로 남편을 손아귀에 넣은 여자는 머잖아 아둔하고 멍청한 바보가 되어 있는 자신의 남편을 발견하게 될 것이오. 키르케의 마법에 걸린 남자는 일단 돼지나 당나귀로 변신한 뒤로는 아무짝에도 쓸모가 없어 그녀에게 무용지물이 되었소. 그러나 아직도 분별력이 있고 그녀 앞에서 현명하게 처신하는 오뒷세우스에게는 그녀도 강렬한 사랑을 느꼈소.[8]

06

현명한 남자들에게 복종하기보다 바보들을 지배하기를 더 원하는 여자들은 길을 아는 눈 밝은 사람을 따라가기보다는 장님의 길라잡이가 되기를 더 원하는 사람들과도 같소.

07

여자들은 왕비인 파시파에[9]가 황소와 사랑에 빠졌다는 사실을 믿으려 하지 않소. 여자들 중에 더러는 엄격하고 도덕적인 남편이 부담스러워 수캐나 숫염소처럼 무절제한 호색한과 놀아나기를 더 좋아하는 것을 보면서도 말이오.

B

---

7 통처럼.
8 마녀 키르케(Kirke)가 자신의 섬을 찾아온 오뒷세우스의 전우들을 돼지로 변신시킨 이 이야기에 관해서는 『오뒷세이아』 10권 참조.
9 파시파에(Pasiphae)는 크레테 왕 미노스(Minos)의 아내로, 황소에게 반해 우두인신의 괴물 미노타우로스(Minotauros)를 낳는다.

08

허약하거나 유약하여 말 등에 오를 수 없는 남자들은 말이 무릎을 꿇고 몸을 낮추도록 가르치오. 마찬가지로 돈이 많거나 가문이 좋은 아내를 얻은 남자들 중에는 자신을 개선하는 대신 아내를 낮추려는 자들이 더러 있소. 아내가 낮추어지면 자신들이 아내를 더 잘 지배하게 되리라 생각하는 것이지요. 그러나 말에게 재갈을 물릴 때 말의 키를 고려해야 하듯, 고삐로 아내를 제어할 때는 아내의 위신을 고려해야 하오.

09

달은 해와 멀리 떨어져 있으면 밝고 환하지만, 해와 가까이 있으면 자취를 감춰버리지요. 반대로 현명한 아내는 남편과 함께라면 언제나 모습을 드러내지만, 남편이 출타 중일 때는 집 안에 숨어 지내야 하오.

c

10

여자는 옷을 벗으면서 겸양[10]도 벗어버린다는 헤로도토스의 말[11]은 옳지 않소. 사실은 그 반대이지요. 현명한 여자는 옷 대신 겸양을 입고 다니며, 부부가 서로 겸양의 미덕을 보인다는 것은 서로 진심으로 사랑한다는 증거요.

11

두 음표가 동시에 울릴 때는 저음이 선율을 주도하오. 마찬가지로 훌륭한 가정에서 행해지는 모든 행위는 쌍방의 동의를 거쳐 이루어지지만, 밖으로 드러나는 것은 남편이 주도권을 행사한다는 것이오.

12

해가 북풍을 이긴 적이 있소. 북풍이 세차게 불어대며 어떤 남자의 외투를 억지로 벗기려 했으나, 남자는 외투로 몸을 더 단단히 감쌌소. 그러나 바람이 그친 뒤 해가 따뜻하게 비추자, 남자는 처음에는 따뜻하다가 나중에는 아주 더워져서 결국 외투뿐만 아니라 셔츠까지 벗었다오.[12] 여자들도 대부분 그렇소. 남편들이 장신구와 사치품을 억지로 빼앗으려 하면 여자들은 계속해서 싸우고 다투지만, 알아듣도록 설득하면 아무 불평 없이 사치품을 포기하고 절제 있는 생활을 하게 되지요.

13

카토[13]는 딸이 보는 앞에서 아내와 입 맞춘 남자를 원로원에서 추방

---

10 그리스어 he aidos에는 '부끄러움' '수치심'이라는 뜻도 있다.
11 『역사』 1권 8장 참조.
12 졸역 『이솝 우화』 73번 「북풍과 해」 참조.
13 카토(기원전 234~149년)는 로마의 정치가로, 로마인들의 사치를 질타했다.

결혼에 관한 조언 723

했는데, 그것은 좀 지나쳤던 것 같소. 남들이 보는 앞에서 부부가 서로 입 맞추고 포옹하는 것이 수치라면—아닌 게 아니라 그건 수치요—남들이 보는 앞에서 서로 다투고 욕하는 것은 더 수치스러운 일이 아닐까요? 또는 자기 아내를 향한 사랑과 애정은 비밀로 하면서 공공연히 남을 비난하고 비판하는 것은 더 수치스러운 일이 아닐까요?   F

14

금과 보석으로 장식한 거울이라도 실물을 그대로 비쳐 보여주지 않는다면 아무 쓸모가 없는 것처럼, 아내가 부자라도 자신의 생활과 성격을 남편의 생활과 성격에 맞추지 않는다면 아무 이점이 없다오. 거울이 행복한 사람의 찌푸린 얼굴이나 성이 나서 시무룩한 사람의 싱글벙글 웃는 얼굴을 보여준다면 무가치한 실패작이오. 마찬가지로 남편은 장난치며 놀고 싶은데 시무룩한 표정을 짓거나, 남편은 진지한데 히죽히죽 웃는 아내는 눈치코치도 모르는 무가치한 아내요. 첫 번째 경우에는 불쾌하고, 두 번째의 경우에는 둔감하기   140A
때문이오. 수학자들에 따르면 선과 면은 저절로 움직이는 것이 아니라 그것들이 속한 물체와 더불어 움직이듯이, 아내도 자신의 감정을 가져서는 안 되고 남편과 진지함, 장난기, 걱정, 웃음을 함께 해야 하오.

15

아내가 자신과 함께 식사하는 것을 보기 좋아하지 않는 남편은 그렇게 함으로써 아내가 혼자서 배불리 먹도록 가르치는 것이오. 마찬가지로 아내와 함께하면 즐겁지가 않고, 아내와 장난기나 웃음을 함께 나누지 않는 남편은 그렇게 함으로써 아내가 남편 없이 몰래 쾌락을 추구하도록 가르치는 것이오.

16

만찬장에서는 정비(正妃)들이 페르시아 왕들 옆에 앉아 식사를 하오. 그러나 왕들이 여흥을 즐기거나 취하고 싶으면 정비를 돌려보내고 가희(歌姬)와 후궁들을 불러오게 하오. 그리고 정비들과 취하도록 마시지 않는 왕들의 태도는 백번 옳은 짓이오. 따라서 쾌락에 관한 한 무절제하고 몰취미한 사인(私人)이 첩이나 하녀와 가벼운 과오를 저지르더라도 아내는 화를 내거나 속상해할 것이 아니라, 남편이 다른 여자와 무절제하고 방종하게 놀아나는 것은 아내에 대한 존경심 때문이라고 생각해봐야 하오.

17

왕이 음악을 좋아하면 악사들이 많이 배출되고, 왕이 학문을 좋아하면 학자들이 많이 배출되며, 왕이 운동을 좋아하면 운동선수들이 많이 배출되오. 마찬가지로 남편이 외모를 밝히면 아내는 치장을 하게 되고, 남편이 쾌락을 밝히면 아내는 음란하고 방탕해지며, 남편이 선과 명예를 사랑하면 아내는 정숙하고 단정해진다오.

18

이미 남편에게 다가갔느냐고 누가 젊은 라코니케[14] 여인에게 묻자 그녀는 "아니, 그이가 내게 다가왔지요"라고 대답했소. 가정의 여주인은 그래야 한다고 나는 생각하오. 말하자면 가정의 여주인은 남편 쪽에서 먼저 행위를 시작하면 피하거나 못마땅해하지 않지만, 자기가 먼저 나서지는 않지요. 후자의 경우라면 주제넘고, 전자의 경우라면 건방지고 쌀쌀맞지요.

19

아내는 자신만의 친구들을 두어서는 안 되고, 남편의 친구들을 자신의 친구들로 삼아야 하오. 으뜸가는 가장 중요한 친구는 신이오. 따라서 아내는 남편이 믿는 신만을 숭배하고 인정하는 것이 마땅하며, 이상한 의식이나 외래 미신에는 문을 단단히 걸어 잠가야 하오. 여자가 몰래 은밀히 치르는 의식은 어떤 신도 좋아하지 않기 때문이오.

20

플라톤이 말하기를,[15] "내 것이오" "내 것이 아니오"라는 말이 가장 적게 들리는 나라일수록 번영하는 행복한 나라인데, 그 이유인즉 시민들이 모든 중요한 것을 가능한 한 공유하기 때문이라고 했소. 그런 표현은 결혼에서는 더 단호하게 배제되어야 하오. 의사들이 말하기를, 몸의 왼쪽이 가격당하면 오른쪽에도 느낌이 온다고 하오. 마찬가지로 아내는 남편의 감정을 느껴보고, 남편은 아내의 감정을 느껴보는 것이 바람직하오. 그래야만 마치 여러 가닥이 서로 꼬임으로써 밧줄이 더 튼튼해지듯이, 부부 공동체는 공동의 노력과 선의의 상호교환을 바탕으로 더 잘 보존되는 것이오. 자연이 우리의 몸을 한데 섞어 우리를 결합시키는 것은, 양쪽에서 일부분씩 떼어내 한데 섞어가지고 '내 것' '네 것'을 구별할 수 없을 만큼 양쪽 모두에게 속하는 아이를 낳아주기 위함이오. 재산도 그렇게 공유하는 것이 부부에게는 특히 바람직하오. 부부는 가진 재산을 모두 한데 쏟아놓고 하나로 섞되, 일부는 자기 것으로, 다른 일부는 남의 것으로 간주하지 말고, 전체가 그들 자신의 것이고 어느 것도 남의 것이 아니라고 생각해야 하오. 물이 포도주보다 더 많아도 물로 희석한 포도주를 우리는 포도주라고 부르오.[16] 마찬가지로 재산과 집도 설령 아내가 더 많이 기여했다 하더라도 남편의 것이라고 불려야 하오.

---

14 스파르테.
15 『국가』 462C.
16 『수다에 관하여』 주 25 참조.

21

헬레네[17]는 부를 좋아하고, 파리스는 쾌락을 좋아했소. 오뒷세우스는 지혜롭고, 페넬로페[18]는 현명했소. 두 번째 부부의 결혼은 행복하고 세인의 부러움을 샀지만, 첫 번째 부부의 결혼은 헬라스[19]인들과 비(非)헬라스인들에게 잇단 재앙을 안겨주었소. 141A

22

정숙하고 돈 많고 잘생긴 아내와 이혼했다고 친구들이 나무라자 어떤 로마인이 신고 있던 구두를 내밀며 대답했소.[20] "이 구두는 새것인 데다 모양도 예뻐요. 하지만 어느 부분이 내 발에 끼이는지 아는 사람은 아무도 없소." 그러니 아내는 지참금이나 가문이나 미모에 의지할 것이 아니라, 남편의 마음을 가장 사로잡는 것들인 대화, 성격, 태도를 통해 부부의 일상생활에서 거칠거나 감정을 상하게 하 B
는 것은 아무것도 없고 쾌적하고 조화로운 감정만이 존재하게 해야 하오. 의사들이 분명하고 중대한 원인에서 비롯되는 신열(身熱)보다 모호한 원인에서 비롯되는 만성 신열을 더 두려워하듯이, 눈에 잘 띄지 않지만 부부간에 날마다 반복되는 사소한 충돌이 결혼생활을 망쳐놓는다오.

23

필립포스 왕이 어떤 텟살리아 여인에게 반했는데, 그녀는 그에게 미약을 쓴다고 고소당했소. 그래서 올륌피아스[21]는 그녀를 손아귀에 넣으려고 서둘렀소. 그러나 그녀가 나타났을 때 얼굴도 예쁘고 왕비와 대화도 재치 있게 하자, 올륌피아스가 말했소. "이제 그따위 모함들은 집어치워요. 그대의 마력은 그대 자신 안에 있구먼!" 그러니 정식으로 결혼한 아내가 지참금, 좋은 가문, 미약, 아프로디테의 마법의 허리띠[22] 등을 자신 안에 지니고 있고, 성격과 미덕으로 남편의 호감을 산다면 그야말로 무적(無敵)이오.

24

올륌피아스는 또 궁전에서 일 보던 젊은이가 평판이 나쁜 미인과 결혼하자, "그 젊은이는 골이 비었군요. 그렇지 않다면 눈으로 보기만 하고 결혼은 하지 않았을 테니까"라고 말했소. 눈만 믿거나 손가락으로 세어보기만 하고 결혼을 해서는 안 되오. 아내가 얼마나 많이 가져올 것인지는 따져보면서도, 아내가 인생의 어떤 동반자가 될 것인지는 따지지 않는 사람들처럼 말이오.

17　헬레네(Helene)는 제우스와 레다(Leda)의 딸로 메넬라오스(Menelaos)의 아내이다. 그녀가 트로이아 왕자 파리스(Paris)와 함께 트로이아로 도주한 것이 트로이아 전쟁의 원인이 되었다.
18　페넬로페는 20년 동안 남편이 돌아오기를 기다린 오뒷세우스의 아내이다.
19　헬라스(Hellas)는 그리스의 그리스어 이름이다.
20　『영웅전』 중 「아이밀리우스 파울루스 전」(Aemilius Paullus) 5장 참조.
21　올륌피아스(Olympias)는 필립포스(Philippos) 2세의 부인으로 알렉산드로스 대왕의 어머니이다.
22　『일리아스』 14권 214행. 그리스어로 kestos.

25

소크라테스는 거울을 들여다보는 젊은이들 가운데 못생긴 젊은이들에게는 외모를 미덕으로 벌충하라고 조언하고, 잘생긴 젊은이들에게는 준수한 외모를 악덕으로 망가뜨리지 말라고 조언하곤 했소. 주부(主婦)도 손에 거울을 들 때 못생겼을 경우에는 "내게 덕이 없다면 어떻게 될까?"라고 자문해보고, 잘생겼을 경우에는 "내가 덕까지 겸비한다면 어떻게 될까?"라고 자문해보는 것이 바람직하오. 못생긴 여자에게는 성격 때문에 사랑받는다는 것이, 잘생긴 여자에게는 성격 때문에도 사랑받는다는 것이 자랑거리이기 때문이오.

26

시켈리아의 참주[23]가 뤼산드로스[24]의 딸들에게 값비싼 외투와 목걸이들을 보냈소. 그러나 뤼산드로스는 "이 장신구들은 내 딸들을 장식해주는 것 이상으로 내 체면을 깎아내릴 것이오"라고 말하며 받기를 거절했소. 그런데 소포클레스는 뤼산드로스 이전에 다음과 같이 말한 바 있소.

장식이라니! 가련한 자여! 여기서 눈에 보이는 것은
장식과는 거리가 먼, 그대 마음의 눈먼 광기라오![25]

"장식품이란 장식해주는 것이오"라고 크라테스[26]는 말하곤 했소. 그리고 여자를 장식하는 것은 여자를 단정하게 만들어주는 것인데,

여자를 단정하게 만들어주는 것은 황금이나 보석이나 진홍색이 아니라, 품위 있고 예의 바르고 겸손하다는 인상을 주는 것들이오.

27

결혼의 여신 헤라에게 제물을 바치는 사람들은 쓰디쓴 쓸개는 제물 F
의 다른 부위와 함께 바치지 않고, 떼어내서 제단 옆에 던져버리오.
이런 관행의 창안자는 그렇게 함으로써 결혼생활에는 쓴맛이나 분
노가 자리 잡아서는 안 된다는 것을 넌지시 암시하려는 것이오. 주
부의 쓴맛은 포도주의 쓴맛처럼 건강에 좋고 쾌적해야지, 알로에의
쓴맛처럼 알알하고 약(藥) 같아서는 아니 되오.

28

플라톤은 다른 점에서는 나무랄 데 없지만 성격이 좀 무뚝뚝한 편
인 크세노크라테스[27]에게 카리스[28] 여신들한테 제물을 바치라고 조
언했소. 정숙한 아내에게도 남편과의 관계에서는 우아함이 필요하

---

23 쉬라쿠사이(Syrakousai) 시의 참주 디오뉘시오스(Dionysios) 1세.
24 뤼산드로스(Lysandros)는 펠로폰네소스 전쟁에서 혁혁한 공을 세운 스파르테의 장군이다.
25 소포클레스, 단편 762 (TGF).
26 크라테스(Krates 기원전 365~285년)는 견유학파 철학자이다.
27 크세노크라테스(Xenokrates)는 칼케돈(Chalkedon) 출신 철학자로 플라톤의 제자였으며, 기원전 339~312년 아카데메이아 학원의 수장을 지낸 바 있다.
28 카리스(Charis 복수형 Charites)는 우미(優美)의 여신이다.

오. 메트로도로스²⁹의 말처럼 "그녀가 정숙하다고 해서 매번 성내지 않고 남편과 재미나게 살려면". 여자가 검소하다고 해서 청결을 소홀히 해서는 안 되고, 남편을 사랑한다고 해서 애정 표현에 인색해서는 안 되기 때문이오. 아내가 성격이 거칠면 단정한 품행도 불쾌해지고, 청결하지 못하면 검소함도 싫증나는 법이지요.

29

대담하고 주제넘어 보일까 봐 남편과 웃고 농담하기를 꺼리는 아내는 머리에 향수를 뿌린 것처럼 보일까 봐 기름을 바르지 않거나, 연지를 바른 것처럼 보일까 봐 세수도 하지 않는 아내와 다를 바 없소. 아시다시피 저속하고 상스럽고 부자연스러운 어법을 피하는 시인과 웅변가들은 주제와 배열과 성격 묘사로 청중을 감동시키려고 온갖 기술을 개발하오. 마찬가지로 가정주부도 지나치고 음란하고 과시적인 것은 무엇이든 피하고 거부하는 것이 옳기에 그만큼 더 일상생활에서 우아한 성격으로 남편을 대하는 기술을 개발하여 남편이 명예로우면서도 즐거운 것에 익숙해지게 해야 하오. 그러나 아내가 원래 비타협적이고 제멋대로이고 매력이 없다면 남편은 눈 감아주어야 하오. 안티파트로스가 포키온³⁰에게 명예롭지도 점잖지도 못한 일을 시켰을 때 "나는 그대에게 친구도 되고 아첨꾼도 될 수는 없소"라고 대답했소. 마찬가지로 남편은 덕성스럽고 비타협적인 아내에 관해 '그녀는 내게 아내도 되고 첩도 될 수는 없겠지'라고 생각해봐야 하오.

30

전해 내려오는 관습에 따라 아이귑토스[31] 여자들은 신을 신는 것이 허용되지 않았는데, 여자들을 온종일 집 안에 머물러 있게 하기 위해서였소. 대부분의 여자들도 그대가 황금으로 수놓은 신과 팔찌와 발찌와 진홍색 옷과 진주를 빼앗아버리면 집 안에 머물러 있을 것이오.

31

한번은 테아노[32]가 외투를 걸치다가 팔이 드러났소. 누가 "아름다운 팔이로군요!"라고 소리치자, 그녀는 "그러나 공유재산은 아니오"라고 대답했소. 정숙한 여자는 팔뿐만 아니라 말도 공유재산이 되어서는 안 되오. 정숙한 여자는 몸조심도 해야 하지만 남들이 듣는 앞에서 말조심도 해야 하는 법이오. 여자의 말에서 감정과 성격과 기질을 엿볼 수 있기 때문이오.

---

29 메트로도로스(Metrodoros 기원전 331/0~278/7년)는 람프사코스(Lampsakos) 시 출신 철학자로 에피쿠로스의 제자이다.
30 안티파트로스(Antipatros)는 필립포스 2세와 알렉산드로스 대왕의 장군으로, 알렉산드로스가 원정 나가고 없을 때 그리스를 다스렸다. 포키온(Phokion)은 아테나이의 장군으로 친마케도니아파였다.
31 이집트.
32 테아노(Theano)는 철학자 퓌타고라스의 아내이다.

32

페이디아스[33]가 엘리스에서 제작한 아프로디테 상[34]은 집을 지키고 침묵을 지키는 여자를 상징하기 위하여 거북에게 한 발을 올려놓고 있소. 아내는 남편에게만 또는 남편을 통해서만 말해야 하고, 피리 연주자처럼 남의 혀[35]를 통하여 더 인상적인 소리를 내더라도 기분이 상해서는 안 되오.

33

철학자들을 존중하는 부자들과 왕들은 자신들의 명예도 높이고 철학자들의 명예도 높이오. 그러나 부자들에게 아첨하는 철학자들은 부자들의 명예를 높이기는커녕 자신들의 명예마저 실추시키오. 여자들도 마찬가지요. 여자가 남편에게 복종하면 칭찬받지만, 여자가 남편을 지배하려 들면 여자의 지배를 받는 남편보다 더 초라해지오. 그러나 남편도 아내를 지배하되 주인이 노예를 지배하듯 해서는 안 되고, 아내의 감정을 느껴보고 선의를 통하여 아내와 유착함으로써 혼이 몸을 지배하듯 해야 하오. 따라서 몸의 쾌락과 욕구의 노예가 되지 않고도 몸을 돌보는 것이 가능하다면, 아내를 즐겁고 기쁘게 해주면서도 아내를 지배하는 것 또한 가능할 것이오.

34

철학자들에 따르면, 물체는 더러는 함대나 군대처럼 독립된 단위로 이루어져 있고, 더러는 집이나 배처럼 서로 결합된 단위로 이루어져 있으며, 더러는 동물처럼 하나의 자연 발생적인 통일체를 이루고 있다고 하오. 결혼도 마찬가지요. 사랑하는 사람들끼리의 결혼은 이런 자연 발생적인 통일체를 이루고 있고, 돈이나 자식을 위한 결혼은 서로 결합된 단위로 이루어져 있으며, 단지 동침의 쾌락을 위한 결혼은 독립된 단위로 이루어져 있어, 진실로 함께 사는 것이 아니라 동거(同居)라고 불러야 마땅할 것이오. 과학자들에 따르면 액체는 완전히 혼합된다고 하는데, 부부의 경우에도 몸, 재산, 친구, 친인척이 하나로 섞여야 하오. 로마의 입법자는 부부가 서로 선물하는 것을 금했는데, 이는 부부가 무엇을 공유하는 것을 막기 위해서가 아니라 모든 것을 부부의 공유재산으로 간주하게 하기 위해서였소.

F

143A

35

리뷔에[36]의 렙티스 시에는 신부가 결혼 이튿날 시어머니에게 사람을 보내 냄비를 요구하는 관습이 있소. 이때 시어머니는 자기에게는 냄비가 없다며 거절하는데, 이는 신부가 처음부터 시어머니가

---

33 페이디아스(Pheidias)는 기원전 5세기에 활동한 아테나이 출신 조각가이다. 그의 조각 중에서는 아테나이에 있던 아테나 파르테노스(Athena Parthenos '처녀신 아테나') 상과 엘리스 지방의 올륌피아에 있던 제우스 상이 특히 유명하다.
34 황금과 상아로 만든 '아프로디테 우라니아'(Aphrodite Ourania '하늘의 아프로디테') 상.
35 마우스피스.
36 리뷔에(Libye)는 북아프리카의 그리스어 이름이다.

의붓어머니 같다는 것을 알고, 나중에 더 가혹한 일이 생겨도 화내거나 흥분하지 않게 하려는 것이라오. 아내는 이런 점을 알고 이에 대치해야 하는데, 시어머니가 심술을 피우는 것은 신부가 아들의 사랑을 독차지하기 때문이오. 이를 치유할 수 있는 유일한 방법은 신부가 남편의 사랑을 몰래 받고, 시어머니에 대한 남편의 사랑을 딴 데로 돌리거나 약화시키려 하지 않는 것이오.

36

어머니가 아들을 선호하는 것처럼 보이는 것은 아들이 어머니를 도와줄 수 있기 때문이며, 아버지가 딸을 선호하는 것처럼 보이는 것은 딸이 아버지의 도움을 필요로 하기 때문이오. 부부가 서로 상대방의 특성을 반기고 좋아하는 것은 아마 서로에 대한 존경심 때문인 것 같소. 아무튼 아내가 친정부모보다 시부모를 더 존중하는 것처럼 보이고, 괴로울 때 친정부모에게는 알리지 않고 시부모에게 알리는 것은 잘하는 일이오. 신뢰하는 것처럼 보이면 신뢰받고, 사랑하는 것처럼 보이면 사랑받기 때문이오.

37

퀴로스[37]의 헬라스인 용병대는 장군들에게서, 적군이 함성을 지르며 다가오면 말없이 맞고, 적군이 침묵하면 함성을 지르라는 명령을 받았소. 분별 있는 아내는 남편이 화가 나 소리치면 침묵을 지키다가, 남편의 노여움이 잠잠해지면 좋은 말로 달래려 하지요.

38

에우리피데스가 술자리에서 뤼라를 연주하게 하는 자들을 비난하는 것은 옳은 일이오.³⁸ 음악은 즐거울 때 긴장을 더 이완시키기 위해서보다는 분노와 슬픔을 달래기 위해 불러들여야 하기 때문이오. 그대들도 쾌락을 위해서는 함께 자다가도 화가 나거나 갈등이 생기면 따로 자는 것은 잘못이라고 생각해야 하오. 그런 때일수록 그런 고통을 가장 잘 치유해주는 아프로디테를 불러들여야 하기 때문이오. 호메로스는 분명 이 점을 알고 헤라로 하여금 다음과 같이 말하게 하는 것이오.

나는 그분들의 그칠 줄 모르는 갈등을 풀어드릴까 해요,
*그분들이 다시 잠자리로 돌아가 사랑으로 결합하게 해줌으로써.*³⁹

39

언제 어디서도 아내는 남편의 감정을 사서는 안 되며, 남편도 아내의 감정을 사서는 안 되오. 잠자리를 같이할 때는 특히 이 점에 유의해야 하오. 진통 중인 여자는 자기를 침대로 데려가려는 사람들에게 "침대에서 얻은 병을 침대가 어떻게 치유할 수 있단 말인가

---

37 퀴로스 2세. 다레이오스 2세의 차남인 그가 형 아르타크세르크세스를 축출하고 페르시아 왕이 되고자 한 이야기는 크세노폰, 『페르시아 원정기』(*Anabasis*) 참조.
38 『메데이아』(*Medeia*) 190행 이하 참조.
39 『일리아스』 14권 205행과 209행을 짜깁기한 것이다.

요?"라고 말하곤 했소. 하지만 침대에서 생긴 갈등과 불화는 다른 때 또는 다른 장소에서는 쉽게 해결될 수 없는 법이오.

40

헤르미오네[40]의 다음과 같은 말은 사실인 것 같소.

못된 여인들이 나를 방문한 것이 화근이었어요.[41]   F

그러나 재앙은 그렇게 한다고 해서 일어나는 것이 아니라, 남편과의 불화나 시기심이 못된 여자들에게 문뿐만 아니라 귀까지 열어줄 때 일어나는 것이오. 그럴 경우 분별 있는 아내라면 불난 데 부채질하는 일이 없도록 귀를 막을 것이며, 귓엣말에도 조심할 것이오. 그리고 필립포스의 이야기를 명심할 것이오. 헬라스인들이 필립포스에게 환대받고도 악담을 했다며 그들에게 화를 내도록 친구들이 부추기자 그는 "우리가 그들을 박대한다면 어떻게 될까요?"라고 대답했다 하오. 그러니 험담을 일삼는 여자들이 "당신은 남편을 사랑하고 정숙하건만 남편은 당신에게 고통을 안겨주는군요"라고 말하면, "내가 남편에게 잘못하고 남편을 미워하기 시작한다면 어떻게   144A
될까요?"라고 대답할 수 있을 것이오.

41

도망친 노예의 주인이 오랜 추적 끝에 노예를 발견하고 뒤쫓자 노예는 방앗간[42]으로 달아났소. 그러자 주인이 말했소. "여기서 너를 만나다니 참으로 잘됐구나!" 노발대발하며 이혼장을 쓰려는 아내는 자문해보아야 하오. "내가 화가 나서 남편과 다투고 내 발로 내 집과 침실을 떠난다면 내 연적에게 이보다 더 반가운 일이 어디 있을까!"

42

아테나이인들은 세 가지 신성한 밭갈이 의식을 치르는데, 첫 번째 의식은 최초의 밭갈이를 기념하여 스키론에서 거행되고, 두 번째 의식은 라리아에서 거행되며, 세 번째 의식은 아크로폴리스 아래에서 거행되는 이른바 부쥐기온이오.[43] 그러나 가장 신성한 의식은 자녀의 출산을 위한 부부간의 씨뿌리기와 밭갈이지요. 소포클레스가 아프로디테를 "열매를 많이 맺는 퀴테레이아"[44]라고 부른 것은 잘한 일이오. 그래서 부부는 특히 경건한 마음으로 이 일을 하되, 불경하고 부도덕한 외도를 삼가고, 곡식이 자라기를 바라지 않는 곳이나 열매를 맺으면 부끄러워 숨기게 될 곳에는 씨를 뿌리지 말아야 하오.

B

---

40 헤르미오네(Hermione)는 메넬라오스와 헬레네의 딸로 오레스테스의 아내이다.
41 에우리피데스, 『안드로마케』(*Andromache*) 930행.
42 당시 방앗간은 죄수들이 중노동을 하던 곳이었다.
43 부쥐기온(Bouzygion)은 '황소에 멍에 메우기'라는 뜻이다. 스키론(Skiron)은 아테나이 서쪽에 있는 마을이고, 라리아(Raria)는 아테나이 서쪽 엘레우시스(Eleusis) 근처의 성역이다.
44 퀴테레이아(Kythereia)는 아프로디테의 별명 중 하나이다.

43

웅변가 고르기아스[45]가 올륌피아에서 헬라스인들에게 화합에 관한 글을 읽어주었을 때, 멜란티오스[46]가 "자기 집에서 세 사람, 곧 자신과 아내와 하녀조차 서로 화합하도록 설득하지 못하는 주제에 우리에게 화합에 관해 조언하다니?"라고 말했소. 고르기아스는 하녀를 사랑하고, 아내는 질투하는 것으로 생각되었기 때문이오. 따라서 국가에서, 광장에서, 친구들 사이에서 화합을 도모하려는 사람들은 먼저 집안이 화목하지 않으면 안 되오. 여자들에 대한 죄보다는 여자들의 죄가 눈에 띄지 않는 수가 많기 때문이오.

44

고양이는 [개박하나무] 향내가 나면 흥분하여 미친다고 하오. 만약 여자들도 이와 마찬가지로 향수 냄새 때문에 미쳐 날뛴다면, 남자들이 향수 사용을 자제하지 않고 순간적인 쾌락 때문에 아내들이 고통받게 하는 것은 끔찍한 일일 것이오. 그러나 여자들을 미치게 하는 것은 남편들이 향수를 쓰는 게 아니라 남편들의 외도요. 따라서 하찮은 쾌락을 위해서 아내에게 고통과 혼란을 야기하는 것은 옳지 못하오. 아내를 대할 때는 벌을 대하듯 하는 것이 더 바람직하오. 벌은 방금 여자와 교합한 남자들에게 화를 내며 덤벼든다고 믿어지기에 하는 말이오. 그래서 남편은 아내의 침상으로 다가갈 때는 순결하고 외도로부터 깨끗해야 하오.

45

코끼리에게 다가가는 사람은 밝은 색상의 옷을 입지 않고, 황소에게 다가가는 사람은 붉은 옷을 입지 않소. 이 동물들은 그런 색상을 보면 극도로 흥분하기 때문이오. 그리고 호랑이는 주위에서 북 치는 소리가 들리면 완전히 미쳐 제 몸을 갈기갈기 찢는다고 하오. 남자들도 더러는 진홍색 옷이나 자줏빛 옷을 견디지 못하고, 더러는 심벌즈 소리나 북소리를 싫어하오. 그러니 여자가 그런 것을 삼감으로써 남편을 자극하거나 화나게 하지 않고 남편과 조용히 사이좋게 산다고 해서 나쁠 게 뭐가 있겠소?

46

억지로 끌어당기는 필립포스에게 여자가 말했소. "놓아주세요. 램프가 꺼지면 여자란 똑같아요." 이것은 간통을 일삼는 난봉꾼에게는 좋은 대답이지만, 결혼한 아내는 정작 램프가 꺼졌을 때 여느 여자와 달라야 하오. 아내의 몸이 보이지 않을 때 아내의 미덕과 헌신직이고 변함없는 애정이 빛을 뿜어야 하기 때문이오.

---

45 소피스트. 『소크라테스의 수호신』 주 53 참조.
46 멜란티오스(Melanthios)는 기원전 5세기에 활동한 아테나이의 비극작가이다.

47

플라톤은 노인들에게 충고하기를, 젊은이들에게 존경받으려면 젊은이들을 존중하라고 말하곤 했소.⁴⁷ 노인들이 염치없는 곳에서는 젊은이들이 겸손할 줄도 존경할 줄도 모른다는 것이오. 남편은 이를 명심하고 어느 누구보다도 아내를 존중해야 하며, 부부의 침실은 아내에게 방종이 아니라 규율을 가르치는 학교가 되어야 하오. 아내에게 금지한 쾌락을 즐기는 남편은, 아내에게 자기가 항복한 적과 싸우라고 명령하는 남편과도 같소.

145A

48

에우뤼디케여, 그대는 내 아내 티목세나가 장식품에 대한 애착에 관하여 아리스튈라⁴⁸에게 써 보낸 글을 읽고 명심하시오. 그리고 폴리아노스여, 그대가 과시와 낭비를 멀리하지 않고 도금한 술잔, 벽화, 운반용 동물, 말을 위한 정교한 마구를 좋아하는 것을 보면서도, 그대의 아내가 과시와 낭비를 멀리할 것이라고 생각하지 마시오. 남자들의 거처에 사치가 만연하면서, 여자들의 거처에서 사치를 몰아낸다는 것은 불가능하기 때문이오.

B

폴리아노스여, 이제 그대도 철학을 공부할 나이가 되었으니, 그대에게 도움을 줄 수 있는 사람들과 교유함으로써 철학적 증명과 논쟁으로 그대의 성격을 개선하도록 하시오. 꿀벌처럼 사방에서 유익한 것은 무엇이든 모아서 아내에게 가져가 아내와 나누어 갖고 아내와 토론하여, 그중 가장 좋은 논의가 아내의 친구이자 친지가 되

게 하시오. 아내에게

> 그대야말로 아버지요 존경스러운 어머니이며　　　　　　　　　　C
> 오라비이기도 하니까요.⁴⁹

그러나 아내에게서 다음과 같은 말을 듣는 것도 그에 못지않게 명예롭지요.

> 내 낭군이시여, 그대야말로 내게는
> 길라잡이요, 철학자요, 가장 아름답고 가장 신적인 것을
> 가르쳐주신 스승이에요.

이런 종류의 공부를 하게 되면 무엇보다도 여자들이 온갖 부조리한 태도를 멀리하게 되지요. 수학을 아는 여자는 춤추기를 부끄러워할 것이고, 플라톤이나 크세노폰의 말에 매료되어 마법 따위는 믿지 않게 될 테니까요. 그리고 만약 어떤 마녀가 하늘에서 달을 끌어내리려 하면 수학을 아는 여자는 그런 것을 믿는 여자들의 무지와 어리석음을 비웃을 것이오. 그녀는 천문학도 조금은 알고 있고, 텟살　　D
리아인 헤게토르의 딸 아글라오니케⁵⁰에 관해서도 들었을 테니까요. 만월의 월식 주기를 알고 있어 달이 지구의 그림자에 가려지는

47　『법률』 729B.
48　Timoxena. 아리스튈라(Aristylla)에 관해서는 달리 알려진 바 없다.
49　『일리아스』 6권 429행.
50　Aglaonike. 텟살리아 여인들은 마법에 능한 것으로 알려져 있었다.

시기를 미리 알았던 아글라오니케는 다른 여자들을 속여 자신이 달을 끌어내린다고 믿게 했지요.

어떤 여자도 남자와 교합하지 않으면 아이를 만들 수 없소. 감염으로 인해 자궁 안에 생긴 형체 없는 고깃덩이는 '기태'(奇胎)라고 불리기 때문이오. 여자의 마음에도 그런 일이 일어나지 않도록 조심해야 하오. 여자들이 좋은 말씀의 씨앗을 받아들이지 않거나 남편의 교육에 동참하지 않고 자기 자신에게 맡겨지면, 수많은 부적절한 생각과 저질스러운 계획과 감정을 품기 때문이오.

에우뤼디케여, 그대는 부디 현명하고 훌륭한 분들의 어록을 가까이 하고, 그대가 소녀 시절에 우리와 함께 배운 말들을 늘 화제에 올리도록 하시오. 그러면 그대는 비용을 들이지도 않고 희귀한 보석들로 장식되었으니, 남편의 마음을 흐뭇하게 해주고 다른 여자들에게 경탄의 대상이 될 것이오. 이 부유한 여자의 보석들과 저 이방인 여자의 비단은 높은 값을 치르지 않고는 손에 넣거나 입고 다닐 수 없소. 그러나 테아노, 클레오불리나, 레오니다스의 아내 고르고, 테아게네스의 누이 티모클레이아, 그 옛날의 클라우디아, 스키피오의 딸 코르넬리아[51]와 그 밖에도 경탄의 대상이 된 다른 유명한 여인들을 장식했던 장식품들은 비용을 들이지 않고도 차고 다닐 수 있으며, 이런 장식품으로 그대를 장식하면 그대는 명예롭고 행복한 삶을 살게 될 것이오.

삽포[52]는 어느 부유한 여인에게 다음과 같은 글을 쓸 만큼 자신의 아름다운 서정시를 자랑스럽게 여겼소.

그대가 죽으면 무덤 안에 누워 있을 것이며,

그대에 대한 기억은 사라질 것이오.

무사 여신들의 장미 가운데

그대의 몫은 없기 때문이오.[53]

하거늘 무사 여신들의 장미뿐 아니라, 무사 여신들이 교육과 철학을 찬미하는 사람들에게 아낌없이 나누어주는 열매 중에도 그대의 몫이 있다면, 그대가 자신을 자랑스럽게 여겨서는 안 될 까닭이 어디 있겠소?

---

51 클레오불리나(Cleoboulina), 일명 에우메티스(Eumetis)는 일곱 현인 가운데 한 명인 린도스(Lindos)의 클레오불로스(Kleoboulos)의 딸인데, 현명한 수수께끼를 잘 내기로 유명했다. 고르고(Gorgo)는 기원전 480년 테모퓔라이(Thermopylai) 고갯길에서 300명의 결사대를 지휘하던 스파르테 왕 레오니다스(Leonidas)의 아내이다. 티모클레이아(Timokleia)는 기원전 338년 카이로네이아 전투에서 전사한 테바이의 장군 테아게네스(Theagenes)의 누이이다. 그녀의 대담무쌍한 행동에 관해서는 『영웅전』 중 「알렉산드로스 전」 12장 참조. 여기서 클라우디아(Claudia)는 기원전 203년 지모신 퀴벨레(Kybele)를 로마로 모실 때 로마인들을 도와줌으로써 자신의 정절을 입증한 클라우디아 퀸티아(Quintia)를 말하는 것 같다. 코르넬리아(Cornelia)는 기원전 202년 카르타고 근처 차마에서 한니발에게 결정적인 승리를 거둔 대스키피오의 딸로, 로마의 토지 정책을 개혁하려다 살해당한 그락쿠스 형제의 어머니이다.

52 그리스의 여류 서정시인. 『분노의 억제에 관하여』 주 41 참조.

53 삽포, 단편 55 Lobel/Page

로마의 통치구조

I 공공 단체

1. 원로원(senatus)

원로원은 왕정 시대에는 왕을 자문하는 귀족 단체였으나 공화정 시대에는 민회와 고위 관리들과 더불어 중추적인 통치기구였다. 원로원은 전직 고위 관리로 이루어졌으며 무보수 종신직이었다. 공화정 초기에 300명이던 인원이 술라 시대에는 600명으로, 카이사르 시대에는 900명으로 늘어났으나 아우구스투스가 다시 600명으로 감축했다. 사실상 로마의 부유하고 유력한 귀족들로 구성된 원로원이 고위 관리들의 자문에 응하는 형식으로 '원로원 결의'(senatus consultum)라는 결정을 내리면 법적 구속력은 없었지만 강력한 영향력을 행사했다. 그러다가 제정 시대에 이르러 점점 권위는 있으나 실권은 없는 유명무실한 기구가 되었다.

2. 민회(comitia)

민회는 로마 평민의 이익을 대변하는 단체로, 관리들이 제출한 안건에 표결권을 행사했다. 로마의 평민은 쿠리아(curia 로마에는 초기에 각 트리부스마다 10개의 쿠리아가 있었다), 켄투리아(centuria 로마 군단의 최소 단위로 100명으로 구성된다. 흔히 '백인대'라고 한다), 트리부스(tribus '부족'이라는 뜻으로, 로마에는 초기에 3개의 트리부스가 있었다)로 나누어졌다. 그래서 민회도 쿠리아 민회(comitia curiata), 켄투리아 민회(comitia centuriata), 트리부스 민회(comitia tributa, 일명 평민 집회concilium plebis)의 세 종류가 있었다. 특정 집단이 아니라 평민 전체가 소집될 때는 총회(contio)라고 했다.

■ 쿠리아 민회_ 왕정 시대부터 로마 평민은 30개의 쿠리아('구역'으로 번역할 수 있을 것이다)로 나뉘는데, 이들의 집회는 입법권은 없고 자신들의 구역에 관계되

는 사안을 경청했다. 형식적이지만 왕위 계승이나 선전포고 같은 주요 사안을 비준했으며, 공화정 시대에는 신임 고위 관리에게로의 권력 이양을 비준했다. 그 밖에도 유언이나 입양 같은 문제에 증인이 되기도 했다. 후기로 갈수록 점점 권한이 축소되었다.

■ 켄투리아 민회_ 이 민회는 기원전 450년 이후 부유한 계급에게 더 많은 권한을 부여하기 위해 생긴 것으로 원래는 군대의 집회였다. 따라서 이들의 집회는 시내가 아니라 티베리스 강변의 마르스 들판(Campus Martius)에서 열렸다. 공화정 시대에는 이들이 모든 고위 관리들을 선출했고, 선전포고 권한이 있었으며, 집정관과 그 밖에 명령권(imperium)을 가진 다른 고위 관리의 발의에 따른 입법권을 행사했고, 사형이 선고된 사건의 항소 법정 노릇도 했다. 이들이 가결한 법안은 원로원이 부결할 수 있었으나, 나중에는 이러한 제한도 사실상 철폐되었다.

■ 트리부스 민회 또는 평민 집회_ 이 민회는 트리부스별 평민 집회로 호민관들(tribuni plebis)의 주재 아래 개최되었으며, 귀족들은 참석할 수 없었다. 그들의 결의, 이른바 평민 결의(plebiscitum)는 점점 구속력이 강해져 기원전 287년 이후에는 평민뿐만 아니라 귀족에게도 구속력이 있는 것으로 인정되었다. 이들은 호민관과 평민 조영관들(aediles plebi)을 선출했다.

II 고위 관리

고위 관직 또는 고위 관리는 마기스트라투스(magistratus)라고 하는데 집정관·독재관·법정관·조영관·재정관·호민관·감찰관이 여기에 속한다. 독재관 이외에는 모두 복수로 선출되었으며 연임(連任)은 금지되었다. 기원전 180년 호민관 루키우스 빌리우스의 발의로 통과된 '빌리우스 연령 법'(lex Villia annalis)과 기원전 81년 독재관 코르넬리우스 술라의 발의로 통과된 '코르넬리우스 법'(lex Cornelia)에 따라 관직의 순서(cursus honorum)와 최저 연령은 다음과 같이 정해졌다. 고위 관리가 되려는 사람은 먼저 군복무를 마친 뒤 재정관에서 출발하여 조영관, 호민관, 법정관을 거쳐 집정관이 되었으며, 최저 연령은 재무관은 31세, 조영관은 37세, 법정관은 40세, 집정관은 43세였다. 그러나 비상시에는 이런 규정이 무시되었는데, 예컨대 소(小)스키피오는 제3차 포이니 전쟁 때 37세로 집정관이 되었다. 제정 시대에는 황제가 관직을 수여하게 됨에 따라 이러한 규정도 바뀌어 25세에 재정관이 될 수 있었다.

1. 집정관(consul)

로마 공화정의 최고 관리로, 군 통수권을 행사했다. 기원전 509년 왕정이 폐지되면서 동등한 권한을 가진 2명의 집정관이 왕의 명령권(imperium), 즉 통수권과 사법권을 물려받았다. 그들은 매년 켄투리아 민회에서 2명씩 선출되었는데, 기원전 4세기 중엽부터는 2명 중 1명은 평민 출신이어야 했다. 감찰관 같은 새로운 관직이 생기면서 집정관의 권한은 점점 축소되었으나 원로원을 소집하여 회의를 주재할 권한과 통수권은 그대로 유지되었다. 나중에 집정관은 임기가 끝난 뒤에도 전직 집정관(proconsul)으로서 통수권을 행사하거나 속주를 통치할 수 있었다. 로마의 달력에서는 마땅한 기원(紀元)이 없어 '아무개 아무개가 집정관이던 해'라는 식으로 연대를 표시했다. 제정 시대에는 집정관직이 유명무실한 명예직이 되면서 임기도 두 달 또는 넉 달로 줄어들었고, 1월 1일에 취임한 집정관만이 그 해에 자기 이름을 주었다.

2. 독재관(dictator)

독재관은 선출되지 않고 비상시에 한하여 최고 6개월 임기로 원로원의 발의에 따라 집정관이 임명했다. 임무를 완수하고 나면 그 전에라도 직책에서 물러났다. 독재관은 혼자서 통수권과 사법권을 행사했으며, 아무도 여기에 거부권을 행사할 수 없었다. '보병 대장'(magister populi)이라고도 불리는 독재관은 임명되자마자 '기병 대장'(magister equitum)을 조수로 임명하여 필요할 때 자신의 권한을 대행하게 했다. 다른 관리들은 독재관에 종속되어 업무를 수행했다. 기원전 3세기에는 독재관직의 의미가 퇴색되었다. 그러나 기원전 82년 술라는 '공화정을 회복하기 위해', 즉 무기한으로 독재관에 임명되었다. 율리우스 카이사르도 기원전 49년에 기원전 48년도 선거를 관리한다는 특수 목적으로 독재관에 임명되었다가 기원전 48년 다시금 독재관으로 임명되고, 기원전 46년에는 10년 임기로, 마지막으로 기원전 44년에는 종신 집정관으로 임명되었다. 이런 집정관직은 초기의 집정관과는 의도가 다른 것이다. 기원전 44년 카이사르가 암살당하고 집정관직은 폐지되었으며, 그후로는 부활되지 않았다.

3. 감찰관(censor)

기원전 443년경부터 5년마다 전직 집정관들 가운데 2명의 감찰관이 켄투리아 민회에서 선출되었다. 그들은 18개월 동안 임무를 수행한 뒤 정화의식으로 임무 수행을 마감했다. 그들은 과세와 징병을 위해 인구조사(census)를 하고 시민들의 재산 정도를 재심사했으며 재산 규정에 어긋나거나 도덕적으로 결함이 있는 원로원 의원들을 제명하고 보충하는 일도 했다. 또한 그들은 공공사업과 징세청부, 국유지 임대를 위한 계약을 체결하기도 했다. 공화정 초기와 중기에 절정에 달했던 그들의 권위는 술라가 원로원의 권한을 강화하면서 축소되었다. 제정 시대에는 원로원을 통제하기 위해 황제들이 감찰관의 권한을 행사했다.

4. 법정관(praetor)

법정관은 로마 공화정에서 집정관 다음으로 높은 관리이다. 두 집정관의 업무 부담을 덜어주기 위하여 기원전 367년부터 매년 켄투리아 민회에서 선출된 프라이토르 우르바누스(praetor urbanus '도시의 법정관'이라는 뜻)가 로마 시민들 사이의 재판을 관장했다. 기원전 242년에는 프라이토르 페레그리누스(praetor peregrinus '외국의 법정관'이라는 뜻)가 선출되어 외국인이 관련된 재판을 관장했다. 로마의 영토가 확장됨에 따라 기원전 227년에는 시킬리아와 사르디니아를 통치하기 위하여 2명이 증원되었고, 기원전 197년에는 히스파니아를 통치하기 위하여 또 2명이 증원되어 모두 6명이 되었다. 이를 또 술라가 8명으로, 마지막으로 카이사르가 16명으로 늘렸다. 법정관은 집정관과 마찬가지로 명령권(imperium)이 있었고, 대개 속주의 총독으로 근무했으며, 배심단의 단장 자격으로 특별 법정을 주관했으며, 경우에 따라서는 독자적인 군사 작전도 수행했다. 법정관직은 집정관이 되고 이어서 원로원에 들어가기 위한 발판 노릇을 했다. 전직 법정관(propraetor)도 전직 집정관과 마찬가지로 속주의 총독이 될 수 있었다.

5. 조영관(造營官 aedilis)

조영관은 일종의 경찰 업무를 맡아보는 관리로, 평민 집회에서 2명씩 선출되었다. 관직 순서(cursus honorum)에서 조영관직은 필수 과정은 아니었지만 적어도 조영관을 지낸 사람이라야 원로원에 진출할 수 있었다. 조영관의 라틴어 aedilis(복수형 aediles)는 평민들이 즐겨 모이는 곳인 케레스 여신의 신전(aedes Cereris)에 보관되어 있던 평민계급의 기록을 그들이 관장했던 데서 유래한 것으로 추정된다. 그들의 업무는 도로, 신전, 시장, 급수, 급량(給糧), 공공 경기를 감독하는 일이었다. 조영관들은 평민 중에서 선출되었으나 기원전 367년부터는 귀족 중에서도 2명이 추가로 선출되었는데, 평민 출신 조영관들이 아이딜레스 플레베이(aediles plebei)라고 일컬어진 데 반해 이들은 쿠룰레스 아이딜레스(curules aediles 단수형 curulis aedilis)라고 한다. 쿠룰리스는 '고관이 앉는 상아를 박은 안락의자'라는 뜻의 sella curulis라는 말에서 유래한 것이다.

6. 재정관(quaestor)

재정관은 공화정 초기에는 집정관이 임명하는 2명의 관리로, 법무 행정에서 집정관들을 보좌했으나 기원전 447년부터는 해마다 트리부스 민회에서 선출되었다. 재정관은 주로 귀중한 문서를 관장하고, 조세와 벌금을 징수하고 전리품을 매각함으로써 재정을 맡아보았다. 기원전 421년에는 4명으로 늘어났으며 그중 2명은 국고(國庫)를 책임지고 나머지 2명은 집정관과 함께 출전하여 집정관의 업무 수행을 보좌했다. 로마의 영토가 확장됨으로써 속주에도 재정관이 필요해지자 술라는 그들의 수를 20명으로 늘렸다. 술라는 또 재정관직을 관직의 순서에 필수 과정으로 포함시키며 재정관의 최저 연령을 30세로 정하고 재정관을 지낸 사람은 자동으로 원로원에 진출하게 했다.

7. 호민관(tribunus plebis)

호민관은 평민의 이익을 대변하는 관리들로, 기원전 494년부터 매년 평민 집회에서 선출되었으며 평민들의 집회를 소집할 수 있었다. 기원전 450년에는 그 수가 10명으로 늘어났다. 그들은 신성불가침했고(sacrosanctus) 반드시 평민 출신이어야 했다. 귀족은 평민 가정에 입양된 후에야 호민관이 될 수 있었다. 그들의 임무는 독재관을 제외한 다른 관리들의 조처와 '원로원 결의'에 맞서 평민의 생명과 재산을 보호하기 위하여 거부권을 행사하는 것이었다. 기원전 287년부터는 그들에게 법안을 발의하고 원로원을 소집할 수 있는 권한이 주어졌다. 그락쿠스 형제 때부터는 그들의 거부권이 축소되었다. 술라는 일단 호민관이 된 자는 더 이상 고위 관직에 취임하지 못하게 하고 그들의 입법권과 사법권을 제한했다. 그러나 기원전 70년대에 이러한 특권들이 부활하여 카이사르가 갈리아 총독으로 가 있는 동안 호민관들은 로마에서 그의 이익을 보호해주는 역할을 했다. 제정 시대에는 황제가 호민관의 권한을 행사한 까닭에 실제 호민관들은 유명무실한 존재가 되었다.

III 사제들

로마의 왕정이 공화정으로 바뀌면서 기원전 509년 왕이 행사하던 명령권, 즉 통수권과 사법권은 집정관들이 맡고, 왕이 주관하던 종교의식은 사제들이 맡았다. 세속적인 관리들이 맡던 사제직은 기원전 300년까지는 귀족들의 몫이었다. 그 뒤 4명의 평민 출신 사제(pontifex)와 5명의 평민 출신 복점관(卜占官 augur)이 추가되어 사제는 모두 8명이 되고 복점관은 9명이 되었다. 또 원로원의 명을 받아 시빌라(sibylla)의 예언서에 조언을 구하는 특별 사제들도 있었는데, 그 수는 2명에서 기원전 367년에는 10명으로, 술라 시대에는 15명으로 늘어났다. 그 밖에 귀족 중에서 선출되는 페티알레스(fetiales)라는 사제들도 있었는데, 이들은 외국과 조약을 체결하거나 선전포고를 할 때 전통적인 의식을 주관했으며 종신직이었다. 기원전 3세기까지 사제들과 복점관들은 각각 자신들의 조합에서 선출되었으나, 나중에는 35개 부족 가운데 제비에 뽑힌 17개 부족에 의해 선출되었다. 사제들에는 플라멘(flamen)도 포함되는데, 이들은 제우스의 플라멘(flamen Dialis), 마르스의 플라멘(flamen Martialis), 퀴리누스(로물루스의 다른 이름)의 플라멘(flamen Quirinalis) 같은 주요 플라멘을 위시하여 모두 15명으로 귀족 중에서 임명되었다. 대사제(pontifex maximus)는 사제 조합의 수장으로서 국가 종교를 통할할 뿐 아니라 태양력에 맞추기 위하여 로마의 태음년(太陰年)에 윤달을 삽입하는 일을 맡아보았다. 한 해가 시작되면 대사제는 그해의 각종 행사를 적어 자신의 관저 밖에 게시했다. 복점관은 종신직으로 처음에는 3명이었으나 나중에는 9명으로, 술라 시대에는 15명으로 늘어났다. 복점관만이 전조(auspici um)를 읽을 자격이 있었는데, 전조를 읽는 것은 미래사를 밝히려는 것이 아니라 어떤 계획을 신들이 승인하느냐 여부를 알기 위해서였다. 전조는 꿈, 우연히 들은 말, 천둥 번개 같은 기상 현상, 제물로 바친 가축의 내장 생김새, 독수리 같은 맹금류의 날아가는 방향이나 울음소리 등에서 읽었는데, 새들의 경우 그리스인들은 오른쪽을 길한 방향으로, 왼쪽을 불길한 방향으로 여겼던 것과 달리 로마인들은 대개 왼쪽을 길한 방향으로, 오른쪽을 불길한 방향으로 여겼다. 키케로는 복점관이었음에도 자신의 저서 『예언에 관하여』에서 예언의 가능성을 부인하고 있다.

Ⅳ 기사계급(ordo equester)

참고로, 기사계급은 로마 육군의 기병대를 구성했던 부유한 시민들로 말[馬]은 공급으로 지급받았다. 기사가 되려면 40만 세스테르티우스(sestertius)의 재산이 있어야 했다. 그들은 경우에 따라 원로원의 하위 그룹으로 진출할 수도 있었다. 그러나 기원전 218년 호민관 퀸투스 클라우디우스(Quintus Claudius)의 발의로 통과된 클라우디우스 법(lex Claudia)에 따라 원로원 의원들은 상행위를 할 수 없게 되자, 많은 기사들이 속주에서 공공사업을 위한 계약을 체결하고 조세 징수 업무를 맡는 등 이권 사업에 뛰어들어 재력가가 되었다. 기원전 1세기 초 이탈리아인들에게도 로마 시민권이 주어지면서 기사계급의 수는 급속히 늘어났다. 그들은 원로원에 버금가는 세력 집단이 되어 행정의 요직에 진출했는데, 특히 키케로가 활동하던 시대에 그들의 세력은 절정에 이르렀다. 키케로는 기사계급에 속하면서도 원로원 상층부의 입장에서 원로원과 기사계급을 결합시켜 '계급 간의 화목'(concordia ordinum)을 도모하려고 했다.

참고문헌

마르쿠스 아우렐리우스

Farquharson, A. S. L., *The Meditations of the Emperor Marcus Antoninus*, ed. with translation and commentary by A. S. L. Farquharson, 2vols. Oxford 1944.

Haines, C. R., *Marcus Aurelius Antoninus the Emperor TO HIMSELF*, edited and translated by C. R. Haines, (Loeb Classical Library) Harvard University Press 1916.

Nickel, R., *Marc Aurel, Wege zu sich selbst*, hrsg. ünd ubersetzt von Rainer Nickel, (Artemis & Winkler Verlag) Düsseldorf/Zürich ²1998.

Theiler, W., *Kaiser Marc Aurel, Wege zu sich selbst*, hrsg. und übertragen von Willy Theiler, Zürich 1951.

Dalfen, J., *Marci Aureli Antonini Ad se ipsum*, edidit Joachim Dalfen, (Bibilotheca Teubneriana) Leipzig ²1987(번역은 없지만 상세한 참고문헌 소개와 용어 색인이 있음).

Capelle, W., *Marc Aurel, Selbstbetrachtungen*, übertragen von Wilhelm Capelle, (Kröners Taschenausgabe;Band 4) Stuttgart ¹²1973.

Hays, G., *Marcus Aurelius Meditations*, translated with an introduction by Gregory Hays, (Modern Library) New York 2003.

Wittstock, A., *Des Kaisers Marcus Aurelius Antoninus Selstbetrachtungen*, Übersetzung, Einleitung und Anmerkungen von Albert Wittstock, (Philipp Reclam) Stuttgart 1949.

Birley, A. R., *Marc Aurel, Kaiser und Philosoph*, München ²1977.

Brunt, P. A., *Marcus Aurelius in his Meditations*, in: Journal of Roman Studies 64, 1974, 1~20.

Farquharson, A. S. L., *Marcus Aurelius, his Life and his World*, Oxford ²1952.

Hadot, P., *Les Pensées de Marc-Aurele*, Bull. Budé 1981, 2, 183~191.

Hanslik, R., Artikel Marcus, in: *Der Kleine Pauly*. Band 3, 1009~1013.

Klein, R. (Hrsg), *Marc Aurel*, Darmstadt 1979 (Wege der Forschung 550).

Neuenschwander, R. H., *Mark Aurels Beziehungen zu Seneca und Poseidonios*, Bern/Stuttgart 1951.

Rutherford, R. B., *The Meditations of Marcus Aurelius*, Oxford 1989.

Stanton, G. R., *Marcus Aurelius, emperor and philosopher*, in: *Historia* 18, 1969, 570~587.

Long, A. A., *Hellenistic Philosophy*, (Duckworth) London 1974.

Long, A. A./Sedley, D. N., *The Hellenistic Philosophers*, Cambridge 1987.

Pohlenz, M., *Die Stoa, Geschichte einer geistigen Bewegungen*, 2 Bande, Göttingen ⁷1992.

Rist, J. M., *Stoic Philosophy*, Cambridge 1969.

Sandbach, F. H., *The Stoics*, (Chatto and Windus) London ²1989.

세네카

Lucius Annaeus Seneca, *Dialogi*, hsrg. von E. Hermes(Bibliotheca Teubneriana) 1905.

Lucius Annaeus Seneca, *Dialogi*, texte établi et traduit par A. Bourgery/R. Waltz 4vols.(Colletion Budé) ⁴1961.

Lucius Annaeus Seneca, *Dialogi*, edited by R. D. Reynolds(Oxford Classical Texts) 1977.

Lucius Annaeus Seneca, *De beneficiis/De clementia*, hrsg. von C. Hosius(Bibliotheca Teubneriana) ²1914.

Lucius Annaeus Seneca, *De beneficiis/De clementia*, texte établi par F. Préchac(Collection Budé) 1921, 1927.

Lucius Annaeus Seneca, *Naturales quaestiones*, hrsg. von A. Gercke(Bibliotheca Teubneriana) 1907.

Lucius Annaeus Seneca, *Naturales quaestiones*, texte établi par P. Oltramare(Colletion Budé) 1929.

Lucius Annaeus Seneca, *Epistulae*, hrsg. von O. Hense(Bibliotheca Teubneriana) ²1914.

Lucius Annaeus Seneca, *Epistulae*, texte établi par F. Préchac 5vols.(Colletion Budé) 1945~64.

Lucius Annaeus Seneca, *Epistulae*, edited by R. D. Reynolds(Oxford Classical Texts) 1965.

Lucius Annaeus Seneca, *Tragoediae*, edited by O. Zwierlein(Oxford Classical Texts) 1986.

Lucius Annaeus Seneca, *De otio/De brevitate vitae*, edited by G. D. Williams(Cambridge University Press, 2003).

Lucius Annaeus Seneca, *Medea*, edited by C. D. N. Costa(Oxford, 1973).

Lucius Annaeus Seneca, *Agamemnon*, edited by R. J. Tarrant(Cambridge University Press, 1976).

Lucius Annaeus Seneca, *Phaedra*, edited by M. Coffey/R. Mayer(Cambridge University Press, 1990).

Seneca, *Dialogues and Letters*, translated by C. D. N. Costa(Penguin Books) 1997.

The Stoic Philosophy of Seneca, translated with an introduction by M. Hadas(W. W. Norton & Company) 1958.

Seneca, *Tragedies*, translated with an english translation by F. J. Miller, 2vols.(Loeb Classical Library) 1917.

Lucius Annaeus Seneca, *Philosophische Schriften*, Lat./dt. übersetzt, eingeleitet und mit Anmerkungen versehen von M. Rosenbach (Wissenschaftliche Buchgesllschaft) 1999.

Seneca, *Von der Seelenruhe. Philosophische Schriften und Briefe*, Übertragen von H. Berthold(Insel Verlag) 1984.

Seneca, *Vom glückseligen Leben und andere Schriften*, übersetzt von L. Rumpel(Philipp Reclam) 1953, 1984.

Seneca, *De brevitate · Die Kürze des Lebens*, mit Einleitung, Übersetzung und Anmerkungen hrsg. von P. Waiblinger (Deutscher Taschenbuch Verlag) [11]2003.

Abel, K., *Bauformen in Senecas Dialogen*, Heidelberg, 1967.

Costa, C. D. N.(ed.), *Seneca*, London, 1974.

Griffin, M. T., *Seneca: A Philosopher in Politics*, Oxford, 1976.

Motto, A. L., *Seneca*, New York, 1973.

Rozelaar, M., *Seneca: eine Gesamtdarstellung*, Amsterdam, 1976.

Trillitzsch, W., *Seneca im literarischen Urteil der Antike*, Amsterdam, 1971.

Seneca, *Concordance*, R. Busa/A. Zampolli, reprint(Hildesheim), 1975.

키케로

Cicero, *Cato maior de senectute*, ed. with Introduction and Commentary by J. G. F. Powell, Cambridge 1988.

Cicero, *On Friendship*(Laelius de amicitia)/the Dream of Scipio(Somnium Scipionis), ed. with an Introduction, Translation and Commentary by J. G. F. Powell, Warminster 1990.

Cicero, *De senectute/De amicitia/De divinatione*, ed. with an english translation by W. A. Falconer, Cambridge(Mass.)/London 1996(Loeb Classical Library).

Cicron, *Caton l'ancien*(de la vieillesse), Texte tabli et traduit par P. Wuilleumier, Paris 31961(Colletion Budé).

Cicero, *Cato der Ältere über das Alter/Laelius über die Freundschaft*, Lat./Dt. hrsg. von M. Faltner, München/Zürich 21993(Sammlung Tusculum).

Cicero, *De senectute/über das Alter*, Lat./Dt. hrsg. von H. Merklin, Stuttgart 1998(Reclam 803).

Cicero, "Cato the Elder On Old Age," in *Cicero, Selcted Works*, transl. with an Introduction by M. Grant, London 1971(Penguin Books)

Cicero, "Laelius on Friendship," in *Cicero, On the Good Life*, transl. with an Introduction by M. Grant, London 1971(Penguin Books).

Astin, A. E., *Scipio Aemilianus*, Oxford 1967.

_____, *Cato the Censor*, Oxford 1978.

Becker, E., *Technik und Szenerie des Ciceronischen Dialogs*, Osnabrück 1938.

Bringmann, K., *Untersuchungen zum späten Cicero*, Göttingen 1971.

Büchner, K.(Hrsg.), *Das neue Cicerobild*, Darmstadt 1971(Wege der Forschung 27).

Dorey, T. A.(ed.), *Cicero*, London 1964.

Douglas, A. E., *Cicero*(Greece & Rome: New Surveys no. 2 ch. 5), Oxford 1968.

Gelzer, M., Cicero, Oxford 1973.

Giebel, M., *Marcus Tullius Cicero in Selbstzeugnissen und Bilddokumenten*. Reinbek bei Hamburg 1977(rowohlts Monographien 261).

Gigon, O., "Cicero und griechische Philosophie," in *Aufstieg und Niedergang der Römischen Welt I*. 4 226ff., Berlin 1972.

Görler, W., *Untersuchungen zu Ciceros Philosophie*, Heidelberg 1974.

Hirzel, R., *Untersuchungen zu Ciceros philosophischen Schriften*, 3Tle. 4Bde.,

Leipzig 1877~83.

Hunt, H. A. K., *The Humanism of Cicero*, Melbourne 1954.

Knoche, U., "Cicero, ein Mittler griechischer Geisteskultur," in *Hermes* 87(1959) 57ff.

Mackendrick, P., *The Philosophical Books of Cicero*, London 1994.

Rawson, E., *Cicero, A portrait*, London 1975.

Rist, J. M., *Stoic Philosophy*, Cambridge 1969.

Sandbach, F. H., *The Stoics*, London 1975.

Shackleton Bailey, D. R., *Cicero*, London 1971.

Stockton, D., *Cicero, A Political Biography*, Oxford 1971.

Wilkinson, L. P., "Cicero," in *Cambridge History of Classical Literature II*, Latin Literature, Cambridge 1982.

플루타르코스

Waterfield, R., *Plutarch, Essays with Introduction and Notes* by Ian Kidd (Penguin Books 1992).

Russell, D., *Plutarch, Selected Essays and Dialogues* (Oxford World's Classic 1993).

Ax, W., *Plutarch, Von der Heiterkeit der Seele, Moralia, mit einer Einführung* von M. Pohlenz (Diogenes Taschenbuch 2000).

Aulette, R., *Amyot et Plutarque*, Geneva 1965.

Berry, E. G., *Emerson's Plutarch*, Cambridge, Mass. 1961.

Haase, W./Temorini, H., *Aufstieg und Niedergang der Römischen Welt* (ANRW) pt. II, vol. 33.6, Berlin and New York 1992.

Helmbold, W.C./O'Neil, E. N., *Plutarch's Quotations*, Baltimore 1959.

Hirzel, R., *Plutarchos*, Leipzig 1912.

Jones, C. P., *Plutarch and Rome*, Oxford 1971.

Russell, D. A., *Plutarch*, London 1972.

Stadter, P. A., *Plutarch and the Historical Traditions*, London 1992.

Ziegler, K., Plutarchos von Chaironeia, Pauly/Wissowa, *Real- encyclopädie der classischen Altertumswissenschaft* xxi 636~962, Stuttgart 1964 (별권으로 출간 ²1964).

Wyttenbach, D., *Lexicon Plutarcheum*, Leipzig 1843.